AF743292

बुड्ढा कृष्ण

कृष्ण का भाग दो और अन्तिम

notionpress
.com

बुद्धा कृष्ण
कृष्ण का भाग दो और अन्तिम

लव कुश सिंह "विश्वमानव"

सत्यकाशी पीठ
पांचवां और अन्तिम शंकराचार्य पीठ

Notion Press

Old No. 38, New No. 6
McNichols Road, Chetpet
Chennai - 600 031

First Published by Notion Press 2020

ISBN 978-16-49193-09-4

समर्पण

यह पुस्तक समर्पित है -

उन सभी खोजी आत्माओं को,

जो सत्य की ज्योति को अपने भीतर

और संसार के हर कोने में जलाना चाहते हैं।

भारतीय संविधान के धारा-51 (ए)

नागरिक का मौलिक कर्तव्य के अनुसार

01. संविधान के प्रति प्रतिबद्धता, इसके आदर्शों, धाराओं, राष्ट्रीय ध्वज व राष्ट्रीय गान का आदर करना।
02. स्वतंत्रता के लिए संघर्ष हेतु प्रेरित करने वाले सुआदर्शों का अनुकरण करना व उन्हें चिरस्थायी बनाना।
03. भारत की सर्वोच्चता, एकता और अखण्डता की रक्षा करना तथा समर्थन करना।
04. जब भी आवश्यकता पड़े देश की रक्षा करना व राष्ट्रीय सेवाओं हेतु समर्पित होना।
05. समाज में भाई-चारें की भावना का विस्तार करना, मातृत्व भाव, धार्मिक, भाषायिक, क्षेत्रीय विभिन्नताओं में एकता कायम करना तथा नारी सम्मान आदि का ध्यान देना।
06. अपने मिश्रित संस्कृति का मूल्यांकन करना उसको स्थायित्व देना और इसकी परम्परा को कायम रखना।
07. प्राकृतिक सम्पदा की रक्षा करना जिसमें जलवायु, जंगल, झील, नदियां, जंगली जीवों व समस्त जीवों के प्रति दया का भाव सम्मिलित है।
08. वैज्ञानिक भावना को प्रोत्साहित करना, मानवीय भावनाओं के स्वरूप की परख करते रहना।
09. जन सम्पत्ति की सुरक्षा करना और हिंसा आदि का परित्याग करना।
10. व्यक्तिगत, सामूहिक गतिविधियों के प्रत्येक क्षेत्र में सर्वोच्चता हासिल करना, जिससे राष्ट्र शतत उत्थान, प्रयत्न व प्राप्ति की ओर अग्रसर होता रहे।
11. जो कि माता-पिता या अभिभावक हो, वे अपने 6 साल से 14 साल के बच्चों को शिक्षा या अन्य ऐसे सुअवसरों का लाभ उन्हें मुहैया करावें।

मूल जीवन मंत्र

"हे प्रभु, तेरे प्यार में बस दो ही बातें है। एक तो अपना कल्याण करूँ, दूसरा तुझ जैसा बन सबका कल्याण करूँ"

विषय- सूची

भाग-7: परिवर्तन

सीधी समझ
नये भारत में, नये मनुष्य के उदय के लिए
व्यवस्था के परिवर्तन या सत्यीकरण का पहला प्रारूप और उसकी कार्य विधि
वे शब्द जिसके बिना युग परिवर्तन सम्भव नहीं

भाग-8: केन्द्र या मध्य (भारत) में पांचवां और अन्तिम सत्यकाशी पीठ

सत्यकाशी पीठ: स्थान
सत्यकाशी पीठ: इतिहास और उद्देश्य
पाँचवाँ और अंतिम शंकराचार्य पीठ: इसकी विशेषता

भाग-9: सत्यकाशी पीठ के कार्य

धारा-उद्धार: धर्म की पुनर्स्थापना
मनुष्य चेतना का रूपांतरण
साधना, दीक्षा और आध्यात्मिक अनुष्ठान
वैश्विक कार्य: मानवता के लिए संदेश
शिव-तत्व और कल्कि-तत्व का मिलन
"सार्वभौम सत्य-सिद्धान्त" पर आधारित "युग परिवर्तन श्रृंखला" के नवयुग के शास्त्र-साहित्य

मुख पृष्ठ की व्याख्या

यह पुस्तक-आवरण अत्यंत भव्य, आध्यात्मिक और दार्शनिक गहराई से निर्मित दृश्य प्रस्तुत करता है, जो "बुद्धा–कृष्ण: कृष्ण का भाग-दो और अंतिम" शीर्षक की व्यापकता और उसकी अंतरयात्रा को पूर्ण रूप से अभिव्यक्त करता है। कवर के केंद्र में कमलासन पर विराजमान दिव्य कृष्ण का ध्यानस्थ रूप दिखाई देता है-नीलवर्ण देह, शांत मुखमुद्रा, तेजोमय आभा और सिर के पीछे ब्रह्मांडीय मंडल, जो यह संकेत देता है कि यह पुस्तक केवल ऐतिहासिक या पौराणिक कृष्ण को नहीं, बल्कि **विश्व-चेतना में स्थित कृष्ण–तत्त्व** को समझाने का प्रयास है।

पृष्ठभूमि में फैला हुआ विशाल ब्रह्मांड-आकाशगंगाएँ, ग्रह-नक्षत्र और ऊर्जा के दिव्य वृत्त-यह बताता है कि कृष्ण का "भाग-दो" किसी धर्म या परंपरा की सीमाओं में बँधा हुआ अध्याय नहीं, बल्कि **ब्रह्मांडीय ज्ञान का नया और अंतिम चरण** है। कृष्ण के इर्द-गिर्द चमकते आध्यात्मिक प्रतीक यह दर्शाते हैं कि उनका स्वरूप केवल एक अवतार नहीं, बल्कि *धर्म, योग, ज्ञान, करुणा और ब्रह्मविद्या* का संपूर्ण समन्वय है।

कृष्ण का शांत, तपस्वी, तेजस्वी रूप-हाथों में ऊर्जा-दीप, माला और योगमुद्राएँ-यह संकेत देता है कि यह पुस्तक उस "अंतिम कृष्ण-तत्त्व" को सामने रखती है, जो युगों से प्रतीक्षित है। कमल का विशाल, प्रकाशमान रूप दर्शाता है कि ज्ञान अंधकार से मुक्त होकर उभर रहा है-उसी प्रकार जैसे अंतिम सत्य समय और भ्रम की परतों को हटाकर प्रकट होता है।

ऊपर बड़े, उज्ज्वल और सशक्त अक्षरों में लिखा शीर्षक पूरे आवरण के आध्यात्मिक भार को उभारता है-"बुद्धा कृष्ण" यह बताता है कि यह ग्रंथ बुद्ध और कृष्ण दोनों की चेतना के एकीकृत रूप को समझने का प्रयास करता है, जबकि **"कृष्ण का भाग-दो और अंतिम"** यह संकेत देता है कि यहाँ कृष्ण को अंतिम, वैश्विक और ब्रह्मांडीय अर्थों में प्रस्तुत किया गया है।

नीचे लिखा "सत्यकाशी पीठ: पाँचवां और अंतिम शंकराचार्य पीठ" इस पुस्तक की प्रामाणिकता, परंपरा और दार्शनिक गहराई को दृढ़ करता है, यह दर्शाता है कि यह केवल भक्ति या कथा नहीं-बल्कि **शास्त्रीय, योगिक और वैश्विक चेतना-विज्ञान** का गंभीर संयोजन है।

समग्र रूप से यह आवरण आध्यात्मिक तेज, ध्यान, ब्रह्मांडीय ऊर्जा और अंतिम सत्य के प्रकट होने की अनुभूति से भरा है-जो पाठक को यह बता देता है कि यह पुस्तक कृष्ण को केवल इतिहास में नहीं, बल्कि **भविष्य, चेतना और अंतिम मानव-विकास** के संदर्भ में प्रस्तुत करती है।

भूमिका

मनुष्य का इतिहास केवल घटनाओं की पंक्तियाँ नहीं है-यह चेतना की उन तरंगों की यात्रा है, जो काल, मन, धर्म, अवतार और ब्रह्मांडीय नियमों के साथ लगातार विकसित होती रही हैं। जब मनुष्य अपने बाहरी संसार की जटिलताओं से परे, अपने भीतरी सत्य को देखना चाहता है, तब उसके सामने एक ही प्रश्न खड़ा होता है-**"मैं कौन हूँ, यह जगत क्या है, और इस अनन्त प्रवाह का मूलाधार क्या है?"**

यह ग्रन्थ *"बुड्ढा कृष्ण – कृष्ण का भाग-दो और अन्तिम"* उसी मूलाधार की खोज है-एक ऐसी खोज, जो धर्मों, दर्शनशास्त्रों और विभिन्न आध्यात्मिक परंपराओं को एक ही विश्व-सत्य में विलय करती है।

दस्तावेज़ की भूमिका यह स्पष्ट करती है कि यह केवल कृष्ण-चरित का विस्तार नहीं, बल्कि **ईश्वर, अवतार, पुनर्जन्म, सांख्य, वेदान्त, विवेकानन्द-विचार, मन के गुणों, अवतारी मन, कालचक्र और विश्वरूप**-इन सबके संगम पर खड़ा एक **महाविश्लेषण** है। कृष्ण का "भाग-दो और अन्तिम" वास्तव में उस *विश्वचेतना* का रूप है, जिसे दस्तावेज़ **विश्वात्मा/विश्वमन** कहता है-एक ऐसी चेतना जो व्यक्ति के मन को रज, तम और सत्व के स्तरों में विभाजित कर उसके अंतिम लक्ष्य-**अवतारी मन**-की ओर ले जाती है।

यह ग्रन्थ बताता है कि जैसे संसार बाहरी रूप से विकासवाद के नियमों के अधीन बदलता है, वैसे ही चेतना भी "विकासवाद और अवतारवाद" की एक आंतरिक यात्रा पूरी करती है। अवतार इस विकास की पराकाष्ठा हैं-जहाँ मनुष्य अपने भीतर उस दिव्यता को पहचानने लगता है, जो काल-काल में विभिन्न नामों और स्वरूपों में अवतरित होती रही है। कृष्ण उसी चेतना का एक प्रमुख बिंदु हैं-और *"बुड्ढा कृष्ण"* उसी बिंदु का अगला, व्यापक और सार्वभौमिक विस्तार।

विशेष रूप से उल्लेखनीय है कि पुस्तक कृष्ण को एक "समाप्त अध्याय" नहीं, बल्कि एक **विकसित सतत-अवतार चेतना** के रूप में देखती है, जो आज के मनुष्य को *विश्वमानव* बनने की तैयारी कराती है। यहाँ शास्त्र केवल मान्यताएँ नहीं-वे चेतना-विज्ञान हैं; और कृष्ण केवल ऐतिहासिक देवता नहीं-वे **अन्तिम एकात्म-सत्य के वाहक** हैं। इससे यह स्पष्ट हो जाता है कि यह ग्रन्थ केवल भक्ति नहीं, बल्कि **दार्शनिक बुनियादों पर आधारित आध्यात्मिक विज्ञान** है।

ग्रन्थ का अत्यन्त महत्वपूर्ण हिस्सा है-**WS-0 से लेकर WS-00000 तक की पाँच विश्व-मानक श्रृंखलाएँ**, जो विचार, विज्ञान, मानव-प्रबन्धन और ब्रह्मांड-प्रबन्धन के लिए एकीकृत सिद्धांत प्रस्तुत करती हैं। इनके माध्यम से पुस्तक यह स्पष्ट करती है कि मनुष्य का विकास केवल आध्यात्मिक नहीं, बल्कि **ज्ञान, व्यवस्था और चेतना-तीनों स्तरों पर एक साथ** होता है। यह दृष्टि इसे साधारण आध्यात्मिक साहित्य से पृथक कर **वैश्विक चेतना-शास्त्र** में परिवर्तित करती है।

भाग-3 और उसके आगे का विवेचन पुनर्जन्म, कालचक्र, विवेकानन्द की सत्य सिद्ध हुई वाणियों, "विश्वमानव" की अवधारणा, और अंततः कृष्ण के "भाग-दो एवं अंतिम" की ओर बढ़ता है। यह स्पष्ट करता है कि मानवता आज जिस मोड़ पर खड़ी है, वह केवल ऐतिहासिक नहीं-**चेतना का निर्णायक मोड़** है, जहाँ व्यक्ति से विश्व की ओर, और विश्व से सार्वभौमिक चेतना की ओर यात्रा पूर्ण होने वाली है। कृष्ण की अंतिम व्याख्या में यही प्रतिपादन है-मानवता अब अपने भीतर उस रूप को जन्म दे रही है, जिसे ग्रन्थ "अन्तिम" कहता है-अर्थात **कृष्ण-चेतना का पूर्ण विस्तार**।

इस प्रकार *"बुद्धा कृष्ण – कृष्ण का भाग-दो और अन्तिम"* केवल एक आध्यात्मिक पुस्तक नहीं, बल्कि-

- मन, ब्रह्मांड और ईश्वर की एकीकृत व्याख्या,
- अवतारवाद का आधुनिक पुनर्पाठ,
- चेतना-विकास का वैज्ञानिक विश्लेषण,
- और मानवता को आने वाले युग में प्रवेश कराती एक आध्यात्मिक पथ-रेखा है।

यह भूमिका पाठक को निमंत्रण देती है-कि वह केवल पढ़े नहीं, बल्कि इस ग्रन्थ के माध्यम से अपने भीतर उस शक्ति को पहचानना प्रारम्भ करे, जो युगों से मानवता को संचालित करती रही है। क्योंकि कृष्ण का "भाग-दो और अन्तिम" कोई इतिहास नहीं-**वर्तमान में जागृत होने वाली चेतना है।**

✍ लव कुश सिंह "विश्वमानव"

एक शोधक, चिंतक और मार्गदर्शक, जिन्होंने अपना जीवन *मानवता, आत्मा और नव-सृष्टि* के अध्ययन एवं लेखन को समर्पित किया है।

- प्रमुख ग्रंथ: *विश्वशास्त्र*
- दृष्टि: *नव-मनुष्य और नव-संसार का निर्माण*

प्रारम्भ के पहले दिव्य-दृष्टि

मेरे इस जीवन की एक अलग यात्रा में "दिव्य" शब्द का जो दर्शन हुआ वह इस प्रकार है। "दिव्य" शब्द का प्रयोग वेदों के समय से ही हो रहा है और वह दूसरे शब्दों के साथ मिलकर "दिव्य दृष्टि", "दिव्य रूप", "दिव्य दिन", "दिव्य वर्ष", "दिव्य युग" इत्यादि के रूप में हमारे सामने है। अनेक विद्वान व तत्वद्रष्टाओं ने इस दिव्य शब्द का अनेक-अनेक प्रकार से अर्थ बतायें हैं। यहाँ दिव्य शब्द के प्रयोग व उसके अर्थ को नीचे दिया जा रहा है जिससे हम सभी को उसके अर्थ के प्रति समझ बन सकें।

01. "महाभारत" का युद्ध और "गीता" ज्ञान का प्रारम्भ जिस दृश्य से होता है, वह है-"संजय" और "धृतराष्ट्र" के बीच वार्तालाप। जिसमें महर्षि व्यास द्वारा युद्ध को देखने व धृतराष्ट्र को उसका "जैसा हो रहा है वैसा ही हाल" सुनाने के लिए संजय को एक दृष्टि दी जाती है जिसे हम सभी "दिव्य दृष्टि" के नाम से जानते हैं।
02. "अखिल विश्व गायत्री परिवार" के संस्थापक, "युग निर्माण योजना" के संचालक व 3000 से भी अधिक पुस्तक-पुतिकाओं के लेखक पं0 श्रीराम शर्मा आचार्य (जन्म-20 सितम्बर, 1911, मृत्यु-2 जून, 1990), जिनके कई लाख समर्थक-सदस्य हैं, के अनुसार "दिव्य का अर्थ देवता नहीं हो सकता। ऋग्वेद (2,164.46) में कहा गया है-अग्नि रूपी सूर्य को इन्द्र मित्र वरूण कहते हैं। वही दिव्य सुपर गुरूत्मान है। निरूक्त दैवत काण्ड (7,18) में कहा गया है-जो दिवि में प्रकट होता है उसे दिव्य कहते हैं। दिवि, द्य को कहते हैं। नैघण्टुक काण्ड में दिन के 12 नाम लिखे हैं उनमें द्यु शब्द भी दिन का वाचक है। अब दिव्य का अर्थ हुआ कि-जो दिन में प्रकट होता है। और यह प्रत्यक्ष है कि दिन में सूर्य ही प्रकट होता है। अतः दिव्य सूर्य का नाम है। ऋग्वेद (1,16:3,10) के मन्त्र में कहा गया है कि-आग का घोड़ा (सूर्य) है। इसमें भी सूर्य का ही वर्णन है। वेद में दिव्य नाम सूर्य का है, देवता को दिव्य कदापि नहीं कहते। व्याकरण से भी दिव्य शब्द का अर्थ देवता नहीं बनता। दिव् धातु में स्वार्थेयत प्रत्यय लगाने से दिव्य शब्द बनता है। इसकी व्युत्पत्ति यह हुई-दिव भवं दिव्यन अर्थात् जो दिवि में प्रकट होता है। अतः दिव्य केवल सूर्य ही को कहते हैं। दिवि, द्यु को कहते हैं और द्यु दिन का नाम है। देवता शब्द दूसरें देवातल आदि सूत्रों से बनता है। इस कारण भी दिव्य और देवता शब्दों का आपस में कोई सम्बन्ध नहीं है। "दिव्य" शब्द और "देवता" शब्द बनाने के रूप ही अलग-अलग हैं।"
03. "ज्ञान व संस्कृति" और "बाबा भोलेनाथ" की नगरी काशी (वाराणसी, उ0प्र0, भारत) के बनारसी संस्कृति में दिव्य शब्द का अन्य शब्द के साथ प्रयोग कर "दिव्य निपटान", "दिव्य स्नान", "दिव्य आनन्द" की परम्परा है। इस परम्परा का वाहक काशी (वाराणसी) का अस्सी मुहल्ला है जिस पर प्रो0 काशी नाथ सिंह द्वारा पुस्तक "काशी की अस्सी" भी लिखा गया है और फिल्म भी बना है। काशी ज्ञान की नगरी है। यहाँ के लोगों का जन्म ही ज्ञान में होता है और ज्ञान में ही जीवन जीते है, ज्ञान ही बोलते हैं तथा ज्ञान में ही शरीर त्याग करते हैं। इनकी जीवन शैली और भाषा में सारा शास्त्र समाहित होता है। इसके उदाहरण को केवल "दिव्य निपटान" के अर्थ से ही जाना जा सकता है। सुबह हो या शाम, सामने गंगा बह रही हो, उपर खुला आकाश हो, भांग को गोला पेट में जा चुका हो, और जब किनारे पर निपटने (नित्य क्रिया) करने बैठते हैं तो बनारसी उसे "दिव्य निपटान" कहते हैं अर्थात् उस प्रकार से क्रिया जिसमें कुछ भी बनावटी न हो अर्थात् प्राकृतिक हो उसे "दिव्य" कहते हैं।

इस प्रकार आधुनिक सुविधाओं से युक्त शौचालय में नित्य क्रिया करना बनारसी ज्ञान में किसी भी स्थिति में "दिव्य निपटान" नहीं हो सकती। इसी प्रकार कपड़े पहनकर नहाना "दिव्य स्नान" नहीं और आधुनिक सुख-सुविधाओं से आनन्द में होना "दिव्य आनन्द" नहीं।

सन् 1893 से सन् 1993 के 100 वर्षों के समय में विश्व के बौद्धिक शक्ति को जिन्होंने सबसे अधिक हलचल दी वे हैं-धर्म की ओर से स्वामी विवेकानन्द और धार्मिकता की ओर से आचार्य रजनीश"ओशो"। दृष्टि के सम्बन्ध में इनके निम्न विचार हैं। स्वामी विवेकानन्द के अनुसार-"अनात्मज्ञ पुरूषों की बुद्धि एकदेश-दर्शिनी होती है। आत्मज्ञ पुरूषों की बुद्धि सर्वग्रासिनी होती है। आत्मप्रकाश होने से, देखोगे कि दर्शन, विज्ञान सब तुम्हारे अधीन हो जायेंगे।" (राम कृष्ण मिशन, विवेकानन्दजी के संग में, पृष्ठ-118) आचार्य रजनीश "ओशो" के अनुसार-"श्रीराम कितने ही बड़े हों, लेकिन इस मुल्क के चित्त में वे पूर्ण अवतार की तरह नहीं हैं, अंश हैं उनका अवतार। उपनिषद् के ऋषि कितने ही बड़े ज्ञानी हों, लेकिन अवतार नहीं हैं। श्रीकृष्ण पूर्ण अवतार हैं। परमात्मा अगर पृथ्वी पर पूरा उतरे तो करीब-करीब श्रीकृष्ण जैसा होगा। इसलिए श्रीकृष्ण इस मुल्क के अधिकतम मन को छु पाये हैं; बहुत कारणों से। एक तो पूर्ण अवतार का अर्थ होता है, मल्टी-डाइमेंन्सनल; जो मनुष्य के समस्त व्यक्तित्व को स्पर्श करता हो। श्रीराम वन-डाइमेंन्सनल है। अब तक श्रीकृष्ण को पूरा प्रेम करने वाला आदमी नहीं हुआ। क्योंकि पूरे श्रीकृष्ण को प्रेम करना तभी सम्भव है, जब वह आदमी भी मल्टी-डाइमेंन्सनल हो। हम आम तौर पर एक आयामी होते हैं। एक हमारा ट्रैक होता है व्यक्तित्व का, एक रेल की पटरी होती है, उस पटरी पर हम चलते है। जो एक गुरू बोल रहा है, वह अनन्त सिद्धों की वाणी है। अभिव्यक्ति में भेद होगा, शब्द अलग होंगे, प्रतीक अलग होंगे मगर जो एक सिद्ध बोलता है, वह सभी सिद्धों की वाणी है। इनसे अन्यथा नहीं हो सकता है। इसलिए जिसने एक सिद्ध को पा लिया, उसने सारे सिद्धों की परम्परा को पा लिया। क्योंकि उनका सूत्र एक ही है। कुंजी तो एक ही है, जिससे ताला खुलता है अस्तित्व का।"

उपरोक्त विचारों से यह स्पष्ट होता है कि "दिव्य" का अर्थ सीधा सा प्राकृतिक रूप अर्थात् "जैसा है ठीक वैसा ही" है तथा "दिव्य दृष्टि" का अर्थ सर्वग्रासिनी या बहुआयामी (मल्टी-डाइमेंन्सनल) दृष्टि होता है। इस प्रकार ब्रह्मा का "दिव्य रूप" चार सिर वाला, विष्णु का "दिव्य रूप" चार हाथ वाला और शिव-शंकर का "दिव्य रूप" पाँच सिर वाला पुराणों में प्रक्षेपित है। किसी भी वस्तु को एक दिशा से देखकर उसके वास्तविक रूप लम्बाई, चौड़ाई, ऊँचाई इत्यादि के साथ नहीं देख सकते। हम सभी अपनी आँखों से ही आँखों या पूरे शरीर को नहीं देख सकते। उसके लिए हमें दर्पण की आवश्यकता पड़ती है अर्थात् स्वयं से बाहर आकर ही पूरे को देखना सम्भव हो पाता है। इसी प्रकार पृथ्वी को देखने के लिए हमें पृथ्वी से बाहर जाना पड़ता है और सारी पृथ्वी के विकास के चिन्तन के लिए मन को पृथ्वी से बाहर ले जाना पड़ता है। "विश्वशास्त्र" ऐसे ही मन की स्थिति का परिणाम है। वर्तमान और भविष्य के समय के लिए सबसे सत्य दृष्टि तो यही है-

"एक गुण से देखना दृष्टि है,

अनेक गुणों से एक साथ देखना दिव्य दृष्टि है,

सिर्फ विद्वता को देखना दृष्टि दोष है"

और

"जो मन कर्म में न बदले, वह मन नहीं और व्यक्ति का अपना स्वरूप नहीं।"

भाग-1

ईश्वर, अवतार और पुर्नजन्म

"श्रीमद्भागवत आदि ग्रन्थों में मत्स्य-कूर्मादि अनेक अवतारों पर चर्चा हुई है, लेकिन दशावतारवाद कब प्रचलित हुआ था, इसकी जानकारी नहीं मिलती। सम्भवतः जयदेव के काल - द्वादश शताब्दी में यह मतवाद सुपरिचित था। परशुराम आदि चारो महात्मा ऐतिहासिक व्यक्तित्व थे, इसमें सन्देह नहीं। हिन्दू समाज के उत्थान-पतन विषयक इतिहास का स्पष्ट संकेत इनके जीवन में मिलता है। उपन्यास पाठ करके साहित्य-रसिक पाठक जैसा आनन्द और उपदेश प्राप्त करते है, वैसे ही पौराणिक कहानियाँ भी भक्तजनों को आनन्द और शिक्षा प्रदान करती हैं। इन दोनों तरह के साहित्यों का आनन्द तथा शिक्षा उनकी ऐतिहासिकता पर निर्भर नहीं करती।''

ईश्वर, ईश्वर का संक्षिप्त इतिहास और ईश्वर के अवतार

पुर्नजन्म और अवतार

विष्णु के अवतार

सुखसागर के अनुसार भगवान विष्णु चौबीस अवतार

सार्वभौम सत्य-सिद्धान्त के अनुसार काल, युग बोध एवं अवतार

ईश्वर, ईश्वर का संक्षिप्त इतिहास और ईश्वर के अवतार

विभिन्न मतों या विचारों का अन्त और मूल "एक का विचार" है। इस "एक का विचार" से हम सभी और ऊपर नहीं जा सकते। इस एक को वेदान्त में "अद्वैत" या "अव्यक्त एकेश्वर" कहा गया और उसी का प्रत्येक में प्रकाश अर्थात् "बहुरुप में प्रकाशित एक सत्ता" आत्मसात् किया गया, जो अदृश्य आध्यात्म विज्ञान ही नहीं वर्तमान के दृश्य पदार्थ विज्ञान के नवीनतम अविष्कार के फलस्वरुप सिद्ध हो चुका है। इसी एक अदृश्य सत्य को शिव या आत्मा या ईश्वर या ब्रह्म या भगवान कहा गया तथा उसके अदृश्य व्यक्तिगत प्रमाणित अदृश्य गुण और दृश्य सार्वजनिक प्रमाणित सिद्धान्त को दृश्य गुण कहा गया। जिस प्रकार सम्पूर्ण ब्रह्माण्ड की "बहुरुप में प्रकाशित एक सत्ता है।" उसी प्रकार सम्पूर्ण ब्रह्माण्ड में उसका अदृश्य और दृश्य गुण का एक ही सिद्धान्त व्याप्त है। सिद्ध अर्थात् प्रमाणित विषयों और नियमों का अन्त ही सिद्धान्त है। जब अदृश्य आध्यात्म विज्ञान की ओर से सिद्ध विषयों और नियमों को व्यक्त करते हुए एक की ओर जाते हैं, तब वह अदृश्य व्यक्तिगत प्रमाणित सिद्धान्त तथा जब दृश्य पदार्थ विज्ञान की ओर से सिद्ध विषयों और नियमों को व्यक्त करते हुये उस एक की ओर जाते हैं, तब वह दृश्य सार्वजनिक या ब्रह्माण्डीय प्रमाणित सिद्धान्त कहलाता है। आध्यात्म की ओर से उस एक तक पहुँचने के बाद सिर्फ ज्ञान और वाणी रुप ही व्यक्त हो पाता है। और वह "सभी एक ही हैं", "बहुरुप में प्रकाशित एक सत्ता", "समस्त विश्व एक परिवार है", "विश्व-बन्धुत्व", "बसुधैव-कुटुम्बकम्", "बहुजन हिताय बहुजन सुखाय", "एक आत्मा के ही तुम प्रकाश हो", "आपस में प्रेम से रहो", "एकात्म मानवतावाद" इत्यादि सत्य शब्द व्यक्त होते हैं, लेकिन यह व्यवहारिक नहीं हो पाते क्योंकि ये ज्ञान का एक फल है, ज्ञान का बीज नहीं जिससे प्रत्येक व्यक्ति इसके महत्व को समझ सके। परिणामस्वरुप ये व्यावहारिक नहीं बन पाते। इसे व्यावहारिकता में लाने के लिए ज्ञान का बीज अर्थात् दृश्य ज्ञान और कर्मज्ञान अर्थात् सार्वजनिक प्रमाणित एकात्म कर्म-सिद्धान्त की आवश्यकता पड़ती है। ये सार्वजनिक प्रमाणित सार्वभौम सत्य-सिद्धान्त ही ईश्वर है। सम्पूर्ण ब्रह्माण्ड में व्याप्त है। इसको आविष्कृत करने वाले ऋषि या अवतार हैं और इसके द्वारा सम्पूर्ण ब्रह्माण्ड को नियमित करने वाला ब्राह्मण है। इसी सार्वजनिक या ब्रह्माण्डीय प्रमाणित अदृश्य सिद्धान्त को दृश्य करने के लिए समय-समय पर उपयुक्त वातावरण मिलने पर यह सिद्धान्त, सिद्धान्तानुसार ही मानव शरीर धारण, जीवन, कर्म, ज्ञान, ध्यान और सिद्धान्त को व्यक्त करता है। जब तक की वह सिद्धान्त स्वयं को पूर्ण रुप में व्यक्त न कर ले। ऐसा क्यों है? ऐसा इसलिए है कि जिस प्रकार साधारण मानव अपनी इच्छा के लिए कर्म कर व्यक्त होता है उसी प्रकार सिद्धान्त स्वयं की इच्छा से स्वयं को व्यक्त करने के लिए कर्म कर व्यक्त होता है। वह शरीर जिसमें ईश्वर या सिद्धान्त का अवतरण होता है उसे ईश्वर का सगुण-साकार-दृश्य रुप कहा जाता है। परन्तु किसी भी स्थिति में शरीर ईश्वर नहीं होता है क्योंकि प्रत्येक मानव शरीर सिद्धान्तानुसार ही व्यक्त होता है जो सिद्धान्त के ज्ञान से युक्त हो जाते हैं वे आत्म प्रकाश में होकर सफल जीवन व्यतीत करते हैं जो अज्ञान में रहते हैं वे अपने संकीर्ण ज्ञान व विचार के कारण सीमित चक्र में उलझकर रह जाते हैं। यही ज्ञान, कर्म ज्ञान या सत्य-सिद्धान्त की उपयोगिता है।

शिव-आत्मा-ईश्वर-ब्रह्म के गुण सिद्धान्त के अदृश्य व्यक्तिगत प्रमाणित से दृश्य सार्वजनिक या ब्रह्माण्डीय प्रमाणित करने के क्रम में तीन गुणों के कर्मों से युक्त हो संक्रमणीय, संग्रहणीय, गुणात्मक रुप से गुजरना पड़ता है वे हैं- एकात्म कर्म, एकात्म ज्ञान और एकात्म ध्यान। चूँकि एकात्म कर्म के बिना एकात्म-ज्ञान का जन्म नहीं होता इसलिए अदृश्य सिद्धान्त से प्रथमतया एकात्म कर्म का अवतरण होता है। पुनः एकात्म कर्म से एकात्म ज्ञान का अवतरण होता है। चूँकि एकात्म-ज्ञान बिना एकात्म-कर्म के सार्वजनिक प्रमाणित नहीं होता। इसलिए एकात्म-ज्ञान और एकात्म कर्म का संयुक्त अवतरण होता है। चूँकि एकात्म-ज्ञान और एकात्म-कर्म सार्वजनिक रुप से प्रमाणित हैं। जो आगे समाज के विकसित हो जाने पर व्यक्तिगत प्रमाणित में ही परिवर्तित हो जाता है। इसलिए सार्वजनिक या ब्रह्माण्डीय रुप से प्रमाणित होने के लिये दृश्य सिद्धान्त संयुक्त रुप से- एकात्म-ज्ञान, एकात्म-कर्म और एकात्म-ध्यान से युक्त हो पूर्ण अवतरित हो जाता है। ब्रह्माण्डीय या सार्वजनिक प्रमाणित दृश्य सिद्धान्त के अवतरण के लिए

ब्रह्माण्डीय एकात्म-ज्ञान, एकात्म-कर्म और एकात्म-ध्यान की आवश्यकता होती है। इन अवतारों के बीच मूल गुणों के अंशावतार भी होते हैं।

उपरोक्त सम्पूर्ण दृश्य व्यक्त होने की क्रिया को ही व्यावहारिक रुप से समझने के लिए पुराणों में ब्रह्मा को एकात्म-ज्ञान से, विष्णु को एकात्म-ज्ञान सहित एकात्म-कर्म से तथा शिव-शंकर को एकात्म-ज्ञान, एकात्म-कर्म सहित एकात्म-ध्यान से प्रक्षेपित किया गया है। तथा सर्वप्रथम अदृश्य शिव-शंकर (एकात्म-ज्ञान, एकात्म-कर्म, एकात्म-ध्यान) से विष्णु (एकात्म-ज्ञान, एकात्म-कर्म), फिर विष्णु (एकात्म-ज्ञान, एकात्म-कर्म) से ब्रह्मा (एकात्म-ज्ञान) को बहिर्गत अर्थात् ब्रह्मा (एकात्म-ज्ञान) को विष्णु (एकात्म-कर्म, एकात्म-ज्ञान) में और विष्णु (एकात्म-ज्ञान, एकात्म-कर्म) को शिव-शंकर (एकात्म-कर्म, एकात्म-ज्ञान, एकात्म-ध्यान) में समाहित या समर्पित होते दिखाया गया है। यदि सिर्फ एकात्म-कर्म या एकात्म-ज्ञान में से एक से युक्त कोई अवतरित शरीर है तो उसे विष्णु का अंशावतार समझना चाहिए। यदि सिर्फ एकात्म-ज्ञान और एकात्म-ध्यान या एकात्म-कर्म और एकात्म-ध्यान में से एक से युक्त कोई अवतरित शरीर है तो उसे शिव-शंकर का अंशावतार समझना चाहिए। यदि कोई सिर्फ एकात्म-ध्यान से युक्त अवतरित शरीर है तो उसे शंकर का पूर्णावतार न कि शिव-शंकर का पूर्णावतार समझना चाहिए। चूँकि ब्रह्माण्डीय रुप से निराकार शिव एकात्म-ज्ञान, एकात्म-कर्म और एकात्म-ध्यान से ही प्रमाणित किये जा सकते हैं इसलिए एकात्म ध्यान के देवता शंकर को ही पुराणों में शिव-शंकर, महादेव, त्रिनेत्र आदि से सर्वोच्च सम्बोधन किया गया है। सिर्फ शिव-शंकर में ही ब्रह्मा और विष्णु समाहित और समर्पित हैं न कि शंकर में। अर्थात् जब विष्णु सक्रिय होते हैं तो ब्रह्मा निष्क्रिय हो जाते हैं और जब शिव-शंकर सक्रिय होते हैं तब विष्णु निष्क्रिय हो जाते हैं और जब शिव-शंकर निष्क्रिय हो जाते हैं तब समझना चाहिए कि विनाश नजदीक आ रहा है।

एकात्म का अर्थ कोई व्यक्ति व्यक्तिगत रुप से अपनी आत्मा के लिए न समझे, यह समझना एक समय सत्य हो सकता है जब उसमें मन या इच्छा का पूर्ण अभाव हो। इसका सही अर्थ सम्पूर्ण मानव जाति सहित ब्रह्माण्डीय रुप से स्वीकार्य सभी में व्याप्त उस आत्मा से है। इस प्रकार एकात्म ज्ञान सम्पूर्ण ब्रह्माण्ड में व्याप्त विवादमुक्त, एकीकृत, स्वीकृत, सामान्यीकृत ज्ञान से है। एकात्म कर्म का अर्थ एकात्म ज्ञान पर आधारित एकीकृत, स्वीकृत, सामान्याकृत विवादमुक्त रचनात्मक कर्म से है। इसी प्रकार एकात्म ध्यान का अर्थ उस काल चिन्तन से है जिसमें सम्पूर्ण ब्रह्माण्ड सहित मानव जाति समर्पित, स्वीकृत, एकीकृत, विवादमुक्त होने के लिए विवशता संकट बन जाये।

जब बहुरुप में प्रकाशित एक सत्ता है तब प्रत्येक ही व्यक्तिगत रुप से शिव-आत्मा-ईश्वर-ब्रह्म का अवतार है। अर्थात् प्रत्येक में व्यक्तिगत आत्मा रुप से ज्ञान, कर्म और ध्यान है। मूल गुणों में प्रथम प्रत्येक ही व्यक्तिगत रुप से ब्रह्मा अर्थात् एकात्म ज्ञान का अवतार है, इसलिए प्रत्येक को व्यक्तिगत रुप से "मैं ही ब्रह्म हूँ" कहने का सत्य अधिकार है परन्तु यह न तो सामाजिक और न ही सार्वजनिक या ब्रह्माण्डीय रुप से प्रमाणित है। क्योंकि इसके लिए सामाजिक या ब्रह्माण्डीय एकात्म ज्ञान चाहिए। द्वितीय- प्रत्येक ही व्यक्तिगत रुप से एकात्म-कर्म अर्थात् विष्णु का अवतार है। इसलिए प्रत्येक को व्यक्तिगत रुप से "मैं ही विष्णु हूँ" कहने का सत्य अधिकार है। परन्तु यह न तो सामाजिक और न ही सार्वजनिक या ब्रह्माण्डीय रुप से प्रमाणित है। क्योंकि इसके लिए सामाजिक या ब्रह्माण्डीय एकात्म-ज्ञान और एकात्म-कर्म चाहिए। तृतीय- प्रत्येक ही व्यक्तिगत रुप से एकात्म-ध्यान अर्थात् शंकर का अवतार है, इसलिए प्रत्येक को व्यक्तिगत रुप से "मैं शंकर हूँ" कहने का सत्य अधिकार है। परन्तु यह न तो सामाजिक और न ही सार्वजनिक या ब्रह्माण्डीय रुप से प्रमाणित है। क्योंकि इसके लिए सामाजिक या ब्रह्माण्डीय एकात्म-ध्यान अर्थात् काल चिन्तन चाहिए। इस प्रकार ब्रह्मा, विष्णु, शंकर के सभी अवतार शिव-ईश्वर-आत्मा-ब्रह्म के व्यक्तिगत रुप से अवतार हैं। इसलिए प्रत्येक को व्यक्तिगत रुप से "मैं ही शिव हूँ" या "मैं ही आत्मा हूँ" या "मैं ही ईश्वर हूँ" कहने का सत्य अधिकार है। परन्तु यह न तो सामाजिक और न ही सार्वजनिक या ब्रह्माण्डीय रुप से प्रमाणित है। क्योंकि इसके लिए संयुक्त रुप से ब्रह्माण्डीय या सार्वजनिक एकात्म-ज्ञान, एकात्म-कर्म और एकात्म ध्यान चाहिए। और दृश्य रुप को प्रमाणित करने के लिए ब्रह्माण्डीय या सार्वजनिक प्रमाणित सर्ववयापी दृश्य

सिद्धान्त चाहिए। उसके उपरान्त ही सम्पूर्ण ब्रह्माण्ड शिवमय हो "सभी शिव हैं", "सभी शंकर हैं", "सभी विष्णु हैं", "सभी ईश्वर हैं", "सभी आत्मा हैं" प्रमाणित हो जाता है।

ईश्वर के अवतार

सार्वभौम सत्य से सार्वभौम सत्य-सिद्धान्त तक का मार्ग अवतारों का मार्ग है। सार्वभौम सत्य-सिद्धान्त की अनुभूति ही अवतरण है। इसके अंश अनुभूति को अंश अवतार तथा पूर्ण अनुभूति को पूर्ण अवतार कहते हैं। अवतार मानव मात्र के लिए ही कर्म करते हैं न कि किसी विशेष मानव समूह या सम्प्रदाय के लिए। अवतार, धर्म, धर्मनिरपेक्ष व सर्वधर्मसमभाव से युक्त अर्थात् एकात्म से युक्त होते है। इस प्रकार अवतार से उत्पन्न शास्त्र मानव के लिए होते हैं, न कि किसी विशेष मानव समूह के लिए। उत्प्रेरक, शासक और मार्गदर्शक आत्मा सर्वव्यापी है। इसलिए एकात्म का अर्थ संयुक्त आत्मा या सार्वजनिक आत्मा है। जब एकात्म का अर्थ संयुक्त आत्मा समझा जाता है तब वह समाज कहलाता है। जब एकात्म का अर्थ व्यक्तिगत आत्मा समझा जाता है तब व्यक्ति कहलाता है। अवतार, संयुक्त आत्मा का साकार रुप होता है जबकि व्यक्ति, व्यक्तिगत आत्मा का साकार रुप होता है। शासन प्रणाली में समाज का समर्थक दैवी प्रवृत्ति तथा शासन व्यवस्था प्रजातन्त्र या लोकतन्त्र या स्वतन्त्र या मानवतन्त्र या समाजतन्त्र या जनतन्त्र या बहुतन्त्र या स्वराज कहलाता है और क्षेत्र गणराज्य कहलाता है। ऐसी व्यवस्था स्वराज-सुराज कहलाती है। शासन प्रणाली में व्यक्ति का समर्थक असुरी प्रवृत्ति तथा शासन व्यवस्था राज्यतन्त्र या राजतन्त्र या एकतन्त्र कहलाता है और क्षेत्र राज्य कहलाता है ऐसी व्यवस्था कुराज कहलाती है। सनातन से ही दैवी और असुरी प्रवृत्तियों अर्थात् दोनों तन्त्रों के बीच अपने-अपने अधिपत्य के लिए संघर्ष होता रहा है। जब-जब समाज में एकतन्त्रात्मक या राजतन्त्रात्मक अधिपत्य होता है तब-तब मानवता या समाज समर्थक अवतारों के द्वारा गणराज्य की स्थापना की जाती है। या यूँ कहें गणतन्त्र या गणराज्य की स्थापना ही अवतार का मूल उद्देश्य अर्थात् लक्ष्य होता है शेष सभी साधन अर्थात् मार्ग।

मानव जाति के विकास और समस्याओं सहित जनसंख्या में बढ़ोत्तरी के फलस्वरूप उत्पन्न हुई प्रतिस्पर्धा के कारण प्रारम्भ में उनमें दो विचारधारा अर्थात् मानसिकता अर्थात् नेतृत्व मन समाज की व्यवस्था के प्रति उत्पन्न हुई।

प्रथम - मानव जाति समुदाय द्वारा की जाने वाली स्वतः स्फूर्त व्यवस्था वाला वैचारिक समुदाय अर्थात् समाज या जनतन्त्र या जनराज्य या गणराज्य या गणतन्त्र। जिसे बनाये रखने वालों को भगवान, ईश्वर, ब्रह्मा, विष्णु, महेश, परमेश्वर, गणपति, प्रजापति, भगवती, इन्द्र, देवता, ऋषि, गुरू, मुनि, संत, महात्मा, ब्राह्मण जिनमें सांसारिक भाव का बिल्कुल अभाव तथा यथार्थ ज्ञान प्रचुर मात्रा में होता था, कहा गया और इनकी पूजा की गयी। यही समुदाय ईश्वरवादी था।

द्वितीय - व्यवस्था का अधिकार किसी एक को देने अर्थात् राजा को देने वाला वैचारिक समुदाय अर्थात् एकतन्त्र या राज्य या शासन तन्त्र। जिसे बनाये रखने वालों को दैत्य, दानव, राक्षस या असुर जिनमें सांसारिक भाव ही प्रचुर था इसके प्राप्ति का ज्ञान ही इनका ज्ञान था, कहा गया और इस विचार के विनाश का प्रयत्न होता रहा। यही समुदाय हमेशा अनीश्वर वादी रहा।

वर्तमान दृश्य काल में एकतन्त्रीय राज्य या राजा तो सम्पूर्ण विश्व से लगभग पूर्ण रूप से समाप्त हो चुका है। भारत में राजतन्त्र या एकतन्त्रीय राज्य समाप्त होकर लोकतन्त्र या जनतन्त्र या गणतन्त्र या गणराज्य व्यवस्था स्थापित होकर पूर्णता की ओर बढ़ रही है क्योंकि वर्तमान लोकतन्त्र या गणराज्य में सिर्फ तन्त्र या राज्य ही प्रभावी है, लोक या जन या स्व अब धीरे-धीरे दृश्य हो व्यक्त हो रहा है। उसका कारण मात्र जनता द्वारा नेतृत्वकर्ताओं का चुना जाना है जिससे वे समाज या जनता के लिए मजबूरन कुछ सोच रहे हैं परन्तु स्वतंत्र में स्व का तन्त्र अभी स्थापित नहीं हुआ है अवतारों का अवतरण इस व्यवस्था को स्वस्थता और पूर्णता प्रदान करना ही होता है क्योंकि यह आत्मा का तन्त्र अर्थात् उनके अदृश्य सार्वभौम सत्य-सिद्धान्त के दृश्य होने का साधन होता है अर्थात् यही समाज और जनता के यथार्थ नेतृत्वकर्ता, सेवक और शुभ चिन्तक होते हैं।

उपरोक्त में प्रथम समुदाय ही अन्तर्मुखी आध्यात्मिक है तथा द्वितीय समुदाय ही बहिर्मुखी भौतिकवादी है जिन्हें उन क्षेत्रों में प्राथमिकता से व्यक्त होने के कारण प्राच्य और पाश्चात्य संस्कृति कहते हैं जबकि भूमण्डलीकरण के प्रभावों से मिश्रित होकर यह पूर्णतया दिशा और देश अनुसार से हटकर व्यक्ति में स्थापित हो गया। परिणामस्वरूप पाश्चात्य देशों में दोनों संस्कृति के व्यक्ति मिल जाते हैं। मानव जाति के विकास के साथ ही दोनों विचार के समुदायों में आवश्यकता और सर्वोच्चता के लिए युद्ध होते रहते हैं। पहले अवतारी शरीर उसके नेतृत्वकर्ता राजा के शारीरिक वध से यह कार्य सम्पन्न करते थे अब जबकि ऐसा नहीं है तब मानसिक वध के द्वारा ही यह कार्य सम्पन्न हो सकेगा। समाज में आध्यात्म के अधिपत्य से भोग सहित समाज का विकास होते हुये समभाव प्रेम में बदल जाता है तथा भौतिकता के अधिपत्य से भोग सहित समाज विकास अवरूद्ध हो अत्याचार में बदल जाता है ठीक यही स्थिति व्यक्ति के साथ भी होती है।

पुर्नजन्म और अवतार
(स्थूल एवं सूक्ष्म अन्तिम सत्य दृष्टि)

भारतीय दर्शन का मूल आधार कपिल मुनि का क्रिया-कारण सिद्धान्त, जो आज तक ब्रह्माण्डीय या सार्वजनिक रूप से विवादमुक्त सार्वजनिक प्रमाणित रहा और वह कभी भी विवादग्रस्त हो भी सकता क्योंकि वर्तमान का दृश्य पदार्थ विज्ञान भी सम्पूर्ण ब्रह्माण्ड में झांककर यह देख चुका है कि कहीं भी कुछ भी स्थिर नहीं है। अर्थात् वह क्रिया के अधीन है और जो कारण है वह ही स्थिर है। भारतीय चिन्तन में इसी कारण को आत्मा-शिव-ईश्वर-ब्रह्म कहा गया है। जो क्रिया में भी है लेकिन ऐसा है कि नहीं है। जैसे सूर्यास्त के उपरान्त हम यह कह सकते हैं कि सूर्य नहीं है परन्तु वह है। इसके लिए वाह्य नेत्र नहीं, अन्तः नेत्र की आवश्यकता पड़ जाती है। भारतीय चिन्तकों ने इस क्रिया को भी दो रूपों में देखा था-अदृश्य रूप एवं दृश्य रूप। जो प्रत्येक विषय के साथ है और दोनों रूप देश-काल बद्ध सत्य है। जीव के लिए यह स्थूल शरीर और सूक्ष्म शरीर है। मानव जीव के लिए जो कारण यथार्थ आत्मा से युक्त अर्थात् मन से मुक्त अर्थात् इन्द्रिय इच्छाओं से मुक्त स्थूल एवं सूक्ष्म शरीर है। वह दैवी या शिव मानव स्थूल एवं सूक्ष्म शरीर है जिसे मानव जीवन में आध्यत्मिकता युक्त दैवी भौतिक शरीर कहते हैं। तथा जो कारण अर्थात् आत्मा से मुक्त अर्थात् मन से बद्ध अर्थात् इन्द्रिय इच्छाओं से बद्ध स्थूल एवं सूक्ष्म शरीर हैं, वह जीव मानव स्थूल एवं सूक्ष्म शरीर हैं। जिसे मानव जीवन में भौतिकता युक्त असुरी शरीर कहते हैं। प्रत्येक सूक्ष्म शरीर अपने स्थूल शरीर त्याग के बाद सूक्ष्म शरीर अवस्था में रहता है। पुनः प्रत्येक सूक्ष्म शरीर अपने उद्देश्य अर्थात् स्थूल शरीर त्याग के अन्तिम समय में मूल इच्छा की पूर्णता हेतु उचित वातावरण के मिलने पर स्थूल शरीर ग्रहण कर पुनः अपनी चेतना शक्ति से दैवी शरीर, जीव मानव या निम्न जीव शरीर की प्राप्ति के लिए कर्म करने के लिए स्वतन्त्र हो जाता है। एक ही उद्देश्य के अनेक सूक्ष्म शरीरों का एकीकरण और एक ही सूक्ष्म शरीर का अपने उद्देश्य के प्राप्ति हेतु अनेक स्थूल शरीरों का विभिन्न समयों में धारण भी होता है। अर्थात् प्रत्येक स्थूल शरीर ही पुर्नजन्म है चाहे वह शरीर उसे पहचाने या न पहचाने। यह बिल्कुल दृश्य पदार्थ विज्ञान की क्रिया परमाणु से अणु, अणु से यौगिक पदार्थ और पुनः यौगिक पदार्थ से अणु, अणु से परमाणु के एकीकरण और विखण्डन की क्रिया के अनुसार ही होता है। जो स्थूल शरीर आत्मतत्व को व्यक्त करने के लिए क्रमशः एकात्म ज्ञान, एकात्म ज्ञान सहित एकात्म कर्म, एकात्म ज्ञान और एकात्म कर्म सहित एकात्म ध्यान की श्रृंखला में व्यक्त होता है, वह अवतारी स्थूल शरीर कहलाता है। अवतारी शरीर भी अपने अवतारी श्रृंखला का पुर्नजन्म ही होता है। पुर्नजन्म और अवतार में बस अन्तर इतना होता है कि पुर्नजन्म शरीर अपने पूर्व जीवन को सार्वजनिक रूप से सिद्ध नहीं कर पाता है क्योंकि उसके जैसे उद्देश्यों को लेकर अन्य भी पुर्नजन्म में ही होते हैं। जबकि अवतारी शरीर व्यक्तिगत एवं सार्वजनिक रूप से आसानी से पुर्नजन्म सिद्ध कर देता है क्योंकि वह पूर्व के सर्वोच्च कार्य की श्रृंखला की अगली कड़ी होता है। जिसका उद्देश्य उस समय में व्यक्त अन्य पुर्नजन्म शरीरों में सिर्फ एक और अकेला होता है परिणामस्वरूप अवतारी शरीरों का सूक्ष्म शरीर भी स्पष्ट रूप से व्यक्त हो जाता है।

प्रत्येक अपूर्ण मन ही स्थूल शरीर त्याग के बाद सूक्ष्म शरीर कहलाता है। वही अपनी पूर्णता के लिए योग्य वातावरण में पुनः स्थूल शरीर धारण करता है। परन्तु ऐसा भी होता है कि अपनी पूर्णता के लिए स्थूल शरीर धारण किया हुआ सूक्ष्म शरीर परिस्थितिवश किसी दूसरे सूक्ष्म शरीर द्वारा धारण किये गये स्थूल शरीर के प्रभाव में आकर अपने उद्देश्य से अवनति या उन्नति की ओर बढ़ जाये और पुनः उसका मन नये उद्देश्य के लिए अपूर्ण रह जाये। यह नया उद्देश्य सर्वोच्चता और निम्नता अर्थात् उन्नति और अवनति अर्थात् दैवी और असुरी दोनों दिशाओं की ओर हो सकती है। यह उस प्रभावी स्थूल शरीरधारी सूक्ष्म शरीर की दिशा पर निर्भर करता है। कि उसकी पूर्णता किस ओर है। जिसके सम्बन्ध में स्वामी विवेकानन्द जी कहते हैं-"एक विशेष प्रवृति वाला जीवात्मा 'योग्य योग्येन युज्यते' इस नियमानुसार उसी शरीर में जन्म ग्रहण करता है जो प्रवृति के प्रकट करने के लिए सबसे उपयुक्त आधार है। यह पूर्णतया विज्ञान-संगत है, क्योंकि विज्ञान कहता है कि प्रवृति या स्वभाव अभ्यास से बनता है और

अभ्यास बारम्बार अनुष्ठान का फल है। इस प्रकार एक नवजात बालक की स्वाभाविक प्रवृतियों का कारण बताने के लिए पुनः-पुनः अनुष्ठित पूर्व कर्मों को मानना आवश्यक हो जाता है। और चूँकि वर्तमान जीवन में इस स्वभाव की प्राप्ति नहीं की गयी, इसलिए वह पूर्व जीवन से ही उसे प्राप्त हुआ है।" (हिन्दू धर्म, राम कृष्ण मिशन, पृष्ठ-6) और "फलानुमेयाः प्रारम्भा संस्काराः प्राक्तना इव" - फल को देखकर ही कार्य का विचार सम्भव है। जैसे कि फल को देखकर पूर्वसंस्कार का अनुमान किया जाता है। (पत्रावली - द्वितीय, राम कृष्ण मिशन, पृष्ठ-129) इसलिए प्रत्येक सूक्ष्म शरीरधारी स्थूल शरीर को अपने मन की प्रवृतियों और प्राप्त उपलब्ध संसाधन का अध्ययन कम उम्र में ही कर लेना चाहिए जिससे उसे, उसके वर्तमान जीवन का उद्देश्य ज्ञात हो जाये। परिणामस्वरूप अन्य सूक्ष्म शरीरधारी स्थूल शरीरों के प्रभाव में आने पर अपने उद्देश्य की प्राप्ति के लिए बद्ध और मुक्त होने पर नियन्त्रण वे स्वयं कर सके। चूंकि स्थूल शरीर मन का स्थायित्व और अस्तित्व लम्बी अवधि के लिए है। इसलिए ही भारतीय संस्कृति में प्रथमतया ब्रह्मचर्य आश्रम में ही ज्ञान से मन को पूर्ण कर दिया जाता था जिससे उस मानव का वर्तमान जीवन अर्थात् गृहस्थ आश्रम सहित अगला जीवन भी उत्तरोत्तर उन्नति की दिशा की ओर हो जाता था। जिस प्रकार दैवी सूक्ष्म शरीर अपने उद्देश्य के लिए उचित वातावरण में स्थूल शरीर धारण करती है उसी प्रकार असुरी सूक्ष्म शरीर भी अपने उद्देश्य के लिए उचित वातावरण में स्थूल शरीर धारण करती है। जब दैवी शरीर अपने प्रभाव में अन्य शरीरों को ले लेती है तब उन्नति अर्थात् धर्म का विकास होता है। जब असुरी शक्ति अपने प्रभाव से अन्य शरीरों को ले लेती है। तब अवनति अर्थात् धर्म की हानि होती है। असुरी शरीरों के नाश अर्थात् दैवी शरीरों में परिवर्तन का एक मात्र सरल रास्ता आध्यत्मिक वातावरण को बनाये रखना ही है। इसलिए ही भारतीय आचार्यों ने आध्यात्म का प्रचार-प्रसार और भारतीय संस्कृति में वानप्रस्थ आश्रम का प्रविधान दिया था। जो किसी भी असुरी सूक्ष्म शरीर के स्थूल शरीर धारण पर उसका परिवर्तन कर देता था। वर्तमान समय में भारत में असुरी प्रवृत्ति का प्रभाव इसलिए बढ़ा हुआ है कि पिछले दो सौ वर्षों से भारत को नष्ट-भ्रष्ट करने वाले स्थूल शरीरों का अपूर्ण मन-सूक्ष्म शरीर वर्तमान समय के योग्य वातावरण मिलने पर सबके सब सूक्ष्म शरीर, स्थूल शरीर ग्रहण कर अपने उद्देश्य को प्राप्त कर रहे हैं चाहे वह भले ही क्यों न भारत में ही स्थूल शरीर ग्रहण किये हुये हो। परिणामस्वरूप उनके असुरी प्रभाव से दैवी शरीर भी असुरी शरीरों में परिवर्तित होते जा रहे हैं और नये उद्देश्य अपूर्ण मन का निर्माण होता जा रहा है।

वर्तमान समय में मानव समाज की "भगवान या ईश्वर" के प्रति यह आम धारणा बन गयी है कि वे ईश्वर या भगवान को मूर्तियों या भविष्य और भूत तक ही सीमित रखना चाहते हैं न कि वर्तमान में। वर्तमान में ईश्वर का सगुण रूप अवतार को स्वयं अपने जैसा मानव शरीर में देखने पर उन्हें जैसे अपने ऊपर आघात का अनुभव होता है। यह मात्र अहंकार ही है। इसलिए सर्वप्रथम मानव और ईश्वर को समझने की आवयकता हैं। "भगवान" के सम्बन्ध में अनेक प्रकार के विचार प्रचलित है या फिर भी, आम आस्तिक धारणा के अनुसार, इस चराचर सृष्टि के नियन्ता को "भगवान" कहते है। एक शास्त्रीय अर्थ के अनुसार "जहाँ" से यह सम्पूर्ण चराचर सृष्टि प्रकट हुई ; जिसमें स्थित है तथा फिर "जहाँ" इसका लय होता है ; उसे भगवान कहते हैं। अर्थात् सृष्टि, स्थिति एवं लय ये तीनों चेष्टायें जिसमें क्रियाशील है उसे भगवान कहते हैं। इसलिए भगवान को सर्वशक्तिमान, सर्वव्यापक और सवसमर्थ होने से जगत् का लय अर्थात् संहार होता है। अधिकांश लोग भगवान के बारे में ऐसी धारणा रखते हैं कि वह एक व्यक्तित्व है जो कहीं अन्तरिक्ष में बैठकर, इस चराचर जगत् पर नियन्त्रण करता है जबकि भगवान का सर्वशक्तिमान, सर्वव्यापक और सर्वसमर्थ स्वरूप व्यक्तित्व वाचक न होकर, "सिद्धान्त" वाचक है। सिद्धान्त "नियम" को कहते हैं। नियम निराकार है। इसलिए, भगवान के भौतिक स्वरूप को निराकार कहा गया है। यह निराकार स्वरूप सिद्धान्त वाचक होने से ज्ञानमय एवं पूर्ण हैं। इस प्रकार भगवान व्यक्तित्व के प्रतीक न होकर "सिद्धान्त", ज्ञान या पूर्णता के प्रतीक हैं। असीम गुणों तथा पूर्ण सिद्धान्त के प्रतीक भगवान जब शरीर इस मृत्यु लोक में आते हैं तब उन्हें अवतार कहा जाता है। भारतीय मान्यता एवं चिन्तन के अनुसार "भगवान" के दो स्वरूप हैं। एक 'निर्गुण', दूसरा 'सगुण'। भगवान के निर्गुण स्वरूप के सम्बन्ध में विवाद कम हैं पर सगुण स्वरूप अर्थात् अवतार के सम्बनध में बहुत मतभेद है। भगवान अर्थात् सिद्धान्त का अवतार व्यक्तित्व प्रमाणित अदृश्य सिद्धान्त से सार्वजनिक प्रमाणित दृश्य सिद्धान्त को व्यक्त करने की इच्छा या उद्देश्य के लिए एकात्म ज्ञान (ब्रह्मा), एकात्म ज्ञान सहित एकात्म कर्म (विष्णु) तथा

एकात्म ज्ञान और एकात्म कर्म सहित एकात्म-ध्यान (शिव-शंकर) के क्रम में ब्रह्मा, विष्णु और शिव-शंकर के अंशावतार और पूर्णावतार के रूप में होता है। काल के दो रूपों में प्रथम-व्यक्तिगत प्रमाणित अदृश्य काल अर्थात् मन का अन्तः विषय पर केन्द्रित होने की स्थिति में मानव मन व्यक्तिगत प्रमाणित रूप से निम्न से सर्वोच्च और अन्तिम अर्थात् योग से योगेश्वर की ओर गति करता है तथा द्वितीय-सार्वजनिक प्रमाणित दृश्य काल अर्थात् मन का वाह्य विषय पर केन्द्रित होने की स्थिति में मानव मन सार्वजनिक प्रमाणित रूप से निम्न से सर्वोच्च और अन्तिम अर्थात् भोग से भोगेश्वर की ओर गति करता है। योगेश्वर में भोगेश्वर सूक्ष्म रूप से तथा भोगेश्वर में योगेश्वर सूक्ष्म रूप से समाहित होती है। योगेश्वर में व्यक्तिगत प्रमाणित अदृश्य सत्य चेतना सिद्धान्त तथा भोगेश्वर में सार्वजनिक प्रमाणित दृश्य सत्य चेतना सिद्धान्त की प्राथमिकता होती है। भगवान का व्यक्तिगत प्रमाणित अदृश्य पूर्णावतार योगेश्वर तथा सार्वजनिक प्रमाणित दृश्य पूर्णावतार भोगेश्वर होता है जिस प्रकार बिना साकार के निराकर का सार्वजनिक प्रमाणित होना असम्भव है उसी प्रकार बिना भोगेश्वर के योगेश्वर का सार्वजनिक प्रमाणित होना असम्भव है। पुर्नजन्म अपूर्ण इच्छा या उद्देश्य या मन की पूर्णता के लिए होता है। सामान्य मानव का पुर्नजन्म अपने आत्मा और अनात्म अपूर्ण मन की पूर्णता के लिए होता है जबकि अवतारों का पुर्नजन्म आत्मीय-सिद्धान्तों को पूर्ण व्यक्त करने के उद्देश्य से होता है। इस प्रकार पूर्ण आत्मा या सिद्धान्त या दृश्य सार्वजनिक सिद्धान्त का अन्तिम अवतरण एक तरफ अवतारों का पुर्नजन्म सिद्ध करता है तो दूसरी तरफ मानव का पुर्नजन्म भी सिद्ध कर देता है। परिणामस्वरूप प्रत्येक अनात्म और आत्म अपूर्ण मन उसी एक पूर्ण आत्मा में समाहित हो जाते हैं। अपूर्णता में जन्म लेकर साधना या कृपा से योग और भोग की ओर से व्यक्त योगेश्वर और भोगेश्वर अर्थात् नीचे से उपर की ओर गति कर पूर्णता प्राप्त किया हुआ व्यक्तित्व गुरू या आचार्य कहलाता है जबकि साधना और कृपा से मुक्त पूर्णता में शरीर धारण कर अव्यक्त योगेश्वर और भोगेश्वर की ओर से व्यक्त योग और भोग अर्थात् ऊपर से नीचे की ओर गति कर पूर्ण योगेश्वर और भोगेश्वर को प्रथमतया व्यक्त करने वाला व्यक्तित्व अवतार या भगवान कहलाता है।

सामान्यतः पुर्नजन्म को पहचानना कठिन है परन्तु स्वभाव और कार्य की प्रकृति द्वारा पूर्वजन्म में अर्जित प्रवृति को जाना जा सकता है। सार्वजनिक प्रमाणित रूप से वही पुर्नजन्म प्रमाणित हो पाता है जो अन्तिम अवतार के अवतरण के पूर्व अवतरण के प्रयोजन और उसके मार्ग को स्पष्ट रूप से व्यक्त कर अपनी इच्छा को व्यक्त करता है। अवतारों का पहचान, कार्य पूर्ण होने के बाद आसानी से हो जाती है। मूलतः वे अपने पूर्व के अवतारों के संग्रहणीय, सक्रमणीय, गुणात्मक पुर्नजन्म ही होते हैं। परन्तु अवतारों के साथ कुछ विशेषताएं होती है जो इस प्रकार है-

1. अवतार (सार्वभौम सत्य-सिद्धान्त), का जन्म नहीं होता वरन् वे प्रकट होते हैं क्योंकि जन्म उसी का होता है जिसकी मृत्यु हुई हो। प्रारब्ध कर्म के अनुसार हर सत्ता जन्म एवं मृत्यु को प्राप्त होते हैं। चूंकि भगवान (सार्वभौम सत्य-सिद्धान्त) किसी प्रारब्ध से बँधे नही हैं इसलिए वे जन्म एवं मृत्यु से परे हैं। अर्थात् अन्य जीवधारियों की तरह भगवान (सार्वभौम सत्य-सिद्धान्त) को भोग अर्थात् मैथुन का आश्रय ग्रहण कर शरीर नहीं धारण करना पड़ता वरन् वे अपनी इच्छा से शरीर धारण करते हैं। यहाँ ध्यान देने योग्य है कि भगवान अर्थात् सिद्धान्त या नियम का जन्म नहीं होता, न ही उसकी मृत्यु होती है। बस यह स्वयं को प्रकट करने के लिए एक मानव शरीर के माध्यम से प्रकट हो जाता है।
2. अवतार (सार्वभौम सत्य-सिद्धान्त), को जन्म, मृत्यु, जरा, व्याधि ये चारों दुःख स्पर्श नहीं करते अर्थात् सिद्धान्त से युक्त शरीर सिद्धान्तानुसार होने के कारण सिद्धान्त को ये दुःख स्पर्श नहीं करते।
3. अवतार (सार्वभौम सत्य-सिद्धान्त), सीमित शरीर में प्रकट होने पर भी आवश्यकता पड़ने पर अपने असीम अर्थात् स्वरूप को दिखलाने में समर्थ होते है। यह सामर्थ्य किसी गुरू-आचार्य, सन्त, महात्मा में नहीं होती। अर्थात् सिद्धान्त सीमित शरीर में प्रकट होने पर भी वह ब्रह्माण्ड के सभी विषयों के साथ स्वयं को जोड़कर प्रत्येक में अपने अंश को व्यक्त कर अपनी विराटता व्यक्त कर सकता है। गुरू, सन्त, आचार्य, महात्मा ऐसा इसलिए नहीं कर पाते क्योंकि वे पूर्ण व्यक्त सिद्धान्तों का मात्र साक्षात्कार करते हैं न कि नया अविष्कार करते हैं।

4. अवतार (सार्वभौम सत्य-सिद्धान्त), अज्ञानतापूर्ण व्यवहार करते हुये भी सर्वज्ञ होने का अर्थ, अन्तर्यामी होना। भगवान के अवतार को छोड़कर कोई अन्य अन्तर्यामी अर्थात् सब कुछ जान लेना नहीं हो सकता। अर्थात् अज्ञानतापूर्ण व्यवहार उनकी आवश्यकता होती है क्योंकि प्रकट होने के पूर्व तक वे साधारण मानव ही बनकर अपने प्रकट होने के उचित समय की प्रतिक्षा करते हैं। अन्तर्यामी इसलिए होते हैं कि सिद्धान्त द्वारा भूत, वर्तमान और भविष्य के सभी मानसिकता चक्र का ज्ञान होने से उसके फल का ज्ञान, ज्ञात रहता है।
5. अवतार (सार्वभौम सत्य-सिद्धान्त), का जन्म एवं कर्म दोनों दिव्य होता है। जो मलिन नहीं होता, कभी मुरझाता नहीं, नित-नूतन बना रहता है, उसे दिव्य कहते हैं। जन्म का सम्बन्ध शरीर से है। अर्थात् अवतार का शरीर कभी मुरझाता नहीं। सामान्य जीवधारियों का शरीर, आहार, निद्रा, भय एवं मैथुन के अधीन रहता है। जबकि अवतार भले ही खाते, सोते तथा अन्य व्यवहारिक कार्य करते दिखायी देते हो, परन्तु उनके लिए न खाना जरूरी हैं और न ही सोना।
6. भारतीय आध्यात्मिक प्रतीकों कमल एवं हंस को ज्ञान का प्रतीक कहा गया हैं। चूंकि अवतार, ज्ञान या पूर्णता के साकार स्वरूप होते हैं इसलिए उनके शरीर का प्रत्येक अंग जैसे-आँख, चेहरा, हाथ, पाँव इत्यादि कमल की पंखुड़ियों की भाँति होता है। सारे संसार में कमल ही एक ऐसा पुष्प है जो सूर्य के प्रकाश में खिलता है और सूर्यास्त के साथ मुरझा जाता है। सूर्य ज्ञान का प्रतीक है किसी भी जीवधारी के न तो सभी अंग कमलवत् होते हैं और न हो सकते हैं।
7. अवतार (सार्वभौम सत्य-सिद्धान्त), का स्वभाव हंस जैसा होता है। हंस गुण को ग्रहण करता है और दोष को छोड़ देता है। इसी प्रकार अवतार भी दूसरों का गुण ही देखते और ग्रहण करते हैं, दोष की ओर तो उनका ध्यान ही नहीं जाता। सामान्यतया मनुष्य दूसरों में दोष तथा स्वयं में गुण देखते हैं। अवतारों का यह गुण ही उन्हें दोषों से भरे संसार में भी "चन्दन विष व्यापत नहीं लिपटे रहत भुजंग" की भाँति रहने तथा दोषों को भी उपयोग में ले लेने की क्षमता प्रदान करता है।
8. अवतार (सार्वभौम सत्य-सिद्धान्त), के द्वारा अनुष्ठित कर्म भी जन्म के समान दिव्य होते हैं। सामान्य जीवों का कर्म राग एवं द्वेष से प्रेरित रहता है इसलिए प्रारब्ध का निर्माण करता है। इसके विपरीत अवतार के कर्म राग-द्वेष से रहित, विवेक ज्ञान अर्थात् चेतना या काल ज्ञान से प्रेरित होते हैं। इसलिए अवतार के कर्म प्रारब्ध का निर्माण नहीं करते परिणामस्वरूप अवतार द्वारा किये गये वे कर्म जो जनसामान्य को ये लगता है कि यह बुरा है जिसका फल भुगतना पड़ेगा, ऐसा अवतारों के साथ सम्भव नहीं हो पाता। प्रारब्ध का निर्माण न होने से, अवतार के कर्म नित-नूतन बने रहते हैं। नित-नूतन कर्म को लीला कहते हैं। यही कारण है कि अवतार के दिव्य कर्मों, लीलाओं को आज भी दोहराया जाता है। भारत की श्रीरामलीला एवं श्रीकृष्णलीला विश्व प्रसिद्ध हैं। यहाँ यह भी ध्यातव्य है कि किसी ऋषि, मुनी, आचार्य या सन्त के कर्मों को किसी प्रकार दोहराया नहीं जाता। इसलिए अवतार के अतिरिक्त किसी अन्य के कर्म को लीला नहीं कहा जा सकता।

उपरोक्त सार्वजनिक प्रमाणित दृश्य विशेषताएं अवतारों के साथ निश्चित रूप से अवश्य होती हैं इससे युक्त होने पर ही उन्हें अवतार कहा जा सकता है। वर्तमान में, सनातन परम्परा के सभी गुरू, आचार्यों तथा विद्वानों तथा सनातन जनता का यह कर्तव्य है कि अवतार के नाम पर देश में चल रहे पाखण्ड को तोड़ने के लिए संगठित होकर आगे आयें।

यहाँ यह विचारणीय है कि पुर्नजन्म और अवतार क्यों होता है। पुर्नजन्म और अवतार दोनों अपूर्ण मन या अपूर्ण उद्देश्य या अपूर्ण इच्छा के पूर्णता के लिए होता है। सामान्य जीवधारियों का पुर्नजन्म उनके आत्म और अनात्म अपूर्ण इच्छा के पूर्णता के लिए होता है। परन्तु भगवान के अवतीर्ण होने की व्यक्तिगत एवं सार्वजनिक दो कारण हैं। व्यक्तिगत कारण में भक्त के उल्लास एवं प्रसन्नता के चरम बिन्दु पर तथा दुःख एवं संकट के चरम बिन्दु पर अवतरण होता है। जबकि सार्वजनिक कारण में धर्म की ग्लानि अर्थात् एकात्म का सामाजिक अभाव होता है। मनुष्य एवं यह चराचर सृष्टि, धर्म से उत्पन्न हुयी है। धर्म, भगवान का स्वाभाव है। मनुष्य पर सबसे बड़ा दायित्व धर्म की रक्षा का है। मनुष्य जब इस दायित्व से विमुख होकर अधर्म का आश्रय ग्रहण कर लेता है तब उसे नियन्त्रित

करना असम्भव हो जाता है। तब भगवान को धर्म की रक्षा के लिए इस धराधाम पर अवतीर्ण होकर अपनी लीलाओं से कालानुसार विधि द्वारा अधर्मियों का नाश एवं सज्जनों का परित्राण करते हैं। उनके आगमन का मूल प्रयोजन दुष्टों का संहार होने पर भी, साथ-साथ बच्चों की तरह जन्म लेकर बाल लीलाओं से भक्तों को आनन्द प्रदान करते हैं।

यहाँ यह विचारणीय है। कि पुर्नजन्म और अवतार कब होता है। पुर्नजन्म के लिए वातावरण तो हमेशा तैयार मिलता रहता है। इसलिए पुर्नजन्म एक सतत होने वाली प्रक्रिया है परन्तु अवतार के लिए वातावरण एक लम्बी समय अवधि बाद धर्म की गुलामी अर्थात् समाज में एकात्म भाव का पूर्ण अभाव होने पर ही बनता है। सनातन काल दर्शन के अनुसार कुल दस अवतार हैं जिसमें से कुल नौ हो चुके हैं। इस कलियुग में एक मात्र शेष दसवां और अन्तिम निष्कलंक श्री कल्कि अवतार होगा। यह अवतार भी हो चुका है। शास्त्रों में कलियुग के अन्त में अवतार की बात आयी है। शास्त्र में वर्णित गणित के आधार पर कुछ लोगों का मत है कि कलियुग का अन्त अभी दूर है जबकि एक अन्य मतानुसार सूर्य, चन्द्र को लगने वाले ग्रहण तथा नारी-पुरूष द्वारा किये जाने वाले अनेक पापों से युग की आयु का क्षय होता है, इसलिए कलियुग की आयु अब क्षीण हो गयी है। और अवतार का समय आ गया है। वर्तमान समय में धर्म की ग्लानि अर्थात् समाज एकात्म भाव को पूर्णतया खोकर समाप्त हो चुका है तथा सूर्य-ग्रहण भी कई बार लगातार हो रहा है, जो स्पष्टतः कलियुग की आयु क्षीण होने और अवतार के आगमन की आवश्यकता का स्पष्ट प्रमाण है। श्री कल्कि अवतार के हो जाने से अनेक स्वघोषित विशेषता रहित अवतार तथा श्रीकल्कि पुराण और श्रीमद्भागवत आदि ग्रन्थों के अनुसार श्री कल्कि अवतार का प्राकट्य श्रीविष्णुयश नामक ब्राह्मण, ग्राम-सम्भल जि-मुरादाबाद के यहाँ होने वाली बात भी उपरोक्त कारणों द्वारा कलियुग की आयु क्षीण होने से असत्य हो चुकी हैं।

यहाँ यह विचारणीय है कि पुर्नजन्म और अवतार कहाँ होता है। पुर्नजन्म के लिए तो सम्पूर्ण विश्व ही योग्य भूमि है परन्तु अवतार के लिए सिर्फ तपोभूमि भारत ही योग्य भूमि है। क्योंकि प्रथमतया पूर्ण मानसिकता विकास चक्र वहीं से प्रारम्भ हुआ जिसके फलस्वरूप दो शाखायें अर्थात् दो प्रकार के मन विकसित हुये। प्रथम भक्ति-भाव युक्त मन जिसके कारण भारत में ही ऐसे भक्त हुये जिन्होंने भगवान को मानव रूप में देखने की अभिलाषा व्यक्त किये। अन्यत्र कहीं भक्तों ने भगवान के सम्मुख ऐसी अभिलाषा रखी हो इसका उल्लेख नहीं मिलता। दूसरा - भगवान (सार्वभौम सत्य-सिद्धान्त) को व्यक्त करने की इच्छा से युक्त मन। जिसके कारण पूर्ण अदृश्य व्यक्तिगत प्रमाणित सार्वभौम सत्य-सिद्धान्त से पूर्ण दृश्य सार्वजनिक प्रमाणित सार्वभौम सत्य-सिद्धान्त को व्यक्त करने के लिए अवतरण प्रारम्भ हुआ क्योंकि उसके योग्य भूमि और वातावरण भी प्राचीन समय से यहीं पर निर्मित होने लगा था। अवतारों की स्वयं के प्रकाट्य के लिए उपयुक्त साधनों की आवश्यकता पड़ती है, पूर्व द्वारा निर्मित साधन सिर्फ भारत भूमि पर ही मिलते हैं इसलिए भगवान (सार्वभौम सत्य-सिद्धान्त) का अवतरण भारत में ही होता है।

यहाँ यह विचारणीय है कि पुर्नजन्म और अवतार कैसे होता है? पुर्नजन्म, किसी भी जीवधारियों में होने वाली समान्य प्राकृतिक क्रिया द्वारा ही सम्भव होता है परन्तु भगवान (सार्वभौम सत्य-सिद्धान्त) स्वइच्छा से ही सिद्धान्तानुसार शरीर धारण करते है। माँ के गर्भ में जीव के पिण्ड का निर्माण शुक्र एवं रज के योग से पंचतत्वों द्वारा होता है। चूंकि परमात्मा (सार्वभौम सत्य-सिद्धान्त) इन सबसे परे हैं और इन सबको जन्म देने वाले हैं। इसलिए उन्हें साकार रूप ग्रहण करने के लिए न तो शुक्र एवं रज की आवश्यकता पड़ती है और न पंचतत्वों से उनके शरीर का निर्माण होता है। क्योंकि वे परमात्मा सिद्धान्त हैं। इसलिए उनका शरीर, सिद्धान्त से निर्मित होता है। साकार में यह लग सकता है कि परमात्मा श्रीराम, श्रीकृष्ण माता के गर्भ से जन्म लिये पर भक्त व्यक्तिगत प्रमाणित अदृश्य रूप से यह जानते हैं कि यह उनकी लीला है। भगवान के अवतरित होने पर की जाने वाली हर चेष्टा को लीला कहते हैं। परमात्मा सब ओर से पूर्ण रहते हुये भी अपूर्ण जैसा व्यवहार करते हैं। पूर्ण द्वारा अपूर्ण जैसा व्यवहार लीला है। इसके विपरीत जीव-मानव अपूर्ण होते हुये भी पूर्ण जैसा व्यवहार करता है। यह उसके अहंकार एवं अज्ञान का द्योतक है। जीव कर्म बन्धन के कारण नाना योनियों में जन्म लेने को विवश है। जबकि परमात्मा न तो कर्म बन्धन से विवश होकर जन्म लेते हैं और न तो उनके द्वारा किये गये कर्म उन्हें बाँधते हैं। इसलिए शरीर धारण करने में वे

सर्वथा स्वतन्त्र है। उनका शरीर उनकी इच्छा से निर्मित होता है और लीला समाप्त होने पर उनकी इच्छा से विलीन हो जाता है।

यहाँ यह विचारणीय है कि पुर्नजन्म और अवतार किससे होता है? पुर्नजन्म किसी भी जाति, धर्म के माता-पिता के द्वारा होता है जो उसके सूक्ष्म शरीर अर्थात् अपूर्ण मन या अपूर्ण इच्छा को व्यक्त करने के लिए योग्य वातावरण हो या मिल सके। भगवान (सार्वभौम सत्य-सिद्धान्त) का अवतरण उसी सनातन मूल मानव जाति के माता-पिता द्वारा ही होता है। क्योंकि अवतारों को व्यक्त होने के लिए सत्व और रज दो गुणों की विशेष आवश्यकता पड़ती है जो सर्वाधिक रूप से मूल मानव जाति में ही संग्रहित हैं। सत्व तथा रज गुण, प्रधान वर्ग विभाग में ब्राह्मण और क्षत्रित्व जाति में विभाजित है। चूंकि मात्र सत्व गुण अर्थात् एकात्म ज्ञान पूर्ण अवतार को प्रमाणिकता सिद्ध नहीं कर सकता इसलिए सत्व गुण से युक्त रज गुण प्रधान क्षत्रिय जाति के ही माता-पिता के द्वारा होता है।

सार्वजनिक प्रमाणित पुर्नजन्म और दसवां अन्तिम कल्कि अवतार कौन होगा? सभी अवतारों ने समाज या गणराज्य बनाने का ही कार्य किया है। वर्तमान में विश्व का सबसे बड़ा लोकतन्त्र भारत में स्थापित है जो गणराज्य ही है। परन्तु अभी अपूर्ण है जिसमें राज्य या तन्त्र तो है परन्तु गण या लोक गायब है। इसकी पूर्णता करने वाला तथा उपरोक्त अवतारी विशेषताओं से युक्त अवतार ही अन्तिम अवतार होगा। स्वामी विवेकानन्द ने इस कार्य के लिए अन्तिम विचार दिये थे। इसलिए यह अन्तिम अवतार उनका सार्वजनिक प्रमाणित पुर्नजन्म भी होगा। जिसके श्री लव कुश सिंह "विश्वमानव" ज्वलत, जीवन्त, सार्वजनिक प्रमाणित प्रत्यक्ष उदाहरण हैं।

भगवान विष्णु के अवतार

सम्पूर्ण आध्यात्मिक सूक्ष्म एवं स्थूल सिद्धान्तों को व्यक्त करने का माध्यम मात्र मानव शरीर और कर्म क्षेत्र मात्र मानव समाज ही है। साथ ही उसका मूल्यांकनकर्ता मानव का अपना मन स्तर ही है। इसलिए अवतार सम्पूर्ण सिद्धान्तों को कालानुसार व्यक्त सगुण रूप मानव शरीर ही होता है। मूलरूप से अवतार शिव-आत्मा-ईश्वर-ब्रह्म अर्थात् सार्वभौम सत्य-सिद्धान्त के अवतार होते हैं परन्तु एकात्म ज्ञान अर्थात् ब्रह्मा और एकात्म ध्यान अर्थात् शंकर सार्वजनिक प्रमाणित दृश्य न हो सकने के कारण एकात्म कर्म-विष्णु के ही अवतार के रूप में जाना जाता है। क्योंकि एक मात्र कर्म ही मानव समाज में सार्वजनिक प्रमाणित होता है। इस एकात्म कर्म का कारण एकात्म प्रेम और एकात्म प्रेम का कारण मात्र एकात्म कर्म होता है।

विष्णु अर्थात् एकात्मकर्म का अव्यक्त रूप एकात्म प्रेम अर्थात् लक्ष्मी हैं। एकात्म कर्म का कारण एकात्म प्रेम तथा एकात्म प्रेम का कारण एकात्म कर्म होता है। वह कर्म जो आत्मा के लिए हो और वह प्रेम जो आत्मा के लिए हो अर्थात् समभाव और कर्म युक्त मानव शरीर ही विष्णु का अवतार है।

भगवान विष्णु के 24 अवतार (1. श्री सनकादि, 2. वाराह अवतार, 3. नारद मुनि, 4. नर-नारायण, 5. कपिल, 6. दत्तात्रेय, 7. यज्ञ, 8. ऋषभदेव, 9. पृथु, 10. मत्स्यावतार, 11. कूर्म अवतार, 12. धन्वन्तरि, 13. मोहिनी, 14. हयग्रीव, 15. नृसिंह, 16. वामन, 17. गजेन्द्रोधारावतार, 18. परशुराम, 19. वेदव्यास, 20. हन्सावतार, 21. राम, 22. कृष्ण, 23. बुद्ध, 24. कल्कि) का वर्णन श्री विष्णु पुराण एवं श्री भविष्य पुराण में स्पष्ट उल्लेख है। जिनमें मुख्य 10 अवतार (1. मत्स्य, 2. कूर्म, 3. वाराह, 4. नृसिंह, 5. वामन, 6. परशुराम, 7. राम, 8. कृष्ण, 9. बुद्ध, 10. कल्कि) ही माने जाते हैं।

ग्रन्थों में अवतारों की कई कोटि बतायी गई है जैसे अंशाशावतार, अंशावतार, आवेशावतार, कलावतार, नित्यावतार, युगावतार इत्यादि, जो भी सार्वभौम सत्य-सिद्धान्त को व्यक्त करता है वे सभी अवतार कहलाते हैं। व्यक्ति से लेकर समाज के सर्वोच्च स्तर तक सार्वभौम सत्य-सिद्धान्त को व्यक्त करने के क्रम में ही विभिन्न कोटि के अवतार स्तरबद्ध होते हैं। अन्तिम सार्वभौम सत्य-सिद्धान्त को व्यक्त करने वाला ही अन्तिम अवतार के रूप में व्यक्त होगा। अब तक हुये अवतार, पैगम्बर, ईशदूत इत्यादि को हम सभी उनके होने के बाद, उनके जीवन काल की अवधि में या उनके शरीर त्याग के बाद से ही जानते हैं। परन्तु भविष्य अर्थात् "आने वाले कल" के लिए कल्पित एक मात्र महाविष्णु के अवतार-कल्कि के आने से पूर्व ही जानने लगे हैं।

अदृश्य सत्य-सिद्धान्त से सार्वजनिक या ब्रह्माण्डीय प्रमाणित दृश्य सत्य-सिद्धान्त तक के व्यक्त होने की क्रिया में प्रयुक्त मानव शरीर ही अवतारों का शरीर है। इस क्रम में प्रत्येक अगला अवतार अपने पिछले अवतार का अगला चरण अर्थात् सामाजिक आवश्यकताओं की कालानुसार पूर्तिकर्ता सहित उसका पुर्नजन्म होता है। क्योंकि सत्य-सिद्धान्त को व्यक्त करने की इच्छा तब तक अवतारों में रहती है जब तक सत्य-सिद्धान्त पूर्णरूप से दृश्य सार्वजनिक या ब्रह्माण्डीय प्रमाणित रूप नहीं ले लेता। कोई भी मानव शरीर अवतारी ज्ञान, कर्म और ध्यान को रखते हुये भी यदि सम्पूर्ण सामाजिक या ब्रह्माण्डीय आवश्यकताओं का कालानुसार हल नहीं प्रस्तुत करता तो वह गुणों को रखते हुये भी अवतारी शरीर नहीं हो सकता। इस प्रकार प्रत्येक अगला अवतार अपने पिछले अवतार का संग्रहणीय, संक्रमणीय, गुणात्मक रूप का प्रतीक होता है। अवतारों का स्थूल शरीर किसी भी स्थूल अटलनीय, अपरिवर्तनीय, प्राकृतिक नियम-परिवर्तन या आदान-प्रदान से मुक्त नहीं होता सिर्फ उनका सूक्ष्म शरीर और व्यक्त सत्य-सिद्धान्त ही उससे मुक्त और अप्रभावी होता है जिसे दुःख-सुख, जन्म-मृत्यु इत्यादि से मुक्त कहते हैं।

अवतारों के प्रत्यक्ष और प्रेरक दो कार्य विधि हैं। प्रत्यक्ष अवतार वे होते हैं जो स्वयं अपनी शक्ति का प्रत्यक्ष प्रयोग कर समाज का सत्यीकरण करते हैं। यह कार्य विधि समाज में उस समय प्रयोग होता है जब अधर्म का नेतृत्व एक या कुछ मानवों पर केन्द्रित होता है। प्रेरक अवतार वे होते हैं जो स्वयं अपनी शक्ति का अप्रत्यक्ष प्रयोग

कर समाज का सत्यीकरण जनता एवं नेतृत्वकर्ता के माध्यम से करते हैं। यह कार्य विधि समाज में उस समय प्रयोग होता है जब समाज में अधर्म का नेतृत्व अनेक मानवों और नेतृत्वकर्ताओं पर केन्द्रित होता है।

इन विधियों में से कुल मुख्य दस अवतारों में से प्रथम सात (मत्स्य, कूर्म, वाराह, नृसिंह, वामन, परशुराम, राम) अवतारों ने समाज का सत्यीकरण प्रत्यक्ष विधि के प्रयोग द्वारा किया था। आठवें अवतार (श्रीकृष्ण) ने दोनों विधियों प्रत्यक्ष ओर प्रेरक का प्रयोग किया था। नवें (भगवान बुद्ध) और अन्तिम दसवें अवतार की कार्य विधि प्रेरक ही है।

जल-प्लावन (जहाँ जल है वहाँ थल और जहाँ थल है वहाँ जल) के समय मछली से मार्ग दर्शन (मछली के गतीशीलता से सिद्धान्त प्राप्त कर) पाकर मानव की रक्षा करने वाला ईश्वर (सार्वभौम सत्य-सिद्धान्त) का पहला अंशावतार मत्स्यावतार के बाद मानव का पुनः विकास प्रारम्भ हुआ। दूसरे कूर्मावतार (कछुए के गुण का सिद्धान्त), तीसरे- वाराह अवतार (सुअर के गुण का सिद्धान्त), चौथे- नृसिंह (सिंह के गुण का सिद्धान्त), तथा पाँचवे वामन अवतार (ब्राह्मण के गुण का सिद्धान्त) तक एक ही साकार शासक और मार्गदर्शक राजा हुआ करते थे और जब-जब वे राज्य समर्थक या उसे बढ़ावा देने वाले इत्यादि असुरी गुणों से युक्त हुए उन्हें दूसरे से पाँचवें अंशावतार ने साकार रुप में कालानुसार भिन्न-भिन्न मार्गों से गुणों का प्रयोग कर गणराज्य का अधिपत्य स्थापित किया।

ईश्वर (सार्वभौम सत्य-सिद्धान्त) के छठें अंश अवतार परशुराम के समय तक मानव जाति का विकास इतना हो गया था कि अलग-अलग राज्यों के अनेक साकार शासक और मार्गदर्शक राजा हो गये थे उनमें से जो भी राज्य समर्थक असुरी गुणों से युक्त थे उन सबको परशुराम ने साकार रुप में वध कर डाला। परन्तु बार-बार वध की समस्या का स्थाई हल निकालने के लिए उन्होंने राज्य और गणराज्य की मिश्रित व्यवस्था द्वारा एक व्यवस्था दी जो आगे चलकर "परशुराम परम्परा" कहलायी। व्यवस्था निम्न प्रकार थी-

1. प्रकृति में व्याप्त तीन गुण- सत्व, रज और तम के प्रधानता के अनुसार मनुष्य का चार वर्णों में निर्धारण। सत्व गुण प्रधान - ब्राह्मण, रज गुण प्रधान-क्षत्रिय, रज एवं तम गुण प्रधान-वैश्य, तम गुण प्रधान-शूद्र।
2. गणराज्य का शासक राजा होगा जो क्षत्रिय होगा जैसे-ब्रह्माण्डीय गणराज्य में प्रकृति जो रज गुण अर्थात् कर्म अर्थात् शक्ति प्रधान है।
3. गणराज्य में राज्य सभा होगी जिसके अनेक सदस्य होंगे जैसे-ब्रह्माण्डीय गणराज्य में प्रकृति के सत्व, रज एवं तम गुणों से युक्त विभिन्न वस्तु हैं।
4. राजा का निर्णय राज्यसभा का ही निर्णय है जैसे-ब्रह्माण्डीय गणराज्य में प्रकृति का निर्णय वहीं है जो सत्व, रज एवं तम गुणों का सम्मिलित निर्णय होता है।
5. राजा का चुनाव जनता करे क्योंकि वह अपने गणराज्य में सर्वव्यापी और जनता का सम्मिलित रुप है जैसे-ब्रह्माण्डीय गणराज्य में प्रकृति सर्वव्यापी है और वह सत्व, रज एवं तम गुणों का सम्मिलित रुप है।
6. राजा और उसकी सभा राज्यवादी न हो इसलिए उस पर नियन्त्रण के लिए सत्व गुण प्रधान ब्राह्मण का नियन्त्रण होगा जैसे- ब्रह्माण्डीय गणराज्य में प्रकृति पर नियन्त्रण के लिए सत्व गुण प्रधान आत्मा का नियन्त्रण होता है।

ईश्वर (सार्वभौम सत्य-सिद्धान्त) के सातवें अंश अवतार श्रीराम द्वारा इसी परशुराम परम्परा का ही प्रसार और स्थापना हुआ था।

ईश्वर (सार्वभौम सत्य-सिद्धान्त) के आठवें अवतार श्रीकृष्ण के समय तक स्थिति यह हो गयी थी राजा पर नियन्त्रण के लिए नियुक्त ब्राह्मण भी समाज और धर्म की व्याख्या करने में असमर्थ हो गये। क्योंकि अनेक धर्म साहित्यों, मत-मतान्तर, वर्ण, जातियों में समाज विभाजित होने से व्यक्ति संकीर्ण और दिग्भ्रमित हो गया था और राज्य समर्थकों की संख्या अधिक हो गयी थी परिणामस्वरुप मात्र एक ही रास्ता बचा था- नवमानव सृष्टि। इसके लिए उन्होंने सम्पूर्ण धर्म-साहित्यों और मत-मतान्तरों के एकीकरण के लिए आत्मा के सर्वव्यापी व्यक्तिगत प्रमाणित निराकार स्वरुप का उपदेश "गीता" व्यक्त किये और गणराज्य का उदाहरण द्वारिका नगर का निर्माण कर किये। उनकी गणराज्य व्यवस्था उनके जीवन काल में ही नष्ट हो गयी परन्तु "गीता" आज भी प्रेरक बनी हुई है।

ईश्वर (सार्वभौम सत्य-सिद्धान्त) के नवें अवतार भगवान बुद्ध के समय पुनः राज्य एकतन्त्रात्मक होकर हिंसात्मक हो गया परिणामस्वरुप बुद्ध ने अहिंसा के उपदेश के साथ व्यक्तियों को धर्म, बुद्धि और संघ के शरण में जाने की शिक्षा दी। संघ की शिक्षा गणराज्य की शिक्षा थी। धर्म की शिक्षा आत्मा की शिक्षा थी। बुद्धि की शिक्षा, प्रबन्ध और संचालन की शिक्षा थी जो प्रजा के माध्यम से प्रेरणा द्वारा गणराज्य के निर्माण की प्रेरणा थी।

ईश्वर (सार्वभौम सत्य-सिद्धान्त) के दसवें और अन्तिम अवतार के समय तक राज्य और समाज स्वतः ही प्राकृतिक बल के अधीन कर्म करते-करते सिद्धान्त प्राप्त करते हुए पूर्ण गणराज्य की ओर बढ़ रहा था परिणामस्वरुप गणराज्य का रुप होते हुए भी गणराज्य सिर्फ राज्य था और एकतन्त्रात्मक अर्थात् व्यक्ति समर्थक तथा समाज समर्थक दोनों की ओर विवशतावश बढ़ रहा था।

भारत में निम्लिखित रुप व्यक्त हो चुका था।

1. ग्राम, विकास खण्ड, नगर, जनपद, प्रदेश और देश स्तर पर गणराज्य और गणसंघ का रुप।
2. सिर्फ ग्राम व नगर स्तर पर राजा (ग्राम व नगर पंचायत अध्यक्ष) का चुनाव सीधे जनता द्वारा।
3. गणराज्य को संचालित करने के लिए संचालक का निराकार रुप- संविधान।
4. गणराज्य के तन्त्रों को संचालित करने के लिए तन्त्र और क्रियाकलाप का निराकार रुप-नियम और कानून।
5. राजा पर नियन्त्रण के लिए ब्राह्मण का साकार रुप- राष्ट्रपति, राज्यपाल, जिलाधिकारी इत्यादि।

विश्व स्तर पर निम्नलिखित रुप व्यक्त हो चुका था।

1. गणराज्यों के संघ के रुप में संयुक्त राष्ट्र संघ का रुप।
2. संघ के संचालन के लिए संचालक और संचालक का निराकार रुप- संविधान।
3. संघ के तन्त्रों को संचालित करने के लिए तन्त्र और क्रियाकलाप का निराकार रुप- नियम और कानून।
4. संघ पर नियन्त्रण के लिए ब्राह्मण का साकार रुप-पाँच वीटो पावर।
5. प्रस्ताव पर निर्णय के लिए सदस्यों की सभा।
6. नेतृत्व के लिए राजा- महासचिव।

जिस प्रकार आठवें अवतार द्वारा व्यक्त आत्मा के निराकार रुप "गीता" के प्रसार के कारण आत्मीय प्राकृतिक बल सक्रिय होकर गणराज्य के रुप को विवशतावश समाज की ओर बढ़ा रहा था उसी प्रकार अन्तिम अवतार द्वारा निम्नलिखित शेष समष्टि कार्य पूर्ण कर प्रस्तुत कर देने मात्र से ही विवशतावश उसके अधिपत्य की स्थापना हो जाना है।

1. गणराज्य या लोकतन्त्र के सत्य रुप- गणराज्य या लोकतन्त्र के स्वरुप का अन्तर्राष्ट्रीय/ विश्व मानक।
2. राजा और सभा सहित गणराज्य पर नियन्त्रण के लिए साकार ब्राह्मण का निराकार रुप- मन का अन्तर्राष्ट्रीय/ विश्व मानक।
3. गणराज्य के प्रबन्ध का सत्य रुप- प्रबन्ध का अन्तर्राष्ट्रीय/ विश्व मानक।
4. गणराज्य के संचालन के लिए संचालक का निराकार रुप- संविधान के स्वरुप का अन्तर्राष्ट्रीय/ विश्व मानक।
5. साकार ब्राह्मण निर्माण के लिए शिक्षा का स्वरुप- शिक्षा पाठ्यक्रम का अन्तर्राष्ट्रीय/ विश्व मानक।

इस समष्टि कार्य द्वारा ही काल व युग परिवर्तन होगा न कि सिर्फ चिल्लाने से कि "सतयुग आयेगा" , "सतयुग आयेगा" से। यह समष्टि कार्य जिस शरीर से सम्पन्न होगा वही अन्तिम अवतार के रूप में व्यक्त होगा। धर्म में स्थित वह अवतार चाहे जिस सम्प्रदाय (वर्तमान अर्थ में धर्म) का होगा उसका मूल लक्ष्य यही शेष समष्टि कार्य होगा और स्थापना का माध्यम उसके सम्प्रदाय की परम्परा व संस्कृति होगी।

पूर्ण मनुष्य के निर्माण प्रक्रिया में निम्नलिखित दस चरण पूरे हुए हैं अर्थात् पूर्णता के लिए इन दस चरण में व्यक्त मुख्य-गुण सिद्धान्त का संयुक्त व्यक्तित्व ही पूर्ण मनुष्य के रूप में निर्मित होता है। विष्णु के निम्न दस अवतार के मुख्य-गुण सिद्धान्त निम्न प्रकार हैं-

01. अदृश्य काल

पहलायुग: सत्ययुग

अ. व्यक्तिगत प्रमाणित पूर्ण प्रत्यक्ष अवतार

01. अदृश्य काल के व्यक्तिगत प्रमाणित काल में व्यक्तिगत प्रमाणित अदृश्य प्राकृतिक चेतना से युक्त सत्य आधारित सतयुग में विष्णु के प्रथम अवतार - मत्स्य अवतार

मुख्य-गुण सिद्धान्त - मछलियों के स्वभाव जल की धारा के विपरीत दिशा (राधा) में गति करने से ज्ञान (अर्थात् राधा का सिद्धान्त) प्रथम अवतार मत्स्य अवतार का गुण था जो अगले अवतार में संचरित हुई।

02. अदृश्य काल के व्यक्तिगत प्रमाणित काल में व्यक्तिगत प्रमाणित अदृश्य प्राकृतिक चेतना से युक्त सत्य आधारित सतयुग में विष्णु के द्वितीय अवतार - कूर्म या कच्छपावतार

मुख्य-गुण सिद्धान्त - एक सहनशील, शांत, धैर्यवान, लगनशील, दोनों पक्षों के बीच मध्यस्थ की भूमिका वाला गुण (समन्वय का सिद्धान्त) सहित प्रथम अवतार के गुण सहित वाला गुण द्वितीय अवतार कूर्म अवतार का गुण था जो अगले अवतार में संचरित हुई।

03. अदृश्य काल के व्यक्तिगत प्रमाणित काल में व्यक्तिगत प्रमाणित अदृश्य प्राकृतिक चेतना से युक्त सत्य आधारित सतयुग में विष्णु के तृतीय अवतार - बाराह अवतार

मुख्य-गुण सिद्धान्त - एक मेधावी, सूझ-बुझ, सम्पन्न, पुरूषार्थी, धीर-गम्भीर, निष्कामी, बलिष्ठ, सक्रिय, अहिंसक और समूह प्रेमी, लोगों का मनोबल बढ़ाना, उत्साहित और सक्रिय करने वाला गुण (प्रेरणा का सिद्धान्त) सहित द्वितीय अवतार के समस्त गुण से युक्त वाला गुण तृतीय अवतार वाराह अवतार का गुण था जो अगले अवतार में संचरित हुई।

04. अदृश्य काल के व्यक्तिगत प्रमाणित काल में व्यक्तिगत प्रमाणित अदृश्य प्राकृतिक चेतना से युक्त सत्य आधारित सतयुग में विष्णु के चौथे अवतार - नृसिंह अवतार

मुख्य-गुण सिद्धान्त - प्रत्यक्ष रूप से एका-एक लक्ष्य को पूरण करने वाले (लक्ष्य के लिए त्वरित कार्यवाही का सिद्धान्त) गुण सहित तृतीय अवतार के समस्त गुण से युक्त वाला गुण चतुर्थ अवतार नरसिंह अवतार का गुण था जो अगले अवतार में संचरित हुई।

05. अदृश्य काल के व्यक्तिगत प्रमाणित काल में व्यक्तिगत प्रमाणित अदृश्य प्राकृतिक चेतना से युक्त सत्य आधारित सतयुग में विष्णु के पाचवें अवतार - वामन अवतार

मुख्य-गुण सिद्धान्त - भविष्य दृष्टा, राजा के गुण का प्रयोग करना, थोड़ी सी भूमि पर गणराज्य व्यवस्था की स्थापना व व्यवस्था को जिवित करना, उसके सुख से प्रजा को परिचित कराने वाले गुण (समाज का सिद्धान्त) सहित चतुर्थ अवतार के समस्त गुण से युक्त गुण पाँचवें अवतार का गुण था जो अगले अवतार में संचरित हुई।

ब. सार्वजनिक प्रमाणित अंश प्रत्यक्ष अवतार

06. अदृश्य काल के व्यक्तिगत प्रमाणित काल में व्यक्तिगत प्रमाणित अदृश्य प्राकृतिक चेतना से युक्त सत्य आधारित सतयुग में विष्णु के छठवें अवतार - परशुराम अवतार

मुख्य-गुण सिद्धान्त - गणराज्य व्यवस्था को ब्रह्माण्ड में व्याप्त व्यवस्था सिद्धान्तों को आधार बनाने वाले गुण और व्यवस्था के प्रसार के लिए योग्य व्यक्ति को नियुक्त करने वाले गुण (लोकतन्त्र का सिद्धान्त और उसके प्रसार के लिए योग्य उत्तराधिकारी नियुक्त करने का सिद्धान्त) सहित पाँचवें अवतार के समस्त गुण से युक्त वाला गुण छठें अवतार परशुराम का गुण था जो अगले अवतार में संचरित हुई।

दूसरायुग: त्रेतायुग

स. सार्वजनिक प्रमाणित पूर्ण प्रत्यक्ष अवतार

07. अदृश्य काल के सार्वजनिक प्रमाणित काल में सार्वजनिक प्रमाणित अदृश्य प्राकृतिक चेतना से युक्त यज्ञ (अदृश्य कर्म) आधारित त्रेता युग में विष्णु के सातवें अवतार - श्री राम अवतार- रामायण (मानक व्यक्ति चरित्र)

मुख्य-गुण सिद्धान्त - आदर्श चरित्र के गुण तथा छठें अवतार तक के समस्त गुण को प्रसार करने वाला गुण (व्यक्तिगत आदर्श चरित्र के आधार पर विचार प्रसार का सिद्धान्त) सातवें अवतार श्रीराम का गुण था जो अगले अवतार में संचरित हुई।

तीसरायुगः द्वापरयुग

द. व्यक्तिगत प्रमाणित पूर्ण प्रेरक अवतार

08. दृश्य काल के व्यक्तिगत प्रमाणित काल में व्यक्तिगत प्रमाणित पूर्ण दृश्य सत्य चेतना से युक्त भक्ति और प्रेम आधारित द्वापर युग में विष्णु के आठवें अवतार -योगेश्वर श्री कृष्ण अवतार महाभारत (मानक सामाजिक व्यक्ति चरित्र)

मुख्य-गुण सिद्धान्त - आदर्श सामाजिक व्यक्ति चरित्र के गुण, समाज में व्याप्त अनेक मत-मतान्तर व विचारों के समन्वय और एकीकरण से सत्य-विचार के प्रेरक ज्ञान को निकालने वाले गुण (सामाजिक आदर्श व्यक्ति का सिद्धान्त और व्यक्ति से उठकर विचार आधारित व्यक्ति निर्माण का सिद्धान्त) सहित सातवें अवतार तक के समस्त गुण आठवें अवतार श्रीकृष्ण का गुण था। जिससे व्यक्ति, व्यक्ति पर विश्वास न कर अपने बुद्धि से स्वयं निर्णय करें और प्रेरणा प्राप्त करता रहे। जो अगले अवतार में संचरित हुई।

चौथा युगः कलियुग

य. सार्वजनिक प्रमाणित अंश प्रेरक अवतार

09. दृश्य काल के व्यक्तिगत प्रमाणित काल में सार्वजनिक प्रमाणित अंश दृश्य सत्य चेतना से युक्त संघ और योजना आधारित कलियुग के प्रारम्भ में विष्णु के नवें अवतार - बुद्ध अवतार

मुख्य-गुण सिद्धान्त - प्रजा को प्रेरित करने के लिए धर्म, संघ और बुद्धि के शरण में जाने की मूल शिक्षा देना नवें अवतार भगवान बुद्ध का गुण (धर्म, संघ और बुद्धि का सिद्धान्त) था। जो अगले अवतार में संचरित हुई।

01. दृश्य काल

पाँचवाँयुगः सत्ययुग/स्वर्णयुग

र. सार्वजनिक प्रमाणित पूर्ण प्रेरक अवतार

10. दृश्य काल के सार्वजनिक प्रमाणित काल में सार्वजनिक प्रमाणित पूर्ण दृश्य सत्य चेतना से युक्त संघ और योजना (दृश्य यज्ञ या कर्म) आधारित कलियुग के अन्त में विष्णु के दसवाँ और अन्तिम - भोगेश्वर श्री लव कुश सिंह "विश्वमानव" निष्कलंक कल्कि अवतार - विश्वभारत (मानक वैश्विक व्यक्ति चरित्र)

आदर्श वैश्विक व्यक्ति चरित्र सहित सभी अवतारों का सम्मिलित गुण व मन निर्माण की प्रक्रिया से निर्मित अन्तिम मन स्वामी विवेकानन्द के मन के गुण मिलकर दसवें अन्तिम अवतार श्री लव कुश सिंह "विश्वमानव" में व्यक्त हुआ।

मुख्य-गुण सिद्धान्त - विश्व धर्म / वेदान्त धर्म / अद्वैत धर्म / एकता धर्म / लोकतन्त्र धर्म / समष्टि धर्‌म / प्राकृतिक धर्म / सत्य धर्म / संयुक्तमन धर्म / ईश्वर धर्म / हिन्दू धर्म / सार्वजनिक धर्म / दृश्य धर्म / मानव धर्म / धर्मनिरपेक्ष धर्म - लव कुश सिंह "विश्वमानव" - सन् 2012 ई0 - पूर्ववर्ती सभी धर्मों व मतों का समन्वय व एकीकरण करते हुये निराकार आधारित लोकतंत्र व्यवस्था का वृक्ष शास्त्र विश्व-नागरिक धर्म का धर्मयुक्त धर्मशास्त्र-कर्मवेदः प्रथम, अन्तिम तथा पंचम वेदीय श्रृंखला विश्व-राज्य धर्म का धर्मनिपेक्ष धर्मशास्त्र- विश्वमानक-शून्यः मन की गुणवत्ता का विश्वमानक श्रृंखला, आदर्श मानक सामाजिक व्यक्ति चरित्र समाहित आदर्श मानक वैश्विक व्यक्ति चरित्र अर्थात् सार्वजनिक प्रमाणित आदर्श मानक वैश्विक व्यक्ति चरित्र का प्रस्तुतीकरण।

सुखसागर के अनुसार भगवान विष्णु चौबीस अवतार

ऐसा कहा जाता है कि जब जब पृथ्वी पर कोई संकट आता है तो भगवान अवतार लेकर उस संकट को दूर करते है। भगवान शिव और भगवान विष्णु ने अनेकों बार पृथ्वी पर अवतार लिया है। भगवान विष्णु के 24 अवतार (1. श्री सनकादि, 2. वराहावतार, 3. नारद मुनि, 4. नर-नारायण, 5. कपिल, 6. दत्तात्रेय, 7. यज्ञ, 8. ऋषभदेव, 9. पृथु, 10. मत्स्यावतार, 11. कूर्म अवतार, 12. धन्वन्तरि, 13. मोहिनी, 14. हयग्रीव, 15. नृसिंह, 16. वामन, 17.गजेन्द्रोधारावतार, 18. परशुराम, 19. वेदव्यास, 20. हन्सावतार, 21. राम, 22. कृष्ण, 23. बुद्ध, 24. कल्कि) का वर्णन श्री विष्णु पुराण एवं श्री भविष्य पुराण में स्पष्ट उल्लेख है। जिनमें मुख्य 10 अवतार (1. मत्स्य, 2. कूर्म, 3. वाराह, 4. नृसिंह, 5. वामन, 6. परशुराम, 7. राम, 8. कृष्ण, 9. बुद्ध, 10. कल्कि) ही माने जाते हैं। सुखसागर के अनुसार भगवान विष्णु चौबीस अवतार निम्न प्रकार हैं-

01. श्री सनकादि मुनि (Shri Sankadi Muni)

धर्म ग्रंथों के अनुसार सृष्टि के आरंभ में लोक पितामह ब्रह्मा ने अनेक लोकों की रचना करने की इच्छा से घोर तपस्या की। उनके तप से प्रसन्न होकर भगवान विष्णु ने तप अर्थ वाले सन नाम से युक्त होकर सनक, सनन्दन, सनातन और सनत्कुमार नाम के चार मुनियों के रूप में अवतार लिया। ये चारों प्राकट्य काल से ही मोक्ष मार्ग परायण, ध्यान में तल्लीन रहने वाले, नित्यसिद्ध एवं नित्य विरक्त थे। ये भगवान विष्णु के सर्वप्रथम अवतार माने जाते हैं।

02. वराह अवतार (Varaha Avtar) - ***मुख्य अवतार***

धर्म ग्रंथों के अनुसार भगवान विष्णु ने दूसरा अवतार वराह रूप में लिया था। वराह अवतार से जुड़ी कथा इस प्रकार है- पुरातन समय में दैत्य हिरण्याक्ष ने जब पृथ्वी को ले जाकर समुद्र में छिपा दिया तब ब्रह्मा की नाक से भगवान विष्णु वराह रूप में प्रकट हुए। भगवान विष्णु के इस रूप को देखकर सभी देवताओं व ऋषि-मुनियों ने उनकी स्तुति की। सबके आग्रह पर भगवान वराह ने पृथ्वी को ढूंढना प्रारंभ किया। अपनी थूथनी की सहायता से उन्होंने पृथ्वी का पता लगा लिया और समुद्र के अंदर जाकर अपने दांतों पर रखकर वे पृथ्वी को बाहर ले आए।

जब हिरण्याक्ष दैत्य ने यह देखा तो उसने भगवान विष्णु के वराह रूप को युद्ध के लिए ललकारा। दोनों में भीषण युद्ध हुआ। अंत में भगवान वराह ने हिरण्याक्ष का वध कर दिया। इसके बाद भगवान वराह ने अपने खुरों से जल को स्तंभित कर उस पर पृथ्वी को स्थापित कर दिया।

03. नारद अवतार (Narad Avtar)

धर्म ग्रंथों के अनुसार देवर्षि नारद भी भगवान विष्णु के ही अवतार हैं। शास्त्रों के अनुसार नारद मुनि, ब्रह्मा के सात मानस पुत्रों में से एक हैं। उन्होंने कठिन तपस्या से देवर्षि पद प्राप्त किया है। वे भगवान विष्णु के अनन्य भक्तों में से एक माने जाते हैं। देवर्षि नारद धर्म के प्रचार तथा लोक-कल्याण के लिए हमेशा प्रयत्नशील रहते हैं। शास्त्रों में देवर्षि नारद को भगवान का मन भी कहा गया है। श्रीमद्भागवतगीता के दशम अध्याय के 26वें श्लोक में स्वयं भगवान श्रीकृष्ण ने इनकी महत्ता को स्वीकार करते हुए कहा है- देवर्षीणाम्चनारदरू। अर्थात् देवर्षियों में मैं नारद हूं।

04. नर-नारायण (Nar-Narayan Avtar)

सृष्टि के आरंभ में भगवान विष्णु ने धर्म की स्थापना के लिए दो रूपों में अवतार लिया। इस अवतार में वे अपने मस्तक पर जटा धारण किए हुए थे। उनके हाथों में हंस, चरणों में चक्र एवं वक्षरूस्थल में श्रीवत्स के चिन्ह थे।

उनका संपूर्ण वेष तपस्वियों के समान था। धर्म ग्रंथों के अनुसार भगवान विष्णु ने नर-नारायण के रूप में यह अवतार लिया था।

05. कपिल मुनि (Kapil Avtar)

भगवान विष्णु ने पांचवा अवतार कपिल मुनि के रूप में लिया। इनके पिता का नाम महर्षि कर्दम व माता का नाम देवहूति था। शरशय्या पर पड़े हुए भीष्म पितामह के शरीर त्याग के समय वेदज्ञ व्यास आदि ऋषियों के साथ भगवा कपिल भी वहां उपस्थित थे। भगवान कपिल के क्रोध से ही राजा सगर के साठ हजार पुत्र भस्म हो गए थे। भगवान कपिल सांख्य दर्शन के प्रवर्तक हैं। कपिल मुनि भागवत धर्म के प्रमुख बारह आचार्यों में से एक हैं।

06. दत्तात्रेय अवतार (Dattatraya Avtar)

धर्म ग्रंथों के अनुसार दत्तात्रेय भी भगवान विष्णु के अवतार हैं। इनकी उत्पत्ति की कथा इस प्रकार है-

एक बार माता लक्ष्मी, पार्वती व सरस्वती को अपने पातिव्रत्य पर अत्यंत गर्व हो गया। भगवान ने इनका अंहकार नष्ट करने के लिए लीला रची। उसके अनुसार एक दिन नारदजी घूमते-घूमते देवलोक पहुंचे और तीनों देवियों को बारी-बारी जाकर कहा कि ऋषि अत्रि की पत्नी अनुसूइया के सामने आपका सतीत्व कुछ भी नहीं। तीनों देवियों ने यह बात अपने स्वामियों को बताई और उनसे कहा कि वे अनुसूइया के पातिव्रत्य की परीक्षा लें। तब भगवान शंकर, विष्णु व ब्रह्मा साधु वेश बनाकर अत्रि मुनि के आश्रम आए। महर्षि अत्रि उस समय आश्रम में नहीं थे। तीनों ने देवी अनुसूइया से भिक्षा मांगी मगर यह भी कहा कि आपको निर्वस्त्र होकर हमें भिक्षा देनी होगी। अनुसूइया पहले तो यह सुनकर चौंक गई, लेकिन फिर साधुओं का अपमान न हो इस डर से उन्होंने अपने पति का स्मरण किया और बोला कि यदि मेरा पातिव्रत्य धर्म सत्य है तो ये तीनों साधु छः-छः मास के शिशु हो जाएं।

ऐसा बोलते ही त्रिदेव शिशु होकर रोने लगे। तब अनुसूइया ने माता बनकर उन्हें गोद में लेकर स्तनपान कराया और पालने में झूलाने लगीं। जब तीनों देव अपने स्थान पर नहीं लौटे तो देवियां व्याकुल हो गईं। तब नारद ने वहां आकर सारी बात बताई। तीनों देवियां अनुसूइया के पास आईं और क्षमा मांगी। तब देवी अनुसूइया ने त्रिदेव को अपने पूर्व रूप में कर दिया। प्रसन्न होकर त्रिदेव ने उन्हें वरदान दिया कि हम तीनों अपने अंश से तुम्हारे गर्भ से पुत्र रूप में जन्म लेंगे। तब ब्रह्मा के अंश से चंद्रमा, शंकर के अंश से दुर्वासा और विष्णु के अंश से दत्तात्रेय का जन्म हुआ।

07. यज्ञ (Yagya Avatar)

भगवान विष्णु के सातवें अवतार का नाम यज्ञ है। धर्म ग्रंथों के अनुसार भगवान यज्ञ का जन्म स्वायम्भुव मन्वन्तर में हुआ था। स्वायम्भुव मनु की पत्नी शतरूपा के गर्भ से आकूति का जन्म हुआ। वे रूचि प्रजापति की पत्नी हुई। इन्हीं आकूति के यहां भगवान विष्णु यज्ञ नाम से अवतरित हुए। भगवान यज्ञ के उनकी धर्मपत्नी दक्षिणा से अत्यंत तेजस्वी बारह पुत्र उत्पन्न हुए। वे ही स्वायम्भुव मन्वन्तर में याम नामक बारह देवता कहलाए।

08. भगवान ऋषभदेव (Rishabh Avtar)

भगवान विष्णु ने ऋषभदेव के रूप में आठवां अवतार लिया। धर्म ग्रंथों के अनुसार महाराज नाभि की कोई संतान नहीं थी। इस कारण उन्होंने अपनी धर्मपत्नी मेरुदेवी के साथ पुत्र की कामना से यज्ञ किया। यज्ञ से प्रसन्न होकर भगवान विष्णु स्वयं प्रकट हुए और उन्होंने महाराज नाभि को वरदान दिया कि मैं ही तुम्हारे यहां पुत्र रूप में जन्म लूंगा। वरदान स्वरूप कुछ समय बाद भगवान विष्णु महाराज नाभि के यहां पुत्र रूप में जन्मे। पुत्र के अत्यंत सुंदर सुगठित शरीर, कीर्ति, तेल, बल, ऐश्वर्य, यश, पराक्रम और शूरवीरता आदि गुणों को देखकर महाराज नाभि ने उसका नाम ऋषभ (श्रेष्ठ) रखा।

09. आदिराज पृथु (Prithu Avtar)

भगवान विष्णु के एक अवतार का नाम आदिराज पृथु है। धर्म ग्रंथों के अनुसार स्वायम्भुव मनु के वंश में अंग नामक प्रजापति का विवाह मृत्यु की मानसिक पुत्री सुनीथा के साथ हुआ। उनके यहां वेन नामक पुत्र हुआ। उसने भगवान को मानने से इंकार कर दिया और स्वयं की पूजा करने के लिए कहा। तब महर्षियों ने मंत्र पूत कुशों से उसका वध कर दिया। तब महर्षियों ने पुत्रहीन राजा वेन की भुजाओं का मंथन किया, जिससे पृथु नाम पुत्र उत्पन्न हुआ। पृथु के दाहिने हाथ में चक्र और चरणों में कमल का चिह्न देखकर ऋषियों ने बताया कि पृथु के वेष में स्वयं श्रीहरि का अंश अवतरित हुआ है।

10. मत्स्य अवतार (Matsya Avtar) - *मुख्य अवतार*

पुराणों के अनुसार भगवान विष्णु ने सृष्टि को प्रलय से बचाने के लिए मत्स्यावतार लिया था। इसकी कथा इस प्रकार है- कृतयुग के आदि में राजा सत्यव्रत हुए। राजा सत्यव्रत एक दिन नदी में स्नान कर जलांजलि दे रहे थे। अचानक उनकी अंजलि में एक छोटी सी मछली आई। उन्होंने देखा तो सोचा वापस सागर में डाल दूं, लेकिन उस मछली ने बोला- आप मुझे सागर में मत डालिए अन्यथा बड़ी मछलियां मुझे खा जाएंगी। तब राजा सत्यव्रत ने मछली को अपने कमंडल में रख लिया। मछली और बड़ी हो गई तो राजा ने उसे अपने सरोवर में रखा, तब देखते ही देखते मछली और बड़ी हो गई।

राजा को समझ आ गया कि यह कोई साधारण जीव नहीं है। राजा ने मछली से वास्तविक स्वरूप में आने की प्रार्थना की। राजा की प्रार्थना सुन साक्षात चारभुजाधारी भगवान विष्णु प्रकट हो गए और उन्होंने कहा कि ये मेरा मत्स्यावतार है। भगवान ने सत्यव्रत से कहा- सुनो राजा सत्यव्रत! आज से सात दिन बाद प्रलय होगी। तब मेरी प्रेरणा से एक विशाल नाव तुम्हारे पास आएगी। तुम सप्त ऋषियों, औषधियों, बीजों व प्राणियों के सूक्ष्म शरीर को लेकर उसमें बैठ जाना, जब तुम्हारी नाव डगमगाने लगेगी, तब मैं मत्स्य के रूप में तुम्हारे पास आऊंगा।

उस समय तुम वासुकि नाग के द्वारा उस नाव को मेरे सींग से बांध देना। उस समय प्रश्न पूछने पर मैं तुम्हें उत्तर दूंगा, जिससे मेरी महिमा जो परब्रह्म नाम से विख्यात है, तुम्हारे ह्रदय में प्रकट हो जाएगी। तब समय आने पर मत्स्यरूपधारी भगवान विष्णु ने राजा सत्यव्रत को तत्वज्ञान का उपदेश दिया, जो मत्स्यपुराण नाम से प्रसिद्ध है।

11. कूर्म अवतार (Kurm Avtar*) - मुख्य अवतार*

धर्म ग्रंथों के अनुसार भगवान विष्णु ने कूर्म (कछुए) का अवतार लेकर समुद्र मंथन में सहायता की थी। भगवान विष्णु के कूर्म अवतार को कच्छप अवतार भी कहते हैं। इसकी कथा इस प्रकार है- एक बार महर्षि दुर्वासा ने देवताओं के राजा इंद्र को श्राप देकर श्रीहीन कर दिया। इंद्र जब भगवान विष्णु के पास गए तो उन्होंने समुद्र मंथन करने के लिए कहा। तब इंद्र भगवान विष्णु के कहे अनुसार दैत्यों व देवताओं के साथ मिलकर समुद्र मंथन करने के लिए तैयार हो गए।

समुद्र मंथन करने के लिए मंदराचल पर्वत को मथानी एवं नागराज वासुकि को नेती बनाया गया। देवताओं और दैत्यों ने अपना मतभेद भुलाकर मंदराचल को उखाड़ा और उसे समुद्र की ओर ले चले, लेकिन वे उसे अधिक दूर तक नहीं ले जा सके। तब भगवान विष्णु ने मंदराचल को समुद्र तट पर रख दिया। देवता और दैत्यों ने मंदराचल को समुद्र में डालकर नागराज वासुकि को नेती बनाया। किंतु मंदराचल के नीचे कोई आधार नहीं होने के कारण वह समुद्र में डूबने लगा। यह देखकर भगवान विष्णु विशाल कूर्म (कछुए) का रूप धारण कर समुद्र में मंदराचल के आधार बन गए। भगवान कूर्म की विशाल पीठ पर मंदराचल तेजी से घुमने लगा और इस प्रकार समुद्र मंथन संपन्न हुआ।

12. भगवान धन्वन्तरि (Dhanwantari Avatar)

धर्म ग्रंथों के अनुसार जब देवताओं व दैत्यों ने मिलकर समुद्र मंथन किया तो उसमें से सबसे पहले भयंकर विष निकला जिसे भगवान शिव ने पी लिया। इसके बाद समुद्र मंथन से उच्चैश्रवा घोड़ा, देवी लक्ष्मी, ऐरावत हाथी, कल्प वृक्ष, अप्सराएं और भी बहुत से रत्न निकले। सबसे अंत में भगवान धन्वन्तरि अमृत कलश लेकर प्रकट हुए। यही धन्वन्तरि भगवान विष्णु के अवतार माने गए हैं। इन्हें औषधियों का स्वामी भी माना गया है।

13. मोहिनी अवतार (Mohini avatar)

धर्म ग्रंथों के अनुसार समुद्र मंथन के दौरान सबसे अंत में धन्वन्तरि अमृत कलश लेकर निकले। जैसे ही अमृत मिला अनुशासन भंग हुआ। देवताओं ने कहा हम ले लें, दैत्यों ने कहा हम ले लें। इसी खींचातानी में इंद्र का पुत्र जयंत अमृत कुंभ लेकर भाग गया। सारे दैत्य व देवता भी उसके पीछे भागे। असुरों व देवताओं में भयंकर मार-काट मच गई। देवता परेशान होकर भगवान विष्णु के पास गए। तब भगवान विष्णु ने मोहिनी अवतार लिया। भगवान ने मोहिनी रूप में सबको मोहित कर दिया किया। मोहिनी ने देवता व असुर की बात सुनी और कहा कि यह अमृत कलश मुझे दे दीजिए तो मैं बारी-बारी से देवता व असुर को अमृत का पान करा दूंगी। दोनों मान गए। देवता एक तरफ तथा असुर दूसरी तरफ बैठ गए। फिर मोहिनी रूप धरे भगवान विष्णु ने मधुर गान गाते हुए तथा नृत्य करते हुए देवता व असुरों को अमृत पान कराना प्रारंभ किया। वास्तविकता में मोहिनी अमृत पान तो सिर्फ देवताओं को ही करा रही थी, जबकि असुर समझ रहे थे कि वे भी अमृत पी रहे हैं। इस प्रकार भगवान विष्णु ने मोहिनी अवतार लेकर देवताओं का भला किया।

14. भगवान नृसिंह (Narsih Avatar) - *मुख्य अवतार*

भगवान विष्णु ने नृसिंह अवतार लेकर दैत्यों के राजा हिरण्यकशिपु का वध किया था। इस अवतार की कथा इस प्रकार है- धर्म ग्रंथों के अनुसार दैत्यों का राजा हिरण्यकशिपु स्वयं को भगवान से भी अधिक बलवान मानता था। उसे मनुष्य, देवता, पक्षी, पशु, न दिन में, न रात में, न धरती पर, न आकाश में, न अस्त्र से, न शस्त्र से मरने का वरदान प्राप्त था। उसके राज में जो भी भगवान विष्णु की पूजा करता था उसको दंड दिया जाता था। उसके पुत्र का नाम प्रह्लाद था। प्रह्लाद बचपन से ही भगवान विष्णु का परम भक्त था। यह बात जब हिरण्यकशिपु का पता चली तो वह बहुत क्रोधित हुआ और प्रह्लाद को समझाने का प्रयास किया, लेकिन फिर भी जब प्रह्लाद नहीं माना तो हिरण्यकशिपु ने उसे मृत्युदंड दे दिया।

हर बार भगवान विष्णु के चमत्कार से वह बच गया। हिरण्यकशिपु की बहन होलिका, जिसे अग्नि से न जलने का वरदान प्राप्त था, वह प्रह्लाद को लेकर धधकती हुई अग्नि में बैठ गई। तब भी भगवान विष्णु की कृपा से प्रह्लाद बच गया और होलिका जल गई। जब हिरण्यकशिपु स्वयं प्रह्लाद को मारने ही वाला था तब भगवान विष्णु नृसिंह का अवतार लेकर खंबे से प्रकट हुए और उन्होंने अपने नाखूनों से हिरण्यकशिपु का वध कर दिया।

15. वामन अवतार (Vaman Avatar) - *मुख्य अवतार*

सत्ययुग में प्रह्लाद के पौत्र दैत्यराज बलि ने स्वर्गलोक पर अधिकार कर लिया। सभी देवता इस विपत्ति से बचने के लिए भगवान विष्णु के पास गए। तब भगवान विष्णु ने कहा कि मैं स्वयं देवमाता अदिति के गर्भ से उत्पन्न होकर तुम्हें स्वर्ग का राज्य दिलाऊंगा। कुछ समय पश्चात भगवान विष्णु ने वामन अवतार लिया।

एक बार जब बलि महान यज्ञ कर रहा था तब भगवान वामन बलि की यज्ञशाला में गए और राजा बलि से तीन पग धरती दान में मांगी। राजा बलि के गुरु शुक्राचार्य भगवान की लीला समझ गए और उन्होंने बलि को दान देने से मना कर दिया। लेकिन बलि ने फिर भी भगवान वामन को तीन पग धरती दान देने का संकल्प ले लिया। भगवान वामन ने विशाल रूप धारण कर एक पग में धरती और दूसरे पग में स्वर्ग लोक नाप लिया। जब तीसरा पग रखने के लिए कोई स्थान नहीं बचा तो बलि ने भगवान वामन को अपने सिर पर पग रखने को कहा। बलि के सिर

पर पग रखने से वह सुतललोक पहुंच गया। बलि की दानवीरता देखकर भगवान ने उसे सुतललोक का स्वामी भी बना दिया। इस तरह भगवान वामन ने देवताओं की सहायता कर उन्हें स्वर्ग पुनरू लौटाया।

16. हयग्रीव अवतार (Hayagreeva Avatar)

धर्म ग्रंथों के अनुसार एक बार मधु और कैटभ नाम के दो शक्तिशाली राक्षस ब्रह्माजी से वेदों का हरण कर रसातल में पहुंच गए। वेदों का हरण हो जाने से ब्रह्माजी बहुत दुरूखी हुए और भगवान विष्णु के पास पहुंचे। तब भगवान ने हयग्रीव अवतार लिया। इस अवतार में भगवान विष्णु की गर्दन और मुख घोड़े के समान थी। तब भगवान हयग्रीव रसातल में पहुंचे और मधु-कैटभ का वध कर वेद पुनरू भगवान ब्रह्मा को दे दिए।

17. श्रीहरि अवतार (Shri Hari Avtar)

धर्म ग्रंथों के अनुसार प्राचीन समय में त्रिकूट नामक पर्वत की तराई में एक शक्तिशाली गजेंद्र अपनी हथिनियों के साथ रहता था। एक बार वह अपनी हथिनियों के साथ तालाब में स्नान करने गया। वहां एक मगरमच्छ ने उसका पैर पकड़ लिया और पानी के अंदर खींचने लगा। गजेंद्र और मगरमच्छ का संघर्ष एक हजार साल तक चलता रहा। अंत में गजेंद्र शिथिल पड़ गया और उसने भगवान श्रीहरि का ध्यान किया। गजेंद्र की स्तुति सुनकर भगवान श्रीहरि प्रकट हुए और उन्होंने अपने चक्र से मगरमच्छ का वध कर दिया। भगवान श्रीहरि ने गजेंद्र का उद्धार कर उसे अपना पार्षद बना लिया।

18. परशुराम अवतार (Parshuram Avatar) - *मुख्य अवतार*

हिंदू धर्म ग्रंथों के अनुसार परशुराम भगवान विष्णु के प्रमुख अवतारों में से एक थे। भगवान परशुराम के जन्म के संबंध में दो कथाएं प्रचलित हैं। हरिवंशपुराण के अनुसार उन्हीं में से एक कथा इस प्रकार है-

प्राचीन समय में महिष्मती नगरी पर शक्तिशाली हैययवंशी क्षत्रिय कार्तवीर्य अर्जुन(सहस्त्रबाहु) का शासन था। वह बहुत अभिमानी था और अत्याचारी भी। एक बार अग्निदेव ने उससे भोजन कराने का आग्रह किया। तब सहस्त्रबाहु ने घमंड में आकर कहा कि आप जहां से चाहें, भोजन प्राप्त कर सकते हैं, सभी ओर मेरा ही राज है। तब अग्निदेव ने वनों को जलाना शुरु किया। एक वन में ऋषि आपव तपस्या कर रहे थे। अग्नि ने उनके आश्रम को भी जला डाला। इससे क्रोधित होकर ऋषि ने सहस्त्रबाहु को श्राप दिया कि भगवान विष्णु, परशुराम के रूप में जन्म लेंगे और न सिर्फ सहस्त्रबाहु का नहीं बल्कि समस्त क्षत्रियों का सर्वनाश करेंगे। इस प्रकार भगवान विष्णु ने भार्गव कुल में महर्षि जमदग्नि के पांचवें पुत्र के रूप में जन्म लिया।

19. महर्षि वेदव्यास (Vyas Avatar)

पुराणों में महर्षि वेदव्यास को भी भगवान विष्णु का ही अंश माना गया है। भगवान व्यास नारायण के कलावतार थे। वे महाज्ञानी महर्षि पराशर के पुत्र रूप में प्रकट हुए थे। उनका जन्म कैवर्तराज की पोष्यपुत्री सत्यवती के गर्भ से यमुना के द्वीप पर हुआ था। उनके शरीर का रंग काला था। इसलिए उनका एक नाम कृष्णद्वैपायन भी था। इन्होंने ही मनुष्यों की आयु और शक्ति को देखते हुए वेदों के विभाग किए। इसलिए इन्हें वेदव्यास भी कहा जाता है। इन्होंने ही महाभारत ग्रंथ की रचना भी की।

20. हंस अवतार (Hans Avatar)

एक बार भगवान ब्रह्मा अपनी सभा में बैठे थे। तभी वहां उनके मानस पुत्र सनकादि पहुंचे और भगवान ब्रह्मा से मनुष्यों के मोक्ष के संबंध में चर्चा करने लगे। तभी वहां भगवान विष्णु महाहंस के रूप में प्रकट हुए और उन्होंने सनकादि मुनियों के संदेह का निवारण किया। इसके बाद सभी ने भगवान हंस की पूजा की। इसके बाद महाहंसरूपधारी श्रीभगवान अदृश्य होकर अपने पवित्र धाम चले गए।

21. श्रीराम अवतार (Ram Avatar) - *मुख्य अवतार*

त्रेतायुग में राक्षसराज रावण का बहुत आतंक था। उससे देवता भी डरते थे। उसके वध के लिए भगवान विष्णु ने राजा दशरथ के यहां माता कौशल्या के गर्भ से पुत्र रूप में जन्म लिया। इस अवतार में भगवान विष्णु ने अनेक राक्षसों का वध किया और मर्यादा का पालन करते हुए अपना जीवन यापन किया। पिता के कहने पर वनवास गए। वनवास भोगते समय राक्षसराज रावण उनकी पत्नी सीता का हरण कर ले गया। सीता की खोज में भगवान लंका पहुंचे, वहां भगवान श्रीराम और रावण का घोर युद्ध जिसमें रावण मारा गया। इस प्रकार भगवान विष्णु ने राम अवतार लेकर देवताओं को भय मुक्त किया।

22. श्रीकृष्ण अवतार (Krishna Avatar) - *मुख्य अवतार*

द्वापरयुग में भगवान विष्णु ने श्रीकृष्ण अवतार लेकर अधर्मियों का नाश किया। भगवान श्रीकृष्ण का जन्म कारागार में हुआ था। इनके पिता का नाम वसुदेव और माता का नाम देवकी था। भगवान श्रीकृष्ण ने इस अवतार में अनेक चमत्कार किए और दुष्टों का सर्वनाश किया। कंस का वध भी भगवान श्रीकृष्ण ने ही किया। महाभारत के युद्ध में अर्जुन के सारथि बने और दुनिया को गीता का ज्ञान दिया। धर्मराज युधिष्ठिर को राजा बना कर धर्म की स्थापना की। भगवान विष्णु का ये अवतार सभी अवतारों में सबसे श्रेष्ठ माना जाता है।

23. बुद्ध अवतार (Buddha Avatar) - *मुख्य अवतार*

धर्म ग्रंथों के अनुसार बौद्धधर्म के प्रवर्तक गौतम बुद्ध भी भगवान विष्णु के ही अवतार थे परंतु पुराणों में वर्णित भगवान बुद्धदेव का जन्म गया के समीप कीकट में हुआ बताया गया है और उनके पिता का नाम अजन बताया गया है। यह प्रसंग पुराण वर्णित बुद्धावतार का ही है।

एक समय दैत्यों की शक्ति बहुत बढ़ गई। देवता भी उनके भय से भागने लगे। राज्य की कामना से दैत्यों ने देवराज इंद्र से पूछा कि हमारा साम्राज्य स्थिर रहे, इसका उपाय क्या है। तब इंद्र ने शुद्ध भाव से बताया कि सुस्थिर शासन के लिए यज्ञ एवं वेदविहित आचरण आवश्यक है। तब दैत्य वैदिक आचरण एवं महायज्ञ करने लगे, जिससे उनकी शक्ति और बढने लगी। तब सभी देवता भगवान विष्णु के पास गए। तब भगवान विष्णु ने देवताओं के हित के लिए बुद्ध का रूप धारण किया। उनके हाथ में मार्जनी थी और वे मार्ग को बुहारते हुए चलते थे।

इस प्रकार भगवान बुद्ध दैत्यों के पास पहुंचे और उन्हें उपदेश दिया कि यज्ञ करना पाप है। यज्ञ से जीव हिंसा होती है। यज्ञ की अग्नि से कितने ही प्राणी भस्म हो जाते हैं। भगवान बुद्ध के उपदेश से दैत्य प्रभावित हुए। उन्होंने यज्ञ व वैदिक आचरण करना छोड़ दिया। इसके कारण उनकी शक्ति कम हो गई और देवताओं ने उन पर हमला कर अपना राज्य पुन: प्राप्त कर लिया।

24. कल्कि अवतार (Kalki Avatar) - *मुख्य अवतार*

धर्म ग्रंथों के अनुसार कलयुग में भगवान विष्णु कल्कि रूप में अवतार लेंगे। कल्कि अवतार कलियुग व सतयुग के संधिकाल में होगा। यह अवतार 64 कलाओं से युक्त होगा। पुराणों के अनुसार उत्तर प्रदेश के मुरादाबाद जिले के शंभल नामक स्थान पर विष्णुयशा नामक तपस्वी ब्राह्मण के घर भगवान कल्कि पुत्र रूप में जन्म लेंगे। कल्कि देवदत्त नामक घोड़े पर सवार होकर संसार से पापियों का विनाश करेंगे और धर्म की पुनरूस्थापना करेंगे।

सार्वभौम सत्य-सिद्धान्त के अनुसार काल, युग बोध एवं अवतार

सार्वभौम सत्य-सिद्धान्त के अनुसार काल और युग परिवर्तन और उसके माध्यम अन्तिम अवतार के सम्बन्ध में समय और रूप की व्याख्या निम्नवत् है।

विश्व-ब्रह्माण्ड के सर्वोच्च और अनन्त कार्यक्षेत्र का सार्वभौम दृश्य, विवादमुक्त, सार्वजनिक प्रमाणित सत्य-सिद्धान्त है- परिवर्तन। जिसे आदान-प्रदान (TRANSACTION) या क्रिया या व्यापार (TRADE) भी कहा जा सकता है। जिसे वैदिक साहित्य ने "सिद्धान्त", गीता ने "परिवर्तन", पुराण ने "शक्ति ", कपिलमुनि ने "क्रिया" कहा है। इसे ही प्राकृतिक- ब्रह्माण्डीय सत्य, कर्म, आदान-प्रदान, परिधि, व्यापार, काल, सर्वशक्तिमान भी कहा गया। इस सत्य की व्याख्या करने वाला शास्त्र-साहित्य सार्वजनिक प्रमाणित दृश्य समष्टि वेद, उत्पन्न नाम या शब्द को समष्टि ईश्वर नाम तथा नाम के अर्थ की व्याख्या करने वाले साहित्य को समष्टि उपनिषद् कहा जाता है।

उपरोक्त परिवर्तन जिस उत्प्रेरक की उपस्थिति में संचालित होता है उसे ही वैदिक साहित्य ने "ब्रह्म" या "आत्मा", गीता ने "मैं", पुराण ने "शिव "", कपिल मुनि ने "कारण", संतों ने "एक", हिन्दुओं ने "ईश्वर", सिखों ने "वाहे गुरू", इस्लाम ने "अल्ला" ईसाई ने "यीशु" इत्यादि कहा। इसे ही पूर्ण, धर्म, ज्ञान, सम, सार्वभौम, चौतन्य, केन्द्र, GOD, सत्य, अद्वैत, सर्वव्यापी, अनश्वर, अजन्मा, शाश्वत, सनातन इत्यादि भी कहा गया है। इस सत्य की व्याख्या करने वाला शास्त्र-साहित्य व्यक्तिगत प्रमाणित अदृश्य व्यष्टि वेद, उत्पन्न नाम या शब्द को व्यष्टि ईश्वर नाम तथा नाम के अर्थ की व्याख्या करने वाले साहित्य को व्यष्टि उपनिषद् कहा जाता है। इसी को सार्वभौम सत्य-सिद्धान्त में केन्द्र (CENTRE) कहा गया है।

वर्तमान पदार्थ विज्ञान भी यह स्वीकार कर चुका है कि इस ब्रह्माण्ड में कही भी कुछ भी स्थिर नहीं है। सभी का परिवर्तन या आदान-प्रदान हो रहा है। दृश्य पदार्थ विज्ञान के महान वैज्ञानिक आइन्सटाइन $E=MC^2$ से इसे सिद्ध भी किये है।

इस प्रकार विश्व-ब्रह्माण्ड को हम सर्वोच्च व्यापार केन्द्र (TRADE CENTRE) भी कह सकते हैं और विश्व-ब्रह्माण्ड के पर्यायवाची नाम के रूप में प्रयोग कर सकते हैं।

समस्त परिवर्तन या आदान-प्रदान मुख्यतः तीन बलो द्वारा ही संचालित होता है- मानवीय बल, प्राकृतिक बल व आत्मीय बल। और ये तीनो बल मूलतः तीन क्षेत्र के माध्यम से परिवर्तन लाता है। ये हैं- शारीरिक, आर्थिक व मानसिक। इस प्रकार हम देखते हैं कि यदि सर्वप्रथम मानवीय बल परिवर्तन लाने के लिए सक्रिय होता है तब वह पहले शारीरिक, फिर आर्थिक और अन्त में मानसिक कारण को माध्यम के रूप में प्रयोग करता है। इसी प्रकार प्राकृतिक बल और आत्मीय बल भी इसी क्रम से माध्यमों का प्रयोग करता है।

जब मानवीय बल और प्राकृतिक बल, आवश्यक परिवर्तन लाने में असफल हो जाता है तब सार्वाधिक शक्तिशाली व सर्वोच्च आत्मीय बल के प्रयोग का समय आ जाता है। चक्र रूप में मानवीय बल एक छोटा परिवर्तन, प्राकृतिक बल एक मध्यम स्तर का परिवर्तन तथा अन्तिम आत्मीय बल उस समय के सर्वोच्च स्तर का परिवर्तन लाता है जिस समय वह प्रभावी होता है।

यह आत्मीय बल ही अवतारों, पैगम्बरों, स्वर्गदूतों, धर्म प्रवर्तकों-स्थापकों के बल थे जो समयानुसार अपने-अपने क्षेत्रों में प्रयोग किये गये थे और जिसके कारण आज भी उनकी पहचान वर्तमान है। जब यह आत्मीय बल अंश रूप में अवतारों, पैगम्बरों, स्वर्गदूतों, धर्म प्रवर्तकों-स्थापकों द्वारा प्रयोग किये जाते हैं तब ये अंश अवतार, पैगम्बर, स्वर्गदूत, धर्म प्रवर्तक-स्थापक कहलाते हैं और जब यह आत्मीय बल पूर्ण रूप में अवतारों, पैगम्बरों, स्वर्गदूतों, धर्म प्रवर्तकों-स्थापकों द्वारा प्रयोग किये जाते हैं तब ये पूर्ण अवतार, पैगम्बर, स्वर्गदूत, धर्म प्रवर्तक-स्थापक कहलाते हैं।

वर्तमान समय में मानवीय बल व प्राकृतिक बल द्वारा परिवर्तन लाने के लिए शारीरिक, आर्थिक व मानसिक माध्यम का प्रयोग किया जा चुका है। साथ ही आत्मीय बल द्वारा भी परिवर्तन लाने के लिए शारीरिक व आर्थिक माध्यम का प्रयोग किया जा चुका है। अब केवल एक ही मार्ग आत्मीय बल द्वारा मानसिक माध्यम का प्रयोग बचा है। जो आने वाले समय में निश्चित रूप से होगा।

काल अर्थात् समय को समय से बांधा नहीं जा सकता। कोई भी व्यक्ति समष्टि के लिए किसी निश्चित दिन का दावा नहीं कर सकता कि इस दिन से किसी युग का परिवर्तन, किसी युग का अन्तिम दिन या किसी युग के प्रारम्भ का दिन है। क्योंकि हम दिन, दिनांक या कैलेण्डर का निर्धारण ब्रह्माण्डीय गतिविधि अर्थात् सूर्य, चाँद, ग्रह इत्यादि के गति को आधार बनाकर निर्धारित करते है। इसी प्रकार युग का निर्धारण पूर्णतया मानव मन की केन्द्रित स्थिति से निर्धारित होता है न कि किसी निर्धारित अवधि के द्वारा। मन की केन्द्रित स्थिति निम्न स्थितियों में होती है-

0 या 5. स्थिति - अदृय मार्ग से मन का आत्मीय केन्द्रित स्थिति।

1. स्थिति - व्यक्तिगत प्रमाणित अदृय मार्ग से मन का आत्मीय केन्द्रित स्थिति अर्थात् व्यक्तिगत प्रमाणित माध्यम द्वारा आत्मा पर केन्द्रित मन। यह स्थिति सतयुग की अन्तिम स्थिति है। इस युग में कुल 6 अवतार मत्स्य, कूर्म, वाराह, नृंिसंह, वामन और परशुराम हुये।

2. स्थिति -सार्वजनिक प्रमाणित अदृय मार्ग से मन का आत्मीय केन्द्रित स्थिति अर्थात् सार्वजनिक प्रमाणित माध्यम - प्रकृति व ब्रह्माण्ड द्वारा आत्मा पर केन्द्रित मन। यह स्थिति त्रेतायुग की अन्तिम स्थिति है। इस युग में सातवें अवतार श्री राम हुयें।

3. स्थिति - व्यक्तिगत प्रमाणित दृश्य मार्ग से मन का आत्मीय केन्द्रित स्थिति अर्थात् व्यक्तिगत प्रमाणित व्यक्ति व भौतिक वस्तु माध्यम द्वारा आत्मा पर केन्द्रित मन। यह स्थिति द्वापर युग की अन्तिम स्थिति है। इस युग में आँठवें अवतार श्री कृष्ण हुयें।

4. स्थिति - सार्वजनिक प्रमाणित दृश्य मार्ग से मन का आत्मीय केन्द्रित स्थिति अर्थात् सार्वजनिक प्रमाणित व्यक्ति व भौतिक वस्तु माध्यम द्वारा आत्मा पर केन्द्रित मन। यह स्थिति कलियुग की अन्तिम स्थिति है। इस युग में नवें अवतार बुद्ध हुये और दसवें और अन्तिम अवतार श्री लव कुश सिंह "विश्वमानव" व्यक्त हैं।

0 या 5. स्थिति - दृश्य मार्ग से मन का आत्मीय केन्द्रित स्थिति।

उपरोक्त स्थिति में स्थित मन से ही उस युग में शास्त्र-साहित्यों की रचना होती रही है। और उस अनुसार ही प्रत्येक व्यक्ति अपनी स्थिति का पता लगा सकता है कि वह किस युग में जी रहा है।
उपरोक्त में से कोई भी स्थिति जब व्यक्तिगत होती है तब वह व्यक्ति उस युग में स्थित होता है चाहे समाज या सम्पूर्ण विश्व किसी भी युग में क्यों न हो। इसी प्रकार जब उपरोक्त स्थिति में से कोई भी स्थिति में समाज या सम्पूर्ण विश्व अर्थात् अधिकतम व्यक्ति उस स्थिति में स्थित होते है तब समाज या सम्पूर्ण विश्व उस युग में स्थित हो जाता है।

युग परिवर्तन सदैव उस समय होता है जब समाज के सर्वोच्च मानसिक स्तर पर एक नया अध्याय या कड़ी जुड़ता है। और एक नये विचार से व्यवस्था या मानसिक परिवर्तन होता है। इस प्रकार यह आत्मसात् करना चाहिए कि सम्पूर्ण समाज इस समय चौथे युग-कलियुग के अन्त में है और जैसे-जैसे "विश्वशास्त्र" के ज्ञान से युक्त होता जायेगा वह पाँचवे युग-स्वर्ण युग में प्रवेश करता जायेगा। और जब बहुमत हो जायेगा तब सम्पूर्ण समाज या विश्व पाँचवे युग-स्वर्ण युग में स्थित हो जायेगा।

सत्य से सार्वभौम सत्य-सिद्धान्त तक का र्माग अवतारों का मार्ग है। सार्वभौम सत्य-सिंद्धान्त की अनुभूति ही अवतरण है। इसके अंश अनुभूति को अंश अवतार तथा पूर्ण अनुभूति को पूर्ण अवतार कहते है। अवतार मानव मात्र के लिए ही कर्म करते हैं न कि किसी विशेष मानव समूह या सम्प्रदाय के लिए। अवतार, धर्म, धर्मनिरपेक्ष व सर्वधर्मसमभाव से युक्त अर्थात् एकात्म से युक्त होते है। इस प्रकार अवतार से उत्पन्न शास्त्र मानव के लिए होते हैं, न कि किसी विशेष मानव समूह के लिए। उत्प्रेरक, शासक और मार्गदर्शक आत्मा सर्वव्यापी है। इसलिए एकात्म का अर्थ संयुक्त आत्मा या सार्वजनिक आत्मा है। जब एकात्म का अर्थ संयुक्त आत्मा समझा जाता है तब वह समाज कहलाता है। जब एकात्म का अर्थ व्यक्तिगत आत्मा समझा जाता है तब व्यक्ति कहलाता है। अवतार, संयुक्त आत्मा का साकार रुप होता है जबकि व्यक्ति व्यक्तिगत आत्मा का साकार रुप होता है। शासन प्रणाली में समाज का समर्थक दैवी प्रवृत्ति तथा शासन व्यवस्था प्रजातन्त्र या लोकतन्त्र या स्वतन्त्र या मानवतन्त्र या समाजतन्त्र या जनतन्त्र या बहुतन्त्र या स्वराज कहलाता है और क्षेत्र गणराज्य कहलाता है। ऐसी व्यवस्था सुराज कहलाती है। शासन प्रणाली में व्यक्ति का समर्थक असुरी प्रवृत्ति तथा शासन व्यवस्था राज्यतन्त्र या राजतन्त्र या एकतन्त्र कहलाता है और क्षेत्र राज्य कहलाता है ऐसी व्यवस्था कुराज कहलाती है। सनातन से ही दैवी और असुरी प्रवृत्तियों अर्थात् दोनों तन्त्रों के बीच अपने-अपने अधिपत्य के लिए संघर्ष होता रहा है। जब-जब समाज में एकतन्त्रात्मक या राजतन्त्रात्मक अधिपत्य होता है तब-तब मानवता या समाज समर्थक अवतारों के द्वारा गणराज्य की स्थापना की जाती है। या यूँ कहें गणतन्त्र या गणराज्य की स्थापना ही अवतार का मूल उद्देश्य अर्थात् लक्ष्य होता है शेष सभी साधन अर्थात् मार्ग।

अवतारों के प्रत्यक्ष और प्रेरक दो कार्य विधि हैं। प्रत्यक्ष अवतार वे होते हैं जो स्वयं अपनी शक्ति का प्रत्यक्ष प्रयोग कर समाज का सत्यीकरण करते हैं। यह कार्य विधि समाज में उस समय प्रयोग होता है जब अधर्म का नेतृत्व एक या कुछ मानवों पर केन्द्रित होता है। प्रेरक अवतार वे होते हैं जो स्वयं अपनी शक्ति का अप्रत्यक्ष प्रयोग कर समाज का सत्यीकरण जनता एवं नेतृत्वकर्ता के माध्यम से करते हैं। यह कार्य विधि समाज में उस समय प्रयोग होता है जब समाज में अधर्म का नेतृत्व अनेक मानवों और नेतृत्वकर्ताओं पर केन्द्रित होता है।

इन विधियों में से कुल दस अवतारों में से प्रथम सात (मत्स्य, कूर्म, वाराह, नृसिंह, वामन, परशुराम, राम) अवतारों ने समाज का सत्यीकरण प्रत्यक्ष विधि के प्रयोग द्वारा किया था। आठवें अवतार (श्रीकृष्ण) ने दोनों विधियों प्रत्यक्ष ओर प्रेरक का प्रयोग किया था। नवें (भगवान बुद्ध) और अन्तिम दसवें अवतार की कार्य विधि प्रेरक ही है।

जल-प्लावन (जहाँ जल है वहाँ थल और जहाँ थल है वहाँ जल) के समय मछली से मार्ग दर्शन (मछली के गतीशीलता से सिद्धान्त प्राप्त कर) पाकर मानव की रक्षा करने वाला ईश्वर (सार्वभौम सत्य-सिद्धान्त) का पहला अंशावतार मत्स्यावतार के बाद मानव का पुनः विकास प्रारम्भ हुआ। दूसरे कूर्मावतार (कछुए के गुण का सिद्धान्त), तीसरे- वाराह अवतार (सुअर के गुण का सिद्धान्त), चौथे- नृसिंह (सिंह के गुण का सिद्धान्त), तथा पाँचवे वामन अवतार (ब्राह्मण के गुण का सिद्धान्त) तक एक ही साकार शासक और मार्गदर्शक राजा हुआ करते थे और जब-जब वे राज्य समर्थक या उसे बढ़ावा देने वाले इत्यादि असुरी गुणों से युक्त हुए उन्हें दूसरे से पाँचवें अंशावतार ने साकार रुप में कालानुसार भिन्न-भिन्न मार्गों से गुणों का प्रयोग कर गणराज्य का अधिपत्य स्थापित किया।

ईश्वर (सार्वभौम सत्य-सिद्धान्त) के छठें अंश अवतार परशुराम के समय तक मानव जाति का विकास इतना हो गया था कि अलग-अलग राज्यों के अनेक साकार शासक और मार्गदर्शक राजा हो गये थे उनमें से जो भी राज्य समर्थक असुरी गुणों से युक्त थे उन सबको परशुराम ने साकार रुप में वध कर डाला। परन्तु बार-बार वध की समस्या का स्थाई हल निकालने के लिए उन्होंने राज्य और गणराज्य की मिश्रित व्यवस्था द्वारा एक व्यवस्था दी जो आगे चलकर "परशुराम परम्परा" कहलायी। व्यवस्था निम्न प्रकार थी-

1. प्रकृति में व्याप्त तीन गुण- सत्व, रज और तम के प्रधानता के अनुसार मनुष्य का चार वर्णों में निर्धारण। सत्व गुण प्रधान - ब्राह्मण, रज गुण प्रधान-क्षत्रिय, रज एवं तम गुण प्रधान-वैश्य, तम गुण प्रधान-शूद्र।
2. गणराज्य का शासक राजा होगा जो क्षत्रिय होगा जैसे-ब्रह्माण्डीय गणराज्य में प्रकृति जो रज गुण अर्थात् कर्म अर्थात् शक्ति प्रधान है।

3. गणराज्य में राज्य सभा होगी जिसके अनेक सदस्य होंगे जैसे-ब्रह्माण्डीय गणराज्य में प्रकृति के सत्व, रज एवं तम गुणों से युक्त विभिन्न वस्तु हैं।
4. राजा का निर्णय राज्यसभा का ही निर्णय है जैसे-ब्रह्माण्डीय गणराज्य में प्रकृति का निर्णय वहीं है जो सत्व, रज एवं तम गुणों का सम्मिलित निर्णय होता है।
5. राजा का चुनाव जनता करे क्योंकि वह अपने गणराज्य में सर्वव्यापी और जनता का सम्मिलित रुप है जैसे-ब्रह्माण्डीय गणराज्य में प्रकृति सर्वव्यापी है और वह सत्व, रज एवं तम गुणों का सम्मिलित रुप है।
6. राजा और उसकी सभा राज्यवादी न हो इसलिए उस पर नियन्त्रण के लिए सत्व गुण प्रधान ब्राह्मण का नियन्त्रण होगा जैसे- ब्रह्माण्डीय गणराज्य में प्रकृति पर नियन्त्रण के लिए सत्व गुण प्रधान आत्मा का नियन्त्रण होता है।

ईश्वर (सार्वभौम सत्य-सिद्धान्त) के सातवें अंश अवतार श्रीराम द्वारा इसी परशुराम परम्परा का ही प्रसार और स्थापना हुआ था।

ईश्वर (सार्वभौम सत्य-सिद्धान्त) के आठवें अवतार श्रीकृष्ण के समय तक स्थिति यह हो गयी थी राजा पर नियन्त्रण के लिए नियुक्त ब्राह्मण भी समाज और धर्म की व्याख्या करने में असमर्थ हो गये। क्योंकि अनेक धर्म साहित्यों, मत-मतान्तर, वर्ण, जातियों में समाज विभाजित होने से व्यक्ति संकीर्ण और दिग्भ्रमित हो गया था और राज्य समर्थकों की संख्या अधिक हो गयी थी परिणामस्वरुप मात्र एक ही रास्ता बचा था- नवमानव सृष्टि। इसके लिए उन्होंने सम्पूर्ण धर्म-साहित्यों और मत-मतान्तरों के एकीकरण के लिए आत्मा के सर्वव्यापी व्यक्तिगत प्रमाणित निराकार स्वरुप का उपदेश "गीता" व्यक्त किये और गणराज्य का उदाहरण द्वारिका नगर का निर्माण कर किये। उनकी गणराज्य व्यवस्था उनके जीवन काल में ही नष्ट हो गयी परन्तु "गीता" आज भी प्रेरक बनीं हुई है।

ईश्वर (सार्वभौम सत्य-सिद्धान्त) के नवें अवतार भगवान बुद्ध के समय पुनः राज्य एकतन्त्रात्मक होकर हिंसात्मक हो गया परिणामस्वरुप बुद्ध ने अहिंसा के उपदेश के साथ व्यक्तियों को धर्म, बुद्धि और संघ के शरण में जाने की शिक्षा दी। संघ की शिक्षा गणराज्य की शिक्षा थी। धर्म की शिक्षा आत्मा की शिक्षा थी। बुद्धि की शिक्षा, प्रबन्ध और संचालन की शिक्षा थी जो प्रजा के माध्यम से प्रेरणा द्वारा गणराज्य के निर्माण की प्रेरणा थी।

ईश्वर (सार्वभौम सत्य-सिद्धान्त) के दसवें और अन्तिम अवतार के समय तक राज्य और समाज स्वतः ही प्राकृतिक बल के अधीन कर्म करते-करते सिद्धान्त प्राप्त करते हुए पूर्ण गणराज्य की ओर बढ़ रहा था परिणामस्वरुप गणराज्य का रुप होते हुए भी गणराज्य सिर्फ राज्य था और एकतन्त्रात्मक अर्थात् व्यक्ति समर्थक तथा समाज समर्थक दोनों की ओर विवशतावश बढ़ रहा था।

भारत में निम्लिखित रुप व्यक्त हो चुका था।

1. ग्राम, विकास खण्ड, नगर, जनपद, प्रदेश और देश स्तर पर गणराज्य और गणसंघ का रुप।
2. सिर्फ ग्राम व नगर स्तर पर राजा (ग्राम व नगर पंचायत अध्यक्ष) का चुनाव सीधे जनता द्वारा।
3. गणराज्य को संचालित करने के लिए संचालक का निराकार रुप- संविधान।
4. गणराज्य के तन्त्रों को संचालित करने के लिए तन्त्र और क्रियाकलाप का निराकार रुप-नियम और कानून।
5. राजा पर नियन्त्रण के लिए ब्राह्मण का साकार रुप- राष्ट्रपति, राज्यपाल, जिलाधिकारी इत्यादि।

विश्व स्तर पर निम्नलिखित रुप व्यक्त हो चुका था।

1. गणराज्यों के संघ के रुप में संयुक्त राष्ट्र संघ का रुप।
2. संघ के संचालन के लिए संचालक और संचालक का निराकार रुप- संविधान।
3. संघ के तन्त्रों को संचालित करने के लिए तन्त्र और क्रियाकलाप का निराकार रुप- नियम और कानून।
4. संघ पर नियन्त्रण के लिए ब्राह्मण का साकार रुप-पाँच वीटो पावर।
5. प्रस्ताव पर निर्णय के लिए सदस्यों की सभा।
6. नेतृत्व के लिए राजा- महासचिव।

जिस प्रकार आठवें अवतार द्वारा व्यक्त आत्मा के निराकार रुप "गीता" के प्रसार के कारण आत्मीय प्राकृतिक बल सक्रिय होकर गणराज्य के रुप को विवशतावश समाज की ओर बढ़ा रहा था उसी प्रकार अन्तिम अवतार द्वारा निम्नलिखित शेष समष्टि कार्य पूर्ण कर प्रस्तुत कर देने मात्र से ही विवशतावश उसके अधिपत्य की स्थापना हो जाना है।

1. गणराज्य या लोकतन्त्र के सत्य रुप- गणराज्य या लोकतन्त्र के स्वरुप का अन्तर्राष्ट्रीय/ विश्व मानक।
2. राजा और सभा सहित गणराज्य पर नियन्त्रण के लिए साकार ब्राह्मण का निराकार रुप- मन का अन्तर्राष्ट्रीय/ विश्व मानक।
3. गणराज्य के प्रबन्ध का सत्य रुप- प्रबन्ध का अन्तर्राष्ट्रीय/ विश्व मानक।
4. गणराज्य के संचालन के लिए संचालक का निराकार रुप- संविधान के स्वरुप का अन्तर्राष्ट्रीय/ विश्व मानक।
5. साकार ब्राह्मण निर्माण के लिए शिक्षा का स्वरुप- शिक्षा पाठ्यक्रम का अन्तर्राष्ट्रीय/ विश्व मानक।

इस समष्टि कार्य द्वारा ही काल व युग परिवर्तन होगा न कि सिर्फ चिल्लाने से कि "सतयुग आयेगा" , "सतयुग आयेगा" से। यह समष्टि कार्य जिस शरीर से सम्पन्न होगा वही अन्तिम अवतार के रूप में व्यक्त होगा। धर्म में स्थित वह अवतार चाहे जिस सम्प्रदाय (वर्तमान अर्थ में धर्म) का होगा उसका मूल लक्ष्य यही शेष समष्टि कार्य होगा और स्थापना का माध्यम उसके सम्प्रदाय की परम्परा व संस्कृति होगी।

जिस प्रकार केन्द्र में संविधान संसद है, प्रदेश में संविधान विधान सभा है उसी प्रकार ग्राम नगर में भी संविधान होना चाहिए जिस प्रकार केन्द्र और प्रदेश के न्यायालय और पुलिस व्यवस्था है उसी प्रकार ग्राम नगर के भी होने चाहिए कहने का अर्थ ये है कि जिस प्रकार की व्यवस्थाये केन्द्र और प्रदेश की अपनी हैं उसी प्रकार की व्यवस्था छोटे रुप में ग्राम नगर की भी होनी चाहिए। संघ (राज्य) या महासंघ (केन्द्र) से सम्बन्ध सिर्फ उस गणराज्य से होता है प्रत्येक नागरिक से नहीं संघ या महासंघ का कार्य मात्र अपने गणराज्यों में आपसी समन्वय व सन्तुलन करना होता है उस पर शासन करना नहीं तभी तो सच्चे अर्थों में गणराज्य व्यवस्था या स्वराज-सुराज व्यवस्था कहलायेगी। यही राष्ट्रपिता महात्मा गाँधी की प्रसिद्ध युक्ति "भारत ग्राम (नगर) गणराज्यों का संघ हो" और "राम राज्य" का सत्य अर्थ है।

भाग-2

विश्वात्मा/विश्वमन का विखण्डन व संलयन

सांख्य दर्शन

धर्म विज्ञान (स्वामी विवेकानन्द)

आत्मा और विश्वात्मा

1. रज मन
2. तम मन
3. सत्व मन
    - क. निवृत्ति मार्गी
    - ख. प्रवृत्ति मार्गी

अवतारी मन

विकासवाद

अवतारवाद

विश्वात्मा/ विश्वमन का विखण्डन व संलयन

सांख्य दर्शन

सांख्य दर्शन भारत का अत्यंत प्राचीन और प्रमुख दार्शनिक संप्रदाय है इसके प्रवर्तक महर्षि कपिल थे, जिन्होंने सम्भवतः सातवीं शताब्दी ई0 पू0 में इस दर्शन के सूत्रों की रचना की। सांख्य शब्द का तात्पर्य सम्यक ज्ञान से है। सम्यक ज्ञान का तात्पर्य पुरूष और प्रकृति के मध्य की भिन्नता के ज्ञान से है। सांख्य दर्शन का आधार कार्य-कारण सिद्धान्त है। इस सिद्धान्त को सत्कार्यवाद के नाम से जाना जाता है। कार्य-कारण सिद्धान्त के सम्मुख उठने वाले मूल प्रश्न - क्या कार्य की सत्ता उत्पत्ति के पूर्व उपादान कारण में वर्तमान रहती है? का सांख्य दर्शन का सत्कार्यवाद भावात्मक उत्तर है। इसके अनुसार कार्य प्रकार सत्कार्यवाद उत्पत्ति कारण में अव्यक्त रूप में मौजूद रहता है। इस प्रकार सत्कार्यवाद उत्पत्ति के पूर्व कारण में कार्य की सत्ता स्वीकार करता है। कार्य और कारण में सिर्फ आकार का भेद है। कारण अव्यक्त कार्य और कार्य का जो अभिव्यक्त कारण है। वस्तु के निर्माण का अर्थ अव्यक्त कार्य जो कारण में निहित है कार्य में पूर्णतः अभिव्यक्त होना। उत्पत्ति का अर्थ अव्यक्त का व्यक्त होना है और विनाश का अर्थ अव्यक्त हो जाना है अर्थात् उत्पत्ति आविर्भाव और विनाश तिरोभाव है। सांख्य दर्शन के अनुसार सम्पूर्ण विश्व कार्य का प्रवाह है। जहाँ तक विश्व के कारण का प्रश्न है तो सांख्य दर्शन न तो परमाणु को मानता है और न ही चेतना को बल्कि इसका आधार या मूल कारण प्रकृति को मानता है प्रकृति, जड़ और सूक्ष्म दोनों है परन्तु वह स्वयं कारणहीन है। सांख्य दर्शन में प्रकृति को प्रधान जड़ माया शक्ति आदि कहा गया है। वह एक अदृश्य अव्यक्त अचेतन व्यक्तित्वहीन और शाश्वत है। यद्यपि प्रकृति एक है लेकिन उसमे तीन प्रकार के गुण है सत्व, रजस् और तमस् गुण प्रकृति के तत्व या द्रव्य है। गुण अत्यंत सूक्ष्म है जिनका ज्ञान अनुमान से प्राप्त होता है। विश्व की प्रत्येक वस्तु में सुख-दुःख और उदासीनता का भाव उत्पन्न करने की शक्ति मौजूद है। इन तीनों भावों का कारण तीन गुण सत्व, रजस् और तमस ही है।

सत्व ज्ञान का प्रतीक और श्वेत रंग का है जिससे सभी प्रकार की सुखात्मक अनुभूति होती है। रजस क्रिया प्रेरक है जो वस्तुओं को भी उत्तेजित करता है इसका रंग लाल है। तमस अज्ञान या अंधकार का प्रतीक है जो निष्क्रियता और जड़ता का द्योतक है। इसका रंग काला है ये तीनों गुण प्रकृति के अलावा विश्व की प्रत्येक वस्तु में अन्तर्भूत है। इसलिए प्रकृति तथा विश्व की सभी वस्तुओं को त्रिगुणात्मक कहा जाता है। लेकिन किसी वस्तु में कोई एक गुण तो किसी अन्य वस्तु में अन्य गुण प्रबल होता है। ये गुण निरंतर परिवर्तनशील है।

सांख्य दर्शन पुरूष की व्यापक व्याख्या करता है। वास्तव में अन्य दर्शनों ने जिसे आत्मा कहा है। उसे ही सांख्य ने पुरूष कहा है। पुरूष चेतन है वह सत्व, रजस और तमस से शून्य है, इसीलिए उसे त्रिगुणतीत कहा गया है। वह त्राता है। सक्रिय है, अनेक कार्य-कारण से मुक्त है। उसकी सत्ता स्वयं सिद्ध है। आत्मा अर्थात पुरूष शरीर से भिन्न है जहाँ शरीर भौतिक है, वहीं पुरूष अभौतिक अर्थात आध्यात्मिक है। वह पाप पुण्य से मुक्त अर्थात निर्गुण है। सांख्य दर्शन विश्व की उत्पत्ति के लिए ईश्वर को उत्तरदायी नहीं मानता उसके अनुसार यह संसार विकास का फल है। प्रकृति ही वह मूल तत्व है जिससे संसार की समस्त वस्तुएँ विकसित होती है। इस प्रकार सांख्य दर्शन विकासवाद का समर्थन करता है। विकास की प्रक्रिया तभी प्रारम्भ हो सकती है। जब पुरूष और प्रकृति का संयोग हो। अकेली प्रकृति या पुरूष विकास नहीं कर सकते क्योंकि वे क्रमशः अचेतन और निष्क्रिय है प्रकृति देखे जाने के लिए पुरूष पर और पुरूष कैवल्य अर्थात मोक्ष प्राप्ति के लिए प्रकृति पर आश्रित है दोनों को एक दूसरे की आवश्यकता है परन्तु विरोधी गुणों से युक्त होने के कारण दोनों का सन्सर्ग अत्यन्त कठिन है इस कठिनाई के समाधान के लिए सांख्य दर्शन उपमाओं का प्रयोग करता है। सांख्य का मत है कि पुरूष और प्रकृति के बीच यथार्थ संयोग नहीं होता अपितु सिर्फ निकटता का सम्बन्ध होता है ज्यों ही पुरूष प्रकृति के समीप आता है। प्रकृति की साम्यवास्था भंग हो जाती है। और उसके गुणों में विरूप परिवर्तन आरम्भ हो जाता है। और उसके तीनों गुणों में परिवर्तन होने लगता है। तत्पश्चात् नये पदार्थों का आविर्भाव होता है। सांख्य दर्शन संसार को दुःखमय मानता है। उसके अनुसार तीन प्रकार के दुःख है- आध्यात्मिक, आधिभौतिक और आधिदैविक इन तीनों दुःखों से छुटकारा ही

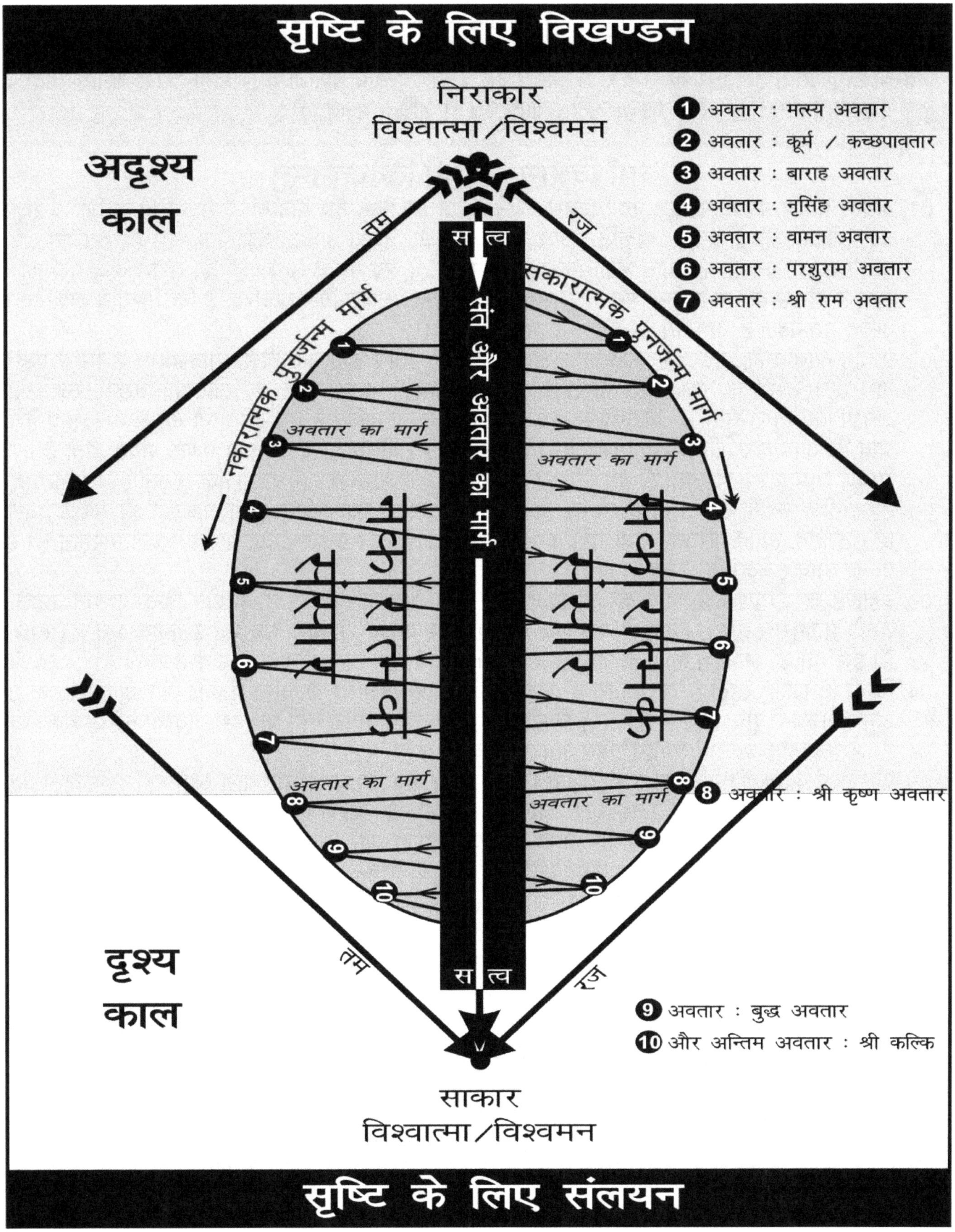

सृष्टि के लिए विखण्डन
निराकार
विश्वात्मा/विश्वमन
अदृश्य
काल
1 अवतार : मत्स्य अवतार
2 अवतार : कूर्म / कच्छपावतार
3 अवतार : बाराह अवतार
4 अवतार : नृसिंह अवतार
5 अवतार : वामन अवतार
6 अवतार : परशुराम अवतार
7 अवतार : श्री राम अवतार
तम
रज
सत्व
संत और अवतार का मार्ग
सकारात्मक पुनर्जन्म मार्ग
नकारात्मक पुनर्जन्म मार्ग
अवतार का मार्ग
नकारात्मक संसार
सकारात्मक संसार
8 अवतार : श्री कृष्ण अवतार
दृश्य
काल
9 अवतार : बुद्ध अवतार
10 और अन्तिम अवतार : श्री कल्कि
साकार
विश्वात्मा/विश्वमन
सृष्टि के लिए संलयन

मोक्ष तथा उसका साधन ज्ञान है। ज्ञान के द्वारा ही आत्मा और अनात्मा का भेद स्पष्ट होता है। अज्ञान ही बंधन का कारण है। इस बंधन को कर्म से नहीं तोड़ा जा सकता है बल्कि इसके लिए ज्ञान मार्ग ही अपनाना होगा। मोक्ष की अवस्था त्रिगुणातीत है। ईश्वर के सम्बन्ध में सांख्य दर्शन स्पष्टता नहीं दर्शाता कुछ विद्वान उसे अनीश्वरवादी और कुछ ईश्वरवादी मानते हैं। परन्तु उसका अनीश्वरवादी पक्ष ही अधिक मजबूत है।

धर्म विज्ञान (स्वामी विवेकानन्द)

01. अंग्रेजी में हम सब नेचर शब्द का व्यवहार करते हैं। प्राचीन हिन्दू दार्शनिकगण उसके लिए दो विभिन्न संज्ञाओं का प्रयोग करते थे; प्रथम- "प्रकृति " और दूसरा उसकी अपेक्षा अधिक वैज्ञानिक नाम है- "अव्यक्त ", जो व्यक्त अथवा प्रकाशित अथवा भेदात्मक नहीं है-उससे ही सब पदार्थ उत्पन्न हुये है, उससे अणु-परमाणु सब आये हैं; उससे ही भूत, शक्ति, मन, बुद्धि सब आये हैं। यह अत्यन्त विस्मयकारक है कि भारतीय दार्शनिकगण अनेक युग पहले ही कह गये है कि मन सूक्ष्म जड़मात्र है।
02. प्राचीन आचार्यगण ने इस अव्यक्त का लक्षण बताया है- "तीन शक्तियों की साम्यावस्था "। उनमें से एक का नाम सत्व, दूसरी का रजः और तीसरी का तमः है। तमः निम्रतम शक्ति है- आकर्षणस्वरूप, रजः उसकी अपेक्षा किंचित् उच्चतर है- विकर्षणस्वरूप; तथा सर्वोच्च जो शक्ति है वह इन दोनों की संयमस्वरूप है-वहीं सत्व है। अतएव ज्योंहि ये आकर्षण और विकर्षण दोनों शक्तियां सत्त्व के द्वारा पूर्णतः संयत होती है अथवा सम्पूर्ण साम्यावस्था में रहती है, तब सृष्टि अथवा विकार का अस्तित्व नहीं रहता, किन्तु ज्योंहि यह साम्यावस्था नष्ट होती है, ज्योंहि उनका सामंजस्य नष्ट होता है और उनमें से एक शक्ति दूसरी शक्तियों की अपेक्षा प्रबलतर हो उठती है, त्योंहि परिवर्तन तथा गति का आरम्भ होता है और इन सब का परिणाम चलता रहता है। इसी प्रकार व्यापार चक्रगति से चल रहा है।
03. ब्रह्माण्ड के सम्पूर्ण बाह्य भाग को-आजकल हम जिसे स्थूल जड़ कहते हैं- प्राचीन हिन्दूगण भूत कहते थे। उनके मतानुसार उनमें से एक ही, शेष सब का कारण है; क्योंकि अन्यान्य सब भूत इसी एक भूत से उत्पन्न हुए हैं। इस भूत को आकाश की संज्ञा प्राप्त है तथा उसके साथ प्राण नाम की एक और वस्तु रहती है।
04. जितने दिन सृष्टि रहती है, उतने दिन में प्राण और आकाश रहते हैं। कल्पान्त में प्राण और आकाश तक उसी अनन्त पुरुष में सुप्त भाव में थे, किन्तु किसी प्रकार का व्यक्त प्रपंच नहीं था। इस अवस्था को अव्यक्त कहते हैं- उसका ठीक शब्दार्थ स्पन्दन रहित अथवा अप्रकाशित है।
05. प्राण स्वयं आकाश की सहायता के अभाव में कोई काम नहीं कर पाता। यह प्राण स्वयं नहीं रह सकता अथवा किसी मध्यवर्ती के बिना काम नहीं कर सकता। वह कभी आकाश से पृथक् नहीं रह सकता। शक्ति और भूत की अति सूक्ष्मावस्था को ही प्राचीन दार्शनिकगण ने प्राण और आकाश की संज्ञा दी है। प्राण को आप जीवनीशक्ति कह सकते हैं, किन्तु उसको केवल मनुष्य के जीवन में सीमाबद्ध करने से अथवा आत्मा के साथ अमिट समझने से भी काम नहीं चलेगा। अतएव सृष्टि प्राण और आकाश के संयोग से उत्पन्न है तथा उसका आदि भी नहीं है, अन्त भी नहीं है।
06. अतः अव्यक्त प्रकृति, यह सर्वव्यापी बुद्धित्व में अथवा महत्त में परिणत होती है, यह फिर सर्वव्यापी अहंतत्व अथवा अहंकार में और यह परिणाम प्राप्त करके फिर सर्वव्यापी इन्द्रियग्राह भूत (इन्द्रिय और तन्मात्रा) में परिणत होता है। यही भूत-समष्टि इन्द्रिय अथवा केन्द्र समूह में और समष्टि सूक्ष्म परमाणु समूह में परिणत होती है। फिर इन सब के मिलने पर इस स्थूल जगत-प्रपंच की उत्पत्ति होती है। सांख्य मत के अनुसार यही सृष्टि का क्रम है और बृहत् ब्रह्माण्ड में जो है, वह व्यष्टि अथवा क्षुद्र ब्रह्माण्ड में भी अवश्य रहेगा।
07. सांख्यवादियों का एक मत अनन्यसाधारण है। उनके मतानुसार एक मनुष्य अथवा कोई भी एक प्राणी जिस नियम से गठित है, समग्र विश्व ब्रह्माण्ड भी ठीक उसी नियम से विरचित है। इसलिए हमारा जैसे एक मन है, उसी प्रकार एक विश्वमन भी है।

08. जितने दिनों से जगत् है उतने दिनों से मन का अभाव-उस एक विश्वमन का अभाव-कभी नहीं हुआ। प्रत्येक मानव, प्रत्येक प्राणी उस विश्वमन से ही निर्मित हो रहा है, क्योंकि वह सदा ही वर्तमान हैं और उन सब के निर्माण के लिए उपादान प्रदान कर रहा है।
09. जगत में प्रकृति के प्रथम विकास को सांख्यवादीगण महत् या समष्टि बुद्धि कहते हैं। इसका ठीक शब्दार्थ है- सर्वश्रेष्ठ तत्व। इसे अहंज्ञान नहीं कहा जा सकता, कहने पर भूल होगी। अहंज्ञान इस बुद्धितत्व का अंशविशेष मात्र है, परन्तु बुद्धितत्व सार्वजनिन तत्व है। अहंज्ञान, अव्यक्त ज्ञान और ज्ञानातीत अवस्था-ये सब ही उसके अन्तर्गत आते हैं।
10. महत्तत्व ही उन सब परिवर्तनों का कारण है जिनके फलस्वरूप यह शरीर निर्मित हुआ है। महतत्व या समष्टि बुद्धि के भीतर ज्ञान की निम्न भूमि, साधारण ज्ञान की अवस्था और ज्ञान से अतीत अवस्था में सब ही विद्यमान है।
11. ज्ञान की निन्म भूमि हम पशुओं में देखते हैं और उसे-सहजात ज्ञान कहते हैं। सहजात ज्ञान में प्रायः कभी भूल नहीं होती। एक पशु इस सहजात ज्ञान के प्रभाव से कौन सी घास खाने योग्य है, कौन सी घास विषाक्त है, यह सुविधापूर्वक समझ लेता है।
12. उनके पश्चात् हमारा (मानव का) साधारण ज्ञान आता है-यह सहजात ज्ञान की अपेक्षा उच्चतर अवस्था है। हमारा साधारण ज्ञान भ्रान्तिमय है, यह पग-पग पर भ्रम में जा पड़ता है। इसे ही आप युक्ति अथवा विचारशक्ति कहते हैं। अवश्य सहजात ज्ञान की अपेक्षा उसका प्रसार अधिक दूर तक है, किन्तु सहजात ज्ञान की अपेक्षा युक्ति विचार में अधिक भ्रम की आशंका है।
13. मन की और एक उच्चतर अवस्था विद्यमान है,-ज्ञानातीत अवस्था-इस अवस्था में केवल योगीगण का ही अर्थात् जिन्होंने यत्न करके इस अवस्था को प्राप्त किया है, उनका ही अधिकार है। वह सहजात ज्ञान के समक्ष भ्रान्ति से विहिन है और युक्तिविचार से भी उसका अधिक प्रसार है। वह सर्वोच्च अवस्था है।
14. जिस प्रकार मनुष्य के भीतर महत् ही ज्ञान की निम्नभूमि, साधारण ज्ञानभूमि और ज्ञानातीत भूमि है, उसी प्रकार इस बृहत् ब्रह्माण्ड में भी यही सर्वव्यापी बुद्धितत्व अथवा महत्-सहजात ज्ञान, युक्ति विचार से उत्पन्न ज्ञान और विचार से अतीत ज्ञान, इन तीन प्रकारों से स्थित है।
15. ज्ञान का अर्थ है- सदृश वस्तु के साथ उसका मिलन। कोई नया संस्कार आने पर यदि आप लोगों के मन में उसके सदृश सब संस्कार पहले से ही वर्तमान रहे, तभी आप तृप्त होते हैं, और इस मिलन अथवा सहयोग को ही ज्ञान कहते हैं। अतएव ज्ञान का अर्थ, पहले से ही हमारी जो अनुभूति-समष्टि विद्यमान है, उसके साथ और एक सजातीय अनुभूति को एक ही कोष में प्रतिष्ठित कर देना है। तथा पहले से ही आपका एक ज्ञान भण्डार न रहने पर कोई नया ज्ञान ही आपका नहीं हो सकता, यही उसका सर्वोत्तम प्रबल प्रमाण है।
16. सांख्यमत के अनुसार सृष्टिवाद में सृष्टि अथवा क्रम विकास और प्रलय अथवा क्रम संकोच-ये दोनों स्वीकृत हुये हैं। सभी उसी अव्यक्त प्रकृति के क्रम विकास से उत्पन्न है, और ये सब क्रम संकुचित होकर व्यक्त आकार धारण करते हैं। सांख्य मत के अनुसार ऐसी किसी जड़ अथवा भौतिक वस्तु का अस्तित्व सम्भव नहीं है, ज्ञान का कोई अंशविशेष जिसका उपादान न हो। ज्ञान ही वह उपादान है, जिससे यह प्रपंच निर्मित हुआ है।
17. कपिल का प्रधान मत है- परिणाम। वे कहते हैं, एक वस्तु दूसरी वस्तु का परिणाम अथवा विकार स्वरूप है क्योंकि उनके मत के अनुसार कार्य-कारण भाव का लक्षण यह है कि-कार्य अन्य रूप में परिणत कारण मात्र है।
18. कपिल का मत है कि समग्र ब्रह्माण्ड ही एक शरीर स्वरूप है जो कुछ हम देखते हैं, वे सब स्थूल शरीर है, उन सबके पश्चात् सूक्ष्म शरीर समूह और उनके पश्चात् समष्टि अहंतत्व, उसके भी पश्चात् समष्टि बुद्धि है। किन्तु यह सब ही प्रकृति के अन्तर्गत हैं। उसमें से जो हमारे प्रयोजन का है, हम ग्रहण कर रहे हैं; इसी प्रकार जगत के भीतर समष्टि मनस्तत्व विद्यमान है, उससे भी हम चिरकाल से प्रयोजन के अनुसार ले रहे हैं। किन्तु देह का

बीज माता-पिता से प्राप्त होना चाहिए। इससे वंश की अनुक्रमणिकता और पुर्नजन्मवाद दोनों ही तत्व स्वीकृत हो जाते हैं।

19. समग्र प्रकृति के पश्चात् निश्चित रूप में कोई सत्ता है, जिसका आलोक उन पर पड़कर महत्, अहंज्ञान और यह सब नाना वस्तुओं के रूप में प्रतीत हो रहा है। और इस सत्ता को ही कपिल पुरुष अथवा आत्मा कहते है। वेदान्ती भी उसे आत्मा कहते हैं। कपिल के मत के अनुसार पुरुष अमिश्र पदार्थ है। वह यौगिक पदार्थ नहीं है। वही एकमात्र व जड़ पदार्थ है और सब प्रपंच-विकार ही जड़ है। पुरुष ही एकमात्र ज्ञाता है।
20. समस्त प्रकृति आत्मा के भोग अथवा अभिज्ञता का संचय करने के लिए काम करती जा रही है, और आत्मा उसी चरम लक्ष्य में जाने के लिए यह अभिज्ञता संचय कर रही है तथा मुक्ति ही यह चरम लक्ष्य है। सांख्य दर्शन के मत के अनुसार इस आत्मा की संख्या बहुत है। अनन्त संख्यक आत्माएं विद्यमान है। उसका और एक सिद्धान्त यह है कि "ईश्वर नहीं है ", जगत् का सृष्टिकर्ता कोई नहीं है। सांख्यवादी कहते हैं प्रकृति ही जब इन सब विभिन्न रूपों का सृजन करने में समर्थ है तब ईश्वर स्वीकार करने का प्रयोजन नहीं है।
21. साख्य दर्शन सब आत्माओं के एकत्व के प्रति विश्वासी नहीं है। वेदान्त के मतानुसार सब जीवात्माएं ब्रह्मनामधेय एक विश्वात्मा में अमिश्र है, किन्तु सांख्य दर्शन के प्रतिष्ठाता कपिल द्वैतवादी थे। अवश्य उन्होंने जगत का विश्लेषण जहाँ तक किया है, वह अत्यन्त अद्‌भुत है। वे हिन्दू परिणामवादियों के जनक स्वरूप हैं, और परिवर्ती सब दार्शनिक शास्त्र उनकी ही चिन्तन प्रणाली के परिणाम मात्र हैं।
22. ज्ञान चौतन्य सम्पूर्ण रूप से प्रकृति के अधिकार में हैं, आत्मा में ज्ञान चौतन्य नहीं है। वेदान्त कहता है- आत्मा का स्वरूप असीम है अर्थात् वह पूर्णसत्ता, ज्ञान और आनन्द स्वरूप है। तथापि हमारा सांख्य के साथ इस विषय में एक मत है कि वे जिसे ज्ञान कहते हैं, वह एक यौगिक पदार्थ मात्र है।
23. जैसे सोना गलाना हो तो उसमें पोटैशियम साइनाइड मिलाना होता है। पोटैशियम साइनाइड अलग रह जाता है, उस पर कोई रासायनिक कार्य नहीं होता, किन्तु सोना गलाने का काम सफल करने के लिए उसके सान्निध्य का प्रयोजन है। पुरुष के सम्बन्ध में भी यही बात है। वह प्रकृति के साथ मिश्रित नहीं होता, वह बुद्धि या महत् अथवा किसी प्रकार का विकार नहीं है, वह शुद्ध पूर्ण आत्मा है- "मेरे साक्षी स्वरूप विद्यमान रहने के कारण प्रकृति यह सब चेतन और अचेतन का सृजन कर रही है।" (गीता, अध्याय-9, श्लोक-10)
24. पुरुष में चौतन्य है, किन्तु पुरुष को बुद्धिमान अथवा ज्ञानवान नहीं कहा जा सकता, किन्तु वह ऐसी वस्तु है, जिसके रहने पर ही ज्ञान सम्भव होता है। पुरुष में जो चित्त है, वह प्रकृति से मिलकर हमारे निकट बुद्धि अथवा ज्ञान के नाम से परिचित होता है। जगत् में जो कुछ सुख, आनन्द एवं शान्ति है, सब पुरुष की है; परन्तु वह सब मिश्र है क्योंकि उसमें पुरुष और प्रकृति का मिश्रण है। "जहाँ किसी प्रकार का सुख है, जहाँ किसी प्रकार का आनन्द है वहाँ उस अमृत स्वरूप पुरुष का एक कण विद्यमान है, यह समझ लेना होगा। " (बृहदारण्यक उपनिषद्)
25. यदि हम एक मानव का विश्लेषण कर सकें तो समग्र जगत् का विश्लेषण कर लिया क्योंकि वे सब एक ही नियम से निर्मित हैं। अतएव यदि यह सत्य हो कि इस व्यष्टि श्रेणी के पीछे ऐसे एक व्यक्ति विद्यमान है जो समस्त प्रकृति से अतीत है, जो किसी प्रकार के उपादान से निर्मित नहीं है अर्थात्- पुरुष, तो यह एक ही युक्ति समष्टि ब्रह्माण्ड पर भी घटित होगी तथा उसके पश्चात् भी एक चौतन्य स्वीकार करने का प्रयोजन होगा। जो सर्वव्यापी चौतन्य प्रकृति के समग्र विकारों के पश्चात् भाग में विद्यमान है, उसे वेदान्त सब का नियन्ता- ईश्वर कहता है।
26. पहले यह स्थूल शरीर, उसके पश्चात् सूक्ष्म शरीर, उसके पश्चात् जीव अथवा आत्मा-यही मानव का यथार्थ स्वरूप है। मनुष्य का एक सूक्ष्म शरीर और एक स्थूल शरीर है, ऐसा नहीं है। शरीर एक ही है तथापि सूक्ष्म आकार में वह स्थूल की अपेक्षा दीर्घ काल तक रहता है, तथा स्थूल शीघ्र नष्ट हो जाता है। द्वैतवादियों के मतानुसार यह जीव अर्थात् मनुष्य का यथार्थ स्वरूप जो है वह अणु अर्थात् अति सूक्ष्म है।

27. सूक्ष्म शरीर भी दीर्घकाल के पश्चात् विश्लिष्ट हो जायेगा, किन्तु जीव अयौगिक पदार्थ है, इसलिए वह कभी ध्वंस प्राप्त नहीं होगा। किसी अयौगिक पदार्थ का जन्म नहीं हो सकता, केवल जो यौगिक है उसका ही जन्म हो सकता है।
28. लाख-लाख प्रकार के आकार में मिश्रित यह समग्र प्रकृति ईश्वर की इच्छा के अधीन है। ईश्वर सर्वव्यापी, सर्वज्ञ और निराकार है, एवं वह दिन-रात इस प्रकृति को परिचालित करता है। समस्त प्रकृति ही उसके शासन के अधीन विद्यमान है। किसी प्राणी को स्वाधीनता नहीं है, वह हो ही नहीं सकती। ईश्वर ही रास्ता है। यही द्वैतवादात्मक वेदान्त का उपदेश है।
29. इस मानव देह को कर्मदेह कहते हैं, इस मानवदेह में ही हम अपना भविष्यत् दृष्ट स्थिर किया करते हैं। हम एक बृहत् वृत्त के आकार में भ्रमण कर रहे हैं, तथा मानवदेह ही उस वृत्त के मध्य में एक बिन्दु है, जहाँ हमारी भविष्यत् अवस्था स्थिर होती है। इस कारण ही अन्यान्य सब प्रकार की देहों की अपेक्षा मानवदेह ही श्रेष्ठतम् निर्दिष्ट की जाती है। देवतागण भी मनुष्य जन्म ग्रहण किया करते है। द्वैत वेदान्त यहाँ तक कहता है।
30. तथापि ईश्वर की कृपा एवं शुभ कर्म के अनुष्ठान के द्वारा वे (जीवात्मा) पुनः विकास प्राप्त होगी। प्रत्येक जीवात्मा को मुक्तिलाभ के समान सुयोग और सम्भावना प्राप्त है एवं काल में सब ही शुद्धस्वरूप होकर प्रकृति के बन्धन से मुक्त होंगी। किन्तु इतना होने पर भी इस जगत का लोप नहीं होगा, क्योंकि वह अनन्त है। यही वेदान्त का द्वितीय प्रकार का सिद्धान्त है-जिसके मतानुसार ईश्वर, आत्मा और प्रकृति है, तथा आत्मा और प्रकृति ईश्वर का देहस्वरूप है और ये तीनों मिलकर एक है- विशिष्टाद्वैत वेदान्त कहते हैं।
31. यह समग्र जगत् एक अखण्ड स्वरूप है, और उसे ही अद्वैत वेदान्त-दर्शन में ब्रह्म कहते हैं। ब्रह्म जब ब्रह्माण्ड के पश्चात् प्रदेश में है ऐसा लगता है, तब उसे ईश्वर कहते हैं। अतएव यह आत्मा ही मानव का अभ्यन्तरस्थ ईश्वर है। केवल एक पुरुष-उन्हें ईश्वर कहते हैं, तथा जब ईश्वर और मानव दोनों के स्वरूप का विश्लेषण किया जाता है तब दोनों को एक के रूप में जाना जाता है।
32. "सभी हाथों से आप काम कर रहे हैं, सभी मुखों से आप खा रह रहे हैं, सब नासिकाओं से आप श्वास-प्रश्वास ले रहे हैं, सब मन से आप चिन्ता अथवा विचार कर रहे हैं।" (गीता, अध्याय-13) समग्र जगत ही आप है। जो कुछ है, सब आप है, यथार्थ "आप" -वह एक अविभक्त आत्मा-जिस क्षुद्र सीमाबद्ध व्यक्ति विशेष को आप "आप" समझते हैं, वह नहीं। तथा आप जो अमुक राम, श्याम, हरि है, यह बात भी किसी काल में सत्य नहीं है, यह केवल स्वप्न मात्र है। यही जानकर मुक्त होइए। यह अद्वैतवादियों का सिद्धान्त है।
33. यदि आप अपने को बद्ध के रूप में सोंचे तो आप बद्ध ही रहेंगे; आप स्वतः ही अपने बन्धन के कारण होंगे तथा यदि आप उपलब्धि करें कि आप मुक्त हैं तो इसी मुहुर्त आप मुक्त हैं। यही ज्ञान है-मुक्तिप्रद ज्ञान, तथा समग्र प्रकृति का चरम लक्ष्य ही मुक्ति है।
34. एक ही सूर्य विविध जल बिन्दुओं में प्रतिबिम्बित होकर नाना रूप दिखा रहा है। लाख-लाख जल कणों में लाख-लाख सूर्य का प्रतिबिम्ब पड़ा है तथा प्रत्येक जल कण में ही सूर्य की सम्पूर्ण प्रतिमूर्ति विद्यमान है; किन्तु सूर्य वास्तव में एक है। इन सब जीवगण के सम्बन्ध में भी यही बात है-वे उसी एक अनन्त पुरुष के प्रतिबिम्ब मात्र है। स्वप्न कदापि सत्य के बिना रह नहीं सकता, और वह सत्य-वही एक अनन्त सत्ता है। शरीर, मन अथवा आत्मा भाव में मानने पर आप स्वप्न मात्र हैं, किन्तु आपका यथार्थ स्वरूप अखण्ड सच्चिदानन्द है। अद्वैतवादी यही कहते है। यह सब जन्म, पुर्नजन्म, यह आना-जाना यह सब उस स्वप्न का अंशभाग है। आप अनन्त स्वरूप है। आप फिर कहाँ जायेंगे? आत्मा कभी उत्पन्न नहीं होती, कभी मरेगी भी नहीं, आत्मा के किसी काल में माता-पिता, शत्रु-मित्र कुछ भी नहीं है; क्योंकि आत्मा अखण्ड सच्चिदानंद स्वरूप है। जिस व्यक्ति ने इसका साक्षात्कार किया है उसने ही मुक्तिलाभ किया है, वह इस स्वप्न को भंग करके उसके बाहर चला गया है, उसने अपना यथार्थ स्वरूप जाना है। अद्वैत वेदान्त का यही उपदेश है।

35. वेदान्त दर्शन एक-एक करके इन तीन सोपानों (द्वैत, विशिष्टद्वैत, अद्वैत) का अवलम्बन करके अग्रसर हुआ है तथा हम इस तृतीय सोपान (अद्वैत) को पार करके अधिक अग्रसर नहीं हो सकते, क्योंकि हम एकत्व के उपर अधिक जा नहीं सकते।
36. जो व्यक्ति कहता है, इस जगत् का अस्तित्व है, किन्तु ईश्वर नहीं है, वह निर्बोध है, क्योंकि यदि जगत् हो, तो जगत् का एक कारण रहेगा और उसक कारण का नाम ही ईश्वर है। कार्य रहने पर ही उसका कारण है, यह जानना होगा। जब यह जगत् अन्तर्हित होगा, तब ईश्वर भी अन्तर्हित होंगे। जब आप ईश्वर के सहित अपना एकत्व अनुभव करेंगे, तब आपके पक्ष में यह जगत् फिर नहीं रहेगा। जिसे हम इस क्षण जगत् के रूप में देख रहे हैं, वही हमारे सम्मुख ईश्वर के रूप में प्रतिभासित होगा, एवं जिनको एक दिन हम बहिर्देश में अवस्थित समझते थे, वे ही हमारी आत्मा के अन्तरात्मा रूप में प्रतीत होंगे।- "तत्वमसि " - वही तुम हो।
37. धर्म मनुष्य के भीतर से ही उत्पन्न है, वह बाहर की किसी वस्तु से उत्पन्न नहीं है। हमारा विश्वास है, धर्म चिन्तन मनुष्य के पक्ष में प्रकृतिगत है; वह मनुष्य के स्वभाव के सहित ऐसे अविच्छिन्न भाव से जड़ित है कि जब तक मनुष्य अपनी देह तथा मन का त्याग नहीं कर पाता, जब तक वह चिन्ता और जीवन त्याग नहीं कर पाता, तब तक उसके लिए धर्मत्याग असम्भव है।
38. यदि मनुष्य वर्तमान लेकर सन्तुष्ट रहे और जगदातीत सत्ता के समस्त अनुसंधान का एकदम परित्याग कर दे, तो मानव जाति को पशु की भूमि में फिर से आना होगा। धर्म-जगदातीत सत्ता का अनुसंधान ही-मनुष्य और पशु में प्रभेद बनाये रखता है।
39. अब प्रश्न आता है, धर्म के द्वारा क्या वास्तव में कोई फल होता है? हाँ होता है। उससे मानव अनन्त जीवन प्राप्त करता है! मनुष्य वर्तमान में जो है, वह इस धर्म की ही शक्ति से हुआ है, और इससे ही यह मनुष्य नामक प्राणी देवता बनेगा। धर्म यही करने में समर्थ है।
40. प्रश्न है- हमारा चरम लक्ष्य क्या है? जहाँ से हमने आरम्भ किया है, वहीं अवश्य ही अन्त करना होगा; और जब ईश्वर से आपकी गति आरम्भ हुई है, तब ईश्वर में ही अवश्य फिर लौटना होगा।
41. एक और प्रश्न आता है- हम उन्नति पथ में अग्रसर होते-होते क्या धर्म के नये सत्य का आविष्कार नहीं करेंगे? हाँ भी, नहीं भी। प्रथमतः यह समझना होगा कि धर्म के सम्बन्ध में अधिक और कुछ जानने को नहीं है, सभी कुछ जाना जा चुका है। जगत् के सभी धर्म में, आप देखियेगा कि उस धर्म के अवलम्बनकारी सदैव कहते हैं, हमारे भीतर एक एकत्व है। अतएव ईश्वर के सहित आत्मा के एकत्व-ज्ञान की अपेक्षा और अधिक उन्नति नहीं हो सकती। ज्ञान का अर्थ इस एकत्व का आविष्कार ही है। हम आप सब को नर-नारी रूप में पृथक् देखते हैं- यही बहुत्व है।
42. "ईश्वर को जब तक आप नहीं जान लेते, तब तक मनुष्य को किस प्रकार जानियेगा? " -ये ईश्वर, यही अनन्त, अज्ञात या निरपेक्ष सत्ता या अनन्त या नामातीत वस्तु- उन्हें जिस नाम से इच्छा हो, उसी नाम से पुकारा जाता है- ये ही वर्तमान जीवन के, जो कुछ ज्ञात है और जो कुछ ज्ञेय है, सब के ही एकमात्र युक्तियुक्त व्याख्यास्वरूप है। चाहे जिस वस्तु की बात-सम्पूर्ण जड़ वस्तु की कोई बात लीजिए। केवल जड़तत्त्व सम्बन्धी विज्ञान में से कोई भी एक, जैसे- रसायन, पदार्थ विद्या, गणित, ज्योतिष या प्राणितत्व विद्या की बात लिजिये- उसकी विशेष रूप से आलोचना किजिये, क्रमशः यह तत्वानुसन्धान अग्रसर हो, देखियेगा-स्थूल क्रमशः सूक्ष्म, अतिसूक्ष्म पदार्थ में लय हो रहा है- अन्त में आपको ऐसे स्थान में आना होगा, जहाँ इन सब जड़ वस्तुओं को छोड़कर इन्हें अतिक्रमण करके अर्थात् फाँदकर अजड़ में जाना ही होगा। सब विधाओं में ही स्थूल क्रमशः सूक्ष्म में मिल जाता है, पदार्थ विद्या, दर्शन में पर्यवसित हो जाती है। इसी प्रकार मनुष्य को बाध्य होकर जगदातीत सत्ता की आलोचना में उतरना होता है।
43. यह बात कहने में अच्छी है कि वर्तमान में जो देख रहे हो वह सब लेकर ही तृप्त रहो; गाय, कुत्ते और अन्यान्य पशुगण इसी प्रकार वर्तमान के द्वारा ही सन्तुष्ट हैं, और इसी कारण वे पशु बने हैं। सब प्राणियों में से मनुष्य ही स्वभावतः उपर की ओर दृष्टि उठाकर देखता है। इसी उध्र्वदृष्टि ऊपर की ओर गमन और पूर्णत्व के अनुसन्धान

को ही "परिमाण" अथवा "उद्धार" कहते हैं और ज्योंहि मनुष्य उच्चतर दिशा की ओर गमन करना प्रारम्भ करता है, त्योंहि वह इस परिमाणस्वरूप सत्य की धारणा की दिशा में अपने को अग्रसर करता है। परिमाण-अर्थ, वेशभूषा अथवा घर पर निर्भर नहीं करता, यह मानव मस्तिष्क के भीतर की आध्यात्मिक भाव रत्नराशि के तारतम्य पर निर्भर करता है।

44. शिशु गुण अपनी निज की दृष्टि से अर्थात् किस वस्तु से कितनी मिठाई मिलती है, इस हिसाब से समग्र जगत् का विचार कर लेते हैं जो लोग अज्ञान से घिरे होने के कारण शिशु सदृश है, जगत् में उन सब शिशुओं का विचार भी उसी प्रकार का है। निम्न वस्तु की दृष्टि से उच्चतर वस्तु का विचार करना कदापि उचित नहीं है। प्रत्येक विषय का विचार उसकी गुरुता के हिसाब से करना होगा। अनन्त का विचार अनन्त की गुरुता के हिसाब से करना होगा। धर्म मानव जीवन का सर्वांश है-केवल वर्तमान नहीं-भूत, भविष्यत्, वर्तमान-सर्वांशव्यापी है। अतएव यह, अनन्त आत्मा और अनन्त ईश्वर के बीच अनन्त सम्बन्ध स्वरूप है।

45. रासायनिक गण सब प्रकार की ज्ञात वस्तुओं को उनके मूल धातुओं का रूप देने का यत्न कर रहे हैं। यदि इस अवस्था पर कभी वे पहुंचे, तब फिर इससे ऊपर और आगे नहीं बढ़ सकेंगे; तब रसायन विद्या सम्पूर्ण होगी। धर्म विज्ञान के सम्बन्ध में भी यही बात है। यदि हम पूर्ण एकत्व का अविष्कार कर सकें तो उससे अधिक उन्नति फिर नहीं हो सकती।

46. हमारे सम्मुख दो शब्द हैं- क्षुद्र ब्रह्माण्ड और बृहत् ब्रह्माण्ड; अन्तः और बहिः हम अनुभूति के द्वारा ही इन दोनों से सत्य लाभ करते हैं; अभ्यान्तर अनुभूति और बाह्य अनुभूति। आभ्यान्तर अनुभूति के द्वारा संगृहीत सत्य समूह मनोविज्ञान, दर्शन और धर्म के नाम से परिचित हैं, और बाह्य अनुभूति से भौतिक विज्ञान की उत्पत्ति हुई है। अब बात यह है कि जो सम्पूर्ण सत्य है, उसका इन दोनों जगत् की अनुभूति के साथ समन्वय होगा। क्षुद्र ब्रह्माण्ड, बृहत् ब्रह्माण्ड के सत्यसमूह को साक्षी प्रदान करेगा, उसी प्रकार बृहत् ब्रह्माण्ड की क्षुद्र ब्रह्माण्ड के सत्य को स्वीकार करेगा। चाहे जिस विद्या में हो, प्रकृत सत्य में कभी परस्पर विरोध रह नहीं सकता, आभ्यान्तर सत्य समूह के साथ बाह्य सत्य का समन्वय है।

47. जिस व्यक्ति की आत्मा से दूसरी आत्मा में शक्ति का संचार होता है वह गुरु कहलाता है और जिसकी आत्मा में यह शक्ति संचारित होती है उसे शिष्य कहते हैं। "यथार्थ धर्म गुरु " में अपूर्व योग्यता होनी चाहिए, और उसके शिष्य को भी कुशल होना चाहिए। जब दोनों ही अद्‌भुत और असाधारण होते हैं तभी अद्‌भुत आध्यात्मिक जागृति होती है अन्यथा नहीं।

48. सत्य स्वयं ही प्रमाण है उसे प्रमाणित करने के लिए किसी दूसरे साक्षी की आवश्यकता नहीं, वह स्व प्रकाश है। वह हमारी प्रकृति के अन्तः स्थल तक प्रवेश कर जाता है और उसके समक्ष सारी दुनियाँ उठ खड़ी होती है और कहती है- "यहीं सत्य है " जिन आचार्यों के हृदय में सत्य और ज्ञान सूर्य के समान देदिप्यमान होते हैं, वे संसार में सर्वोच्च महापुरुष हैं और अधिकांश मानव जाति द्वारा उनकी उपासना ईश्वर के रुप में होती है।

49. शिष्य के लिए यह आवश्यक है कि उसमें पवित्रता, सच्ची ज्ञान पिपासा और अध्यवसाय हो। अपवित्र आत्मा कभी यथार्थ धार्मिक नहीं हो सकती। धार्मिक होने के लिए तन, मन और वचन की शुद्धता नितान्त आवश्यक है। गुरु के सम्बन्ध में यह जान लेना आवश्यक है कि उन्हें शास्त्रो का मर्म ज्ञात हो। वैसे तो सारा संसार ही बाइबिल, वेद, पुराण पढ़ता है, पर वे तो केवल शब्द राशि है। धर्म की सूखी ठठरी मात्र है। जो गुरु शब्दाडंबर के चक्कर में पड़ जाते हैं, जिनका मन शब्दों की शक्ति में बह जाता है, वे भीतर का मर्म खो बैठते हैं। जो शास्त्रों के वास्तविक मर्मज्ञ हैं, वे ही असल में सच्चे धार्मिक गुरु हैं।

50. संसार के प्रधान आचार्यों में से कोई भी शास्त्रों की इस प्रकार नानाविध व्याख्या करने के झमेले में नहीं पड़ा। उन्होनें श्लोकों के अर्थ में खींचातानी नहीं की। वे शब्दार्थ और भावार्थ के फेर में नहीं पड़े। फिर भी उन्होंने संसार को बड़ी सुन्दर शिक्षा दी। इसके विपरीत, उन लोगों ने जिनके पास सिखाने को कुछ भी नहीं, कभी एकाध शब्द को ही पकड़ लिया और उस पर तीन भागों की एक मोटी पुस्तक लिख डाली, जिसमें सब अनर्थक बातें भरी हैं।

51. धर्म ही सर्वोच्च ज्ञान है- वहीं सर्वोच्च विद्या है। वह पैसों से नहीं मिल सकता और न पुस्तकों से ही। तुम भले ही संसार का कोना-कोना छान डालो, जब तक गुरु का आगमन नहीं होता, जब जक तुम धर्म को कहीं ना पाओगे। और ये विधाता- निर्दिष्ट गुरु प्राप्त हों जाय जो उनके निकट बालकवत् विश्वास और सरलता के साथ अपना हृदय खोल दो और साक्षात् ईश्वर ज्ञान से उनकी सेवा करो। जो लोग इस प्रकार प्रेम और श्रद्धा सम्पन्न होकर सत्य की खोज करते हैं, उनके निकट सत्य स्वरुप भगवान सत्य, शिव और सौन्दर्य के अलौकिक तत्वों को प्रकट कर देते हैं।

52. वह भक्त सचमुच ही भाग्यशाली है जिसे ऐसा गुरु मिलता है जिसे साक्षात्कार हो गया हो या परम पुरुष हो क्योंकि ऐसे गुरु केवल शिक्षा ही नहीं देते बल्कि अपने शिष्यों में शिक्षा के पालन हेतु शक्ति का संचार भी करते हैं। ऐसे आध्यात्मिक आचार्यों के शब्दों में दृढ़ विश्वास रहता है जो दूसरे साधनों से प्राप्त नहीं हो सकता और शिष्य ऐसे गुरु से दीक्षित होकर कभी अंधेरे में भटकता नहीं है बल्कि कठिन से कठिन पथ पर अग्रसर होता है। ऐसे आध्यात्मिक शिक्षक से एक बार सम्पर्क हुआ नहीं कि साधक की मंजिल प्राप्ति का विकास निश्चित हो जाता है। इसका अभिप्राय यह नहीं कि वह अपने उद्देश्य के लिए संघर्ष नहीं करेगा, बल्कि उसका संघर्ष सौ गुना कम हो जायेगा।

53. दो प्रकार के लोग ईश्वर की मनुष्य रुप में उपासना नहीं करते। एक तो नर पशु, जिसे धर्म का कोई ज्ञान नहीं और दूसरे परमहंस, जो मानव जाति के सारी दुर्बलताओं के उपर उठ चुके हैं और जो अपनी मानवी प्रकृति की सीमा के भी उस पार चले गये हैं। उनके लिए सारी प्रकृति आलस्यरुप हो गयी है। वे ही भगवान को उनके असल स्वरुप में भज सकते हैं।

आत्मा और विश्वात्मा

आत्मा

सांख्य दर्शन के सिद्धान्त से विश्वमन तीन मन - सत्व, रज और तम में विखण्डित होता है जिससे समस्त विश्व व्यक्त होता है अर्थात निम्नलिखित मूल प्रकार के मन से युक्त आत्मा व्यक्त होकर अनेक अंश-अंशांस के रूप में मन से युक्त आत्माएँ व्यक्त होती रहती हैं फिर इनका संलयन और संयुग्मन होता है तब व्यक्त होता हैं - "विश्व मन से युक्त आत्मा - एक पूर्ण मानव "

1. रज मन -ये मन सकारात्मक सार्वभौम और व्यक्तिगत विकासशील मन का रूप होता है। इसमें वे सभी मन आते हैं जो समाज व देश का शारीरिक, आर्थिक व मानसिक विकास करते हैं। मानव सभ्यता के संसार में इस मन को ही गृहस्थ कहते हैं।

2. तम मन - ये मन नकारात्मक सार्वभौम और व्यक्तिगत विकासशील मन का रूप होता है। इसमें वे सभी मन आते हैं जो समाज व देश का शारीरिक, आर्थिक व मानसिक नकारात्मक विकास करते हैं। भारतीय धर्मशास्त्र साहित्य के पुराणों में इस मन को ही असुर या राक्षस कहा गया है।

3. सत्व मन - ये मन सार्वभौम आत्मा पर केन्द्रित मन होते हैं। इसके निम्नलिखित दो प्रकार होते हैं।

अ. निवृत्ति मार्गी -इस प्रकार के मन समाज व देश के शारीरिक, आर्थिक व मानसिक आदान-प्रदान से उदासीन रहते हैं तथा स्वआनन्द में ही रहते हैं। मानव सभ्यता के संसार में इस मन को ही साधु-सन्त इत्यादि कहते हैं।

ब. प्रवृत्ति मार्गी - इस प्रकार के मन समाज व देश के शारीरिक, आर्थिक व मानसिक आदान-प्रदान में भाग लेते हैं तथा स्वआनन्द के साथ रहते हैं। भारतीय धर्मशास्त्र साहित्य के पुराणों में इस मन को ही देवता और राजा कहा गया है।

4. अवतारी मन - अवतारी (पुरूष), मन के तीनों गुण सत्व, रज और तम का पूर्ण संलयन का साकार रूप होता है परन्तु वह तीनों गुणों से युक्त होते हुये भी उससे मुक्त रहता है और अपने पूर्ववर्ती मन के तीनों गुण से युक्त सत्व, रज और तम मनों के सर्वोच्च अवस्था की अगली कड़ी होता है।

विश्वात्मा

भारतीय आध्यात्म दर्शन के मूल विचार "सभी ईश्वर हैं" तथा अद्वैत वेदान्त दर्शन के अनुसार "सभी ईश्वर के ही प्रकाश हैं" के अनुसार सभी में विश्वात्मा ही स्थित हैं। हम उन सभी को ईश्वर का अंश या विश्वात्मा का अंश इसलिए कहते हैं कि वे स्वयं को अपने समय के सर्वोच्च क्षेत्र तक व्यक्त नहीं कर पाते। यह ब्रह्माण्ड ईश्वर से व्यक्त है और उसमें ईश्वर समाहित और व्याप्त है। उसका प्रकाट्य सार्वभौम सत्य-सिद्धान्त का ही प्रकाट्य है। विश्वात्मा का सर्वोच्च प्रकाट्य पूर्ण सार्वभौम सत्य-सिद्धान्त का प्रकटीकरण है जो अन्तिम हो।

आत्मा और विश्वात्मा, अलग-अलग नहीं एक ही है। बस उसके प्रकटीकरण क्षेत्र अर्थात प्रभाव क्षेत्र से उसके नाम अलग हैं। आत्मा जो व्यक्तिगत और सामाजिक क्षेत्र के सीमित भौगोलिक क्षेत्र तक प्रभावी रहता है वहीं विश्वात्मा अपने समय के सर्वोच्च भौगोलिक क्षेत्र तक को प्रभावी करता है।

तात्पर्य यह है कि प्रत्येक मनुष्य ही विश्वात्मा है। उसे सार्वभौम एकात्म के लिए योजना बना कर प्रकट होने के लिए उतना ही भौगोलिक क्षेत्र प्राप्त है जितना कि किसी मनुष्य या अवतार को। जिसका जितना विशाल हृदय होगा, उसका उतना विशाल प्रेम होगा और ठीक उतना ही विशाल उसका कर्मक्षेत्र होगा। यह ब्रह्माण्ड ईश्वर के विशाल हृदय से व्यक्त प्रेम का फल है। और उसके विकास, संरक्षण, विनाश, निर्माण, नव-निर्माण और पुनर्निर्माण के लिए सदैव कर्मशील है। विश्वात्मा को जानने-समझने से वर्तमान और भविष्य के मनुष्य का मस्तिष्क विशालता की ओर प्राप्त करने का अवसर देता है जिससे हृदय की विशालता भी बढ़ती है और कर्म करने के लिए अनन्त दिशाओं और जन्मों के लिए परियोजना भी मिलती है। परियोजना का नाम होता है-"सत्य-शिव-सुन्दर" निर्माण।

विकासवाद और अवतारवाद

विकासवाद

भारतीय शास्त्रों में सृष्टि की उत्पत्ति का माध्यम निम्न प्रकार से बताया गया है-
क. प्राकृतिक सृष्टि - अजीव सृष्टि।
ख. ब्राह्मी सृष्टि - (ब्रह्मा, विष्णु, महेश) ब्रह्मा द्वाराजीव सृष्टि।
ग. मानस सृष्टि - मानस शक्ति से प्रजापति गण द्वारा।
घ. बैजी सृष्टि - स्त्री-पुरूष द्वारा।

और भारतीय शास्त्रों में सृष्टि के उत्पत्ति का कारण क्रम आकाश, वायु, अग्नि, जल, पृथ्वी, औषधि, अन्न, वीर्य और अन्त में पुरूष अर्थात शरीर के क्रम से बताया जाता है।
1. वेद में-पुरूष या हिरण्य गर्भ से।
2. उपनिषद् में-
अ. आकाश आदि क्रम से - तैत्तिरीय उपनिषद् में,
ब. अग्नि आदि क्रम से -छान्दोग्य उपनिषद् में,
स. जल आदि क्रम से - ऐतरेय उपनिषद् में।

भारतीय शास्त्रों के सांख्य दर्शन में सृष्टि के उत्पत्ति का क्रम अविकारीणी
1. प्रकृति (सत्व-शुद्ध या ज्ञान, रजः-मध्या या अज्ञान तथा तमः-जड़ या राग द्वेष) कार्य करके
2. महतत्व (बुद्धि),
3. अंहकार,
5. तन्मात्रा (सूक्ष्म भूत-4. गंध, 5. स्वाद, 6. स्पर्श, 7. दृष्टि, 8. ध्वनि)
फिर मन तथा स्थूल भूत का कारण 5 ज्ञान इन्द्रिय (9. श्रोत, 10. त्वचा, 11. नेत्र, 12. जिह्वा, 13. घ्राण),
5 कर्म इन्द्रिय (14. वाक, 15. हस्त, 16. पाद. 17. उपस्थ, 18. गुदा) और

11वें इन्द्रिय मन (देश, काल, व निमित्त: क्रिया-कारण) में परिणत होता है।
जिससे 5 स्थूल भूत (20. आकाश, 21. वायु, 22. अग्नि, 23. जल, 24. पृथ्वी) व्यक्त होता है।
25. पुरूष अर्थात जीव और परमेश्वर न किसी प्रकृति का उपादान कारण और न ही किसी का कार्य है।

आधुनिक विज्ञान के अनुसार सृष्टि पर जीवों की उत्पत्ति जैविक आबादी के आनुवंशिक लक्षणों के पीढ़ी दर पीढ़ी परिवर्तन के क्रम-विकास द्वारा हुआ। क्रम-विकास की प्रक्रियाओं के फलस्वरूप जैविक संगठन के हर स्तर (जाति, सजीव या कोशिका) पर विविधता बढ़ती है। पृथ्वी के सभी जीवों का एक साझा अंतिम सार्वजानिक पूर्वज 3.5 - 3.8 अरब वर्ष पूर्व रहता था। पृथ्वी पर रही 99 प्रतिशत से अधिक जातियाँ विलुप्त हो चुकी हैं। पृथ्वी पर जातियों की संख्या 1 से 1.4 करोड़ अनुमानित है। इन में से 12 लाख की जानकारी हैं।

लैमार्क (1744–1829) ने अपने विकासवाद के संबंध में निम्नलिखित दो नियम प्रतिपादित किए हैं-

1. उस प्रत्येक जीव में, जिसने अपने विकास की आयु पार नहीं की है, किसी अंग का सतत व्यवहार उस अंग को विकसित एवं दृढ़ बनाता है और यह दृढ़ता उस काल के अनुपात में होती है जितने काल तक यह अंग व्यवहार में लाया गया है। इसके विपरीत यदि किसी अंग का व्यवहार नहीं किया जाता है, तो वह निर्बल होने लगता है और शनैः शनैः उसकी कार्यकारी क्षमता कम होती जाती है और अंत में वह अंग विलुप्त हो जाता है।
2. दीर्घकाल से किसी परिस्थिति में रहनेवाली प्रजाति के जीवों को, परिस्थिति के प्रभाव के कारण, अनेक बातें अर्जित करनी पड़ती हैं, या भुला देनी होती है। किसी अंग का प्रभावी व्यवहार, अथवा उस अंग के व्यवहार में सतत कमी, आनुवंशिकता के द्वारा सुरक्षित रहती है और ये बातें इन जीवों से उत्पन्न होनेवाले जीवों में अवतरित होती हैं, पर शर्त यह है कि अर्जित परिवर्तन नर और मादा दोनों में हुआ हो, अथवा उन नर-मादा में हुआ हो जिनसे नए जीवों की उत्पत्ति हुई है।

लैमार्क को विश्वास था कि जीवित जीवों के स्पीशीज (जीवजाति) में या तो प्राकृतिक श्रृंखला रहती है या अंतर रहता है। जीवित प्राणियों के सांतत्य के विचार ने उन्हें यह विचारने के लिए प्रेरित किया कि जीवन और वनस्पति श्रेणी किसी बिंदु पर अवश्य ही संतत होने चाहिए और इन्होंने इस बात पर जोर दिया कि जीवित प्राणियों का समग्र रूप में अध्ययन होना चाहिए। लैमार्क तीन महत्वपूर्ण एवं परस्पर संबन्धित संकल्पनाओं पर पहुँचे -

1. परिवर्तनशील बाह्य प्रभावों के अंतर्गत रहनेवाले स्पीशीज (जीवजाति) में अंतर होता है,
2. स्पीशीज (जीवजाति) की असमानताओं में भी मूलभूत एकता अंतर्निहित रहती है तथा
3. स्पीशीज (जीवजाति) में प्रगामी विकास होता है।

लैमार्क की मुख्य कल्पना यह थी कि अर्जित गुण वंशानुक्रम से प्राप्त होते हैं। अब लैमार्क का सिद्धांत मान्य नहीं है।

19 वीं सदी के मध्य में चार्ल्स डार्विन (1809-1882) ने प्राकृतिक वरण द्वारा क्रम-विकास का वैज्ञानिक सिद्धांत दिया। उन्होंने इसे अपनी किताब "जीवजाति का उद्भव (1859)" में प्रकाशित किया। प्राकृतिक चयन द्वारा क्रम-विकास की प्रक्रिया को निम्नलिखित अवलोकनों से साबित किया जा सकता है-

1. जितनी संतानें संभवतः जीवित रह सकती हैं, उस से अधिक पैदा होती हैं,
2. आबादी में रूपात्मक, शारीरिक और व्यावहारिक लक्षणों में विविधता होती है,
3. अलग-अलग लक्षण उत्तर-जीवन और प्रजनन की अलग-अलग संभावना प्रदान करते हैं, और
4. लक्षण एक पीढ़ी से अगली पीढ़ी को दिए जाते हैं।

इस प्रकार, पीढ़ी दर पीढ़ी आबादी उन शख्सों की संतानों द्वारा प्रतिस्थापित हो जाती है जो उस बाईओफीसिकल परिवेश (जिसमें प्राकृतिक चयन हुआ था) के बेहतर अनुकूलित हों। प्राकृतिक वरण की प्रक्रिया इस आभासी उद्देश्यपूर्णता से उन लक्षणों को बनाती और बरकरार रखती है जो अपनी कार्यात्मक भूमिका के अनुकूल हों। अनुकूलन का प्राकृतिक वरण ही एक ज्ञात कारण है, लेकिन क्रम-विकास के और भी ज्ञात कारण हैं। माइक्रो क्रम-विकास के अन्य गैर-अनुकूली कारण उत्परिवर्तन और जैनेटिक ड्रिफ्ट (Genetic Drift) हैं। जैव-

उद्विकास (Organic-Evolution) एवं प्राकृतिक चयन (Natural Selection) से सम्बन्धित चार्ल्स डार्विन के विचारों को डार्विनवाद कहते हैं।

प्राकृतिक वरण के सिद्धांत की पुष्टि के लिये उन्होंने "जीवन-संघर्ष (Struggle for Existence)" का एक सहायक सिद्धांत उपस्थित किया। जीवन संघर्ष, जीवविज्ञान में प्रयुक्त होने वाली एक उक्ति है, जिसका तात्पर्य है अपने अस्तित्व के लिये जीवों का परस्पर संघर्ष। इसके अनुसार जीवों में जनन बहुत ही द्रुत गति और गुणोत्तर अनुपात में होता है, किंतु जीव जितनी संख्या में उत्पन्न होते हैं, उतनी संख्या में जी नहीं पाते, क्योंकि जिस गति से उनकी संख्या में वृद्धि होती है उसी अनुपात में वास स्थान और भोजन में वृद्धि नहीं होती, वरन् स्थान और भोजन सीमित रहते हैं। अतएव वास स्थान और भोजन के लिये जीवों में अनवरत संघर्ष चलता रहता है। इस संघर्ष में बहुसंख्या में जीव मर जाते हैं और केवल कुछ ही जीवित रह पाते हैं। इस प्रकार प्रकृति में विभिन्न जीवों की संख्या में एक संतुलन बना रहता है। इस प्रकार का संघर्ष केवल एक ही वर्ग अथवा जाति के जीवों में नहीं वरन् एक वर्ग का दूसरे वर्ग या जाति के साथ भी, चलता रहता है। वस्तुतः जीवन संघर्ष तीन प्रकार के हैं-

क. अंतर्जातीय संघर्ष (Intra-specific struggle)
ख. अंतराजातीय संघर्ष (Inter-specific struggle)
ग. पर्यावरण संघर्ष (Environmental struggle)

जिस प्रकार एक कुशल माली बगीचे से, अथवा एक चतुर किसान अपने खेत से कमजोर अथवा हानिकारक पौधों को निकाल फेंकता है, उसी प्रकार प्रकृति उपर्युक्त जीवन संघर्ष द्वारा दुर्बल और अक्षम जीव को अपनी वाटिका से उखाड़ फेंकती है, योग्य और होनहार जीवों को ही विकसित होने का अवसर प्रदान करती है तथा उनकी संख्याओं में संतुलन बनाए रहती है।

जीवों में परस्पर संघर्ष के परिणामस्वरूप उनकी रचना में विशेषता अथवा भिन्नता उत्पन्न होती है तथा यह विशेषता उनकी संतान में चली जाती है। इस प्रकार पीढ़ी दर पीढ़ी उन्नत विशेषताएँ उत्पन्न होकर ऐसी जाति तैयार करती हैं, जो आदि जीवों से भिन्न प्रतीत होने लगती है और एक नई जीवजाति के रूप में स्थापित हो जाती है।

अवतारवाद

ये सृष्टि विकास क्रम की एक श्रृंखला है। सार्वभौम सत्य से सार्वभौम सत्य-सिद्धान्त का मनुष्य शरीर से प्रकटीकरण ईश्वर का अवतरण है, परन्तु ईश्वर नहीं। विकास क्रम की श्रृंखला से ही मानव समाज के एकीकरण के लिए व्यक्त सार्वभौम सत्य-सिद्धान्त ही अवतारवाद के विचार के जन्म का कारण है। अवतारवाद के विचार का जन्म वेदों और पुराणों से व्यक्त होता है और लगभग सभी वर्तमान धर्मों (या सम्प्रदाय) के द्वारा माना जाता है। अवतरण, सम्पूर्ण ब्रह्माण्ड में व्याप्त सार्वभौम सत्य-सिद्धान्त का होता है इसलिए वह मानवीय नियमों से उच्च और अटलनीय-अपरिवर्तनीय-सर्वोच्च होता है। ईश्वर के अब तक नौ अवतार हो चुके है, दसवां कल्कि अवतार होना अभी बाकी है ऐसा कहा जाता है।

जीव से पूर्ण मानव के विकास क्रम के अनुसार - जीव से पूर्ण मानव के विकास क्रम के दृष्टि के अनुसार अवतार जीवों के विकास की कहानी कहती है-

01. मत्स्यावतार- 4000 लाख वर्ष पूर्व- बहुकोशकीय जीव की उत्पत्ति (Origin of multi cellular organism)

02. कच्छप अवतार- 2250 लाख वर्ष पूर्व- उभयचर के विकास (Evolution of Amphibious)

03. बाराह अवतार- 600 लाख वर्ष पूर्व- स्तनपायी जीव की उत्पत्ति (Origin of Mammals)

04. नरसिंह अवतार- 250 लाख वर्ष पूर्व- स्तनधारियों के प्रति स्तनधारी का विकास (बड़े मस्तिष्क के साथ स्तनधारियों के एक आदेश का सदस्य और मानव, वानर और बंदर सहित पूर्ण हाथ और पैर) (Evolution of Mammals towards primatesa (a member of an order of mammals with a large brain and complete hands and feet, including humans, apesa and Monkeys))

05. वामन अवतार- 100 लाख वर्ष पूर्व- सबसे पुराना धर्माधिपति की उत्पत्ति (Origin of earliesat primate)

06. परशुराम अवतार- 20 लाख वर्ष पूर्व- शिकार के प्रति आदमी का अनुकूलन (Adaptation of man towards hunting)

07. श्रीराम अवतार- 10 लाख वर्ष पूर्व- नेतृत्व के अधीन समुदाय का निर्माण (Formation of community under leadership)

08. कृष्ण अवतार- 1 लाख वर्ष पूर्व- नदी किनारे कृषि और पशुपालन (Agriculture and Animal husbandry on the bank of river)

09. बुद्ध अवतार- 50000 वर्ष पूर्व- मानव का शारीरिक से मानसिक विकास (Human development towards mental from physical)

10. कल्कि अवतार- वर्तमान और भविष्य-आधुनिक काल (Modern era)

मानव से पूर्ण मानव के विकास क्रम के आधुनिक विचार के अनुसार - मानव से पूर्ण मानव के विकास क्रम के दृष्टि के अनुसार अवतार मानवों के सार्वभौम मस्तिष्क, सार्वभौम सत्य-सिद्धान्त और एकीकरण के लिए मानकीकरण के विकास की कहानी कहती है जो व्यावहारिक दृष्टि से अधिक उपयोगी है। अवतारों के नामकरण में उसके गुणों के तुलना के लिए प्रारम्भ में समान गुणों के जीव के नाम पर तथा बाद में स्वयं उनके व्यक्तिगत गुण के आधार पर रखे गये।

भाग-3

पुर्नजन्म और काल चक्र

पुर्नजन्म चक्र मार्ग के

सत्व मार्ग से –
श्रीकृष्ण और श्री लव कुश सिंह "विश्वमानव"

तम मार्ग से –
रावण और श्री लव कुश सिंह "विश्वमानव"

रज मार्ग से –
स्वामी विवेकानन्द और श्री लव कुश सिंह "विश्वमानव"

काल चक्र मार्ग के

01. काल चक्र के प्रथम भाग
    अदृश्य काल में विश्वात्मा का प्रथम जन्म –
    योगेश्वर श्रीकृष्ण
    (पूर्ण ब्रह्म की प्रथम कड़ी)

02. काल चक्र के द्वितीय और अन्तिम भाग
    दृश्य काल में विश्वात्मा के जन्म का पहला भाग –
    स्वामी विवेकानन्द
    (प्रथम एवं अन्तिम पूर्ण ब्रह्म के बीच की कड़ी)

03. काल चक्र के द्वितीय और अन्तिम भाग
    दृश्य काल में विश्वात्मा के जन्म का अन्तिम भाग –
    भोगेश्वर श्री लव कुश सिंह "विश्वमानव"
    (स्वामी विवेकानन्द की अगली एवं पूर्ण ब्रह्म की अन्तिम कड़ी)

पुर्नजन्म और काल चक्र

जिस प्रकार पुर्नजन्म केवल मानसिक आधार पर ही सिद्ध हो पाता है उसी प्रकार अवतार भी केवल मानसिक आधार पर ही पहचाने जाते हैं। वे अपने से पिछले अवतार के गुण से युक्त तो होते हैं परन्तु पिछले अवतार की धर्मस्थापना की कला से अलग एक नई कला का प्रयोग करते हैं और वह प्रयोग कर देने के उपरान्त ही मानव समाज को ज्ञात होता है अर्थात् प्रत्येक अवतार का शरीर अलग-अलग व समाज के सत्यीकरण की कला अलग-अलग होती है। इस सम्बन्ध में आचार्य रजनीश "ओशो" का कहना है कि - "एक तरह का सिद्ध एक ही बार होता है, दोबारा नहीं होता। क्योकि जो सिद्ध हो गया, फिर नही लौटता। गया फिर वापस नहीं आता। एक ही बार तुम उसकी झलक पाते हो- बुद्ध की, महावीर की, क्राइस्ट की, मुहम्मद की, एक ही बार झलक पाते हो, फिर गये सो गये। फिर विराट में लीन हो गये। फिर दोबारा उनके जैसा आदमी नहीं होगा, नहीं हो सकता। मगर बहुत लोग नकलची होंगे। उनको तुम साधु कहते हो। उन नकलीची का बड़ा सम्मान है। क्योंकि वे तुम्हारे शास्त्र के अनुसार मालूम पड़ते हैं। जब भी सिद्ध आयेगा सब अस्त व्यस्त कर देगा सिद्ध आता ही है क्रान्ति की तरह ! प्रत्येक सिद्ध बगावत लेकर आता है, एक क्रान्ति का संदेश लेकर आता है एक आग की तरह आता है- एक तुफान रोशनी का! लेकिन जो अँधेरे में पड़े हैं। उनकी आँखे अगर एकदम से उतनी रोशनी न झेल सके और नाराज हो जाय तो कुछ आश्चर्य नहीं। जो एक गुरू बोल रहा है, वह अनन्त सिद्धों की वाणी है। अभिव्यक्ति में भेद होगा, शब्द अलग होंगे, प्रतीक अलग होंगे मगर जो एक सिद्ध बोलता है, वह सभी सिद्धों की वाणी है। इनसे अन्यथा नहीं हो सकता है। इसलिए जिसने एक सिद्ध को पा लिया, उसने सारे सिद्धों की परम्परा को पा लिया। क्योंकि उनका सूत्र एक ही है। कुंजी तो एक ही है, जिसमें ताला खुलता है अस्तित्व का।"

जिस प्रकार सुबह में कोई व्यक्ति यह कहे कि रात होगी तो वह कोई नई बात नहीं कह रहा। रात तो होनी है चाहे वह कहे या ना कहे और रात आ गई तो उस रात को लाने वाला भी वह व्यक्ति नहीं होता क्योंकि वह प्रकृति का नियम है। इसी प्रकार कोई यह कहे कि "सतयुग आयेगा, सतयुग आयेगा" तो वह उसको लाने वाला नहीं होता। वह नहीं भी बोलेगा तो भी सतयुग आयेगा क्योंकि वह अवतारों का नियम है। सुबह से रात लाने का माध्यम प्रकृति है। युग बदलने का माध्यम अवतार होते हैं। जिस प्रकार त्रेतायुग से द्वापरयुग में परिवर्तन के लिए वाल्मिकि रचित "रामायण" आया, जिस प्रकार द्वापरयुग से कलियुग में परिवर्तन के लिए महर्षि व्यास रचित "महाभारत"आया। उसी प्रकार प्रथम अदृश्य काल से द्वितीय और अन्तिम दृश्य काल व चौथे युग-कलियुग से पाँचवें युग-स्वर्णयुग में परिवर्तन के लिए शेष समष्टि कार्य का शास्त्र "विश्वशास्त्र" सत्यकाशी क्षेत्र जो वाराणसी-विन्ध्याचल-शिवद्वार-सोनभद्र के बीच का क्षेत्र है, से भारत और विश्व को अन्तिम महावतार श्री लव कुश सिंह "विश्वमानव" द्वारा मानवों के अनन्त काल तक के विकास के लिए व्यक्त किया गया है।

कारण, अन्तिम महावतार श्री लव कुश सिंह "विश्वमानव" और "आध्यात्मिक सत्य" आधारित क्रिया "विश्वशास्त्र" से उन सभी ईश्वर के अवतारों और शास्त्रों, धर्माचार्यों, सिद्धों, संतों, महापुरूषों, भविष्यवक्ताओं, तपस्वीयों, विद्वानों, बुद्धिजिवीयों, व्यापारीयों, दृश्य व अदृश्य विज्ञान के वैज्ञानिकों, सहयोगीयों, विरोधीयों, रक्त-रिश्ता-देश सम्बन्धियों, उन सभी मानवों, समाज व राज्य के नेतृत्वकर्ताओं और विश्व के सबसे बड़े लोकतन्त्र के संविधान को पूर्णता और सत्यता की एक नई दिशा प्राप्त हो चुकी है जिसके कारण वे अधूरे थे। इस प्रकार अन्तिम महावतार के रूप में "विश्वशास्त्र" के द्वारा स्वयं को स्थापित करने वाले श्री लव कुश सिंह "विश्वमानव" पूर्णतया योग्य सिद्ध होते हैं और शास्त्रों व अनेक भविष्यवक्ताओं के भविष्यवाणीयों को पूर्णतया सिद्ध करते हैं। भविष्यवाणीयों के अनुसार ही जन्म, कार्य प्रारम्भ और पूर्ण करने का समय और जीवन है। जिन्हें इन्टरनेट पर लव कुश सिंह "विश्वमानव", सत्यकाशी, विश्वशास्त्र, विश्वमानव (LAVA KUSH SINGH "VISHWMANAV", SATYAKASHI, VISHWSHASTRA, VISHWMANAV) इत्यादि से सर्च कर पाया जा सकता है।

व्यक्तिगत प्रमाणित अदृश्य सार्वभौम सत्य-सिद्धान्त से सार्वजनिक या ब्रह्माण्डीय प्रमाणित दृश्य सार्वभौम सत्य-सिद्धान्त तक व्यक्त होने की पूर्ण प्रक्रिया में- विष्णु के प्रथम छः अवतार एकात्म कर्म की प्रधानता

लेकर प्रत्यक्ष अंशावतार के रुप में, सातवां- एकात्म ज्ञान की प्रधानता लेकर प्रत्यक्ष अंशावतार के रुप में, आठवां- एकात्म-ज्ञान और एकात्म-कर्म की प्रधानता लेकर अदृश्य व्यक्तिगत प्रमाणित प्रत्यक्ष एवं प्रेरक पूर्णावतार के रुप में, नौवां- एकात्म कर्म और एकात्म ध्यान की प्रधानता लेकर आठवें अवतार के प्रेरक अंशावतार के रुप में। ब्रह्मा अर्थात् एकात्म ज्ञान के अनेक अवतार तथा शंकर अर्थात् एकात्म-ध्यान के 21 अवतार अदृश्य व्यक्तिगत प्रमाणित काल मानव समाज के वर्तमान श्रृंखला के समक्ष व्यक्त हो चुके हैं। दृश्य सार्वजनिक प्रमाणित काल में मानव समाज के वर्तमान श्रृंखला के समक्ष-ब्रह्मा अर्थात् एकात्म-ज्ञान के अन्तिम, विष्णु अर्थात् एकात्म कर्म के दसवें अन्तिम निष्कलंक कल्कि तथा शंकर अर्थात् एकात्म ध्यान के बाइसवें अन्तिम भोगेश्वर सहित शिव-आत्मा-ईश्वर-ब्रह्म के दृश्य सार्वजनिक या ब्रह्माण्डीय प्रमाणित सिद्धान्त से युक्त पूर्ण दृश्य सार्वजनिक या ब्रह्माण्डीय प्रमाणित प्रथम एवं अन्तिम प्रेरक पूर्ण अवतार या दृश्य शिव-आत्मा-ईश्वर-ब्रह्म व्यक्त हो चुके हैं। इस प्रकार ईश्वर और ईश्वर के अवतारों की श्रृंखला समाप्त होती है। और अब सम्पूर्ण मानव जाति को शिवमय होकर इस ब्रह्माण्ड को स्वर्ग में परिवर्तित करने की ओर कर्म द्वारा अग्रसर होना है। यही उसके कल्याण का अन्तिम मार्ग है।

व्यक्तिगत प्रमाणित अदृश्य सार्वभौम सत्य-सिद्धान्त से सार्वजनिक या ब्रह्माण्डीय प्रमाणित दृश्य सार्वभौम सत्य-सिद्धान्त तक व्यक्त होने का मार्ग ही अवतार का मार्ग है जो अलग-अलग समय में एक या एक ही समय में अनेक भी हो सकते हैं। प्रत्येक अवतार का मूल समष्टि धर्म की स्थापना रहा है। व्यष्टि धर्म (व्यक्ति-परिवार) केन्द्रित धर्म, सदैव अवतारों द्वारा या आत्मीय/प्राकृतिक बल द्वारा अवनति को प्राप्त होते रहते हैं।

अदृश्य काल के व्यक्तिगत प्रमाणित अदृश्य काल में प्रमाणित प्राकृतिक चेतना से युक्त विष्णु के प्रथम छः मत्स्य, कुर्म, वाराह, नृसिंह, वामन और परशुराम अंशावतार एकात्म कर्म से युक्त होकर व्यक्त के सार्वजनिक प्रमाणित अदृश्य काल के सार्वजनिक प्रमाणित प्राकृतिक चेतना से विष्णु के सातवें-श्रीराम अंशावतार एकात्मज्ञान से युक्त हुये। दृश्य काल के व्यक्तिगत प्रमाणित दृश्य काल में व्यक्तिगत प्रमाणित सत्य चेतना से युक्त विष्णु के आठवें- श्रीकृष्ण व्यक्तिगत प्रमाणित पूर्णावतार एकात्मज्ञान और एकात्मकर्म से तथा नवें-बुद्ध श्रीकृष्ण के अंशावतार एकात्मकर्म अैर एकात्मध्यान से युक्त हुये। सार्वजनिक या ब्रह्माण्डीय प्रमाणित वर्तमान सार्वजनिक प्रमाणित सत्य चेतना से विष्णु के दसवें और अन्तिम निष्कलंक कल्कि-श्री लव कुश सिंह "विश्वमानव" एकात्म ज्ञान, एकात्मकर्म, एकात्मध्यान से युक्त पूर्ण दृश्य पूर्णावतार के रूप में व्यक्त हुये हैं।

श्री विष्णु पुराण (तृतीय अंश, अध्याय-दो) में लिखा है कि-स्थितिकारक भगवान विष्णु चारों युगों में इस प्रकार व्यवस्था करते हैं-समस्त प्राणियों के कल्याण में तत्पर वे सर्वभूतात्मा सत्ययुग में कपिल आदिरूप धारणकर परम ज्ञान का उपदेश करते हैं। त्रेतायुग में वे सर्वसमर्थ प्रभु चक्रवर्ती भूपाल होकर दुष्टों का दमन करके त्रिलोक की रक्षा करते हैं। तदन्तर द्वापरयुग में वे वेदव्यास रूप धारण कर एक वेद के चार विभाग करते हैं और सैकड़ों शाखाओं में बाँटकर बहुत विस्तार कर देते हैं। इस प्रकार द्वापर में वेदों का विस्तार कर कलियुग के अन्त में भगवान कल्किरूप धारणकर दुराचारी लोगों को सन्मार्ग में प्रवृत्त करते हैं। इसी प्रकार, अनन्तात्मा प्रभु निरन्तर इस सम्पूर्ण जगत् के उत्पत्ति, पालन और नाश करते रहते हैं। इस संसार में ऐसी कोई वस्तु नहीं है जो उनसे भिन्न हो।

श्री विष्णु पुराण (तृतीय अंश, अध्याय-तीन) में लिखा है कि-वेद रूप वृक्ष के सहस्त्रों शाखा-भेद हैं, उनका विस्तार से वर्णन करने में तो कोई भी समर्थ नहीं है अत-संक्षेप यह है कि प्रत्येक द्वापरयुग में भगवान विष्णु व्यासरूप से अवतीर्ण होते हैं और संसार के कल्याण के लिए एक वेद के अनेक भेद कर देते हैं। मनुष्यों के बल, वीर्य और तेज को अलग जानकर वे समस्त प्राणियों के हित के लिए वेदों का विभाग करते हैं। जिस शरीर के द्वारा एक वेद के अनेक विभाग करते हैं भगवान मधुसूदन की उस मूर्ति का नाम वेदव्यास है।

सार्वभौम आत्मा पर केन्द्रित प्रवृत्ति मार्गी अवतारों का कार्य सकारात्मक व नकारात्मक दोनों के मनों को सार्वभौम आत्मीय केन्द्रित करना होता है। सकारात्मक मन बार-बार पुर्नजन्म लेकर सार्वभौम आत्मीय केन्द्र की ओर गति करता है। इस प्रकार जो भी अन्तिम अवतार होगा व सकारात्मक मन से आये सर्वोच्च अन्तिम मन का पुर्नजन्म भी होगा और अवतारों की श्रृंखला की अगली कड़ी भी होगा। साथ ही सर्वोच्च नकारात्मक मन की अगली कड़ी भी होगा। अर्थात् सकारात्मक मन की ओर से आये वर्तमान तक के अन्तिम सार्वभौम मन स्वामी विवेकानन्द

हैं इसलिए अन्तिम कल्कि अवतार उनका पुर्नजन्म भी होगा। सार्वभौम आत्मा पर केन्द्रित प्रवृत्ति मार्ग की ओर से आये अन्तिम अवतार श्री कृष्ण हैं इसलिए अन्तिम कल्कि अवतार उनकी अगली कड़ी भी होगा। नकारात्मक मन की ओर से आये वर्तमान तक के अन्तिम रावण है इसलिए अन्तिम कल्कि अवतार उनकी अगली कड़ी भी होगा।

इसी प्रकार काल (समय) के दो रूप हैं- अदृश्य काल और दृश्य काल। अदृश्य काल व्यक्तिगत प्रमाणित आध्यात्म विज्ञान पर आधारित केन्द्रित मन है तो दृश्य काल सार्वजनिक प्रमाणित पदार्थ विज्ञान पर आधारित केन्द्रित मन है। दूसरे रूप में जब व्यक्ति का मन अन्तः विषयों पर केन्द्रित रहता है तब वह अदृश्य काल में तथा जब बाह्य विषय पर केन्द्रित रहता है तब वह दृश्य काल में स्थित रहता है। इस प्रकार अन्तिम अवतार का सम्बन्ध काल चक्र और पुर्नजन्म चक्र से निम्न प्रकार होगा-

प्रकृति चक्र

01. सत् मार्ग के श्रीकृष्ण
02. रज मार्ग के स्वामी विवेकानन्द
03. तम मार्ग के रावण

पुर्नजन्म चक्र

01. सत्व मार्ग से-श्रीकृष्ण और अन्तिम कल्कि अवतार
02. तम मार्ग से-रावण और अन्तिम कल्कि अवतार
03. रज मार्ग से-स्वामी विवेकानन्द और अन्तिम कल्कि अवतार

काल चक्र

01. प्रथम भाग-अदृश्य काल में विश्वात्मा का प्रथम जन्म-योगेश्वर श्रीकृष्ण
02. द्वितीय भाग-दृश्य काल में विश्वात्मा के जन्म का पहला भाग-स्वामी विवेकानन्द
03. द्वितीय भाग-दृश्य काल में विश्वात्मा के जन्म का अन्तिम भाग- अन्तिम कल्कि अवतार

जो भी अपने आप को कल्कि अवतार के रूप में व्यक्त करेगा वह उपरोक्त सार्वभौम सत्य-सिद्धान्त सम्बन्ध से युक्त होना चाहिए। यदि श्री लव कुश सिंह "विश्वमानव" कल्कि अवतार हैं तो उपरोक्त सम्बन्ध अवश्य होंगे और इसका विवरण "विश्वशास्त्र" में विस्तार से दिया गया है। सम्पूर्ण शास्त्र का संगठन इस पर ही आधारित है।

मनुष्य "पाने" में अधिक विश्वास करता है इसके लिए वह "दर्शन", "दान" इत्यादि का कार्य कर सब-कुछ पा लेना चाहता है जबकि जो "हो जाने या बन जाने" में विश्वास करते हैं वहीं अवतार, महापुरूष इत्यादि के रूप में व्यक्त होते हैं। शरीर प्राप्त कर, उसका पालन और संसाधन प्राप्त करना तथा पीढ़ी बढ़ाना ये सामान्य सी जैविक प्रक्रिया है, मनुष्य का शरीर पाने के कारण यह जीवन का एक अनिवार्य कर्म तो है ही परन्तु लक्ष्य नहीं। किसी अवतार, महापुरूष या कालानुसार प्रसिद्ध व्यक्ति का दर्शन या उनसे मिल लेने से कोई लाभ नहीं होता जब तक कि मनुष्य उन जैसा बनने का प्रयत्न ना करे या उनके द्वारा निर्धारित कार्य न करे।

उपरोक्त मुख्य मूल आविष्कार के उपरान्त अनेक आविष्कार पर आविष्कार होते गये और मनुष्य आविष्कारक के जीवन, ज्ञान व कर्म से सम्बन्धित व्यापार से अपने जीवन को विकास की ओर ले जा रहा है। कोई भी विचारधारा (आविष्कार) चाहे उसकी उपयोगिता कालानुसार समाज को हो या न हो, यदि वह संगठन का रूप लेकर अपना आय स्वयं संचालित करने लगती है तो उसके साथ व्यक्ति जीवकोपार्जन, श्रद्धा व विश्वास से जुड़ता है न कि ज्ञान के लिए।

अनिर्वचनीय कल्कि महाअवतार भोगेश्वर श्री लव कुश सिंह "विश्वमानव" के अवतरण से पुनः पूर्वानुसार उनके जीवन, कर्म व ज्ञान से अनेक दिशाओं में व्यष्टि व समष्टि केन्द्रित नये आविष्कार व व्यापार को दिशा मिली है।

सभी प्रकार के सत्व, रज और तम से युक्त मन और उनसे व्यक्त मनु, अवतार, संत, महापुरूष के मनों से युक्त अर्थात् "विश्व मन से युक्त आत्मा - एक पूर्ण मानव", विश्वात्मा मैं (लव कुश सिंह "विश्वमानव") ही हूँ।

भगवान श्री रामकृष्ण ने नरेन्द्र नाथ दत्त (स्वामी विवेकानन्द का पूर्व नाम) को सर्वस्व त्याग द्वारा पूर्णज्ञान दिये। नरेन्द्र नाथ दत्त द्वारा रामकृष्ण परमहंस से शरीर त्याग के अन्तिम दिनों में पूछे जाने पर कि आप कौन हैं। उन्होंने कहा- "जो राम है, जो कृष्ण है, अब दोनों ही इस शरीर में है" अर्थात् "जो एकात्म ज्ञान है, जो एकात्म ज्ञान सहित एकात्म कर्म है अब दोनों ही इस शरीर में है"। (स्वामी विवेकानन्द के संग में, पृष्ठ संख्या-54) तथा फिल्म "स्वामी विवेकानन्द" में फिल्मांकन भी किया गया है। स्वामी विवेकानन्द इस पूर्णज्ञान को 100 वर्ष पूर्व ही प्राप्त कर चुके थे लेकिन उसकी स्थापना नहीं कर सकते थे क्योंकि उस वक्त न तो भारत स्वतन्त्र था न ही समष्टि आधारित विश्व स्तरीय संगठन - संयुक्त राष्ट्र संघ का ही जन्म हुआ था परिणामस्वरूप उस समय के लिए जितना कार्य आवश्यक था पूर्ण करके अन्तिम इच्छा, सूक्ष्म शरीर के रूप में रही और समयानुसार आत्मा के दृश्य रूप और बहुरूप में प्रकाशित एक सत्ता- श्री लव कुश सिंह "विश्वमानव" के रूप में अब व्यक्त हुई है।

स्वामी विवेकानन्द के ये दो कथन - "सम्भव है काल के प्रवाह में, कभी कभी ऐसा भास होता है कि वेदान्त का महाप्रकाश अब बुझा और जब ऐसी स्थिति आती है, तब भगवान मानवदेह धारण कर, पृथ्वी पर आते है और फिर धर्म में पुनः एक ऐसी शक्ति ऐसे जीवन का संचार हो जाता है कि वह फिर एकाध युग तक अदम्य उत्साह से आगे बढ़ता जाता है। आज वही शक्ति और जीवन उसमें फिर आ गया है। (विवेकानन्द जी के सन्निध्य में, पृष्ठ संख्या-6) और मुझे अपनी मुक्ति की इच्छा अब बिल्कुल नहीं। सांसारिक भोग तो मैंने कभी चाहा नहीं। मुझे सिर्फ अपने यन्त्र को मजबूत और कार्योपयोगी देखना है और फिर निश्चित रूप से यह जानकर कि कम से कम भारत में मैंने मानव जाति के कल्याण का एक ऐसा यंत्र स्थापित कर दिया है, जिसका कोई शक्ति नाश नहीं कर सकती, मैं सो जाउँगा और आगे क्या होने वाला है, इसकी परवाह नहीं करूँगा। मेरी अभिलाषा है कि मैं बार बार जन्म लूँ और हजारों दुःख भोगता रहूँ, ताकि मैं उस एक मात्र सम्पूर्ण आत्माओं के समिष्टरूप ईश्वर की पूजा कर सकूँ जिसकी सचमुच सत्ता है और जिसका मुझे विश्वास है। सबसे बढ़कर सभी जातियों और वर्गों के पापी और दरिद्र रूपी ईश्वर ही मेरा विशेष उपास्य है।" (स्वामी विवेकानन्द का मानवतावाद, पृष्ठ संख्या-38) स्वंय प्रमाण है।

भविष्यवाणीयों के अनुसार ही आज विश्व में घटनाएँ घट रही हैं। युग परिवर्तन प्रकृति का अटल सिद्धान्त है। वैदिक दर्शन के अनुसार चार युगों- सतयुग, त्रेतायुग, द्वापरयुग और कलियुग की व्यवस्था है। जब पृथ्वी पर पापियों का एक छत्र साम्राज्य हो जाता है, तब भगवान पृथ्वी पर मानव रूप में प्रकट होते हैं। मानवता के इस पूर्ण विकास का कार्य अनादि काल से भारत ही करता आया है। इसी पुण्य भूमि पर अवतारों का अवतरण अनादि काल से होता रहा है। लेकिन कैसी बिडम्बना है कि ऋषि-मुनियों, महापुरूषों व अवतारों के जीवन काल में उनके अधिकतम उपयोग के लिए उस समय के शासन व्यवस्था व जनता ने उनकी दिव्य बातों व आदर्शों पर ध्यान नहीं दिया और उनके अन्त्रतध्यान होने पर दुगने उत्साह से उनकी पूजा शुरू कर पूजने लग गये। यह भी एक बिडम्बना ही है कि हम जीवन व समय रहते उनकी नहीं मानते अपितु उनका विरोध व अपमान ही करते रहते हैं। कुल मिलाकर "कारवाँ गुजर गया, गुबार पूजते रह गये" वाली स्थिति मनुष्यों की रहती है।

काल चक्र मार्ग के
(विस्तृत विवरण अध्याय – पाँच में उपलब्ध है। संक्षिप्त रूप से यहाँ दिया गया है।)

02. काल चक्र के द्वितीय और अन्तिम भाग
दृश्य काल में विश्वात्मा के जन्म का पहला भाग – स्वामी विवेकानन्द
(प्रथम एवं अन्तिम पूर्ण ब्रह्म के बीच की कड़ी)

शरीर नाम :

धर्मयुक्त नाम – नरेन्द्र नाथ दत्त
धर्मनिरपेक्ष एवं समभाव युक्त नाम – स्वामी विवेकानन्द

1. जन्म परिचय

– तिथि – मास – सोमवार, 12 जनवरी 1863
– समय – – स्थान – पश्चिम बंगाल
– अस्थायी निवास – सम्पूर्ण भारत
– स्थायी निवास – हावड़ा (बेलूर मठ)
– गुरु – कर्म गुरु – कोई नहीं – ज्ञान गुरु – श्री राम कृष्ण "परमहंस"
– शिक्षा – ब्रह्मज्ञान और विश्व इतिहास
– स्वरुप – धर्म (व्यक्त रुप), धर्मनिरपेक्ष एवं सर्वधर्मसमभाव (अव्यक्त रुप), मानवता का पुजारी (समष्टि धर्म)
– सर्वोच्च व्यक्त रुप – सन्यासी, दार्शनिक, वक्ता, शास्त्र–साहित्यकार, समाजशास्त्री, भविष्यवक्ता, योगी।
– व्यक्त रुप का स्थल – शिकागो का विश्वधर्म संसद, दिनांक 11 सितम्बर,1893 (उम्र 30 वर्ष 7 माह 29 दिन)
– जन्म समय के महत्व पूर्ण सम्बन्धों की स्थिति :–
देश सम्बन्ध – खराब था । रिश्ता सम्बन्ध – खराब था ।
रक्त सम्बन्ध – ठीक था । समाज और राज्य सम्बन्ध – खराब था ।
– जीवन नीति– शैव रुप में ज्ञान प्राप्ति एवं वैष्णव रुप में धर्म प्रचार ।

2. ज्ञान परिचय :

– सर्वोच्च कथन :–"सम्भवतः यह अच्छा होगा कि मैं इस शरीर से बाहर निकल आऊँ और इसे जीर्ण वस्त्र की भाँति उतार फेकूँ परन्तु मैं फिर भी कार्य करते रहने से रुकूँगा नहीं। मानव समाज में मैं तब तक सर्वत्र प्रेरणा प्रदान करता रहूँगा जब तक कि संसार यह भाव आत्मसात् न कर ले कि वे ईश्वर के साथ एक है।"

– सर्वोच्च संदेश :– हिन्दू भावों को अंग्रेजी में व्यक्त करना, फिर शुष्क दर्शन, जटिल पौराणिक कथाएं और अनूठे आश्चर्यजनक मनोविज्ञान से ऐसे धर्म का निर्माण करना, जो सरल, सहज और लोकप्रिय हो और उसके साथ ही उन्नत मस्तिष्क वालों को संतुष्ट कर सके– इस कार्य की कठिनाइयों को वे ही समझ सकते हैं, जिन्होंने इसके लिए प्रयत्न किया हो। अद्वैत के गुढ़ सिद्धान्त में नित्य प्रति के जीवन के लिए कविता का रस और जीवनदायिनी शक्ति उत्पन्न करनी है। अत्यन्त उलझी हुई पौराणिक कथाओं में से जीवन प्रकृत चरित्रों के उदाहरण समूह निकालने हैं और बुद्धि को भ्रम में डालने वाली योगविद्या से अत्यन्त वैज्ञानिक और क्रियात्मक मनोविज्ञान का विकास करना है और इन सब को एक ऐसे रुप में लाना पड़ेगा कि बच्चा–बच्चा इसे समझ सके।

– धर्म स्थापना की आवश्यकता की पहचान –
देश सम्बन्ध, रिश्ता सम्बन्ध तथा समाज और राज्य सम्बन्ध खराब होना।
– ज्ञान से व्यक्त साहित्य –
ज्ञान योग, राज योग, प्रेम योग, कर्म योग, भक्ति योग एवं विश्व व्यवस्था के लिए साहित्य।
– लेखक – स्वयं
– ज्ञान को व्यक्त करने के लिए प्रयुक्त धर्म / धर्मनिरपेक्ष / सर्वधर्मसमभाव शब्द –
"एक शब्द में वेदान्त का आदर्श है– मनुष्य के सच्चे स्वरुप को जानना।"

3. कर्म परिचय :

– सर्वोच्च कर्म –
धर्म (समष्ठि) अद्वैत वेदान्त, मानवता, समता, एकता तथा प्राच्य एवं पाश्चात्य में एकता का प्रयत्न।
– कर्म की नीति :– मानसिक वध (बदलाव)
– कर्म द्वारा निर्माण :– सत्य धर्म आधारित मिशन– राम कृष्ण मिशन (अपने गुरु के नाम पर) राम अर्थात् प्राकृतिक टर्थात् व्यष्टि अर्थात् समय पर निर्भर, कृष्ण अर्थात् सत्य अर्थात् समष्टि अर्थात् समय का निर्माणकर्ता।

स्वामी विवेकानन्द

परिचय

स्वामी विवेकानन्द, वेदान्त के विख्यात और प्रभावशाली आध्यात्मिक गुरू थे। उनका वास्तविक नाम नरेन्द्र नाथ दत्त था। उन्होंने अमेरिका स्थित शिकागों में सन् 1893 में आयोजित विश्व धर्म महासम्मेलन में सनातन धर्म का प्रतिनिधत्व किया था। भारत का वेदान्त अमेरिका और यूरोप के हर देश में स्वामी विवेकानन्द की वकृतता के कारण ही पहुँचा। उन्होंने रामकृष्ण मिशन की स्थापना की थी जो आज भी अपने उद्देश्य "शिव भाव से जीव सेवा" के अनुसार काम कर रहा है। वे रामकृष्ण परमहंस के सुयोग्य शिष्य थे। रामकृष्ण जी बचपन से ही एक पहुँचे हुए सिद्ध पुरूष थे। स्वामी जी ने कहा था की जो व्यक्ति पवित्र ढंग से जीवन निर्वाह करता है उसी के लिए अच्छी एकाग्रता प्राप्त करना सम्भव है।

भारतीय आध्यात्म और व्यवहारिक वेदांत आकाश का यह दीप्तिमान नक्षत्र 12 जनवरी, 1863 के दिन पिता श्री विश्वनाथ एवं माता श्रीमती भुवनेश्वरी के कलकत्ता स्थित परिवार में अवतरित हुआ। वाराणसी के वीरेश्वर महादेव की अराधना से प्राप्त होने के कारण, माता ने वीरेश्वर नाम दिया और प्रेम से "विले" पुकारती, परन्तु पिता ने नरेन्द्रनाथ नाम दिया। बचपन से ही ये नटखटी और जिज्ञासु प्रकृति के थे। नरेन्द्र की बुद्धि बचपन से ही तीव्र थी और परमात्मा को पाने की लालसा भी प्रबल थी। इस हेतु वे "ब्रह्म समाज" में गये किन्तु वहाँ उनके चित्त को सन्तोष नहीं हुआ। श्री विश्वनाथ दत्त की मृत्यु हो गई। घर का भार नरेन्द्र पर आ गया। घर की दशा बहुत खराब थी। अत्यन्त गरीबी में भी नरेन्द्र बड़े अतिथि सेवी थे। स्वयं भूखे रहकर अतिथि को भोजन कराते, स्वयं बाहर वर्षा में रात भर भींगते-ठिठुरते पड़े रहते और अतिथि को अपने बिस्तर पर सुला देते।

शिक्षा के साथ-साथ जीवन के गहन प्रश्नों की ललक से वे रामकृष्ण परमहंस के सम्पर्क में आये और उन्हीं के अंतरंग बन गये। आर्थिक संकट से घिरने के पश्चात् रामकृष्ण जी के कहने पर माँ काली की प्रतिमा के सामने प्रार्थना करने गये, परन्तु भौतिक सुखों की अपेक्षा माँ से ज्ञान, भक्ति और वैराग्य का ही वरदान माँग सके। स्वामी विवेकानन्द अपना जीवन अपने गुरूदेव को रामकृष्ण परमहंस को समर्पित कर चुके थे। गुरूदेव के शरीर त्याग के दिनों में अपने घर और कुटुम्ब की नाजुक हालत की परवाह किये बिना, स्वयं भोजन की परवाह किये बिना वे गुरू सेवा में सतत संलग्न रहे। गुरूदेव का शरीर अत्यन्त रूग्ण हो गया था। एक बार किसी ने गुरूदेव की सेवा में घृणा और लापरवाही दिखायी तथा घृणा से नाक-भौं सिकोड़ी। यह देखकर विवेकानन्द को गुस्सा आ गया। उस गुरू भाई को पाठ पढ़ाते और गुरूदेव की प्रत्येक वस्तु के प्रति प्रेम दर्शाते हुए उनके बिस्तर के पास रक्त, कफ आदि से भरी थुकदान उठाकर फेंकते थे। गुरू के प्रति ऐसी अनन्य भक्ति और निष्ठा के प्रताप से ही वे अपने गुरू के शरीर और उनके दिव्यतम आदर्शों की उत्तम सेवा कर सके। गुरूदेव को वे समझ सके, स्वयं के अस्तित्व को गुरूदेव के स्वरूप में विलीन कर सके। समग्र विश्व में भारत के अमूल्य खजाने की सुगन्ध को फैला सके। उनके इस महान व्यक्तित्व की नींव मे थी ऐसी गुरूभक्ति, गुरूसेवा और गुरू के प्रति अनन्य निष्ठा।

रामकृष्ण ने पूर्ण पात्र जानकर, अपनी समस्त आध्यात्मिक शक्तियाँ नरेन्द्र को समर्पित कर दीं। 25 वर्ष की अवस्था में नरेन्द्र ने गेरूआ वस्त्र धारण किया। तत्पश्चात् उन्होंने सम्पूर्ण भारत का भ्रमण किया। राजस्थान में, अलवर के खेतड़ी नरेश ने उन्हें अपना गुरू स्वीकार किया। 1893 में खेतड़ी नरेश अजीत सिंह के विशेष अनुरोध पर "विवेकानन्द" की संज्ञा पाकर शिकागो विश्वधर्म सम्मेलन में भाग लेने हेतु अमेरिका पहुँचे। यूरोप-अमेरिका के लोग उस समय पराधीन भारतवासीयों को बहुत ही हीन दृष्टि से देखते थे। वहाँ के लोगों ने बहुत प्रयत्न किया कि स्वामी विवेकानन्द को सर्वधर्म परिषद् में बोलने का समय ही न मिले। एक अमेरिकन प्रोफेसर के सहयोग से उन्हें थोड़ा समय मिला किन्तु उनके विचार सुनकर सभी विद्वान चकित हो गये। धर्म सम्मेलन में स्वामीजी का अलौकिक व्याख्यान सुनकर अमेरिकावासी श्रद्धावनत् हो गये। तीन वर्ष तक अमेरिका-यूरोप की धरती पर वेदान्त का शंखनाद करते हुए वे भारत आये, तो अपूर्व सम्मान पाये। आध्यात्म विद्या और भारतीय दर्शन के बिना विश्व अनाथ हो जायेगा, यह स्वामी विवेकानन्द जी का दृढ़ विश्वास था। अमेरिका में उन्होंने रामकृष्ण मिशन की अनेक शाखाओं की स्थापना की। अनेक अमेरिकन विद्वानों ने उनका शिष्यत्व ग्रहण किया। वे सदा अपने को गरीबों का सेवक कहते थे। भारत के गौरव को देश-देशान्तरों में उज्जवल करने का उन्होंने सदा प्रयत्न किया। जब भी वो कहीं जाते थे तो लोग उनसे बहुत खुश होते थे।

दृढ़ चरित्र, प्रखर स्वदेश प्रेम, दरिद्र-नारायण की सेवा और गहन आध्यात्मिक साधना से भारत में ही नहीं अपितु सम्पूर्ण विश्व में विख्यात हुए। 1897 ई. में स्वामीजी ने "रामकृष्ण मिशन" की स्थापना कलकत्ता में की। यूरोप की सिस्टर मार्गरिट स्वामी जी से प्रभावित हुई और भगिनी निवेदिता के नाम से अनुयायी बनकर भारत आयी और उन्होंने जीवनभर भारत की सेवा का संकल्प लिया।

"उठो, जागो और जब तक अपने अन्तिम लक्ष्य तक नहीं पहुँच जाते, तब तक निश्चिन्त मत हो" का आह्वान करते हुए उन्होंने, भारतीय दर्शन की श्रेष्ठता भारतीयों में स्थापित की। मात्र लगभग 39 वर्ष की अवस्था में 4 जुलाई, 1902 को स्वामीजी ने महाप्रस्थान किया।

स्वामी विवेकानन्द की मुख्य शिक्षा

स्वामी विवेकानन्द युवाओं के लिए एक बड़ा आदर्श हैं। हालांकि उनका जीवन सिर्फ 39 वर्ष का रहा, इसके बावजूद उन्होंने अपने विचारों व कार्यों से पूरे विश्व को एक नई दिशा दी। स्वामी विवेकान्द के व्यक्तित्व के गुणों को अपनाकर कोई भी आगे बढ़ सकता है।

आत्म विश्वासी बनें - स्वामी विवेकानन्द के अनुसार आस्तिक वही है, जो खुद पर विश्वास करे। कोई व्यक्ति भगवान पर विश्वास करता है, पर वह खुद पर विश्वास नहीं करता तो वह नास्तिक है। यानी आत्म विश्वास सबसे महत्वपूर्ण है। खुद पर भरोसा रखने से ही व्यक्ति कोई भी कार्य कर सकता है।

तन-मन हो स्वस्थ - आत्मविश्वास को मजबूत करने के लिए स्वामी विवेकानन्द ने तन-मन को मजबूत बनाने की शिक्षा दी। उन्होंने कहा कि गीता वीरों के लिए है, कायरों के लिए नहीं। यानी ज्ञान प्राप्त करने के लिए पहले शरीर और मन को मजबूत बनायें।

दूर करें हीनता बोध - विवेकानन्द ने लोगों के हीनता बोध दूर करने के लिए ही सबको शिक्षा दी कि खुद को शरीर नहीं आत्मा समझें। वह आत्मा, जो शक्तिशाली परमात्मा है। इससे हीनता बोध खत्म होता है और आत्म विश्वास बढ़ता है। इसलिए कभी भी ऐसी सोच न रखें कि मैं कमजोर, पापी या दुःखी हूँ।

संयम-अनुशासन - खुद पर नियंत्रण करना संयम होता है। संयमी व्यक्ति सारी व्यवधानों के बीच भी अपने कार्य को सहजता से आगे बढ़ाता रहता है। सेवा की भावना, शान्ति, कर्मठता आदि गुण संयम से ही आते हैं। संयमी व्यक्ति तनाव से मुक्त होता है इसलिए वह हर काम गुणवत्ता से करता है। विवेकानन्द ने कहा है-किसी भी क्षेत्र में शासन वही कर सकता है, जो खुद अनुशासित है।

भय को तिलांजलि दें - स्वामी विवेकानन्द के अनुसार, हमेशा यह सोचें कि मेरा जन्म कोई बड़ा काम करने के लिए हुआ है। यह सोच कर बिना किसी से डरे, अपने काम को ईश्वर का आदेश समझ करें। भय तब दूर हो जायेगा, जब हम खुद को अनश्वर आत्मा मानेंगे, नश्वर शरीर नहीं।

स्वावलंबी बनें - स्वामी विवेकानन्द ने कहा कि भाग्य पर भरोसा न करें, बल्कि अपने कर्मों से अपना भाग्य खुद गढ़ें। "उठो, साहसी और शक्तिमान बनों।" इसमें आत्मनिर्भर बनने का सूत्र दिया गया है। स्वामी जी कहते हैं कि सारी शक्ति तुम्हारे भीतर ही है। तुम्हीं अपने मददगार हो, कोई दूसरा तुम्हरा मदद नहीं कर सकता। भगवान भी उसी की मदद करता है, जो अपनी मदद खुद करता है। यानि स्वावलम्बी बनना आवश्यक है।

सेवा परमोधर्मः - स्वामी जी ने निःस्वार्थ भाव से सेवा को सबसे बड़ा कर्म माना है। सेवा भाव का उदय होने से व्यक्ति दूसरों के दुःखों को दूर करने की चेष्टा में अपने दुःखों या परेशानियों को भूल जाता है और उसके तन-मन की सामथ्र्य बढ़ जाती है।

आत्मशक्ति जगायें - विवेकानन्द के अनुसार, आत्मा परमशक्तिशाली है, वही ईश्वर है। इसलिए अपने आत्मतत्व को पहचानकर उसकी शक्ति को जगायें। तब आप स्वयं को ऊर्जावान महसूस करेंगे। असफलता से परेशान होकर अपने प्रयासों को छोड़े नहीं और किंचित सफलता पाकर संतुष्ट होकर बैठें नहीं। स्वामी जी ने कहा है, उठो, जागो और लक्ष्य पाने तक रूको नहीं।

विश्वमानव: स्वामी विवेकानन्द का भाग-दो और अन्तिम

स्वामी विवेकानन्द की वाणीयाँ जो सत्य हुईं
व्यक्तिगत जीवन के सम्बन्ध में

1. आखिर इस उच्च शिक्षा के रहने या न रहने से क्या बनता बिगड़ता है? यह कहीं ज्यादा अच्छा होगा कि यह उच्च शिक्षा प्राप्त कर नौकरी के दफ्तरों को खाक छानने के बजाय लोग थोड़ी सी यान्त्रिक शिक्षा प्राप्त करें जिससे काम-धन्धे में लगकर अपना पेट तो भर सकेंगे। (विवेकानन्द जी के सान्निध्य में, पृ0-5)
2. पर ब्राह्मण का पुत्र सर्वदा ब्राह्मण ही नहीं होता, यद्यपि उसके ब्राह्मण होने की सम्भावना अवश्य रहती है। जाति से ब्राह्मण होना और गुणों से ब्राह्मण होना-ये दो भिन्न बातें हैं। भारत वर्ष में ब्राह्मण कुल में जन्म लेने से कोई ब्राह्मण कहलाने लगता है, पर पश्चिम में यदि कोई ब्राह्मण गुण युक्त हो तो उसे ब्राह्मण ही मानना चाहिए। यह स्पष्ट है कि मनुष्य के लिए एक जाति से दूसरी जाति में चला जाना सम्भव है। यदि नहीं है तो विश्वामित्र ब्राह्मण कैसे बन सके और परशुराम क्षत्रिय कैसे बन सके? (विवेकानन्द जी के सान्निध्य में, पृ0-34)
3. मन में ऐसे भाव उदय होते हैं कि यदि जगत् के दुःख दूर करने के लिए मुझे सहस्त्रों बार जन्म लेना पड़े तो भी मैं तैयार हूँ। इससे यदि किसी का तनिक भी दुःख दूर हो, तो वह मैं करूंगा और ऐसा भी मन में आता है कि केवल अपनी ही मुक्ति से क्या होगा। सबको साथ लेकर उस मार्ग पर जाना होगा। (विवेकानन्द जी के संग में, पृ0-67)
4. समस्त ब्रह्माण्ड जब नित्य आत्मा ईश्वर का ही विराट शरीर है तब विरोध-विशेष स्थानों (तीर्थस्थान) के महात्म्य में आश्चर्य की क्या बात है? विशेष स्थानों पर उनका विशेष विकास है। कहीं पर आप ही से प्रकट होते हैं और कहीं शुद्ध सत्य मनुष्य के व्याकुल आग्रह से प्रकट होते हैं। फिर भी यह तुम निश्चित जानो कि इस मानव शरीर की अपेक्षा और कोई बड़ा तीर्थ नहीं है। इस शरीर में जितना आत्मा का विकास हो सकता है उतना और कहीं नहीं। (विवेकानन्द जी के संग में, पृ0-98)

5. छात्रजीवन में (स्वामी विवेकानन्द) दिन भर अपने साथियों के साथ आमोद-प्रमोद में ही रहते थे। रात को घर के द्वार बन्द कर अपना अध्ययन करते थे। दूसरे किसी को यह नहीं जान पड़ता था कि वे कब अपना अध्ययन कर लेते थे। (विवेकानन्द जी के संग में, पृ0-102)
6. इस संसार में निरी दुनियादारी है जो यथार्थ, साहसी और ज्ञानी हैं। वह क्या ऐसी दुनियादारी से कभी घबड़ाता है? 'जगत चाहे जो कहे, क्या परवाह है, मैं अपना कर्तव्य पालन करता चला जाऊँगा' यह वीरों की बातें हैं। यदि 'वह क्या कहता है और क्या लिखता है' ऐसी ही बातों पर रात-दिन ध्यान रहे तो जगत् में कोई महान कार्य हो ही नहीं सकता। (विवेकानन्द जी के संग में, पृ0-105)
7. बहुत दिनों तक मास्टरी करने से बुद्धि बिगड़ जाती है। ज्ञान का विकास नहीं होता। दिन रात लड़कों के बीच रहने से धीरे-धीरे जड़ता आ जाती है; इसलिए आगे अब मास्टरी न कर। (विवेकानन्द जी के संग में, पृ0-126)
8. जाकर सभी को यह बात सुना 'तुम्हारे भीतर अनन्त शक्ति मौजूद है, उसी शक्ति को जागृत करो।' केवल अपनी मुक्ति प्राप्त कर लेने से क्या होगा? मुक्ति की कामना भी तो महा स्वार्थपरता है। छोड़ दे ध्यान, छोड़ दे मुक्ति की आकांक्षा- मैं जिस काम में लगा हूँ उसी में लग जा। (विवेकानन्द जी के संग में, पृ0-161)
9. अतः जब कर्म करके उसे शान्ति प्राप्त नहीं होती तभी साधक कर्मत्यागी बनता है। परन्तु देह धारण करके मनुष्य को कुछ न कुछ लेकर तो रहना ही होगा- क्या लेकर रहेगा बोल? इसलिए साधक दो चार सत्कर्म करता जाता है, परन्तु उस कर्म के फलाफल की आशा नहीं रखता, क्योंकि उस समय उसने जान लिया है कि उस कर्मफल में ही जन्म-मृत्यु के नाना प्रकार के अंकुर भरे पड़े हैं। इसलिए ब्रह्मज्ञ व्यक्ति सारे कर्म त्याग देते हैं- दिखाने के दो चार कर्म करने पर भी उनमें उनके प्रति आकर्षण बिल्कुल नहीं रहता। ये ही लोग शास्त्र में निष्काम कर्मयोगी बताये गये हैं। (विवेकानन्द जी के संग में, पृ0-193)
10. निष्क्रियता, हीनबुद्धि और कपट से देश छा गया है। क्या बुद्धिमान लोग यह देखकर स्थिर रह सकते हैं? रोना नहीं आता? मद्रास, बम्बई, पंजाब, बंगाल-कहीं भी तो जीवनी शक्ति का चिन्ह दिखाई नहीं देता। तुम लोग सोच रहे हो, 'हम शिक्षित हैं' क्या खाक सीखा है? दूसरों की कुछ बातों को दूसरी भाषा में रटकर मस्तिष्क में भरकर, परीक्षा में उत्तीर्ण होकर सोच रहे हो कि हम शिक्षित हो गये हैं। धिक्धिक्, इसका नाम कहीं शिक्षा है? तुम्हारी शिक्षा का उद्देश्य क्या है? या तो? क्लर्क बनना या एक दुष्ट वकील बनना, और बहुत हुआ तो क्लर्की का ही दूसरा रूप एक डिप्टी मजिस्ट्रेट की नौकरी यही न? इससे तुम्हें या देश को क्या लाभ हुआ? (विवेकानन्द जी के संग में, पृ0-196)
11. ब्रह्म ज्ञानी को भोजन किसी परिश्रम के बिना अपने आप मिल जाता है। वह जहाँ पाता है पानी पी लेता है, वह स्वेच्छानुसार सर्वत्र विचरण करता है- वह निर्भय, कभी जंगल में और कभी श्मशान में सो जाता है और जिस मार्ग पर जाने से वेद भी शेष हो जाते है, वहाँ वह संचरण करता है। वह बालकों की तरह दूसरों की इच्छानुसार परिचालित होता है, कभी नंगा, कभी वस्त्रालंकारमण्डित रहता है। और कभी-कभी तो उसका आच्छादन ज्ञान मात्र रहता है, कभी अबोध बालक की भाँति, कभी उन्मत्त के समान और कभी पिशाचवत् व्यवहार करता है। (पत्रावली भाग-1, पृ0-40)
12. तुमने मांस खाने वाले क्षत्रियों की बात उठाई है। क्षत्रिय लोग चाहे मांस खाये या ना खाये, वे ही हिन्दू धर्म की उन सब वस्तुओं के जन्मदाता हैं जिनको तुम महत और सुन्दर देखते हो। उपनिषद् किसने लिखे थे? राम कौन थे? कृष्ण कौन थे? बुद्ध कौन थे? जैनों के तिर्थंकर कौन थे? जब कभी क्षत्रियों ने धर्म का उपदेश दिया, उन्होंने सभी को धर्म पर अधिकार दिया। और जब कभी ब्राह्मणों ने कुछ लिखा उन्होंने औरों को सब प्रकार के अधिकारों से वंचित करने की चेष्टा की। गीता और व्यास सूत्र पढ़ो या किसी से सुन लो। गीता में मुक्ति की राह पर सभी नर-नारियों, सभी जातियों और सभी वर्णों को अधिकार दिया गया है, परन्तु व्यास गरीब शूद्रों को वंचित करने के लिए वेद की मनमानी व्याख्या कर रहे हैं। क्या ईश्वर तुम जैसा मूर्ख है कि एक टुकड़े मांस से उसकी दया रुपी नदी में बाधा खड़ी हो जायेगी? अगर वह ऐसा ही है तो उसका मोल एक फूटी कौड़ी भी नहीं। (पत्रावली भाग-1, पृ0-115)

13. मैं व्याख्यान देते-देते और इस प्रकार के निरर्थक वाद से थक गया हूँ। सैकड़ों प्रकार के मानवी पशुओं से मिलते-मिलते मेरा मन अशान्त हो गया है। मैं मेरी मनोनुकूल बात आपको बतलाता हूँ। मैं लिख नहीं सकता, मैं बोल नहीं सकता, परन्तु मैं गम्भीर विचार कर सकता हूँ और जब मुझे स्फुर्ति आ जाती है तो अग्निरूपी वचन बोल सकता हूँ। परन्तु यह होना चाहिए कुछ चुने हुए, केवल चुने हुये लोगों के सामने ही। वे यदि चाहे तो मेरे विचारों को ले जाकर चारों और फैला दे- परन्तु यह मैं नहीं कर सकता। यह तो कर्म का ठीक ही बंटवारा है, एक ही आदमी सोचने में और विचारों के प्रसार करने में सफल नहीं हो सकता। इस तरह के दिये हुए विचारों का मूल्य कुछ नहीं होता। सोचने वाले मनुष्य को अन्य कार्यों से मुक्त होना चाहिए, विशेषतः जबकि विचार आध्यात्मिक हो। (पत्रावली भाग-1, पृ0-117)
14. पूर्णता का मार्ग यह है कि स्वयं पूर्ण बनने का प्रयत्न करना तथा कुछ थोड़े से स्त्री-पुरुषों को पूर्ण बनाने का प्रयत्न करना। 'भला करने' का मेरा यह अर्थ है कि कुछ असाधारण योग्यता के मनुष्यों का विकास, न कि ''भैंस के आगे बीन बजाकर'' समय, स्वास्थ्य और शक्ति का नाश करना।(पत्रावली भाग-1, पृ0-118)
15. जिस देश में करोड़ों मनुष्य महुए के फूल खाकर दिन गुजारते हैं, और दस बीस लाख साधु और दस बारह करोड़ ब्राह्मण उन गरीबों का खून चूसकर पीते हैं और उनकी उन्नति के लिए कोई चेष्टा नहीं करते, क्या वह देश है या नरक? क्या वह धर्म है या पिशाच का नृत्य? भाई, इस बात को गौर से समझो- मैं भारत वर्ष को घूमघाम कर देख चुका और इस देश को भी देखा-क्या बिना कारण के कहीं कार्य होता है? क्या बिना पाप के सजा मिल सकती है। (पत्रावली भाग-1, पृ0-123)
16. वह हार प्रेम का हार है और वह धागा धनीभूत प्रेम का भावरूप अपूर्व धागा है। मूर्ख तुम इस रहस्य को नहीं जानते हो कि वह असीम तत्व प्रेम के बन्धन में फंसकर मेरी मुठ्ठी के अन्दर आ चुका है। क्या तुम्हें यह पता नहीं है कि वे जगन्नाथ प्रेमडोर से बंध जाते हैं- क्या तुम यह नहीं जानते हो कि इस विशाल विश्व के संचालक वृन्दावन की गोपियों की नूपुरध्वनि के साथ नाचते फिरते थे। (पत्रावली भाग-1, पृ0-140)
17. यह तो तुम्हें पता ही है कि रूपया रखना, यहां तक कि रूपया छूना भी मेरे लिए कठिन है। इसे मैं अत्यन्त कष्टदायक कार्य समझता हूँ और इससे मन अधोगामी बन जाता है। अतः कार्य संचालन तथा आर्थिक मामलों की व्यवस्था के लिए तुम लोगों को संगठित होकर किसी समिति की स्थापना करनी ही होगी। यहां पर जो मेरे मित्र हैं- आर्थिक मामलों की व्यवस्था वे ही करते हैं। अर्थ-विषयक इस भयानक झंझट से मुक्ति मिलने पर ही मैं सुख के श्वास ले सकूँगा। अतः तुम लोग जितना शीघ्र संगठित होकर मन्त्री तथा कोषाध्यक्ष बनकर मेरे मित्र तथा सहायकों से स्वयं पत्र व्यवहार कर सको, उतना ही तुम्हारे तथा मेरे लिए मंगल है।(पत्रावली भाग-1, पृ0-164)
18. आलासिंगा (एक मद्रासी मित्र), यह निश्चित जानना कि भविष्य में तुमकों अनेक महान कार्य करने होंगे। यदि तुम उचित समझो तो कुछ बड़े आदमियों को राजी कर समिति के कार्यकर्ताओं के रूप में उनका नाम प्रकाशित करना-उनके नाम से बहुत कुछ कार्य होंगे, किन्तु वास्तव में कार्य तुमको ही करना होगा। (पत्रावली भाग-1, पृ0-165)
19. हम ठीक वैसे ही हैं। गुलाम कीड़े-पैर उठाकर रखने की भी ताकत नहीं-बीबी का आंचल पकड़े ताश खेलते और हुक्का गुड़गुड़ाते हुए जिन्दगी पार कर देते हैं, और अगर उनमें से कोई एक कदम बढ़ जाता है तो सब के सब उसके पीछे पड़ जाते हैं- हरे हरे! (पत्रावली भाग-1, पृ0-234)
20. सैकड़ों युगों के उद्यम से चरित्र का गठन होता है। निराश न होओ। सत्य का एक शहद भी लोप नहीं हो सकता। वह दीर्घकाल तक चाहे कूड़े के नीचे भले ही दबा पड़ा रहे, परन्तु शीघ्र हो या देर से हो, वह प्रकट होगा ही। सत्य अनश्वर है, पवित्रता अनश्वर है। मुझे सच्चे मनुष्य की आवश्यकता है, मुझे शंख-ढपोल चेले नहीं चाहिए। (पत्रावली भाग-1, पृ0-241)
21. परन्तु वही महात्मा काम कर सकता है जो दूसरों में परमाणु के बराबर गुण देखकर उसे पर्वत के समान मानता है और जिसे जगत् की भलाई छोड़कर कोई भी इच्छा नहीं है- ''परगुणपरमाणु पर्वतीकृत्य'' इसलिए

जिनकी मन्द गति है, जिनकी बुद्धि अज्ञान में डूबी हुई है और जो अनात्मा को ही सर्वस्व मानते हैं उन्हें अपनी बाल-क्रीड़ा करने दो। जब वे प्रबल कष्ट का अनुभव करेंगे तब वे उसी क्षण छोड़ देंगे। उन्हें चन्द्रमा पर थूकने दो, वह थूक उलटकर उन्हीं पर पड़ेगी। (पत्रावली भाग-1, पृ0-256)

22. मैं बराबर न्यूयार्क और बोस्टन के बीच यात्रा करता रहा। इस देश के ये दो ही बड़े केन्द्र हैं, जिनमें से बोस्टन की मस्तिष्क से तुलना की जा सकती है और न्यूयार्क की जेब से। दोनों स्थानों में आशातीत सफलता प्राप्त हुई है। मैं समाचार पत्रों के वर्णन से उदासीन हूँ, इसलिए तुम यह आशा मुझसे न करो कि उनमें से किसी के उल्लेख मैं तुम्हें भेजूंगा। काम आरम्भ करने के लिए थोड़े से शोर की आवश्यकता थी, वह जरूरत से अधिक हो चुका है। (पत्रावली भाग-1, पृ0-273)
23. मुझे चुपचाप शान्ति से काम करना अच्छा लगता है और प्रभु हमेशा मेरे साथ हैं। यदि तुम मेरे अनुगामी बनना चाहते हो तो सम्पूर्ण निष्कपट होओ, पूर्णरूप से स्वार्थ त्याग करो,...और सबसे अधिक पूर्णरूप से पवित्र बनो। मेरा आशीर्वाद हमेशा तुम्हारे साथ है। इस अल्पायु में परस्पर प्रशंसा का समय नहीं है। संग्राम के बाद किसने क्या किया इसकी तुलना करेंगे और एक दूसरे की यथेष्ट प्रशंसा करेंगे। (पत्रावली भाग-1, पृ0-275)
24. अगले जाड़े में मैं लौट रहा हूँ। दुनिया में आग फूंक दूंगा, जो मेरे साथ चाहे आये, उसका भाग्य अच्छा है; जो न आयेगा, इहकाल तथा परकाल वह पड़ा ही रह जायेगा, उसे पड़े रहने दो। कुछ परवाह नहीं, तुम लोगों के मुंह तथा हाथों पर बागदेवी का अधिष्ठान होगा, हृदय में अनन्तवीर्य श्री भगवान अधिष्ठित होंगे- तुम लोगों से ऐसे कार्य सम्पादित होंगे कि जिन्हें देखकर दुनिया आश्चर्यचकित हो उठेगी। (पत्रावली भाग-1, पृ0-281)
25. मुझे संसार से मधुर व्यवहार करने का समय नहीं है, और मधुर बनने का प्रत्येक यत्न मुझे कपटी बनाता है। चाहे स्वदेश हो या विदेश, परन्तु इस मूर्ख संसार की प्रत्येक आवश्यकता पूरी करने की अपेक्षा तथा निरन्तर स्तर का आसार जीवन व्यतीत करने की अपेक्षा मैं सहस्त्र बार मरना अच्छा समझता हूँ। (पत्रावली भाग-1, पृ0-291)
26. अन्तः प्रेरणा से मनुष्य को काम करना चाहिए और यदि वह काम शुभ और कल्याणप्रद है तो अपनी मृत्यु के पश्चात्, शताब्दियों के बाद, समाज की भावना में परिवर्तन अवश्य ही उत्पन्न होगा। मन, प्राण और शरीर से हमें काम में लग जाना चाहिए। और जब तक हम एक और एक ही आदर्श के लिए अपना सर्वस्व त्यागने को तैयार न रहेंगे तब तक हम कदापि आलोक नहीं देख पायेंगे। जो मनुष्य जाति की सहायता करना चाहते हैं उन्हें उचित है कि अपना सुख और दुःख, नाम और यश और सब प्रकार के स्वार्थ की एक पोटली बनाकर समुद्र में फेंक दे और तब वे ईश्वर के समीप आये। सब गुरुजनों ने यही कहा और किया है। (पत्रावली भाग-1, पृ0-300)
27. मैं आपकी पत्रिका सम्बन्धी विचार से पूरी तरह सहमत हूँ, परन्तु यह सब करने के लिए व्यवसाय बुद्धि का मुझमें पूरा अभाव है। मैं शिक्षा और उपदेश दे सकता हूँ और कभी-कभी लिख सकता हूँ, परन्तु सत्य पर मुझे श्रद्धा है। प्रभु मुझे सहायता देंगे और मेरे साथ काम करने के लिए मनुष्य भी वही देंगे। मैं पूर्णतः शुद्ध, पूर्णतः निष्कपट और पूर्णतः निःस्वार्थ रहूं- यही मेरी एकमेव इच्छा है। (पत्रावली भाग-1, पृ0-309)
28. श्रीरामकृष्ण की कृपा से किसी व्यक्ति के चेहरे की ओर देखते ही मैं अपने स्वाभाविक संस्कार के द्वारा तत्काल ही भांप लेता हूं कि वह व्यक्ति कैसा है और मेरी धारणा प्रायः ठीक हुआ करती है। (पत्रावली भाग-1, पृ0-313)
29. हर काम को तीन अवस्थाओं में से गुजरना होता है- उपहास, विरोध और फिर स्वीकृति। जो मनुष्य अपने समय से आगे विचार करता है, लोग उसे निश्चय ही गलत समझते हैं, इसलिए विरोध और अत्याचार हम सहर्ष स्वीकार करते हैं।(पत्रावली भाग-1, पृ0-335)
30. मैं बराबर यह देख रहा हूँ कि मानव जब वेदान्त के महान गौरव की उपलब्धि करने लगता है, तब मन्त्रतन्त्रादि अपने आप छूट जाते हैं। जिस समय मनुष्य को सत्य के किसी उच्चतर अवस्था विशेष का आभास मिलता है, तत्काल ही तद्विषयक निम्नतर अवस्था स्वतः ही विलुप्त हो जाती है। संख्या बाहुल्य का कोई महत्व नहीं है। असंगठित जनता सौ वर्ष में भी जिस कार्य को नहीं कर सकती, कुछ थोड़े से निष्कपट, संगठित तथा उत्साही

युवक एक वर्ष के अन्दर उससे कहीं अधिक कार्य कर सकते हैं। एक देह की ताप उसके निकटवर्ती अन्यान्य देहों में भी संक्रमित होता है-प्रकृति का यही नियम है। (पत्रावली भाग-1, पृ0-337)

31. जगत के लिए, जिससे कि मुझे यह शरीर मिला है, देश के लिए, जिसने कि मुझे यह भावना प्रदान की है तथा मनुष्य जाति के लिए, जिसमें कि मैं अपनी गणना कर सकता हूँ, कुछ करना है। जितनी मेरी उम्र बढ़ रही है, उतना ही मैं "मनुष्य सब प्राणियों में श्रेष्ठ है"-हिन्दुओं की इस धारणा का तात्पर्य अनुभव कर रहा हूँ। मुसलमान भी यही कहते हैं, अल्ला ने देवदूतों से आदम को प्रणाम करने के लिए कहा था। इवलिस ने ऐसा नहीं किया, इसलिए वह शैतान बना। यह पृथ्वी सब स्वर्गों से ऊँची है। सृष्टि का यही सर्वश्रेष्ठ विद्यालय है। केवल मनुष्य ही ईश्वर बन सकता तथा अन्य लोगों को पुनः मनुष्य जन्म मिलने के बाद फिर ईश्वरत्व की प्राप्ति हो सकती है। (पत्रावली भाग-1, पृ0-348)
32. कल रात मैंने खुद भोजन बनाया था। केशर, गुलाबजल, जावित्री, जायफल, दालचीनी, लौंग, इलायची, मक्खन, नींबू का रस, प्याज, किसमिस, बदाम, काली मिर्च, तथा चावल...ये सब मिलाकर ऐसी स्वादिष्ट खिचड़ी बनायी थी कि मैं स्वयं ही उसे गले से नीचे नहीं उतार सका। घर पर हींग नहीं थी, नहीं तो कुछ हींग मिला देने पर कम से कम निगलने में सुविधा होती। (पत्रावली भाग-1, पृ0-445)
33. मेरे पिताजी यद्यपि वकील थे, फिर भी मेरी यह इच्छा नहीं कि मेरे परिवार में कोई वकील बने। मेरे गुरुदेव इसके विरोधी थे एवं मेरा भी यह विश्वास है कि जिस परिवार के कुछ लोग वकील हो उस परिवार में अवश्य ही कुछ न कुछ गड़बड़ी होगी। हमारा देश वकीलों से छा गया है-प्रतिवर्ष विश्वविद्यालयों से सैकड़ों वकील निकल रहे हैं। हमारी जाति के लिए इस समय कर्मतत्परता तथा वैज्ञानिक प्रतिभा की आवश्यकता है। (पत्रावली भाग-1, पृ0-449)
34. बीस वर्ष की अवस्था में मैं ऐसा असहिष्णु और कट्टर था कि किसी से सहानुभूति नहीं कर सकता था। कलकत्ता में रास्तों के जिस किनारे पर थियेटर है, उस किनारे से ही नहीं चलता था। अब तैंतीस वर्ष की उम्र में मैं वेश्याओं के साथ एक ही मकान में ठहर सकता हूँ- उनसे तिरस्कार का एक शब्द कहने का विचार भी मेरे मन में नहीं आयेगा। क्या यह अधोगति है? अथवा मेरा हृदय बढ़ता हुआ मुझे उस अनन्त प्रेम की ओर ले जा रहा है जो साक्षात् भगवान हैं। लोग कहते हैं कि वह मनुष्य जो अपने चारों ओर होने वाली बुराईयों को नहीं देख पाता, अच्छा काम नहीं कर सकता, वह एक तरह का अदृष्टवादी बना बैठा रहता है, मैं तो ऐसा नहीं देखता हूँ। वरन् मेरी कार्य करने की शक्ति प्रचण्ड वेग से बढ़ रही है और साथ ही असीम सफलता भी मिल रही है। (पत्रावली भाग-2, पृ0-4)
35. मैं प्रभु से प्रार्थना करता हूँ कि सैकड़ों वेश्याएं आये और उनके (श्रीरामकृष्ण) चरणों में अपना सिर नवाये और यदि एक भी सज्जन न आये तो भी कोई हानि नहीं। आओ वेश्याओं, आओ शराबियों, आओ चोरों, सब आओ, श्री प्रभु का द्वार सबके लिए खुला है- "धनवान के ईश्वर के राज्य में प्रवेश करने की अपेक्षा ऊँट का सूई के छिद्र में घुसना सहज है।" (पत्रावली भाग-2, पृ0-24)
36. किसी मत विशेष का समर्थन किया जा रहा हो, ऐसी एक भी बात उसके सम्पादकीय लेख में नहीं रहनी चाहिए और सदा यह ख्याल रखना कि केवल भारत को नहीं, अपितु समग्र जगत् को सम्बोधित कर तुम बातें कह रहे हो और तुम जो कुछ कहना चाहते हो, जगत् उसके बारे में सम्पूर्ण अज्ञ है। (पत्रावली भाग-2, पृ0-58)
37. आप तो अच्छी तरह से जानती हैं कि बाधा जितनी अधिक होती है, मेरे अन्दर की भावना भी उतनी ही जागृत हो उठती है। (पत्रावली भाग-2, पृ0-66)
38. मैं यहां बहुत अच्छा हूँ क्योंकि शहरों में मेरा जीवन कष्टप्रद सा हो गया था। यदि राह में मेरी झलक भी दिख जाती थी तो तमाशा देखने वालों का जमघट लग जाता था। विख्याति में केवल दूध और शहद घुला हुआ नहीं मिलता। अब मैं बड़ी सी दाढ़ी बढ़ाने वाला हूँ जिसके बाल तो अब सफेद हो ही रहे हैं। इससे रूप पूज्यनीय हो जाता है और वह मुझे अमेरिकन निन्दा करने वालों से भी बचाती है। हे श्वेतकेश, तुम कितना क्या न छुपा सकते हो, धन्य हो तुम! (पत्रावली भाग-2, पृ0-81)

39. बिस्तरे पर लेटने के साथ ही साथ मुझे कभी नींद नहीं आती थी, घण्टे दो घण्टे तक मुझे इधर-उधर करवट बदलनी पड़ती थी। इधर-उधर करवट बदलने की मेरी वह पुरानी आदत पुनः वापस लौट आयी है तथा रात्रि में भोजन के बाद गर्मी लगने लगती है। दिन में भोजन के बाद कोई खास गर्मी का अनुभव नहीं होता। हाँ एक बात और है, मैं सहज ही में मलेरिया ग्रस्त हो जाता हूँ। (पत्रावली भाग-2, पृ0-92)

40. मुझे अपने बारे में बहुत कुछ कहना पड़ा, क्योंकि मुझे तुमको कैफियत देनी थी। मैं जानता हूँ कि मेरा कार्य समाप्त हो चुका, अधिक से अधिक तीन या चार वर्ष आयु के और बचे हैं। (चिरशान्ति में लीन के 4 वर्ष 11 माह 25 दिन पूर्व एक पत्र में लिखित) (पत्रावली भाग-2, पृ0-115)

41. कुछ लोग किसी के नेतृत्व में सर्वोत्तम काम करते हैं। हर मनुष्य का जन्म पथ-प्रदर्शन के लिए नहीं होता है। परन्तु सर्वोत्तम नेता वह है जो "शिशुवत् मार्ग दर्शन करता है"। शिशु स्व पर आश्रित रहते हुए भी घर का राजा होता है। कम से कम मेरे विचार से यही रहस्य है--बहुतों को अनुभव होता है, पर प्रकट कोई-कोई ही कर सकते हैं। (पत्रावली भाग-2, पृ0-153)

42. महान कठिनाई यह है- मैं देखता हूँ कि लोग प्रायः अपना सम्पूर्ण प्रेम मुझे देते हैं। परन्तु इसके बदले में मैं किसी को अपना पूरा-पूरा प्रेम नहीं दे सकता, क्योंकि उसी दिन कार्य का सर्वनाश हो जायेगा। परन्तु कुछ लोग ऐसे हैं जो ऐसा बदला चाहते हैं, क्योंकि उनमें व्यक्ति निरपेक्ष सर्वव्यापक दृष्टि का अभाव होता है। कार्य के लिए यह परमाआवश्यक है कि अधिक से अधिक लोगों का मुझसे उत्साहपूर्ण प्रेम हो परन्तु मैं स्वयं बिल्कुल निःसंग व्यक्ति, निरपेक्ष होऊं। नहीं तो ईर्ष्या और झगड़ों में कार्य का सर्वनाश हो जायेगा। नेता को व्यक्तिनिरपेक्ष निःसंग होना चाहिए। (पत्रावली भाग-2, पृ0-153)

43. तुम्हें मुसलमान लड़कों को भी लेना चाहिए परन्तु उनके धर्म को कभी दूषित न करना। तुम्हें यही करना होगा कि उनके भोजन आदि का प्रबन्ध अलग कर दो और उन्हें शुद्धाचरण, पुरुषार्थ और परहित में श्रद्धापूर्वक तत्परता की शिक्षा दो। यह निश्चय ही धर्म है। सब धर्मों के लड़कों को लेना हिन्दू, मुसलमान, ईसाई या कुछ भी हो, परन्तु धीरे-धीरे आरम्भ करना। (पत्रावली भाग-2, पृ0-155)

44. चाहे और कुछ भी क्यों न हो, रूपये-पैसे, मठ-मन्दिर, प्रचारादि की सार्थकता ही क्या है? क्या समग्र जीवन का एकमेव उद्देश्य शिक्षा नहीं है? शिक्षा के बिना धन-दौलत, स्त्री-पुरुषों की आवश्यकता ही क्या है? इसलिए रूपयों का नाश हुआ अथवा हार हुई-मैं इन बातों को न तो समझ ही पाता हूँ और न समझना ही चाहता हूँ। (पत्रावली भाग-2, पृ0-162)

45. मेरा स्वास्थ्य ठीक है। रात में प्रायः उठना नहीं पड़ता, सुबह-शाम भात, आलू, चीन जो कुछ मिलता है खा लेता हूँ। दवा किसी काम की नहीं है- ब्रह्म ज्ञानी के शरीर पर दवा का कोई असर नहीं होता! वह हजम हो जायेगी...कोई डर की बात नहीं है। (पत्रावली भाग-2, पृ0-197)

46. साथ ही मेरी आयु भी समाप्त हो रही है, खासकर इस बात को सत्य मानकर ही मुझे चलना होगा। (चिरशान्ति में लीन के 2 वर्ष 11 माह 20 दिन पूर्व एक पत्र में लिखित) (पत्रावली भाग-2, पृ0-206)

47. यूरोपियनों के साथ मैं भोजन करता हूँ इसलिए मुझे एक पारिवारिक देव-मंदिर से निकाल दिया गया था। मैं चाहता हूँ कि मेरी गठन इस प्रकार हो कि प्रत्येक व्यक्ति अपनी इच्छानुसार मुझे मोड़ सके। किन्तु यह दुर्भाग्य की बात है कि मुझे ऐसा व्यक्ति देखने को नहीं मिलता जिससे कि सब कोई संतुष्ट हो। खासकर जिसे अनेक स्थलों में घूमना पड़ता है, उसके लिए सब को संतुष्ट करना संभव नहीं है। (पत्रावली भाग-2, पृ0-211)

48. अपनी ओर से मैं अपने स्वभाव तथा नीति पर अवलम्बित हूँ, एक बार जिसको मैंने अपने मित्र रूप में माना है, वह सदा के लिए मेरा मित्र है। इसके अलावा भारतीय रीति के अनुसार बाहरी घटनाओं के कारणों का आविष्कार करने के लिए मैं भीतर की ओर ही देखता हूँ; मैं यह जानता हूँ कि मुझ पर चाहे जितनी भी विद्वेष व घृणा की तरंगे उपस्थित क्यों न हो, उसके लिए मैं जिम्मेदार हूँ एवं यह जिम्मेदारी एकमात्र मुझपर ही है। ऐसा न होकर उसका और कोई रूपान्तर होना संभव नहीं है। (पत्रावली भाग-2, पृ0-212)

49. मेरे जीवन में मैंने अनेक गलतियां की है; किन्तु उसमें प्रत्येक का कारण रहा है अत्यधिक प्यार। अब प्यार से मुझे द्वेष हो गया है! हाय! यदि मेरे पास वह बिल्कुल न होता! भक्ति की बात आप कह रही है! हाय, यदि मैं निर्विकार और कठोर वेदान्ती हो सकता! जाने दो, यह जीवन तो समाप्त ही हो चुका। अगले जन्म में प्रयत्न करूंगा। (पत्रावली भाग-2, पृ0-219)
50. मेरे लिए कार्य करना तभी संभव होता है, जबकि मुझे पूर्णतया: अपने पैरों पर ही खड़ा होना पड़ता है। निःसंग दशा में मेरी शक्ति का विकास अधिक होता है। (पत्रावली भाग-2, पृ0-227)
51. मुझे यह दिखायी दे रहा है कि वक्तृता-मंच से अब वाणी प्रचार करना मेरे लिए सम्भव नहीं है। इससे मैं आनन्दित ही हूँ। मैं विश्राम चाहता हूँ। मैं थक गया हूँ ऐसी बात नहीं है; किन्तु अगला अध्याय होगा, वाक्य नहीं, किन्तु अलौकिक स्पर्श, जैसा कि श्रीरामकृष्ण देव का था। (पत्रावली भाग-2, पृ0-229)
52. मेरे अन्दर एक विराट परिवर्तन की सूचना दिखाई दे रही है, मेरा मन शान्ति से परिपूर्ण होता जा रहा है। मैं जानता हूँ कि माँ ही सब कुछ उत्तरदायित्व ग्रहण करेगी। मैं एक संन्यासी के रूप में ही मृत्यु को आलिंगन करूंगा। (पत्रावली भाग-2, पृ0-247)
53. हम अपनी सारी शक्तियों को किसी एक विषय की ओर लगा देने के फलस्वरूप उसमें आसक्त हो जाते हैं तथा उसकी और भी एक दिशा है, जो नेतिवाचक होने पर भी उसके सदृश ही कठिन है, उस ओर हम बहुत कम ध्यान देते हैं, वह यह है कि क्षण भर में किसी विषय से अनासक्त होने की, उससे अपने को पृथक कर लेने की शक्ति। आसक्ति और अनासक्ति, जब दोनों शक्तियों का पूर्ण विकास होता है, तभी मनुष्य महान एवं सुखी हो सकता है। (पत्रावली भाग-2, पृ0-248)
54. भोग अवश्यम्भावी है, वह तो करना ही होगा, अतएव जितनी जल्दी हो वह कर लिया जाय, उतना ही मंगल है। अतएव पति-पत्नी सम्बन्धी, मित्र सम्बन्धी तथा और भी जो सब छोटी छोटी प्रेम की आकांक्षाएं हैं सभी का भोग कर डालो। यदि अपना स्वरूप तुम्हें सदा याद रहे, तो तुम शीघ्र ही निर्विघ्न इसके पास हो जाओगे। भोग-सुख-दुःख का यह अनुभव ही, हमारा एकमात्र महान शिक्षक है। (राजयोग-पृ0-177)
55. सिर्फ पुस्तकों पर निर्भर रहने से मानव-मन केवल अवनति की ओर जाता है। यह कहने से और घोर नास्तिकता क्या हो सकती है कि ईश्वरीय ज्ञान केवल इस पुस्तक में या उस शास्त्र में आबद्ध है। (राजयोग-पृ0-91)
56. जो मनुष्य अपने जीवन के चौदह वर्षों तक लगातार उपवास का मुकाबला करता रहा हो, जिसे यह भी न मालूम रहा हो कि दूसरे दिन का भोजन कहां से आयेगा, सोने के लिए स्थान कहां मिलेगा, वह इतनी सरलता से धमकाया नहीं जा सकता। जो मनुष्य बिना कपड़ों के और बिना यह जाने कि दूसरे समय भोजन कहां से मिलेगा, उस स्थान पर रहा हो, जहां का तापमान शून्य से भी तीस डिग्री कम हो, वह भारतवर्ष में इतनी सरलता से नहीं डराया जा सकता। यही पहली बात है जो में उनसे कहूंगा, मुझमें अपनी थोड़ी दृढ़ता है, मेरा थोड़ा निज का अनुभव भी है, और मुझे संसार को कुछ संदेश देना है और यह सन्देश मैं बिना किसी डर के, बिना किसी प्रकार भविष्य की चिन्ता किये सब के समक्ष घोषित करूंगा। (मेरी समर नीति-पृ0-12)
57. मेरी नीति है- प्राचीन आचार्यों के उपदेशों का अनुसरण करना। मैंने उनके कार्य का अध्ययन किया है, और जिस प्रणाली से उन्होंने कार्य किया, उसके अविष्कार करने का मुझे सौभाग्य मिला। वे सब महान समाज संस्थापक थे। बल पवित्रता और जीवन शक्ति के वे अद्‌भुत आधार थे। उन्होंने सब से अद्‌भुत कार्य किया-समाज में बल, पवित्रता और जीवन शक्ति संचारित की। हमें भी सबसे अद्‌भुत कार्य करना है। आज अवस्था कुछ बदल गयी है, इसलिए कार्य-प्रणाली में कुछ थोड़ा-सा परिवर्तन करना होगा; बस इतना ही, इससे अधिक कुछ नहीं। (मेरी समर नीति-पृ0-27)
58. जो भी व्यक्ति अपने शास्त्र के महान सत्यों को दूसरों को सुनाने में सहायता पहुँचाएगा, वह आज एक ऐसा कर्म करेगा, जिसके समान दूसरे कोई कर्म नहीं। महर्षि मनु ने कहा है- “इस कलियुग में मनुष्यों के लिए एक ही कर्म शेष है। आजकल यज्ञ और कठोर तपस्याओं से कोई फल नहीं होता। इस समय दान ही अर्थात् एकमात्र

कर्म है।" और दानों में धर्मदान, अर्थात् आध्यात्मिक ज्ञान का दान ही सर्वश्रेष्ठ है। दूसरा दान है विद्यादान, तीसरा प्राणदान और चौथा अन्नदान। (मेरी समर नीति-पृ0-30)

59. मैं अपने देश से प्रेम करता हूँ; मैं तुम्हें और अधिक पतित, और ज्यादा कमजोर नहीं देख सकता। अतएव तुम्हारे कलयाण के लिए, सत्य के लिए और जिससे मेरी जाति और अधिक अवनत न हो जाए इसलिए, मैं जोर से चिल्लाकर कहने के लिए बाध्य हो रहा हूँ-बस ठहरो! अवनति की ओर न बढ़ो। जहां तक गये हो, बस उतना ही काफी हो चुका। (मेरी समर नीति-पृ0-37)

60. लोग देश भक्ति की चर्चा करते हैं। मैं भी देश भक्ति में विश्वास करता हूँ और देशभक्ति के सम्बन्ध में मेरा भी एक आदर्श है। बड़े काम करने के लिए तीन बातों की आवश्यकता होती है। पहला है- हृदय-अनुभव की शक्ति। बुद्धि या विचारशक्ति में क्या धरा है? वह तो कुछ दूर जाती है और बस वहीं रूक जाती है। पर हृदय-हृदय तो महाशक्ति का द्वार है; अन्तःस्फूर्ति वहीं से आती है। प्रेम, असम्भव को भी सम्भव कर देता है। यह प्रेम की जगत के सब रहस्यों का द्वार है। अतएव, ऐ मेरे भावी सुधारकों, मेरे भावी देशभक्तों, तुम हृदयवान बनो। (मेरी समर नीति-पृ0-38)

61. एक बात पर विचार करके देखिए, मनुष्य नियमों को बनाता है या नियम मनुष्य को बनाते हैं? मनुष्य रुपया पैदा करता है या रुपया मनुष्य पैदा करता है? मनुष्य किर्ति और नाम पैदा करता है या किर्ति और नाम मनुष्य को पैदा करते हैं? मेरे मित्रों, पहले मनुष्य बनिये, तब आप देखेंगे कि वे सब बाकी चीजें स्वयं आपका अनुसरण करेंगी परस्पर के घृणित द्वेषभाव को छोड़िये और सदुद्देश्य, सदुपाय, सत्साहस एवं सदीर्घ का अवलम्बन किजिए। आपने मनुष्य योनि में जन्म लिया है तो अपनी किर्ति यहीं छोड़ जाइये। (विवेकानन्द राष्ट्र को आह्वान, पृष्ठ-55)

62. मेरी आशा मेरा विश्वास नवीन पीढ़ी के नवयुवकों पर है। उन्हीं में से मैं अपने कार्यकर्ताओं का संग्रह करूँगा। वर्तमान काल में अनुष्ठेय आदर्श को मैंने एक निर्दिष्ट रुप में व्यक्त कर दिया है और उसको कार्यान्वित करने के लिए मैने अपना जीवन समर्पित कर दिया है। वे एक केन्द्र से दूसरे केन्द्र का विस्तार करेंगे- और इस प्रकार हम धीरे-धीरे समग्र भारत में फैल जायेंगे। (विवेकानन्द राष्ट्र को आह्वान, पृष्ठ-61)

63. आत्मविश्वास रख। तुम्हीं लोग तो पूर्व काल में वैदिक ऋषि थे। अब केवल शरीर बदल कर आये हो। मैं दिव्य चक्षु से देख रहा हूँ, तुम लोगों में अनन्त शक्ति है। उस शक्ति को जगा दो। उठ, उठ, लग जा, कमर कस। क्या होगा दो दिन का धन-मान लेकर? मेरा भाव जानता है? - मैं मुक्ति आदि नहीं चाहता हूँ। मेरा काम है तुम लोगों में इन्हीं भावों को जगा देना। एक मनुष्य तैयार करने में लाख जन्म भी लेने पड़े तो मैं उसके लिए तैयार हूँ। (विवेकानन्द राष्ट्र को आह्वान, पृष्ठ-61)

64. हमें इस अवसर पर मुख्यतः आवश्यकता है एक वीर के आदर्श की- ऐसा वीर जिसके सर से लेकर पैर तक नस-नस में प्रचण्ड 'रजस' की भावना ओत-प्रोत हो- ऐसा वीर जो सत्य को जानने के लिए कूद पड़े और प्राणों तक का मोह न करे, वह वीर जिसका कवच त्याग हो खड्ग ज्ञान। हमें इस समय जीवन के युद्ध क्षेत्र में आवश्यक है बहादुर सेनानी का जोश, न कि प्रणय में दिवाने व्यक्ति की भावुकता जो जीवन में सब्जबाग ही देखता रहता है।

65. मैं जिस आत्मतत्व की बात कर रहा हूँ वही जीवन है, शक्तिप्रद है और अत्यन्त अपूर्व है। केवल वेदान्त में ही वह महान तत्व है जिससे सारे संसार की जड़ हिल जायेगी और जड़ विज्ञान के साथ धर्म की एकता सिद्ध होगी। (हिन्दू धर्म, पृष्ठ-44)

66. दान से बड़ा और धर्म नहीं। हाथ सदा देने के लिए ही बनाए गये थे। कुछ मत मांगों बदले में कुछ मत चाहो। तुम्हें जो देना है दे दो, वह तुम्हारे पास लौटकर आयेगा, पर अभी उसकी बात मत सोचो। वह वर्धिक होकर, सहस्त्र गुना वर्धिक होकर वापस आयेगा, पर ध्यान उधर न जाना चाहिए। तुममे केवल देने की शक्ति है। दे दो, बस बात वहीं पर समाप्त हो जाती है।

67. हम गुरु के बिना कोई ज्ञान प्राप्त नहीं कर सकते। अब बात यह है कि यदि मनुष्य, देवता अथवा कोई स्वर्गदूत हमारे गुरु हो, तो वे भी तो ससीम हैं, फिर उनसे पहले उनके गुरु कौन थे? हमें मजबूर होकर यह चरम सिद्धान्त स्थिर करना ही होगा कि एक ऐसे गुरु हैं जो काल के द्वारा सीमाबद्ध या अविच्छिन्न नहीं हैं। उन्हीं अनन्त ज्ञान सम्पन्न गुरु को, जिनका आदि भी नहीं और अन्त भी नहीं, ईश्वर कहते हैं। (राजयोग, पृष्ठ-134)
68. बौद्ध धर्म और नव हिन्दू धर्म के सम्बन्ध के विषय में मेरे विचारों में क्रांतिकारी परिवर्तन हुआ है। उन विचारों को निश्चित रुप देने के लिए कदाचित् मैं जिवित न रहूँ परन्तु उसकी कार्य प्रणाली का संकेत मैं छोड़ जाऊँगा और तुम्हें और तुम्हारे भातृ-गणों को उस पर काम करना होगा। (पत्रावली भाग-2, पृष्ठ-310)
69. जीवन में मेरी सर्वोच्च अभिलाषा यह है कि ऐसा चक्र प्रर्वतन कर दूँ जो कि उच्च एवं श्रेष्ठ विचारों को सब के द्वार-द्वार पर पहुंचा दे। फिर स्त्री-पुरूष को अपने भाग्य का निर्माण स्वयं करने दो। हमारे पूर्वजों ने तथा अन्य देशों ने जीवन के महत्वपूर्ण प्रश्नों पर क्या विचार किया है यह सर्वसाधारण को जानने दो। विशेषकर उन्हें देखने दो कि और लोग क्या कर रहे हैं। फिर उन्हें अपना निर्णय करने दो। रासायनिक द्रव्य इकट्ठे कर दो और प्रकृति के नियमानुसार वे किसी विशेष आकर धारण कर लेगें, परिश्रम करो, अटल रहो। 'धर्म को बिना हानि पहुँचाये जनता की उन्नति' -इसे अपना आदर्श वाक्य बना लो।(विवेकानन्द राष्ट्र को आह्वान, पृष्ठ-66)
70. जब तर्क से बुद्धि सत्य को जान लेती है, तब वह भावनाओं के स्रोत हृदय द्वारा अनुभूत होता है। इस प्रकार बुद्धि और भावना दोनों एक ही क्षण में आलोकित हो उठते है और तभी जैसे मुण्डकोपनिषद् (2-2-8) में कहा है- "हृदय ग्रन्थि खुल जाती है, सब संशय मिट जाते है। (सूक्तिया एवं सुभाषित, पृष्ठ-23)
71. यदि हृदय और बुद्धि में विरोध उत्पन्न हो तो तुम हृदय का अनुसरण करो, क्योंकि बुद्धि केवल एक तर्क के क्षेत्र में ही काम कर सकती है, वह उसके परे जा ही नहीं सकती, पर वह केवल हृदय ही है जो हमें उच्चतम भूमिका पर आरूढ़ करता है। वहाँ तक बुद्धि कभी नहीं पहुँच सकती। हृदय बुद्धि का अतिक्रमण कर जिसे हम "अन्तः स्फुर्ति" कहते है, उसे पा लेता है। ...हृदयवान व्यक्ति मक्खन पा लेते हैं और कोरे बुद्धिमानों के लिए सिर्फ छाछ बच जाती है। (आत्मानुभूति तथा उसके मार्ग, पृष्ठ-13-14)
72. ईसा के समान सहृदय बनो, तुम ईसा हो जाओंगे, बुद्ध के समान सहृदय बनो, तुम भी बुद्ध बन जाओंगे। भाव ही जीवन है, भाव ही बल है, भाव ही तेज है, भाव के बिना कितनी बुद्धि क्यों न लगाओं, ईश्वर प्राप्ति नहीं होगी। (व्यावहारिक जीवन में वेदान्त, पृष्ठ-25)
73. योग का शब्दिक अर्थ है- मिलन। दार्शनिक दृष्टि से इसका अर्थ परमात्मा से मिलन होता है और जो इस परमात्मा से हमें जोड़ता है, वह योग है। पूरे ब्रह्माण्ड में एक ही ब्रह्म है लेकिन जब यह अज्ञानवश देखा जाता है, तो वह अनेक दिखलाई पड़ता है। अज्ञान के फलस्वरूप हम अपने को परमात्मा से अलग समझते हैं। इतना ही नहीं, विविध वस्तुओं की आन्तरिक एकता को देखें बिना हम उन्हें भी भिन्न समझते हैं। यहीं दुःख का उदय होता है। (योग क्या है, पृष्ठ 13)
74. सम्भव है काल के प्रवाह में, कभी-कभी ऐसा भास होता है कि वेदान्त का महाप्रकाश अब बुझा, अब बुझा, और जब ऐसी स्थिति आती है, तब भगवान मानव देह धारण कर, पृथ्वी पर आते हैं और फिर धर्म में पुनः एक ऐसी शक्ति, ऐसे जीवन का संचार हो जाता है कि वह फिर एकाध युग तक अदम्य उत्साह से आगे बढ़ता जाता है। आज वही शक्ति और जीवन उसमें फिर आ गया है।(विवेकानन्द जी के सान्निध्य में, पृष्ठ-6)
75. किसी प्रकार की राजनीति में मुझे विश्वास नहीं है। ईश्वर तथा सत्य ही जगत में एक मात्र राजनीति है, बाकी सब कुड़ा-करकट हैं। (विवेकानन्द राष्ट्र को आह्वान, पृष्ठ-67)
76. शास्त्र कहते हैं कि कोई साधक यदि एक जीवन में सफलता प्राप्त करने में असफल होता है तो वह पुनः जन्म लेता है और अपने कार्यों को अधिक सफलता से आगे बढ़ाता है। (योग क्या है, पृष्ठ-83)
77. एक विशेष प्रवृत्ति वाला जीवात्मा 'योग्य योग्येन युज्यते' इस नियमानुसार उसी शरीर में जन्म ग्रहण करता है जो उस प्रवृत्ति के प्रकट करने के लिए सबसे उपयुक्त आधार हो। यह पूर्णतया विज्ञान संगत है, क्योंकि विज्ञान कहता है कि प्रवृत्ति या स्वभाव अभ्यास से बनता है और अभ्यास बारम्बार अनुष्ठान का फल है। इस प्रकार एक

नवजात बालक की स्वाभाविक प्रवृत्तियों का कारण बताने के लिए पुनः पुनः अनुष्ठित पूर्व कर्मों को मानना आवश्यक हो जाता है और चूंकि वर्तमान जीवन में इस स्वमाव की प्राप्ति नहीं की गयी, इसलिए वह पूर्व जीवन से ही उसे प्राप्त हुआ है। (हिन्दूधर्म, पृष्ठ-6)

78. सम्भवतः यह अच्छा होगा कि मैं अपने इस शरीर से बाहर निकल आँउ और इसे जीर्ण वस्त्र की भाँति उतार फेकूँ, किन्तु फिर भी मैं कार्य करते रहने से रूकूगां नहीं मानव समाज में मैं सर्वत्र प्रेरणा प्रदान करता रहूँगा जब तक कि संसार यह भाव आत्मसात् न कर लें कि वह ईश्वर के साथ एक है। (विवेकानन्द राष्ट्र को आहवान, पृष्ठ-23)

79. मन में ऐसे भाव उदय होते हैं कि यदि जगत का दुःख दूर करने के लिए मुझे सहस्त्रों बार जन्म लेना पड़े तो भी मैं तैयार हूँ। इससे यदि किसी का तनिक भी दुःख दूर हो तो वह मैं करूँगा, और ऐसा भी मन में आता है कि केवल अपनी ही मुक्ति से क्या होगा सबको साथ लेकर उस मार्ग पर जाना होगा। (विवेकानन्द की वाणी, पृष्ठ-67)

80. यह जो मठ आदि बनवा रहा हूँ, और दूसरों के लिए नाना प्रकार के काम कर रहा हूँ उससे प्रशंसा हो रही है। कौन जाने मुझे ही फिर इस जगत में लौटकर आना पड़े"। (विवेकानन्द जी के संग में, पृष्ठ-167)

81. मानव स्वभाव की महिमा को कभी न भूलो। हम सब सर्वोच्च ईश्वर हैं- मैं वह अपार सागर हूँ जिसके ईसा, बुद्ध केवल तरंगे मात्र हैं। (विवेकानन्द का मानवतावाद, पृष्ठ-76)

82. कर्म के लिए अधिक भाव प्रवणता अनिष्टकर है। "वज्र के समान दृढ़ तथा कुसुम के समान कोमल" - यही सार नीति है। (पत्रावली-2, पृष्ठ-154)

83. "फलानुमेयाः प्रारम्भाः संस्कराः प्राक्तना इव" फल को देखकर ही कार्य का विचार सम्भव है। जैसे कि फल को देखकर पूर्व संस्कार का अनुमान किया जाता है। (पत्रावली-2, पृष्ठ-129)

84. वितरण करने से लोग प्रायः नहीं पढ़ते हैं इसलिए कुछ मूल्य रखना चाहिए। (पत्रावली-1, पृष्ठ-400)

85. कर्मकाण्ड को त्यागने का प्रयास करना,....जब तक ज्ञान की प्राप्ति न हो तभी तक कर्म आवश्यक है। (पत्रावली-1, पृष्ठ-328)

86. अकेले रहो, अकेले रहो। जो अकेला रहता है उसका किसी से विरोध नहीं होता, वह किसी की शान्ति भंग नही करता, न उसकी शान्ति कोई दूसरा भंग करता है। (पत्रावली-1, पृष्ठ-287)

87. हम अनजान, बिना सहानुभूति के, विलापरहित, बिना सफल हुये मर जायेंगे, परन्तु हमारा एक भी विचार नष्ट न होगा। वह कभी न कभी फल लायेगा। (पत्रावली-1, पृष्ठ-242)

88. हममें एक बड़ा दोष है, संन्यास की प्रशंसा। पहले-पहल उसकी आवश्यकता थी; अब तो हमलोग पक गये हैं, उसकी अब बिल्कुल आवश्यकता नहीं। समझे? सन्यासी और गृहस्थ में कोई भेद न देखेगा, तभी तो यथार्थ सन्यासी है। (पत्रावली-1, पृष्ठ-233)

89. श्रीकृष्ण ने आत्मस्थ होकर गीता कही थी। गीता में जिन-जिन स्थानों में 'अहम' शब्द का उल्लेख है वह 'आत्म पर' जानना। (पत्रावली-1, पृष्ठ-214)

90. तुझे प्राणपण से चेष्टा करते देखकर ही वे कृपा करेंगे। उद्यम या प्रयत्न न करके बैठे रहा तो कभी कृपा न होगी। (विवेकानन्दजी के संग में, पृष्ठ-177)

91. यह सनातन धर्म का देश है। देश गिर अवश्य गया है, परन्तु निश्चय फिर उठेगा। और ऐसा उठेगा कि दुनिया देखकर दंग रह जायेगी। (विवेकानन्दजी के संग में, पृष्ठ-159)

92. अनात्मज्ञ पुरूषों की बुद्धि एकदेश-दर्शिनी होती है। आत्मज्ञ पुरूषों की बुद्धि सर्वग्रासिनी होती है। आत्मप्रकाश होने से, देखोगे कि दर्शन, विज्ञान सब तुम्हारे अधीन हो जायेंगे। (विवेकानन्दजी के संग में, पृष्ठ-118)

93. भूत-प्रेत की चिन्ता करने से लोग भूत-प्रेत ही बन जाते हैं, और जो रात-दिन जानकर या न जानकर भी कहते हैं, "मैं नित्य शुद्ध-बुद्ध-मुक्त आत्मा हूँ" वे ही ब्रह्मज्ञ होते हैं। (विवेकानन्दजी के संग में, पृष्ठ-84)

94. किसी किसी को बिना कुछ देखे सुने ही पूर्ण विश्वास हो जाता है और किसी को बारह वर्ष तक प्रत्यक्ष सामने रहकर नाना प्रकार की विभूतियाँ देखकर भी सन्देह में पड़ा रहना होता है। (विवेकानन्दजी के संग में, पृष्ठ-55)
95. भगवान प्रकृति के सब नियमों के परे हैं अर्थात् किसी नियम के वश में नहीं है। श्री गुरूदेव जैसा कहा करते थे, "उनका स्वभाव बच्चों के समान है। (विवेकानन्दजी के संग में, पृष्ठ-55)
96. तन्त्र कहते हैं कि कलियुग में वेदमन्त्र व्यर्थ है और कलियुग में पाँच कर्म निषिद्ध है- अश्वमेघ, गोवध, श्राद्ध में मांसपिण्ड दान, सन्यास ग्रहण और पति के अभाव में देवर के प्रति प्रजोत्पादन करना। (पत्रावली-1, पृष्ठ-16)
97. जीवन की अनित्यता के कारण युवाकाल में ही धर्मशील बनो। (विवेकानन्दजी के संग में, पृष्ठ-73)
98. सच्ची शिक्षा सर्वदा प्रकृति के सम्पर्क में रहने से ही प्राप्त होती है। (विवेकानन्द के सान्निध्य में, पृष्ठ-8)
99. हमारी मानसिक व शारीरिक शाक्तियों का उचित उपयोग ही पुण्य है और उनका अनुचित उपयोग व ह्रास ही पाप है। (विवेकानन्द के सान्निध्य में, पृष्ठ-44)
100. काम करने का एक गुप्त ज्ञान यह है कि जिधर कम से कम विरोध हो उस रास्ते चलो। (विवेकानन्द के सान्निध्य में, पृष्ठ-48)
101. आज प्रत्येक सामान्य मानव को महान बनना होगा। अन्यथा वह अपने ज्ञान और असफलता की सूली पर विद्ध हो जायेगा। (विज्ञान और आध्यात्मिकता, पृष्ठ-78)
102. जाति तो व्यक्तियों की केवल समष्टि है। (प्राच्य और पाश्चात्य, पृष्ठ-3)
103. धर्म कार्यमूलक है। धार्मिक व्यक्ति का लक्षण ही सदा कर्मशीलता। इतना ही क्या, अनेक मीमांसकों का मत है कि जिस प्रसंग में कार्य करने के लिए नहीं कहा गया है वह प्रसंग वेद का अंग ही नहीं है। (प्राच्य और पाश्चात्य, पृष्ठ-9)
104. मनुष्य वही है, जिसके जीवन में समन्वय है। (समन्वयाचार्य श्री रामकृष्ण, पृष्ठ-51)
105. समयानुसार समस्त संसार को श्रीरामकृष्ण का उदार भाव ग्रहण करना पड़ेगा। इसकी अभी सूचना मात्र हुई है। इस प्रबल बाढ़ के वेग में सभी को बह जाना पड़ेगा। (विवेकानन्दजी के संग में, पृष्ठ-298)
106. कर्म करके जिसका चित्त शुद्ध होता है वही पुरूष है। (प्राच्य और पाश्चात्य, पृष्ठ-9)
107. किसी विषय पर मन को एकाग्र करने का ही नाम ध्यान है। किसी एक विषय पर भी मन की एकाग्रता होने से उसकी एकाग्रता जिसमें चाहों उसमें कर सकते हों। (विवेकानन्दजी के संग में, पृष्ठ-47)

स्वामी विवेकानन्द की वाणीयाँ जो सत्य हुईं
सामाजिक जीवन के सम्बन्ध में

1. यह भी न भूलना चाहिए कि हमारे बाद जो लोग आएंगे, वे उसी तरह हमारे धर्म और ईश्वर सम्बन्धी धारणा पर हंसेंगे, जिस तरह हम प्राचीन लोगों के धर्म और ईश्वर की धारणा पर हंसते हैं। यह सब होने पर भी, इन सब ईश्वर सम्बन्धित धारणाओं का संयोग करने वाला एक स्वर्ण सूत्र है और वेदान्त का उद्देश्य है - इस सूत्र की खोज करना। भागवान कृष्ण ने कहा है-''भिन्न भिन्न मणियां जिस प्रकार एक सूत्र में पिरोयी जा सकती हैं, उसी प्रकार इन सब विभिन्न भावों के भीतर भी एक सूत्र विद्यमान है। (ज्ञानयोग, पृष्ठ-65)
2. हिन्दू भावों को अंग्रेजी में व्यक्त करना, फिर शुष्क दर्शन, जटिल पौराणिक कथाएं और अनूठे आश्चर्यजनक मनोविज्ञान से ऐसे धर्म का निर्माण करना, जो सरल, सहज और लोकप्रिय हो और उसके साथ ही उन्नत मस्तिष्क वालों को संतुष्ट कर सके- इस कार्य की कठिनाइयों को वे ही समझ सकते हैं, जिन्होंने इसके लिए प्रयत्न किया हो। अद्वैत के गुढ़ सिद्धान्त में नित्य प्रति के जीवन के लिए कविता का रस और जीवनदायिनी शक्ति उत्पन्न करनी है। अत्यन्त उलझी हुई पौराणिक कथाओं में से जीवन प्रकृत चरित्रों के उदाहरण समूह निकालने हैं और बुद्धि को भ्रम में डालने वाली योगविद्या से अत्यन्त वैज्ञानिक और क्रियात्मक मनोविज्ञान का विकास करना है और इन सब को एक ऐसे रुप में लाना पड़ेगा कि बच्चा-बच्चा इसे समझ सके। (पत्रावली, पृष्ठ-425)
3. विज्ञान एकत्व की खोज के सिवा और कुछ नहीं है। ज्योंही कोई विज्ञान शास्त्र पूर्ण एकता तक पहुँच जायेगा, त्योंहीं उसका आगे बढ़ना रुक जायेगा क्योंकि तब तो वह अपने लक्ष्य को प्राप्त कर चुकेगा। उदाहरणार्थ रसायनशास्त्र यदि एक बार उस एक मूल द्रव्य का पता लगा ले, जिससे वह सब द्रव्य बन सकते हैं तो फिर वह और आगे नहीं बढ़ सकेगा। पदार्थ विज्ञान शास्त्र जब उस एक मूल शक्ति का पता लगा लेगा जिससे अन्य शक्तियां बाहर निकली हैं तब वह पूर्णता पर पहुँच जायेगा। वैसे ही धर्म शास्त्र भी उस समय पूर्णता को प्राप्त हो जायेगा जब वह उस मूल कारण को जान लेगा। जो इस मत्र्यलोक में एक मात्र अमृत स्वरुप है जो इस नित्य परिवर्तनशील जगत का एक मात्र अटल अचल आधार है जो एक मात्र परमात्मा हैं और अन्य सब आत्माएं जिसके प्रतिबिम्ब स्वरुप हैं। इस प्रकार अनेकेश्वरवाद, द्वैतवाद आदि में से होते हुए इस अद्वैतवाद की प्राप्ति होती है। धर्मशास्त्र इससे आगे नहीं जा सकता। यही सारे विज्ञानों का चरम लक्ष्य है। (हिन्दू धर्म, पृष्ठ-16)
4. यह समझना होगा कि धर्म के सम्बन्ध में अधिक और कुछ जानने को नहीं, सभी कुछ जाना जा चुका है। जगत के सभी धर्म में, आप देखियेगा कि उस धर्म में अवलम्बनकारी सदैव कहते हैं, हमारे भीतर एक एकत्व है अतएव ईश्वर के सहित आत्मा के एकत्व ज्ञान की अपेक्षा और अधिक उन्नति नहीं हो सकती। ज्ञान का अर्थ इस एकत्व का आविष्कार ही है। यदि हम पूर्ण एकत्व का आविष्कार कर सकें तो उससे अधिक उन्नति फिर नहीं हो सकती। (धर्म विज्ञान, पृष्ठ-7)
5. हमें देखना है कि किस प्रकार यह वेदान्त हमारे दैनिक जीवन में, नागरिक जीवन में, ग्राम्य जीवन में, राष्ट्रीय जीवन में और प्रत्येक राष्ट्र के घरेलू जीवन में परिणत किया जा सकता है। कारण, यदि धर्म मनुष्य को जहाँ भी और जिस स्थिति में भी है, सहायता नहीं दे सकता, तो उसकी उपयोगिता अधिक नहीं, तब वह केवल कुछ विशिष्ट व्यक्तियों के लिए कोरा सिद्धान्त हो कर रह जायेगा। (व्यावहारीक जीवन में वेदान्त, पृष्ठ-11)
6. प्रत्येक आत्मा अव्यक्त ब्रह्म है। बाह्य एवं अन्तः प्रकृति को वशीभूत करके आत्मा के इस ब्रह्म भाव को व्यक्त करना ही जीवन का चरम लक्ष्य है। कर्म, उपासना, मनः संयम अथवा ज्ञान, इनमें से एक, एक से अधिक या सभी उपायों का सहारा लेकर अपने ब्रह्म भाव को व्यक्त करो और मुक्त हो जाओ। बस यही धर्म का सर्वस्व है। मत, अनुष्ठान-पद्धति, शास्त्र, मन्दिर अथवा अन्य बाह्य क्रियाकलाप तो असके गौड़ अंग-प्रत्यंग मात्र हैं। (विवेकानन्द राष्ट्र को आह्वान, पृष्ठ-32)

7. तत्व समूह पहले से ही विद्यमान है, हम उसकी सृष्टि नहीं करते, केवल उसका आविष्कार करते हैं। धर्म केवल सत्य का साक्षात्कार मात्र है। विभिन्न मतवाद, विभिन्न पथ, प्रणाली मात्र है। वे धर्म नहीं है। जगत के विभिन्न धर्म विभिन्न जातियों के आवश्यकतानुसार समयोचित एक ही धर्म के प्रयोग हैं।
8. हमें दिखलाना है- हिन्दुओं की आध्यामिकता, बौद्धों की जीवदया, ईसाइयों की क्रियाशीलता एवं मुस्लिमों का बन्धुत्व, और ये सब अपने व्यावहारिक जीवन के माध्यम द्वारा। हमने निश्चय किया- हम एक सार्वभौम धर्म का निर्माण करेंगे।
9. उसी मूल सत्य की फिर से शिक्षा ग्रहण करनी होगी, जो केवल यहीं से, हमारी इसी मातृभूमि से प्रचारित हुआ था। फिर एक बार भारत को संसार में इसी मूल तत्व का, इसी सत्य का प्रचार करना होगा। ऐसा क्यों है? इसलिए नहीं कि यह सत्य हमारे शास्त्रों में लिखा है वरन् हमारे राष्ट्रीय साहित्य का प्रत्येक विभाग और हमारा राष्ट्रीय जीवन उससे पूर्णतः ओत-प्रोत है। इस धार्मिक सहिष्णुता की तथा इस सहानुभूति की, मातृभाव की महान शिक्षा प्रत्येक बालक, स्त्री, पुरुष, शिक्षित, अशिक्षित सब जाति और वर्ण वाले सीख सकते हैं। तुमको अनेक नामों से पुकारा जाता है, पर तुम एक हो। (जितने मत उतने पथ, पृष्ठ-39)
10. हम मनुष्य जाति को उस स्थान पर पहुँचाना चाहते हैं, जहाँ न वेद है, न बाइबिल है, न कुरान है परन्तु वेद, बाइबिल और कुरान के समन्वय से ही ऐसा हो सकता है। मनुष्य जाति को यह शिक्षा देनी चाहिए कि सब धर्म उस धर्म के, उस एकमेवाद्वितीय के भिन्न-भिन्न रुप हैं, इसलिए प्रत्येक व्यक्ति उन धर्मों में से अपना मनोनुकूल मार्ग चुन सकता है। (विवेकानन्द राष्ट्र को आह्वान, पृष्ठ-32)
11. आज हमे आवश्यकता है वेदान्त युक्त पाश्चात्य विज्ञान की, ब्रह्मचर्य के आदर्श और श्रद्धा और आत्मविश्वास की। वेदान्त का सिद्धान्त है कि मनुष्य के अन्तर में, एक अबोध शिशु में भी, ज्ञान का समस्त भण्डार निहित है, केवल उसके जागृत होने की आवश्यकता है और यही आचार्य का काम है। पर इस सब का मूल है धर्म-वही मुख्य है। धर्म तो भात के समान है, शेष सभी वस्तुयें तरकारी और चटनी जैसी हैं। केवल तरकारी और चटनी खाने से अपच्य हो जाता है, और केवल भात खाने से भी। (विवेकानन्द राष्ट्र को आह्वान, पृष्ठ-35)
12. सत्य, प्रचीन अथवा आधुनिक किसी समाज का सम्मान नहीं करता। समाज को ही सत्य का सम्मान करना पड़ेगा, अन्यथा समाज ध्वंस हो जाये, कोई हानि नहीं। सत्य ही हमारे सारे प्राणियों और समाजों का मूल आधार है, अतः सत्य कभी भी समाज के अनुसार अपना गठन नहीं करेगा। वही समाज सबसे श्रेष्ठ है, जहाँ सर्वोच्च सत्यों को कार्य में परिणत किया जा सकता है- यही मेरा मत है। और यदि समाज इस समय उच्चतम सत्यों को स्थान देने में समर्थ नहीं है, तो उसे इस योग्य बनाओ। और जितना शीघ्र तुम ऐसा कर सको उतना ही अच्छा। (विवेकानन्द राष्ट्र को आह्वान, पृष्ठ-36)
13. हिन्दू कहते हैं कि सामाजिक और राजनितिक सवाधीनता बहुत अच्छी चीज है किन्तु वास्तविक चीज है- आध्यात्मिक स्वाधीनता अर्थात् मुक्ति। यही जातीय जीवन का उद्देश्य है। वैदिक, जैन, बौद्ध, द्वैत, विशिष्टाद्वैत और अद्वैत सभी इस सम्बन्ध में एकमत हैं। इसमें हाथ न लगाना नहीं तो सर्वनाश हो जायेगा। (जितने मत उतने पथ, पृष्ठ-38)
14. भारत और समाजवाद विषयक अथवा राजनितिक विचारों से प्लावित करने से पहले यह आवश्यक है कि उसमें आध्यात्मिक विचारों की बाढ़ ला दी जाये। सर्वप्रथम, हमारे उपनिषदों, पुराणों और अन्य सब शास्त्रों में जो अपूर्व सत्य निहित है, उन्हें इन सब ग्रंथों के पृष्ठों से बाहर लाकर, मठों की चहारदिवारियाँ भेदकर, वनों की नीरवता से दूर लाकर, कुछ सम्प्रदाय-विशेषों के हाथों से छीनकर देश में सर्वत्र बिखेर देना होगा, ताकि ये सत्य दावानल के समान सारे देश को चारो ओर से लपेट लें- उत्तर से दक्षिण और पूरब से पश्चिम तक सब जगह फैल जायें- हिमालय से कन्याकुमारी और सिन्धु से ब्रह्मपुत्रा तक सर्वत्र वे धधक उठे। (विवेकानन्द की वाणी, पृष्ठ-56)
15. भारत के शिक्षित समाज में मैं इस बात पर सहमत हूँ कि समाज का आमूल परिवर्तन करना आवश्यक है। पर यह किया किस तरह जाये? सुधारकों की सब कुछ नष्ट कर डालने की रीति व्यर्थ सिद्ध हो चुकी है। मेरी

योजना यह है, हमने अतीत में कुछ बुरा नहीं किया। निश्चय ही नहीं किया। हमारा समाज खराब नहीं, बल्कि अच्छा है। मैं केवल चाहता हूँ कि वह और भी अच्छा हो। हमे असत्य से सत्य तक अथवा बुरे से अच्छे तक पहुँचना नहीं है। वरन् सत्य से उच्चतर सत्य तक, श्रेष्ठ से श्रेष्ठतर और श्रेष्ठतम तक पहुँचना है। मैं अपने देशवासियों से कहता हूँ कि अब तक जो तुमने किया, सो अच्छा ही किया है, अब इस समय और भी अच्छा करने का मौका आ गया है। (जितने मत उतने पथ, पृष्ठ-46)

16. यदि कभी कोई सार्वभौमिक धर्म हो सकता है, तो वह ऐसा ही होगा, जो देश या काल से मर्यादित न हो, जो उस अनन्त भगवान के समान ही अनन्त हो, जिस भगवान के सम्बन्ध में वह उपदेश देता है, जिसकी ज्योति श्रीकृष्ण के भक्तों पर और ईसा के प्रेमियों पर, सन्तों पर और पापियों पर समान रूप से प्रकाशित होती हो, जो न तो ब्राह्मणों का हो, न बौद्धों का, न ईसाइयों का और न मुसलमानों का, वरन् इन सभी धर्मों का समष्टिस्वरूप होते हुए भी जिसमें उन्नति का अनन्त पथ खुला रहे, जो इतना व्यापक हो कि अपनी असंख्य प्रसारित बाहुओं द्वारा सृष्टि के प्रत्येक मनुष्य का प्रेमपूर्वक आलिंगन करें।... वह विश्वधर्म ऐसा होगा कि उसमें किसी के प्रति विद्वेष अथवा अत्याचार के लिए स्थान न रहेगा, वह प्रत्येक स्त्री और पुरूष के ईश्वरीय स्वरूप को स्वीकार करेगा और सम्पूर्ण बल मनुष्यमात्र को अपनी सच्ची, ईश्वरीय प्रकृति का साक्षात्कार करने के लिए सहायता देने में ही केन्द्रित रहेगा।

17. ईसाई को हिन्दू अथवा बौद्ध नहीं होना पड़ेगा, और न हिन्दू या बौद्ध को ईसाई ही, परन्तु प्रत्येक धर्म दूसरे धर्मों के सारभाग को आत्मसात् करके पुष्टिलाभ करेगा और अपने वैशिष्ट्य की रक्षा करते हुए अपनी निजी प्रकृति के अनुसार वृद्धि को प्राप्त होगा। यदि इस सर्वधर्म परिषद् ने जगत् के समक्ष कुछ प्रमाणित किया है तो वह यह कि उसने यह सिद्ध कर दिखाया है कि शुद्धता, पवित्रता और दयाशीलता किसी सम्प्रदाय-विशेष की सम्पत्ति नहीं है तथा प्रत्येक धर्म ने श्रेष्ठ एवं अतिशय उन्नत-चरित्र स्त्री पुरूषों को जन्म दिया है। अब इन प्रत्यक्ष प्रमाणों के बावजुद भी यदि कोई ऐसा स्वप्न देखे कि अन्यान्य सारे धर्म नष्ट हो जायेंगे और केवल उसका धर्म ही अपना सर्वश्रेष्ठता के कारण जीवित रहेगा, तो उस पर मैं अपने हृदय के अन्तस्थल से दया करता हूँ और उसे स्पष्ट शब्दों में बतलाये देता हूँ कि वह दिन दूर नहीं हैं, जब उस जैसे लोगों के अड़ंगों के बावजूद भी प्रत्येक धर्म की पताका पर यह स्वर्णाक्षरों में लिखा रहेगा-'सहयोग, न कि विरोध', पर-भाव-ग्रहण न कि पर-भाव-विनाश, 'समन्वय और शान्ति, न कि मतभेद और कलह'!

18. एक मात्र वेदान्त ही समाज तन्त्रवाद की युक्तिसंगत दार्शनिक भित्ति होने लायक है। मानव समाज की उन्नति चाहने वाले व्यक्तिगण, कम से कम उनके परिचालक गण, यह समझने का प्रयत्न कर रहे हैं कि उनके धन साम्य एवं समान अधिकार पर आधारित मतवादों की एक आध्यात्मिक भित्ति रहना संगत है, और एक मात्र वेदान्त ही यह भित्ति होने के योग्य हैं। सामाजिक, राजनीतिक एवं आध्यात्मिक, सभी क्षेत्रों में यथार्थ संगत स्थापित करने का केवल एक सूत्र विद्यमान है, और वह सूत्र- केवल इतना जान लेना कि मैं और मेरा भाई एक हैं। सब देशों में, सभी युगों में, सभी जातियों के लिए यह महान सत्य समान रूप से लागू है।

19. अब व्यावहारिक जीवन में उसके प्रयोग का समय आया है। अब और 'रहस्य' बनाये रखने से नहीं चलेगा। अब और वह हिमालय की गुहाओं। में, वन-अरण्यों में साधु-सन्यासियों के पास न रहेगा, लोगों के दैनन्दिन जीवन में उसको कार्यन्वित करना होगा। राजा के महल में, साधु-सन्यासी की गुफा में, मजदूर की झोपड़ी में, सर्वत्र सब अवस्थाओं में, यहाँ तक कि राह के भिखारी द्वारा भी, वह कार्य में लाया जा सकता है।

20. मैं अपने मनश्चक्षुओं से देख रहा हूँ कि भावी सर्वांगपूर्ण भारत वैदान्तिक मस्तिष्क और इस्लामी देह लेकर, इस विवाद, विश्रृंखला को चीरते हुये, महामहिमान्वित और अपराजेय शक्ति से युक्त होकर जागृत हो रहा है।

21. प्राच्य और पाश्चात्य देशों के आदर्श अलग-अलग हैं। भारत धर्ममुखी है, अन्तर्मुखी है, पाश्चात्य भुखण्ड बहिर्मुखी है। पाश्चात्य देश यदि धर्म के क्षेत्र में तनीक-सी भी उन्नति करना चाहता है, तो वह समाज की उन्नति के माध्यम से ही वैसा करेगा और प्राच्य देश यदि सामाजिक क्षेत्र में थोड़ी सी भी शक्ति हासिल करना चाहता है, तो वह धर्म के माध्यम से करेगा।...आधुनिक सुधारकगण सब से पहले भारत के धर्म को नष्ट कर देना चाहता है उनके

बिना उन्हें सुधार का दूसरा कोई मार्ग नहीं दिखता। उन्होंने उस दिशा में प्रयत्न भी किये हैं, पर विफल मनोरथ हुये हैं। इसका क्या कारण है? यही कि उनमें से केवल कुछ इने गिने लोगों ने ही अपने धर्म का उत्तम रूप से अध्ययन और उसकी आलोचना की है, 'समस्त धर्मों के प्रस्त्रवण' को समझाने के लिए जिस साधना की आवश्यकता है उनमें से कोई भी उस साधना में होकर नहीं गया है। मैं कहता हूँ हिन्दू समाज की उन्नति के लिए धर्म को नष्ट करने की जरूरत नहीं। ऐसी बात नहीं कि हिन्दू धर्म प्राचीन रीति और आचार प्रथाओं को समर्थन करता रहा है, इसलिए उसके समाज की ऐसी दशा हुई है। समाज की इस दुरवस्था का कारण तो यह है कि धर्म को सामाजिक क्षेत्र में जिस प्रकार कार्यान्वित करना चाहिए था, वैसा नहीं किया गया।..... ऋषिचरित्र यथार्थ जीवन, जो शक्ति का केन्द्र बनाकर ही देवत्व और मानवत्व की मिलनभूमि है- वही राह दिखायेगा। इनको केन्द्र बनाकर ही भिन्न-भिन्न उपादान संघ बद्ध होंगे और बाद में प्रचण्ड तरंग के समान समाज पर गिरकर सब कुछ बहा ले जायेंगे-सारी अपवित्रता दूर हो जायेगी। ... यह अवस्था लोगों को अधिक धर्म-निष्ठ होने की शिक्षा देकर तथा समाज को स्वाधीनता देकर, धीरे-धीरे लानी होगी। प्राचीन धर्म से पुरोहित के इस अत्याचार और अनाचार को अलग-निकाल दो और देखोगे, यह धर्म संसार का श्रेष्ठ धर्म है।.... वही समाज सर्वश्रेष्ठ है जहाँ सत्य कार्यन्वित को सकता है, यही मेरा मत है। पृथ्वी पर ऐसा कोई धर्म नहीं जो हिन्दू धर्म के समान इतने उँचे स्वर से मानवता के गौरव का उपदेश करता हो और पृथ्वी पर ऐसा कोई धर्म नहीं जो हिन्दू धर्म के समान गरीबों और नीच जाति वालों का गला क्रुरता से घोंटता हो। प्रभु ने मुझे दिखा दिया है कि इसमें धर्म का कोई दोष नहीं है, वरन् दोष उनका है, जो ढ़ोगी और दम्भी है जो 'परमार्थिक' और 'व्यावहारिक' सिद्धान्तों के रूप में अनेक प्रकार के अत्याचार के अस्त्रों का निर्माण करते हैं।

22. मुझे उन लोगों पर तरस आता है।....उनकी नींद किसी तरह टुटती ही नहीं। सदियों के अत्याचार के फलस्वरूप जो पीड़ा, दुःख, हीनता, दारिद्रय की आह भारत-गगन मं गूंज रही है, उनसे उनके सुखकर जीवन को कोई जबरदस्त आघात नहीं लगता। युगों के जिस मानसिक, नैतिक और शारीरिक अत्याचार ने ईश्वर के प्रतिमा रूपों मनुष्य को भारवाही पशु, भवगती की प्रतिमारूपणी रमणी को सन्तान पैदा करने वाली दासी, और जीवन को अभिशाप बना दिया है, उसकी वे कल्पना भी नहीं कर पाते। परन्तु ऐसे भी अनेक मनुष्य हैं, जो देखते है अनुभव करते हैं, और दिलों में खून के आंसू बहाते हैं, जो सेाचते हैं कि इसका इलाज है, और किसी कीमत पर, यहां तक कि अपने प्राणों की बाजी लगाकर भी जो इन्हें हटाने को तैयार हैं।

23. तथाकथित धनिकों पर भरोसा न करों, वे जीवित की अपेक्षा मृत ही अधिक हैं। आशा तुम लोगों से है, जो विनीत, निराभिमानी और विश्वासपरायण हैं।.... मैं देश में भूख या जाड़े से भले ही मर जाऊँ, परन्तु युवकों! मैं गरीबों, मूर्खो और उत्पीड़ितों के लिए इस सहानुभूति और प्राणपण प्रयत्न की थाती के तौर पर तुम्हें अर्पण करता हूँ। प्रतिज्ञा करो कि अपना सारा जीवन इन तीस करोड़ लोगों के उद्धार कार्य में लगा दोगे, जो दिनों दिन अवनति के गर्त में गिरते जा रहे हैं।

24. हमारे अभिजात पूर्वज साधारण जनसमुदाय को पैंरो तले कुचलते रहे। इसके फलस्वरूप वे बेचारे एक दम असहाय हो गये। यहाँ तक कि अपने आपको मनुष्य मानना भी भुल गये। भारत के इन दिन-हीन लोगों को, इन पददलित जाति के लोगों को, उनका अपना वास्तविक रूप समझा देना परमावश्यक है। जात-पात का भेद छोड़कर कमजोर और मजबुत का विचार छोड़कर हर एक स्त्री-पुरूष को, प्रत्येक बालक-बालिका को, यह संदेश सुनाओं और सिखाओं कि ऊँच-नीच, अमीर-गरीब और बड़े-छोटे में उसी एक अनन्त आत्मा का निवास है, जो सर्वव्यापी है। इसलिए सभी लोग महान तथा सभी लोग साधु हो सकते हैं। आओ हम प्रत्येक व्यक्ति में घोषित करें- उत्तिष्ठत् जाग्रत प्राप्य वरान् निबोधत् - उठो, जागो और जब तक तुम अपने अन्तिम ध्येय तक नहीं पहुँच जाते, तब तक चैन न लो। उठो, जागो! निर्बलता के इस व्यामोह से जाग जाओं वास्तव में कोई भी दुर्बल नहीं है। आत्मा अनन्त, सर्वशक्तिसम्पन्न और सर्वज्ञ है। इसलिए उठो, अपने वास्तविक रूप को प्रकट करो। तुम्हारे अन्दर जो भगवान है, उसकी सत्ता को ऊँचे स्वर में घोषित करो, उसे अस्वीकार मत करो। तुम अपने को और प्रत्येक व्यक्ति को अपने सच्चे स्वरूप की शिक्षा दो घोरतम मोहनिद्रा में पड़ी हुई जीवात्मा को इस

नींद से जगा दो। जब तुम्हारा जीवात्मा प्रबुद्ध होकर सक्रिय हो उठेगी, तब तुम आप ही शक्ति का अनुभव करोगे, महिमा और महत्ता पाओगे, साधुता आयेगी, पवित्रता भी आप ही चली आयेगी, मतलब यह है कि जो कुछ अच्छे गुण है, वे सभी तुम्हारे पास आ पहुँचेंगे।

25. वे जो लोग किसान हैं, वे कोरी, जुलाहे जो भारत के नगण्य मनुष्य हैं, विजित स्वजाति निन्दित छोटी-छोटी जातियाँ है, वही लगातार चुप-चाप काम करती जा रही हैं, अपने परिश्रम का फल भी नहीं पा रही हैं। परन्तु धीरे-धीरे प्राकृतिक नियम से दुनिया में कितने परिवर्तन होते जा रहे हैं। देश, सभ्यता तथा सत्ता उलटते-पलटते रहे हैं। हे, भारत के श्रमजीवियों, तुम्हारे नीरव, सदा ही निन्दित हुए परिश्रम के फलस्वरूप बाबिल, ईरान, अलेकजन्द्रिया, ग्रीस, रोम, वेनिस, जिनेवा, बगदाद, समरकन्द, स्पेन, पोर्तुगाल, फ्रांसीसी, दिनेमार, डच और अंगेजों का क्रमान्वय से आधिपत्य हुआ और उनको ऐश्वर्य मिला है। और तुम? कौन सोचता है उस बात को। स्वामी जी! तुम्हारे पितृपुरूष दो दर्शन लिख गये हैं, दस काव्य तैयार कर गये हैं, दस मन्दिर उठवा गये हैं और तुम्हारी बुलन्द आवाज से आकाश फट रहे हैं, और जिनके रूधिर-स्त्राव से मनुष्य जाति की यह जो कुछ उन्नति हुई है, उनके गुणों का ज्ञान कौन करता है? लोकजयी, धर्मवीर, रणवीर, काव्यवीर सबकी आँखों पर, सबके पूज्य हैं! परन्तु जहाँ कोई नहीं देखता, जहाँ कोई वाह-वाह नहीं करता जहाँ सब लोग घृणा करते हैं, वहाँ वास करती है अपार सहिष्णुता, अनन्य प्रीती और निर्भीक कार्यकारिता। हमारे गरीब घर-द्वार पर दिन रात मुँह बन्द करके कर्तव्य करते जा रहे है, उनमें क्या वीरत्व नहीं है? बड़ा काम आने पर बहुतेरे वीर हो जाते हैं, उस हजार आदमियों की वाहवाही के सामने कापुरूष भी सहज ही अपने प्राण दे देता है। घोर स्वार्थ पर भी निष्काम हो जाता है। परन्तु अत्यन्त छोटे से कार्य में भी सबसे अज्ञात भाव से जो वैसे ही निस्वार्थपरता कर्तव्यपरायणता दिखाते हैं, वे ही धन्य हैं, वे तुम लोग हो, भारत के हमेशा के पैरों तले कुचले हुए श्रमजीवियों। तुम लोगों को मैं प्रणाम करता हूँ।

26. मानवीय समाज पर चारों वर्ण-पुरोहित, सैनिक, व्यापारी और मजदूर बारी-बारी से शासन करते हैं। हर शासन का अपना गौरव, अपना दोष होता है। जब ब्राह्मण का राज होता है, तब आनुवंशिक आधार पर भयंकर पृथकता रहती है, पुरोहित स्वयं और उनके वंशज नाना प्रकार के अधिकारों से सुरक्षित रहते हैं, उनके अतिरिक्त किसी को कोई ज्ञान नहीं होता, और उनके अतिरिक्त किसी को शिक्षा देने का अधिकार नहीं है। इस विशिष्ट युग में सब विधाओं की नींव पड़ती है, यह उसका गौरव है। ब्राह्मण मन को उन्नत करते हैं क्योंकि मन द्वारा ही वे राज्य करते हैं। क्षत्रिय शासन क्रूर और अन्यायी होता है, परन्तु उनमें पृथकता नहीं रहती और उनके युग में कला और सामाजिक संस्कृति उन्नति के शिखर पर पहुँच जाती है। उसके बाद वैश्य शासन आता है। इसमें कुचलने की और खून चुसने की मौन शक्ति अत्यन्त भीषण होती है। इसका लाभ यह है कि व्यापारी सब जगह जाता है, इसलिए वह पहले दोनों युगों में एकत्र किये हुये विचारों को फैलाने में सफल होता है। उसमें क्षत्रियों से भी कम पृथकता होती है, परन्तु सभ्यता की अवनति आरम्भ हो जाता है। अन्त में आयेगा मजदूर का शासन। उसका लाभ होगा भौतिक सुखों का समान वितरण, और उससे हानि होगी, कदाचित संस्कृति का निम्न स्तर पर गिर जाना। साधारण शिक्षा का बहुत प्रचार होगा, परन्तु असामान्य प्रतिभाशाली व्यक्ति कम होते जायेंगे। यदि ऐसा राज्य स्थापित करना सम्भव हो जिसमें ब्राह्मण युग का ज्ञान, क्षत्रिय युग की सम्भता, वैश्य युग का प्रचार-भाव और शूद्र युग की समानता रखी जा सके, उसके दोषों को त्यागकर, तो वह आदर्श राज्य होगा। परन्तु क्या यह सम्भव हैं? परन्तु पहले तीनों का राज्य हो चुका है। अब शूद्र शासन का युग आ गया है- वे अवश्य राज्य करेंगे, और उन्हें कोई रोक नहीं सकता। मैं समाजवादी हूँ, इसलिए नहीं कि मैं पूर्ण रूप से निर्दोष व्यवस्था समझता हूँ परन्तु इसलिए कि रोटी न मिलने से आधी रोटी ही अच्छी है। और सब मतवाद काम में लाये जा चुके हैं और दोषयुक्त सिद्ध हुए हैं। इसकी भी अब परीक्षा होने दो, यदि और किसी कारण से नहीं तो नवीनता के लिए ही। सर्वदा एक ही वर्ग के व्यक्तियों को सुख और दुःख मिलने की अपेक्षा सुख और दुःख का बँटवारा करना अच्छा है। शुभ और अशुभ की समष्टि संसार में समान ही रहती है। नये मतवादों से वह भार कन्धे से कन्धा बदल लेगा, और कुछ नहीं। इस दुःखी संसार में सबको सुख-भोग का

अवसर दो, जिससे इस तथाकथित सुख के अनुभव के पश्चात् वे संसार, शासन-विधि और झंझटों को छोड़कर प्रभु के पास आ सकें। (विवेकानन्द का मानवतावाद, पृष्ठ-69)

27. क्या मनुष्य प्रचण्ड तुफान में ग्रस्त वह छोटी सी नौका है जो एक क्षण किसी वेगवान तरंग के फेनिल शिखर पर चढ़ जाती है और दूसरे क्षण भयानक गर्त में नीचे धकेल दी जाती है, अपनी शुभ और अशुभ कर्मों की दया पर केवल इधर-उधर भटकती फिरती है। क्या वह कार्य-कारण की सतह प्रवाही, निर्मम, भीषण तथा गर्जनशील धरा में पड़ी हुई अशक्त, असहाय भग्न पोत है, क्या वह उस कारणता के चक्र के नीचे पड़ा हुआ एक क्षुद्र शलभ है, जो विधवा के आँसुओं तथा अनाथ बालक की आहों की तनिक भी चिंता न करते हुए, अपने मार्ग में आने वाली सभी वस्तुओं को कुचल डालता हैं? इस प्रकार के विचार से अन्तःकरण काँप उठता है पर यही प्रकृति का नियम है। तो फिर क्या कोई आशा ही नहीं है? क्या इससे बचने का कोई मार्ग नहीं है? यही करूण पुकार निराशाविह्वल हृदय के अन्तस्थल से ऊपर उठी और उसी करूणामय के सिंहासन तक जा पहुँची। वहाँ से आशा और सान्तवना की वाणी निकली और उसने एक वैदिक ऋषि को अन्तः स्फूर्ति प्रदान की, और उसने संसार के सामने खड़े होकर उँचे स्वर में इस आनन्द संदेश की घोषणा की। 'हे अमृत के पुत्रों! सुनो हे दिव्यधामवासी देवगण!! तुम भी सुनो मैंने उस अनादि पुरातन पुरूष को प्राप्त कर लिया है, जो समस्त अज्ञान-अन्धकार और माया के परे है। केवल उस पुरूष को जानकर ही तुम मृत्यु के चक्र से छूट सकते हो। दूसरा कोई पथ नहीं हैं।
28. एक नवीन भारत निकल पड़े-निकले हल पकड़ कर किसानों की कुटी भेद कर, मछुआ, मोची मेहतर की झोपड़ियों से। निकल पड़े बनियों की दुकानों से भुजवा के भांड़ के पास से, कारखानों से, हाट से, बाजार से। निकले झाड़ियों से, जंगलों, पहाड़ो पर्वतों से।
29. हे भाइयों, हम सभी लोगों को इस समय कठिन परिश्रम करना होगा। अब सोने का समय नहीं है। हमारे कार्यों पर भारत का भविष्य निर्भर है। यह देखिये, भारत माता धीरे-धीरे आँखें खोल रही है। वे कुछ देर सोयी थी। उठिये, उन्हें जगाइये और पूर्वापेक्ष महागौरवमंडित करके भक्ति से उन्हें अपने चिरन्तन सिंहासन पर प्रतिष्ठित कीजिए।
30. ऐ भारत! तुम मत भूलना कि तुम्हारी स्त्रियों का आदर्श सीता, सावित्री, दमवन्ती हैं, तुम मत भूलना कि तुम्हारे उपास्य सर्वत्यागी उमानाथ शंकर हैं, मत भूलना कि तुम्हारा विवाह, धन और तुम्हारा जीवन इन्द्रियसुख के लिए, अपने व्यक्तिगत सुख के लिए नहीं है, मत भूलना कि तुम जन्म से ही "माता" के लिए बलिस्वरूप रखे गये हो।.... तुम मत भूलना कि नीच, अज्ञानी, दरिद्र, चमार और मेहतर तुम्हारा रक्त और तुम्हारे भाई हैं।
31. जहाँ पर महामारी हुई हो, जहाँ पर लोगों को दुःख हो, जहाँ दुर्भिक्ष पड़ा हो, चला जा उस ओर और उन लोगों का दुःख दूर कर। अधिक से अधिक क्या होगा, मर ही तो जाएगा। मेरे-तेरे जैसे न जाने कितने कीड़े पैदा होते रहते हैं और मरते रहते हैं। इससे दुनिया को क्या हानि-लाभ है। एक महान उद्देश्य लेकर मर जा। मर तो जायेगा ही, पर अच्छा उद्देश्य लेकर मरना ठीक है।

विश्वमानव: "वेदान्त की व्यावहारिकता", "विश्वधर्म" और दर्शन

वर्तमान समय के श्री लव कुश सिंह "विश्वमानव" भी स्वामी विवेकानन्द की भाँति ज्ञानी अर्थात् सात्विक मन एवं सात्विक कर्म से युक्त हैं। वे स्वयं नायक भी हैं और खलनायक भी। और साथ ही स्वामी विवेकानन्द के "वेदान्त की व्यावहारिकता" के बाद "विश्वधर्म" और उनके समरनीति के अनुसार योजना "पुर्ननिर्माण (RENEW-Real Education National Express Way)" के व्यक्तकर्ता भी। मूल पाशुपत शैव दर्शन सहित अनेक मतों का सफल एकीकरण के स्वरूप श्री लव कुश सिह "विश्वमानव" के जीवन, कर्म और ज्ञान के अनेक दिशाओं से देखने पर अनेक दार्शनिक, संस्थापक, संत, ऋषि, अवतार, मनु, व्यास, व्यापारी, रचनाकर्ता, नेता, समाज निर्माता, शिक्षाविद्, दूरदर्शिता इत्यादि अनेक रूप दिखते हैं। इस प्रकार श्री लव कुश सिंह "विश्वमानव", सात्विक प्रवृत्ति के महान चरित्र स्वामी विवेकानन्द की दिशा से उनकी अगली कड़ी के रूप में व्यक्त हैं।

प्रकृति प्रदत्त नाम के अलावा जब व्यक्ति को आत्मज्ञान होता है तब वह स्वयं अपने मन स्तर का निर्धारण कर एक नाम स्वयं रख लेता है। जिस प्रकार "श्रीकृष्ण" नाम है "योगेश्वर" मन की अवस्था है, "गदाधर" नाम है "रामकृष्ण परमहंस" मन की अवस्था है, "सिद्धार्थ" नाम है "बुद्ध" मन की अवस्था है, "नरेन्द्र नाथ दत्त" नाम है "स्वामी विवेकानन्द" मन की अवस्था है, "रजनीश" नाम है "ओशो" मन की अवस्था है। उसी प्रकार लव कुश सिंह नाम है "विश्वमानव" मन की अवस्था है और उसी प्रकार व्यक्तियों के नाम, नाम है "भोगेश्वर विश्वमानव" उसकी चरम विकसित, सर्वोच्च और अन्तिम अवस्था है जहाँ समय की धारा में चलते-चलते मनुष्य वहाँ विवशतावश पहुँचेगा।

स्वामी विवेकानन्द की दृष्टि में

1. यदि प्रवृत्ति बारम्बार किये हुये कर्म का परिणाम है, तो जिन प्रवृत्तियों को साथ लेकर हम जन्म धारण करते हैं, उनको समझने के लिए उस कारण का भी उपयोग करना चाहिए। यह तो स्पष्ट है कि वे प्रवृत्तियाँ हमें इस जन्म में प्राप्त हुई नहीं हो सकती; अतः हमें उनका मूल पिछले जन्म में ढूंढना चाहिए। अब यह भी स्पष्ट है कि हमारी प्रवृत्तियों में से कुछ तो मनुष्य के ही जान-बूझकर किये हुए प्रयत्नों के परिणाम हैं, और यदि यह सच है कि हम उन प्रवृत्तियों को अपने साथ लेकर जन्म लेते हैं, तब तो बिल्कुल यही सिद्ध होता है कि उनके कारण गतजन्म में जान-बूझकर किये हुये प्रयत्न ही हैं-अर्थात् इस वर्तमान जन्म के पूर्व हम उसी मानसिक भूमिका में रहे होंगे, जिसे हम मानव भूमिका कहते हैं।
2. पुनर्जन्मवादी लोग यह मानते हैं कि सभी अनुभव प्रवृत्तियों के रूप में अनुभव करने वाली जीवात्मा में संगृहीत रहते हैं और उसे अविनाशी जीवात्मा के पुनर्जन्म द्वारा संक्रमित किये जाते हैं; भौतिकवाद वाले मस्तिष्क को सभी कर्मों के आधार होने के और बीजाणुओं के द्वारा उनके संक्रमण का सिद्धान्त मानते हैं। यदि बीजाणुओं द्वारा आनुवंशिक संक्रमण समस्या को हल करने के लिए पूर्णतः पर्याप्त है, तब तो भौतिकता ही अपरिहार्य है और आत्मा के सिद्धान्त की कोई आवश्यकता नहीं है। यदि वह पर्याप्त नहीं है, तो प्रत्येक आत्मा अपने साथ इस जन्म में अपने भूतकालिक अनुभवों को लेकर आती है, यह सिद्धान्त पूर्णतः सत्य है। पुनर्जन्म या भौतिकता-इन दो में से किसी एक को मानने के सिवा और कोई गति नहीं है। प्रश्न यह है कि हम किसे मानें?
3. शास्त्र कहते हैं कि कोई साधक यदि एक जीवन में सफलता प्राप्त करने में असफल होता है तो वह पुनः जन्म लेता है और अपने कार्यों को अधिक सफलता से आगे बढ़ाता है।

काल चक्र मार्ग के
(विस्तृत विवरण अध्याय – पाँच में उपलब्ध है। संक्षिप्त रूप से यहाँ दिया गया है।)

01. काल चक्र के प्रथम भाग
अदृश्य काल में विश्वात्मा का प्रथम जन्म – योगेश्वर श्रीकृष्ण
(पूर्ण ब्रह्म की प्रथम कड़ी)

शरीर नाम :

धर्मयुक्त नाम – श्रीकृष्ण (जन्म समय धर्मनिरपेक्ष वर्तमान में धर्मयुक्त)
धर्मनिरपेक्ष एवं समभाव युक्त नाम – अदृश्य भोगेश्वर समाहित दृश्य योगेश्वर

1. जन्म परिचय

– तिथि – मास – भाद्रपद, कृष्ण पक्ष, अष्टमी
– समय – अर्धरात्रि, स्थान – मथुरा (उ0 प्र0)
– अस्थायी निवास – गोकुल
– स्थायी निवास – स्वयं द्वारा निर्मित – द्वारिका नगर (गुजरात)
– गुरु – कर्म गुरु – कोई नहीं
– ज्ञान गुरु – सांदिपनी
– शिक्षा – ब्रह्मज्ञान, शास्त्र एवं शस्त्र विद्या
– स्वरुप – धर्म (व्यक्त रुप), धर्मनिरपेक्ष एवं सर्वधर्मसमभाव (अव्यक्त रुप), मानवता का पुजारी (समष्टि धर्म)
– सर्वोच्च व्यक्त रुप :– प्रथम योगेश्वर (गीता द्वारा ज्ञान / आत्मा का विश्वरुप) अर्थात् भोगेश्वर का अदृश्य रुप, राजनीतिज्ञ, वक्ता, मनोवैज्ञानिक, गृहस्थ युक्त सन्यासी, सत्य जीवन का अभिनेता, प्रेमी, दार्शनिक
– व्यक्त रुप का स्थल :– कुरुक्षेत्र (कौरव और पाण्डव के बीच युद्ध स्थल)
– जन्म समय के महत्व पूर्ण सम्बन्धों की स्थिति :–
देश सम्बन्ध – खराब था । रिश्ता सम्बन्ध – खराब था ।
रक्त सम्बन्ध – ठीक था । समाज और राज्य सम्बन्ध – खराब था ।
– जीवन नीति– वैष्णव रुप में ज्ञान प्राप्ति एवं वैष्णव रुप में ही धर्म स्थापना ।

2. ज्ञान परिचय :

– सर्वोच्च कथन – "यदा यदा हि धर्मस्य ग्लानिर्भवति भारतः।
अभ्युत्थानमधर्मस्य तदातमानं सृजाम्यहम्।।" (गीता 4.7)
(जब–जब भारत में धर्म की हानि होती है। तब–तब मैं (आत्मा) धर्म के उत्थान के लिए मैं (आत्मा) स्वयं को सूचित कर व्यक्त होता हूँ।)
– सर्वोच्च संदेश – समभाव (अद्वैत) में स्थित होकर कर्म करो और परिणाम की इच्छा मुझ (आत्मा) पर छोड़ दो।
– धर्म स्थापना की आवश्यकता की पहचान –
देश सम्बन्ध, रिश्ता सम्बन्ध तथा समाज और राज्य सम्बन्ध खराब होना।
– ज्ञान से व्यक्त शास्त्र–साहित्य – गीता (चारों वेदों के उपनिषद् का सार), रचनाकार – महर्षि व्यास
– ज्ञान को व्यक्त करने के लिए प्रयुक्त धर्म / धर्मनिरपेक्ष / सर्वधर्मसमभाव शब्द (ईश्वर नाम)
"ओउम" (अदृश्य काल का व्यक्तिगत प्रमाणित व्यष्टि व समष्टि ईश्वर नाम)
– दर्शन – चारो वेदों के उपनिषद् के सार द्वारा योग दर्शन और निष्काम योग दर्शन।

3. कर्म परिचय :

– सर्वोच्च कर्म – धर्म (समष्टि) अद्वैत वेदान्त, मानवता, समता, एकता की स्थापना, स्वयं को ही ईश्वर के रुप में व्यक्त करना। साधु जन का मुक्तिएवं दुष्टों का वध (बदलाव)
– कर्म की नीति – राजनीतिक, शारिरिक एवं मानसिक वध (बदलाव)।
– कर्म द्वारा निर्माण – स्वयं एवं अपने उद्देश्य समाज–गणराज्य के लिए द्वारिका नगर का निर्माण।

योगेश्वर श्री कृष्ण

सार्वभौम सत्य-सिद्धान्त अनुसार कथा

दृश्य काल के व्यक्तिगत प्रमाणित काल में व्यक्तिगत प्रमाणित पूर्ण दृश्य सत्य चेतना से युक्त भक्ति और प्रेम आधारित द्वापर युग में क्षत्रिय जाति में जन्में और यादव जाति में पले विष्णु के आठवें अवतार - योगेश्वर श्री कृष्ण अवतार के जन्म तक वर्णाश्रम के चार नेतृत्व-मन खण्ड-खण्ड जन्म आधारित होकर अनेक नेतृत्व मनों जातियों में स्थापित हो चुकी थी। परिणामस्वरूप मूल मानव जाति उसमें खो चुकी थी। "परशुराम-परम्परा" टूट रही थी जहाँ थी वहाँ भी ब्राह्मण धर्म-अर्धम की व्याख्या करने में असमर्थ, जनसंख्या और समस्याओं के बढ़ने के कारण एकतन्त्रात्मक विचार को स्वीकार न करने की ओर बढ़ रही थी। बहुदेववाद भी मनों को अलग कर रखा था। देश-सम्बन्ध, रिश्ता-सम्बन्ध पूर्ण रूप से टूटकर, रक्त सम्बन्ध टूटते हुये तेजी से प्रसार की ओर था। ऐसी स्थिति में कृष्ण की आत्मा व्यक्तिगत प्रमाणित सत्य-चेतना अर्थात् स्वयं द्वारा निर्मित परिस्थितियों में प्राथमिकता से भूतकाल का ज्ञान और भविष्य की आवश्यकतानुसार वर्तमान में कार्य करते हुये अपने उद्देश्यों को व्यक्तिगत रूप से उस समय व्यक्त करना जब उद्देश्य पूर्ण होने में कोई संदेह न हो, में स्थापित हो गयी। और वे कर्तव्य पथ पर अग्रसर हुये परिणामसवरूप श्रद्धेय श्रेष्ठजनों से श्रद्धा रखते हुये उनके प्रभाव से मुक्त रहकर कार्य करना, सम्पर्क में आये हुये सभी नर-नारियों को दास्य, संख्य, वात्सल्य, मधुर और अवैध प्रेम में स्वयं को मुक्त रखते हुये बाँध देना, अपने बड़े भाई बलराम को हल व मूसल धारण कराना, रूक्मिणी के स्वयंवर चुनने पर स्वयं अपना हरण करवा उसे प्रधानता देते हुये पूर्ण गृहस्थ सुख भोग करना, मानक गणराज्य या समाज के रूप में द्वारिका का निर्माण करना, साध्य (गणराज्य) को व्यक्त और साधन (प्रजा, सेना और गणराज्यों के राजा) दोनों का अव्यक्त प्रयोग या भोग करते हुये एकतन्त्रात्मक राजाओ के चरित्र का सार्वजनिक प्रदर्शन करवाकर उनका वध या पक्ष निर्धारण करना, सभी नेतृत्वकर्ता मनों अर्थात् जातियों के स्थायी एकीकरण सहित कर्म की ओर प्रेरित करने के लिए सम्पूर्ण उपनिषदों का सार-व्यक्तिगत प्रमाणित गीतोपनिषद् सहित अव्यक्त (निराकार) एवं व्यक्त (साकार) ऐकेश्वरवाद की स्थापना करने के लिए स्वयं को व्यक्तिगत प्रमाणित ईश्वर योगेश्वर रूप में प्रस्तुत करना इत्यादि सम्भव हो सका। कृष्ण का सम्पूर्ण जीवन विवशता वश हिंसात्मक प्रधान हो गणराज्य की स्थापना में लगा रहा और अन्त में उनके द्वारा स्थापित व्यवस्था उनके जीवन में ही नष्ट हो गयी।

ईश्वर के आठवें प्रत्यक्ष एवम प्रेरक व्यक्तिगत प्रमाणित पूर्णावतार श्री कृष्ण तथा विष्णु (एकात्व वाणी, ज्ञान ,कर्म व प्रेम) कें पूर्णावतार कें रुप में व्यक्त श्री कृष्ण का मुख्य गुण आर्दश सामाजिक व्यक्ति का चरित्र तथा अवतारी गुणों में साकार शरीर आधारित "परशुराम परम्परा" की असफलता को देखते हुये उसका नाश करकें निराकार नियम आधारित "परशुराम परम्परा" को प्रारम्भ किये। जिसके लिऐ वे मानक सार्वभौम सत्य ज्ञान-गीतोपनिषद् व्यक्त किये।

श्रीकृष्ण का नाम बेचने वाले सिर्फ भक्ति में ही लीन हैं। उनके मूल कार्य मानक सार्वभौम सत्य ज्ञान तथा निराकार नियम आधारित "परशुराम परम्परा" का नाम ही नहीं लेते जबकि भारत तथा विश्वस्तर पर गणराज्य का स्वरुप निम्नलिखित रुप में व्यक्त हो चुका है।

भारत में निम्लिखित रुप व्यक्त हो चुका था।

1. ग्राम, विकास खण्ड, नगर, जनपद, प्रदेश और देश स्तर पर गणराज्य और गणसंघ का रुप।
2. सिर्फ ग्राम स्तर पर राजा (ग्राम व नगर पंचायत अध्यक्ष) का चुनाव सीधे जनता द्वारा।
3. गणराज्य को संचालित करने के लिए संचालक का निराकार रुप- संविधान।
4. गणराज्य के तन्त्रों को संचालित करने के लिए तन्त्र और क्रियाकलाप का निराकार रुप-नियम और कानून।
5. राजा पर नियन्त्रण के लिए ब्राह्मण का साकार रुप- राष्ट्रपति, राज्यपाल, जिलाधिकारी इत्यादि।

विश्व स्तर पर निम्नलिखित रुप व्यक्त हो चुका था।

1. गणराज्यों के संघ के रुप में संयुक्त राष्ट्र संघ का रुप।
2. संघ के संचालन के लिए संचालक और संचालक का निराकार रुप- संविधान।
3. संघ के तन्त्रों को संचालित करने के लिए तन्त्र और क्रियाकलाप का निराकार रुप- नियम और कानून।
4. संघ पर नियन्त्रण के लिए ब्राह्मण का साकार रुप-पाँच वीटो पावर।
5. प्रस्ताव पर निर्णय के लिए सदस्यों की सभा।
6. नेतृत्व के लिए राजा- महासचिव।

श्रीकृष्ण की दिशा से शेष कार्य मानक सार्वभौम कर्मज्ञान का प्रस्तुतीकरण द्वारा नियम आधारित "परशुराम परम्परा" को पूर्णता प्रदान करना है। जिसके लिए निम्नलिखित की आवश्यकता है-

1. गणराज्य या लोकतन्त्र के सत्य रुप- गणराज्य या लोकतन्त्र के स्वरुप का विश्व मानक।
2. राजा और सभा सहित गणराज्य पर नियन्त्रण के लिए साकार ब्राह्मण का निराकार रुप- मन का विश्व मानक।
3. गणराज्य के प्रबन्ध का सत्य रुप- प्रबन्ध का विश्व मानक।
4. गणराज्य के संचालन के लिए संचालक का निराकार रुप- संविधान के स्वरुप का विश्व मानक।
5. साकार ब्राह्मण निर्माण के लिए शिक्षा का स्वरुप- शिक्षा पाठ्यक्रम का विश्व मानक।

यहाँ ध्यान देने योग्य यह है कि कृष्ण के समय अधिकतम राज्य एकतन्त्रात्मक थी और उनका प्रसार भी तेजी से बढ़ रहा था। ऐसे में उन्हें ज्ञान द्वारा समझाकर गणराज्यों की स्थापना नहीं हो सकती थी। जो राज्य गणराज्य थे वहाँ भी राजाओं के नियन्त्रण के लिए नियुक्त ब्राह्मण भी धर्म-अधर्म की व्याख्या करने में असफल हो चुके थे। विवशतावश उनके समक्ष हिंसा का एक मात्र रास्ता ही शेष था। परिणामस्वरूप उन्होनें व्यक्तिगत रूप से मानसिक वध तथा सार्वजनिक रूप से शारीरिक वध की नीति अपनायी। कृष्ण जानते थे कि राजा के चरित्र का सार्वजनिक प्रदर्शन करा उनके प्रजा को अपनी ओर आकर्षित किया जा सकता है क्योंकि प्रजा, राजा के आदेश को वाध्यतावश मानती है, उनके अन्तरात्मा को आदेश द्वारा नियन्त्रित नहीं किया जा सकता। परिणास्वरूप प्रजा का अदृश्य रूप से आत्मबल मेरी ओर हो जायेगा। अर्थात् मानसिक वध हो जायेगा। सिर्फ शारीरिक बल ही उनकी ओर रहेगा, और आत्मबल ही मूल है। इस ज्ञान का लाभ व्यावहारिक जीवन में प्रयोग करते हुये वे एकतन्त्रात्मक राजाओं के समक्ष स्वयं परिस्थिति उत्पन्न कर या गणराज्यों के राजा द्वारा उसे उत्पन्न करवा उनके चरित्र का सार्वजनिक प्रदर्शन चरम सीमा तक होने देकर, आवश्यक समझने पर स्वयं वध करते थे या राजाओं द्वारा वध करवाते थे या भविष्य के लिए छोड़ देते थे जिससे सर्वोच्च और अन्तिम युद्ध-महाभारत में सभी कृष्ण विरोधी एक पक्ष में हो जाये। उनका सम्पूर्ण लक्ष्य उस समय के सबसे बड़े राज्य हस्तिनापुर से ही पूर्ण हो सकता था इसलिए वहाँ वे अपनी उपस्थिति बनाये रखने के लिए रिश्ता, मित्रता, गुरू, दूत इत्यादि विभिन्न चरित्रों से जुड़ गये थे। जब कौरव और पाण्डवों के बीच युद्ध निश्चित हो गया तब वे अपने एकात्मज्ञान और एकात्मध्यान शक्ति की अटलनीय सफलता को देखते हुये उन्होंने कौरवों पक्ष के माँगने पर अपनी सेना स्वेच्छा से यह जानते हुये दे दिये कि उनका आत्मबल तो मेरे ही साथ है। और पाण्डव पक्ष के स्वयं उन्हें माँग लिये जाने पर शस्त्र न उठाने की प्रतिज्ञा के साथ

अर्जुन का सारथी इसलिए बन गये कि पाण्डवों की मुख्य शक्ति अर्जुन में ही नीहित थी, जिसके कारण युद्ध में पराजय, पलायन और आत्मबल कमजोर पड़ सकता था, युद्ध न होने के इस अन्तिम कारण को भी वे वश में कर युद्ध की अटलनीयता को मजबूती प्रदान कर दिये थे। इस स्थिति तक लाने में पक्षों का विभाजन कृष्ण ने इस प्रकार कर रखा था कि शारीरिक-शक्ति दोनों पक्षों का लगभग बराबर हो और आत्मबल पाण्डव पक्ष में हो जिससे युद्ध लम्बी अवधि तक चलकर सम्पूर्ण एकतन्त्रात्मक राज्य का नाश किया जा सके और पुनः नये सिरे से मानव की सृष्टि गीता ज्ञान द्वारा एकीकरण एवं निराकार एवं साकार ऐकेश्वरवाद की स्थापना द्वारा किया जा सके। युद्ध और विजय की सुनिश्चितता इसलिए आवश्यक थी कि तब तक कृष्ण के सम्पूर्ण योजना को दोनों पक्ष समझने लगे थे और युद्ध न होने या पराजय की स्थिति में कृष्ण ही संकट में आ जाते और जीवन भर का परिश्रम और उद्देश्य भी सफल न हो पाता। परन्तु युद्ध क्षेत्र में अर्जुन के अन्दर मोह से उत्पन्न वैराग्य के कारण जो गीता ज्ञान सार्वजनिक रूप से युद्धोपरान्त व्यक्त करना चाहते थे उसे विवशतावश अर्जुन को कर्म अर्थात युद्ध की ओर प्रेरित करने के लिए व्यक्तिगत रूप से व्यक्त करना पड़ा। परिणामस्वरूप युद्धोपरान्त सार्वजनिक प्रजा ज्ञान की महत्ता स्वीकार करने में असमर्थ हो निष्क्रिय-निर्जिव-अपुरूषार्थी और असहाय हो गयी। परिणामस्वरूप उनकी व्यवस्था यहाँ तक कि स्वयं उनका यदुवंश भी नष्ट हो गया। और कृष्ण का सम्पूर्ण नीति या पूर्ण मन का कार्य गणराज्य व्यवस्था की सर्वोच्च स्थापना, सन्यास आश्रम, प्रजा को ज्ञान की शिक्षा, सार्वजनिक प्रमाणित साकार ऐकेश्वर ध्यान और मूल मानव जाति की स्थापना के लिए अपूर्ण रह गया। यहाँ ध्यान देने योग्य यह है कि कृष्ण का ज्ञान सहित कर्म की ओर प्रेरित करता गीतोपनिषद् सार्वजनिक रूप से निराकार ऐकेश्वरवाद को ही प्रमाणित करने में सफल रहा क्योंकि ज्ञान की प्रमाणिकता ध्यान अर्थात् काल चिन्तन की प्राथमिकता के साथ सार्वजनिक प्रमाणित हो जाती है। ध्यान अर्थात् काल चिन्तन के साथ ज्ञान की व्यावहारिकता कर्मज्ञान तो कृष्ण के जीवन में था जिसके कारण वे सफल जीवन पूर्णकर व्यक्तिगत रूप से साकार ऐकेश्वर सिर्फ अर्जुन के समझ ही प्रस्तुत किये। सार्वजनिक प्रमाणित साकार ऐकेश्वर के बिना निराकार ऐकेश्वर भी प्रमाणित नहीं हो पाता क्योंकि गुण ही निराकार के उपस्थिति का प्रमाण है। कृष्ण स्वयं को सार्वजनिक प्रमाणित साकार ऐकेश्वर सिद्ध नहीं कर पाये वे ऐसा कर भी नहीं सकते थे क्योंकि फिर वहीं ज्ञान से सर्वोच्च ध्यान अर्थात् काल चिन्तन, धर्म की लगातार उन्नति, ज्ञान युक्त अवस्था में कर्म तथा स्थायी-स्वस्थ्य सर्वोच्च गणराज्य व्यवस्था स्थापित हो जाती फिर शेष दो विष्णु अवतारों की क्या आवश्यकता रह जाती? कृष्ण "परशुराम-परम्परा" को ही सुधार के साथ स्थापित करना चाहते थे जो एकतन्त्रात्मक राज्यों के नाश के बाद पुनः नये मानव समाज सृष्टि से प्रारम्भ होती, जिसकी आवश्यकता रामावतार में शुद्धात्मा बालकों लव और कुश द्वारा चुनौती दे व्यक्त की जा चुकी थी। रामावतार में श्रद्धेय श्रेष्ठ जनों से प्रभावित जीवन उनके कृष्णावतार में बलराम, कृष्ण, रूक्मणि और सत्यभामा का श्रद्धा पूर्वक श्रद्धेय श्रेष्ठजनों के प्रभाव से मुक्त रहकर व्यतीत हुआ। सीता के मन की पूर्णता रूक्मणि के रूप में कृष्ण के संग सुखमय गृहस्थ जीवन व्यतीत होकर पूर्ण हुआ परन्तु पुत्र शोक के कारण नया उद्देश्य इच्छा उत्पन्न हो गया और उनका मन पुनः अपूर्ण रह गया। लक्ष्मण-बलराम रूप में कृष्ण से बड़े बनकर पूर्णता को प्राप्त हुये। उर्मिला, सत्यभामा रूप में कृष्ण और रूक्मणि की सेवा कर पूर्णता प्राप्त की, परन्तु रूक्मणि के स्थान पर आने की नयी इच्छा ने उसके मन को अपूर्ण कर दिया। जिसका कारण प्रेम में शंका करना था। सीता के सूक्ष्म शरीर के स्थूल शरीर को पहचानने के लिए कृष्ण ने तब तक प्रतीक्षा की जब तक कोई स्वयं उन्हें वर न चुन ले क्योंकि कृष्ण यह जानते थे कि अपूर्ण मन या सूक्ष्म शरीर की पूर्णता के लिए स्थूल शरीर धारण करता है और वह स्वयं वर चुनेगी क्योंकि बल बिना पूर्व जन्म के प्राप्त किये प्रकट नहीं किया जा सकता। यदि ऐसा न होता तो स्वयं कृष्ण प्रेमावतार होते हुये भी उन प्रेमिकाओं में से किसी को अपनी पत्नी रूप में नही चुने बल्कि सभी को व्यक्त सान्निध्य में रख अवैध प्रेम में बाँधकर अपूर्ण कर दिये। ये सभी वह अपूर्ण-मन के स्थूल शरीर थे जो रामावतार के समय अनेक नर-नारियों के मन अव्यक्त रूप से अपूर्ण थे। अनेकों जातियों में मूल मानव जाति के मिश्रित हो जाने से मूल मानव जाति के प्रतीक को उन्होंने यदुवंशी बलराम को हल व मूसल धारण करा अलग प्रस्तुत किया।

जिस प्रकार सीमित मस्तिष्क से असीम या अपने से अधिक मस्तिष्क की सही व्याख्या नहीं की जा सकती उसी प्रकार श्री कृष्ण के मस्तिष्क को समझने के लिए श्रीकृष्ण के मस्तिष्क के बराबर या अधिक स्तर के मस्तिष्क

की आवश्यकता होगी। और श्रीकृष्ण ही एक मात्र ऐसे आठवें अवतार हुए जिन्हें समझे बिना मानव संसाधन का विकास असंभव है। यहीं कारण है कि श्रीकृष्ण जितना भक्ति के योग्य हैं उससे अनन्त गुना अधिक समझने के योग्य हैं। श्रीकृष्ण के मस्तिष्क के स्तर की व्याख्या करने वाले संबुद्ध सद्गुरु आचार्य रजनीश "ओशो" की सत्य दृष्टि संसार में प्रवाहित होने के बावजूद भी अधिकतम मानव का दुर्भाग्य है कि या तो वे उनकी सत्य दृष्टि से अनभिज्ञ हैं या वे समझने के लिए प्रयत्न ही नहीं करते और अपने व्यक्तित्व को संकुचित कर डालते हैं।

बुड्ढा कृष्णः कृष्ण का भाग-दो और अन्तिम

आओ कृष्ण मैं जानती थी कि तुम आओगे, इसलिए ही तो हजारो वर्षों से मैं तुम्हारी प्रतीक्षा कर रही हूँ। मैं जानती थी कि जिस व्यक्ति का सम्पूर्ण ध्यान सदैव हस्तिनापुर में ही रमता था, जिसके समस्त लक्ष्यों की केन्द्र बिन्दू थी, वह हस्तिनापुर जरूर आयेगा। - **द्रौपदी ने कहा।**

हाँ सखी मैं आ गया, किसी को दिया हुआ वचन मैं कैसे भूल सकता हूँ? मैंने तुम्हें वचन दिया था कि इतिहास तुम्हें चाहे जो कुछ भी कहें परन्तु भविष्य तुम्हें नारी आदर्श के सर्वोच्च शिखर पर देखेगा, जिसके आगे सम्पूर्ण संसार की नारीयाँ तुम्हारें अंश रूप में जानी जायेंगी। - **मैंने कहा।**

एक लक्ष्य से दूसरे बड़े लक्ष्य की ओर मन को स्थित कर देने का स्वभाव आज भी तुममे है। - **द्रौपदी ने कहा।**

सखी, यह जीवन ही ऐसा है। जहाँ से मृत्यु होती है फिर वहीं से पूर्णता के लिए अगले लक्ष्य के लिए जीवन आरम्भ होता है और यह क्रम तब तक चलता रहता है, जब तक कि वह पूर्ण होकर मुझमें विलीन होकर मुझ जैसा नहीं हो जाता। देखो, ये मेरे सफेद हुए बाल, ये मेरे आँखों में आँसू, मेरा अकेलापन और मेरा अधूरापन। महाभारत युद्ध के बाद मैं बिल्कुल अकेला हो चुका था, न कोई लक्ष्य, न कौरवों की आवश्यकता, न पाण्डवों की आवश्यकता। जिस अवस्था में मैं तुम्हें छोड़कर गया था, अब यह संसार मुझे वहीं से आगे की ओर बढ़ते हुये देखेगा। - **मैंने कहा।**

सखी, मेरे बाल रूप को, मेरे युवा रूप को, मेरे प्रेम रूप को, मेरे गीता उपदेश को यह संसार समझने लगा है। मैं सिर्फ अपना बचा शेष कार्य पूर्ण करने आया हूँ। "नव मनुष्य और सृष्टि निर्माण", जिसमें अब न तो पाण्डवों की आवश्यकता है न ही कौरवों की। अब तो न पाण्डव हैं न ही कौरव हैं, वे तो पिछले समय में ही मुक्त हो चुके। अब तो पाण्डव व कौरव एक ही शरीर में विद्यमान हैं। जिस किसी को देखो वह कुछ समय पाण्डव रूप में दिखता है तो अगले समय में वही कौरव रूप में दिखने लगता है। फिर वही पाण्डव रूप में दिखने लगता है। सब कुछ विवशता वश एकीकरण की ओर बढ़ रहा है। अब युद्ध कहाँ, अब तो उस एकीकरण के मार्ग को दिखाना मात्र मेरा शेष कार्य हैं। और इस कार्य में मैं बिल्कुल अकेला, निःसंग, न कोई मेरे लिए जीवन की कामना करने वाला, न ही कोई मेरी मृत्यु की कामना करने वाला, न ही मुझसे मिलने की चेष्टा करने वाला, न ही मुझसे कुछ सुनने वाला, न मुझे कुछ सुनाने वाला और न ही गोपीयाँ हैं। दर असल मैं मृत ही पैदा ही हुआ था, एक मरा हुआ जीवित मनुष्य, यही मेरा इस जीवन का रूप था। और मेरे इस जीवन को संसार "बुढ़े कृष्ण" के रूप में याद करेगा जो मुझ परमात्मा के पूर्ण कार्य का भाग दो होगा, जिसे लोगों ने देख व जान नहीं पाया था। आज मैं बहुत कुछ बताना चाहता हूँ सखी क्योंकि तुम्हारे सिवा मुझे कौन सुनता ही था और कौन समझता ही था, और कौन विश्वास ही करता था। - **मैं बोलता जा रहा था।**

सखी, अब गोपीयाँ भी मेरे साथ नहीं, क्योंकि अब उन्हें हृदय से निकली उस वंशी की मधुर तान समझ में नहीं आती, न ही उस पर सारे बंधनों को तोड़कर नाचना आता है। जिस प्रकार आत्मा की उपस्थिति में प्रकृति नाचती है, उसी प्रकार अब तो मनुष्यों ने आत्मा के स्थान पर करेंसी (मुद्रा) बना लिया है जिसकी उपस्थिति में ही ये आधुनिक प्रकृति के अंश रूपी गोपीयाँ नाचती हैं। और इसलिए ही ये भोग की वस्तु बनती जा रही हैं। इसके

जिम्मेदार भी वे स्वयं ही हैं। सखी स्त्री हो या पुरूष सभी को सार्वभौम आत्मा से जुड़कर हृदय और बुद्धि के तल पर ही जीना चाहिए। शरीर और आवश्यकता के तल पर जीने से भोग ही होता है, समभोग नहीं। सार्वभौम आत्मा से जुड़कर हृदय और बुद्धि के तल पर जीने से शरीर की स्वस्थता और दीर्घायु भी प्राप्त होती है।

परन्तु तुम तो पूर्ण थे, फिर भी तुम मुक्त नहीं हुये। **-द्रौपदी ने कहा।**

सखी, मैं मुक्त कहाँ हो पाया। मुक्त तो वे लोग हुये जिनकी इच्छायें पूर्ण हुईं। तुम्हारी भी इच्छा पूर्ण नहीं हो पायी इसलिए तुम भी मुक्त नहीं हो पायी और मेरी भी इच्छा पूर्ण नहीं हुई इसलिए मैं भी मुक्त नहीं हो पाया। मेरे शरीर त्यागने के समय तुम मेरे पास थी और मैं चाहकर भी तुमसे नहीं बताया कि मेरी इच्छा क्या थी क्योंकि इससे तुम्हें दुःख होता। मैं पूर्ण परमात्मा पूर्णावतार सृष्टि करने के उद्देश्य से धरती पर अवतरित हुआ था। सखी, पूर्ण होने के बावजूद भी जब परमात्मा शरीर में होता है तब वह भी अन्य मनुष्य और प्रकृति द्वारा उत्पन्न परिस्थितियों से भी विवश हो जाता है। उस समय मेरे सामने दो स्थितियाँ ऐसी आयी, जिसके आगे मैं विवश हुआ और मैं पूर्ण होते हुये भी अपूर्ण हो गया, फलस्वरूप मुझे फिर आना पड़ा। पहला, मेरा अनुमान था कि महाभारत युद्ध शीघ्र ही समाप्त हो जायेगा और समस्या हल हो जायेगी। फिर मैं दोनों पक्षों के साथ मिल-मिलाकर, ज्ञान-कर्मज्ञान की शिक्षा से नव मनुष्य व सृष्टि निर्माण का कार्य प्रारम्भ करूँगा। परन्तु हो गया इसका उल्टा, महाविनाश। फिर मैं किसे शिक्षा देता। दूसरा, यह कि जो शिक्षा मुझे युद्ध के उपरान्त देनी थी, वह योद्धा अर्जुन के युद्ध क्षेत्र में शस्त्र रख देने के कारण मुझे ज्ञान-कर्मज्ञान में से अधूरी शिक्षा केवल ज्ञान को अर्जुन को देने पड़े शेष कर्मज्ञान की शिक्षा के लिए कोई शेष योग्य बचा ही नहीं। सखी, "गीता" में मैंने सिर्फ इतना ही तो बताया था कि प्रकृति के तीन गुणों सत्व, रज और तम से मुक्त होकर ही मुझ परमात्मा को जाना जा सकता है। अब "विश्वशास्त्र" से मैं ये बताने आया हूँ कि परमात्मा को जान लेने के बाद संसार में कर्म कैसे किया जाता है, जो परमात्मा द्वारा सम्पूर्ण ब्रह्माण्ड में क्रियाशील है। यही कर्मज्ञान है और जो कुछ भी मैंने गीता में कहा था उसका दृश्य रूप है। **- मैं बोलता गया।**

तुम नहीं जानती सखी, ये स्थिति मेरे लिए कितनी विवशतापूर्ण थी। क्या पितामह भीष्म ज्ञानी नहीं थे, क्या गुरू द्रोणाचार्य, कृपाचार्य, महाराज धृतराष्ट्र, शकुनि, कर्ण ज्ञानी नहीं थे। सब ज्ञानी थे परन्तु सभी, मनुष्य और प्रकृति द्वारा उत्पन्न परिस्थितियों से विवश थे। सखी, युद्ध में योद्धा को कभी भी हृदय की नहीं सुननी चाहिए। तुम्हारा पति और मेरा सखा ही नहीं बल्कि अर्जुन मेरी बहन सुभद्रा का भी पति था, और युद्ध क्षेत्र में मैं उसका सारथी भी था। यह सब इसलिए ही हुआ था क्योंकि मैं अर्जुन के हृदय को जानता था और युद्ध की अनिवार्यता को भी, फिर भी वह युद्ध क्षेत्र में शस्त्र रखकर मुझे विवश कर दिया, और मुझे अपनी सारी ज्ञान शक्ति उस पर खर्च करनी पड़ी जो मेरी योजना थी ही नहीं। यह ज्ञान शक्ति भी मैंने उसे अकेले में ले जाकर इसलिए कहा क्योंकि अन्य कोई उसे भ्रमित न कर सके।**- मैंने कहा।**

सखा, अगर फिर भी अर्जुन युद्ध के लिए न मानता तो क्या होता। **- द्रौपदी ने कहा।**

तो मैं अर्जुन का ही वध कर देता, क्योंकि यह भी मेरी विवशता ही होती। मैंने भी अनेकों युद्ध लड़े थे, सखी। परन्तु एक योद्धा की तरह, कहीं भी मैंने हृदय की ओर नहीं देखा। क्या कंस मेरे मामा नहीं थे। लोग यह समझते हैं कि मैंने युद्ध के डर से मथुरा छोड़ा था परन्तु मैं तुम्हें बताना चाहता हूँ कि मैं युद्ध से नहीं बल्कि गोपियों के डर से मथुरा छोड़ा था। ये गोपियाँ मेरे दिल पर युद्ध कर बार-बार मुझे परास्त कर रही थीं, और मैं पल-पल कमजोर होता जा रहा था। हृदय का भाव जब बढ़ता है तब कर्म कमजोर पड़ जाता है सखी। इसलिए ही मैंने मथुरा छोड़ा था और फिर कभी नहीं गया। जाते-जाते गोपियों से मैंने अवश्य कहा था कि जिसे द्वारिका चलना हो चले परन्तु कोई नहीं आया, यह गोपियों के प्रेम की परीक्षा ही थी। अब कोई आत्मा पर विश्वास नहीं करता सभी शरीर पर ही विश्वास करते हैं जबकि मनुष्य की समस्त अभिव्यक्ति उसी आत्मा के कारण ही प्रकाशित हो रही होती है। **- मैं लगातार बोलता जा रहा था।**

सखी, जब परमात्मा शरीर मे पूर्ण रूप से प्रकाशित होता है तब भी वह शरीर के माध्यम से ही होता है। इसलिए बहुत से मनुष्य उस पर विश्वास करते हैं, वहीं बहुत से मनुष्य विश्वास नहीं भी करते हैं। इसलिए उस पूर्ण परमात्मा को अपनी उपस्थिति बताने के लिए कर्म करने पड़ते हैं। अगर प्रारम्भ में ही सभी विश्वास कर लें तो युद्ध

कैसा और महाभारत क्यों होता। परन्तु इस बार ऐसा कुछ नहीं होगा। इस बार मैं नहीं मेरा अपना रूप, मेरा शास्त्र- "विश्वशास्त्र" अनन्त काल तक युद्ध करेगा। जिस प्रकार मेरी "गीता" आज तक युद्ध कर रही है। महाभारत युद्ध में मेरे ज्ञान के विश्वरूप योगेश्वर रूप में सभी स्थित थे और अब वर्तमान में मेरे कर्मज्ञान के विश्वरूप भोगेश्वर रूप में सभी शास्त्र, दर्शन, महापुरूष, विचारक समाहित होते चले जायेंगे। और मुझे किसी भी प्रकार की परीक्षा देने की आवश्यकता ही नहीं होगी क्योंकि जब तक मनुष्य इसे समझने की कोशिश करेंगे तब तक मैं अपना काम कर चुका रहूँगा और यह युद्ध किसी पर निर्भर भी नहीं है क्योंकि इस बार समाज स्वयं इसके लिए तैयार है और उसकी विवशता भी है। सखी, इस संसार में कोई विश्वगुरू, विश्वगुरू नहीं बना सकता। सिर्फ कोई गुरू ही विश्वगुरू बना सकता है और गुरू तो एक मात्र परमात्मा ही है। मैं ही हूँ। मेरा सार्वभौम रूप ही है। और इस प्रकार मैं पूर्ण पुरूष और तुम पूर्ण प्रकृति के रूप में सदैव इस संसार के सर्वोच्च ऊँचाई पर स्थित रहेंगे। - **मैं धारा प्रवाह बोलता जा रहा था।**

परन्तु कृष्ण ये सब तो तुम कर रहे हो, इससे मुझे कैसे मुक्ति मिलेगी ओर मैं कैसे सर्वोच्च हूँ। - **द्रौपदी बोली।**

सखी, यह शरीर पाँच तत्वों से बना है। तुमने पाँच पतियों को धारण कर एकाकार किया था और प्रकृति के गुणों की सर्वोच्च अभिव्यक्ति थी। संसार में तो स्त्रियाँ एक पति को भी संभाल सकने का गुण नहीं रख पा रही हैं फिर वे तुम से तुलना के योग्य कहाँ हैं। वे तो तुम्हारी अंश मात्र हैं। कहाँ अंश और कहाँ पूर्ण प्रकृति। अंश का लक्ष्य पूर्णता को प्राप्त करना होता है। अन्यथा जीवन यात्रा चलती रहती है। अभी तो पुरूष की पूर्णता का क्रम चल रहा है। उसके बाद प्रकृति की पूर्णता का क्रम चलेगा, और उस यात्रा के अन्त में तुम पहले से ही बैठी मिलोगी। प्रकृति की पूर्ण यात्रा के अन्तिम छोर का स्थान खाली नहीं हैं, उस पर तुम पहले ही आदर्श रूप में विराजमान हो। जब अंश प्रकृति की पूर्णता की यात्रा समाप्त होगी तब तुम्हारे जीवन से शिक्षा ग्रहण कर तुम्हें अपने आदर्श के रूप में देखेंगे। परन्तु सखी, तुमने यह कैसे जाना कि मैं हस्तिनापुर अवश्य आउँगा। - **मैं बोला।**

सखा, जो पूर्ण होता है, वह पूर्णता का ही निर्माण करता है। तुमने जो कुछ भी किया वह अंश रूप में किया, किसी को प्रेम दिया, किसी को सखा बनाया, किसी को धन दिया, किसी को ज्ञान दिया, किसी को बल दिया इत्यादि अंश रूप में ही दिया परन्तु किसी को भी अपने जैसा नहीं बनाया। इससे ही मैंने जाना कि उस पूर्णता को पूर्ण करने तुम अवश्य आओगे और इस क्रम में तुम्हारा हस्तिनापुर आना अवश्य होगा। आखिरकार मैं तुम्हारी सखी थी, तुम्हें सदैव देखती, सुनती और समझती थी। मैं सदैव तुम्हें अपने पास अनुभव करती थी। हम सदैव साथ-साथ थे। एक समानान्तर रेखा की तरह जो कभी मिलीं नहीं परन्तु रहीं साथ-साथ। - **द्रौपदी ने कहा।**

सखी, जब दो समानान्तर रेखा दूर तक साथ-साथ जाती हैं, तब रेखाएँ तो जानती हैं कि हम एकाकार नहीं हैं परन्तु दूर से देखने वाला व्यक्ति उसे एकाकार होते ही देखता है। सखी, पितामह भीष्म जब युद्ध क्षेत्र में शरशैया पर लेटे थे तो मैं उनसे मिलने गया था। उन्होंने मुझसे पूछा था। कृष्ण, मैं पिछले 71 जन्मों में झाँककर देख चुका हूँ और मैंने देखा कि मैंने ऐसी कोई गलती नहीं की है जिससे मैं इस दण्ड का भागीदार बनूँ तो तुम बताओ कृष्ण ऐसा मेरे साथ क्यों हुआ। तब मैंने कहा था सखी, पितामह, आप 72वें जन्म में जाकर देखें, आप एक तितली को काँटा चुभोये थे और इतने जन्मों के बाद वह अनेक काँटों में ब्याज के रूप में बढ़ चुका है, जो अब आपको तीर के रूप में चुभे हुये हैं। तब उन्होंने संतुष्ट होकर कहा था- मान गये द्वारिकाधीश, तुम योगेश्वर परमात्मा हो, तुम्हें प्रणाम। और वे संतोंष से लेट गये थे। **सखी, तुम बताओ मैंने ऐसा क्यों कहा।**

सखा, पितामह 71 जन्म को जानते थे कि नहीं ये तो वही जान सकते हैं। और आप उनके 72वें जन्म को जानते थे कि नहीं, ये भी आप ही जान सकते हैं। दोनों बातें व्यक्तिगत रूप से प्रमाणित हैं न कि सार्वजनिक रूप से। परन्तु समाज आप दोनों को ही सार्वजनिक रूप से ज्ञानी तो समझती ही है। सखा इस समय भी आपकी उपस्थिति को लोग कैसे जान पायेंगे - **द्रौपदी ने कहा।**

सखी, तुम्हारे उत्तर से अब यह स्पष्ट हो चुका है कि तुम अब पूर्ण हो चुकी हो। अब तुममें और मुझमें कोई अन्तर नहीं है। तुममें, मैं और मुझमें, तुम। आदि में, मैं और अन्त में भी, मैं। और अब, सभी में, मैं और मुझमें,

सभी। सखी, व्यक्ति, समाज, राज्य की आवश्यकताओं को देखो, भविष्यवक्ताओं की भविष्यवाणीयों को देखो, ये सब मुझे पुकार रही हैं। ग्रहों के चालों, सूर्य व चन्द्र ग्रहण को देखो, ये सब मेरी उपस्थिति को बता रही हैं। मैं आया था, मैंने अपना कार्य पूर्ण किया मैं जा भी रहा हूँ, तुमसे एकाकार होकर। मैं मुक्त था, मैं मुक्त हूँ, मैं मुक्त ही रहूँगा। आओ सखी चलें। यह पूर्ण पुरूष और पूर्ण प्रकृति का महामिलन है। मैं ही योगेश्वर हूँ, मैं ही भोगेश्वर हूँ। आदि में योगेश्वर हूँ और अन्त में भोगेश्वर हूँ। मैं प्रकृति को नियंत्रित कर व्यक्तिगत प्रमाणित अदृश्य रूप से विकसित होकर सार्वजनिक प्रमाणित दृश्य जगत में व्यक्त होता हूँ। अब ईश्वर भी अपने कर्तव्य से मुक्त है और प्रकृति भी। जो ईश्वर है वही प्रकृति है। जो प्रकृति है वही ईश्वर है। दोनों एक-दूसरे के अदृश्य और दृश्य रूप हैं। प्रत्येक में दोनों विद्यमान हैं। यही अर्धनारीश्वर है।

ध्यान रहे कि 12 ज्येतिर्लिंग में से सोमनाथ तीर्थ (गुजरात, भारत) के "भीड़िया तीर्थ" में एक शिलालेख पर लिखा है कि-"भगवान श्रीकृष्ण ई0 पू0 3102 चौत्र शुक्ल प्रतिपदा (शुक्रवार, 18 फरवरी) के दिन और मध्यान्ह के बाद 2 बजकर 27 मिनट 30 सेकण्ड के समय इस हिरण्य के पवित्र तक से प्रस्थान किये।" जिस दिन भगवान श्रीकृष्ण धराधाम से स्वधाम गए। उसी दिन से धरती पर कलियुग का आगमन हो गया और धीरे-धीरे इसका प्रभाव बढ़ने लगा।

वर्तमान समय के श्री लव कुश सिंह "विश्वमानव" भी श्रीकृष्ण की भाँति ज्ञानी अर्थात् सात्विक मन, एवं सात्विक कर्म से युक्त हैं। वे स्वयं नायक भी हैं और खलनायक भी। और साथ ही श्रीकृष्ण के "सार्वभौम ज्ञान" के बाद "सार्वभौम कर्मज्ञान" के व्यक्तकर्ता भी। मूल पाशुपत शैव दर्शन सहित अनेक मतों का सफल एकीकरण के स्वरूप श्री लव कुश सिह "विश्वमानव" के जीवन, कर्म और ज्ञान के अनेक दिशाओं से देखने पर अनेक दार्शनिक, संस्थापक, संत, ऋषि, अवतार, मनु, व्यास, व्यापारी, रचनाकर्ता, नेता, समाज निर्माता, शिक्षाविद्, दूरदर्शिता इत्यादि अनेक रूप दिखते हैं। इस प्रकार श्री लव कुश सिंह "विश्वमानव", सात्विक प्रवृत्ति के महान चरित्र श्रीकृष्ण की दिशा से उनकी अगली कड़ी के रूप में व्यक्त हैं।

रावण

परिचय

रावण श्रीरामायण का एक केंद्रीय प्रतिचरित्र है। रावण लंका का राजा था। वह अपने दस सिरों के कारण भी जाना जाता था, जिसके कारण उसका नाम दशानन (दश = दस, आनन = मुख) भी था। किसी भी कृति के लिये नायक के साथ ही सशक्त खलनायक का होना अतिआवश्यक है। श्रीरामकथा में रावण ऐसा पात्र है, जो श्रीराम के उज्ज्वल चरित्र को उभारने काम करता है। किंचित मान्यतानुसार रावण में अनेक गुण भी थे। वह एक कुशल राजनीतिज्ञ, महापराक्रमी, अत्यन्त बलशाली, अनेकों शास्त्रों का ज्ञाता प्रकान्ड विद्वान पंडित एवं महाज्ञानी था। रावण के शासन काल में लंका का वैभव अपने चरम पर था इसलिये उसकी लंकानगरी को सोने की लंका अथवा सोने की नगरी भी कहा जाता है। वर्तमान श्रीलंका के प्राचीन तमिल पोर्ट त्रिंकोमाली में रावण की मूर्ति आज भी स्थापित है।

रावण के दस सिर

रावण के दस सिर होने की चर्चा श्रीरामायण में आती है। वह कृष्णपक्ष की अमावस्या को युद्ध के लिये चला था तथा एक-एक दिन क्रमशः एक-एक सिर कटते हैं। इस तरह दसवें दिन अर्थात् शुक्लपक्ष की दशमी को रावण का वध होता है। श्रीरामचरितमानस में यह भी वर्णन आता है कि जिस सिर को श्रीराम अपने बाण से काट देते हैं पुनः उसके स्थान पर दूसरा सिर उभर आता था। विचार करने की बात है कि क्या एक अंग के कट जाने पर वहाँ पुनः नया अंग उत्पन्न हो सकता है? वस्तुतः रावण के ये सिर कृत्रिम थे-आसुरी माया से बने हुये। मारीच का चाँदी के बिन्दुओं से युक्त स्वर्ण मृग बन जाना, रावण का सीता के समक्ष श्रीराम का कटा हुआ सिर रखना आदि से सिद्ध होता है कि राक्षस मायावी थे। वे अनेक प्रकार के इन्द्रजाल (जादू) जानते थे। तो रावण के दस सिर और बीस हाथों को भी कृत्रिम माना जा सकता है। कुछ विद्वान मानते हैं कि रावण के दस सिरों की बात प्रतीकात्मक है-उसमें दस मनुष्यों की जितनी बुद्धि थी और दस आदमियों का बल था!

रावण द्वारा भगवान शंकर की स्तुति

उसने भगवान महादेव की सुंदर स्तुती की "जटाटवीगलज्जलप्रवाहपावितस्थले गलेऽवलम्ब्य लम्बितां भुजङ्गतुङ्गमालिका... भोलेनाथ ने स्तुति से प्रसन्न होके उससे कहा कि रावण यद्यपि मैं नृत्य तभी करता हूँ जब क्रोध में होता हूँ, इसलिये क्रोध में किये नृत्य को तांडव नृत्य नाम से संसार जानता है. किंतु आज तुमने अपनी इस सुंदर स्रोत से और सुंदर गायन से मेरा मन प्रसन्नता पूर्वक नृत्य करने को हो गया। रावण द्वारा रचित और गाया हुआ यह स्रोत शिव तांडव स्रोत कहलाया क्यूँकि भगवान शिव का नृत्य तांडव कहलाता है परन्तु वह क्रोध में होता है लेकिन

इस स्रोत में भगवान प्रसन्नता पूर्वक नृत्य करते हैं। इसके उपरांत भगवान शिव ने रावण को प्रसन्न होके चंद्रहास नामक तलवार दी, जिसके हाथ में रहने पर उसे तीन लोक में कोई युद्ध में नहीं हरा सकता था।

रावण का अत्याचार

रावण के नाम का फायदा ऊठाया दूसरे राक्षसों ने, उसके नाम पर कर वसूली, सिद्ध, संतों, मुनि जनों का अपमान होने लगा। राक्षसों ने देवताओं से अपना बैर निकालने के लिये, वो कभी गायों को (पृथ्वी समझ कर कि ब्रह्मा जी के पास गयी थी, इसका भेद पूछने के लिये) और ब्राह्मणों इसलिये कि स्वर्ग में बहुत कम देवता ही रह गये हैं शायद ये रूप बदल कर देवता ही ब्राह्मण हैं और संत बन के देवताओं की मदद कर रहे हैं, राक्षस जहाँ तहाँ सभी को त्रास देने और मारने लगे। जिससे पृथ्वी पर भार और बढ गया लेकिन रावण ने इन सब पर ध्यान नहीं दिया।

रावण के गुण

रावण में कितना ही राक्षसत्व क्यों न हो, उसके गुणों विस्मृत नहीं किया जा सकता। ऐसा माना जाता है कि रावण शंकर भगवान का बड़ा भक्त था। वह महा तेजस्वी, प्रतापी, पराक्रमी, रूपवान तथा विद्वान था।

वाल्मीकि उसके गुणों को निष्पक्षता के साथ स्वीकार करते हुये उसे चारों वेदों का विश्वविख्यात ज्ञाता और महान विद्वान बताते हैं। वे अपने श्रीरामायण में हनुमान का रावण के दरबार में प्रवेश के समय लिखते हैं-

अहो रूपमहो धैर्यमहोत्सवमहो द्युतिः।
अहो राक्षसराजस्य सर्वलक्षणयुक्तता।

आगे वे लिखते हैं "रावण को देखते ही श्रीराम मुग्ध हो जाते हैं और कहते हैं कि रूप, सौन्दर्य, धैर्य, कान्ति तथा सर्वलक्षणयुक्त होने पर भी यदि इस रावण में अधर्म बलवान न होता तो यह देवलोक का भी स्वामी बन जाता।"

रावण जहाँ दुष्ट था और पापी था, वहीं उसमें शिष्टाचार और ऊँचे आदर्श वाली मर्यादायें भी थीं। श्रीराम के वियोग में दुःखी सीता से रावण ने कहा है, "हे सीते! यदि तुम मेरे प्रति काम-भाव नहीं रखती तो मैं तुझे स्पर्श नहीं कर सकता।" शास्त्रों के अनुसार वन्ध्या, रजस्वला, अकामा आदि स्त्री को स्पर्श करने का निषेध है अतः अपने प्रति अ-कामा सीता को स्पर्श न करके रावण शास्त्रोचित मर्यादा का ही आचरण करता है।

वाल्मीकि श्रीरामायण और श्रीरामचरितमानस दोनों ही ग्रंथों में रावण को बहुत महत्त्व दिया गया है। राक्षसी माता और ऋषि पिता की सन्तान होने के कारण सदैव दो परस्पर विरोधी तत्त्व रावण के अन्तःकरण को मथते रहते हैं।

बौद्धिक संपदा का संरक्षणदाता-रावण

रावण के ही प्रसंग में श्रीकृष्ण जुगनू का अभिमत है-"....लंकापति रावण पर विजय का पर्व अक्सर यह याद दिलाता है कि रावण की सभा बौद्धिक संपदा के संरक्षण की केंद्र थी। उस काल में जितने भी श्रेष्ठजन थे, बुद्धिजीवी और कौशलकर्ता थे, रावण ने उनको अपने आश्रय में रखा था। रावण ने सीता के सामने अपना जो परिचय दिया, वह उसके इसी वैभव का विवेचन है। अरण्यकाण्ड का 48वां सर्ग इस प्रसंग में द्रष्टव्य है।

उस काल का श्रेष्ठ शिल्पी मय, जिसने स्वयं को विश्वकर्मा भी कहा, उसके दरबार में रहा। उस काल की श्रेष्ठ पुरियों में रावण की राजधानी लंका की गणना होती थी-यथेन्द्रस्यामरावती। मय के साथ रावण ने वैवाहिक संबंध भी स्थापित किया। मय को विमान रचना का भी ज्ञान था। कुशल आयुर्वेदशास्त्री सुषेण उसके ही दरबार में था जो युद्धजन्य मूर्च्छा के उपचार में दक्ष था और भारतीय उपमहाद्वीप में पाई जाने वाली सभी औषधियों को उनके गुणधर्म तथा उपलब्धि स्थान सहित जानता था। शिशु रोग निवारण के लिए उसने पुख्ता प्रबंध किया था। स्वयं इस विषय पर ग्रंथों का प्रणयन भी किया।

श्रेष्ठ वृक्षायुर्वेद शास्त्री उसके यहाँ थे जो समस्त कामनाओं को पूरी करने वाली पर्यावरण की जनक वाटिकाओं का संरक्षण करते थे-सर्वकाफलैर्वृक्षैः संकुलोद्यान भूषिता। इस कार्य पर स्वयं उसने अपने पुत्र को तैनात किया था। उसके यहाँ रत्न के रूप में श्रेष्ठ गुप्तचर, श्रेष्ठ परामर्शदाता और कुलश संगीतज्ञ भी तैनात थे। अंतपुर में सैकड़ों औरतें भी वाद्यों से स्नेह रखती थीं।

उसके यहाँ श्रेष्ठ सड़क प्रबंधन था और इस कार्य पर दक्ष लोग तैनात थे तथा हाथी, घोड़े, रथों के संचालन को नियमित करते थे। वह प्रथमतः भोगों, संसाधनों के संग्रह और उनके प्रबंधन पर ध्यान देता था। इसी कारण नरवाहन कुबेर को कैलास की शरण लेनी पड़ी थी। उसका पुष्पक नामक विमान रावण के अधिकार में था और इसी कारण वह वायु या आकाशमार्ग उसकी सत्ता में था-यस्य तत् पुष्पकं नाम विमानं कामगं शुभ्। वीर्यावर्जितं भद्रे येन यामि विहायस्।

उसने जल प्रबंधन पर पूरा ध्यान दिया, वह जहां भी जाता, नदियों के पानी को बांधने के उपक्रम में लगा रहता था-नद्यश्च स्तिमतोदकाः, भवन्ति यत्र तत्राहं तिष्ठामि चरामि च। कैलास पर्वततोत्थान के उसके बल के प्रदर्शन का परिचायक है, वह "माउंट लिफ्ट" प्रणाली का कदाचित प्रथम उदाहरण है। भारतीय मूर्तिकला में उसका यह स्वरूप बहुत लोकप्रिय रहा है। बस.... उसका अभिमान ही उसके पतन का कारण बना। वरना नीतिज्ञ ऐसा कि श्रीराम ने लक्ष्मण को उसके पास नीति ग्रहण के लिए भेजा था, विष्णुधर्मोत्तरपुराण में इसके संदर्भ विद्यमान हैं।

रावण के अवगुण

वाल्मीकि, रावण के अधर्मी होने को उसका मुख्य अवगुण मानते हैं। उनके श्रीरामायण में रावण के वध होने पर मन्दोदरी विलाप करते हुये कहती है, "अनेक यज्ञों का विलोप करने वाले, धर्म व्यवस्थाओं को तोड़ने वाले, देव-असुर और मनुष्यों की कन्याओं का जहाँ-तहाँ से हरण करने वाले! आज तू अपने इन पाप कर्मों के कारण ही वध को प्राप्त हुआ है।" तुलसीदास जी केवल उसके अहंकार को ही उसका मुख्य अवगुण बताते हैं। उन्होंने रावण को बाहरी तौर से श्रीराम से शत्रु भाव रखते हुये हृदय से उनका भक्त बताया है। तुलसीदास के अनुसार रावण सोचता है कि यदि स्वयं भगवान ने अवतार लिया है तो मैं जा कर उनसे हठपूर्वक वैर करूंगा और प्रभु के बाण के आघात से प्राण छोड़कर भव-बन्धन से मुक्त हो जाऊंगा।

रावण का उदय

पद्मपुराण, श्रीमद्भागवत पुराण, कूर्मपुराण, श्रीरामायण, महाभारत, आनन्द श्रीरामायण, दशावतारचरित आदि ग्रंथों में रावण का उल्लेख हुआ है। रावण के उदय के विषय में भिन्न-भिन्न ग्रंथों में भिन्न-भिन्न प्रकार के उल्लेख मिलते हैं।

वाल्मीकि द्वारा लिखित श्रीरामायण महाकाव्य के समय में, रावण लंकापुरी का सबसे शक्तिशाली राजा था।

पद्मपुराण तथा श्रीमद्भागवत पुराण के अनुसार हिरण्याक्ष एवं हिरण्यकशिपु दूसरे जन्म में रावण और कुम्भकर्ण के रूप में पैदा हुये।

वाल्मीकि श्रीरामायण के अनुसार रावण पुलस्त्य मुनि का पोता था अर्थात् उनके पुत्र विश्रवा का पुत्र था। विश्वश्रवा की वरवर्णिनी और कैकसी नामक दो पत्नियां थी। वरवर्णिनी के कुबेर को जन्म देने पर सौतिया डाहवश कैकसी ने कुबेला (अशुभ समय-कु-बेला) में गर्भ धारण किया। इसी कारण से उसके गर्भ से रावण तथा कुम्भकर्ण जैसे क्रूर स्वभाव वाले भयंकर राक्षस उत्पन्न हुये।

तुलसीदास जी के श्रीरामचरितमानस में रावण का जन्म शाप के कारण हुआ था। वे नारद एवं प्रतापभानु की कथाओं को रावण के जन्म कारण बताते हैं।

भागवत पुराण, मार्कण्डेय पुराण के अनुसार महर्षि कश्यप का विवाह दक्ष वंश की 13 कन्याओं से हुआ जिनके नाम हैं-1. दिति, 2. दनु, 3. क्रोधवशा, 4. ताम्रा, 5. काष्ठा, 6. अरिष्ठा, 7. सुरसा, 8. इला, 9. मुनी, 10.

सुरभि, 11. शरमा और 12. तिमिय 13. अदिति। इन 13 स्त्रीयों से 13 मानव जातियाँ बनीं और इनसे इस वंश का विस्तार होता गया। ये वंश ईरान तथा मध्य ऐशिया में अपना राज्य कायम किये हुये थे। कश्यप एक गोत्र का भी नाम है। यह बहुत व्यापक गोत्र है। जिसका गोत्र नहीं मिलता उसके लिए कश्यप गोत्र की कल्पना कर ली जाती है, क्योंकि एक परम्परा के अनुसार सभी जीवधारियों की उत्पत्ति कश्यप से हुई। इन्ही से ही सृष्टि का सृजन हुआ और जिसके परिणामस्वरूप महर्षि कश्यप जी "सृष्टि के सृजक" कहलाए।

रावण के माता पक्ष वंश

कश्यप की 1. दिति नामक स्त्री के दूसरे पुत्र दैत्य से दैत्य जाति की स्थापना हुई। दैत्यों की एक शाखा मय सभ्यता के रूप में जानी जाती थी। मय का राज्य मयेरिका जाना जाता था जिसकी राजधानी मयसिको तथा वर्तमान नाम अमेरिका हो गया। दूसरी शाखा मेसोपोटामिया तथा तीसरी शाखा बेबीलोन में थी। जो असुर सभ्यता के नाम से जानी जाती थी। असुरों की राजधानी असीरिया थी। दिति के गर्भ से परम् दुर्जय हिरण्यकश्यपु और हिरण्याक्ष नामक दो पुत्र एवं सिंहिका नामक एक पुत्री पैदा की। श्रीमद्भागवत् के अनुसार इन तीन संतानों के अलावा दिति के गर्भ से कश्यप के 49 अन्य पुत्रों का जन्म भी हुआ, जोकि मरून्दण कहलाए। कश्यप के ये पुत्र निःसंतान रहे। देवराज इन्द्र ने इन्हें अपने समान ही देवता बना लिया। जबकि हिरण्याकश्यपु को चार पुत्रों अनुहल्लाद, हल्लाद, परम भक्त प्रहल्लाद, संहल्लाद आदि की प्राप्ति हुई। इसी वंश में राजा बलि, बाणासुर, कुंभ, निकुंभ थे। राजा बलि, प्रहल्लाद के पुत्र विरोचन के पुत्र थे और बलि के पुत्र का नाम वाणासुर था। बलि का राज्य वर्तमान केरल प्रदेश में था जिसे पाताल लोक कहा गया है।

इसी वंश के सुमाली की चार कन्याओं (1. कैकसी, 2. कुम्भीनर्सी, 3. राका 4. पुष्पोत्कटा) का विवाह पुलस्त्य के पुत्र विश्रवा (रावण के पिता) से हुआ था। भृगु ऋषि तथा हिरण्यकश्यपु की पुत्री दिव्या के पुत्र शुक्राचार्य दैत्यों के गुरू थे। शुक्राचार्य की पुत्री का नाम देवयानी व पुत्र शंद और अर्मक थे। देवयानी का विवाह चन्द्रवंशी राजा ययाति से हुआ था।

रावण के पिता पक्ष वंश

ब्रह्मा के 10 मानस पुत्रों में से चौथे कान (ज्ञान के मानकीकरण के अनुसार सुनकर ज्ञान प्राप्त करने वाले) से पुलस्त्य थे। पुलस्त्य के पुत्र विश्रवा थें। विश्रवा का विवाह सुमाली की चार कन्याओं से हुआ था जिनकी 1. कैकसी रानी से रावण, 2. कुम्भीनसी रानी से कुम्भकर्ण, 3. राका रानी से विभीषण और 4. पुष्पोत्कटा रानी से सूपर्णखा का जन्म हुआ था। इस प्रकार रावण के पिता शुद्ध आर्य वंश और माता शुद्ध दैत्य वंश की थी।

श्रीराम-रावण युद्ध

जाम्बवन्त के आदेश से नल-नील दोनों भाइयों ने वानर सेना की सहायता से समुद्र पर पुल बांध दिया। श्री राम ने श्री रामेश्वर की स्थापना करके भगवान शंकर की पूजा की और सेना सहित समुद्र के पार उतर गये। समुद्र के पार जाकर राम ने डेरा डाला। पुल बंध जाने और राम के समुद्र के पार उतर जाने के समाचार से रावण मन में अत्यन्त व्याकुल हुआ। मन्दोदरी के राम से बैर न लेने के लिये समझाने पर भी रावण का अहंकार नहीं गया। इधर राम अपनी वानरसेना के साथ सुबेल पर्वत पर निवास करने लगे। अंगद राम के दूत बन कर लंका में रावण के पास गये और उसे राम के शरण में आने का संदेश दिया किन्तु रावण ने नहीं माना। शान्ति के सारे प्रयास असफल हो जाने पर युद्ध आरम्भ हो गया। लक्ष्मण और मेघनाद के मध्य घोर युद्ध हुआ। शक्तिबाण के वार से लक्ष्मण मूर्छित हो गये। उनके उपचार के लिये हनुमान सुषेण वैद्य को ले आये और संजीवनी लाने के लिये चले गये। गुप्तचर से समाचार मिलने पर रावण ने हनुमान के कार्य में बाधा के लिये कालनेमि को भेजा जिसका हनुमान ने वध कर दिया। औषधि की पहचान न होने के कारण हनुमान पूरे पर्वत को ही उठा कर वापस चले। मार्ग में हनुमान को राक्षस होने के सन्देह में भरत ने बाण मार कर मूर्छित कर दिया परन्तु यथार्थ जानने पर अपने बाण पर बिठा कर वापस लंका

भेज दिया। इधर औषधि आने में विलम्ब देख कर राम प्रलाप करने लगे। सही समय पर हनुमान औषधि लेकर आ गये और सुषेण के उपचार से लक्ष्मण स्वस्थ हो गये। रावण ने युद्ध के लिये कुम्भकर्ण को जगाया। कुम्भकर्ण ने भी रावण के शरण में जाने की असफल मन्त्रणा दी। युद्ध में कुम्भकर्ण ने राम के हाथों परमगति प्राप्त की। लक्ष्मण ने मेघनाद से युद्ध करके उसका वध कर दिया। राम और रावण के मध्य अनेकों घोर युद्ध हुये और अन्त में रावण राम के हाथों मारा गया। विभीषण को लंका का राज्य सौंप कर राम, सीता और लक्ष्मण के साथ पुष्पक विमान पर चढ़ कर अयोध्या के लिये प्रस्थान किया।

भोगेश्वर: रावण का भाग-दो और अन्तिम

शासक और मार्गदर्शक आत्मा सर्वव्यापी है। इसलिए एकात्म का अर्थ संयुक्त आत्मा या सार्वजनिक आत्मा है। जब एकात्म का अर्थ संयुक्त आत्मा समझा जाता है तब वह समाज कहलाता है। जब एकात्म का अर्थ व्यक्तिगत आत्मा समझा जाता है तब व्यक्ति कहलाता है। व्यक्ति (अवतार) संयुक्त आत्मा का साकार रुप होता है जबकि व्यक्ति (पुर्नजन्म) व्यक्तिगत आत्मा का साकार रुप होता है। शासन प्रणाली में समाज का समर्थक दैवी प्रवृत्ति तथा शासन व्यवस्था प्रजातन्त्र या लोकतन्त्र या स्वतन्त्र या मानवतन्त्र या समाजतन्त्र या जनतन्त्र या बहुतन्त्र या स्वराज कहलाता है और क्षेत्र गणराज्य कहलाता है ऐसी व्यवस्था सुराज कहलाती है। शासन प्रणाली में व्यक्ति का समर्थक असुरी प्रवृत्ति तथा शासन व्यवस्था राज्यतन्त्र या राजतन्त्र या एकतन्त्र कहलाता है और क्षेत्र राज्य कहलाता है ऐसी व्यवस्था कुराज कहलाती है। सनातन से ही दैवी और असुरी प्रवृत्तियों अर्थात् दोनों तन्त्रों के बीच अपने-अपने अधिपत्य के लिए संघर्ष होता रहा है। जब-जब समाज में एकतन्त्रात्मक या राजतन्त्रात्मक अधिपत्य होता है तब-तब मानवता या समाज समर्थक अवतारों के द्वारा गणराज्य की स्थापना की जाती है। या यूँ कहें गणतन्त्र या गणराज्य की स्थापना-स्वस्थता ही अवतार का मूल उद्देश्य अर्थात् लक्ष्य होता है शेष सभी साधन अर्थात् मार्ग।

रावण राज्य, व्यक्ति का समर्थक असुरी प्रवृत्ति तथा शासन व्यवस्था राज्यतन्त्र या राजतन्त्र या एकतन्त्र था। रावण इस कारण ही असुर की श्रेणी में रखे गये न कि माँस-मदिरा के प्रयोग के कारण। तामसिक प्रवृत्ति से युक्त रावण एक ज्ञानी ब्राह्मण थे।

परशुराम परम्परा (अवतारी परम्परा) के प्रचार-प्रसार और स्थापना के लिए निकले श्रीराम जिसका माध्यम था-वनवास, के द्वारा रावण की बहन सुपर्णखा से दुव्र्यवहार के कारण रावण ने श्रीराम की पत्नी सीता का हरण कर अपनी ताकत का प्रदर्शन किया था। इस कारण श्रीराम-रावण युद्ध हुआ और श्रीराम की विजय हुयी। फलस्वरूप रावण के राज्य लंका में परशुराम परम्परा की स्थापना हुयी। सीता के हरण के उपरान्त जब तक सीता रावण के राज्य में रहीं तब तक रावण के विभिन्न चरित्रों से परिचित भी हुईं थी।

हिन्दू धर्म में पुराणों के अनुसार शिवजी जहाँ-जहाँ स्वयं प्रगट हुए उन बारह स्थानों पर स्थित शिवलिंगों को ज्योतिर्लिंगों के रूप में पूजा जाता है। ये संख्या में 12 है। 12 ज्योतिर्लिंगों के नाम शिव पुराण (शतरुद्र संहिता, अध्याय 42/2-4) के अनुसार हैं। जिनकी अपनी-अपनी कथाएँ भी हैं। एक मतानुसार बारह ज्योतिर्लिंगों को बारह राशियों से जोड़कर भी देखा जाता है। ये राशियां इस प्रकार से हैं-1.मेष-सोमनाथ, 2.वृष-श्रीशैल, 3.मिथुन-महाकाल, 4.कर्क-अमलेश्वर, 5.सिंह-वैद्यनाथ, 6.कन्या-भीमशंकर, 7.तुला-रामेश, 8.वृश्चिक-नागेश, 9.धनु-विश्वेशं, 10.मकर-त्र्यम्बकं, 11. कुंभ-केदार, 12. मीन-घृष्णेशं। ये राशियां चंद्र राशि समझें।

साधारण भाषा व सार्वभौम परिभाषा के रूप में जिन शिवलिंगों की कथा पौराणिक या अवतारों की कथा से जुड़ी होती है सिर्फ वही ज्योर्तिलिंग की योग्यता रखते हैं।

श्रीवैद्यनाथ ज्योतिर्लिङ्ग-झारखंड देवघर जिला (झारखंड) राज्य के संथाल परगना क्षेत्र में जसीडीह स्टेशन के पास देवघर (वैद्यनाथधाम) नामक स्थान पर श्रीवैद्यनाथ ज्योतिर्लिङ्ग सिद्ध होता है, क्योंकि यही चिताभूमि है। महाराष्ट्र में पासे परभनी नामक जंक्शन है, वहां से परली तक एक ब्रांच लाइन गयी है, इस परली स्टेशन से थोड़ी

दूर पर परली ग्राम के निकट श्रीवैद्यनाथ को भी ज्योतिर्लिङ्ग माना जाता है। परंपरा और पौराणिक कथाओं से देवघर स्थित श्रीवैद्यनाथ ज्योतिर्लिङ्ग को ही प्रमाणिक मान्यता है। जो रावण की एक कथा से सम्बन्धित है।

श्रीरामेश्वर ज्योतिर्लिङ्ग-तमिलनाडु रामेश्वरम श्रीरामेश्वर तीर्थ तमिलनाडु प्रांत के रामनाड जिले में है। यहाँ रावण से युद्ध के पूर्व भगवान श्रीराम ने अपने अराध्यदेव शंकर की पूजा की थी। ज्योतिर्लिङ्ग को श्रीरामेश्वर या श्रीरामलिंगेश्वर के नाम से जाना जाता है।

ज्योतिर्लिङ्ग के इतिहास में पहली बार ऐसा हुआ है कि श्रीराम-रावण की कथा में रावण को खलनायक पक्ष में रखने के बावजूद उनकी कथा से भी जुड़ा ज्योतिर्लिङ्ग है और वह श्रीराम के ज्योतिर्लिङ्ग से पहले ही स्थापित था। जो यह सिद्ध करता है कि रावण में कोई कमी नहीं थी। वर्तमान स्थिति में भी देखा जाये तो किसी की बहन के साथ दुव्र्यवहार का परिणाम ही तो युद्ध था।

युद्धोपरान्त सीता के दो पुत्र जन्म लिये। लव और कुश राम तथा सीता के जुड़वां बेटे थे। उनका जन्म तथा पालन वन में वाल्मीकि आश्रम में हुआ था। सब भाइयों के आग्रह को मानकर रामचन्द्र जी ने अश्वमेघ यज्ञ का अनुष्ठान किये। यज्ञ एक वर्ष से भी अधिक समय तक चलता रहा। अश्वमेघ यज्ञ जो अपनी व्यवस्था की सर्वोच्चता की घोषणा का प्रतीक होता था। अश्वमेघ यज्ञ में सर्वोच्चता का प्रतीक घोड़ा छोड़ा जाता था जो घोड़ा पकड़कर युद्ध में पराजित कर देता था उसे राजा बना दिया जाता था। राम द्वारा छोड़े गये घोड़े को "लव" और "कुश" नाम के दो शुद्धात्मा बालक ने घोड़े को पकड़कर राम की सेना को लगभग हरा चुके थे। परन्तु बालकों की माता सीता जिन्हें राम द्वारा वर्णाश्रम विभाजित गुण एवं कर्मों पर आधारित जाति के प्रभाव में आकर वनगमन दिया गया था, की उपस्थिति द्वारा एक-दूसरे के पिता-पुत्र रूप में परिचय के उपरान्त यह युद्ध रूक गया।

जब राम ने वानप्रस्थ लेने का निश्चय कर भरत का राज्यभिषेक करना चाहा तो भरत नहीं माने। अतः दक्षिण कोसल प्रदेश में कुश और उत्तर कोसल में लव का अभिषेक किया गया। कुश के लिये विन्ध्याचल के किनारे कुशावती और लव के लिये श्रावस्ती नगरों का निर्माण कराया फिर उन्हें अपनी-अपनी राजधानियों को जाने का आदेश दिया।

प्रत्येक पूर्णावतार के जीवन में उसके व्यक्त होने की कला तथा अगले पूर्णावतार के व्यक्त होने की कला का संकेत रूप दिया रहता है। ब्रह्मा के पूर्णावतार श्रीराम के जीवन मे वर्तमान परिस्थितियों पर कर्म करना राम कला थी जबकि लव कुश का व्यवहार-विरूद्ध फिर समाहित होना अगले पूर्णावतार की कला का व्यक्तिगत प्रमाणित अदृश्य संकेत रूप था। विष्णु के व्यक्तिगत प्रमाणित पूर्णावतार श्रीकृष्ण के जीवन में रामकला समाहित समाज की धारा के विरूद्ध चलकर समाज की धारा में ही समाहित हो जाना कृष्ण कला थी। जो कि अगले पूर्णावतार की कला का व्यक्तिगत प्रमाणित दृश्य संकेत रूप था। शिव-शंकर के पूर्णावतार तथा विष्णु के सार्वजनिक प्रमाणित पूर्णावतार के जीवन में कृष्णकला का सार्वजनिक प्रमाणित दृश्य रूप है। जबकि विश्व की धारा जहाँ तक पहुँच चुकी है, वहाँ से स्वयं को जोड़ लेना "विश्वमानव कला" है।

वर्तमान समय के श्री लव कुश सिंह "विश्वमानव" भी रावण की भाँति ज्ञानी अर्थात् सात्विक मन, एकान्त निवास, तामसिक भोजन एवं सात्विक कर्म से युक्त हैं। वे स्वयं नायक भी हैं और खलनायक भी। और साथ ही भोगेश्वर ज्योतिर्लिङ्ग (13वें और अन्तिम) और सत्यकाशी (प्रथम, अन्तिम तथा पंचम काशी) के व्यक्तकर्ता भी। मूल पाशुपत शैव दर्शन सहित अनेक मतों का सफल एकीकरण के स्वरूप श्री लव कुश सिह "विश्वमानव" के जीवन, कर्म और ज्ञान के अनेक दिशाओं से देखने पर अनेक दार्शनिक, संस्थापक, संत, ऋषि, अवतार, मनु, व्यास, व्यापारी, रचनाकर्ता, नेता, समाज निर्माता, शिक्षाविद्, दूरदर्शिता इत्यादि अनेक रूप दिखते हैं।

इस प्रकार श्री लव कुश सिंह "विश्वमानव", तामसिक और ज्ञानी प्रवृत्ति के महान चरित्र रावण की दिशा से उनकी अगली कड़ी के रूप में व्यक्त हैं।

भाग-4

घटना-चक्र: एक आश्चर्यजनक समानता

काल का प्रथम रूप - अदृश्य काल

धर्म ज्ञान का प्रारम्भ
श्रीकृष्ण व महाभारत काल
श्री राम कृष्ण व विवेकानन्द काल (1836 ई.-1902 ई.)
भारत के स्वतन्त्रता का उच्च काल (1903 ई.-1946 ई.)
स्वतन्त्र भारत व लव कुश सिंह "विश्वमानव" काल (1947 ई.-2015 ई.)

सन् 1947 से सन् 1980
सन् 1981 से सन् 1990
सन् 1991 से सन् 2000
सन् 2001 से सन् 2010
सन् 2011 से सन् 2015

काल का द्वितीय और अन्तिम रूप - दृश्य काल

धर्म ज्ञान का अन्त - वर्तमान समय - इतिहास लौट चुका है

सन् 2016 ई0
सन् 2017 ई0
सन् 2018 ई0
सन् 2019 ई0
सन् 2020 ई0
वर्ष 2020 ई0 में खगोलिय घटना: 6 ग्रहण (4 चंद्र ग्रहण, 2 सूर्य ग्रहण)
वर्ष 2020 ई0 में प्राकृतिक घटना: कोरोना (COVID-19) वायरस से वैश्विक महामारी
वर्ष 2020 ई0: सार्वभौम एकात्मता-मानवता का सन्देश
वर्ष 2020 ई0 का खगोलिय सन्देश
वर्ष 2020 ई0 का प्राकृतिक सन्देश
वर्ष 2020 ई0 का सार्वभौम सन्देश
वर्ष 2020 ई0 का अवतारी सन्देश

घटना-चक्र: एक आश्चर्यजनक समानता

काल का प्रथम रूप

अदृश्य काल

धर्म ज्ञान का प्रारम्भ

धर्म ज्ञान का प्रारम्भ

01. वैदिक धर्म-ऋषि-मुनि गण-ईसापूर्व 6000-2500

सत्ययुग के धर्म

02. ब्राह्मण धर्म-ब्राह्मण गण-ईसापूर्व 6000-2500

अ. व्यक्तिगत प्रमाणित पूर्ण प्रत्यक्ष अवतार

01. अदृश्य काल के व्यक्तिगत प्रमाणित काल में व्यक्तिगत प्रमाणित अदृश्य प्राकृतिक चेतना से युक्त सत्य आधारित सतयुग में विष्णु के प्रथम अवतार - मत्स्य अवतार

मुख्य-गुण सिद्धान्त - मछलियों के स्वभाव जल की धारा के विपरीत दिशा (राधा) में गति करने से ज्ञान (अर्थात् राधा का सिद्धान्त) प्रथम अवतार मत्स्य अवतार का गुण था जो अगले अवतार में संचरित हुई।

02. अदृश्य काल के व्यक्तिगत प्रमाणित काल में व्यक्तिगत प्रमाणित अदृश्य प्राकृतिक चेतना से युक्त सत्य आधारित सतयुग में विष्णु के द्वितीय अवतार - कूर्म या कच्छपावतार

मुख्य-गुण सिद्धान्त - एक सहनशील, शांत, धैर्यवान, लगनशील, दोनों पक्षों के बीच मध्यस्थ की भूमिका वाला गुण (समन्वय का सिद्धान्त) सहित प्रथम अवतार के गुण सहित वाला गुण द्वितीय अवतार कूर्म अवतार का गुण था जो अगले अवतार में संचरित हुई।

03. अदृश्य काल के व्यक्तिगत प्रमाणित काल में व्यक्तिगत प्रमाणित अदृश्य प्राकृतिक चेतना से युक्त सत्य आधारित सतयुग में विष्णु के तृतीय अवतार - बाराह अवतार

मुख्य-गुण सिद्धान्त - एक मेधावी, सूझ-बुझ, सम्पन्न, पुरूषार्थी, धीर-गम्भीर, निष्कामी, बलिष्ठ, सक्रिय, अहिंसक और समूह प्रेमी, लोगों का मनोबल बढ़ाना, उत्साहित और सक्रिय करने वाला गुण (प्रेरणा का सिद्धान्त) सहित द्वितीय अवतार के समस्त गुण से युक्त वाला गुण तृतीय अवतार वाराह अवतार का गुण था जो अगले अवतार में संचरित हुई।

04. अदृश्य काल के व्यक्तिगत प्रमाणित काल में व्यक्तिगत प्रमाणित अदृश्य प्राकृतिक चेतना से युक्त सत्य आधारित सतयुग में विष्णु के चौथे अवतार - नृसिंह अवतार

मुख्य-गुण सिद्धान्त - प्रत्यक्ष रूप से एका-एक लक्ष्य को पूरण करने वाले (लक्ष्य के लिए त्वरित कार्यवाही का सिद्धान्त) गुण सहित तृतीय अवतार के समस्त गुण से युक्त वाला गुण चतुर्थ अवतार नरसिंह अवतार का गुण था जो अगले अवतार में संचरित हुई।

05. अदृश्य काल के व्यक्तिगत प्रमाणित काल में व्यक्तिगत प्रमाणित अदृश्य प्राकृतिक चेतना से युक्त सत्य आधारित सतयुग में विष्णु के पाचवें अवतार - वामन अवतार

मुख्य-गुण सिद्धान्त - भविष्य दृष्टा, राजा के गुण का प्रयोग करना, थोड़ी सी भूमि पर गणराज्य व्यवस्था की स्थापना व व्यवस्था को जिवित करना, उसके सुख से प्रजा को परिचित कराने वाले गुण (समाज का सिद्धान्त) सहित चतुर्थ अवतार के समस्त गुण से युक्त गुण पाँचवें अवतार का गुण था जो अगले अवतार में संचरित हुई।

ब. सार्वजनिक प्रमाणित अंश प्रत्यक्ष अवतार

06. अदृश्य काल के व्यक्तिगत प्रमाणित काल में व्यक्तिगत प्रमाणित अदृश्य प्राकृतिक चेतना से युकत सत्य आधारित सतयुग में विष्णु के छठवें अवतार - परशुराम अवतार

मुख्य-गुण सिद्धान्त - गणराज्य व्यवस्था को ब्रह्माण्ड में व्याप्त व्यवस्था सिद्धान्तों को आधार बनाने वाले गुण और व्यवस्था के प्रसार के लिए योग्य व्यक्ति को नियुक्त करने वाले गुण (लोकतन्त्र का सिद्धान्त और उसके प्रसार के लिए योग्य उत्तराधिकारी नियुक्त करने का सिद्धान्त) सहित पाँचवें अवतार के समस्त गुण से युक्त वाला गुण छठें अवतार परशुराम का गुण था जो अगले अवतार में संचरित हुई।

त्रेतायुग के धर्म

03. वैदिक धर्म-श्रीराम-ईसापूर्व 6000-2500

स. सार्वजनिक प्रमाणित पूर्ण प्रत्यक्ष अवतार

स. सार्वजनिक प्रमाणित पूर्ण प्रत्यक्ष अवतार

07. अदृश्य काल के सार्वजनिक प्रमाणित काल में सार्वजनिक प्रमाणित अदृश्य प्राकृतिक चेतना से युक्त यज्ञ (अदृश्य कर्म) आधारित त्रेता युग में विष्णु के सातवें अवतार - श्री राम अवतार- रामायण (मानक व्यक्ति चरित्र)

मुख्य-गुण सिद्धान्त - आदर्श चरित्र के गुण तथा छठें अवतार तक के समस्त गुण को प्रसार करने वाला गुण (व्यक्तिगत आदर्श चरित्र के आधार पर विचार प्रसार का सिद्धान्त) सातवें अवतार श्रीराम का गुण था जो अगले अवतार में संचरित हुई।

द्वापरयुग के धर्म

04. वेदान्त अद्वैत धर्म-श्रीकृष्ण-ईसापूर्व 3000

द. व्यक्तिगत प्रमाणित पूर्ण प्रेरक अवतार

08. दृश्य काल के व्यक्तिगत प्रमाणित काल में व्यक्तिगत प्रमाणित पूर्ण दृश्य सत्य चेतना से युक्त भक्ति और प्रेम आधारित द्वापर युग में विष्णु के आठवें अवतार -योगेश्वर श्री कृष्ण अवतार महाभारत (मानक सामाजिक व्यक्ति चरित्र)

मुख्य-गुण सिद्धान्त - आदर्श सामाजिक व्यक्ति चरित्र के गुण, समाज में व्याप्त अनेक मत-मतान्तर व विचारों के समन्वय और एकीकरण से सत्य-विचार के प्रेरक ज्ञान को निकालने वाले गुण (सामाजिक आदर्श व्यक्ति का सिद्धान्त और व्यक्ति से उठकर विचार आधारित व्यक्ति निर्माण का सिद्धान्त) सहित सातवें अवतार तक के समस्त गुण आठवें अवतार श्रीकृष्ण का गुण था। जिससे व्यक्ति, व्यक्ति पर विश्वास न कर अपने बुद्धि से स्वयं निर्णय करें और प्रेरणा प्राप्त करता रहे। जो अगले अवतार में संचरित हुई।

कलियुग के धर्म

05. यहूदी धर्म

06 .पारसी धर्म-जरथ्रुस्ट-ईसापूर्व 1700

07. बौद्ध धर्म-भगवान बुद्ध-ईसापूर्व 1567-487

08. कन्फ्यूसी धर्म-कन्फ्यूसियश-ईसापूर्व 551-479

09. टोईज्म धर्म-लोओत्से-ईसापूर्व 604-518

10. जैन धर्म-भगवान महावीर-ईसापूर्व 539-467

11. ईसाइ धर्म-ईसा मसीह-सन् 33 ई0

12. इस्लाम धर्म-मुहम्मद पैगम्बर-सन् 670 ई0

13. सिक्ख धर्म-गुरु नानक-सन् 1510 ई0

य. सार्वजनिक प्रमाणित अंश प्रेरक अवतार

09. दृश्य काल के व्यक्तिगत प्रमाणित काल में सार्वजनिक प्रमाणित अंश दृश्य सत्य चेतना से युक्त संघ और योजना आधारित कलियुग के प्रारम्भ में विष्णु के नवें अवतार - बुद्ध अवतार

मुख्य-गुण सिद्धान्त - प्रजा को प्रेरित करने के लिए धर्म, संघ और बुद्धि के शरण में जाने की मूल शिक्षा देना नवें अवतार भगवान बुद्ध का गुण (धर्म, संघ और बुद्धि का सिद्धान्त) था। जो अगले अवतार में संचरित हुई।

श्रीकृष्ण व महाभारत काल

कलियुग का प्रारम्भ 18 फरवरी 3102 ई0 पू0

ध्यान रहे कि 12 ज्योतिर्लिङ्ग में से सोमनाथ तीर्थ (गुजरात, भारत) के "भीड़िया तीर्थ" में एक शिलालेख पर लिखा है कि-"भगवान श्रीकृष्ण ई0 पू0 3102 चैत्र शुक्ल प्रतिपदा (शुक्रवार, 18 फरवरी) के दिन और मध्यान्ह के बाद 2 बजकर 27 मिनट 30 सेकण्ड के समय इस हिरण्य के पवित्र तट से प्रस्थान किये।" जिस दिन भगवान श्रीकृष्ण धराधाम से स्वधाम गए। उसी दिन से धरती पर कलियुग का आगमन हो गया और धीरे-धीरे इसका प्रभाव बढ़ने लगा ।

वेदव्यास जी रचित महाकाव्य "जय", "भारत" और "महाभारत" इन तीन नामों से प्रसिद्ध है। वास्तव में वेदव्यास जी ने सबसे पहले 1 लाख श्लोकों के परिमाण के "भारत" नामक ग्रन्थ की रचना की थी, इसमें उन्होंने भारतवंशियों के चरित्रों के साथ-साथ अन्य कई महान ऋषियों, चन्द्रवंशी-सूर्यवंशी राजाओं के उपाख्यानों सहित कई अन्य धार्मिक उपाख्यान भी डाले। इसके बाद व्यास जी ने 24,000 श्लोकों का बिना किसी अन्य उपाख्यानों का केवल भारतवंशियों को केन्द्रित करके "भारत" काव्य बनाया। इन दोनों रचनाओं में धर्म की अधर्म पर विजय होने के कारण इन्हें "जय" भी कहा जाने लगा। महाभारत में एक कथा आती है कि जब देवताओं ने तराजू के एक पासे में चारों "वेदों" को रखा और दूसरे पर "भारत ग्रन्थ" को रखा, तो "भारत गन्थ" सभी वेदों की तुलना में सबसे अधिक भारी सिद्ध हुआ, अतः "भारत" ग्रन्थ की इस महत्ता (महानता) को देखकर देवताओं और ऋषियों ने इसे "महाभारत" नाम दिया और इस कथा के कारण मनुष्यों में भी यह काव्य "महाभारत" के नाम से सबसे अधिक प्रसिद्ध हुआ। वेदव्यास जी को महाभारत पूरा रचने में 3 वर्ष लग गये थे, इसका कारण यह हो सकता है कि उस समय लेखन लिपि कला का इतना विकास नहीं हुआ था, उस काल में ऋषियों द्वारा वैदिक ग्रन्थों को पीढ़ी दर पीढ़ी परम्परागत मौखिक रूप से याद करके सुरक्षित रखा जाता था। उस समय संस्कृत ऋषियों की भाषा थी और ब्राह्मी आम बोलचाल की भाषा हुआ करती थी। इस प्रकार ऋषियों द्वारा सम्पूर्ण वैदिक साहित्य मौखिक रूप से याद कर पीढ़ी दर पीढ़ी सहस्त्रों वर्षों तक याद रखा गया। फिर धीरे-धीरे जब समय के प्रभाव से वैदिक युग के पतन के साथ ही ऋषियों की वैदिक साहित्यों को याद रखने की शैली लुप्त होने लगी तब से वैदिक साहित्य को पाण्डुलिपियों पर लिखकर सुरक्षित रखने का प्रचलन हो गया। यह सर्वमान्य है कि महाभारत का आधुनिक रूप कई अवस्थाओं से गुजर कर बना है। विद्वानों द्वारा इसकी रचना की चार प्रारम्भिक अवस्थाएँ पहचानी गयी है। ये अवस्थाएँ सम्भावित रचना काल क्रम में निम्नलिखित हैं-

1. **प्रथम बार - 3100 ई0पू0** - सर्वप्रथम वेदव्यास द्वारा 100 पर्वों के रूप में एक लाख श्लोकों का रचित "भारत" महाकाव्य, जो बाद में "महाभारत" नाम से प्रसिद्ध हुआ।
2. **दूसरी बार - 3100 ई0पू0** - व्यास जी के कहने पर उनके शिष्य वैशम्पायन जी द्वारा जनमेजय के यज्ञ समारोह में ऋषि-मुनियों को सुनाना।
3. **तीसरी बार - 2000 ई0पू0** - फिर से वैशम्पायन और ऋषि-मुनियों की इस वार्ता के रूप में कही गयी "महाभारत" को सूत जी द्वारा पुनः 18 पर्वों के रूप में सुव्यवस्थित करके समस्त ऋषि-मुनियों को सुनाना।
4. **चौथी बार -1200-600 ई0पू0** - सूत जी और ऋषि-मुनियों की इस वार्ता के रूप में कही गयी "महाभारत" का लेखन कला के विकसित होने पर सर्वप्रथम ब्राह्मी या संस्कृत में हस्तलिखित पाण्डुलिपियों के रूप में लिपिबद्ध किया जाना।

इसके बाद भी कई विद्वानों द्वारा इसमें बदलती हुई रीतियों के अनुसार बदलाव किया गया, जिसके कारण उपलब्ध प्राचीन हस्तलिखित पाण्डुलिपियों में कई भिन्न-भिन्न श्लोक मिलते हैं। इस समस्या के निदान के लिए पुणे में स्थित भांडारकर प्राच्य शोध संस्थान ने पूरे दक्षिण एशिया में उपलब्ध महाभारत की सभी पाण्डुलिपियाँ (लगभग 10 हजार) का शोध और अनुसंधान करके उन सभी में एक ही समान पाये जाने वाले लगभग 75 हजार

श्लोकों को खोजकर उनका सटिप्पण एवं समीक्षात्मक संस्करण प्रकाशित किया। कई खण्डों वाले 13 हजार पृष्ठों के इस ग्रन्थ का सारे संसार के सुयोग्य विद्वानों ने स्वागत किया। महाभारत के दक्षिण एशिया में कई रूपान्तर मिलते हैं। इण्डोनेशिया, श्रीलंका, जावा द्वीप, जकार्ता, थाइलैण्ड, तिब्बत, बर्मा (म्यांमार) में महाभारत के भिन्न-भिन्न रूपान्तर मिलते हैं। दक्षिण भारतीय महाभारत में अधिकतम 1,40,000 श्लोक मिलते हैं जबकि उत्तर भारतीय महाभारत के रूपान्तर में 1,10,000 श्लोक मिलते हैं। इस तरह से अनेकों बार महाभारत को परिष्कृत किया गया है।

दृश्य पदार्थ विज्ञान के इस काल में विज्ञान के द्वारा आयी तकनीकों से दृश्य-श्रव्य (आडियो-विजुअल) माध्यम के आ जाने के बाद सभी महाभारत का अध्ययन व विवादित अंशों को त्यागते हुए श्री बी.आर चोपड़ा ने महाभारत के इस कथा का "महाभारत" नाम से उसका दृश्य-श्रव्य रूपान्तरण कर दूरदर्शन के माध्यम से प्रसारित कराया। जिसके फलस्वरूप वर्तमान में शायद ही कोई बचा हो जो महाभारत से परिचित न हो। इसके उपरान्त भी अन्य ने भी दृश्य-श्रव्य माध्यम में इस कथा का प्रस्तुतिकरण करने का प्रयत्न किये परन्तु बी.आर चोपड़ा कृत "महाभारत" एक मानक बन चुका है और जनमानस में उसके जीवन्त पात्रों के प्रति ऐसी छवि बन गई कि वे उसके पात्रों के रूप में उस काल के पात्रों को सत्य रूप में देखते हैं। फलस्वरूप चाहे जितनी बार महाभारत का दृश्य-श्रव्य रूपान्तरण क्यों न हो, पर जनमानस में वह रूप नहीं उतरता।

कुछ ऐतिहासिक एवं भाषाई प्रमाण निम्नलिखित हैं-

1. **1000 ईसा पूर्व** - महाभारत में गुप्त और मौर्य कालीन राजाओं तथा जैन (1000-700 ई0पू0) और साथ ही शतपथ ब्राह्मण (1100 ई0पू0) एवं छान्दोग्य उपनिषद् (1000 ई0पू0) में भी महाभारत के पात्रों का का वर्णन मिलता है। बौद्ध धर्म (700-200 ई0पू0) का वर्णन नहीं आता। अतएव यह निश्चित तौर पर 1000 ई0पू0 से पहले रची गयी होगी।
2. **600-400 ईसा पूर्व** - पाणिनी द्वारा रचित अष्टाध्यायी (600-400 ई0पू0) में महाभारत और भारत दोनों का उल्लेख है तथा इसके साथ-साथ श्रीकृष्ण एवं अर्जुन का भी सन्दर्भ आता है अतएव यह निश्चित है कि महाभारत और भारत पाणिनी के काल के बहुत पहले से ही अस्तित्व में रहे थे।
3. **प्रथम शताब्दी** - यूनान के पहली शताब्दी के राजदूत डियो क्रायसोसटम यह बताते है कि दक्षिण भारतीयों के पास एक लाख श्लोकों का एक ग्रन्थ है, जिससे यह पता चलता है कि महाभारत पहली शताब्दी में भी एक लाख श्लोकों का था। महाभारत की कहानी को ही बाद के मुख्य यूनान ग्रन्थों इलियड और ओडिसी में बार-बार अन्य रूप से दोहराया गया, जैसे धृतराष्ट्र का पुत्र मोह, कर्ण-अर्जुन प्रतिस्पर्धा आदि। संस्कृत की की सबसे प्राचीन पहली शताब्दी की एम.एस.स्पित्जर पाण्डुलिपि में भी महाभारत के 18 पर्वों की अनुक्रमणिका दी गयी है, जिससे यह पता चलता है कि इस काल तक महाभारत 18 पर्वों में प्रसिद्ध थी, यद्यपि 100 पर्वों की अनुक्रमणिका बहुत प्राचीन काल में प्रसिद्ध रही होगी, क्योंकि वेदव्यास जी ने महाभारत की रचना सर्वप्रथम 100 पर्वों में की थी, जिसे बाद में सूत जी ने 18 पर्वों के रूप में व्यवस्थित कर ऋषियों को सुनाया था।
4. **पाँचवी शताब्दी** - महाराजा शरवन्थ के 5वीं शताब्दी के तांबे की स्लेट पर पाये गये अभिलेख में महाभारत को एक लाख श्लोकों की संहिता बताया गया है।

- महाभारत का संकलन।

श्री विष्णु पुराण (तृतीय अंश, अध्याय-दो) में लिखा है कि-स्थितिकारक भगवान विष्णु चारों युगों में इस प्रकार व्यवस्था करते हैं-समस्त प्राणियों के कल्याण में तत्पर वे सर्वभूतात्मा सत्ययुग में कपिल आदिरूप धारणकर परम ज्ञान का उपदेश करते हैं। त्रेतायुग में वे सर्वसमर्थ प्रभु चक्रवर्ती भूपाल होकर दुष्टों का दमन करके त्रिलोक की रक्षा करते हैं। तदन्तर द्वापरयुग में वे वेदव्यास रूप धारण कर एक वेद के चार विभाग करते हैं और सैकड़ों शाखाओं में बाँटकर बहुत विस्तार कर देते हैं। इस प्रकार द्वापर में वेदों का विस्तार कर कलियुग के अन्त में

भगवान कल्किरूप धारणकर दुराचारी लोगों को सन्मार्ग में प्रवृत्त करते हैं। इसी प्रकार, अनन्तात्मा प्रभु निरन्तर इस सम्पूर्ण जगत् के उत्पत्ति, पालन और नाश करते रहते हैं। इस संसार में ऐसी कोई वस्तु नहीं है जो उनसे भिन्न हो।

श्री विष्णु पुराण (तृतीय अंश, अध्याय-तीन) में लिखा है कि-वेद रूप वृक्ष के सहस्त्रों शाखा-भेद हैं, उनका विस्तार से वर्णन करने में तो कोई भी समर्थ नहीं है अत-संक्षेप यह है कि प्रत्येक द्वापरयुग में भगवान विष्णु व्यासरूप से अवतीर्ण होते हैं और संसार के कल्याण के लिए एक वेद के अनेक भेद कर देते हैं। मनुष्यों के बल, वीर्य और तेज को अलग जानकर वे समस्त प्राणियों के हित के लिए वेदों का विभाग करते हैं। जिस शरीर के द्वारा एक वेद के अनेक विभाग करते हैं भगवान मधुसूदन की उस मूर्ति का नाम वेदव्यास है।

इस वैवस्वत मनवन्तर (सातवाँ मनु) के प्रत्येक द्वापरयुग में व्यास महर्षियों ने अब तक पुन-पुन-28 बार वेदों के विभाग किये हैं। पहले द्वापरयुग में ब्रह्मा जी ने वेदों का विभाग किया। दूसरे द्वापरयुग के वेदव्यास प्रजापति हुए। तीसरे द्वापरयुग में शुक्राचार्य जी, चौथे द्वापरयुग में बृहस्पति जी व्यास हुए, पाँचवें में सूर्य और छठें में भगवान मृत्यु व्यास कहलायें। सातवें द्वापरयुग के वेदव्यास इन्द्र, आठवें के वशिष्ठ, नवें के सारस्वत और दसवें के त्रिधामा कहे जाते हैं। ग्यारहवें में त्रिशिख, बारहवें में भरद्वाज, तेरहवें में अन्तरिक्ष और चैदहवें में वर्णी नामक व्यास हुए। पन्द्रहवें में त्रव्यारूण, सोलहवें में धनंजय, सत्रहवे में क्रतुन्जय और अठ्ठारवें में जय नामक व्यास हुए। फिर उन्नीसवें व्यास भरद्वाज हुए, बीसवें गौतम, इक्कीसवें हर्यात्मा, बाइसवें वाजश्रवा मुनि, तेइसवें सोमशुष्पवंशी तृणाबिन्दु, चैबीसवें भृगुवंशी ऋक्ष (वाल्मीकि) पच्चीसवें मेरे (पराशर) पिता शक्ति, छब्बीसवें मैं पराशर, सत्ताइसवें जातुकर्ण और अठ्ठाइसवें कृष्णद्वैपायन। अगामी द्वापरयुग में द्रोणपुत्र अश्वत्थामा वेदव्यास होंगे।

संवत् 5वीं सदी से 12वीं सदी

द्वैताद्वैत दर्शन - श्रीमद् निम्बार्काचार्य का जन्म

8वीं शताब्दी ई0

अद्वैत दर्शन - आदि शंकराचार्य का जन्म

830 ई0

आचार्य शंकर सन 830 में बत्तीस वर्ष की आयु में हिमालय पर्वत पर केदारनाथ महासमाधि में लीन हो गये।

श्री शंकराचार्य की वाणी

जिस प्रकार अँधेरे में पड़ी रस्सी से सर्प की कल्पना कर ली जाती है तथा शुक्ति या सीपी को चाँदी का टुकड़ा समझ लिया जाता है। उसी प्रकार अज्ञानी पुरूष देह को ही आत्मा मान लेता है। आत्मा वस्तुतः एक और निरवयव है। उसके विपरीत देह अनेक अंगो की बनी है, फिर भी आश्चर्य! लोग दोनों को एक ही मानते है, भला इससे बढ़कर अज्ञान और क्या हो सकता है। अज्ञानी पुरूष फल की अभिलाषा से कर्म में प्रवृत्त होता है। सतत चिन्तन से इस भाव की उत्पत्ति होती है कि मै ब्रह्म हूँ और वह अज्ञान एवं उसके कार्यों का नाश कर देता है। यह वैसे ही होता है जैसे रसायन औषधि रोग का नाश कर देता है। मन से बाहर अज्ञान का अस्तित्व नहीं है। केवल मन ही अविद्या है, वही समस्त बन्धनों एवं पुनर्जन्म का कारण है। जब मन नष्ट हो जाता है तो सारे प्रपंच नष्ट हो जाते है। जिस प्रकार पीलिया या पाण्डुरोग के रोगी को श्वेत वस्तुएँ भी पीली दिखाई देती हैं उसी प्रकार अज्ञान के कारण मनुष्य आत्मा को देहरूप देखता है। ब्रह्म के साथ आत्मा के ऐक्य की अनुभूति से ही मुक्ति सम्भव है। योग, सांख्य, कर्म, विद्या अथवा अन्य किसी उपाय से वह सम्भव नहीं। मैं देवाधिदेव हूँ, मैं द्वेष और ईष्र्या के स्पर्श मात्र से अलिप्त हूँ, मैं वह जो मुमुक्षु साधको की कामना पूर्ण करता हूँ, मैं अजर, मैं अमर हूँ, ईश्वर हूँ, मैं प्रत्यगात्मचैतन्य हूँ, परमानन्द पूर्ण हूँ, मैं परमशिव हूँ, मैं अनन्त हूँ, आत्मसाक्षात्कार करने वालो पुरूषों मैं मैं सर्वश्रेष्ठ हूँ, मैं आत्मानन्द का भोक्ता हूँ, अशिक्षित बालक अथवा अन्य प्राणी जिस अपने मैं की गरिमा का अनुभव करते हैं, वह मैं हूँ, मैं आनन्दमयी हूँ, ज्ञानमय हूँ आत्मानुभूतिमय हूँ, मैं बाह्य वस्तु के विचार तक से कोसों दूर हूँ, मेरा हृदय उस आनन्द में मग्न है जो इन्द्रियों का विषय नहीं है। केवल मैं ही जगत का मूल हूँ, उपनिषदों के उद्यान में बिहार करनेवाला मैं ही हूँ, मैं वह बड़वाग्नि हूँ, जो दुःखों के उफनाते हुए सागर को सुखा देगी। मैं ऋषि हूँ, ऋषियों का समूह मैं ही हूँ, सृष्टि-सृजन की

क्रिया मैं हूँ, और मैं स्वयं ही सृष्टि हूँ, मैं प्रगति हूँ, मैं तृप्ति हूँ, तृप्तिरूपी दीप का प्रकाश मैं ही हूँ, मैं देह से भिन्न हूँ, अतः मैं जन्म, जरा, क्षीणता, क्षय तथा आदि के आवर्तन से मुक्त हूँ, शब्द, रूप, रस, स्पर्श, गन्ध आदि इन्द्रिय विषयों से मैं निर्लिप्त हूँ, क्योंकि मैं इन्द्रियरहित हूँ,। मैं मन नहीं हूँ, अतः मोह, द्वेष और भय से मुक्त हूँ, उपनिषदों में उल्लेख है वह प्राणरहित, मनरहित, शुद्ध, उच्च से भी उच्च और अविनाशी है वह परब्रह्म मैं ही हूँ, जो शाश्वत शुद्ध, बुद्ध, मुक्त है जो अखण्ड, असीम एकमेवाद्वितीयम् है, जो सत्य ज्ञानमनन्तम रूप है। आकाश के समान मैं अन्तः वाह्य में व्याप्त हूँ, अविकारी और सर्वत्र सम हूँ, मैं शुद्ध, बुद्ध, निर्लिप्त, निर्मल, अविनाशी हूँ,। मैं निर्गुण और निष्क्रिय हूँ, मैं शाश्वत, निर्विकल्प, शुद्ध, निर्मल, निर्विकार, निराकार, अपरिवर्तनशील, नित्यमुक्त हूँ। मैं इन्द्रिय सुखो से विरक्त हूँ, परमानन्द, ज्ञान, आत्मानुभूति से पूर्ण हूँ, मैं इन्द्रिय जगत की कामनओं से सर्वत्र पृथक हूँ, जो अतीन्द्रिय है उसी में आनन्दित हूँ, समस्त शक्तिशाली तत्वों का मंगल मैं हूँ, क्योंकि मैं उन सब में महान हूँ, मैं कामजन्य संवेगों से मुक्त हूँ, मैं एक हूँ,। अभेद हूँ, यह इस प्रकार अथवा ऐसे के भेद से पृथक हूँ, मैं निःसंदेह पुरूषों का वन्दनीय हूँ, मैं गुणदोष की आन्तरिक भावनाओ से रहित हूँ,। मैं एकत्व का उद्‌घाटक हूँ, वेदान्त सिद्धान्त के सम्यक ज्ञान से जिनकी बुद्धि शुद्ध हो गयी है उनके लिए एकमात्र मैं ही परमासत्ता हूँ। रात्रि के अन्धकार की तरह अज्ञान को नष्ट करने वाला सूर्य मैं ही हूँ। मैं समस्त अशुभों का निदान हूँ,। मैं समस्त आरोपित उपाधियों से रहित औदार्य की पराकाष्ठा हूँ। धर्म, अर्थ, काम और मोक्ष प्रदान कर सभी इच्छओं को पूर्ण करने वाला मैं ही हूँ,। मैं समस्त औषधियों में ओज हूँ। सारे जगत का ताना बाना मैं हूँ, मैं पवित्र मन्त्ररूपी पंकज से निःसृत आत्माभिव्यक्ति की आनन्दमय सुरभि से उनमत्त भ्रमर हूँ। मैं ज्ञान हूँ, मैं ज्ञेय हूँ,, मैं ज्ञाता हूँ,। मैं सभी प्रकार के ज्ञान का साधन हूँ, ज्ञाता, ज्ञान और ज्ञेय से परे शुद्ध अस्तित्व मात्र मैं ही हूँ, मैं, न बुद्धि, न अहंकार चिन्ता, कान, जीभ, और आँख भी नहीं, आकाश, वायु, अग्नि, जल और पृथ्वी भी मैं नहीं हूँ,। मैं चिदानन्दस्वरूप शिव हूँ, मैं शिव हूँ, मैं प्राण नहीं हूँ,। पंच वायु, सप्ततत्व, पंचकोश, हाथ, पाँव, जिह्वा या अन्य कर्मेन्द्रिय भी नहीं हूँ, मैं चिदानन्दस्वरूप शिव हूँ, मैं शिव हूँ। मुझे न लोभ, न मोह, न द्वेष है, न राग, न मद, न मत्सर, धर्म, अर्थ, काम और मोक्ष की भी मुझे कामना नहीं है। मैं चिदानन्दस्वरूप शिव हूँ, मै शिव हूँ। मैं सुख, दुःख, पाप, पुण्य कुछ भी नहीं जानता। मन्त्र, तीर्थ, वेद, यज्ञ भी मैं नहीं जानता। मैं न भोक्ता हूँ, न भोग्य और न भोग। मैं चिदानन्दस्वरूप शिव हूँ, मैं शिव हूँ। मुझे मृत्यु नहीं, किसी प्रकार का भय नहीं, मुझमें जातिभेद नहीं है, न मेरे पिता है, न माता, मैं अजन्मा हूँ, न मेरे मित्र हैं, न सुहृद, न शिष्य, न गुरू मैं चिदानन्दस्वरूप शिव हूँ, मैं शिव हूँ। मैं निराकार हूँ, निर्विकल्प हूँ, मैं सर्वव्यापी हूँ, सर्वत्र हूँ, फिर भी इन्द्रियातीत हूँ, मैं न मोक्ष हूँ, न ज्ञेय, मैं चिदानन्दस्वरूप शिव हूँ, मैं शिव हूँ। बहुत से व्यक्ति जटाजूट बढ़ा लेते हैं, बहुत से सिर मुड़ा लेते है। बहुत से अपने केश निकाल डालते है, बहुत से गेरूआ वस्त्र धारण कर लेते हैं अथवा अन्य रंगों के वस्त्र पहन लेते हैं, किन्तु ये सब बातें उदर पोषण के लिए ही होता है। मोहग्रस्त व्यक्ति सम्मुख स्पष्ट सत्य देखकर भी नहीं देखते। मित्र और शत्रु, पुत्र, सगे-सम्बंधी, युद्ध या सन्धि किसी के प्रति भी आसक्त मत हो। यदि तुम विष्णुपद की प्राप्ति की इच्छा करते हो तो सभी विषयों को समदृष्टि से देखो। ज्ञान की प्राप्ति केवल विचार से ही हो सकती है। अन्य किसी साधन से नहीं। यह ठीक उसी प्रकार है जैसे बिना प्रकाश की सहायता के कोई वस्तु दृष्टिगोचर नहीं होती। प्रत्येक वस्तु का जन्म अज्ञान से होता है। ज्ञान के जागृत होते ही उसका नाश हो जाता है। मन जब दर्पण की भाँति निर्मल हो जाता है तब उसमें ज्ञान प्रकट होता है। अतः मन को शुद्ध करने का प्रयत्न करना चाहिए। आत्मा का स्वतः अथवा किसी दूसरे के द्वारा न तो ग्रहण किया जा सकता है, न त्याग और न आत्मा स्वयं किसी वस्तु का ग्रहण या त्याग ही करती है। यही सम्यक ज्ञान है। सम्यक ज्ञान परम शोधक अग्नि है। यह समस्त वेद और देवताओं का परम रहस्य है। मैं सर्वव्यापी, सम, शान्त, निरपेक्ष, सच्चिदानन्द ब्रह्म हूँ, मैं यह शरीर नहीं हूँ, जो स्वयं असत् है। इसी को ज्ञानी सत्य ज्ञान कहते हैं। पूर्ण ज्ञान प्राप्त योगी अपने ज्ञान चक्षुओं से स्व आत्मा में ही सम्पूर्ण जगत को देखता है। उसे सर्वत्र स्व आत्मा ही दिखाई देता है। अन्य कुछ नहीं। आत्मा पर आरोपित उपाधियों का विनाश केवल पूर्ण ज्ञान से होता है। अन्य किसी उपाय से नहीं। वेदों के अनुसार ब्रह्म और जीव में एकत्व की अनुभूति ही पूर्ण ज्ञान है। सत्य ज्ञान, अहंकार को समूल नष्ट करके समस्त कर्मों को भस्म कर देता है। तत्पश्चात्, न कर्ता रह जाता है न कर्म। न फलों का भोक्ता। मुक्ति के लिए कोई चाहे तीर्थ यात्रा करते हुए, गंगासागर जाए या व्रत या दान पुण्य करे, किन्तु

ज्ञान के बिना मुक्ति नहीं मिल सकती। आत्मा से तत्क्षण, तत्काल और यही आत्मानुभूति होती है। सब उपनिषदों का सार तत्व यही है कि पूर्ण मुक्ति ज्ञान से ही होती है। ज्ञान का फल तुरंत यहीं इसी जन्म में प्राप्त हो जाता है। अतः उसके लिए किसी प्रकार के संशय कि फल मिलेगा या नहीं अथवा भयभीत होने की कोई आवश्यकता नहीं। सत्यज्ञान, जो वेदान्त का विषय है इस संकल्प को जन्म देता है कि आत्मा ही ब्रह्म है। इसकी उपलब्धि से व्यक्ति पुनर्जन्म के बन्धन से तुरन्त पूर्णतः मुक्त हो जाता है। ज्ञानी पुरूष को विवेक द्वारा सम्पूर्ण दृश्य जगत को आत्मा में ही विलीन कर लेना चाहिए और निरन्तर यह चिन्तन करते रहना चाहिए कि आत्मा, आकाश के सदृश्य निर्मल है। मैं देवताओं को प्रणाम नहीं करता। जो सभी देवताओं से परे है वह किसी देवता को प्रणाम नहीं करता। उस स्थिति की उपलब्धि के उपरान्त फिर साधक शास्त्रविहित कर्म नहीं करता। मैं बारम्बार स्वयं अपनी आत्मा को, जो समस्त साधनाओं का मूल है, प्रणाम करता हूँ। जिसकी प्राप्ति के बाद फिर अन्य कोई वस्तु प्राप्त करने को नहीं रह जाती। जिसके आनन्द के बाद फिर किसी अन्य आनन्द की कामना नहीं रहती और जिसके ज्ञान के बाद फिर कुछ भी ज्ञातव्य नहीं रह जाता, उसी को तू ब्रह्म जान। जो आत्मतत्व है उसी को तू ब्रह्म जान वह असीम अनन्त परम सत्य है। वह महान है इसीलिए उसे ब्रह्म कहा जाता है। जो कुछ हम देखते हैं, जो कुछ सुनते हैं, वह ब्रह्म ही हैं। अन्य कुछ नहीं। परम तत्व का ज्ञान हो जाने पर समस्त विश्व सच्चिदानन्द अद्वैय ब्रह्म ही दिखाई देता है। सर्वोच्च और दिव्य ब्रह्म ज्ञान से जो व्यक्ति विमुख है उनका जीवन व्यर्थ है। वे मनुष्य होते हुए भी पशुवत् हैं। ब्रह्म अनन्त का भण्डार है, अतः एकमात्र ब्रह्म ही परम सत्ता है। फलतः जो सत् के ज्ञान है वे उसी में शरण लेते हैं। ज्ञान और कर्म के बीच पर्वत सदृश अडिग विरोध है। भगवान व्यास ने इस पर बहुत विचार करने के पश्चात् अपने पुत्र को इस प्रकार बोध कराया- इन दोनों मार्गों की वेदों में शिक्षा दी गयी है। एक है कर्म का मार्ग या प्रवृत्ति और दूसरा त्याग का मार्ग या निवृत्ति। परम अद्वैत की महानता की तुलना में देवादि भी दैत्य जैसे प्रतीत होने लगते है। और देवलोक, दानवलोक जैसा प्रतीत होने लगता है। जिसका भ्रम नष्ट हो गया है। वह आत्मज्ञान को किसी कर्म अथवा किसी अन्य ज्ञान के साथ संयुक्त करने की इच्छा नहीं करता। सत्य, परमधाम है। वह परमधाम है क्योंकि उपनिषदों का भी वही गन्तव्य स्थल है। सत्य का अर्थ है- मन, वाणी और कर्म से कपटाचरण का अभाव। असंख्य ग्रन्थों में जिस बात का उल्लेख हुआ है उसकी व्याख्या अर्धश्लोक में ही किये दे रहा हूँ। ब्रह्म सत्य है, जगत मिथ्या, जीव ब्रह्म ही है, वह ब्रह्म से पृथक नहीं।

1017-1137 ई0

विशिष्टाद्वैत दर्शन- श्रीमद् रामानुजाचार्य का जन्म

1199 ई0

द्वैत दर्शन - श्रीमद् माध्वाचार्य का जन्म, 79 वर्ष की अवस्था में इनका देहावसान हो गया।

11वीं से 12वीं शताब्दी ई0

गोरक्षनाथ

गोरखनाथ जी का मन्दिर उत्तर प्रदेश के गोरखपुर नगर में स्थित है। गोरखनाथ के नाम पर इस जिले का नाम गोरखपुर पड़ा है। गुरू गोरखनाथ जी के नाम से ही नेपाल के गोरखाओं ने नाम पाया। नेपाल में एक जिला है- गोरखा, उस जिले का नाम भी इन्हीं के नाम से पड़ा। माना जाता है कि गुरू गोरखनाथ सबसे पहले यहीं दिखे थे। गोरखा जिला में एक गुफा है जहाँ गोरखनाथ का पग चिन्ह है और उनकी एक मूर्ति भी है।

मत्स्येन्द्रनाथ और गोरखनाथ के समय के बारे में इस देश में अनेक विद्वानों ने अनेक प्रकार की बातें कही हैं।

संवत् 1356 माघ, कृष्णा सप्तमी

संत श्री रामानन्द का जन्म

इन्होंने जाति-पाँति के भेद को मिटाकर महान् क्रान्ति की, इनका कहना था कि

"जाति पाँति पूछे नहीं कोई। हरि को भजै सो हरि का होई।।"

लोक सम्पर्क के निकट आने तथा जाति-पाँति के भेदभाव का मतभेद होने के कारण श्री सम्प्रदाय से अलग होकर "रामावत सम्प्रदाय" चलाया। इन्होंने म्लेच्छ हो जाने वाले हिन्दुओं को राममन्त्र देकर कण्ठीमाला दी। वर्ण-जाति के नियम शिथिल कर सर्वसाधारण को एकता के सूत्र में पिरोया। उनमें से संयमशील साधुओं की टोली संगठित कर प्रचार को भेजा। इनके विभिन्न जाति के 12 प्रमुख शिष्य थे। 1. कबीर दास-जुलाहा, 2. रैदास (रविदास)-चमार, 3. सैना-नाई, 4. सदन-कसाई, 5. नरहरिदास-ब्राह्मण, 6. धन्ना-जाट, 7. पीपा- राजपूत इत्यादि थें। संवत 1505 में 120 वर्ष की आयु में परलोक सिधारे। ज्ञानतिलक, रामरक्षा इनकी प्रमुख रचनाओं में है।

सन् 1000-1400 ई0

सन् 1000-1400 तक का काल भारत के लिए सांस्कृतिक अस्मिता का विलोप का काल रहा जिसमें इस्लाम धर्म के साथ मुस्लिम शासक भारत में प्रवेश कर पश्चिमी भारत पर अधिकार प्राप्त कर चुके थे।

सन् 1401-1600 ई0

मुसलमान और हिन्दुओं में व्याप्त कुरीतियों पर संत कबीर (1440-1518 ई0) द्वारा कड़ा प्रहार, गुरुनानक (1469-1539 ई0) द्वारा सिख धर्म, चैतन्य महाप्रभु (1485-1533 ई0) द्वारा भक्ति सम्प्रदाय, सूरदास (1484 ई0) द्वारा श्रीकृष्णभक्ति, तुलसीदास (1532-1623 ई0) द्वारा श्रीरामभक्ति, अकबर (1582 ई0) द्वारा सभी धर्मों को मिलाकर नया धर्म दीन-ए-इलाही, मीराबाई (1567-1614 ई0) द्वारा श्रीकृष्ण भक्ति का प्रसार किया गया था।

सम्वत् 1535 वैशाख कृष्ण पक्ष एकादशी

शुद्धाद्वैत दर्शन - श्रीमद् वल्लभाचार्य का जन्म। सम्वत् 1587, आषाढ़ शुक्ल तृतीया को उन्होंने अलौकिक रीति से इहलीला संवरण कर सदेह प्रयाण किया। वैष्णव समुदाय उनका सदैव चिरऋणी है।

22 मई, 1772 ई0

राम मोहन राय का जन्म

19 वीं शताब्दी

19 वीं शताब्दी भारत के लिए नवजागरण का काल रही। समाज में फैली कुरीतियों, अशिक्षा, धार्मिक रुढ़ियों के विरुद्ध आन्दोलन हुये जिसमें-राजा राममोहन राय (सन् 1829 ई0) में ब्रह्म समाज, महादेव गोविन्द रानाडे द्वारा प्रार्थना समाज, स्वामी दयानन्द सरस्वती (सन् 1824-1883 ई0) द्वारा आर्य समाज, श्रीमती एनी बेसेन्ट (सन् 1879 ई0) द्वारा थियोसोफिकल सोसाइटी की स्थापना हुई। नवजागरण में ईश्वरचन्द्र विद्यासागर, बालशास्त्री जांबेकर, परमहंस मंडली, ज्योतिबा फुले, विष्णु शास्त्री पण्डित, गोपाल हरि देशमुख "लोकहितवादी", दादाभाई नौरोजी, रवीन्द्रनाथ टैगोर तथा उनके पिता देवेन्द्र नाथ ठाकुर इत्यादि के भी प्रयास थे।

21 फरवरी, 1824 ई. (सं. 1881 वि.)

स्वामी दयानन्द सरस्वती जी का का जन्म।

27 सितम्बर, 1833 ई0

राममोहन राय का स्वर्गवास

इस्लामी व हिन्दू धर्म के मूल रूप में अध्ययन के फलस्वरूप राममोहन ने मूर्तिपूजा का परित्याग कर एकेश्वरवाद को स्वीकार किया। जन्मजात सत्यान्वेषक होने के नाते उन्होंने लगभग 3 वर्ष सुदूर तिब्बत में बौद्धधर्म के परिज्ञानार्थ व्यतीत किये। ईस्ट इण्डिया कम्पनी की सेवा में रहकर राम मोहन राय ने ईसाई धर्म का अध्ययन किया तथा आंग्ल मनीषीयों से उनका सम्पर्क हुआ। राममोहन राय की प्रथम पुस्तक "तुहफतुल मुहाविद्दीन (एकेश्वरवादीयों के लिए एक उपहार)" ने यह सिद्ध करने का प्रयास किया कि एक ईश्वर में विश्वास सभी धर्म का सार है। उन्होंने हिन्दू एवं ईसाई दोनों के रूढ़िवादिता के विरूद्ध सफल संघर्ष किया। राममोहन राय का स्वर्गवास 27 सितम्बर, 1833 ई0 को ब्रिस्टल, इग्लैण्ड में हुआ जहाँ वे सामाजिक व रानैतिक उद्देश्य से गये थे।

23 जनवरी, (माघ, 11), 1830 ई. को ब्रह्म समाज की स्थापना, सगुण ब्रह्म की उपासना का प्रथम सर्वोपरि मन्दिर से नवीन धार्मिक आन्दोलन का जन्म हुआ। राममोहन राय द्वारा प्रवर्तित एकमेवाद्वितीय ब्रह्म की

जाति, धर्म तथा निरपेक्ष उपासना ने प्रिंस द्वारिकानाथ के आत्मज महर्षि देवेन्द्र नाथ ठाकुर (1917-1905) पर अति गम्भीर प्रभाव डाला। देवेन्द्रनाथ ने ही ब्रह्म समाज को प्रथम सिद्धान्त प्रदान किये तथा ध्यानगम्य उपनिषदीय पवित्रता के अभ्यास का सूत्रपात किया। प्रथमाचार्य देवेन्द्रनाथ की उपासनाविधि इस प्रकार प्रधानतः उपनिषदीय थी। प्रेममय ईश्वर के अनुग्रह से प्राप्त अनुभूतिगम्य आत्मसाक्षात्कार उनका महत्वपूर्ण योग था। उन्होंने आध्यत्कि साधना हेतु एक संस्था "तत्वबोधिनी सभा" का आरम्भ किया। तत्वबोधिनी पत्रिका, सभा की प्रमुख पत्रिका के रूप में बहुतों के लिए प्रेरणा का स्रोत बनी। देवेन्द्रनाथ के नेतृत्व में एक अपूर्व निर्णय लिया गया कि वेद अच्युत नहीं हैं तथा तर्क एवं अन्तःकरण को सर्वोपरि प्रमाण मानना है। ब्रह्म समाज ने तथा समाज सुधार का कार्य अपने हाथ में लिया। ब्रह्म समाज के अन्तर्गत केशव चन्द्र सेन के आगमन के साथ ब्रह्म समाज को गति मिली।

ब्रह्म समाज का उद्देश्य था- "समाज में व्याप्त बुराईयों जैसे सती प्रथा, बहुविवाह, वेश्यागमन, जातिवाद, अस्पृश्यता आदि को समाप्त करना"

19 नवम्बर, 1838 ई0

केशवचन्द्र सेन का जन्म

श्री राम कृष्ण व विवेकानन्द काल

इस काल के मुख्य विशेषता

आठवें अवतार श्रीकृष्ण के समन्वयात्मक कार्य के बाद राम कृष्ण परमहंस (1836-1886 ई0) ने सभी धर्मों (सम्प्रदायों) एवं मतों को "जितने मत उतने पथ" का संदेश देकर सनातन सत्य को भाव जगत से प्रयोगात्मक, वैज्ञानिक और प्रत्यक्ष समन्वय कर चुके थे। जिसके विश्व व्यापी प्रसार के लिए वे योग्य, इच्छुक और संकल्पशील युवा नरेन्द्र नाथ दत्त को प्रेरित किये थे। नरेन्द्र नाथ दत्त, स्वामी विवेकानन्द (1863-1902 ई0) के रुप में 11 सितम्बर 1893 को शिकागो में आयोजित विश्व धर्म संसद में हिन्दू धर्म की सार्वभौमिकता को विभिन्न मत सम्प्रदाय को स्तरीय रुप में स्वीकार करते हुये विज्ञान से अद्वैत ज्ञान का समन्वय स्थापित किये थे। स्वामी विवेकानन्द के द्वारा वेदान्त की व्यावहारिकता, अद्वैत दर्शन की सर्वोच्चता और अन्तिम दर्शन का प्रमाण, विश्व धर्म के लिए वेदान्त ही एक मात्र आधार, तथा सनातन संदेश-"सर्वे भवन्तु सुखिनः", "वसुधैव कुटुम्बकम्", "बहुजन हिताय-बहुजन सुखाय" का कालानुसार रुपान्तरित सन्देश-"विश्व बन्धुत्व" का प्रसार कर चुके थे। स्वामी विवेकानन्द द्वारा स्थापित राम कृष्ण मिशन के विश्व व्यापी शाखाओं से समन्वयात्मक विचार और धर्म के तत्वों पर आधारित धर्म का अर्थ, व्यावहारिक और राष्ट्रीय जीवन में उपयोगिता और उपयोगी बनाने के लिए भविष्य के सांकेतिक सूत्र, उज्वल भविष्य के प्रति आशा, जितने मत उतने पथ तथा शिव भाव से जीव सेवा को लोगों को उनकी भाषा में ज्ञान उपलब्ध कराने के द्वारा प्रसार हो रहा था। स्वामी विवेकानन्द के निर्माण का मार्ग था-"धर्म (सत्य) के मार्ग से व्यक्ति, धर्म, राष्ट्र, तन्त्र, मन्त्र और यन्त्र का निर्माण।"

अन्य घटना क्रम

बुधवार, 18 फरवरी, 1836 (कलियुग के प्रारम्भ के 4937 वर्ष बाद का दिनांक)

-भारत के प्रथम स्वतन्त्रता-शारीरिक स्वतन्त्रता आन्दोलन का समय।

-कलकत्ता (वर्तमान में कोलकाता) से सत्तर मील दूर पश्चिम में कमारपुकुर ग्राम में गदाधर का जन्म जो बाद में अपने मन की अवस्था के कारण श्री रामकृष्ण परमहंस के नाम से प्रसिद्ध हुये।

1 अक्टुबर, 1847 ई0

डा0 एनी वुड बेसेन्ट का लन्दन शहर में जन्म।

बृहस्पतिवार, 22 दिसम्बर, 1853 ई0

-भारत के प्रथम स्वतन्त्रता-शारीरिक स्वतन्त्रता आन्दोलन का समय।

-पश्चिम बंगाल के बाँकुड़ा जिले के जयरामबटी नामक गाँव में सारदामणि देवी का जन्म जो बाद में श्रीमाँ के नाम से प्रसिद्ध हुई। इनकी माता का नाम श्रीमती श्यामसुन्दरी देवी तथा पिता का नाम श्री रामचन्द्र मुखर्जी था जो एक धर्मनिष्ठ ब्राह्मण थे।

सन् 1859 ई0

-भारत के प्रथम स्वतन्त्रता-शारीरिक स्वतन्त्रता आन्दोलन का समय।

-ईश्वर में लीन रहने वाले गदाधर (23 वर्ष) व सारदा (5 वर्ष) का विवाह।

25 दिसम्बर, 1861 ई0

पं. मदन मोहन मालवीय का जन्म

सोमवार, 12 जनवरी, 1863 ई0

-भारत के प्रथम स्वतन्त्रता-शारीरिक स्वतन्त्रता आन्दोलन का समय।

-पश्चिम बंगाल के बाँकुड़ा जिले के जयरामबटी नामक गाँव में नरेन्द्र नाथ दत्त का जन्म जो बाद में स्वामी विवेकानन्द के नाम से प्रसिद्ध हुये। इनकी माता का नाम श्रीमती भुवनेश्वरी तथा पिता का नाम श्री विश्वनाथ था जो एक धर्मनिष्ठ ब्राह्मण थे। वाराणसी के विश्वेश्वर महादेव की अराधना से प्राप्त होने के कारण, माता ने वीरेश्वर नाम दिया और प्रेम से "विले" पुकारती, परन्तु पिता ने नरेन्द्रनाथ नाम दिया। बचपन से ही ये नटखटी और जिज्ञासु प्रकृति के थे। नरेन्द्र की बुद्धि बचपन से ही तीव्र थी और परमात्मा को पाने की लालसा भी प्रबल थी।

सन् 1867 ई0

-भारत के प्रथम स्वतन्त्रता-शारीरिक स्वतन्त्रता आन्दोलन का समय।

-विवाह के आठ वर्षों बाद पहली बार श्री रामकृष्ण (उम्र 31 वर्ष) का सारदा (उम्र 13 वर्ष) से परिचय।

2 अक्टुबर, 1869 ई0

महात्मा गाँधी का जन्म

सन् 1871 ई0

-भारत के प्रथम स्वतन्त्रता-शारीरिक स्वतन्त्रता आन्दोलन का समय।

-सारदा के 18 वर्ष की उम्र होने पर एक पुण्य तिथि को सारदा का जगदम्बा के रूप में श्री रामकृष्ण द्वारा आराधना।

15 अगस्त, 1872 ई0

- राष्ट्रवादी महर्षि अरविन्द घोष का जन्म।

सन् 1868 से सन् 1881 ई0 तक

-भारत के प्रथम स्वतन्त्रता-शारीरिक स्वतन्त्रता आन्दोलन का समय।

-श्री रामकृष्ण व सारदा देवी का संयुक्त रूप से आध्यात्कि साधना।

-नरेन्द्र नाथ दत्त (18 वर्ष तक) का पाश्चात्य शिक्षा, भ्रमण, सूचना संग्रह, तर्क, जिज्ञासा, दर्शन, अनुभव, संगीत एवं द्वन्द काल का समय।

31 अक्टुबर, 1875 ई0

सरदार वल्लभ भाई पटेल का जन्म

सन् 1881 ई0

-भारत के प्रथम स्वतन्त्रता-शारीरिक स्वतन्त्रता आन्दोलन का समय।

-श्री रामकृष्ण से नरेन्द्र नाथ दत्त (उम्र 18 वर्ष) का प्रथम मिलन।

30 अक्टुबर 1883 ई0

जोधपुर नरेश के निमन्त्रण पर स्वामी दयानन्द सरस्वती जी जोधपुर आये। दुर्भाग्य से महराज के रसोइयें ने भोजन में काँच पीसकर दिया और समाजोत्थान का कार्य अधूरा छोड़कर दीपावली (30 अक्टुबर 1883) को अजमेर में यह (स्वामी दयानन्द सरस्वती जी) दिव्य-ज्योति, अनन्त-ज्योति में विलीन हो गई।

स्वामी पूर्णानन्द जी से योग-दीक्षा एवं सन्यास लेकर दयानन्द नाम से प्रसिद्ध हुए। स्वामी विरजानन्द से वेदाध्ययन कर अपना गुरू स्वीकारा और उन्हीं के आदेश से वेद-प्रचारार्थ निकल पड़े। उस समय मूर्ति-पूजा, पाखण्ड और मत-मतान्तरों में फँसे हिन्दुओं को जाग्रत किया। 10 अप्रैल, 1875 को मुम्बई (तत्कालिन बम्बई) में "आर्य समाज" की स्थापना कर "सत्यार्थ प्रकाश (1874 ई.) की रचना की। स्वामी जी राजनैतिक स्वतन्त्रता के प्रबल समर्थक थे। कविवर दिनकर जी ने उन्हें हिन्दूधर्म का "रणारूढ़" नेता कहा। हिन्दी भाषा, देवनागरी लिपि और गौरक्षा को देश की प्रगति के लिए प्रमुखता दी। स्वामी दयानन्द द्वारा लिखी गई अन्य महत्वपूर्ण रचनाओं में "पाखण्ड खण्डन (1866 ई.), वेदभाष्य भूमिका (1876 ई.), ऋगवेद भाष्य (1877 ई.), अद्वैत मत का खण्डन (1873 ई.), पंचमहायज्ञ विधि (1875 ई), वल्लभाचार्य मत का खण्डन (1875 ई.) हैं।

आर्य समाज

आर्य शब्द का अर्थ है- श्रेष्ठ और प्रगतिशील। अतः आर्य समाज का अर्थ हुआ श्रेष्ठ और प्रगतिशीलों का समाज, जो वेदों के अनुकूल चलने का प्रयास करते हैं। दूसरों को उस पर चलने को प्रेरित करते हैं। आर्य समाजियों के आदर्श मर्यादा पुरूषोत्तम राम और योगिराज श्रीकृष्ण हैं। महर्षि दयानन्द ने उसी वेद मत को फिर से स्थापित करने के लिए आर्य समाज की स्थापना की। आर्य समाज के सब सिद्धान्त और नियम वेदों पर आधारित हैं। आर्य समाज के मान्यताओं के अनुसार फलित ज्योतिषि, जादू-टोना, जन्मपत्री, श्राद्ध, तर्पण, व्रत, भूत-प्रेत, देवी जागरण, मूर्ति-पूजा और तीर्थ यात्रा मन गढ़न्त हैं, वेद विरूद्ध हैं। आर्य समाज सच्चे ईश्वर की पूजा करने को कहता है, यह ईश्वर वायु और आकाश की तरह सर्वव्यापी है, वह अवतार नहीं लेता, वह मनुष्यों को उनके कर्मानुसार फल देता है। अगला जन्म देता है। उसका ध्यान घर में, किसी एकान्त में हो सकता है। इसके अनुसार दैनिक यज्ञ करना हर आर्य का कर्तव्य है। परमाणुओं को न कोई बना सकता है, न उसके टुकड़े ही हो सकते हैं। यानि वह अनादि काल से है। उसी तरह एक परमात्मा और हम जीवात्माएँ भी अनादि काल से हैं। परमात्मा परमाणुओं को गति देकर सृष्टि रचता है। आत्माओं को कर्म करने के लिए प्रेरित करता है। फिर चार ऋषियों के मन में 20,378 वेद मन्त्रों का अर्थ सहित ज्ञान और अपना परिचय देता है। आर्य समाज का मूल ग्रन्थ "सत्यार्थ प्रकाश" एवं अन्य माननीय ग्रन्थ हैं- वेद, उपनिषद्, षड् दर्शन, गीता व वाल्मिकि रामायण वगैरह। 18 घंटे समाधि में रहने वाले योगिराज महर्षि दयानन्द ने लगभग 8 हजार किताबों का मंथन कर अद्भुत और क्रान्तिकारी "सत्यार्थ प्रकाश" की रचना की।

आर्य समाज की मान्यताएँ

ईश्वर का सर्वोत्तम और निज नाम "ओम्" है। उसमें अनन्त गुण होने के कारण उसके ब्रह्मा, विष्णु, महेश, गणेश, देवी, अग्नि, शनि वगैरह अनन्त नाम हैं। इनकी अलग-अलग नामों से मूर्ति-पूजा ठीक नहीं है। आर्य समाज वर्ण व्यवस्था अर्थात ब्राह्मण, क्षत्रिय, वैश्य और शूद्र को कर्म से मानता है, जन्म से नहीं। आर्य समाज स्वदेशी, स्वभाषा, स्वसंस्कृति और स्वधर्म का पोषक है। आर्य समाज सृष्टि की उत्पत्ति का समय 4 अरब 32 करोड़ वर्ष और इतना ही समय प्रलय काल का मानता है। योग से प्राप्त मुक्ति का समय वेदों के अनुसार 31 नील 10 खरब 40 अरब यानी 1 परांत काल मानता है। आर्य समाज वसुधैव-कुटुम्बकम् को मानता है लेकिन भूमण्डलीकरण को देश, समाज और संस्कृति के लिए घातक मानता है। आर्य समाज वैदिक समाज रचना के निर्माण व आर्य चक्रवर्ती राज्य स्थापित करने के लिए प्रयासरत है। इस समाज में मांस, अण्डे, बीड़ी, सिगरेट, शराब, चाय, मिर्च-मसाले वगैरह वेद विरूद्ध होते हैं।

आर्य समाज के दस नियम

1. सब सत्य विद्या और जो पदार्थ विद्या से जाने जाते हैं, उन सबका आदि मूल परमेश्वर है।
2. ईश्वर सच्चिदानन्दस्वरूप, निराकार, सर्वशक्तिमान, न्यायकारी, दयालु, अजन्मा, अनन्त, निर्विकार, अनादि, अनुपम, सर्वाधार, सर्वेश्वर, सर्वव्यापक, सर्वाअन्तर्यामी, अजर, अमर, नित्य, पवित्र और सृष्टिकर्ता है, उसी की उपासना करने योग्य है।
3. वेद सब विद्याओं का पुस्तक है। वेद का पढ़ना, पढ़ाना और सुनना, सुनाना सब आर्यों का परम धर्म है।
4. सत्य के ग्रहण करने और असत्य को छोड़ने में सदा उद्यत रहना चाहिए।
5. सब काम धर्मानुसार अर्थात सत्य और असत्य को विचार करके करने चाहिए।
6. संसार का उपकार करना इस समाज का मुख्य उद्देश्य है अर्थात शारीरिक, आत्मिक और सामाजिक उन्नति करना।
7. सबसे प्रीतिपूर्वक, धर्मानुसार यथायोग्य वर्ताव करना चाहिए।
8. अविद्या का नाश और विद्या की वृद्धि करनी चाहिए।
9. प्रत्येक को अपनी ही उन्नति से संतुष्ट न रहना चाहिए, किन्तु सब की उन्नति में अपनी उन्नति समझनी चाहिए।

10. सब मनुष्यों को सामाजिक, सर्व हितकारी नियम पालन में परतन्त्र रहना चाहिए और प्रत्येक हितकारी नियम पालने में सबको स्वतन्त्र रहना चाहिए।

आर्य समाज की हिन्दी सेवा

आर्य समाज जुड़े लोग भारत की स्वतन्त्रता के साथ-साथ भारत की संस्कृति, भाषा, धर्म, शिक्षा आदि के क्षेत्र में सक्रिय रूप से जुड़े रहे। स्वामी दयानन्द की मातृ भाषा गुजराती थी और उनका संस्कृत का ज्ञान बहुत अच्छा था, किन्तु केशव चन्द्र सेन के सलाह पर उन्होंने "सत्यार्थ प्रकाश" की रचना हिन्दी में की। दयानन्द ने "सत्यार्थ प्रकाश" जैसा क्रान्तिकारी ग्रन्थ हिन्दी में रचकर हिन्दी को एक प्रतिष्ठा दी। आर्य समाज ने हिन्दी को "आर्य भाषा" कहा और सभी आर्यसमाजियों के लिए इसका ज्ञान आवश्यक बताया। दयानन्द जी ने वेदों की व्याख्या भी संस्कृत के साथ-साथ हिन्दी में भी की। स्वामी श्रद्धानन्द ने हानि उठाकर भी अनेक पत्र-पत्रिकाओं का प्रकाशन देवनागरी लिपि में लिखी हिन्दी में किया जबकि उनका प्रकाशन पहले उर्दू में होता था।

8 जनवरी, 1884 ई0

केशवचन्द्र सेन दिवंगत हुए।

प्रार्थना समाज

आचार्य केशवचन्द्र सेन की प्रेरणा से महादेव गोविन्द रानाडे, डा0 आत्मारा पांडुरंग, चन्द्रावरकर आदि द्वारा सन् 1867 ई. में प्रार्थना समाज की स्थापना मुम्बई में हुई। जी.आर.भण्डारकर प्रार्थना समाज के अग्रणी नेता थे। प्रार्थना समाज के आलोचकों द्वारा किये गये असत्य प्रचार को मिटाने के लिए इन नेताओं को बहुत संघर्ष करना पड़ा। असत्य प्रचार के अन्तर्गत यह कहा जाता था कि प्रार्थना समाज ईसाई धर्म के अनुकरण पर आधारित है और यह देश के प्राचीन धर्म के विरूद्ध है। प्रार्थना समाज के नेताओं के अनुसार इसका उद्देश्य प्रार्थना और सेवा द्वारा ईश्वर की पूजा करना था। जैसा नाम से प्रकट है, प्रार्थना ही सामाज की आत्मा है। बंगाल के ब्रह्म समाज की भाँति उपनिषदों और भगवद्गीता की शिक्षाएँ प्रार्थना समाज की आधार हैं किन्तु एक बात से यह ब्रह्म समाज से भिन्न है, इसमें भारत के, विशेषतया महाराष्ट्र के, मध्यकालीन संतों- ज्ञानेश्वर, नामदेव, एकनाथ और तुकाराम की शिक्षाओं को गौरवपूर्ण स्थान प्राप्त है। जाति प्रथा का विरोध, स्त्री-पुरूष विवाह की आयु में वृद्धि, विधवा विवाह, स्त्री शिक्षा इत्यादि प्रार्थना समाज के उद्देश्य थे। प्रार्थना समाज ने 19वीं सदी के नवें दशक में नारी जागरण की योजनाओं का आरम्भ किया। 1882 ई. में आर्य महिला समाज की स्थापना उन्हीं योजनाओं का फल है। 1878 ई. में प्रार्थना समाज द्वारा स्थापित पहला रात्रि विद्यालय जन-शिक्षा व प्रौढ़-शिक्षा के क्षेत्र में अग्रणी रहा। वासुदेव बाबाजी नौरंगे बालकाश्रम की स्थापना लालशंकर उमाशंकर द्वारा पंढरपुर में 1875 ई. में हुई। यह बालकाश्रम बाद में प्रार्थना समाज के संरक्षण में आ गया। यह अपने ढंग का सर्वाधिक प्राचीन और बड़ी संस्था है और यह 1975 में अपनी शताब्दी पूर्ण कर चुकी है। प्रार्थना समाज के संरक्षण में दो बालकाश्रम और चलते हैं- डी.एन सिकर होम, विले पार्ले मुम्बई और सतारा जिले के वाई नामक स्थान पर। "दि डिप्रेस्ड क्लास मिशन सोसायटी आफ इण्डिया" नाम की संस्था जो अछूतोद्धार के लिए प्रसिद्ध है, प्रार्थना समाज के एक कार्यकर्ता विठ्ठल रामजी शिंदे द्वारा स्थापित हुई। 1917 ई. में प्रार्थना समाज ने राममोहन अंग्रेजी विद्यालय की स्थापना की। अब इसके संरक्षण से दस से अधिक विद्यालय मुम्बई और उसके आस-पास चल रहें हैं। प्रार्थना समाज संस्था के सहयोग से कालान्तर में दलित जाति मण्डल, समाज सेवा संघ तथा दक्कन शिक्षा सभा की स्थापना हुई। पंजाब में इस समाज के प्रचार-प्रसार में दयाल सिंह प्रन्यास ने महत्वपूर्ण भूमिका का निर्वाह किया। दक्षिण भारत में विश्वनाथ मुदलियर के नेतृत्व में "वेद समाज" का नाम बदल कर "दक्षिण भारत वेद समाज" रखा गया।

बृहस्पतिवार, 13 अगस्त 1886 ई0

-भारत के प्रथम स्वतन्त्रता-शारीरिक स्वतन्त्रता आन्दोलन का समय।

-शिष्य नरेन्द्र नाथ (उम्र 23 वर्ष) में श्री रामकृष्ण (उम्र 50 वर्ष) द्वारा आध्यात्मिक शक्ति का संचरण।

रविवार, 16 अगस्त 1886 ई0

-भारत के प्रथम स्वतन्त्रता-शारीरिक स्वतन्त्रता आन्दोलन का समय।

-श्रीमाँ सारदा (उम्र 33 वर्ष) व शिष्य नरेन्द्र नाथ (उम्र 23 वर्ष) एवं अपने आध्यात्मिक उद्देश्य को आगे बढ़ाने के लिए विशेष रूप से शिक्षित नवयुवकों के एक दल को छोड़कर श्री रामकृष्ण (उम्र 50 वर्ष) का महाप्रयाण।

शुक्रवार, 25 दिसम्बर 1886 ई0

-भारत के प्रथम स्वतन्त्रता-शारीरिक स्वतन्त्रता आन्दोलन का समय।

-श्री रामकृष्ण (उम्र 50 वर्ष) के महाप्रयाण के लगभग 4 माह बाद गुरू भाइयों के साथ नरेन्द्र नाथ (उम्र लगभग 24 वर्ष) का अग्नि के समक्ष सन्यास ग्रहण व नाम परिवर्तन नरेन्द्र नाथ से स्वामी विवेकानन्द।

5 सितम्बर, 1888 ई0

सर्वपल्ली राधाकृष्णनन् का जन्म

14 नवम्बर, 1889 ई0

पं0 जवाहर लाल नेहरु का जन्म

सन् 1887 से जून, 1890 ई0 तक

-भारत के प्रथम स्वतन्त्रता-शारीरिक स्वतन्त्रता आन्दोलन का समय।

-स्वामी विवेकानन्द (उम्र 24 से 27 वर्ष तक) द्वारा अध्ययन, साधना, दृष्टिकोण में व्यापक परिवर्तन।

जुलाई, 1890 से सोमवार, 30 मई 1893 तक

-भारत के प्रथम स्वतन्त्रता-शारीरिक स्वतन्त्रता आन्दोलन का समय।

-स्वामी विवेकानन्द (उम्र 30 वर्ष 4 माह 18 दिन तक) का परिव्राजक स्थिति।

14 अप्रैल, 1891 ई0

बाबा साहेब भीम राव अम्बेडकर का जन्म

मंगलवार, 31 मई 1893 ई0

-भारत के प्रथम स्वतन्त्रता-शारीरिक स्वतन्त्रता आन्दोलन का समय।

-स्वामी विवेकानन्द (उम्र 30 वर्ष 4 माह 19 दिन) का अमेरिका यात्रा प्रारम्भ।

रविवार, 11 सितम्बर 1893 ई0

-भारत के प्रथम स्वतन्त्रता-शारीरिक स्वतन्त्रता आन्दोलन का समय।

-स्वामी विवेकानन्द (उम्र 30 वर्ष 7 माह 29 दिन) का अमेरिका के शिकागो में आयोजित विश्वधर्म संसद में ऐतिहासिक वकृतता।

जून, 1893 से दिसम्बर, 1896 ई0 तक

-भारत के प्रथम स्वतन्त्रता-शारीरिक स्वतन्त्रता आन्दोलन का समय।

-स्वामी विवेकानन्द (उम्र 34 वर्ष तक) का पश्चिमी देशों में अनेक वकृतताएँ। मुख्य बिन्दु-

"समग्र संसारका अखण्डत्व, जिसके ग्रहण करने के लिए संसार प्रतीक्षा कर रहा है, हमारे उपनिषदों का दूसरा भाव है। प्राचीन काल के हदबन्दी और पार्थक्य इस समय तेजी से कम होते जा रहे हैं। हमारे उपनिषदों ने ठीक ही कहा है-"अज्ञान ही सर्व प्रकार के दुःखों का कारण है।" सामाजिक अथवा आध्यात्मिक जीवन की हो जिस अवस्था में देखो, यह बिल्कुल सही उतरता है। अज्ञान से ही हम परस्पर घृणा करते हैं, अज्ञान से ही एक दूसरे को जानते नहीं और इसलिए प्यार नहीं करते। जब हम एक दूसरे को जान लेंगे, प्रेम का उदय होगा। प्रेम का उदय निश्चित है क्योंकि क्या हम सब एक नहीं हैं? इसलिए हम देखते हैं कि चेष्टा न करने पर भी हम सब का एकत्व भाव स्वभाव से ही आ जाता है। यहाँ तक की राजनीति और समाजनीति के क्षेत्रों में भी जो समस्यायें बीस वर्ष पहले केवल राष्ट्रीय थी, इस समय उसकी मीमांसा केवल राष्ट्रीयता के आधार पर और विशाल आकार धारण कर रही हैं। केवल अन्तर्राष्ट्रीय संगठन, अन्तर्राष्ट्रीय विधान ये ही आजकल के मूलतन्त्र स्वरूप है।"-(विवेकानन्द का मानवतावाद, राम कृष्ण मिशन प्रकाशन, पृष्ठ-48)

जनवरी, 1897

-भारत के प्रथम स्वतन्त्रता-शारीरिक स्वतन्त्रता आन्दोलन का समय।

-स्वामी विवेकानन्द (उम्र 34 वर्ष) स्वदेश भारत में आगमन, अनेक स्थान पर भव्य स्वागत और भारत के शारीरिक स्वतन्त्रता आन्दोलन के लिए आत्मशक्ति के रूप में कार्य करना। इस दौरान मूल विचार-

"हिन्दू कहते हैं कि सामाजिक और राजनीतिक स्वाधीनता बहुत अच्छी चीज है किन्तु वास्तविक चीज है-आध्यात्मिक स्वाधीनता अर्थात् मुक्ति। यही जातीय जीवन का उद्देश्य है। वैदिक, जैन, बौद्ध, द्वैत, विशिष्टाद्वैत और अद्वैत सभी इस सम्बन्ध में एकमत हैं। इसमें हाथ न लगाना नहीं तो सर्वनाश हो जायेगा।"-(जितने मत उतने पथ, राम कृष्ण मिशन प्रकाशन, पृष्ठ-38)

सोमवार, 23 जुलाई, 1897 ई0

-भारत के प्रथम स्वतन्त्रता-शारीरिक स्वतन्त्रता आन्दोलन का समय।

-स्वामी विवेकानन्द द्वारा अल्मोड़ा से स्वामी ब्रह्मानन्द को लिखित पत्र में-

"फलानुमेयाः प्रारम्भाः संस्कराः प्राक्तना इव" फल को देखकर ही कार्य का विचार सम्भव है। जैसे कि फल को देखकर पूर्व संस्कार का अनुमान किया जाता है।-(पत्रावली-2, राम कुष्ण मिशन प्रकाशन, पृष्ठ-129)

मंगलवार, 4 अगस्त, 1897 ई0

-भारत के प्रथम स्वतन्त्रता-शारीरिक स्वतन्त्रता आन्दोलन का समय।

-स्वामी विवेकानन्द (उम्र 34 वर्ष 6 माह 22 दिन) द्वारा "रामकृष्ण मिशन व मठ" का पश्चिम बंगाल के हुगली नदी किनारे बेलूड़ (हावड़ा) में स्थापना।

रविवार, 9 फरवरी, 1902 ई0

-भारत के प्रथम स्वतन्त्रता-शारीरिक स्वतन्त्रता आन्दोलन का समय।

-स्वामी विवेकानन्द द्वारा वाराणसी कैण्ट से स्वामी स्वरूपानन्द को लिखित पत्र में-

"बौद्ध धर्म और नव हिन्दू धर्म के सम्बन्ध के विषय में मेरे विचारों में क्रांतिकारी परिवर्तन हुआ है। उन विचारों को निश्चित रुप देने के लिए कदाचित् मैं जिवित न रहूँ परन्तु उसकी कार्य प्रणाली का संकेत मैं छोड़ जाऊँगा और तुम्हें और तुम्हारे भातृ-गणों को उस पर काम करना होगा।"-(पत्रावली भाग-2, राम कृष्ण मिशन प्रकाशन, पृष्ठ-310)

शुक्रवार, 4 जुलाई, 1902 ई0

-भारत के प्रथम स्वतन्त्रता-शारीरिक स्वतन्त्रता आन्दोलन का समय।

-स्वामी विवेकानन्द का उम्र 39 वर्ष 5 माह 22 दिन में चिरशान्ति में लीन। और उनकी मानवता व राष्ट्र के विकास के लिए अनेक इच्छा का सूक्ष्म शरीर में परिवर्तन। जैसे-

भारत और समाजवाद विषयक अथवा राजनीतिक विचारों से प्लावित करने से पहले यह आवश्यक है कि उसमें आध्यात्मिक विचारों की बाढ़ ला दी जाये। सर्वप्रथम, हमारे उपनिषदों, पुराणों और अन्य सब शास्त्रों में जो अपूर्व सत्य निहित है, उन्हें इन सब ग्रंथों के पृष्ठों से बाहर लाकर, मठों की चहारदीवारियाँ भेदकर, वनों की नीरवता से दूर लाकर, कुछ-सम्प्रदाय-विशेषों के हाथों से छीनकर देश में सर्वत्र बिखेर देना होगा, ताकि ये सत्य दावानल के समान सारे देश को चारो ओर से लपेट लें-उत्तर से दक्षिण और पूरब से पश्चिम तक सब जगह फैल जायें-हिमालय से कन्याकुमारी और सिन्धु से ब्रह्मपुत्रा तक सर्वत्र वे धधक उठे।-(विवेकानन्द की वाणी, राम कृष्ण मिशन प्रकाशन, पृष्ठ-56)

भारत के शिक्षित समाज में मैं इस बात पर सहमत हूँ कि समाज का आमूल परिवर्तन करना आवश्यक है। पर यह किया किस तरह जाये? सुधारकों की सब कुछ नष्ट कर डालने की रीति व्यर्थ सिद्ध हो चुकी है। मेरी योजना यह है, हमने अतीत में कुछ बुरा नहीं किया। निश्चय ही नहीं किया। हमारा समाज खराब नहीं, बल्कि अच्छा है। मैं केवल चाहता हूँ कि वह और भी अच्छा हो। हमे असत्य से सत्य तक अथवा बुरे से अच्छे तक पहुँचना नहीं है।

वरन् सत्य से उच्चतर सत्य तक, श्रेष्ठ से श्रेष्ठतर और श्रेष्ठतम तक पहुँचना है। मैं अपने देशवासियों से कहता हूँ कि अब तक जो तुमने किया, सो अच्छा ही किया है, अब इस समय और भी अच्छा करने का मौका आ गया है।

(जितने मत उतने पथ, राम कृष्ण मिशन प्रकाशन, पृष्ठ-46)

यदि कभी कोई सार्वभौमिक धर्म हो सकता है, तो वह ऐसा ही होगा, जो देश या काल से मर्यादित न हो, जो उस अनन्त भगवान के समान ही अनन्त हो, जिस भगवान के सम्बन्ध में वह उपदेश देता है, जिसकी ज्योति श्रीकृष्ण के भक्तों पर और ईसा के प्रेमियों पर, सन्तों पर और पापियों पर समान रूप से प्रकाशित होती हो, जो न तो ब्राह्मणों का हो, न बौद्धों का, न ईसाइयों का और न मुसलमानों का, वरन् इन सभी धर्मों का समष्टिस्वरूप होते हुए भी जिसमें उन्नति का अनन्त पथ खुला रहे, जो इतना व्यापक हो कि अपनी असंख्य प्रसारित बाहूओं द्वारा सृष्टि के प्रत्येक मनुष्य का प्रेमपूर्वक आलिंगन करें।... वह विश्वधर्म ऐसा होगा कि उसमें किसी के प्रति विद्वेष अथवा अत्याचार के लिए स्थान न रहेगा, वह प्रत्येक स्त्री और पुरूष के ईश्वरीय स्वरूप को स्वीकार करेगा और सम्पूर्ण बल मनुष्यमात्र को अपनी सच्ची, ईश्वरीय प्रकृति का साक्षात्कार करने के लिए सहायता देने में ही केन्द्रित रहेगा।

अब व्यावहारिक जीवन में उसके प्रयोग का समय आ गया है। अब और "रहस्य" बनाये रखने से नहीं चलेगा। अब और वह हिमालय की गुहाओं । में, वन-अरण्यों में साधु-सन्यासियों के पास न रहेगा, लोगों के दैनन्दिन जीवन में उसको कार्यन्वित करना होगा। राजा के महल में, साधु-सन्यासी की गुफा में, मजदूर की झोपड़ी में, सर्वत्र सब अवस्थाओं में, यहाँ तक कि राह के भिखारी द्वारा भी, वह कार्य में लाया जा सकता है। मैं अपने मनश्चक्षुओं से देख रहा हूँ कि भावी सर्वांगपूर्ण भारत वैदान्तिक मस्तिष्क और इस्लामी देह लेकर, इस विवाद-विश्रृंखला को चीरते हुये, महामहिमान्वित और अपराजेय शक्ति से युक्त होकर जागृत हो रहा है। एक नवीन भारत निकल पड़े, निकले हल पकड़ कर किसानों की कुटी भेद कर, मछुआ, मोची मेहतर की झोपड़ियों से। निकल पड़े बनियों की दुकानों से भुजवा के भांड़ के पास से, कारखानों से, हाट से, बाजार से। निकले झाड़ियों से, जंगलों, पहाड़ों पर्वतों से।

हिन्दू भावों को अंग्रेजी में व्यक्त करना, फिर शुष्क दर्शन, जटिल पौराणिक कथाएं और अनूठे आश्चर्यजनक मनोविज्ञान से ऐसे धर्म का निर्माण करना, जो सरल, सहज और लोकप्रिय हो और उसके साथ ही उन्नत मस्तिष्क वालों को संतुष्ट कर सके-इस कार्य की कठिनाइयों को वे ही समझ सकते हैं, जिन्होंने इसके लिए प्रयत्न किया हो। अद्वैत के गुढ़ सिद्धान्त में नित्य प्रति के जीवन के लिए कविता का रस और जीवन दायिनी शक्ति उत्पन्न करनी है। अत्यन्त उलझी हुई पौराणिक कथाओं में से जीवन प्रकृत चरित्रों के उदाहरण समूह निकालने हैं और बुद्धि को भ्रम में डालने वाली योगविद्या से अत्यन्त वैज्ञानिक और क्रियात्मक मनोविज्ञान का विकास करना है और इन सब को एक ऐसे रुप में लाना पड़ेगा कि बच्चा-बच्चा इसे समझ सके। (पत्रावली, राम कृष्ण मिशन प्रकाशन, पृष्ठ-425)

जीवन में मेरी सर्वोच्च अभिलाषा यह है कि ऐसा चक्र प्रर्वतन कर दूँ जो कि उच्च एवं श्रेष्ठ विचारों को सब के द्वार-द्वार पर पहुंचा दे। फिर स्त्री-पुरूष को अपने भाग्य का निर्माण स्वयं करने दो। हमारे पूर्वजों ने तथा अन्य देशों ने जीवन के महत्वपूर्ण प्रश्नों पर क्या विचार किया है यह सर्वसाधारण को जानने दो। विशेषकर उन्हें देखने दो कि और लोग क्या कर रहे हैं। फिर उन्हें अपना निर्णय करने दो। रासायनिक द्रव्य इकट्ठे कर दो और प्रकृति के नियमानुसार वे किसी विशेष आकर धारण कर लेंगे-परिश्रम करो, अटल रहो। "धर्म को बिना हानि पहुँचाये जनता की उन्नति"-इसे अपना आदर्श वाक्य बना लो। (विवेकानन्द राष्ट्र को आह्वान, राम कृष्ण मिशन प्रकाशन, पृष्ठ-66) इत्यादि।

11 अक्टुबर, 1902 ई0

लोकनायक जय प्रकाश नारायण का जन्म

भारत के स्वतन्त्रता का उच्च काल

इस काल के मुख्य विशेषता

संस्थागत धर्म प्रचार व सेवा कार्य के लिए स्वामी विवेकानन्द के द्वारा सन् 1897 में स्थापित राम कृष्ण मिशन के अनुरुप अनेक संस्थागत धार्मिक संस्थाएं स्थापित हो गयी थी। सन् 1925 ई0 में डा0 हेडगेवार द्वारा हिन्दू राष्ट्रवादी संस्था राष्ट्रीय स्वयं सेवक संघ (आर0 एस0 एस0), विश्व हिन्दू परिषद, बजरंग दल, दुर्गावाहिनी, अखिल भारतीय विद्यार्थी परिषद, भारतीय मजदूर संघ, भारतीय किसान संघ, ग्राहक पंचायत, इतिहास संकलन समिति, वनवासी कल्याण आश्रम, सेवा भारती, विद्या भारती, संस्कार भारती, संस्कृत भारती, शैक्षिक महासंघ, भारतीय शिक्षण मण्डल इत्यादि। महात्मा गाँधी के दर्शन पर आधारित संत आचार्य विनोवा भावे द्वारा सर्वोदय आश्रम। शिव की प्राथमिकता, काल गणना एवं गीता पर आधारित प्रजापिता ब्रह्माकुमारी ईश्वरीय विश्वविद्यालय। श्रीकृष्ण भावना को लेकर श्री प्रभुपाद द्वारा भक्ति वेदान्त आधारित अन्तर्राष्ट्रीय श्रीकृष्ण भावनामृत संघ (इस्कान)। गायत्री मन्त्र को लेकर पं0 श्रीराम शर्मा आचार्य द्वारा शान्तिकुंज। बाबा हरदेव सिंह के नेतृत्व में निरंकारी मिशन या यूनिवर्सल ब्रदरहुड। श्री सुधांशु जी महाराज के नेतृत्व में विश्व जागृति मिशन। श्री आशाराम जी के नेतृत्व में योगवेदान्त सेवा समिति। श्री श्री आनन्द मूर्ति के नेतृत्व में आनन्द मार्ग। साधु वासवानी के नेतृत्व में साधु वासवानी मिशन। स्वामी श्री चिदानन्द जी "मुनीजी" के नेतृत्व में परमार्थ निकेतन दैवी सम्पद मण्डल। स्वामी श्री सत्यमित्रानन्द गिरि के नेतृत्व में समन्वय परिवार। साध्वी ऋतम्भरा के नेतृत्व में वात्सल्य मन्दिर। सतपाल महराज के नेतृत्व में मानव धर्म आधारित मानव सेवा संघ। श्रीरामसुख दास जी, श्री जयदयाल गोयन्दका एवं श्री हनुमान प्रसाद पोद्दार के नेतृत्व में विश्व विख्यात गीता प्रेस। माँ आनन्दमयी द्वारा माँ आनन्दमयी आश्रम। स्वामी श्रीरामतीर्थ के नेतृत्व में श्रीरामतीर्थ मिशन। स्वामी शिवानन्द के नेतृत्व में डिवाईन लाईफ सोसाईटी। स्वामी करपात्री जी महाराज के नेतृत्व में धर्म संघ शिक्षा मण्डल। अवधूत भगवान श्रीराम द्वारा सर्वेश्वरी समूह। आचार्य रजनीश "ओशो" द्वारा ओशो कम्यून इत्यादि स्थापित थे। इनके अलावा आदि शंकराचार्य द्वारा स्थापित चारों पीठों के शंकराचार्य, अनेक पीठों के महामण्डलेश्वर, स्वामी अड़गड़ानन्द, श्री मोरारी बापू, श्री स्वामी रामदया, श्री किशोर जी महाराज, पू0 पा0 गो0 इन्दिरा बेटी जी, श्री निवासाचार्य, श्री विजय कौसल, श्री रमेश भाई ओझा, श्री कीरीट भाई जी, श्री पाण्डुरंग शास्त्री जी आठावले, स्वामी अंसगानानन्द, प्रमुख स्वामी जी (स्वामी नारायण सम्प्रदाय), श्रीरामकिंकर जी, स्वामी शरणानन्द, संत डोगरे, स्वामी अखण्डानन्द, स्वामी विद्यानन्द "विदेह", आचार्य महाप्रज्ञ, आचार्य वागीश शास्त्री, स्वामी अखिलेश जी, स्वामी श्याम जी, योगेश्वर जी, बाल योगेश्वर जी, बाबा जय गुरूदेव इत्यादि हजारों की संख्या में भारतीय धर्म शास्त्रों-रामायण, वेद, पुराण, उपनिषद्, गीता, भागवत की व्याख्या तथा सेवा कार्य सहित आध्यात्म, योग, ध्यान, साधना, भक्ति इत्यादि का प्रसार व्यक्ति के मन निर्माण द्वारा कर रहे थे।

अन्य घटना क्रम

2 अक्टुबर, 1904 ई0

लाल बहादुर शास्त्री का जन्म

संवत् 1964 विक्रमी (सन् 1907 ई0)

धर्मसम्राट करपात्री जी का जन्म

27 नवम्बर 1907 ई0

हरिवंश राय बच्चन जी का जन्म

23 मार्च, 1910 ई0

राम मनोहर लोहिया का जन्म

4 दिसम्बर, 1910 ई0

आर.वेंकटरामन का जन्म

11 अक्टूबर, 1911 ई0

नानाजी देशमुख का जन्म

सन् 1911 ई0 (सम्वत् विक्रम 1969)

स्वामी अड़गड़ानन्द महाराज का जन्म

गीता मानव मात्र का धर्म शास्त्र है- वेदव्यास

श्रीकृष्णकालीन महर्षि वेदव्यास से पूर्व कोई भी शास्त्र पुस्तक के रूप में उपलब्ध नहीं था। श्रुतज्ञान की इस परम्परा को तोड़ते हुए उन्होंने चार वेद, ब्रह्मसूत्र, महाभारत, भागवत एवं गीता जैसे ग्रन्थों में पूर्वसंचित भौतिक एवं आध्यात्मिक ज्ञानराशि को संकलित कर अन्त में स्वयं कहा कि-

गीता सुगीता कर्तव्या किमन्यैः शास्त्रविस्तरैः।
या स्वयं पद्‌मनाभस्य मुखपद्‌माद्विनिःसुता।।

(महाभारत, भीष्म पर्व, 43.1)

गीता भली प्रकार मनन करके हृदय में धारण करने योग्य है, जो पद्‌मनाभ भगवान के श्रीमुख से निःसृत वाणी है। फिर अन्य शास्त्रों के संग्रह की क्या आवश्यकता? मानव सृष्टि के आदि में भगवान् श्रीकृष्ण के श्रीमुख से निःसृत अविनाशी योग अर्थात् श्रीमद्भगवदगीता, जिसकी विस्तृत व्याख्या वेद और उपनिषद् हैं, विस्मृति आ जाने पर उसी आदिशास्त्र को भगवान श्रीकृष्ण ने अर्जुन के प्रति पुनः प्रकाशित किया, जिसकी यथावत् व्याख्या "यथार्थ गीता" है।

गीता का सारांश "गीता माहात्म्य" के इस श्लोक से प्रकट होता है-

एकं शास्त्रं देवकीपुत्र गीतम्, एको देवो देवकीपुत्र एव।
एको मंत्रस्तस्य नामानि यानि, कर्माप्येकं तस्य देवस्य सेवा।।

अर्थात एक ही शास्त्र है जो देवकीपुत्र भगवान ने श्रीमुख से गायन किया-"गीता"। एक ही प्राप्त करने योग्य देव है। उस गायन में जो सत्य बताया- "आत्मा"। सिवाय आत्मा के कुछ भी शाश्वत नहीं है। उस गायन में उन महायोगेश्वर ने क्या जपने के लिए कहा?- "ओम्"। अर्जुन अक्षय परमात्मा का नाम है, उसका जप कर और ध्यान मेरा धर। एक ही कर्म है- "गीता में वर्णित परमदेव एक परमात्मा की सेवा"। उन्हें श्रद्धा से अपने हृदय में धारण करें। अस्तु, आरम्भ से ही गीता आपका शास्त्र रहा है। भगवान श्रीकृष्ण के हजारों वर्ष पश्चात् परवर्ती जिन महापुरूषों ने एक ईश्वर को सत्य बताया, गीता के ही सन्देश वाहक हैं। ईश्वर से ही लौकिक एवं परलौकिक सुखों की कामना, ईश्वर से डरना, अन्य किसी को ईश्वर न मानना- यहाँ तक तो सभी महापुरूषों ने बताया, किन्तु ईश्वरीय साधना, ईश्वर तक की दूरी तय करना- यह केवल गीता में ही सांगोपांग क्रमबद्ध सुरक्षित है। गीता से सुख-शान्ति तो मिलती ही है, यह अक्षय अनामय पद भी देती है। देखिये श्रीमद्भगवदगीता की टीका - "यथार्थ गीता"।

यद्यपि विश्व में सर्वत्र गीता का समादर है फिर भी यह किसी मजहब या सम्प्रदाय का सहित्य नहीं बन सकी, क्योंकि सम्प्रदाय किसी न किसी रूढ़ि से जकड़े हैं। भारत में प्रकट हुई गीता विश्व-मनीषा की धरोहर है, अतः इसे राष्ट्रीय शास्त्र का मान देकर ऊँच-नीच, भेदभाव तथा कलह-परम्परा से पीड़ित विश्व की सम्पूर्ण जनता को शान्ति देने का प्रयास करें। **पुस्तक - "यथार्थ गीता" से साभार**

"श्रीकृष्ण जिस स्तर की बात करते हैं, क्रमशः चलकर उसी स्तर पर खड़ा होने वाला कोई महापुरूष ही अक्षरशः बता सकेगा कि श्रीकृष्ण ने जिस समय गीता का उपदेश दिया था, उस समय उनके मनोगत भाव क्या थे? मनोगत समस्त भाव कहने में नहीं आते। कुछ तो कहने में आ पाते हैं, कुछ भाव-भंगिमा से व्यक्त होते हैं और शेष पर्याप्त क्रियात्मक हैं-जिन्हें कोई पथिक चलकर ही जान सकता है। जिस स्तर पर श्रीकृष्ण थे, क्रमशः चलकर

उसी अवस्था को प्राप्त महापुरूष ही जानता है कि गीता क्या कहती है। वह गीता की पंक्तियाँ ही नहीं दुहराता, बल्कि उनके भावों को भी दर्शा देता है क्योंकि जो दृश्य श्रीकृष्ण के सामने था, वही उस वर्तमान पुरूष के समक्ष भी है। इसलिए वह देखता है, दिखा देगा, आपमें जागृत भी कर देगा, उस पथ पर चला भी देगा। पूज्य श्री परमहंस जी महाराज भी उसी स्तर के महापुरूष थे। उनकी वाणी तथा अन्तः प्रेरणा से मुझे गीता का जो अर्थ मिला, उसी का संकलन यथार्थ गीता है।"

- अड़गड़ानन्द महाराज

"गीता राष्ट्रीय साहित्य घोषित हो"

-स्वामी अड़गड़ानन्द, परमहंस आश्रम, सक्तेशगढ़, चुनार क्षेत्र
(विभिन्न प्रवचनों में बोले गये और अनेकों समाचार पत्र में प्रकाशित शब्द)

25 सितम्बर, 1916 ई0

पं0 दीन दयाल उपाध्याय का जन्म

बुधवार, 2 सितम्बर, 1911 ई0 (सं. 1968, आश्विन, कृष्ण पक्ष, त्रयोदशी)

पं. श्री राम शर्मा आचार्य का जन्म

ध्यान रहे लव कुश सिंह विश्वमानव का जन्म सोमवार, 16 अक्टुबर, 1967 (आश्विन, शुक्ल पक्ष-त्रयोदशी, रेवती नक्षत्र) को हुआ।

19 नवम्बर, 1917 ई0

इन्दिरा गाँधी का जन्म

मंगलवार, 15 अक्टुबर, 1918 ई0

विजयदशमी को सांई बाबा समाधि में लीन

हिन्दू और मुसलमान दोनों समुदाय के लोग सांई बाबा के पास जाते और अपनी कामनाएँ सफल करते। बाबा मानव मात्र के लिए एक थे। वे कहते थे कि - "सबका मालिक एक है।" मानव, मानव के प्रति उनके मन में कोई भेद नहीं था।

लखनऊ कांग्रेस के 1916 ई. के अधिवेशन पश्चात्, महर्षि शुद्धानन्द भारती के साथ तिलक जी शिरडी पहुँचें और सांई बाबा के इस चमत्कारी वाक्य - "इतनी आवाज करने से आजादी नहीं मिलेगी" को सुनकर (यही वाक्य अधिवेशन में शुद्धानन्द भारती जी ने कहा था) कहा, कैसे मिलेगी? सांई बाबा ने खड़े होकर घोषित किया - "अल्लाह अच्छा करेगा, अल्लाह मालिक....!" तिलक जी सांई बाबा के परम भक्त हो गये। बाबा की विनम्रता, चमत्कारों से लोग आकर्षित होने लगे। कलकत्ता की एक वृद्ध ईसाई भी सांई बाबा का चमत्कार देखकर उनकी भक्त बन गईं।

सांई बाबा ने सदैव ही अंहकार और पाखण्ड का विरोध किया। समन्वय की भावना से सांई बाबा सबको आदर, सम्मान देते, सभी में ईश्वर का निवास है। सांई बाबा के ग्यारह वचन सिद्धान्त माने जाते हैं।

12 जनवरी, 1918 ई0

महर्षि महेश योगी का जन्म

19 अगस्त, 1918 ई0

शंकर दयाल शर्मा का जन्म

18 मई, 1920 ई0

जान पाल, द्वितीय का जन्म

मंगलवार, 29 जुलाई 1920 ई0

करीब डेढ़ बजे श्रीमाँ सारदा कुछ गहरी साँसें ली और महासमाधि में लीन हो गई। वे फिर इस भौतिक संसार में नहीं लौटी। दीर्घकालीन रोग से पीड़ित उनका शरीर शान्त हो गया और उसमें से एक दिव्य ज्योति निकलने लगी। कई लोग इस ज्योति से धोखे में आ गए और उन्हें लगा कि श्रीमाँ अब भी जीवित है। उनके शरीर को मालाओं से सुसज्जित कर गंगा के उस पार बेलुड़ मठ ले जाया गया। वहाँ चन्दन काष्ठ की चिता पर उनका अन्तिम

संस्कार सम्पन्न हुआ। उनके पुनीत जीवन के स्मारक के रूप मे उसी स्थान पर आज एक सफेद मन्दिर स्थापित है। उनके जन्मस्थान पर भी एक सफेद मन्दिर का निर्माण किया गया। इस मन्दिर पर लहराती ध्वजा पर एक ही शब्द लिखा है- "**माँ!**"

श्रीमाँ सारदा देवी की वाणी

सचमुच ठाकुर (राम कृष्ण परमहंस) ईश्वर ही थे। उन्होंने दूसरे के दुःखों और कष्टों को दूर करने के लिए मानवी देह धारण की थी। वे वैसे ही रहे जैसे एक राजा अपने नगर में वेश बदलकर घूमता है जैसे ही लोगों ने उन्हें पहचाना वैसे ही वे अदृश्य हो गये। ठाकुर सत्य से कितने जुड़े हुए थे। वे कहा करते कि सत्य कलियुग की तपस्या है। व्यक्ति सत्य का पालन करके ईश्वर को पा सकता है।

जान लो कि अपनी माता की सेवा ही तुम्हारा सर्वोच्च कर्तव्य है, यदि वह तुम्हारी आध्यात्मिक प्रगति में बाधक होती हो तो बात दूसरी है। कोई वस्तु कितनी ही छोटी क्यों न हो पर उसकी अवमानना नहीं करनी चाहिए। अगर तुम किसी वस्तु का सम्मान करोगे तो उसके द्वारा तुम्हें भी सम्मान मिलेगा, छोटे से छोटा काम भी सम्मानपूर्वक करना चाहिए। व्यक्ति कितना ही आध्यात्मिक क्यों न हो पर शरीर धारण करने का पूरा महसूल उसे चुकाना ही पड़ता है।

जब पति और पत्नी एकमत होकर आध्यात्मिक साधना करते हैं। तब आध्यात्मिक प्रगति सरलता से होने लगती है। केवल ईश्वर ही सत्य है बाकी सब कुछ मिथ्या है। जीवन का उद्देश्य ईश्वर की अनुभूति करना तथा उनके चिन्तन में निरन्तर लीन रहना है।

एक दिन एक सन्यासी की माता ने श्रीमाँ से प्रार्थना की कि वे उसके पुत्र को सांसारिक जीवन में लौटने के लिए कहें, श्रीमाँ ने उत्तर दिया संन्यासी की माता बनना तो एक दुर्लभ सौभाग्य है। लोग तो एक पीतल के लोटे को भी नहीं छोड़ सकते। क्या संसार का त्याग करना सहज है? तुम क्यों चिंता करती है?

27 अक्टुबर, 1920 ई0

के.आर.नारायणन का जन्म

2 सितम्बर, 1924 ई0

स्वामी स्वरूपानन्द का जन्म

27 सितम्बर 1926 ई0

अशोक सिंघल का जन्म

25 दिसम्बर, 1926 ई0

श्री अटल बिहारी वाजपेयी का जन्म

1 जुलाई, 1927 ई0

चन्द्रशेखर का जन्म

8 नवम्बर, 1927 ई0

श्री लाल कृष्ण आडवाणी का जन्म

29 मार्च, 1928 ई0

रोमेश भण्डारी का जन्म

1928 ई0 (शरत् पूर्णिमा)

हनुमान प्रसाद शर्मा जो लेखन जगत् में "मनु शर्मा" के नाम से विख्यात है का जन्म

यहाँ प्रस्तुत है आपके "कृष्ण की आत्मकथा" का परिचय एवं प्रत्येक खण्ड के कुछ अंश।

परिचय - कृष्ण के अनगिनत आयाम (डायमेन्सन) हैं। दूसरे उपन्यासों में कृष्ण के किसी विशिष्ट आयाम को लिया गया है। किन्तु आठ खण्डों में विभक्त इस औपन्यासिक श्रृंखला में कृष्ण को उनकी सम्पूर्णता और समग्रता में उकेरने का सफल प्रयास किया गया है। किसी भी भाषा में कृष्णचरित को लेकर इतने विशाल और प्रशस्त कैनवस का प्रयोग नहीं किया गया है। यथार्थ कहा जाये तो "कृष्ण की आत्मकथा" एक उपनिषदीय ग्रन्थ है। श्रृंखला के आठ

खण्ड इस प्रकार है। 1. नारद की भविष्यवाणी 2. दुरभिसंधि 3. द्वारका की स्थापना 4. लाक्षागृह 5. खांडव दाह 6. राजसूय यज्ञ 7. संघर्ष 8. प्रलय।

1. "नारद की भविष्यवाणी" के कुछ अंश

"युद्धस्थल में मोहग्रस्त एवं भ्रमित अर्जुन से ही मैंने नहीं कहा था कि तुम निमित्त मात्र हो वरन् इस पुस्तक के लेखक से भी कहा हूँ कि तुम निमित्त मात्र हो, कर्ता तो मैं हूँ।... अन्यथा तुम आज की आँखों से उस अतीत को कैसे देख सकोगे, जिसे मैंने भोगा है? उस संत्रास का कैसे अनुभव करोगे, जिसे मेरे युग ने झेला है? उस मथुरा को कैसे समझ सकोगे, जो मेरे अस्तित्व की रक्षा के लिए नट की डोर की तनाव पर केवल एक पैर से चली है?.... और दुःखी ब्रज के उस प्रेमोन्माद का तुम्हें क्या आभास लगेगा, जो मेरे वियोग में आकाश के जलते चंद्र को आँचल में छिपाकर करील के कुंजो में विरहाग्नि बिखेर रहा था?"

2. "दुरभिसंधि" के कुछ अंश

"मेरी अस्मिता दौड़ती रही। नियति की अँगुली पकड़कर आगे बढ़ती गई-उस क्षितिज की ओर, जहाँ धरती और आकाश मिलते हैं। नियति भी मुझे उसी ओर संकेत करती रही, पर मुझे आजतक वह स्थान नहीं मिला और शायद नहीं मिलेगा। फिर भी मैं दौड़ता ही रहूँगा, क्योंकि यही मेरा कर्म है। मैंने युद्ध में मोहग्रस्त अर्जुन से यह नहीं कहा था, अपितु जीवन में बारम्बार स्वयं से भी कहता रहा हूँ-"कर्मण्येवाधिकारस्ते"।

वस्तुतः क्षितिज मेरा गन्तव्य नहीं, मेरे गन्तव्य का आदर्श है। आदर्श कभी पाया नहीं जाता। यदि पा लिया जाता तो वह आदर्श नहीं। इसलिए न पाने की निश्चिन्तता के साथ भी कर्म में अटल आस्था ही मुझे दौड़ाये लिये जा रही है। यही मेरे जीवन की कला है। इसे लोग 'लीला' भी कह सकते हैं, क्योंकि वे मुझे भगवान मानते हैं।.... और भगवान का कर्म ही तो लीला है।"

3. "द्वारका की स्थापना" के कुछ अंश

"मैंने जीवन भर कभी तर्क में विश्वास नहीं किया, क्योंकि तर्क अपने विरूद्ध स्वयं खड़ा हो जाता है। वह मानव बुद्धि का परम चतुर किंतु आदर्शहीन शिशु है। उसका जन्म भी उस समय हुआ था जब सत्य और झूठ की पहली लड़ाई हुई थी। तब से वह झूठ का ही प्रवक्ता रहा है। कभी-कभी वह सत्य के पक्ष में भी खड़ा हो जाता है। केवल इसलिए कि वह सत्य से प्रतिष्ठा पाता है और झूठ से जीवन रस।

वस्तुतः सत्य को उसकी आवश्यकता भी नहीं है। सत्य तो स्वयं भासित है, स्वयं प्रमाण है। कभी-कभी वह बादलों के घेरे में आ जाता है, तब हम उसे छिपता हुआ देखते हैं। वास्तव में वह हमारा बुद्धि भ्रम है। बादलों के छँटते ही उसकी ज्योति अपने स्थान पर स्वतः चमकती दिखाई देने लगती है।"

4. "लाक्षागृह" के कुछ अंश

"मैं नियति के तेज वाहन पर सवार था। सब कुछ मुझसे पीछे छुटता जा रहा था। वृन्दावन और मथुरा, राधा और कुब्जा- सब कुछ मार्ग के वृक्ष के तरह छूट गये थे। केवल उनकी स्मृतियाँ मेरे मन से लिपटी रह गई थी। कभी-कभी वर्तमान की धूल उन्हें ऐसा घेर लेती हैं कि वे उनसे निकल नहीं पाती थी। मैं अतीत से कटा हुआ केवल वर्तमान का भोक्ता रह जाता।

माना कि भविष्य कुछ भी नहीं; वह वर्तमान की कल्पना है, मेरी आकांक्षाओं का चित्र है- और यह वह है, जिसे मैंने अभी तक पाया नहीं है, इसलिए उसे मैं एक आदर्श मानता हूँ। आदर्श कभी पाया नहीं जाता। जब तक मैं उसके निकट पहुँचता हूँ, हाथ मारता हूँ तब तक हाथ में आने के पहले झटककर और आगे चला जाता है। एक लुभावनी मरीचिका के पीछे दौड़ना भर रह जाता है।"

5. " खांडव दाह" के कुछ अंश

"जीवन को मैंने उसकी समग्रता में जीया है। न लोभ को छोड़ा; न मोह को; न काम को; न क्रोध को; न मद को; न मत्सर को। शास्त्रों में जिसके लिए वर्जना थी, वे भी मेरे लिए वर्जित नहीं रहे। सब वंशी की तरह मेरे साथ लगे रहे। यदि इन्हें भी छोड़ देता तो जीवन एकांगी हो जाता। तब मैं यह नहीं कह पाता कि करील की कुंजों में रास

रचाने वाला मैं ही हूँ और व्रज के जंगलों में गायें चराने वाला मैं ही हूँ। चाणूर आदि का वधक मैं ही हूँ और कलिय नाग का नाथक भी मैं ही हूँ। मेरी एक मुठ्ठी में योग है और दूसरी में भोग। मैं रथी भी हूँ और सारथि भी। अर्जुन के मोह में मैं ही था और उसकी मोह मुक्ति में भी मैं ही था।

जब मेघ दहाड़ते रहे, यमुना हाहाकार करती रही ओर तांडव करती प्रकृति की विभिषिका किसी को कँपा देने के लिए काफी थी, तब भी मैं अपने पूज्य पिता की गोद में किलकारी भरता रहा। तब से नियति न मुझ पर सदय रही, न पूरी तरह निर्दय। मेरे निकट आया हर वर्ष एक संघर्ष के साथ था।"

6. "राजसूय यज्ञ" के कुछ अंश

"मेरी मनुजात की वास्तविकता पर जब चमत्कारों का कुहासा छा जाता था तब लोग मुझमें ईश्वरत्व का अनुभव करने लगते हैं। मैं भी अपने में ईश्वरत्व की तलाश में लग जाता हूँ। शिशुपाल के वध के समय भी मेरी मानसिकता कुछ ऐसे ही भ्रम में पड़ गई थी; पर जब उसके रक्त के प्रवाह में मुझे अपना ही रक्त दिखाई पड़ा तब मेरी मानसिकता धुल चुकी थी। उसका अहं अदृश्य हो चुका था। मेरा वह साहस छूट चुका था कि मैं यह कहूँ कि मैंने इसे मारा है। मारने वाला तो कोई और ही था। वस्तुतः उसके कर्मों ने ही उसे मारा। वह अपने शापों से मारा गया।

संसार में सारे पापों से मुक्त होने का कोई न कोई प्रायश्चित है; पर जब अपने कर्म ही शापित करते हैं तब उसका कोई प्रायश्चित नहीं। आखिर वह मेरा भाई था। मैं उसे शाप मुक्त भी नहीं करा पाया। मेरा ईश्वरत्व उस समय कितना सारहीन, अस्तित्वहीन, निरूपाय और असमर्थ लगा।"

7. "संघर्ष के कुछ अंश"

"नियति ने मुझ पर हमेशा युद्ध थोपा- जन्म से लेकर जीवन के अन्त तक। यद्यपि मेरी मानसिकता सदा युद्ध विरोधी रही; फिर भी मैंने उन युद्धों का स्वागत किया। उनसे घृणा करते हुये भी मैंने उन्हें गले लगाया। मूलतः मैं युद्धवादी नहीं था। जब से मनुष्य पैदा हुआ तब से युद्ध पैदा हुआ- और शान्ति की ललक भी। यह ललक ही उसके जीवन का सहारा बनी। इस शान्ति की ललक की हरियाली के गर्भ में सोये हुये ज्वालामुखी की तरह युद्ध सुलगता रहा और बीच-बीच में भड़कता रहा।

लोगों ने मेरे युद्धवादी होने का प्रचार भी किया; पर मैंने कोई परवाह नहीं की, क्योंकि मेरी धारणा थी- और है कि मानव का एक वर्ग वह, जो वैमनस्य और ईष्र्या-द्वेष के वशीभूत होकर घृणा और हिंसा का जाल बुनता रहा - युद्धक है वह, युद्धवादी है वह। पर जो उस जाल को छिन्न-भिन्न करने के लिए तलवार उठाता रहा, वह कदापि युद्धवादी नहीं है।...... और यही जीवन भर मैं करता रहा।"

8. "प्रलय" के कुछ अंश

"मुझे देखना हो तो तूफानी सिंधु की उत्ताल तरंगों में देखो। हिमालय के उत्तुंग शिखर पर मेरी शीतलता अनुभव करो। सहस्त्रों सूर्यों का समवेत ताप ही मेरा ताप है। एक साथ सहस्त्रों ज्वालामुखियों का विस्फोट मेरा ही विस्फोट है। शंकर के तृतीय नेत्र की प्रलयकंर ज्वाला मेरी ही ज्वाला है। शिव का तांडव मैं ही हूँ; प्रलय में मैं हूँ; लय में मैं हूँ; विलय में मैं हूँ। प्रलय के वात्याचक्र का नर्तन मेरा ही नर्तन है। जीवन और मृत्यु मेरा ही विवर्तन है। ब्रह्माण्ड में मैं हूँ, ब्रह्माण्ड मुझमें है। संसार की सारी क्रियमाण शक्ति मेरी भुजाओं में है। मेरे पगों की गति धरती की गति है। आप किसे शापित करेंगे, मेरे शरीर को? यह तो शापित है ही- बहुतों द्वारा शापित है; और जिस दिन मैंने यह शरीर धारण किया था उसी दिन यह मृत्यु से शापित हो गया था"

"प्रलय" खण्ड के अन्त में निम्नलिखित अंतिका

आखिरकार इस आत्मकथा का अन्त हो ही गया। जिसका आदि होता है उसका अंत भी होता है; पर जो अनन्त है उसका आदि-अन्त क्या! उस अनन्त को इस आदि अन्त की आत्मकथा में बाँधने का प्रयास वैसा ही है जैसा सिन्धु को एक बड़े पात्र में समेटने का या हिमगिरि को पगों से नापने का अथवा समय को भूत और भविष्य से अलग कर केवल वर्तमान में ही रखने का।

फिर क्या मेरी यह चेष्टा व्यर्थ है? शायद नहीं। सागर भले ही पात्र में न समाए; पर पात्र में जो कुछ होगा, वह सागर का जल ही होगा। हिमगिरि भले ही पगों से न नापा जा सके; पर जो यात्रा होगी, वह हिमगिरि की ही होगी। समय भले ही भूत-भविष्य से अलग न हो सके; पर वर्तमान तो रहेगा ही और वर्तमान को जीने का आनन्द भी।

इस आत्मकथा के पहले भी कथा थी और बाद में भी कथा चलती रहेगी - "हरि अनन्त हरि कथा अनन्ता"।

यह उपन्यास है, शास्त्र नहीं। फिर भी यदि आपकी मानसिकता इसे या इसके किसी अंश को शास्त्र समझ बैठती है तो भी मुझे प्रसन्नता ही होगी; क्योंकि इसमें जो कुछ है, वह शास्त्र सम्मत ही है। कथा की बनावट, बुनावट तथा रूपांकन मेरा है; पर सही तो यह है कि मेरे द्वारा किया गया है, कर्ता तो कोई और है।

कृष्ण के साथ छाया की तरह लगा छंदक काल्पनिक चरित्र है; जैसे सुदामा और राधा। सुदामा का जिक्र तो "श्रीमद्भागवत" मे थोड़ा सा आता है- और कहीं नहीं है; पर राधा तो कहीं दिखाई ही नहीं देती। फिर भी कृष्ण के साथ कैसे आ गई, उनपर इतनी कैसे छा गई- आज भी शोध का विषय है; यद्यपि इस पर शोध हुए हैं और हो रहे हैं।

कृष्ण कथा के अनेक अंश अनेक ग्रन्थों में अनेक तरह से है। किसी विशेष ग्रन्थ में उसकी तलाश करना उचित न होगा। कथाएँ आपस में इतनी उलझी हैं कि उन्हें सुलझाकर एक सूत्र में लाना कठिन है। स्वयं महाभारत में अनेक बातें अनेक स्थलों पर अनेक तरह से कहीं गयी हैं। उदाहराणार्थ केवल धृतराष्ट्रपुत्रों के नामों की तीन सूचियाँ बनती हैं, जिनमें काफी भिन्नता है।

शायद इन्हीं कारणों से कृष्ण पर अब तक जितनी पुस्तकें आई हैं, उनके रचयिताओं ने कृष्ण की समग्रता को नहीं छुआ है। कोई बाल कृष्ण पर मुग्ध है तो कोई रासबिहारी कृष्ण पर, तो कोई महाभारत के कृष्ण पर। किसी ने कुरूक्षेत्र पर स्वयं को सीमित रखा है तो किसी का मन वृन्दावन में रमा है, तो कोई यशोदा के आँगन में रस लेता रह गया है।

क्या यह छोटे मुँह बड़ी बात होगी, यदि मैं यह कहूँ कि आठ खण्डों की इस आत्मकथा में मैंने समग्र कृष्ण को अपने दृष्टि-पथ में रखा है?

9 मार्च, 1931 ई0

डा0 कर्ण सिंह का जन्म

18 जून, 1931 ई0

के. एस. सुदर्शन का जन्म

25 जून, 1931 ई0

विश्वनाथ प्रताप सिंह का जन्म

15 अक्टुबर, 1931 ई0

ए.पी.जे. अब्दुल कलाम का जन्म

11 दिसम्बर, 1931 ई0

रजनीश चन्द्र मोहन का जन्म, 1960 के दशक में वे "आचार्य रजनीश" के नाम से "ओशो रजनीश" उसके उपरान्त "ओशो" नाम से जाने गये।

माघ शुक्ल बसन्त पंचमी, सरस्वती जन्मोत्सव, 1932 ई0

स्वामी शिवानन्द का जन्म

17 अगस्त, 1932 ई0

श्री वी.एस.नायपाल का जन्म

19 सितम्बर, 1932 ई0

सत्यमित्रानन्द गिरि जी का जन्म

20 सितम्बर, 1933 ई0

डा0 एनी बेसेन्ट, ब्रह्मलीन हो गईं। आजीवन वाराणसी को हृदय से अपना घर मानने वाली बेसेन्ट की अस्थियाँ वाराणसी लायी गयीं।

प्रतिभा समपन्न लेखिका और स्वतन्त्र विचारक होने के नाते श्रीमती एनी बेसेन्ट ने थियोसाफी (ब्रह्मविद्या) पर करीब 220 पुस्तकों व लेखों की बाढ़ लगा दी थी। पूर्व-थियोसाफिकल पुस्तकों एवं लेखों की संख्या लगभग 105 है। उन्होंने केवल एक साल के अन्दर 1895 में 16 पुस्तकें और पैम्प्लेट प्रकाशित किये जो 900 पृष्ठों से भी अधिक थे। भारतीय संस्कृति, शिक्षा व सुधारों पर संभवतः 48 ग्रन्थों और पैम्प्लेटों की उन्होंने रचना की। भारती राजनीति पर करीबन 77 पुष्प खिले। उनकी मौलिक कृतियों से चयनित लगभग 28 ग्रन्थों का प्रणयन हुआ। कुल मिलाजुलाकर करीबन 505 ग्रन्थों व लेखों की मलिका डा0 एनी बेसेन्ट ने "हाउ इण्डिया रौट् फार फ्रिडम (1915)" में भारत को अपनी मातृभूमि बतलाया है। "इण्डियाःए नेशन" नामक जो पुस्तक जब्त कर ली गयी थी उसमें उन्होंने स्वयत्त-शासन विचारधारा प्रतिपादित की है। 1917 में नजरबन्द किये जाने से पहले 70 वर्षीय वृद्धा ने अपने भारत भाइयों को आखिरी सन्देश दिया था- मैं वृद्धा हूँ, किन्तु मुझे विश्वास है कि मरने के पहले ही मैं देखूंगी कि भारत को स्वायत्त शासन मिल गया। अपनी 86 वर्ष की आयु में से उन्होंने 40 वर्ष भारत की सेवा में ही व्यतीत किए। यदि शिक्षा काल की अवस्था को भी गिने, तो जीवन का दो तिहाई भाग भारत में, भारत के लिए कार्य करते हुए व्यतीत हुआ। भारत आने के पाँच वर्ष बाद ही उन्होंने पवित्र काशी नगरी में सेन्ट्रल हिन्दू कालेज की स्थापना के संकल्प को पूरा किया। सार्वजनिक सेवा भावना के वशीभूत उन्होंने "सेन्ट्रल हिन्दू कालेज, वाराणसी" को पं0 मदन मोहन मालवीय जी को, हिन्दू विश्वविद्यालय के श्रीगणेश के साथ ही तत्परता से सौंप दिया और हिन्दू विश्वविद्यालय की स्थापना में भरपूर सहयोग दिया। एनी बेसेन्ट की सबसे बड़ी विशेषता थी- "दूसरों के सत्कार्य की प्रशंसा करना और उसमें सहयोगी बनना"

थियोसाफिकल सोसाइटी का उद्देश्य

सब प्रकार के भेदभावों से रहित सत्यान्वेषी साधकों की संस्था है जिसका लक्ष्य बन्धुत्व की प्रतिष्ठा द्वारा मानव समाज की सेवा करना है। इसके घोषित तीन उद्देश्य हैं-

1. मानवजाति के सार्वभौम मातृभाव का एक केन्द्र बिना जाति, धर्म, स्त्री, पुरूष, वर्ण अथवा रंग के भेदभाव को मानते हुए बनाना।
2. विविध धर्म, दर्शन तथा विज्ञान के अध्ययन को प्रोत्साहित करना।
3. प्रकृति के अज्ञात नियमों तथा मानव में अंतर्हित शक्ति की शोध करना। इसका लक्ष्य सत्य की खोज है। मूलमंत्र शान्ति है तथा आदर्श वाक्य है- "सत्य से श्रेष्ठतर कोई धर्म नहीं है"

सोसाइटी के साहित्य में

एक सर्वव्यापी सत्ता है वही समस्त सृष्टि का मूल स्रोत है। वह सब विश्व में ओत प्रोत है। विकास क्रम, कर्म सिद्धान्त, पुनर्जन्म, देवी विधान, जीवनमुक्त सिद्ध पुरूषों का अस्तित्व, जिन्हें सोसाइटी में "मास्टर" के नाम से पुकारा गया है।, मनुष्य के सूक्ष्म शरीर और उसकी रचना, मृत्यु और उसके पश्चात् की दशा, आत्मोन्नति का मार्ग और मनुष्य का भविष्य, विचार और उनका प्रभाव। सिद्धान्तों और विषयों की विशेष चर्चा की गई है।

व्यक्तिगत मोक्ष अथवा निर्वाण पर बल न देकर सोसाइटी समाजसेवा पर बल देती है। प्रत्येक सदस्य को अधिकार है कि वह चाहे जिस धर्म, दर्शन, गुरू, संस्था, मतवाद आदि से अपने को आपको संबद्ध रखे। चूँकि यह संस्था प्रत्येक सदस्य को मन, वचन और कर्म की पूर्ण स्वतन्त्रता प्रदान करती है इसलिए यह अपने रूप को स्पष्ट और पृथक रखना चाहती है। फलतः न तो यह अन्य किसी संस्था को अपना अंग बनाती है और न किसी अन्य संस्था के साथ किसी प्रकार का सम्बन्ध या समझौता ही स्थापित करती है।

5 जनवरी, 1934 ई0

श्री मुरली मनोहर जोशी का जन्म

10 नवम्बर, 1934 ई0

श्री केशरी नाथ त्रिपाठी का जन्म

1 अप्रैल, 1934 ई0

श्री हामिद अंसारी का जन्म

19 दिसम्बर, 1934 ई0

श्रीमती प्रतिभा पाटिल का जन्म

16 अप्रैल 1934 ई0

श्री राम नाइक का जन्म

6 जुलाई, 1935 ई0

दलाई लामा का जन्म

18 जुलाई, 1935 ई0

स्वामी जयेन्द्र सरस्वती का जन्म

11 दिसम्बर 1935 ई0

श्री प्रणव मुखर्जी का जन्म

27 मार्च, 1936 ई0

श्री बी.एल.जोशी का जन्म

14 नवम्बर 1936 ई0

श्री गिरधर मालवीय का जन्म

सन् 1937 ई0 (भाद्रपद, शुक्ल पक्ष, सप्तमी, रविवार, संवत् 1994)

परमपूज्य बाबा अघोरेश्वर भगवान राम जी का जन्म

31 मार्च, 1938 ई0

श्रीमती शीला दीक्षित का जन्म

8 अप्रैल, 1938 ई0

श्री कौफी अन्नान का जन्म

15 जनवरी, 1940 ई0

श्री अन्ना हजारे का जन्म

8 जनवरी 1942 ई0

महान वैज्ञानिक गैलीलियो गैलिली की मौत 8 जनवरी, 1642 के ठीक 300 वर्ष बाद जन्में स्टीफन हाकिंग्स

वर्ष 2009 में उन्हें "प्रेसिडेंसियल मैडल आफ फ्रीडम" से सम्मानित किया गया, जो अमेरिका का सर्वोच्च नागरिक सम्मान है। हाकिंग्स की ज्यादातर खोजें ब्रह्माण्ड से जुड़े रहस्यों पर आधारित रहीं। ब्रह्माण्ड की उत्पत्ति और ब्लैक होल जैसे विषयों पर उन्होंने कई प्रयोग किये व सिद्धान्त प्रस्तुत किये। हाकिंग्स की शारीरिक स्थिति जैसे-जैसे खराब होती गई, उनकी बुद्धिजीविता का प्रदर्शन और उपलब्धियों का क्रम बढ़ता गया। बोलने की क्षमता खोने के बाद इलेक्ट्रानिक वाइस सेंथेसाइजर की सहायता से उन्होंने ब्रह्माण्ड के रहस्य दुनिया को बताए। हाथ में कलाम उठाये बिना और बिना मुख एक शब्द भी बोले उन्होंने पाँच किताबें लिख दी। लम्बे समय तक हाकिंग की माली हालत भले ही बहुत अच्छी न रही हो मगर अब वे एक सम्पन्न व्यक्ति है। 1998 में आयी उनकी किताब "ए हिस्ट्री आफ टाइम: फ्राम द बिग बैंग टू ब्लैक होल्स" वर्ष की सबसे ज्यादा बिकने वाली ना ॅनफिक्शन किताबों की सूची में शामिल हुई। इसकी 10 लाख से भी ज्यादा प्रतियां बिकीं। जिससे उन्हें बहुत धन मिला। वे अपने व्याख्यान व टेलिविजन शो के लिए 50 हजार से 1 लाख पाउण्ड तक की माँग करते हैं।

"ब्लैक होल (सर्वोच्च गुरूत्वाकर्षण की ब्रह्माण्डीय अति सघन वस्तु) के पी-ब्रेन्स माडल में पी-ब्रेन स्थान के तीन आयामों और अन्य सात आयामों में चलती है जिनके बारे में हमें कुछ पता नहीं चलता। यदि हम सभी बलों

के एकीकरण का एक सार्वभौम समीकरण विकसित करें तो हम ईश्वर के मस्तिष्क को जान जायेगें क्योंकि हम भविष्य के कार्य का निर्धारण कर सकेगें, और यह मनुष्य के मस्तिष्क के द्वारा सर्वोच्च अविष्कार होगी।", "एक प्रभावपरक सिद्धान्त को बहुत ज्यादा इसके शाब्दिक अर्थ में ग्रहण करने से बचा जाना चाहिए", "दर्शन शास्त्र के महान परम्परा का अन्त" (बीसवीं शताब्दी के सबसे बड़े दार्शनिक विटगेंस्टीन के कहे शब्द- दर्शनशास्त्र के लिए एक मात्र शेष कार्य - भाषा का विश्लेषण करना ही बचा है पर वक्तव्य) **-प्रो0 स्टीफेन हाकिंग**

"भारत यात्रा पर राष्ट्रीय सहारा, हस्तक्षेप, 27 जनवरी '2001

4 मई 1942 ई0

श्री सैम पित्रोदा का जन्म

20, अगस्त, 1944 ई0

राजीव गाँधी का जन्म

6 जुलाई, 1945 ई0

श्री यदुनाथ सिंह का जन्म

बुधवार, 24 अक्टुबर, 1945 ई0

-भारत के प्रथम स्वतन्त्रता-शारीरिक स्वतन्त्रता आन्दोलन का समय।

-स्वामी विवेकानन्द के चिरशान्ति में लीन होने के 43 वर्ष 3 माह 20 दिन बाद उनके दृष्टि के अनुसार एवं प्राकृतिक बल द्वारा मनुष्य द्वारा विवशतावश अन्तर्राष्ट्रीय संगठन-संयुक्त राष्ट्र संघ की स्थापना। जिसमें भारत प्रथम संस्थापक सदस्यों में से एक।

12 नवम्बर, 1946 ई0

महामना मालवीय पार्थिव शरीर को छोड़कर चले गये।

पं.मदनमोहन मालवीय ने काशी हिन्दू विश्वविद्यालय की स्थापना का श्रीगणेश 1904 ई. में किया, जब काशी नरेश महाराज प्रभुनारायण सिंह की अध्यक्षता में संस्थापकों की प्रथम बैठक हुई। 1905 ई. में विश्वविद्यालय का प्रथम पाठ्यक्रम प्रकाशित हुआ। जनवरी, 1906 ई. में कुंभ मेले में मालवीय जी ने त्रिवेणी संगम पर भारत भर से आयी जनता के बीच अपने संकल्प का दोहराया। कहा जाता है, वहीं एक वृद्धा ने मालवीय जो को इस कार्य के लिए सर्वप्रथम एक पैसा चंदे के रूप में दिया। डा0 ऐनी बेसेन्ट काशी में विश्वविद्यालय की स्थापना में आगे बढ़ रही थी। इस विश्वविद्यालय के मूल में डा0 ऐनी बेसेन्ट द्वारा स्थापित और संचालित सेन्ट्रल हिन्दू कालेज प्रमुख था।

बनारस हिन्दू यूनिवर्सिटी सोसाइटी की 15 दिसम्बर, 1911 को स्थापना हुई, जिसके महाराज दरभंगा अध्यक्ष, इलाहाबाद उच्च न्यायालय के प्रमुख बैरिस्टर सुन्दरलाल सचिव, महाराज प्रभुनारायण सिंह, पं. मदनमोहन मालवीय एवं डा0. ऐनी बेसेन्ट सम्मानित सदस्य थी। तत्कालीन शिक्षा मंत्री सर हारकोर्ट बटलर के प्रयास से 1915 ई. में केन्द्रीय विधानसभा से हिन्दू यूनिवर्सिटी एक्ट पारित हुआ, जिसे तत्कालीन गवर्नर जनरल लार्ड हाडिंज ने तुरन्त स्वीकृति प्रदान कर दी। वसंत पंचमी, 6 फरवरी, 1916 ई. के दिन ससमारोह वाराणसी में गंगातट के पश्चिम, रामनगर के समानान्तर महाराज प्रभुनारायण सिंह द्वारा प्रदत्त भूमि में काशी हिन्दू विश्वविद्यालय का शिलान्यास हुआ।

9 दिसम्बर 1946 ई0

श्रीमती सोनिया गाँधी का जन्म

19 अगस्त, 1946 ई0

श्री बिल क्लिन्टन का जन्म

स्वतन्त्र भारत व लव कुश सिंह "विश्वमानव" काल
सन् 1947 से सन् 1980

इस दशक के मुख्य विशेषता

ईश्वर के दस अवतारों में नौ के अवतरण हो चुके थे। जिनमें प्रथम पाँच अंशावतार के उद्देश्य का ज्ञान विलुप्त हो रहे थे। ईश्वर के छठें अंशावतार परशुराम द्वारा प्रदत्त व्यवस्था में से राज्य प्रबन्ध प्राकृतिक रुप से सक्रिय होकर अंश रुप में व्यक्त हो चुकी थीं। जबकि गुणों के आधार पर मानव जाति का विभाजन- ब्राह्मण, क्षत्रिय, वैश्य व शूद्र जन्म आधारित हो पूर्वजों के नाम पर अनेक जातियों में विभाजित हो चुकी थी जो मात्र नाम रुप से ही थी, कर्म रुप से नहीं थी। इन जातियों पर आधारित जातिवाद द्वारा समाज के प्रत्येक विषय प्रभावित हो रहे थे। परन्तु ज्ञान सभी के लिए खुल चुका था। अनेक जाति में विभाजन से मूल मानव जाति भी इनमें खो चुकी थी। ईश्वर के सातवें अंशावतार तथा ब्रह्मा के पूर्णावतार श्रीराम आदर्श व्यक्ति चरित्र के रुप में स्थापित हो रामलीला में परिवर्तित हो चुके थे। जिसमें वाल्मिकि रचित रामायण और तुलसीदास रचित रामचरित्रमानस का महत्वपूर्ण योगदान था। ईश्वर के आठवें अंशावतार और विष्णु के पूर्णावतार श्रीकृष्ण आदर्श सामाजिक व्यक्ति चरित्र के रुप में स्थापित हो श्रीकृष्ण लीला में परिवर्तित हो चुके थे। जिसमें महर्षि व्यास रचित श्रीमद्भागवत् का महत्वपूर्ण योगदान था। श्रीकृष्ण द्वारा सभी मतांतरों, वेदों, उपनिषदों के सार रुप में व्यक्त गीता उपदेश व्यक्ति में आत्मतत्व का बोध कराते हुये कर्म की ओर प्रेरित कर रही थी। गीता से भी उसके व्याख्याकारों द्वारा दर्शन पर आधारित विभाजन के उपरान्त व्याख्याकार गुरू के रुप में प्रतिष्ठित होते थे। और उनका एक मठ-सम्प्रदाय स्थापित होने लगे थे। जिस व्याख्याकार गुरू का जितना प्रसार था वह उतना बड़ा गुरू था परन्तु वह व्यक्ति (व्यष्टि मन) का गुरू था न कि संयुक्त व्यक्ति (समष्टि या संयुक्त मन) का गुरू है। ईश्वर के नौवें अंशावतार बुद्ध एक अलग धर्म के रुप में स्थापित हो गये थे। उनके द्वारा प्रवर्तित व्यवस्था विलुप्त हो चुकी थी परन्तु उनके द्वारा प्रदत्त ध्यान और ज्ञान पर दर्शन विकसित किया जा रहा था जो प्रचार-प्रसार में था। अवतारों के उद्देश्य, कार्यप्रणाली, गुण इत्यादि पर व्यापक प्रकाश न होने से अवतारों का अवतरण होने पर भी उन्हें पहचान पाना भी मुश्किल हो गया था।

धार्मिक-सांस्कृतिक आयोजनों में यज्ञ जैसे-विष्णु महायज्ञ, ज्ञान यज्ञ, अश्वमेघ यज्ञ, रुद्र यज्ञ इत्यादि पूजा में-शिव-शंकर पूजा, श्रीकृष्ण पूजा, श्रीराम पूजा, सरस्वती पूजा, दुर्गा पूजा, काली पूजा, लक्ष्मी पूजा, गणेश पूजा इत्यादि, चैत्र व शारदीय नवरात्रों में देवी मन्दिरों सहित सभी मन्दिरों में व्यापक स्तर पर पूजा अर्चना की जाने लगी थी। श्रीराम लीला व श्रीकृष्ण लीला का व्यापक प्रसार हो चुका था। जैसे-जैसे सम्पन्नता बढ़ रही थी प्रवचन, यज्ञ, पूजा, मठ आदि का आयोजन व स्थापना भी तेजी से बढ़ रही थी। इन सभी आयोजनों व कार्यक्रमों में विज्ञान के आविष्कारों-टेलिविजन, साउन्ड सिस्टम, मोटर वाहन, बिजली सजावट इत्यादि के व्यापक स्तर पर प्रयोग हो रहे थे।

अन्य मुख्य धर्म जैसे-ईसाई, इस्लाम, बौद्ध, सिख, बहाई इत्यादि सहित भारत में कुल 75 से अधिक धर्म अपना प्रचार-प्रसार कर रहे थे। किसी धर्म का प्रचार-प्रसार का मुख्य आधार धर्मों का तत्व था तो किसी का आवश्यकताओं की पूर्ति व बाह्य आचार व्यवहार तो किसी का दोनों। तो किसी का धर्म परिवर्तन तो किसी का प्रजनन द्वारा जनसंख्या वृद्धि।

अन्य घटना क्रम

शुक्रवार, 15 अगस्त, 1947 ई0

-भारत को प्रथम स्वतन्त्रता-शारीरिक स्वतन्त्रता प्राप्त।

-भारत का मध्यम स्वतन्त्रता-आर्थिक व मानसिक स्वतन्त्रता काल प्रारम्भ।
-स्वामी विवेकानन्द के चिरशान्ति में लीन होने के 45 वर्ष 1 माह 11 दिन बाद का समय।
-स्वामी विवेकानन्द द्वारा स्थापित "रामकृष्ण मिशन व मठ" का 50वाँ वर्ष।
-आठो ग्रह सहित सूर्य व चाँद अर्थात् पूरा सौर मण्डल भारत के आकाश में अनुपस्थित।

30 जनवरी, 1948 ई0

महात्मा गाँधी की मृत्यु (ब्रह्मलीन)

इनके सार्वभौम विचार

1. विज्ञान का युद्ध किसी व्यक्ति को तानाशाही, शुद्ध और सरलता की ओर ले जाता है। अहिंसा का विज्ञान अकेले ही किसी व्यक्ति को शुद्ध लोकतन्त्र के मार्ग की ओर ले जा सकता है। प्रेम पर आधारित शक्ति सजा के डर से उत्पन्न शक्ति से हजार गुना अधिक और स्थायी होती है। यह कहना निन्दा करने जैसा होगा कि अहिंसा का अभ्यास केवल व्यक्तिगत तौर पर किया जा सकता है और व्यक्तिवादिता वाले देश इसका कभी भी अभ्यास नहीं कर सकते हैं। शुद्ध अराजकता का निकटतम दृष्टिकोण अहिंसा पर आधारित लोकतन्त्र होगा। सम्पूर्ण अहिंसा के आधार पर संगठित और चलने वाला कोई समाज शुद्ध अराजकता वाला समाज होगा।
2. मैंने भी स्वीकार किया कि एक अहिंसक राज्य में भी पुलिस बल की जरूरत अनिवार्य हो सकती है। पुलिस रैंकों का गठन अहिंसा में विश्वास रखने वालों से किया जायेगा। लोग उनकी हर सम्भव मदद करेंगे और आपसी सहयोग के माध्यम से वे किसी भी उपद्रव का आसानी से समाना कर लेंगे। श्रम और पूंजी तथा हड़तालों के बीच हिंसक झगड़ें बहुत कम होंगे और हिसंक राज्यों में तो बहुत कम होंगे क्योंकि अहिंसक समाज की बाहुलता का प्रभाव समाज में प्रमुख तत्वों का सम्मान करने के लिए महान होगा। इसी प्रकार साम्प्रदायिक अव्यवस्था के लिए कोई जगह नहीं होगी।
3. आध्यात्मिक और व्यवहारिक शुद्धता बड़े पैमाने पर ब्रह्मचर्य और वैराग्यवाद से जुदा होता है। गाँधी जी ने ब्रह्मचर्य को भगवान के करीब आने और अपने को पहचानने का प्राथमिक आधार के रूप में देखा था। अपनी आत्मकथा में वे बचपन की दुल्हन कस्तुरबा के साथ अपनी कामेच्छा और इष्र्या के संघर्षों को बताते हैं। उन्होंने महसूस किया कि यह उनका व्यक्तिगत दायित्व है कि उन्हें ब्रह्मचर्य रहना है ताकि वे बजाय हवस के प्रेम को सिख पायें। गाँधी के लिए ब्रह्मचर्य का अर्थ था- इन्द्रियों के अन्तर्गत विचारों, शब्द और कर्म पर नियंत्रण।
4. गाँधी जी का मानना था कि अगर एक व्यक्ति समाज सेवा में कार्यरत है तो उसे साधारण जीवन की ओर ही बढ़ना चाहिए जिसे वे ब्रह्मचर्य के लिए आवश्यक मानते हैं। उनकी सादगी ने पश्चिमी जीवन शैली को त्यागने पर मजबूर करने लगा और वे दक्षिण अफ्रीका में फैलने लगे थे इसे वे - खुद को शून्य के स्थिति में लाना, कहते हैं। जिसमें अनावश्यक खर्च, साधारण जीवन शैली को अपनाना और अपने वस्त्र स्वयं धोना आवश्यक है। अपने साधारण जीवन को दर्शाने के लिए उन्होंने बाद में अपनी बाकी जीवन में धोती पहनी।
5. गाँधी सप्ताह में एक दिन मौन धारण करते थे। उनका मानना था कि बोलने के परहेज से उन्हें आन्तरिक शान्ति मिलती है। उन पर यह प्रभाव हिन्दू मौन सिद्धान्त का है। वैसे दिनों में वे कागज पर लिखकर दूसरों के साथ सम्पर्क करते थे। 37 वर्ष की आयु से साढ़े तीन वर्षों तक गाँधी जी ने अखबारों को पढ़ने से इन्कार कर दिया जिसके जबाब में उनका कहना था कि जगत की आज जो स्थिर अवस्था है, उसने अपनी स्वयं का आन्तरिक अशान्ति की तुलना में अधिक भ्रमित किया है।
6. नियम के रूप में गाँधी विभाजन की अवधारणा के खिलाफ थे क्योंकि उनके धार्मिक एकता के दृष्टिकोण के प्रतिकूल थी। 6 अक्टुबर, 1946 में हरिजन में उन्होंने भारत का विभाजन, पाकिस्तान बनाने के लिए, के बारे में लिखा- पाकिस्तान की मांग जैसा कि मुस्लीम लीग द्वारा प्रस्तुत किया गया है, गैर इस्लामी है और मैं इसे पापयुक्त कहने से नहीं हिचकूँगा। इस्लाम मानव जाति के भाईचारे ओर एकता के लिए खड़ा है, न कि

मानव परिवार के एक्य का अवरोध करने के लिए। इस वजह से जो यह चाहते हैं कि भारत दो युद्ध समूहों में बदल जाये, वे भारत और इस्लाम दोनों के दुश्मन हैं। वे मुझे टुकड़ों में काट सकते हैं, पर मुझे उस चीज के लिए राजी नहीं कर सकते जिसे मैं गलत समझता हूँ।

31 जुलाई 1949 ई0

श्री फर्दिनो इनासियो रिबेलो का जन्म

बृहस्पतिवार, 26 जनवरी, 1950 ई0

-भारत का मध्यम स्वतन्त्रता-आर्थिक व मानसिक स्वतन्त्रता का समय।

-भारत का संविधान लागू।

1950 ई0

जगद्गुरु रामभद्राचार्य (1950-), पूर्वाश्रम नाम गिरिधर मिश्र, चित्रकूट (उत्तर प्रदेश, भारत) में रहने वाले एक प्रख्यात विद्वान, शिक्षाविद्, बहुभाषाविद्, रचनाकार, प्रवचनकार, दार्शनिक और हिन्दू धर्मगुरु हैं। वे रामानन्द सम्प्रदाय के वर्तमान चार जगद्गुरु रामानन्दाचार्यों में से एक हैं और इस पद पर 1988 ई. से प्रतिष्ठित हैं। वे चित्रकूट में स्थित संत तुलसीदास के नाम पर स्थापित तुलसी पीठ नामक धार्मिक और सामाजिक सेवा संस्थान के संस्थापक और अध्यक्ष हैं। वे चित्रकूट स्थित जगद्गुरु रामभद्राचार्य विकलांग विश्वविद्यालय के संस्थापक और आजीवन कुलाधिपति हैं। यह विश्वविद्यालय केवल चतुर्विध विकलांग विद्यार्थियों को स्नातक तथा स्नातकोत्तर पाठ्यक्रम और डिग्री प्रदान करता है। जगद्गुरु रामभद्राचार्य दो मास की आयु में नेत्र की ज्योति से रहित हो गए थे और तभी से प्रज्ञाचक्षु हैं।

अध्ययन या रचना के लिए उन्होंने कभी भी ब्रेल लिपि का प्रयोग नहीं किया है। वे बहुभाषाविद् हैं और 22 भाषाएँ बोलते हैं। वे संस्कृत, हिन्दी, अवधी, मैथिली सहित कई भाषाओं में आशुकवि और रचनाकार हैं। उन्होंने 80 से अधिक पुस्तकों और ग्रंथों की रचना की है, जिनमें चार महाकाव्य (दो संस्कृत और दो हिन्दी में), रामचरितमानस पर हिन्दी टीका, अष्टाध्यायी पर काव्यात्मक संस्कृत टीका और प्रस्थानत्रयी (ब्रह्मसूत्र, भगवद्गीता और प्रधान उपनिषदों) पर संस्कृत भाष्य सम्मिलित हैं। उन्हें तुलसीदास पर भारत के सर्वश्रेष्ठ विशेषज्ञों में गिना जाता है और वे रामचरितमानस की एक प्रामाणिक प्रति के सम्पादक हैं, जिसका प्रकाशन तुलसी पीठ द्वारा किया गया है। स्वामी रामभद्राचार्य रामायण और भागवत के प्रसिद्ध कथाकार हैं भारत के भिन्न-भिन्न नगरों में और विदेशों में भी नियमित रूप से उनकी कथा आयोजित होती रहती है और कथा के कार्यक्रम संस्कार टीवी, सनातन टीवी इत्यादि चैनलों पर प्रसारित भी होते हैं।

2015 में भारत सरकार ने उन्हें पद्मविभूषण से सम्मानित किया।

17 सितम्बर 1950 ई0

श्री नरेन्द्र मोदी का जन्म

5 दिसम्बर, 1950 ई0

राष्ट्रवादी महर्षि अरविन्द घोष इहलीला समाप्त कर परम तत्व में समा गये।

महर्षि अरविन्द की वाणी

1. उत्पीड़न आज तक धार्मिक निष्ठा को नष्ट नहीं कर सका और आत्मचेतन भारत तो किसी तानाशाह की दण्डशलाका से दमित होने के लिए बहुत बड़ी ताकत है। अत्याचार कुचलते नहीं बल्कि सम्प्रत्यय और विश्वास की मोर्चाबन्दी करते है। और धरती पर ऐसी कोई शक्ति नहीं जो सच्चे लोगों के रक्त में एक बार अंकुरित हुये स्वतन्त्रता के बीज को उन्मूलित कर सके।
2. यह जनशक्ति ही है जो हमारी सम्पूर्ण आशा है...... सम्पूर्ण आश्वासन, भविष्य की हमारी सम्पूर्ण संभावना..... इसे सामाजिक और राजनीतिक प्रभुता प्राप्त करने के लिए अपने परिणाम, प्रबलता और महत्व में अनन्तगुना होना है।

3. एक चीज जिसे हमें सबसे पहले प्राप्त करना है वह है शक्ति-शारीरिक, मानसिक और नैतिक शक्ति और सर्वोपरि रूप से आध्यात्मिक शक्ति, जो दूसरी सारी शक्तियों का अक्षय स्रोत है। अगर हममें शक्ति है तो दूसरी हर चीज बहुत आसानी और स्वाभाविकता के साथ हमसे जुड़ जायेगी।
4. जिन्होंने अपने देश को स्वतन्त्र किया है वे सम्पूर्ण आत्मत्याग की यातना से गुजरे हैं। जो भारत को स्वतन्त्र करने की उत्कृष्ट आकांक्षा से प्रेरित हैं, उन्हें पहले उस मूल्य को अदा करना होगा, माता जिसका माँग करती है। पुनरूद्वार का अर्थ है पुनर्जन्म- नया जन्म और यह बुद्धि से नहीं मिलता, किसी नीति से नहीं मिलता, न ही इसे यांत्रिक परिवर्तन से प्राप्त किया जा सकता है। यह एक नया हृदय पाने से आता है, सब कुछ यज्ञाग्नि में झोंक देने से आता है। इसके लिए "माता" में पुनः जन्म लेना होता है।
5. भारत माता जो आदि जननी हैं। वह वस्तुतः पुनर्जन्म लेने का प्रयास कर रही हैं। वह असह्य वेदना और आँखों में आँसू लिए हैं उसे कठिनाई किस बात की है? इतनी विशाल होते हुए भी वह अशक्त क्यों हैं? अवश्य ही हममें कोई भारी दोष होगा। हमारे पास बाकी सब चीजे हैं बस हम शक्ति शून्य हैं। ऊर्जा का हममें अभाव है। हमने शक्ति को त्याग दिया है अथवा शक्ति द्वारा हम त्याग दिये गये हैं। हमारी माता का वास हमारे अन्तः करण में, मस्तिष्क में है। भुजाओं में नहीं है।
6. लोग अपने देश को एक जड़ पदार्थ का टुकड़ा समझते है। खेत, वन और पहाड़ियों - नदियों के रूप में, लेकिन मैं अपने देश को अपनी माता मानता हूँ। मैं उसकी अराधना करता हूँ। माता के रूप में उसकी पूजा करता हूँ। यदि कोई राक्षस किसी पुत्र की माता की छाती पर चढ़कर उसका खून चूसने लगे तो वह पुत्र क्या करेगा? मैं यह जानता हूँ कि मुझमें इस गिरे हुए राष्ट्र को उबारने की शक्ति है। मैं शारीरिक शक्ति की बात नहीं कर रहा हूँ। मैं कोई तलवार या बंदूक उठाकर लड़ने नहीं जा रहा हूँ। मैं ज्ञान की शक्ति से विजय प्राप्त करूँगा।
7. मातृभूमि में जीना गर्व की बात है और मातृभूमि के लिए मरना सौभाग्य की।
8. "आत्म-विश्वास, आत्म ज्ञान, आत्मसत्ता के बोध से सम्पन्न अपनी सरकार" यह श्री अरविन्द के स्वराज की परिभाषा थी जितनी राजनीतिक उतनी ही वेदान्तिक।
9. हमारा देश यह राष्ट्र "प्रकृति" की कर्मशाला की एक नयी और अनगढ़ या आधुनिक परिस्थितियों द्वारा रची गयी जाति नहीं है, बल्कि इस धरती पर प्राचीनतम जातियों और सबसे महान सभ्यताओं में से एक है। तेज और ओज में सबसे अधिक अदम्य, महत्ता में सबसे अधिक उर्वर, जीवन में गहनतम और अन्तः शक्ति में असाधारण। भारत की स्वतन्त्रता, एकता और महानता अब विश्व के लिए आवश्यक हो गयी है।
10. हमें हर व्यक्तिगत स्वार्थ को बृहत्तर राष्ट्रीय सन्दर्भ में मिटा देना सीखना है, ताकि मानवता में ईश्वर विकसित हो सके। यह राष्ट्रीयता है जो इस समय युग-धर्म, काल धर्म है और ईश्वर इसे हमारी, हम सबकी "एक माता" के अन्दर अभिव्यक्त कर रहा है।
11. आओ, माता की पुकार सुनों। वह हमारे हृदय में हैं और अपने प्रकाट्य की प्रतीक्षा कर रही हैं। उसकी सेवा करो अपने शरीरों से या अपनी बुद्धि से या वाणी या समृद्धि से अथवा अपनी प्रार्थना और आराधना से पीछे मत हटो।
12. हमारा उद्देश्य होगा मानवता के लिए भारत के निर्माण में सहायक होना- यह राष्ट्रीयता की चेतना है जिसका हम दावा करते हैं। और अनुसरण करते हैं। हम मानवता से कहते हैं- वह समय आ गया है जब तुम्हें बड़ा कदम उठाना है और भौतिक सत्ता से निकलकर एक उच्चतर, गहनतर और विशालतर जीवन में उठना है जिसकी ओर मानवता संचरण कर रही है।
13. राष्ट्र निर्माण... इस महान कार्य में राजनीति तो केवल एक अंग है। हम केवल राजनीति को ही अर्पित नहीं होंगे, न केवल सामाजिक समस्याओं, न ईश्वर-मीमांसा या दर्शन या साहित्य या विज्ञान को बल्कि हम इन सबको एक "सत्व" में एक अस्तित्व में शामिल करेंगे और हमें विश्वास है कि यह सर्वाधिक महत्वपूर्ण है। यही हमारा राष्ट्रीय धर्म है। जिसके सार्वभौम होने का विश्वास भी हमें है।

14. यह भारत है जो इस सर्वोच्च आगे महान नियति के लिए नियत है। यह भारत है जो अपने अन्दर से विश्व के भावी धर्म को उत्सर्जित करेगा- उस शाश्वत धर्म को, जो सम्पूर्ण मानवजाति को "एक आत्मा" के रूप में निर्मित कर सकता है।
15. एक राष्ट्र के रूप में हम अपने जीवन की परिपूर्णता चाहते हैं.... हमारा उद्देश्य, हमारा दावा है कि हम एक राष्ट्र के रूप में विनाश को प्राप्त नहीं होंगे, बल्कि एक राष्ट्र के रूप में जियेंगे।
16. भारत की रचना विधाता ने संयोग के बेतरतीब ईंटों से नहीं की है। भारत की नियति का निर्माण करने वाला देवता चक्षुहीन अर्थात अंधा नहीं है। इसकी योजना किसी चैतन्य शक्ति ने बनाई है। जो इसके विपरीत कार्य करेगा वह मरेगा ही मरेगा।

15 दिसम्बर, 1950 ई0

सरदार वल्लभ भाई पटेल की मृत्यु (ब्रह्मलीन)

इनके सार्वभौम विचार

7 जनवरी 1948 की लखनऊ में सरदार पटेल ने कहा था-

"आर0 एस0 एस0 वाले देश की एकता को कमजोर कर रहे हैं उन्हें ठीक रास्ते पर लाना होगा।"

"हमें आपसी मतभेद एवं ऊँच-नीच के अन्तर को भूलकर समानता का भाव विकसित करना है। हमें एक ही पिता की संन्तानों की तरह जीवन व्यतीत करना है।"

इनकी दिशा से शेष कार्य यह है कि विश्व के एकीकरण के लिए प्रयत्न करें जिसका पहला चरण सैद्धान्तिक तथा दूसरा चरण भौगोलिक हो।

10 जुलाई, 1951 ई0

श्री राज नाथ सिंह का जन्म

28 अक्टुबर, 1955 ई0

विलियम हेनरी गेट्स-III (बिल गेट्स) का जन्म

टाइम पत्रिका ने गेट्स का उल्लेख उन 100 लोगों में, जिन्होंने 20वीं सदी को सबसे अधिक प्रभावित किया तथा साथ ही साथ उन 100 लोगों में जो 2004, 2005 एवं 2006 में सबसे अधिक प्रभावशाली व्यक्ति रहे, में किया। टाइम सामूहिक रूप से भी गेट्स उनकी पत्नी मेलिंडा और वैकल्पिक राक बैंड यू-2 के प्रमुख गायक बोनो को 2005 में उनके मानवीय प्रयासों के लिए, वर्ष के चर्चित व्यक्तियों में किया। वर्ष 2006 में हीरोज आफ आवर टाइम की सूची में उनका आंकलन 8वें नम्बर पर किया गया। टाइम ने 1998 में टाप 50 साइबर एलिट में एक नम्बर का दर्जा दिया इत्यादि। अनेक पुरस्कार व पदक से गेट्स सम्मानित किये जा चुके हैं। गेट्स 2 पुस्तकों के लेखक रहें- 1. आगे की योजना (The Road Ahead-1975) और 2. बिजनेस @ द स्पीड आफ थाट (Business @ the speed of thought-1999)

13 मई, 1956 ई0

श्री श्री रवि शंकर का जन्म, श्री श्री रवि शंकर, एक आध्यात्मिक नेता एवं मानवतावादी धर्मगुरू हैं। उनके भक्त उन्हें आदर से प्रायः "श्री श्री" के नाम से पुकारते हैं। वे अन्तर्राष्ट्रीय जीवन जीने की कला फाउण्डेशन (International Art of Living Foundation) के संस्थापक हैं।

6 दिसम्बर, 1956 ई0

बाबा साहेब भीम राव अम्बेडकर की मृत्यु (ब्रह्मलीन)

इनके सार्वभौम विचार

"शोषित वर्ग की सुरक्षा उसके सरकार और कांग्रेस दोनों से स्वतन्त्र होने में है। हमें अपना रास्ता स्वयं बनाना होगा और स्वयं। राजनीतिक शक्ति शोषितों की समस्याओं का निवारण नहीं हो सकती, उनका उद्धार समाज में उनका उचित स्थान पाने में निहित है। उनको अपना रहने का बुरा तरीका बदलना होगा। उनको शिक्षित होना चाहिए। एक बड़ी आवश्यकता उनकी हीनता की भावना को झकझोरने, और उनके अन्दर उस दैवीय

असंतोष की स्थापना करने की है जो सभी ऊँचाइयों का स्रोत है।" अपने अनुयायियों को उनका सन्देश था- "शिक्षित बनो!!!, संगठित रहो!!!, संघर्ष करो!!!"

"सामाजिक क्रान्ति साकार बनाने के लिए किसी महान विभूति की आवश्यकता है या नहीं यह प्रश्न यदि एक तरफ रख दिया जाय, तो भी सामाजिक क्रान्ति की जिम्मेदारी मूलतः समाज के बुद्धिमान वर्ग पर ही रहती है, इसे वास्तव में कोई भी अस्वीकार नहीं कर सकता। भविष्य काल की ओर दृष्टि रखकर वर्तमान समय में समाज को योग्य मार्ग दिखलाना यह बुद्धिमान वर्ग का पवित्र कर्तव्य है। यह कर्तव्य निभाने की कुशलता जिस समाज के बुद्धिमान लोग दिखलाते हैं। वहीं जीवन कलह में टिक सकता है।"

"सही राष्ट्रवाद है, जाति भावना का परित्याग। सामाजिक तथा आर्थिक पुनर्निर्माण के आमूल परिवर्तनवादी कार्यक्रम के बिना अस्पृश्य कभी भी अपनी दशा में सुधार नहीं कर सकते। राष्ट्रवाद तभी औचित्य ग्रहण कर सकता है जब लोगों के बीच जाति, नस्ल या रंग का अन्तर भुलाकर उसमें सामाजिक समरसता व मातत्व को सर्वोच्च स्थान दिया जाय। राष्ट्र का सन्दर्भ में राष्ट्रीयता का अर्थ होना चाहिए- सामाजिक एकता की दृढ़ भावना, अन्तर्राष्ट्रीय सन्दर्भ में इसका अर्थ है - भाईचारा। शिक्षा प्रत्येक व्यक्ति का जन्मसिद्ध अधिकार है अतः शिक्षा के दरवाजे प्रत्येक भारतीय नागरिक के लिए खुले होने चाहिए। एक व्यक्ति के शिक्षित होने का अर्थ है- एक व्यक्ति का शिक्षित होना लेकिन एक स्त्री के शिक्षित होने का अर्थ है कि एक परिवार का शिक्षित होना।"

- बाबा साहेब भीम राव अम्बेडकर

4 अगस्त, 1961 ई0

श्री बराक ओबामा का जन्म

रविवार, 5 मई, 1962 ई0

-भारत का मध्यम स्वतन्त्रता-आर्थिक व मानसिक स्वतन्त्रता का समय।

-सन् 1821 के बाद पूर्ण सूर्य ग्रहण व 26 डिग्री के बीच सभी ग्रहों का आना।

27 मई, 1964 ई0

पं0 जवाहर लाल नेहरु की मृत्यु (ब्रह्मलीन)

इनके सार्वभौम विचार

"यदि हम संसार का मार्ग ग्रहण करेंगे और संसार को और अधिक विभाजित करेंगे तो शान्ति, सहिष्णुता और स्वतन्त्रता के अपने उद्देश्य में सफल नहीं हो सकते। यदि हम इस युद्ध- विक्षिप्त दुनियाँ को शान्ति और सत्य का प्रकाश दिखाएं तो सम्भव है कि हम संसार में कोई अच्छा परिवर्तन कर सकें। लोकतन्त्र से मेरा मतलब समस्याओं को शान्तिपूर्वक हल करने से है। अगर हम समस्याओं को शान्तिपूर्वक हल नहीं कर पाते तो इसका मतलब है कि लोकतन्त्र को अपनाने में हम असफल रहें हैं।" **- पं0 जवाहर लाल नेहरु**

"हम अपनी योजनाओं को सक्रिय रुप से क्रियान्वित करें, इसके लिए मानकों का होना अत्यन्त आवश्यक है तथा यह जरुरी है कि मानकों के निर्धारण व पालन हेतु प्रयत्नशील रहें।" **- पं0 जवाहर लाल नेहरु**

(भारतीय मानक ब्यूरो त्रैमासिकी- "मानक दूत", वर्ष-19, अंक-1, 1999 से साभार)

25 दिसम्बर, 1965 ई0

बाबा रामदेव का जन्म

11 जनवरी 1966 ई0

लाल बहादुर शास्त्री की मृत्यु (ब्रह्मलीन)

इनके सार्वभौम विचार

शास्त्री जी ने "जय जवन, जय किसान" का नारा दिया था। शास्त्री जी के प्रेरणा से फिल्म अभिनेता व निर्माता मनोज कुमार के कई देश भक्ति पर आधारित फिल्में बनाईं।

12 अक्टुबर, 1967 ई0

राम मनोहर लोहिया की मृत्यु (ब्रह्मलीन)

इनके सार्वभौम विचार

डा0 लोहिया का समाजवाद

लोहिया के समाजवादी आन्दोलन की संकल्पना के मूल में अनिवार्यतः "विचार और कर्म" की उभय उपस्थिति थी जिसके मूर्तिमंत स्वरूप स्वयं डा0 लोहिया थे और आजन्म उन्होंने "विचार और कर्म" की इस संयुक्ति को अपने आचरण से जीवन्त उदाहरण भी प्रस्तुत किया। अंग्रेजों के खिलाफ भारत के स्वाधीनता आन्दोलन में भाग लेने वाले तमाम व्यक्तियों की भाँति लोहिया भी प्रभावित थे। वे जेल भी गये और वैसी ही यातनाएँ भी सही। आजादी से पूर्व ही कांग्रेस के भीतर उनका सोशलिस्ट ग्रुप था, लेकिन 15 अगस्त, 1947 को अंग्रेजों से मुक्ति पाने पर वे उल्लसित तो थे लेकिन विभाजन की कीमत पर पाई गई इस स्वतन्त्रता के कारण नेहरू और नेहरू की कांग्रेस से उनका रास्ता हमेशा के लिए अलग हो गया। स्वतन्त्रता के नाम पर सत्ता की लिप्सा का यह खुला खेल लोहिया ने अपनी नंगी आँखों से देखा था और इसलिए स्वतन्त्रता के बाद की कांग्रेस पार्टी और कांग्रेसियों के प्रति उनमें इतना रोष और क्षोभ था कि उन्हें धुर दक्षिणपंथी और बामपंथियों को साथ लेना भी उन्हें बेहतर विकल्प ही प्रतीत हुआ। स्वतन्त्रता बाद के राजनेताओं में लोहिया मौलिक विचारक थे। लोहिया के मन में भारतीय गणतन्त्र को लेकर ठेठ देसी सोच थी। अपने इतिहास, अपनी भाषा के सन्दर्भ में वे कतई पश्चिम से कई सिद्धान्त उधार लेकर व्याख्या करने को राजी नहीं थे। सन् 1932 में जर्मनी से पीएच.डी. की उपाधि प्राप्त करने वाले राममनोहर लोहिया ने साठ के दशक में देश से अंग्रेजी हटाने का जो आह्वान किया, वह अंग्रेजी हटाओ आन्दोलन की गणना अब तक के कुछ इने गिने आन्दोलनों में की जा सकती है। उनके लिए स्वभाषा राजनीति का मुद्दा नहीं बल्कि अपने स्वाभिमान का प्रश्न और लाखों-करोड़ों को हीन ग्रन्थि से उबारकर आत्मविश्वास से भर देने का स्वप्न था- "मैं चाहूँगा कि हिन्दुस्तान के साधारण लोग अपने अंग्रेजी के अज्ञान पर लजाएँ नहीं, बल्कि गर्व करें। इस सामंती भाषा को उन्हीं के लिए छोड़ दें जिनके माँ-बाप अगर शरीर से नहीं तो आत्मा से अंग्रेज रहें हैं।"

हालांकि लोहिया भी जर्मनी यानी विदेश से पढ़ाई कर के आये थे, लेकिन उन्हें उन प्रतीकों का अहसास था जिनसे इस देश की पहचान है। शिवरात्रि पर चित्रकूट में "रामायण मेला" उन्हीं की संकल्पना थी, जो सौभाग्य से अभी तक अनवरत चला आ रहा है। आज भी चित्रकूट के उस मेले में हजारों भूखे-नगें-निर्धन भारतवासीयों की भीड़ स्वयंमेव जुटती है तो लगता है कि ये ही हैं जिनकी चिंता लोहिया को थी, लेकिन आज इनकी चिंता करने के लिए लोहिया के लोग कहाँ है? लोहिया ही थे जो राजनीति की गंदी गली में शुद्ध आचरण की बात करते थे। वे एकमात्र ऐसे राजनेता थे जिन्होंने अपनी पार्टी की सरकार से खुलेआम त्यागपत्र की माँग की, क्योंकि उस सरकार के शासन में आन्दोलनकारियों पर गोली चलाई गई थी।

ध्यान रहे स्वाधीन भारत में किसी राज्य में यह पहली गैर कांग्रेसी सरकार थी- "हिन्दुस्तान की राजनीति में तब सफाई और भलाई आएगी जब किसी पार्टी के खराब काम की निन्दा उसी पार्टी के लोग करें। और मैं यह याद दिला दूँ कि मुझे यह कहने का हक है कि हम ही हिन्दुस्तान में एक राजनीतिक पार्टी हैं जिन्होंने अपनी सरकार की भी निन्दा की थी और सिर्फ निन्दा ही नहीं बल्कि एक मायने में उसको इतना तंग किया कि उसे हट जाना पड़ा।" गाँधी जी के साथ एक सप्ताह रहकर लोहिया ने गाँधी जी को वाइसराय के नाम पत्र लिखने के लिए प्रेरित किया। जिसमें गाँधी जी ने लिखा कि- "अहिंसानिष्ठ सोशलिस्ट डा0 लोहिया ने भारतीय शहरों को बिना पुलिस व फौज के शहर घोषित करने की कल्पना निकाली है।"

लोहिया जी के द्वारा दुनिया की सभी सरकारों को नई दुनिया की बुनियाद बनाने की योजना की कल्पना गाँधी जी के सामने रखी गई, जिसमें एक देश की दूसरे देश में जो पूँजी लगी है उसे जब्त करना, सभी लोगों को संसार में कहीं भी आने-जाने व बसने का अधिकार देना, दुनिया के सभी राष्ट्रों को राजनैतिक आजादी तथा विश्व नागरिकता की बात कही गई थी। गाँधी जी ने इसे "हरिजन" में छापा और अपनी ओर से समर्थन भी किया तथा अंग्रेजों के खिलाफ जल्दी लड़ाई छेड़ने को लेकर गाँधी जी ने दस दिन रूकने के लिए लोहिया को कहा। दस दिन बाद 7 अगस्त, 1942 को गाँधी जी ने तीन घंटे तक भाषण देकर कहा, कि "हम अपनी आजादी लड़कर प्राप्त

करेंगे।” अगले दिन 8 अगस्त, 1942 को “भारत छोड़ो” प्रस्ताव बम्बई में बहुमत से स्वीकृत हुआ। गाँधी जी ने “करो या मरो” का सन्देश दिया।

एक समाजवादी विचारक। इनकी दिशा से शेष कार्य यह है कि समाजवाद कहने से नहीं बल्कि समाजवाद का बीज मानव के मन में विविधताओं के एकीकरण से उगता है। इसलिए मन के एकीकरण का सिद्धान्त प्रस्तुत कर समाजवाद के इनके सपने को पूरा करें।

बृहस्पतिवार, 17 नवम्बर, 1966 ई0

-भारत का मध्यम स्वतन्त्रता-आर्थिक व मानसिक स्वतन्त्रता का समय।
-भारत में एकदलीय सरकार।
-लियोनिड (लियो-सिंह राशि) उल्काओं का अमेरिका में प्रथम बौछार।

सोमवार, 16 अक्टुबर, 1967 (आश्विन, शुक्ल पक्ष-त्रयोदशी, रेवती नक्षत्र)

- भारत का मध्यम स्वतन्त्रता - आर्थिक व मानसिक स्वतन्त्रता का समय।
- भारत में एकदलीय सरकार।
- स्वामी विवेकानन्द के चिरशान्ति में लीन होने के 65 वर्ष 3 माह 11 दिन बाद का समय।
- लियोनिड (लियो-सिंह राशि) उल्काओं का अमेरिका में प्रथम बौछार के 10 माह 29 दिन बाद का समय।
- अंक 7 (दिनांक 16 का 1 व 6 जोड़ने पर) - एक ऐसा जन्मांक जो शुभ माना जाता है।
- दिनांक 16 - एक ऐसा दिनांक जो माह (31 दिन वाला) के बीच में रहकर संतुलन स्थापित करता है।
- श्रीराम की जन्म तिथि नवमी (9) है, श्रीकृष्ण की जन्म तिथि अष्टमी (8) है। 9 के अंक का किसी अंक से गुणा करें, सारांश (अंको का योग) 9 ही रहता है। 8 का गुणा घटता-बढ़ता रहता है। अंक 8 लौकिक-संसारी है, 9 जटिल है जस का तस रहता है। डा0 लोहिया का कहना था -“राम मनुष्य हैं, मर्यादा और आदर्श पर चलते हुए देव बनते हैं, लेकिन कृष्ण देवता हैं। वे लोक संग्रह के लिए मनुष्य बनते हैं, देवत्व से नीचे उतरते हैं। राम और कृष्ण, भारतीय प्रज्ञा के सम्राट हैं।“ इसी क्रम में लव कुश सिंह का जन्म तिथि त्रयोदशी (13) है। प्रत्येक मास में कृष्ण पक्ष की तेरहवीं तिथि की रात्रि मास शिवरात्रि तथा फाल्गुन मास की कृष्ण पक्ष की तेरहवीं तिथि की रात्रि महाशिवरात्रि कहलाती है। हिन्दू धर्म में मनुष्य के जन्म के बारहवीं तिथि के संस्कार को बरही तथा शरीर से मुक्त होने के तेरहवीं तिथि के अन्तिम संस्कार को तेरहवीं कहते हैं अर्थात् तेरह का अंक शिवशंकर का प्रतीक और दिन सोमवार जो शिव-शंकर का दिन माना जाता है।
- माह अक्टुबर -विशेष कला से युक्त जन्म लेने वालों का एक ऐसा माह जिसमें सार्वाधिक महापुरूषों और सार्वजनिक जीवन में सफल व्यक्तियों ने जन्म ग्रहण किया। जैसे- डा0 एनी वुड बेसेन्ट, अग्रणी थियोसोफिस्ट (1 अक्टुबर), राष्ट्रपिता महात्मा गाँधी (2 अक्टुबर), ”जय जवान - जय किसान“ का नारा देने वाले व काशी क्षेत्र के निवासी भूतपूर्व द्वितीय प्रधानमंत्री लाल बहादुर शास्त्री (2 अक्टुबर), फिल्म अभिनेता राजकुमार (8 अक्टुबर), फिल्म अभिनेत्री रेखा (10 अक्टुबर), ”सम्पूर्ण क्रान्ति“ के उद्घोषक लोक नायक जय प्रकाश नारायण (11 अक्टुबर), नानाजी देशमुख व महानायक फिल्म अभिनेता अमिताभ बच्चन (11 अक्टुबर), ”मिसाइल मैन“ के नाम से विख्यात पूर्व राष्ट्रपति ए.पी.जे.अब्दुल कलाम (15 अक्टुबर), ”ड्रीम गर्ल“ के नाम से विख्यात अभिनेत्री हेमामालिनी (16 अक्टुबर), अभिनेता शमशेर राजकपूर उर्फ शम्मी कपूर (21 अक्टुबर), भारत के पूर्व राष्ट्रपति के.आर.नारायणन (27 अक्टुबर), माइक्रोसाफ्ट के संस्थापक विलियम हेनरी गेट्स-।।। (28 अक्टुबर), भारत के शारीरिक एकीकरण करने वाले लौहपुरूष सरदार बल्लभ भाई पटेल (31 अक्टुबर) इत्यादि।
- माह अक्टुबर (विश्व स्तर पर) एक ऐसा माह जिसमें सार्वाधिक जीवन के विभिन्न क्षेत्रों से जुड़े विश्व दिवसों का आयोजन व निर्धारण हो चुका था- विश्व प्रौढ़ दिवस एवं विश्व संगीत दिवस (1 अक्टूबर), महात्मा गाँधी के जन्म दिवस पर अन्तर्राष्ट्रीय अहिंसा दिवस (2 अक्टूबर), विश्व प्राकृतिक दिवस (3 अक्टूबर), विश्व आवास दिवस एवं विश्व पशु कल्याण दिवस (4 अक्टूबर), विश्व पारिस्थितिक दिवस (5 अक्टूबर), विश्व शिक्षक दिवस (5 अक्टूबर), विश्व

प्राणी दिवस (6 अक्टूबर), विश्व डाक दिवस (9 अक्टूबर), विश्व मानसिक स्वास्थ्य दिवस (10 अक्टूबर), विश्व मानक दिवस (14 अक्टूबर), विश्व खाद्य दिवस (16 अक्टूबर), विश्व मितव्ययिता दिवस (28 अक्टूबर)।

- माह अक्टुबर (भारत देश स्तर पर) एक ऐसा माह जिसमें सार्वाधिक जीवन के विभिन्न क्षेत्रों से जुड़े राष्ट्रीय दिवसों का आयोजन व निर्धारण हो चुका था। जैसे-राष्ट्रीय स्वैच्छिक रक्तदान दिवस व वयोबृद्ध दिवस (1 अक्टूबर), राष्ट्रीय अखण्डता दिवस (4 अक्टूबर), वायुसेना दिवस (8 अक्टूबर), प्रादेशिक सेना दिवस (9 अक्टूबर), सफेद छड़ी दिवस (15 अक्टूबर), सीमा सुरक्षा दिवस व पुलिस स्मरण दिवस (21 अक्टूबर), राष्ट्रीय एकता दिवस (31 अक्टूबर) इत्यादि।

- बिहार के बेगूसराय जिले के रिफाइनरी टाउनशिप में स्थित इण्डियन आयल कार्पोरेशन के अस्पताल में लव कुश सिंह का जन्म समय 02.15 ए.एम. बजे। इनकी माता का नाम श्रीमती चमेली देवी तथा पिता का नाम श्री धीरज नारायण सिंह जो इण्डियन आयल कापरिशन लि0 (आई.ओ.सी. लि.) के बरौनी रिफाइनरी में कार्यरत थे और उत्पादन अभियंता के पद से सन् 1995 में स्वैच्छिक सेवानिवृत हो चुके हैं। दादा का नाम स्व. राजाराम व दादी का नाम श्रीमती दौलती देवी था। जन्म के समय दादा स्वर्गवासी हो चुके थे।

फरवरी, 1968 ई0

-भारत का मध्यम स्वतन्त्रता-आर्थिक व मानसिक स्वतन्त्रता का समय।

-भारत में एकदलीय सरकार।

-माता-पिता द्वारा पशुपतिनाथ (काठमाण्डु, नेपाल) का दर्शन। (उम्र-4 माह लगभग)

-दादी श्रीमती दौलती देवी द्वारा "लव कुश" नामकरण।

30 नवम्बर 1967 ई0

राजीव दीक्षित का जन्म

11 फरवरी, 1968 ई0

पं0 दीन दयाल उपाध्याय की मृत्यु (ब्रह्मलीन)

इनके सार्वभौम विचार

दीनदयाल उपाध्याय के विचार

"स्वराज्य" और "एकात्म मानवतावाद" के उद्घोषक जिन्होंने "स्व" के तन्त्रों पर आधारित होकर भारत के निर्माण का सपना देखा था। इनकी दिशा से शेष कार्य यह है कि "स्व" के वैश्विक, ब्रह्माण्डीय, सार्वभौम रुप को व्यक्त करें तभी "स्वराज्य", "एकात्म मानवतावाद", "स्वदेशी", "स्वतन्त्र" का स्वस्थ स्वरुप स्थापित हो सकेगा अन्यथा नहीं। इनके मुख्य विचार निम्नवत् हैं-

1- मनुष्य पशु नहीं है केवल पेट भर जाने से वह सुखी और संतुष्ट हो जायेगा। उसकी जीवन यात्रा "पेट" से आगे "परमात्मा" तक जाती है। उसके मन उसकी बुद्धि और उसकी आत्मा का भी कुछ तकाजा है। इस तकाजे को ध्यान में रखे बिना बनाई गई प्रत्येक व्यवस्था अल्पकालिक ही नही घातक भी होगी।

2- पूंजीवादी और समाजवादी व्यवस्था परस्पर प्रेम और ममता पर नहीं, स्वार्थ, लोभ और कुतर्क पर आधारित विखण्डित व्यवस्थायें है। इनमें एकात्मता और परस्पर पूरकता नहीं प्रतिद्वन्द्विता शोषक वृत्तियों की प्रबलता और प्रभाव है।

3- कम्युनिस्टों के नारे "कमाने वाला खायेगा" - यह नारा यद्यपि कम्युनिस्ट लगाते है। किन्तु पूंजीवादी भी इस नारे के मूल में निहित सिद्वान्त से असहमत नहीं हैं। यदि दोनों में झगड़ा है तो केवल इस बात का कि कौन कितना कमाता है, कौन कितना कमा सकता है। पूंजीवादी साहस और पूंजी को महत्व देते है तो कम्युनिस्ट श्रम को। पूंजीवादी स्वयं के लिए अधिक हिस्सा माँगते है और कम्युनिस्ट अपने लिए। यह नारा अनुचित, अन्यायपूर्ण और समाजघाती है। हमारा नारा होना चाहिए- "कमाने वाला खिलायेगा और जो जन्मा है वह खायेगा।" खाने का अधिकार जन्म से प्राप्त होता है कमाने की पात्रता शिक्षा से आती है। यदि केवल कमाने वाला ही खायेगा तो

बच्चों, बूढ़ों, रोगियों और अपाहिजों का क्या होगा? "कमाने वाला खायेगा" का दृष्टिकोण आसुरी और "कमाने वाला खिलायेगा" का विचार मानवीय है।

4- समाजिकता और संस्कृति का मापदण्ड समाज में कमाने वाला द्वारा अपने कर्तव्य के निर्वाह की तत्परता है। अर्थव्यवस्था का कार्य इस कर्तव्य के निर्वाह की क्षमता पैदा करना है। मात्र धन कमाने के साधन तथा तरीके बताना-पढ़ाना ही अर्थव्यवस्था का कार्य नहीं है। यह मानवता बढ़ाना भी उसका काम है। कि कर्तव्य भावना के साथ कमाने वाला खिलाये भी। यहाँ यह स्पष्ट समझ लिया जाना चाहिए कि वह कार्य और दायित्व की भावना से करें कि दान देने या चंदा देने की भावना से।

5- पूंजीवादी व्यवस्था ने केवल अर्थपरायण मानव का विचार किया तथा अन्य क्षेत्रों से उसे स्वतन्त्र छोड़ दिया तो समाजवादी व्यवस्था केवल "जाति वाचक मानव" का ही विचार करती है। उसमें व्यक्ति की रूचि, प्रकृति गुणों की विविधता और उसके आधार पर विकास करने के लिए कोई स्थान नहीं है इन दोनों अवस्थाओं-व्यवस्थाओं में मनुष्य के सत्य और उसकी पूर्णता को नहीं समझा गया। एक व्यवस्था उसे स्वार्थी, अर्थपरायण, संघर्षशील, प्रतिस्पर्धी, प्रतिद्वन्दी और मात्स्यन्याय प्रवण प्राणी मानती है तो दूसरी उसे व्यवस्थाओं और परिस्थितियों का दास बेचारा और नास्तिक- अनास्थामय प्राणी। शाक्तियों का केन्द्रिकरण दोनों व्यवस्थाओं में अभिप्रेत है। अतएव पूंजीवादी एवम् समाजवादी दोनों ही अमानवीय व्यवस्थाएँ हैं।

6- धन का अभाव मनुष्य को निष्करूण और क्रूर बना देता है। तो धन का प्रभाव उसे शोषक सामाजिक दायित्व निरपेक्ष, दम्भी और दमनकारी।

7- भारत और विश्व की समस्याओं का समाधान और प्रश्नों का उत्तर विदेशी राजनीतिक नारों या वादों (समाजवादी, पूंजीवादी आदि) में नहीं अपितु स्वयं भारत के सनातन विचार परम्परा में से उपजे हिन्दूत्व अर्थात भारतीय जीवन दर्शन में है। केवल यही एक ऐसा जीवन दर्शन है जो मनुष्य जीवन का विचार करते समय उसे टुकड़ों में नही बाँटता उसके सम्पूर्ण जीवन को इकाई मानकर उसका विचार करता है।

8- यह समझना भारी भूल होगी कि हिन्दूत्व वर्तमान वैज्ञानिक उन्नति का विरोधी है। आधुनिक विज्ञान और प्रौद्योगिक का प्रयोग इस पद्धति से होना चाहिए कि वे हमारे सामाजिक और सांस्कृतिक जीवन पद्धति के प्रतिकूल नहीं, अनुकूल हो। हमारा राष्ट्रीय लक्ष्य धर्मराज्य, जिसे गाँधी जी रामराज्य कहा करते थे, लोकतन्त्र, सामाजिक समरसता और राजनीतिक आर्थिक शाक्तियों के विकेन्द्रियकरण का होना चाहिए। आप इसे हिन्दूत्ववाद, मानवता अथवा अन्य कोई भी नया "वाद" या किसी भी नाम से पुकारें किन्तु केवल यही ही भारत की आत्मा के अनुकूल होगा। यही देशवासियों में नवीन उत्साह संचारित कर सकेगा। विनाश और विभ्रन्ति के चैराहे पर खड़े विश्व के लिए भी यह मार्गदर्शक का काम करेगा।

9- यदि धर्म का आधार त्याग दिया जाय तो अर्थ का अनर्थ हो सकता है। और धर्म उसमें जोड़ दिया जायेगा तो "अर्थ" हमारे "काम" की प्राप्ति का भी साधन बन जायेगा। धर्म और अर्थ दोनों एक दुसरे के पोषक और पूरक हो सकता है।

10-अपने "स्व" को विस्मृत करेंगे तो हम पुनः परतन्त्र हो जायेंगे। स्वदेशी को भावात्मक रूप से समझ कर उसे ही हमें अर्थ सृजन का आधार एवम् अवलम्ब बनाना चाहिए।

11-ग्रामों और वनांचलों में वास करने वाले मैले-कुचैले, अनपढ़ और पिछड़े बन्धु हमारे देवता है। हमें इनकी सेवा करनी है। यह हमारा सामाजिक दायित्व अर्थात धर्म है। जिस दिन हम इनके लिए अच्छे सुविधाजनक घर बनाकर देंगे, जिस दिन इनके बच्चों और स्त्रियों को जीवन दर्शन का ज्ञान देंगे जिस दिन हम इनके हाथ और पाँव के विवाइयों को भरेंगे और जिस दिन इनको उद्योग धन्धों की शिक्षा देकर इनकी आय को उँचा उठा देगें उसी दिन हमारा मातृ भाव व्यक्त होगा। आर्थिक योजनाओं तथा आर्थिक प्रगति की माप समाज की उपर की पीढ़ी पर पहुँचे व्यक्ति से नहीं बल्कि सबसे नीचे की सीढ़ी पर विद्यमान व्यक्ति से होगी। ग्रामों में जहाँ समय अचल खड़ा है जहाँ माता और पिता अपने बच्चों के भविष्य को बनाने में असमर्थ है, वहाँ जब तक हम आशा और पुरूषार्थ का संदेश नहीं पहुँचायेंगे तब तक राष्ट्र का चैतन्य जागृत नहीं होगा।

अक्टुबर, 1972 ई0

-भारत का मध्यम स्वतन्त्रता-आर्थिक व मानसिक स्वतन्त्रता का समय।

-भारत में एकदलीय सरकार।

-10 दिन का शारदीय नवरात्र।

-माता-पिता द्वारा बैजनाथधाम (द्वादश शिवलिंग में से एक, देवघर, तत्कालिन बिहार में स्थित, अब झारखण्ड प्रदेश में स्थित) में लव कुश सिंह का मुण्डन संस्कार। (उम्र-5 वर्ष)

-इसी वर्ष जिला मुंगेर से अलग होकर जिला बेगूसराय बना।

-बिहार के बेगूसराय जिले के रिफाइनरी टाउनशिप में स्थित न्यू प्राइमरी स्कूल में लव कुश सिंह का प्राथमिक शिक्षा प्रारम्भ।

जनवरी, 1975 ई0

-भारत का मध्यम स्वतन्त्रता-आर्थिक व मानसिक स्वतन्त्रता का समय।

-भारत में एकदलीय सरकार।

-पिता को आई.ओ.सी. लि. द्वारा मिलने वाली सुविधा एल.टी.सी से कन्याकुमारी की यात्रा के दौरान काली मन्दिर (कोलकाता), जगन्नाथ मन्दिर (पुरी), चेन्नई, बालाजी (तिरूपति), स्वामी विवेकानन्द स्मारक, कन्याकुमारी, रामेश्वरम्, लव कुश सिंह (उम्र-8 वर्ष 3 माह लगभग) की तीर्थ यात्रा व स्वामी विवेकानन्द स्मारक के ध्यान कक्ष में पिता के साथ ध्यान। पिता द्वारा स्वामी विवेकानन्द लिखित राजयोग, ज्ञानयोग, भक्तियोग, कर्मयोग व प्रेमयोग पुस्तक साथ लाना।

बृहस्पतिवार, 17 अप्रैल 1975 ई0

सर्वपल्ली राधाकृष्णनन् की मृत्यु (ब्रह्मलीन)

इनके सार्वभौम विचार

"हमारे युग की दो प्रमुख विशेषताएँ विज्ञान और लोकतंत्र है। ये दोनों टिकाऊ हैं। हम शिक्षित लोगों को यह नहीं कह सकते कि वे तार्किक प्रमाण के बिना धर्म की मान्यताओं को स्वीकार कर लें। जो कुछ भी हमें मानने के लिए कहा जाए, उसे उचित और तर्क के बल से पुष्ट होना चाहिए। अन्यथा हमारे धार्मिक विश्वास इच्छापूरक विचार मात्र रह जाएंगे। आधुनिक मानव को ऐसे धर्म के अनुसार जीवन बिताने की शिक्षा देनी चाहिए, जो उसकी विवेक-बुद्धि को जँचे, विज्ञान की परम्परा के अनुकूल हो। इसके अतिरिक्त धर्म को लोकतन्त्र का पोषक होना चाहिए, जो कि वर्ण, मान्यता, सम्प्रदाय या जाति का विचार न करते हुए प्रत्येक मनुष्य के बौद्धिक और आध्यात्मिक विकास पर जोर देता हो। कोई भी ऐसा धर्म, जो मनुष्य-मनुष्य में भेद करता है अथवा विशेषाधिकार, शोषण या युद्ध का समर्थन करता है, आज के मानव को रूच नहीं सकता। स्वामी विवेकानन्द ने यह सिद्ध किया कि हिन्दू धर्म विज्ञान सम्मत भी है और लोकतन्त्र का समर्थक भी। वह हिन्दू धर्म नहीं, जो दोषों से भरपूर है, बल्कि वह हिन्दू धर्म, जो हमारे महान प्रचारकों का अभिप्रेत था।"

- डा0 सर्वपल्ली राधाकृष्णन

अगस्त, 1977

-भारत का मध्यम स्वतन्त्रता-आर्थिक व मानसिक स्वतन्त्रता का समय।

-भारत में एकदलीय सरकार।

-लव कुश सिंह के दादी श्रीमती दौलती देवी के स्वर्गवासी होने के बाद अपने निवास नियामतपुर कलाँ, डाकघर-पुरूषोत्तमपुर, चुनार, जिला-मीरजापुर (उ0प्र0) भारत पर आना। (उम्र-9 वर्ष 10 माह लगभग)

-न्यू प्राइमरी स्कूल, बेगूसराय (बिहार) में कक्षा-5 में पढ़ते रहने के बावजूद गृह शिक्षा के आधार पर निवास के निकट (1 कि.मी) के विद्यालय माधव विद्या मन्दिर इण्टरमीडिएट कालेज, पुरूषोत्तमपुर, चुनार, जिला-मीरजापुर (उ0प्र0) में कक्षा-7 में शिक्षा के लिए प्रवेश।

जनवरी, 1979 ई0

-भारत का मध्यम स्वतन्त्रता-आर्थिक व मानसिक स्वतन्त्रता का समय।

-भारत में एकदलीय सरकार।

-माता-पिता के साथ लव कुश सिंह की मुम्बई (तत्कालिन बम्बई) व गोवा की यात्रा। (उम्र-11 वर्ष 3 माह लगभग)

सोमवार, 8 अक्टुबर, 1979 ई0

लोकनायक जय प्रकाश नारायण की मृत्यु (ब्रह्मलीन)

इनके सार्वभौम विचार

जेपी का "सम्पूर्ण क्रान्ति"

पटना के गाँधी मैदान पर लगभग 5 लाख लोगों के अतिउत्साही भीड़ भरी सभा में देश की गिरती हालत, प्रशासनिक भ्रष्टाचार, महंगाई, अनुपयोगी शिक्षा पद्धति और प्रधानमंत्री द्वारा अपने ऊपर लगाये गए आरोपों का सविस्तार उत्तर देते हुए 5 जून, 1975 की विशाल सभा में जे.पी. ने घोषणा की- "भ्रष्टाचार मिटाना, बेरोजगारी दूर करना, शिक्षा में क्रान्ति लाना आदि ऐसी चीजें हैं जो आज की व्यवस्था से पूरी नहीं हो सकती, क्योंकि वे इस व्यवस्था की ही उपज हैं। वे तभी पूरी हो सकती है जब सम्पूर्ण व्यवस्था बदल दी जाए। और, सम्पूर्ण व्यवस्था परिवर्तन के लिए क्रान्ति - सम्पूर्ण क्रान्ति आवश्यक है। यह क्रान्ति है मित्रों और सम्पूर्ण क्रान्ति है। विधान सभा का विघटन मात्र इसका उद्देश्य नहीं है। यह तो महज मील का पत्थर है। हमारी मंजिल तो बहुत दूर है और हमें अभी बहुत दूर तक जाना है। केवल मन्त्रिमण्डल का त्याग पत्र या विधानसभा का विघटन काफी नहीं है, आवश्यकता एक बेहतर राजनीतिक व्यवस्था का निर्माण करने की है। छात्रों की सीमित मांगें जैसे भ्रष्टाचार एवं बेरोजगारी का निराकरण, शिक्षा में क्रान्तिकारी परिवर्तन आदि बिना सम्पूर्ण क्रान्ति के पूरी नहीं की जा सकती। इस व्यवस्था ने जो संकट पैदा किया है वह सम्पूर्ण और बहुमुखी (टोटल एण्ड मल्टीडायमेन्सनल) है, इसलिए इसका समाधान सम्पूर्ण और बहुमुखी ही होगा। व्यक्ति का अपना जीवन बदले, समाज की रचना बदले, राज्य की व्यवस्था बदले, तब कहीं बदलाव पूरा होगा, और मनुष्य सुख और शान्ति का मुक्त जीवन जी सकेगा। हमें सम्पूर्ण क्रान्ति चाहिए, इससे कम नहीं।"

विशाल जनसभा में जे.पी. ने पहली बार "सम्पूर्ण क्रान्ति" के दो शब्दों का उच्चारण किया। क्रान्ति शब्द नया नहीं था, लेकिन "सम्पूर्ण क्रान्ति" नया था। गाँधी परम्परा में "समग्र क्रान्ति" का प्रयोग होता था। जे.पी. का "सम्पूर्ण", गाँधी का "समग्र" है।

आजीवन पद-प्रतिष्ठा से दूर रहकर "सम्पूर्ण क्रान्ति" के उद्घोषक और लोक साहित्य को जिवित रखने के लिए प्रयत्नशील महानतम व्यक्तित्व। इनकी दिशा से शेष कार्य यह है कि व्यक्ति के पूर्णता के लिए साहित्य तथा सम्पूर्ण, सर्वोच्च और अन्तिम व्यवस्था का सूत्र व व्याख्या प्रस्तुत हो ताकि लोक साहित्य तथा सम्पूर्ण क्रान्ति का इनका सपना पूर्ण हो जाये।

सन् 1981 से सन् 1990

इस दशक की मुख्य विशेषता

तकनीकी के आविष्कार से दूरदर्शन और कम्प्यूटर का भारत में विस्तार और जनता के सम्पर्क में आना

अन्य घटना क्रम

जूलाई, 1981 ई0

-भारत का मध्यम स्वतन्त्रता-आर्थिक व मानसिक स्वतन्त्रता का समय।

-भारत में एकदलीय सरकार।

-माधव विद्या मन्दिर इण्टरमीडिएट कालेज, पुरूषोत्तमपुर, चुनार, जिला-मीरजापुर (उ0प्र0) से कक्षा-10 विज्ञान वर्ग से द्वितीय श्रेणी में उत्तीर्ण।

-आगे की शिक्षा के लिए काशी नरेश द्वारा स्थापित कालेज श्री प्रभु नारायण राजकीय इण्टर कालेज, रामनगर, वाराणसी (उ0प्र0) में कक्षा-11 जीव विज्ञान वर्ग में प्रवेश। (उम्र-13 वर्ष 9 माह लगभग), इसी कालेज से उनके पिता श्री धीरज नारायण सिंह भी कक्षा-10 प्रथम श्रेणी में उत्तीर्ण किये थे।

-रामनगर में शिक्षा के दौरान स्व0 एस.एस.लाल के मकान म.सं.-1/782, गोलाघाट, रामनगर, वाराणसी (उ0प्र0) में निवास। उनके पुत्र राकेश रंजन श्रीवास्तव (अब एम.बी.बी.एस डाक्टर) सहपाठी थे।

रविवार, 7 फरवरी, 1982 ई0

धर्मसम्राट करपात्री जी स्वईच्छा से उनके पंचप्राण महाप्राण में विलीन

धर्मसम्राट करपात्री जी के विचार

उन्होंने वेदों की अपौरूषयेता का अत्यन्त प्रभावशाली ढंग से समर्थन किया है और उसमें सर्वोच्च प्रामाण्य की प्रतिष्ठा की है। उनका कहना है कि वेद अन्तिम प्रमाण हैं। उसके निरूपणार्थ किसी भाषा में छोटे-मोटे जो भी ग्रन्थ लिखे गये हैं, वे सब प्रमाण हैं। स्वामी करपात्री जी अद्वैत मत के आधार पर आत्म सिद्धान्त की विवेचना आत्म रक्षा, बोध, आनन्द, स्वतन्त्रता, स्वाधीनता आदि के आधार पर की है। उनके अनुसार आत्मा धर्म दर्शन का केन्द्र बिन्दु है। वे अद्वैत मत को मानते हुए ब्रह्म को सत्यज्ञानमत मानते हैं। ईश्वर को वे धार्मिकता का मूलाधार मानते हैं। वेदों, ब्राह्मण ग्रन्थों, आरण्यक, उपनिषदों, रामायण, महाभारत एवं भगवद्गीता में ईश्वर विषयक विचारों का स्पष्टीकरण, व्याख्या एवं सम्यक मूल्यांकन करते हुए उनका कहना है कि एक ही परमात्मा मायात्मक ज्ञान शक्ति, क्रिया शक्ति आदि के योग से विविध नाम रूप का आधार बनता है। वही शिव, विष्णु आदि भी होता है तथा अपनी अनिर्वचनीय शक्ति के द्वारा राम, कृष्ण आदि के रूप में प्रकट होता है। भक्त गण अपनी-अपनी भावना के अनुसार उनकी उपासना करते हैं। जिस-जिस भाव में उनकी उपासना की जाती है, वही-वही होकर वह अनुभव का विषय होने लगता है। नाम-रूप-क्रिया की अनेकता होने पर भी परमात्मा में अनेकता का गन्ध भी नहीं है। वह एक है, आद्वितीय है, निर्गुण है। अनिर्वचनीय माया सब भेदों का निर्वाह कर लेती है। परमार्थ तत्व ज्यों का त्यों निर्गुण, निर्विकार, निर्विशेष तथा निधर्मक ही रहता है। अद्वैत वेदान्ती होते हुए भी स्वामी करपात्री जी ने शंकराचार्य की तरह देवी-देवताओं की भक्तिपरक रचनाएँ की हैं। वितराग सन्यासी होते हुए भी देवी-देवताओं की उपासना पद्धति को स्वयं अपनाकर उन्होंने आदर्श उपस्थित किया।

स्वामी जी स्वातन्त्रयोत्तर भारत के केवल धार्मिक और आध्यात्मिक चिन्तक मात्र नहीं थे, अपितु वे एक सामाजिक एवं राजनीतिक चिन्तक भी हैं। उन्होंने विशुद्ध भारतीय संस्कृति के आधार पर राष्ट्र के नवजागरण का प्रयास किया है। उनके अनुसार वेद शास्त्र परीक्षित तदनुसारी रहन-सहन, आचार-विचार ही वैदिक संस्कृति है। अनादि वेद शास्त्र एवं तदनुसारी धारणा-ध्यान-सामधि सम्पन्न महर्षियों के सिद्धान्त पर ही सर्वोपकारक संस्कृति

निर्भर है जो इतनी व्यापक है कि उसमें सब प्रकार की सभी हलचलों पर नियंत्रण किया गया है। अतएव यहाँ सामाजिक, वैयक्तिक, नैतिक और धार्मिक आधारों के क्षेत्र अत्यन्त भिन्न नहीं हैं बल्कि सबका ही सबके साथ सम्बन्ध है इसलिए वैदिक संस्कृति समस्त मानव जाति के लिए कल्याणकारी है। सनातन धर्म की व्याख्या करते हुए वे कहते हैं कि सनातन परमात्मा ने सनातन जीवों के कल्याण के लिए ही सनातन वेदों के द्वारा जो सनातन विधान बनाया है वही सनातन धर्म है। विद्वतजनों की धारणा है कि धर्म और नीति अलग है, धर्म का राजनीति से कोई सम्बन्ध नहीं है परन्तु स्वामी जी के अनुसार राजनीति के बिना धर्म विधुर होता है तो धर्म के बिना राजनीति विधवा होती है। वैशेषिक सूत्र में कणाद ने धर्म की परिभाषा देते हुए लिखा है कि जिसमें अभ्युदय (इहलोकिक-परलौकिक) एवं निःश्रेयस (मोक्ष) की प्राप्ति होती है वही धर्म है। स्वामी जी के अनुसार बिना धार्मिक भावनाओं का प्रतिष्ठान हुए राष्ट्र का सुसंगठन हो ही नहीं सकता क्योंकि धर्मविहिन राष्ट्र अराजकता को प्राप्त होता है। विभिन्न मतावलम्बियों एवं धर्मानुयायीयों का देश होने के कारण भारतवर्ष में धर्म सापेक्ष व्यवस्था को सफलीभूत बनाने के लिए उन्होंने पक्षपातविहिन शब्द प्रयुक्त किया। कोई भी धर्म या सम्प्रदाय शासन से दूर या उपेक्षित न रहे इसके लिए वे एक धर्म विभाग की स्थापना पर जोर देते हैं जिसमें धर्मों के आचार्य प्रतिनिधि के रूप में रहें और जिस धर्म की व्यवस्था का प्रश्न हो, उस धर्म पर उसका प्रतिनिधि अपना निर्णय दे। इस प्रकार शासन धर्म नियंत्रित भी होगा और किसी के साथ पक्षपात भी नहीं हो सकेगा। स्वामी जी के रामराज्य की व्याख्या वैदिक संहिताओं, धर्मशास्त्र, अर्थशास्त्र, मनुस्मृति, शुक्र नीति एवं महाकाव्यों के आधार पर की गयी है।

जुलाई, 1983 ई0

-भारत का मध्यम स्वतन्त्रता-आर्थिक व मानसिक स्वतन्त्रता का समय।

-भारत में एकदलीय सरकार।

-श्री प्रभु नारायण राजकीय इण्टर कालेज, रामनगर, वाराणसी (उ0प्र0) से कक्षा-12 जीव विज्ञान वर्ग, द्वितीय श्रेणी में उत्तीर्ण करने के उपरान्त श्री हरिश्चन्द्र स्नातकोत्तर महाविद्यालय (तत्तकालीन गोरखपुर विश्वविद्यालय से सम्बद्ध), मैदागिन, वाराणसी (उ0प्र0) के कक्षा-बी.एससी. (जीव विज्ञान) में प्रवेश। (उम्र-15 वर्ष 9 माह लगभग)

दिसम्बर, 1983 ई0

-भारत का मध्यम स्वतन्त्रता-आर्थिक व मानसिक स्वतन्त्रता का समय।

-भारत में एकदलीय सरकार।

-माता-पिता के साथ लव कुश सिंह की तीर्थ यात्रा द्वारिकाधाम व नागेश्वर (द्वादश शिवलिंगों में से एक) की यात्रा। (उम्र-16 वर्ष 2 माह लगभग)

बुधवार, 31 अक्टुबर, 1984 ई0

इन्दिरा गाँधी की मृत्यु (ब्रह्मलीन)

इनके सार्वभौम विचार

"राष्ट्र के आधुनिकीकरण के लिए मानकीकरण एवं गुणता नियन्त्रण अनिवार्य है। ये उत्पाद को उसकी सामग्री और मानवीय साधनों के पूर्ण उपभोग में सहायता करते हैं उपभोक्ता का बचाव करते हैं और आंतरिक व्यवहार तथा निर्यात का स्तर ऊँचा उठाते हैं। इस प्रकार से ये आर्थिक विकास में भागीदार बनते हैं।"

- श्रीमती इन्दिरा गाँधी

(भारतीय मानक ब्यूरो त्रैमासिकी- "मानक दूत", वर्ष-19, अंक- 1'1999 से साभार)

दिसम्बर, 1984 ई0

-भारत का मध्यम स्वतन्त्रता-आर्थिक व मानसिक स्वतन्त्रता का समय।

-भारत में एकदलीय सरकार।

- लव कुश सिंह का कालेज टूर-कोलकाता (तत्कालिन कलकत्ता), हावड़ा, भुवनेश्वर और पुरी की यात्रा। हावड़ा में दक्षिणेश्वर, काली मन्दिर व बेलूड़ मठ की यात्रा। (उम्र-17 वर्ष 2 माह लगभग)

जून, 1985 ई0

-भारत का मध्यम स्वतन्त्रता-आर्थिक व मानसिक स्वतन्त्रता का समय।

-भारत में एकदलीय सरकार।

- लव कुश सिंह का श्री हरिश्चन्द्र स्नातकोत्तर महाविद्यालय (तत्तकालीन गोरखपुर विश्वविद्यालय से सम्बद्ध), मैदागिन, वाराणसी (उ0प्र0) के कक्षा-बी.एससी. (जीव विज्ञान) द्वितीय श्रेणी में उत्तीर्ण। (उम्र-17 वर्ष 9 माह लगभग)

- लव कुश सिंह का बी.एससी. (जीव विज्ञान) शिक्षा के दौरान राजघाट (वाराणसी) के गंगा उस पार पड़ाव में गुदरू साव के के मकान में किराये पर रहना, पड़ाव में ही अवधूत भगवान राम का कुष्ठ सेवा आश्रम स्थित है।

जुलाई 1985-दिसम्बर 1986 ई0

-भारत का मध्यम स्वतन्त्रता-आर्थिक व मानसिक स्वतन्त्रता का समय।

-भारत में एकदलीय सरकार।

-शिक्षा बाधित

-लव कुश सिंह का अपने ग्राम निवास पर रहकर गृह कार्य सम्भालना और आँडियो कैसेट प्लेयर द्वारा फिल्मी गानों को सुनना।

जनवरी 1987-जून 1988 ई0

-भारत का मध्यम स्वतन्त्रता-आर्थिक व मानसिक स्वतन्त्रता का समय।

-भारत में एकदलीय सरकार।

-लव कुश सिंह का तारा इंस्टीट्यूट आँफ कम्प्यूटर साइंस, टकसाल बिल्डिंग, नदेसर, वाराणसी से कम्प्यूटर प्रोग्रामिंग में डिप्लोमा पूर्ण।

-लव कुश सिंह का इण्डिया एजुकेशन सेन्टर, एम-92, कनाट प्लेस, नई दिल्ली से पी.जी.डिप्लोमा (कम्प्यूटर प्रोग्रामिंग और सिस्टम एनालिसिस) पूर्ण।

-साथ ही कर्मठता, उग्रता, विश्लेषण क्षमता, सहनशीलता, धैर्यता, दयालुता इत्यादि स्वभाव का प्राथमिकता से उभरना। (लव कुश सिंह का उम्र-19 वर्ष 9 माह लगभग)

जुलाई 1989 ई0

-भारत का मध्यम स्वतन्त्रता-आर्थिक व मानसिक स्वतन्त्रता का समय।

-भारत में एकदलीय सरकार।

-लव कुश सिंह का पिता के इच्छानुसार बेगूसराय (बिहार) में कम्प्यूटर ट्रेनिंग सेन्टर का संचालन। शिक्षार्थी न आने से असफल। आय के लिए बरौनी इण्डस्ट्रीयल एरिया के एक उद्योग का एकाउण्ट प्रोसेसिंग कार्य करना।

जुलाई 1988-जून 1989 ई0

-भारत का मध्यम स्वतन्त्रता-आर्थिक व मानसिक स्वतन्त्रता का समय।

-भारत में एकदलीय सरकार।

-लव कुश सिंह का तारा डाटामेटिक्स ब्यूरो, टकसाल बिल्डिंग, नदेसर, वाराणसी में नौकरी और एप्लीकेशन प्रोग्राम डेवलपमेन्ट का कार्य उनके ग्राहक के लिए करना जिसमें कार्पेट उद्योग, भदोही में ज्यादातर कार्य।

-लव कुश सिंह का नौकरी से मोहभंग स्वंय का कम्प्यूटर आधारित व्यापार की भावना जागृत।

शुक्रवार, 19 जनवरी, 1990 ई0

आचार्य रजनीश "ओशो" इस धरती की यात्रा हमेशा के लिए रूक गयी और वे अगली यात्रा पर निकल पड़े।

अक्टुबर व नवम्बर 1978 में दिये गये प्रवचन का अंश-

1. एक तरह का सिद्ध एक ही बार होता है, दोबारा नहीं होता। क्योंकि जो सिद्ध हो गया, फिर नही लौटता। गया फिर वापस नहीं आता। एक ही बार तुम उसकी झलक पाते हो- बुद्ध की, महावीर की, क्राइस्ट ही, मुहम्मद

की, एक ही बार झलक पाते हो, फिर गये सो गये। फिर विराट में लीन हो गये। फिर दोबारा उनके जैसा आदमी नहीं होगा, नहीं हो सकता। मगर बहुत लोग नकलची होंगे। उनको तुम साधु कहते हो। उन नकलीची का बड़ा सम्मान है। क्योंकि वे तुम्हारे शास्त्र के अनुसार मालूम पड़ते हैं। जब भी सिद्ध आयेगा सब अस्त व्यस्त कर देगा सिद्ध आता ही है क्रान्ति की तरह ! प्रत्येक सिद्ध बगावत लेकर आता है, एक क्रान्ति का संदेश लेकर आता है एक आग की तरह आता है- एक तुफान रोशनी का! लेकिन जो अँधेरे में पड़े हैं। उनकी आँखे अगर एकदम से उतनी रोशनी न झेल सके और नाराज हो जाय तो कुछ आश्चर्य नहीं।

2. जो एक गुरू बोल रहा है, वह अनन्त सिद्धों की वाणी है। अभिव्यक्ति में भेद होगा, शब्द अलग होंगे, प्रतीक अलग होंगे मगर जो एक सिद्ध बोलता है, वह सभी सिद्धों की वाणी है। इनसे अन्यथा नहीं हो सकता है। इसलिए जिसने एक सिद्ध को पा लिया, उसने सारे सिद्धों की परम्परा को पा लिया। क्योंकि उनका सूत्र एक ही है। कुंजी तो एक ही है, जिसमें ताला खुलता है अस्तित्व का।
3. परमात्मा त्यागी नहीं है, परमात्मा परम भोगी है, इस सारे अस्तित्व के भोग में लीन है। परमात्मा स्वयं त्यागी नहीं है। लेकिन तुम्हारे तथाकथित महात्माओं ने तुम्हें समझा दिया है। इस त्याग के कारण या तो तुम दीन हो जाते हो- एक परिणाम, कि तुम्हें लगता है मैं गर्हित, मैं निंदित, मैं पापी, मैं नारकीय, मुझसे त्याग नहीं होता! या, अगर तुम चालबाज हुये, चालाक हुये- वह तरकीब निकाल लेगा वह त्याग का आवरण खड़ा कर लेगा।
4. जिसको ज्ञान होता है वह ब्रह्मस्वरूप हो गया। जिसने स्वयं को जाना वह स्वयं ब्रह्म हो गया। उसे जानते ही वही हो जाता है। फिर शेष सब उसके बाद है। वह समयातीत हो गया, काल और क्षेत्र के बाहर चला गया। वह प्रथम है, वही अन्तिम है। सबसे पहले वही, सबसे अन्त में भी वही। असल में फिर एक ही है, दो नहीं है। फिर कौन गुरू, कौन चेला। फिर कौन भक्त, कौन भगवान! इतना भेद भी नहीं बचता, नहीं बचना चाहिए। इस अभेद में ही आनन्द की वर्षा है, अमृत का अनुभव है।
5. जब इन्द्रिया बाहर की तरफ जाती है, अलग-अलग हो जाती हैं। जैसे कि तुम किसी वर्तुल के केन्द्र से रेखायें खीचों परिधि की तरफ तो जैसे-जैसे ये परिधि की तरफ बढ़ेगी, एक दुसरे से अलग होने लगेगी। अगर तुम परिधि से केन्द्र की तरफ खीचों, तो जैसे-जैसे केन्द्र की तरफ आने लगेगी, वैसे-वैसे करीब होने लगेगी। केन्द्र पर आकर एक हो जायेगी। उस केन्द्र का नाम आत्मा है, जिस पर सारी इन्द्रिया एक हैं।
6. मेरी दृष्टि में- जो सबसे चमकते हुये सितारे हैं वे हैं- कृष्ण, पंतजली, बुद्ध, महावीर, नागार्जुन, शंकर, गोरख, कबीर, नानक, रामकृष्ण, कृष्णमूर्ति। राम की कोई मौलिक देन नहीं है, कृष्ण की मौलिक देन है। इसलिए हिन्दूओं ने भी राम को पूर्णावतार नहीं कहा। नागार्जुन, बुद्ध में समाहित हैं। जो बुद्ध में बीज रूप था, उसी को नागार्जुन ने प्रकट किया है। ऐसे ही कृष्णमूर्ति भी बुद्ध में समा जाते हैं। कृष्णमूर्ति, बुद्ध का नवीनतम संस्करण हैं। रामकृष्ण, कृष्ण में सरलता से लीन हो जाते हैं। मीरा, नानक, कबीर में लीन हो जाते हैं। जैसे कबीर की ही शाखायें हैं। जैसे कबीर में जो इकट्ठा था। वह आधा नानक में प्रकट हुआ है, और आधा मीरा में। मीरा की इकतारे पर कबीर की नारी गायी है। नानक में कबीर का पुरूष बोला है। कबीर को गोरख में लीन किया जा सकता है। शंकर तो कृष्ण में सरलता से लीन हो जाते हैं। कृष्ण के ही एक अंग का दार्शनिक विवेचन हैं। बुद्ध की महिमा में महावीर की महिमा लीन हो सकती है। अब इन चार (कृष्ण, पंतजली, बुद्ध, गोरख) से मैं किसी को भी छोड़ न सकूगाँ। जैसे चार दिशाएं है। ऐसे ये चार व्यक्तित्व है। जैसे काल और क्षेत्र के चारो आयाम है। ऐसे ये चार आयाम है। जैसे परमात्मा की हमने चार भुजाएं सोची है। ऐसे ये चार भुजाएँ है। ऐसे तो एक ही हैं, लेकिन उस एक को चार भुजाएँ है। भारत की सारी संत-परम्परा गोरख की ऋणी है जैसे पंतजली के बिना भारत में योग की कोई सम्भावना न रह जायेगी, जैसे बुद्ध के बिना ध्यान को आधार शिला उखड़ जायेगी, जैसे कृष्ण के बिना प्रेम की अभिव्यक्ति को मार्ग न मिलेगा- ऐसे गोरख के बिन उस परम को पाने के लिए विधियों की जो तलाश शुरू हुई, साधना की जो व्यवस्था बनी, वह न बन सकेगी।
7. कृष्ण ने कहा है कि जब सब सो जाते हैं तब भी योगी जागता है। इसका मतलब यह नहीं है कि योगी बैठे हैं या खड़े हैं कमरे में और जाग रहे हैं। इसका अर्थ यह है कि शरीर सो जाता है मगर भीतर एक ज्योति जलती

रहती है। एक होश सधा रहता है। ऐसा अगर हो जाय तो फिर न तो तुम जानोगे कभी बुढ़ापा आया और न जानोगे कि कभी मौत आयी। इसका मतलब यह नहीं है कि बूढ़े नहीं होओगे। शरीर बूढ़ा होगा, मगर तुम बूढ़े नहीं होओगे। शरीर ही मरेगा, तुम अमृत हो गये। गोरख के दो नाम प्रचलित हैं। एक नाम है- गोरख गोपाल। वह सदा ताजे, युवा रहे। दुसरा नाम है बूढ़ाबाल। बूढ़े हो गये फिर भी बालक के जैसे रहे, उतने ही ताजे। जैसे- सुबह-सुबह की ताजी-ताजी ओस, सुबह-सुबह खिली हुई फूल की कली, ऐसे ही ताजे रहे, उनकी ताजगी कभी न गयी।

8. तंन्त्र, वाममार्ग, अघोरपंथ, नाथपंथ। ये सब नाम तंन्त्र के ही नाम है। वाम मार्ग का अर्थ होता है। बायें हाथ का रास्ता। तुम्हारे पास दो हाथ है- एक दायां हाथ है, तुम्हारा दायां हाथ जुड़ा है बायें मस्तिष्क से जिससे- तर्क, गणित, कर्मठता कार्यकुशलता, चालाकी, राजनीति, संसार, गद्य, विज्ञान, हिसाब/किताब, उपयोगिता, बाजार। तुम्हारा दायां मस्तिष्क जो कि बायें हाथ से जुड़ा है, काव्य का स्रोत है- अनुभूति, भाव, कला, प्रज्ञा, आनन्द, मस्ती, नृत्य, संगीत, उत्सव, कल्पना। जो भी मधुर है। जो भी स्त्रैण है, जो भी सुन्दर है उस सब का जन्म तुम्हारे दायें मस्तिष्क में होता है। यह तो बायां हाथ है वह तुम्हारे भीतर स्वांतः सुखाय का प्रतीक है। इसका कोई लक्ष्य नहीं है इसकी कोई दिशा नहीं है। यह कहीं जा नहीं रहा है। यह तो इसी क्षण में आनन्द मस्त, मुग्ध, होकर जीने की कला है। संसार सदा से दायें हाथ पर जोर देता रहा है, क्योंकि दायें हाथ में उपयोगिता है।

9. वाममार्ग का अर्थ होता है- जीवन का लक्ष्य काम नहीं, विश्राम है। जीवन का लक्ष्य धन नहीं है, ध्यान है। जीवन का लक्ष्य गणित नहीं है, काव्य है। जीवन का चरमशिखर विज्ञान से उपलब्ध नहीं होगा, धर्म से उपलब्ध होगा। वाममार्ग कहता है- प्रेम प्रार्थना है। कुछ भी छोड़ना नहीं है, क्योंकि जो परमात्मा ने दिया है उसकी उपयोगिता है उसका उपयोग करो और सीढ़ी बनाओ। वाममार्ग का अद्भुत संदेश है- अगर तुम बुद्धिमान हो तो जहर का ऐसा उपयोग करोगे कि वह औषधि हो जाये अगर तुम बुद्धु हो तो औषधि को भी जहर बना लोगे। वाममार्ग है- जीवन का सहज स्वीकार, उत्साहपूर्ण स्वीकार ! जीवन का उसकी समग्र विधा में जीने की क्षमता साहस।

10. अघोर का अर्थ होता है- सरल। किसी को "घोरी" कहो तो गाली हो सकती है घोर का अर्थ है- जटिल। अघोर का अर्थ होता है- सरल, बच्चे जैसा निर्दोष। अघोर तो सिर्फ थोड़े से बुद्धों के लिए उपयोग में लाया जा सकता है। गौतम बुद्ध-अघोरी, कृष्ण-अघोरी, क्राइस्ट-अघोरी, लोओत्सु-अघोरी। गोरख-अघोरी। सरल निर्दोष, सीधे-साधे। इतने सरल कि गणित जीवन में है ही नहीं। हिसाब-किताब लगाने का भाव ही चला गया है।

11. कृष्ण वाममार्गी है। तुम बुद्ध से ज्यादा प्रभावित हो जाते है क्योंकि वह राजमहल छोड़कर जाते हैं। तुम कृष्ण की अगर प्रशंसा भी करते हो तो थोड़े दबे-दबे कंठ से, थोड़े डरे-डरे, थोड़े भयभीत। अगर लोग कृष्ण की प्रशंसा भी करते हैं तो गीता वाले कृष्ण की करते हैं। पूरे कृष्ण को स्वीकार करने की हिम्मत बहुत कम लोगों की है। क्योंकि कृष्ण तो तुम्हारे जैसे मालुम पड़ते हैं बल्कि तुमसे भी आगे बढ़े हुये। तुम्हारा कृष्ण का स्वीकार अधुरा है। तुम कृष्ण में से बहुत सी बातें काट-छांट कर डालना चाहोगे। तुम कृष्ण में संशोधन करने को सदा तत्पर हो। कृष्ण को लोग अपने-अपने हिसाब से मानते हैं। जितना मान सकते हैं उतना मान लेते हैं। बाकी छोड़ देते हैं। कृष्ण को पहचानने के लिए बड़ी गहरी आँखें चाहिए। कृष्ण को पहचानने के लिए जब तक भीतर की आँख न खुली हो। तब तक पहचानना मुश्किल है। क्योंकि वे वहीं खड़े हैं, भेद तो कुछ भी नहीं। उपर से भेद नहीं है भीतर से भेद है। तो जब तक भीतर देखने की क्षमता न हो, तब तक तुम कृष्ण को न समझ पाओगे।

12. उसके लिए सब हंसी खेल है, सब लीला है। इसलिए हमने कृष्ण को पूर्णावतार कहा। राम गम्भीर हैं छोटी-छोटी बात का हिसाब रखते हैं। नियम मर्यादा से चलते हैं- मर्यादा पुरूषोत्तम हैं। कृष्ण अमर्याद हैं न कोई नियम है न कोई मर्यादा। कृष्ण के लिए जीवन लीला है।

13. कृष्ण का महत्व अतीत के लिए कम भविष्य के लिए ज्यादा है। सच ऐसा है कि कृष्ण अपने समय से कम से कम पाँच हजार वर्ष पहले पैदा हुये। सभी महत्वपूर्ण व्यक्ति अपने समय से पहले पैदा होते हैं और सभी गैर महत्वपूर्ण व्यक्ति अपने समय के बाद पैदा होते हैं। बस महत्वपूर्ण और गैर महत्वपूर्ण में इतना फर्क है और

सभी साधारण व्यक्ति अपने समय के साथ पैदा होते हैं महत्वपूर्ण व्यक्ति को समझना आसान नहीं होता। उसका वर्तमान और अतीत उसे समझने में असमर्थता अनुभव करता है जब हम समझने योग्य नहीं हो पाते तब हम उसकी पूजा शुरु कर देते हैं या तो हम उसका विरोध करते हैं। दोनों पूजाएं हैं एक मित्र की एक शत्रु की।

14. राम कितने ही बड़े हों, लेकिन इस मुल्क के चित्त में वे पूर्ण अवतार की तरह नहीं हैं, अंश हैं उनका अवतार। उपनिषद् के ऋषि कितने ही बड़े ज्ञानी हों, लेकिन अवतार नहीं हैं। कृष्ण पूर्ण अवतार हैं। परमात्मा अगर पृथ्वी पर पूरा उतरे तो करीब-करीब कृष्ण जैसा होगा। इसलिए श्रीकृष्ण इस मुल्क के अधिकतम मन को छु पाये हैं; बहुत कारणों से। एक तो पूर्ण अवतार का अर्थ होता है, मल्टी-डाइमेन्सनल; जो मनुष्य के समस्त व्यक्तित्व को स्पर्श करता हो। राम वन-डाइमेन्सनल है। अब तक कृष्ण को पूरा प्रेम करने वाला आदमी नहीं हुआ। क्योंकि पूरे कृष्ण को प्रेम करना तभी सम्भव है, जब वह आदमी भी मल्टी-डाइमेन्सनल हो। हम आम तौर पर एक आयामी होते हैं। एक हमारा ट्रैक होता है व्यक्तित्व का, एक रेल की पटरी होती है, उस पटरी पर हम चलते हैं।

15. कृष्ण का व्यक्तित्व बहुत अनूठा है अनूठेपन की पहली बात तो यह है कि कृष्ण हुए तो अतीत में लेकिन हैं भविष्य के। मनुष्य अभी भी इस योग्य नहीं हो पाया है कि कृष्ण का सम-सामयिक बन सके। अभी भी कृष्ण मनुष्य के समझ से बाहर है। भविष्य में यह सम्भव हो पायेगा कि कृष्ण को हम समझ पाये। इसके कुछ कारण हैं। सबसे बड़ा कारण यह है कि कृष्ण अकेले ही ऐसे व्यक्ति हैं जो धर्म की परम गहराइयों और ऊँचाइयों पर होकर भी गम्भीर नहीं हैं, उदास नहीं हैं, रोते हुए नहीं हैं साधारण सन्त का लक्षण रोता हुआ होना है। जिन्दगी से उदास, हारा हुआ, भागा हुआ। कृष्ण अकेले ही इस समग्र जीवन को पूरा ही स्वीकार कर लेते हैं। जीवन की समग्रता की स्वीकृति उनके व्यक्तित्व में फलित हुई है। इसलिए इस देश में और सभी अवतारों को आंशिक अवतार कहा है। कृष्ण को पूर्ण अवतार कहा गया है, राम भी अंश ही हैं परमात्मा के, लेकिन कृष्ण पूरे परमात्मा हैं और यह कहने का, यह सोचने का, ऐसा समझने का कारण है। और वह कारण यह है कि कृष्ण ने सभी कुछ आत्मसात् कर लिया है। कृष्ण अकेले हैं तो शरीर को उसकी समस्त में स्वीकार कर लेते हैं, 'टोटलिटी' में। यह एक आयाम में नहीं सभी आयाम में सच है।

16. कृष्ण शान्तिवादी नहीं हैं, कृष्ण युद्धवादी नहीं हैं। असल में वाद का मतलब ही होता है कि दो में से हम एक चुनते हैं। एक अन्य वादी है। कृष्ण कहते हैं, शान्ति में शुभ फलित होता हो तो स्वागत है, युद्ध में शुभ फलित होता हो तो स्वागत है। कृष्ण जैसे व्यक्तित्व की फिर जरुरत है जो कहे कि शुभ को भी लड़ना चाहिए, शुभ को भी तलवार हाथ में लेने की हिम्मत चाहिए निश्चित ही शुभ जब हाथ में तलवार लेता है, तो किसी का अशुभ नहीं होता। अशुभ हो नहीं सकता क्योंकि लड़ने के लिए कोई लड़ाई नहीं है। लेकिन अशुभ जीत न पाये इसलिए लड़ाई है तो धीरे-धीरे दो हिस्सा दुनियाँ के बट जायेंगे, जल्दी ही जहाँ एक हिस्सा भौतिकवादी होगा और एक हिस्सा स्वतंत्रता, लोकतन्त्र, व्यक्ति और जीवन के और मूल्यों के लिए होगा। लेकिन क्या ऐसे दूसरे शुभ के वर्ग को कृष्ण मिल सकते हैं? मिल सकते हैं। क्योंकि जब भी मनुष्य की स्थितियाँ इस जगह आ जाती हैं। जहाँ कि कुछ निर्णायक घटना घटने को होती है, तो हमारी स्थितियाँ उस चेतना को भी पुकार लेती हैं, उस चेतना को भी जन्म दे देती है वह व्यक्ति भी जन्म जाता है। इसलिए मैं कहता हूँ कि कृष्ण का भविष्य के लिए बहुत अर्थ है।

17. मेरे लिए सन्यास की कोई मर्यादा नहीं, कोई बन्धन नहीं मेरे लिए सन्यास का कोई नियम नहीं, कोई अनुशासन नहीं। मेरे लिए सन्यास कोई डिसिप्लिन नहीं है मेरे लिए सन्यास व्यक्ति के परम विवेक में स्वतन्त्रता की उद्भावना है उस व्यक्ति को मैं सन्यासी कहता हूँ जो परम स्वतन्त्रता में जीने का साहस करता है। न ही कोई बन्धन ओढ़ता है, न ही कोई व्यवस्था, न ही कोई अनुशासन ओढ़ता है। सन्यासी का मेरे लिए यही अर्थ है। जीवन की सघनता में खड़े होकर अगर कोई सन्यास के फूल खिलाना चाहता है तो एक ही अर्थ हो सकता है कि वह कर्ता न रह जाय, भोक्ता न रह जाय अभिनेता हो जाय, साक्षी हो जाय। देखें, करे लेकिन कहीं भी बहुत

गहरे में बधें नहीं सन्यास सदा ही सावधिक है। आप कभी भी वापस लौट सकते हैं, कौन बाधा डालने वाला है? सन्यास आप ने लिया था, सन्यास आप छोड़ दे। आप के अतिरिक्त इसमें और कोई निर्णायक नहीं है। कम से कम सन्यासी सिर्फ धर्म का होना चाहिए। वह जैन न हो, ईसाई न हो, हिन्दू न हो। वह तो सिर्फ धर्म का हो। साथ ही ध्यान रहे, अब तक सन्यास सदा ही गुरु से बँधा रहा है- कोई गुरु दीक्षा देता है। सन्यास ऐसी चीज नहीं है जिसे कोई दे सके। सन्यास ऐसी चीज है जो लेनी पड़ती है, देता कोई नहीं या कहना चाहिए कि परमात्मा के सिवा कौन दे सकता है सन्यास?"

18. रास का जो अर्थ है, वह सृष्टि की जो धारा है, उस धारा का ही गहरे- से -गहरा सूचक है। जीवन दो विरोधियों के बीच का खेल है। ये विरोधी लड़ भी सकते हैं, तब युद्ध हो जाता है। ये विरोधी मिल भी सकते हैं, तब प्रेम हो जाता है लेकिन लड़ना हो कि मिलना हो, दो की अनिवार्यता है। सृजन दो के बिना मुश्किल है। हम कृष्ण को गोपियों के साथ नाचते हुए देखते हैं। यह हमारी स्थूल आँखे जो देख सकती हैं, उतना ही दिखाई पड़ रहा है लेकिन कृष्ण का गोपियों के साथ नाचना साधारण नृत्य नहीं है। कृष्ण का गोपियों के साथ नाचना उस विराट रास का छोटा सा नाटक है जो समस्त में चल रहा है। नृत्य उसकी एक बहुत छोटी सी झलक है। उस रास का कोई कामुक अर्थ नहीं रह गया। कृष्ण, कृष्ण की तरह वहाँ नहीं नाचते कृष्ण वहाँ पुरुष तत्व की तरह नाचते है। गोपिकाएँ स्त्रियों की तरह वहाँ नाचती हैं, गहरे में वे प्रकृति ही हो जाती हैं। प्रकृति और पुरुष का नृत्य है वह। वहाँ व्यक्तियों से कोई लेना-देना नहीं है। 'इन्डिविजुअल' का कोई मतलब नहीं है, इसलिए यह भी सम्भव हो पाया कि एक कृष्ण बहुत गोपियों के साथ नाच सका। अन्यथा एक व्यक्ति बहुत स्त्रियों के साथ नाच नहीं सकता है। एक व्यक्ति बहुत स्त्रियों के साथ प्रेम का खेल नहीं खेल सकता है। और प्रत्येक गोपी को ऐसा दिखाई पड़ सका कि कृष्ण उसके साथ भी नाच रहा है। निश्चित ही- इसे हम व्यक्तिवाची मानेंगे तो कठिनाई में पड़ेंगे। विराट प्रकृति और विराट पुरुष के सम्मिलन का वह नृत्य निकटतम है। अद्वैत के नृत्य निकटतम है उत्सव के। नृत्य निकटतम है रहस्य के। यह जो नृत्य चल रहा है चाँद के नीचे, आकाश के नीचे, इस नृत्य को साधारण नृत्य मैं नहीं कहता हूँ इसलिए यह किसी के मनोरंजन के लिए नहीं हो रहा है, किसी को दिखाने के लिए नहीं हो रहा है। कहना चाहिए एक अर्थों में 'ओवर फ्लोइंग' है इतना आनन्द भीतर भरा है कि वह सब तरफ बह रहा है।
19. जिसने बिना धैर्य के ध्यान किया, वह राजसी है जिसने बिना ध्यान के धैर्य रखा वह तामसी है और जिसने धैर्य और ध्यान का सन्तुलन बना लिया, वह सात्विक है। तब तुम्हें कृष्ण का सुख समझ में आ जायेगा की वह सत्व का क्या अर्थ है। धैर्य ऐसा, जैसे आलसी पुरुषों में होता है उन्हें कुछ पाने की जल्दी नहीं होती। पाने का ख्याल ही नहीं होता, कोई दौड़ ही नहीं होती। वे बैठे हैं, मिट्टी के ढेर हैं, कोई जीवन नहीं है, कोई उर्जा नहीं है, कोई गति नहीं है। फिर राजसी पुरुष हैं उनमें दौड़ तो बहुत होती है, रुकने की क्षमता नहीं होती ठहर नहीं सकते, प्रतीक्षा नहीं कर सकते, भाग सकते हैं जब कभी राजसी व्यक्ति जैसी उर्जा और आलसी जैसा धैर्य होता है तब ध्यान और धैर्य का संगम होता है। तब सोने में सुगन्ध आ जाती है तब सत्व का जन्म है। जीवन एक कला है वहाँ विपरीत को मिलाने की क्षमता होनी चाहिए।
20. धर्म कोई विषय थोड़े ही है। धर्म की कोई सीमा थोड़े ही है। धर्म तो समस्त जीवन का नाम है। जीवन में जो कुछ भी समाविष्ट है, धर्म उस सभी के सम्बन्ध में वक्तव्य देने का हकदार है। राजनीतिज्ञ, धर्म के सम्बन्ध में वक्तव्य नहीं दे सकता क्योंकि राजनीति की सीमा है। लेकिन धार्मिक व्यक्ति, राजनीति के सम्बन्ध में वक्तव्य दे सकता है क्योंकि धर्म की कोई सीमा नही है धर्म असीम है, धर्म तो पूरे जीवन को घेरता है जैसे आकाश घेरता है। धर्म से तो कोई भी चीज छोड़ी नहीं जा सकती। धार्मिक व्यक्ति की दृष्टि तो सब सम्बन्धों में होगी।
21. भारत ने एक राजनीति तय कर ली- धर्म निरक्षेपता की इसका परिणाम धर्म पर होने वाला है। यह बात गलत है। कोई राष्ट्र, धर्मनिरपेक्ष नहीं होना चाहिए। हाँ किसी विशिष्ट सम्प्रदाय का प्रभुत्व न हो यह ठीक है, लेकिन धर्मनिरपेक्ष तो कोई राज्य कैसे हो सकता है? हिन्दू न हो, मुसलमान न हो, यह ठीक है। होना ही नहीं चाहिए हिन्दू और मुसलमान। लेकिन यह अति है कि राष्ट्र हिन्दू हो जाता है कि मुसलमान हो जाता है, दूसरी अति है

कि राज्य अधार्मिक हो जाता है कि हमें धर्म से कुछ लेना देना नहीं है। आदमी के प्राण का इतना बहुमुल्य हिस्सा और तुम कहोगे हमें उससे कुछ लेना देना नहीं है! उसके घातक परिणाम होंगे। राज्य को धर्म के तरफ सुविधा बनानी ही होगी। राज्य को धार्मिक नहीं होने की जरूरत है, हिन्दू, मूसलमान के अर्थ में, मगर होने की जरूरत है इस अर्थ में कि देश में ध्यान बढ़े, प्रेम बढ़े, शान्ति बढ़े। लोगों के जीवन में योग उतरे। लोगों के जीवन में एक अंतरंग अनुशासन जन्में और लोगों के भीतर आत्मा पैदा हो।

22. यह जमाना बुरा आया है। अब तो एक ही उपाय है कि जो तुम्हारे हृदय में हो उसको तुम्हारे आचरण में बहने दो। अब वे दिन गये जब सूक्ष्म में जीते थे। अब तो स्थूल में बताना होगा। यह स्थूल युग आया। लोग शरीर को मानते हैं, आत्मा को तो मानते ही कहाँ? लोग संसार को मानते हैं, परमात्मा को मानते ही कहाँ? लोग पत्थर को मानते हैं, प्रेम को मानते ही कहाँ? यहाँ तो लोग जिसका दर्शन हो सके, स्पर्श हो सके, इंद्रियों से पकड़ में आ सके, उसको मानते हैं। तो अब तुम्हें धर्म को भी इस तरह लाना होगा। इसलिए अब हृदय में रखने की बात नहीं है इसे अपने हाथ में लाना होगा। बुद्ध ने करूणा बरसाई, मगर वह हृदय की थी, अस्पताल नहीं खोले, नही तो हाथ की हो जाती। बीमारों के हाथ पैर नहीं दबाये, नहीं तो हाथ की हो जाती। अगर इस दुनिया में ईसाईयत का प्रभाव बढ़ता जाता है तो इसका और कुछ कारण नहीं है, उसका कारण है कि ईसाईयत के पास स्थूल की पकड़ है और जो पुराने धर्म है- हिन्दू हैं, जैन हैं, बौद्ध हैं, इनकी पकड़ अभी स्थूल पर नहीं है। इसकी पकड़ अभी सूक्ष्म पर है। ये पुराने दिनों की बात कर रहें हैं। ये सतयुग की बाते कर रहें है। अब जमाना और है जो चीज तुल सकती है तराजू पर, वही मानी जायेगी। हिन्दू बहुत परेशान रहते हैं कि लोग ईसाई क्यों बनाये जा रहें हैं, लोगों को रिश्वत दी जा रही है, लोगों को ईसाई बनाया जा रहा है। यह सब बकवास है। कोई किसी को जबरदस्ती ईसाई नहीं बना रहा है लेकिन ईसाईयत इस युग के बड़े अनुकूल मालूम पड़ती है गरीब को लगता है कि कुछ सहारा मिला। ईसाई मिशनरी आता है, वह पहले भोजन की ही बात करता है। ध्यान की तो वह कभी बात करता ही नहीं, वहाँ सिर्फ भोजन है। अस्पताल खोल देता है। स्कूल खोल देता है। लोगों को लगता है कि यह बात ठीक है, यह धर्म की बात हो रही है। आज दुनिया में एक तिहाई ईसाई है। सारे धर्मों पर छाती चली गयी है। उसका कुछ कारण इतना है कि देश के धर्म सतयुग की भाषा ही बोले चले जाते हैं। अभी भी हम कहते हैं कि साधु की सेवा करो और ईसाई कहता है कि साधु वह जो सेवा करें। इन दोनों का फर्क समझ लो।

23. यह पूरा देश भाग्य के भोरोसे पर मर गया, इस पूरे देश पर आलस्य छा गया है, यह पूरा देश काहिल और सुस्त हो गया है, और इसमें अपनी काहिली और सुस्ती को बड़ा आध्यात्मिक रंग दिया कि भाग्य में जो होगा सो होगी। तो गरीबी है। भिखमंगी है तो भिखमंगी, गुलामी है तो गुलामी। भाग्य से सब कुछ होगा। उसकी जब इच्छा होगी तो सब ठीक हो जायेगा, हमें तो घिसटना है। इस देश का दुःख है कि हमने यह सूत्र पकड़ लिया आलस्य का, हम पड़े रह गये। पश्चिम की पीड़ा यह है कि उन्होंने सक्रियता पकड़ ली, इतनी ज्यादा पकड़ ली कि अब ये रात सोये कैसे, यह भी भूल गये। पश्चिम पागल हुआ जा रहा है। अतिसक्रियता के कारण। और पूर्व दीन-दरिद्र हो गया अति निष्क्रियता के कारण।

24. उपाधियाँ मिलती है- पीएच0 डी0, डी0 लिट0 और डी0 फिल0 और उनका बड़ा सम्मान होता है। उनका काम क्या है? उनका काम यह है कि वे तय करते हैं कि गोरखनाथ कब पैदा हुए थे। कोई कहता है दसवीं सदी के अंत में, कोई कहता है ग्यारहवीं सदी के प्रारम्भ में। इस पर बड़ा विवाद चलता है। बड़े-बड़े विश्वविद्यालयों के ज्ञानी सिर खपा कर खोज में लगे रहते हैं। शास्त्रों की, प्रमाणों की, इसकी, उसकी। उनकी पूरी जिन्दगी इसी में जाती है। इससे बड़ा अज्ञान और क्या होगा? गोरख कब पैदा हुए, इसे जानकर करोगे क्या? इसे जान भी लिया तो पाओगे क्या? गोरख न भी पैदा हुए, यह भी सिद्ध हो जाये, तो भी क्या फायदा? हुए हों या न हुए हों, अर्थहीन है। गोरख ने क्या जिया उसका स्वाद लो। इसलिए तुम्हारे विश्वविद्यालय ऐसी व्यर्थता के कामों में संलग्न हैं कि बड़ा आश्चर्य होता है कि इन्हें विश्वविद्यालय कहो या न कहो। इनका काम ही........तुम्हारे विश्वविद्यालय में चलने वाली जितनी शोध है, सब कूड़ा-करकट है।

25. दुनिया में दो तरह की शिक्षायें होनी चाहिए, अभी एक ही तरह की शिक्षा है। और इसलिए दुनिया में बड़ा अधुरापन है। बच्चों को हम स्कूल भेजते हैं, कालेज भेजते हैं, युनिवर्सिटी भेजते हैं, मगर एक ही तरह की शिक्षा वहाँ- कैसे जियो? कैसे आजिविका अर्जन करें? कैसे धन कमाओं? कैसे पद प्रतिष्ठा पाओं। जीवन के आयोजन सिखाते हैं जीवन की कुशलता सिखाते हैं। दूसरी इससे भी महत्वपूर्ण शिक्षा वह है- कैसे मरो? कैसे मृत्यु के साथ आलिंगन करो? कैसे मृत्यु में प्रवेश करो? वह शिक्षा पृथ्वी से बिल्कुल खो गयी। ऐसा अतीत में नहीं था। अतीत में दोनों शिक्षाएं उपलब्ध थीं। इसलिए जीवन को हमने चार हिस्सों में बाँटा था। पच्चीस वर्ष तक विद्यार्थी का जीवन, ब्रह्मचर्य का जीवन। गुरू के पास बैठना। जीवन कैसे जीना है, इसकी तैयारी करनी है। जीवन की शैली सीखनी है। फिर पच्चीस वर्ष तक गृहस्थ का जीवन: जो गुरू के चरणों में बैठकर सिखा है उसका प्रयोग, उसका व्यावहारिक प्रयोग। फिर जब तुम पचास वर्ष के होने लगो तो तुम्हारे बच्चे पच्चीस वर्ष के करीब होने लगेंगे। उनके गुरू के गृह से लौटने के दिन करीब होने लगेंगे। अब उनके दिन आ गये कि वे जीवन को जिये। फिर भी पिता और बच्चे पैदा करते चला जाये तो यह अशोभन समझा जाता था। यह अशोभन है। अब बच्चे, बच्चे पैदा करेंगे। अब तुम इन खिलौनों से उपर उठो। तो पच्चीस वर्ष वानप्रस्थ। जंगल की तरफ मुँह- इसका अर्थ होता है कि अभी जंगल गये नहीं, अभी घर छोड़ा नहीं लेकिन घर की तरफ पीठ जंगल की तरफ मुँह। ताकि तुम्हारे बेटों को तुम्हारी सलाह की जरूरत पड़े तो पूछ लें। अपनी तरफ से सलाह मत देना। वानप्रस्थी स्वयं सलाह नहीं देता। फिर पचहत्तर वर्ष के जब तुम हो जाओगे, तो सब छोड़कर जंगल चले जाना। वे शेष अंतिम पचीस वर्ष मृत्यु की तैयारी थे। उसी का नाम सन्यास था। पचीस वर्ष जीवन के प्रारम्भ में जीवन की तैयारी, और जीवन के अंत में पच्चीस वर्ष मृत्यु की तैयारी।

26. आज भारत गरीब है। भारत अपनी ही चेष्टा से इस गरीबी से बाहर नहीं निकल सकेगा, कोई उपाय नहीं है। भारत गरीबी के बाहर निकल सकता है, अगर सारी मनुष्यता का सहयोग मिले। क्योंकि मनुष्यता के पास इस तरह के तकनीक, इस तरह का विज्ञान मौजूद है कि इस देश की गरीबी मिट जाये। लेकिन तुम अकड़े रहे कि हम अपनी गरीबी खुद ही मिटायेंगे, तो तुम हीं तो गरीबी बनाने वाले हो, तुम मिटाओंगे कैसे? तुम्हारी बुद्धि इसकी भीतर आधार है, तुम इसे मिटाओंगे कैसे? तुम्हें अपने द्वार-दरवाजे खोलने होंगे। तुम्हें अपना मस्तिष्क थोड़ा विस्तार करना होगा। तुम्हे मनुष्यता का सहयोग लेना होगा। और ऐसा नहीं कि तुम्हारे पास कुछ देने को नहीं है। तुम्हारे पास कुछ देने को है दुनिया को। तुम दुनिया को ध्यान दे सकते हो। अगर अमेरिका को ध्यान खोजना है तो अपने बलबूते नहीं खोज सकेगा अमेरिका। उसे भारत की तरफ नजर उठानी पड़ेगी। मगर वे समझदार लोग हैं। ध्यान सीखने पूरब चले आते हैं। कोई अड़चन नहीं है उन्हें बाधा नहीं है। बुद्धिमानी का लक्षण यही है कि जो जहाँ से मिल सकता हो ले लिया जाये। यह सारी पृथ्वी हमारी है। सारी मनुष्यता इकट्ठी होकर अगर उपाय करे तो कोई भी समस्या पृथ्वी पर बचने का कोई भी कारण नहीं है।

27. जब कोई देश गरीब होता है तब वहाँ कम्युनिज्म उठता है, धर्म नहीं। तब लोग मारने-मरने की उतारू हो जाते हैं। तब घिराव होता है, हड़तालें होती हैं, दंगे-फसाद होते हैं, हत्यायें-हिंसायें होती हैं। तब भजन नहीं उठता। भूखा अदमी हिंसा कर सकता है, प्रेम नहीं। भूखा आदमी क्रुद्ध होता है। भूखा आदमी करूणावान नहीं हो सकता है। इसलिए मैं तुमसे कहता हूँ यह देश ज्यादा दिन गरीब रह गया- जैसा कि इस देश के नेताओं ने तय कर रखा है कि गरीबी रहे- तो इस देश में सिवाय कम्युनिज्म के और कोई सम्भावना न रह जायेगी। जाने-अनजाने यह देश कम्युनिज्म की तरफ ले जाया जा रहा है। ले जाने वाले शायद इस बात से परिचित भी न हो, होश भी न हो उन्हें, शायद वे तो यही कोशिश करते हैं कि देश कम्युनिस्ट न हो जाये, मगर तुम्हारे कोशिशों का सवाल नहीं है, अगर देश गरीब रहता है तो कम्युनिज्म के सिवाय कुछ और नहीं हो सकता। भजन नहीं पैदा हो सकता।

28. मैं इस देश को फिर से युवा करना चाहता हूँ। लेकिन बुढ़े नाराज हैं। बहुत नाराज हैं। पंण्डित, पुरोहित, पुरातनवादी बहुत नाराज हैं। उन्हें लगता है, मैं धर्म भ्रष्ट कर रहा हूँ। उन्हें पता ही नहीं। उन्हें अपने संस्कृति का भी पता नहीं।

29. इस देश को कुछ बाते समझनी होगी। एक तो इस देश को यह बात समझनी होगी कि तुम्हारी परेशानियों, तुम्हारी गरीबी, तुम्हारी मुसीबतों, तुम्हारी दीनता के बहुत कुछ कारण तुम्हारे अंध विश्वासों में है, कम से कम डेढ़ हजार साल पिछे घिसट रहा है। ये डेढ़ हजार साल पूरे होने जरूरी है। भारत को खिंचकर आधुनिक बनाना जरूरी है। मेरी उत्सुकता है कि इस देश का सौभाग्य खुले, यह देश भी खुशहाल हो, यह देश भी समृद्ध हो। क्योंकि समृद्ध हो यह देश तो फिर राम की धुन गुंजे, समृद्ध हो यह देश तो फिर लोग गीत गाँये, प्रभु की प्रार्थना करें। समृद्ध हो यह देश तो मंदिर की घंटिया फिर बजे, पूजा के थाल फिर सजे। समृद्ध हो यह देश तो फिर बाँसुरी बजे कृष्ण की, फिर रास रचे! यह दीन दरिद्र देश, अभी तुम इसमें कृष्ण को भी ले आओगे तो राधा कहाँ पाओगे नाचनेवाली? अभी तुम कृष्ण को भी ले आओगे, तो कृष्ण बड़ी मुश्किल में पड़ जायेंगे, माखन कहाँ चुरायेंगें? माखन है कहाँ? दूध, दही की मटकिया कैसे तोड़ेंगे? दूध, दही की कहाँ, पानी तक की मटकिया मुश्किल हैं। नलों पर इतनी भीड़ है! और एक आध गोपी की मटकी फोड़ दी, जो नल से पानी भरकर लौट रही थी, तो पुलिस में रिपोर्ट दर्ज करा देगी कृष्ण की, तीन बजे रात से पानी भरने खड़ी थी नौ बजते-बजते पानी भर पायी और इन सज्जन ने कंकड़ी मार दी। धर्म का जन्म होता है जब देश समृद्ध होता है। धर्म, समृद्ध की सुवास है। तो मैं जरूर चाहता हूँ यह देश सौभाग्य शाली हो लेकिन सबसे बड़ी अड़चन इसी देश की मान्यताएं हैं। इसलिए मैं तुमसे लड़ रहा हूँ। तुम्हारे लिए।
30. मनुष्य जाति की अस्सी प्रतिशत क्षमता युद्व में चली जाती है। यही अस्सी प्रतिशत क्षमता खेतों में लगे, कारखानों में लगें, यह पृथ्वी स्वर्ग हो जायेगी। जो सपना तुम्हारे ऋषि-महर्षि देखते थे- आकाश में स्वर्ग का, वह अब पृथ्वी पर बन सकता है, कोई रूकावट नहीं। लेकिन पुरानी आदतें। यह हमारा देश, वह उनका देश। हमें भी लड़ना है। गरीब से गरीब देश भी अणुबम बनाने की चेष्टा में संलग्न है। भूखे मर रहे, मगर अणुबम बनाना है। भारत देश जैसे देश के पीछे भी यही भाव है। भूखे मर जाये, मगर अपनी शान रखनी है।
31. इन आने वाले पच्चीस वर्षों में बड़ी निर्णायक घड़ी है। या तो आदमी नष्ट होगा और यह पृथ्वी आदमी से शून्य हो जायेगी, या फिर एक नये आदमी का जन्म होगा- एक नयी सुबह! लेकिन ये जो छोटे-छोटे चिराग जले हैं, इन्हीं से आशा बनी है।

शनिवार, 2 जून, 1990 ई0

पं. श्री राम शर्मा आचार्य व्यापक कार्य को स्थापित व संचालित करते हुए 2 जून, 1990 में ब्रह्मलीन हो गये।

अखिल विश्व गायत्री परिवार, हरिद्वार (उत्तराखण्ड)

1950 ई0 के दशक में स्थापित अखिल विश्व गायत्री परिवार एक हिन्दुत्व समाज सुधार आन्दोलन है। इसकी कार्य प्रणाली और उद्देश्य स्वामी दयानन्द सरस्वती द्वारा स्थापित आर्य समाज से मिलते-जुलते हैं। इस संस्था ने विचार क्रान्ति अभियान, प्रज्ञा अभियान आदि चलायें जिसका उद्देश्य जनमानस में वैचारिक परिवर्तन लाकर समाज का उत्थान करना है। हम बदलेंगे, युग बदलेगा, मनुष्य भटका हुआ देवता है, आदि इसके प्रमुख उद्घोष हैं। इस संगठन का कार्य गायत्री मंत्र की मूल भावना (प्रज्ञा का परिष्कार) के अनुसार है।

पं0 श्री राम शर्मा आचार्य जी का सम्पूर्ण कार्य अखण्ड ज्योति संस्थान, गायत्री तपोभूमि मथुरा, गायत्री तीर्थ शान्ति कुंज हरिद्वार, ब्रह्मवर्चस शोध संस्थान और देव संस्कृति विश्वविद्यालय के माध्यम से संचालित हो रहे हैं।

लक्ष्य एवं उद्देश्य

व्यक्ति एक तन्त्र है जो मान्यताओं व आस्था के ईंधन से गतिशील होता है। पिछले दिनों हमें अनास्था की प्रेरणा मिली, उसे अपनाया गया और दुष्परिणाम देखा। अब मार्ग एक ही है कि विचार पद्धति को बदले, आस्थाओं को पुनः परिष्कृत करें और लोगों को ऐसी गतिविधियाँ अपनाने के लिए समझाएँ, जो वैयक्तिक एवं सामूहिक सुख-शान्ति की स्थिरता में अनादिकाल से सहायक रही हैं और अंत तक रहेंगी। जनमानस की इसी परिवर्तन प्रक्रिया का नाम युग निर्माण योजना है।

युग निर्माण योजना का प्रधान उद्देश्य है- विचार क्रान्ति। मूढ़ता और रूढ़ियों से ग्रस्त अनुपयोगी विचारों का ही आज सर्वत्र प्राधान्य है। आवश्यकता इस बात की है कि सत्य, प्रेम और न्याय पर आधारित विवेक और तर्क से प्रभावित हमारी विचार पद्धति हो। इस संसार में एक राष्ट्र, एक धर्म, एक भाषा, एक आचार रहे। जाति और लिंग के आधार पर मनुष्य-मनुष्य के बीच कोई भेद-भाव न रहे। हर व्यक्ति को योग्यता के अनुसार काम करना पड़े। आवश्यकतानुसार गुजारा मिले। धनी और निर्धन के बीच खाई पूरी तरह पट जाए। न केवल मनुष्य मात्र को वरन् प्राणियों तक को भी न्याय का संरक्षण मिले। दूसरे के अधिकारों को तथा अपने कर्तव्यों को प्राथमिकता देने की प्रवृत्ति हर किसी में उगती रहे। सज्जनता और सहृदयता का वातावरण विकसित होता चला जाए, ऐसी परिस्थितियाँ उत्पन्न करने में युग निर्माण योजना प्राणपण से प्रयत्नशील है।

युग निर्माण योजना एक दिव्य योजना है। मोटी बुद्धि से इस प्रयास को मानुषी समझा जा सकता है, पर वस्तुतः उसके पीछे अतिमानवी शक्तियाँ ही काम कर रही हैं। सृष्टा निराकार होने के कारण प्रत्यक्षतः कुम्हार के तरह संरचना करते नहीं देखा जाता। महान कार्य महान व्यक्तियों द्वारा सम्पन्न होते रहे हैं। जो सृजन, परिपोषण और परिपालन के लिए पूरी तरह उत्तरदायी हैं, वो समय-समय पर धर्म की हानि और अधर्म की बाढ़ को रोकने के लिए अपनी ऊर्जा के अनोखे प्रयोग करता है। महत्वपूर्ण कार्य भगवान करते हैं और उसके श्रेय को शरीरधारी मुफ्त में ही प्राप्त कर लेते हैं। चेतना काम करती है और शरीर को श्रेय मिलता है। ईश्वर इच्छा तथा मानवीय पुरूषार्थ का समन्वय ही चमत्कार उत्पन्न करता है। युग निर्माण अभियान में मानवीय पुरूषार्थ को जाग्रत करने, प्रखर बनाने तथा उसे सही दिशा में सही ढंग से प्रयुक्त करने की प्रक्रिया सतत चल रही है। ईश्वरीय मार्गदर्शन, अनुग्रह, अनुकम्पा एवं सहायता की स्पष्ट झलक युग निर्माण योजना द्वारा सम्पन्न हुए अगणित लोकोपयोगी कार्यों, उपलब्धियों यथा वर्तमान हलचलों में मिलती है। इतने बड़े कार्य व्यक्ति विशेष के पुरूषार्थ से नहीं, वरन् दैवी प्रेरणा और अनुकम्पा के आधार पर ही आश्चर्यजनक रूप से ही विकसित, विस्तृत एवं सफल होते रहें हैं।

युगऋषि पं0 श्री राम शर्मा आचार्य, युग निर्माण योजना के प्रवर्तक के शब्दों में- अगले दिनों विश्व का समता एवं एकता को आकर जानना होगा। वसुधैव कुटुम्बकम् की मान्यताओं पर नया विश्व, नया समाज बनेगा। सारी दुनिया का एक राष्ट्र बनेगा, सुविधा की दृष्टि से प्रान्तों जैसे देश बने रहेंगे। मनुष्य की एक जाति होगी। ऊँच-नीच, जाति-पाँति के भेद-भाव समाप्त हो जायेंगे। उपजातियों का वर्गीकरण उपहासास्पद बन जायेगा। सारी दुनिया एक भाषा बोलेगी और सबके लिए एक धर्म, एक आचरण एवं एक कानून होगा। भोजन वस्त्र को सभ्यता माना जाता हो, तो सुविधा और साधनों की दृष्टि से वह अलग भी रह सकता है। परन्तु संस्कृति समस्त मानव जाति की एक होगी। धन व्यक्तिगत न रहेगा, उस पर समाज का स्वामित्व होगा, न कोई धनी रहेगा, न गरीब। सब भरपूर परिश्रम करेंगे और उपलब्ध साधनों का सभी समान रूप से हँसी-खुशी के साथ उपयोग करेंगे। आस्तिकता की व्याख्या में ईश्वर समदर्शी, सर्वव्यापक और न्यायकारी होने की मान्यता को प्रमुखता मिलेगी। भक्त की मनोकामनाएँ पूर्ण करते फिरने वाला बहुदेववाद मर जायेगा। कुकर्मों से रूष्ट और सद्भावना से प्रसन्न होने वाले ईश्वर को सब अपनी भावनाओं के द्वारा सम्पूजित किया करेंगे। उपासना के कर्मकाण्ड संक्षिप्त रह जाएँगे और वे समस्त विश्व के लिए एक जैसे होंगे। देशभक्ति, जातिभक्ति, भाषाभक्ति का विश्वभक्ति में विकास हो जाएगा। मानवों की तरह तब पशु-पक्षी भी समाज क्षेत्र में आ जाएँगे और उनका उत्पीड़न भी अपराध बन जायेगा। आशा करनी चाहिए कि ऐसा युग जल्दी आ रहा है। उसी की पूर्व भूमिका युग निर्माण योजना सम्पादित कर रही है। अभी कुछ दिनों तो अनेक स्वार्थ-संघर्ष और तीव्र होंगे तथा संकीर्णता और अनाचार के दुःख परिणामों को भली-भाँति अनुभव करके लोग

उनसे विरत होने के लिए स्वयं आतुर होंगे। अगली आचार संहिता उन तथ्यों पर आधारित होगी जिनका हम लोग अभी युग निर्माण सत्संकल्पों के रूप में नित्य पाठ करते हैं। एक दिन इस जीवन पद्धति पर विश्व के सभी धर्म और देश चलने लगेंगे। नवयुग के अभिनव निर्माण के लिए हमें व्यक्तिगत और सामूहिक प्रयत्नों में तत्काल जुट जाना चाहिए और महाकाल के प्रयोजन में अपना हार्दिक योगदान अर्पित करना चाहिए।

इस सृष्टि का निर्माण, विकास और विलय परमात्मा के संकल्प से ही होता रहा है। परमात्मा की श्रेष्ठ कृति मनुष्य भी अपने समाज एवं संसार को संकल्पों के आधार पर ही बनाता-बदलता रहता है। युग निर्माण के ईश्वरीय संकल्प में हर नैष्ठिक की भागीदारी के लिए इस सत्संकल्प की रचना की है। इसके 18 सूत्र गीता के 18 अध्यायों की तरह सारगर्भित हैं। सूत्रों का गठन इस कुशलता से किया है कि यह क्षेत्र, भौगोलिक भेद और मानवीय वर्ग भेद से परे सभी साधक ईश्वरीय भागीदारी निभाते हुए अनुपम एवं अलौकिक लाभ प्राप्त कर सकते हैं।

1. हम ईश्वर को सर्वव्यापी, न्यायकारी मानकर उसके अनुशासन को अपने जीवन में उतारेंगे।
2. शरीर को भगवान का मन्दिर समझकर आत्म-संयम और नियमितता द्वारा आरोग्य की रक्षा करेंगे।
3. मन को कुविचारों और दुर्भावानाओं से बचाये रखने के लिए स्वाध्याय एवं सत्संग की व्यवस्था रखे रहेंगे।
4. इन्द्रिय-संयम, अर्थ-संयम, समय-संयम और विचार-संयम का सतत् अभ्यास करेंगे।
5. अपने आपको समाज का एक अभिन्न अंग मानेंगे और सबके हित में अपना हित समझेंगे।
6. मर्यादाओं को पालेंगे, वर्जनाओं से बचेंगे, नागरिक कर्तव्यों का पालन करेंगे और समाजनिष्ठ बने रहेंगे।
7. समझदारी, ईमानदारी, जिम्मेदारी और बहादुरी को जीवन का एक अविच्छिन्न अंग मानेंगे।
8. चारों ओर मधुरता, स्वच्छता, सादगी एवं सज्जनता का वातावरण उत्पन्न करेंगे।
9. अनीति से प्राप्त सफलता की अपेक्षा नीति पर चलते हुए असफलता को शिरोधार्य करेंगे।
10. मनुष्य के मूल्यांकन की कसौटी उसकी सफलताओं, योग्यताओं एवं विभूतियों को नहीं, उसके सद्विचारों और सत्कर्मों को मानेंगे।
11. दूसरों के साथ वह व्यवहार न करेंगे, जो हमें अपने लिए पसंद नहीं।
12. नर-नारी परस्पर पवित्र दृष्टि रखेंगे।
13. संसार में सत्प्रवृत्तियों के पुण्य प्रसार के लिए अपने समय, प्रभव, ज्ञान, पुरूषार्थ एवं धन का एक अंश नियमित रूप से लगाते रहेंगे।
14. परम्पराओं की तुलना में विवेक को महत्व देंगे।
15. सज्जनों को संगठित करने, अनीति से लोहा लेने ओर नवसृजन की गतिविधियों में पूरी रूचि लेंगे।
16. राष्ट्रीय एकता एवं समता के प्रति निष्ठावान रहेंगे। जाति, लिंग, भाषा, प्रान्त, समुदाय आदि के कारण परस्पर कोई भेद-भाव न बरतेंगे।
17. मनुष्य अपने भाग्य का निर्माता आप है, इस विश्वास के आधार पर हमारी मान्यता है कि हम उत्कृष्ट बनेंगे और दूसरों को श्रेष्ठ बनायेंगे, तो युग अवश्य बदलेगा।
18. हम बदलेंगे-युग बदलेगा, हम सुधरेंगे-युग सुधरेगा। इस तथ्य पर हमारा परिपूर्ण विश्वास है।

महाकाल का कार्यक्षेत्र क्षेत्र विशेष, वर्ग विशेष अथवा सम्प्रदाय विशेष नहीं है बल्कि पूरी दुनिया है। उनकी चेतना एक साथ हर जीवंत, जाग्रत आत्मा पर कार्य कर रही है। भारत की सर्वाधिक जनता देहातों में रहती है। यहाँ अशिक्षितों की संख्या एक तिहाई है। यही है भारत का असला स्वरूप, असली बहुमत। शिक्षा का अभाव, छोटे देहातों में यातायात साधनों से रहित आबादी, पिछड़ेपन का वातावरण। इस स्थिति में राजनीति, अर्थशास्त्र, समाजशास्त्र आदि के आधार पर यदि कुछ कहा समझा जाए, तो जनता इसे हृदयंगम नहीं कर सकेगी। हमें जो कुछ भी इस बहुमत जनता से कहना है, वह उसके बौद्धिक स्तर से तालमेल मिलाते हुए कहना चाहिए। तभी उसे ठीक तरह समझा और हृदयंगम किया जा सकेगा। इस देश का बौद्धिक आधार धार्मिकता से जुड़ा हुआ है। इस स्तर की जनता को उसकी परम्परागत मनोभूमि धर्मरूचि के सहारे ही प्रभावित किया जा सकता है। इस आधार पर कुशल मार्गदर्शक कुछ भी तथ्य इस पिछड़ें वर्ग के मनों पर उतार सकते हैं। रामायण, भगवतगीता, पुराण आदि

का सहारा लेकर इस देश की अधिकांश जनता के मन में महत्वपूर्ण तथ्यों को खूबी के साथ बिठाया जा सकता है। उतना और किसी प्रकार सम्भव नहीं हो सकता। यही सब तथ्य हैं जिनके आधार पर व्यक्ति निर्माण, परिवार निर्माण और समाज निर्माण की गतिविधियों को अग्रगामी बनाने के लिए ऐसे भावनाशील लोग ढूँढ़कर निकाले गये हैं, सम्बद्ध किये गये हैं, जो विश्व मानव की सेवा को ईश्वर की उपासना मानते हैं। लोकमंगल के प्रयास में धर्मनिष्ठा की सार्थकता जोड़ते हैं। यही है युग निर्माण योजना, उसकी कार्य पद्धति और साधन-सामग्री जिसके आधार पर नवयुग के आगमन का, मनुष्य में देवत्व के उदय का, धरती पर स्वर्ग के अवतरण का कार्य चल रहा है। युग निर्माण योजना की कार्य पद्धति को अज्ञान असुर से लड़ने के लिए - प्रचारात्मक मोर्चा, अभाव के दैत्य से जूझने के लिए-रचनात्मक मोर्चा और अनाचार-अनीति से लड़ने के लिए-संघर्षात्मक मोर्चा, के तीन भागों में विभक्त किया गया है।

सन् 1991 से सन् 2000

इस दशक की मुख्य विशेषता

तकनीकी के आविष्कार से दूरदर्शन और कम्प्यूटर का भारत में व्यापक विस्तार और जनता के सम्पर्क में आना

टेलिफोन PCO का भारत में व्यापक विस्तार और जनता के सम्पर्क में आना

इन्टरनेट (INTERNET) का प्रारम्भिक शुरूआत

दृश्य-श्रव्य (AUDIO-VISUAL) तकनीकी के विकास से जो पौराणिक कथाएँ पढ़ा-सुना जाता था वे अब दिखाये जाने लगे थे जिनमें मुख्य था- रामानन्द सागर निर्मित – "रामायण", बी. आर. चोपड़ा निर्मित – "महाभारत" अन्य थें- श्रीकृष्णा, शिव पुराण, विश्वामित्र, द्रौपदी, गीता रहस्य इत्यादि, शायद ही कोई पौराणिक कथा बची हों जिनका दृश्य-श्रव्य (AUDIO-VISUAL) न होकर प्रसारित न हुआ हो

मानव मन निर्माण पर विभिन्न वक्तव्य व्यक्त होने लगें थें जैसे-

जैन मुनि अमरेन्द्र द्वारा-छोटे धर्मों को महत्व न देने से मानसिक प्रदूषण, आतंकवाद के बढ़ने के जिम्मेदार बड़े धर्म गुरु। दलाई लामा द्वारा-बौद्ध धर्म शासन के अध्ययन पर जोर एवं धर्म संस्कृति पर शोध की कमी की चिंता। हिन्दू बौद्ध धर्मों के नेताओं ने पोप जान पाल के वक्तव्य को चुनौति माना। मोरारी बापू द्वारा-नयी सदी का मानस केवल प्रेम होगा। कबीर पंथी सद्गुरु स्वामी कृष्णानन्द द्वारा-साधना से विश्व का विकास। अन्तर्राष्ट्रीय सहयोग परिषद के महासचिव बालेश्वर द्वारा पूर्वजों ने दुनिया भर में भारत का विस्तार किया। 16 वें अन्तर्राष्ट्रीय रामायण सम्मेलन के अन्तर्राष्ट्रीय अध्यक्ष लल्लन प्रसाद व्यास द्वारा-संकट के वक्त ही आध्यात्म की शक्ति प्रकट होती है। स्वामी ब्रह्मचारी द्वारा-सनातन धर्म को कोई हिला नहीं सकता। अंतरिक्ष अनुसंधान केन्द्र (नासा) अमेरिका में कार्यरत वरिष्ठ वैज्ञानिक डा0 सरोज कुमार मिश्र द्वारा-नई सदी में जड़ी बूटियों के व्यापक प्रयोग की संभावना। अटल बिहारी सरकार द्वारा-वंदेमातरम् का परचम फहराने की तैयारी। साहित्यकार डा0 श्रीपाल सिंह "क्षेम" द्वारा-सांस्कृतिक एकता को सुदृढ़ करना युवाओं का दायित्व। साहित्य के केन्द्र में मानवीय मूल्य हो। भारतीय विज्ञान कला लेखक समिति फैजाबाद (उ0 प्र0) के सचिव डा0 अरविन्द मिश्र द्वारा-वैज्ञानिक चेतना की आवश्यकता पर जोर इत्यादि सन्देश व विचार संयुक्त मन (समाज) के समक्ष और समाज के लिए व्यक्त हो चुके थे।

व्यक्ति विकास के क्षेत्र में-मानस मर्मज्ञ स्वामी हरिशानन्द द्वारा-परमात्मा की प्राप्ति सबसे सरल एवं प्रेम व करुणा पर हर धर्म का बल। भारतीय दार्शनिक अनुसंधान परिषद के अध्यक्ष एवं सम्पूर्णानन्द विश्वविद्यालय के पूर्व कुलपति प्रो0 वी0 वेंकटाचलम द्वारा-भारतीय संस्कृति में तन्त्र चिन्तन की अनुठी धारा। साध्वी ऋतम्भरा द्वारा-हम स्वार्थ व महत्वाकांक्षा में अलग-अलग होकर भटक रहे हैं। भागवत कथा वाचक श्रीकृष्ण शास्त्री द्वारा-भगवान भक्तों के दुर्गुण नहीं देखते और किसी एक गुण पर ही मोहित हो जाते हैं। निरंकारी मिशन के बाबा हरदेव

सिंह द्वारा-ब्रह्म की प्राप्ति से भ्रम की समाप्ति। प्रउत यूनिवर्सल के महासचिव आचार्य परमेश्वरानन्द अवधूत द्वारा-नैतिक व आध्यात्मिक मूल्यों का ह्रास सबसे बड़ी समस्या। निरंकारी मिशन के जोनल इंचार्ज जितेन्द्र नाथ पाण्डेय द्वारा-जात-पात, छुआछुत का भेदभाव समाज के लिए विष समान। गौड़ीय सम्प्रदाय के सन्त बांके बिहारी द्वारा-परमात्मा की प्राप्ति को सात्विक आचार जरुरी। आनन्द योगाश्रम बाबा बद्रीनाथ मन्दिर जौनपुर (उ0 प्र0) के महन्त योगी देवनाथ द्वारा-सत्ययुग परमतत्व युग था, त्रेता आत्मानन्द का, द्वापर बुद्धितत्व का तथा कलयुग मन तत्व का युग है। गायत्री परिवार के प्रचारक त्रिलोक नाथ द्वारा-सत्कर्म का परिणाम तत्काल नहीं मिलता। भागवत कथा वाचक श्रीकांत शर्मा बाल व्यास द्वारा भागवत समर्पण से शाश्वत शान्ति। मानस कोकिला श्रीकृष्णा मिश्र द्वारा-गुरु व प्रभु की महिमा अपरंपार। हिन्डाल्को (आदित्य बिड़ला ग्रुप) एल्युमिनियम उद्योग के निदेशक श्री आसकरण अग्रवाल द्वारा-वैदिक धर्म अनुपालन की अधिक जरुरत एवं महात्माओं के जीवन व शिक्षा से प्रेरणा लेने की आवश्यकता। योजना आयोग के उपाध्यक्ष के0 सी0 पंत द्वारा-पाश्चात्य भोगवाद से विकास को खतरा तथा नैतिक व आध्यात्मिक विकास की कमी के कारण ही विज्ञान और तकनीकी विकास का गलत उपयोग। आलोचक सत्य प्रकाश मिश्र द्वारा-मनुष्य की जिस कृति में अर्थ का निर्वचन नहीं तो या तो वह मनुष्य नहीं या फिर वह कृति नहीं। अर्थ का निर्वचन होते रहना कला का मूल गुण है। चित्रकार व कवि डा0 जगदीश द्वारा-जो इन्द्रियां ग्रहण करें वही कला का स्वरुप है। चर्चित कहानीकार दूधनाथ सिंह द्वारा-संगीत, नृत्य, कला, कहानी और कविता को एक प्रतीक से जानना चाहिए ताकि पता चल सके कि कहाँ पर सभी एक समान हैं। सभी कलाओं की एकरुपता जनता, जीवन, और प्रकृति से जुड़ी हुई है। मदर इण्डिया इंटरनेशनल क्लब और गोपियों के संयुक्त आयोजन अन्तर्राष्ट्रीय युवा सम्मेलन द्वारा-भारत का दर्शन विश्व में शान्ति उत्पन्न कर सकता है। शरीर स्वस्थ रखने का योगासन जरुरी, जिसका ध्यान करते हैं उसी का रुप धारण कर लेते हैं, योग व ध्यान के द्वारा आत्मा का साक्षात्कार संभव, हिन्दू धर्म बाहर से दर्शन के अनुसार अलग पर भीतरी रुप से एक, सत्य का खोज योग से सम्भव, ज्योतिष धर्म नहीं विज्ञान है, भाग्य रेखा न होना भाग्य निर्धारण का आधार नहीं है। रत्न, ग्रहों के सन्तुलन बनाते हैं, व्यक्ति के सभी संस्कारों के लिए जन्म कुण्डली महत्वपूर्ण। केन्द्रीय गृह मन्त्रालय, भारत के रिपोर्ट द्वारा-देश में छुआ-छुत से मुक्ति अभी भी सपना जिसका अन्तर्राष्ट्रीय मंचों से आलोचना जबकि संचार क्रांति और विश्व इक्कीसवीं सदी में आ चुका है। पद्म विभूषण मानस मर्मज्ञ पं0 राम किंकर उपाध्याय द्वारा-रामराज्य हृदय परिवर्तन से ही सम्भव, राजनीति केवल लक्षणों की चिकित्सा में सहायक जबकि साहित्य कारण व लक्षण दोनों की चिकित्सा में सहायक। जगद्गुरु शंकराचार्य स्वामी शारदानन्द सरस्वती द्वारा-भक्त भगवान को कहीं भी प्रसन्न कर सकता है। पूर्व काशी नरेश डा0 विभूति नारायण सिंह द्वारा-बनारस (काशी) की प्राचीन परंपरा को जिवित रखें। कांची मठ के शंकराचार्य जयेन्द्र सरस्वती द्वारा-अयोध्या में श्रीराम मन्दिर निर्माण से अधिक बड़ी समस्याएं देश में हैं, राजनीतिक नेताओं द्वारा राजनीति को गंदा कर सिर्फ अपना खजाना भरने में दिलचस्पी, धर्म और राजनीति एक दूसरे से जुड़े हैं, भारतीय संस्कृति को पश्चिमी प्रभाव का खतरा। क्रांति दिवस के 58 वीं वर्षगांठ पर मीरजापुर (उ0 प्र0) शहर कांग्रेस कमेंटी द्वारा राष्ट्रविरोधी ताकतों के खिलाफ एकजुट संघर्ष का आह्वान। पूर्वांचल विश्वविद्यालय जौनपुर के कुलपति डा0 प्रेमचन्द्र पातंजलि द्वारा-नैतिक मूल्यों की रक्षा को शिक्षकों में जागरुकता जरुरी और रोकना सम्भव, छात्र अधिकतम ज्ञानार्जन कर समाज को सही दिशा दें। जगद्गुरु द्वारिकापीठ स्वामी स्वरुपानन्द द्वारा-अपनी संस्कृति और धर्म को जानने के लिए संस्कृत भाषा का ज्ञान आवश्यक, राजनीति को धर्म से अलग करना जनता के साथ विश्वासघात, राजनीति स्वार्थ में धर्म का प्रयोग अनुचित तथा सार्वजनिक हित में उपयोग उचित, धर्म जीवन के प्रत्येक क्षेत्र में व्याप्त, भारतीय धर्म शास्त्रों के प्रति आस्था के लिए नये साहित्य का सृजन आवश्यक, शिक्षण संस्थाओं में धर्म के प्रवेश बिना नैतिक उत्थान सम्भव नहीं, सरकार बदलने से समस्या समाप्त नहीं होती, भारतीय संस्कृति में राजनीति अत्यन्त पवित्र, वेद, पुराण, रामायण, महाभारत सभी राजनीति से भरे शास्त्र हैं, धर्मयुक्त राजनीति सबको समान अवसर देती है, मठ-मन्दिरों पर सरकारी एकाधिकार की नीति का विरोध तथा ऐसी सरकार भारतीय हिन्दू समाज का प्रतिनिधि नहीं, सरकारी हस्तक्षेप से मठ-मन्दिरों द्वारा धार्मिक परम्परा पनपना सम्भव नहीं, इन्द्रियों के संयम से ईश्वर के वास्तविक रुप का ज्ञान होता है इसलिए साधक के लिए इन्द्रियों का संयम आवश्यक, अन्तरात्मा में रमने वाला पाप का भागी नहीं बनता, कर्म फल

की इच्छा ही बंधन मुक्ति अनासक्ति में, ज्ञानी कमल के पत्तों की भाँति कर्मों से निर्लिप्त रहते हैं, ईश्वर से प्रेम करने वाले मनुष्यों के कर्म जीर्ण, परमात्मा के जन्म एवं कर्म दोनों में दिव्यता है, भगवान जन्म नहीं लेते केवल जन्म की लीला करते हैं, व्यक्ति के कर्मों का हिसाब परमात्मा के पास, जीव कर्म करने में स्वतन्त्र परन्तु फल भोगने में परतन्त्र है, वर्ण, आश्रम एवं स्थिति के शास्त्रानुसार कर्म करने से उद्धार, ज्ञानी इन्द्रियों से प्राप्त सुख को तुच्छ समझते हुये परमात्मा से ही संतुष्ट रहता है, विद्या तथा उपासना तथा अविद्या अर्थात् कर्म दोनों को जानने वाला अमरता प्राप्त करता है। कर्मयोग ही धर्म है, सुख-दुःख को समान समझने से कर्म बन्धन नहीं होता, गुरु, शिष्य में नवीन आध्यात्मिक जीवन देने के कारण ब्रह्मा, सद्गुणों के विकास के कारण विष्णु तथा मोह को दूर करने के कारण शिव हैं, प्राणी का उद्धार करने वाला ही वास्तविक गुरु है परन्तु सच्चे गुरु सौभाग्य से मिलते हैं। चमत्कार के नाम पर ठगी एवं स्वयं को भगवान कहने वाले गुरुओं की कमी नहीं है। गृहस्थ संत पं0 प्रयागनाथ चतुर्वेदी, ककोर, मथुरा (उ0 प्र0) द्वारा-राष्ट्र के पथ प्रदर्शन के लिए तपस्वी संतों व निश्छल गुरुओं की जरुरत, धर्म के नाम पर संघर्ष नहीं बल्कि अच्छे विचारों के संघर्ष होना चाहिए, गुरु, ईश्वर से बड़ा नहीं होता, कोई बड़ा है न छोटा सभी से मानववादी व्यवहार करना चाहिए, सभी धर्म समान आदर के योग्य हैं। श्वेताम्बर जैन मुनि राजयश सुरीयवर जी महराज द्वारा-जीवन को सफल बनाने के लिए जन्म व मरण के चक्र को समझना आवश्यक, जन्म को सफल बनाने पर अधिकार है। परन्तु मृत्यु पर अधिकार नहीं, नारी शब्द को प्रधानता देने से स्त्री का भाव तथा माँ शब्द को प्रधानता देने से देवी का भाव व्यक्त होता है, अवतारी पुरुषों का जन्म दिन इसलिए मनाते हैं क्योंकि उन्होंने समाज को कुछ दिया, प्रत्येक व्यक्ति को समाज को कुछ न कुछ देना चाहिए और इस परम्परा को बढ़ाना चाहिए, चिन्तन में गहराई न रखने से मन्दिर में जाकर भी हताशा ही मिलती है, जीवन की दौड़ में सफलता के लिए ज्ञान व चरित्र की जरुरत पड़ती है केवल ज्ञान वाला व्यक्ति पशु कहलाता है वह जीवन की दौड़ नहीं लगा सकता, व्यक्ति को ईश्वर से समता की प्रार्थना करना चाहिए। समता की स्थिति में मनुष्य के भीतर अमीरस निकलता है तब उस पर मान अपमान तथा लोगों के व्यवहार का प्रभाव नहीं पड़ता। चिंतन में गहराई अमीरस को पैदा करता है। बिना अमीरस के आराधना, पूजापाठ व ध्यान निष्फल हो जाता है। अमीरस से संसार में रहने व काम करने का तरीका बदल जाता है तब वह प्रत्येक वस्तु को भोग की दृष्टि से नहीं बल्कि त्याग की भावना से देखता है। महान बनने के लिए सत्य विचार ही जीवन निर्माण में सहायक है व्यक्ति को इन्हें नहीं छोड़ना चाहिए, मानव जीवन स्वल्पायु है इसे सही ढंग से उपयोग करना चाहिए, संसार के दो प्रकार के व्यक्तियों में वितरागी संसार से अप्रभावित रहता है। जबकि रागी सांसारी होकर वितरागी की दुनियाँ से अपरिचित रहता है। शब्द प्रार्थना की शक्ति नहीं बल्कि इसमें निहित भावना ही प्रार्थना को सबल बनाती है। शब्दों की पुनरावृत्ति से प्रर्थना की शक्ति नहीं बढ़ती, केवल दुःख में प्रार्थना करना ठीक नहीं, प्रार्थना श्वास की भाँति निरन्तर चलती रहनी चाहिए। महात्मा रत्नेश्वरानन्द जी द्वारा-धर्म बदलने वाली वस्तु नहीं वह शाश्वत तथा अपरिवर्तनीय है, अपनी नासमझी के कारण अलग-अलग रास्ते बन गये, आध्यात्म में केवल एक ही मार्ग है-वह है समन्वय और सार्वभौमिकता का मार्ग, सत्य एक है महात्माओं ने उसे अपनी भाषा और तरीके से समाज के सामने रखा, जब तक अपनी दृष्टि में दोष रहेगा तब तक हम दुःखी रहेंगे, भक्त अपने में दोष तथा दूसरों में गुण खोजता रहता है व्यक्ति अपनी कमी नहीं जानना चाहता यही सबसे बड़ी कमी है, गीता वेद और उपनिषदों का सार तत्व है जो धर्म का श्रोत है, विज्ञान की शक्ति मनुष्य को रावण तथा विज्ञान की शक्ति द्वारा जगत कल्याण मनुष्य को श्रीराम बना देता है, समदर्शी गीता के बाद रामराज्य के सुनहरे सपने को साकार करने के लिए जाति-धर्म के नाम पर बिखरे समाज को एक सूत्र में बाँधना आवश्यक है। भीतर छीपी आत्मा के जागरण से ही समाज में बदलाव सम्भव है, ईश्वर से विमुख समाज की भयंकर दुर्दशा होती है, हाथ पर हाथ रखकर बैठना नहीं सिखाता, धर्म मानवता का उद्धारकर्ता है, श्रीराम, श्रीकृष्ण जिस मार्ग पर चले वहीं मार्ग श्रेष्ठ है, संसार में जितने अवतार हुये हैं उनमें ईश्वर ने मानव शरीर धारण कर मनुष्यों जैसी लीलाएं दिखाई हैं, अध्यात्म वह मानव धर्म है जो हिन्दू, मुसलमान, सिख, ईसाई सबके लिए समान है, जो धर्म की रक्षा करता है धर्म उसकी रक्षा करता है धर्म के लिए सत्य की रक्षा जरुरी है। स्वामी ज्ञानानन्द जी सरस्वती द्वारा-पर्वों की रक्षा पौराणिक परम्परा तथा राष्ट्र रक्षा है, इन्द्रियों से ग्रहण किया जाने वाला विषय न तो स्वतन्त्र होता है और न ही नित्य,

आध्यात्म का दीपक बुझाने से संसार में अंधेरा हो जायेंगा। भागवत कथा वाचक पं0 श्याम गंगाधर वापट द्वारा-श्रीमद्भागवत् ऐसा ग्रन्थ है जो जीवन काल में ही व्यक्ति को मुक्ति दिला देता है। इत्यादि सत्य विचार, दृष्टि, मार्गदर्शन व्यक्त किये जा चुके थे।

धर्म प्रचार-प्रसार के संस्थागत संस्थाओं के देशव्यापी व अन्तर्राष्ट्रीय शाखाओं से अनेकों प्रकार के ज्ञान साहित्य, पत्र-पत्रिकाएं, आडियो-विडियों कैसेट उपलब्ध थे। पत्र पत्रिकाओं द्वारा-श्रद्धालु को ही आध्यात्म ज्ञान की उपलब्धि, चारों वेदों का दर्शन है आत्मा में, अन्तरात्मा की आवाज ईश्वरीय भक्ति में सहायक, आत्मानुशासन के लिए आत्मचिंतन आवश्यक, लक्ष्य के प्रति समर्पण ही सफलता का आधार, मन और बुद्धि के समन्वय से मानवता उभरती है, बड़े भाग मानुष तन पावा, आत्मा का ज्ञान है अध्यात्म, मौलिक विशेषता है महत्वाकांक्षा, मनसूत्रत्व का दर्शन और विज्ञान, आत्मा सच्चिदानन्द स्वरुप है, अन्तः करण चतुष्टय और साधना विज्ञान, उपासना ही नहीं साधना भी, कर्म और उसका रहस्य, समाधि मन का समाधान है, श्रद्धा और शालीनता युक्त जीवन, मृत्यु से पुनर्जन्म की ओर, अवसाद का बढ़ता दायरा, बच्चों में आपराधिक प्रवृत्ति के कारण, अहं की सुरक्षा का मनोविज्ञान, व्यक्तित्व विकास में बाधक हो सकता है अहंकार इत्यादि शिर्षकों से प्रसारित हो रहे थे।

अन्य घटना क्रम

शनिवार, 9 मार्च 1991 ई0

-भारत का मध्यम स्वतन्त्रता-आर्थिक व मानसिक स्वतन्त्रता का समय।

-भारत में एकदलीय सरकार।

- लव कुश सिंह का शुभ-विवाह (उम्र-23 वर्ष 4 माह 23 दिन) चुनार क्षेत्र के ग्राम-धनैता (मझरा) में सम्पन्न

मंगलवार, 21 मई, 1991 ई0

राजीव गाँधी की मृत्यु (ब्रह्मलीन)

इनके सार्वभौम विचार

"यह समय की माँग है कि जीवन के सभी क्षेत्रों में गुणता के प्रति राष्ट्रीय प्रतिबद्धता हो। हमारी संतुष्टि किसी भी प्रकार के उत्पादन से नहीं अपितु हमारे द्वारा उत्पादित उत्कृष्ट वस्तुओं और दी जाने वाली उत्कृष्ट सेवाओं से हो।"

- श्री राजीव गाँधी

(भारतीय मानक ब्यूरो त्रैमासिकी- "मानक दूत", वर्ष-20, अंक- 1-2, 2000 से साभार)

रविवार, 29 नवम्बर, 1992 ई0

मैनहट्टन, संयुक्त राज्य अमेरिका में अघोरेश्वर भगवान राम नश्वर शरीर को छोड़ दिये।

अवधूत भगवान राम की वाणी

1. सुधर्मा, सहज जन मुझ अघोरेश्वर के अनुशासन में रहकर जन्म-मृत्यु से, भव से, भव की भयावहता से मुक्त तभी होता है, जब प्राण वायु को जानता है और उसमें रमता है। जो प्राण वायु का संचय करता है, उसे सहजता और समाधि सरलता से सुलभ होती है। प्राण वायु ही अघोरेश्वर है, औघड़ है, सर्वेश्वरी है, सममुँह है, विषमता रहित है। यही अघोरेश्वर का धर्मज्ञान है, धर्म चक्षु है, धर्म श्रवण है, धर्म निहितता है, समाधिबोध है। यह बार-बार जन्म-मरण ग्रहण करने से वंचित होता है। भुने बीज से सदृश होता है। मुझ अघोरेश्वर के बोधन ज्ञान से, मुझ अघोरेश्वर के उपदेश के वगैर ज्ञान विमुक्त बोध नहीं होता है।
2. औघड़-अघोरेश्वर की जो विद्या है, जीव-संज्ञा से छूटने की और ब्रह्म-संज्ञा में प्रवेश पाने के लिए जो शिष्य परम्परा रही है, उसका लोप सा हो गया है। सुधर्मा, उसी परम्परा को ब्रह्म-संज्ञा में प्रविष्ट कर, औघड़-अघोरेश्वर अपने-आप में परिपूरित रहते हैं। जीव-संज्ञा को भुला देते हैं। औघड़-अघोरेश्वर की जो सहज विद्या है या जो मन्त्र है, पद है, उसे शिष्य परम्परा को चाहिए कि बिलाने से, परोक्ष होने से रोके। उसे शिष्य परम्पराओं में

अभ्यास करावें, उसे अभ्यास करे, तभी वह परोक्ष होने से बच सकती है। अघोरेश्वर, औघड़ों को सहज और सुलभ उपलब्ध हुए विद्या रूपी जवाहरात को सुरक्षित रखना चाहिए, सुधर्मा।

3. सुधर्मा, औघड़ और घर के होते हैं। और घर क्या है? जहाँ संयम है, सतर्कता है, सहनशीलता है, सम्यक दृष्टि है, समवर्तिता है, आत्मबुद्धि है, आत्मा में, प्राण वायु में जो रमण करता है वही और घर का होता है। जो ये घर का है उसमें सतर्कता नहीं है, संयम नहीं है, आत्मबुद्धि नहीं है, देह बुद्धि है, प्राण के प्रति जागरूकता नहीं है। जो कलुषित है, आलसी है, दीन और धर्म से अपरिचित है। अघोरेश्वर के मन्त्र और क्रिया से अपरिचित है, वह ये घर का है।
4. सुधर्मा, अघोरेश्वर किन-किन गुणों के होने से होते हैं? अघ कुकृत्य से विरत होने वाले को अघोरेश्वर कहते हैं। अघ अपायगति विरत को अघोरेश्वर कहते हैं। इन्द्रियों के भोग से, भव के भोग से, भव के अघ से विरत को अघोरेश्वर कहते हैं।
5. अघोरेश्वर के स्वभाव में, आचरण में, व्यवहार में, चर्या में न परिवर्तन होता है, न परिणाम होता है, न घटाव-बढ़ाव होता है। एक सा एक रस बने रहते हैं। सब पर समदृष्टि, सबके लिए करूणा, मैत्री और दया होती है। न अघारेश्वर अभाव में होता है न परिणाम होता है, न उतार-चढ़ाव होता है। संसार में कोई ऐसा दूसरा प्राणी नहीं है।
6. लोक के पुण्य क्षेत्र अघोरेश्वर होते हैं, औघड़ होते हैं। दान देने योग्य होते हैं, श्रद्धा देने योग्य होते हैं, सम्मान देने योग्य होते हैं, पूजनीय होते हैं, सराहनीय होते हैं।
7. मुझ अघोरेश्वर के अलौकिक-लौकिक विचारों में श्रद्धा रखने वाला अवधूत, औघड़ कहा जाता है। वे दान के अधिकारी होते हैं। दान देने वाला, सम्मान देने वाला, मान को प्राप्त होता है।
8. जो औघड़ बहुश्रुत होता है, स्मृतिमान होता है, वह अघोरेश्वर के अनुकूल होता है।
9. क्रोध, लोभ, प्रशंसा, मान, बड़ाई को जो महत्व देता है वह औघड़ साधु सिद्धि को प्राप्त नहीं होता, असिद्धि को प्राप्त होता है, आतुरता को प्राप्त होता है।
10. जो आश्रम के आश्रित रहते हैं वे औघड़ साधु यदि सुरा, नशीली वस्तुएँ, मैथुन से विरत नहीं होते हैं तो आश्रम की मर्यादा, प्रतिष्ठा और स्वयं अपनी मर्यादा प्रतिष्ठा खोकर असिद्धि के भागी होते हैं, अयोग्य होते हैं, मुझ अघोरेश्वर द्वारा प्रतिष्ठित आश्रमों में रहने के अयोग्य होते हैं, निन्दनीय, अशोभनीय, आलसी होते हैं, वैमनस्य बढ़ाने वाले होते हैं।
11. सुधर्मा, सबसे मूल्यवान धन एकान्तवास होता है। वचन धन भी होता है। विश्वास धन भी होता है। तप धन भी होता है। सुष्प्ता धन भी होता है। सेवा धन भी होता है। विवेक धन भी होता है। शालीनता धन भी होता है। श्रद्धा धन भी होता है। शील धन होता है। इन सब तरह के धन के साथ अच्छा धनवान ब्रह्मचर्य के साथ एकान्तवास करता है। वह महान धनवान है। वह देव को खरीदता है। धन की क्रय शक्ति से संसार के सभी रत्नों के पाने का जो आनन्द होता है, ब्रह्मचर्य के साथ एकान्तवास की शक्ति से प्राप्त आनन्द उससे कहीं अधिक होता है।
12. सन्देश वाहक और दूत का काम करने वाला कभी साधु नहीं हो सकता, वह असाधु है।
13. सुधर्मा, गौवें काली हों, चाहे लाल हों, चाहे सफेद हों, चाहे चितकबरी हों, उनका दूध एक सा ही रंग का सफेद होता है। उसी प्रकार मनुष्य चाहे क्षत्रिय हो, चाहे ब्राह्मण हो, चाहे वैश्य हो, चाहे शूद्र हो, चाहे चाण्डाल हो, वह यदि सुब्रत है मुझ अघोरेश्वर के प्रति श्रद्धावान है, शील सम्पन्न है, सत्यवादी है, भय-लज्जा युक्त है, जरा-मरण के बन्धन से परे होने के लिए तत्पर है, पूर्ण रूप से ब्रह्मचर्य का पालन करने वाला है, तो ऐसे आसक्ति रहित कृत-कृत्य प्राणी का श्रद्धा रूपी दूध स्वच्छ और निर्मल होता है। दूसरे को पुष्ट करने वाला होता है। दधि या घृत देने वाला होता है। वहाँ जाति, देश अथवा प्रान्त का भेद नहीं होता।
14. सुधर्मा, पहले के लोग झूठ बोलने से, गलत कहने से भयभीत होते थे। अदालत (न्यायालय) में ईश्वर की शपथ लेते समय वह समझते थे कि हम गृहस्थ हैं, बाल-बच्चेदार हैं। हम झूठ नहीं बोलेंगे। उसका असर बाल-बच्चों पर होने का पूरा भय बना रहता था। अब के घूसखोर लोगों से यदि कोई सज्जन कहता है कि आयु अल्प है,

गलत काम नहीं करना चाहिए, तो घूसखोर लोग कहते हैं कि हम बाल-बच्चेदार हैं, यदि ऐसा नहीं करेंगे तो उनके उदर की भूख कैसे मिटायेंगे? वे समाज को धोखा देते हैं, राष्ट्र को धोखा देते हैं।

15. आत्महित तथा परहित में लगा हुआ आदमी, आदमी है। आजकल के नेताओं की तरह परहित की दुहाई देने वाला, आत्महित भी नहीं कर पाता, परहित भी नहीं। मानवता से दूर रहने वाला अमानव है।

16. सुधर्मा, देश में नेताओं को, मिनिस्टरों को, मुख्यमंत्रियों को, राष्ट्रपतियों को तूने सुना है, जानता भी है। इनमें परिवर्तन होता है, परिणाम होता है। एक सा सदैव कोई नहीं रहता। ऐसे ही साधुओं में, औघड़ों में, ऊँचे जनों में भी परिणाम होता है, परिवर्तन होता है। अघोरेश्वर में न कोई परिणाम होता है, न परिवर्तन होता है। बहुत सी संस्थाओं में, बहुत सी पार्टियों में परिणाम होता है, परिवर्तन होता है, सदैव एक सा नहीं रहता है। बराबर घट-बढ़ होता है।

17. सुधर्मा, पशु और मनुष्य के बीच एक विशेष अन्तर यह है कि मनुष्य अपने स्वभाव, विचार और चिन्तन को बदल सकता है, जो पशुओं के लिए असाध्य है। मनुष्य में और पशु में इतना ही अन्तर है। मनुष्य गलत काम करता है और बार-बार करता है। वह खुद ही अपने आपको माफ नहीं कर सकता। अपने आपकी अवहेलना के सिवाय और कुछ नहीं कर सकता।

18. सुधर्मा! जहाँ शासक और अधिकारी राष्ट्र भक्त, समाज सेवक और चरित्रवान होते हैं, उस राष्ट्र में स्मगलर, मुनाफाखोर या तो बिला जाते हैं, भाग जाते हैं, या प्रवर्तन कर लेते हैं। ऐसा ही जानना चाहिए सुधर्मा और ऐसे ही समझना भी चाहिए। जनता का कष्ट, सुधर्मा साधु को भी व्यथित करता है। औघड़-अघोरेश्वर को भी जलती हुई जनता का उष्ण ताप छूता है, सुधर्मा। जो जल रहा है, जो जला रहा है, उसे उष्णता तो लगती ही है सुधर्मा। जो उस देश में रह रहा है वह भी वंचित नहीं रहता है, सुधर्मा।

19. सुधर्मा, पूरे जगत में कर्म से ही साधु होता है, कर्म से ही चोर होता है, कर्म से ही ब्राह्मण होता है, कर्म से ही क्षत्रिय होता है, कर्म से ही वैश्य होता है, कर्म से ही शूद्र होता है। जन्म से कुछ भी नहीं होता। चतुर मनुष्यों का यही निश्चय है।

20. सुधर्मा, नियम का, समय काल पाकर, परिवर्तन-परिमार्जन करना चाहिए। एक ही खूँटा से पशु सरीखे बँधे रहने को छोड़ना चाहिए जिसमें ऐसा होता है सुधर्मा, वह युग पुरूष समय और काल का जानने वाला होता है। उसी के साथ वह उन्नति भी करता है। विधान तुमने देखा है, सुना भी है कि हजारों साल से रूपान्तर होते-होते आज इस रूप में दिख रहा है। कर्तव्य के साथ अधिकार का अधिकार सबको है। यह पहले नहीं था।

21. सुधर्मा, जरूरत है इस युग में अनगढ़ मानव को गढने की। मनुष्य स्वार्थी, संकीर्णता से ग्रसित हो गया है। इन दुर्बलताओं के आक्रान्त मनमानी शक्ल दीखने में अक्सर आते हैं। पेट ओर परिवार को आदर्श मान बैठे हैं।

22. सुधर्मा, मान का भी जो त्याग करता है, वही शील और शालीनता रूपी अतौल धन को प्राप्त करता है, जिसे न अग्नि नष्ट कर सकती है, न चोर चुरा सकता है और न राज्य कर उसे ले सकता है।

23. सुधर्मा, ग्रामीण गृहस्थों के घर-परिवार में कलह का कारण आलसी बहुओं का आगमन, निष्क्रिय बहुओं का आगमन, चोर बहुओं का आगमन, कामचोर बहुओं का आगमन होता है।

24. सुधर्मा, स्त्रियाँ दो बातों से असंतुष्ट रहकर ही शरीर त्याग करती हैं- मैथुन तथा सन्तानोत्पत्ति के न होने से।

25. सुधर्मा, कामातुर मनुष्य सांझ को ही अपने स्त्री के पास चला जाता है। खाना खाये रहता है। उत्तेजना उसके वीर्य को इतना पतला कर देती है कि कि लड़की जन्म लेती है। सुधर्मा, इसलिए खाना पच जाये, अर्धरात्रि खत्म हो जाय, तब स्त्री के पास जाने के लिए पुराने लोग कहते हैं। वीर्य परिपक्व रहे, पुत्र उत्पन्न होगा।

26. सुधर्मा, जो प्राणी अनुकूल है अपना, वह खून है अपना। जो छल-छिद्र से, कपट से, स्वार्थ से अपने अनुकूल होने का दम भरता है, वह खून नहीं पानी है।

27. सुधर्मा, संसार के बहुत से चतुर लेखकों की लेखनी, सुनिश्चित नहीं है कि वह आयु वाली होगी। हाँ, सुधर्मा! महापुरूषों की अनुभूति को व्यक्त करने वाली लेखनी लम्बी आयु वाली होती है। जन समूह की वह स्वीकृति प्राप्त की हुई होती है। अखबार, पत्र-पत्रिकाओं की तरह अल्पायु नहीं होती सुधर्मा।

28. सुधर्मा, सूर्य और चन्द्रमा के प्रकाश रश्मि की व्यापकता की तुलना में, पूर्ण व्यापकता, निमित्त मात्र में पूरे भूमण्डल में शब्द की व्यापकता है।

जुलाई, 1988-दिसम्बर, 1993 ई0

-भारत का मध्यम स्वतन्त्रता-आर्थिक व मानसिक स्वतन्त्रता का समय।

-भारत में एकदलीय सरकार।

-लव कुश सिंह का भ्रमण, विभिन्न विषयों का अध्ययन व अनुभव, गृहस्थ जीवन, नौकरी, व्यापार इत्यादि। समाधिस्थ जीवन का प्रारम्भ (उम्र-26 वर्ष 2 माह लगभग)

रविवार, 9 जनवरी, 1994 ई0

-भारत का मध्यम स्वतन्त्रता-आर्थिक व मानसिक स्वतन्त्रता का समय।

-भारत में एकदलीय सरकार।

-लव कुश सिंह का पुत्र शुभम् राजवीर का जन्म। (उम्र-26 वर्ष 2 माह 23 दिन)

फरवरी, 1994 ई0

-भारत का मध्यम स्वतन्त्रता-आर्थिक व मानसिक स्वतन्त्रता का समय।

-भारत में एकदलीय सरकार।

-लव कुश सिंह का आत्म ज्ञान की प्राप्ति एवं दृश्य काल के लिए स्थापित दृश्य ईश्वर नाम-शब्द ब्रह्मः TRADE CENTRE की प्राप्ति। (उम्र-26 वर्ष 2 माह 23 दिन)

बुधवार, 25 मई, 1994 ई0

-भारत का मध्यम स्वतन्त्रता-आर्थिक व मानसिक स्वतन्त्रता का समय।

-भारत में एकदलीय सरकार।

-लव कुश सिंह का आपसी विवाद से पत्नी श्रीमती शिव कुमारी देवी का लव कुश सिंह की अनुपस्थिति में आत्महत्या द्वारा शरीर त्याग। (लव कुश सिंह का उम्र-26 वर्ष 7 माह 9 दिन, पुत्र शुभम् का उम्र-4 माह 16 दिन)

-लव कुश सिंह का अदृश्य प्राकृतिक बल व काल से योग।

शनिवार, 25 जून, 1994 ई0

प्रभात खरे के अनुसार - धूमकेतु का बृहस्पति से टक्कर बुरा भी और अच्छा भी। धूमकेतु के बुरे प्रभाव से सभी परिचित हैं परन्तु जो अच्छा प्रभाव इन्होनें लिखा है वह निम्न है इस घटना से संभवतः पहली बार हो रहा है कि धूमकेतु की गुरू से टक्कर का एक अच्छा कल्याणकारी प्रभाव होगा। जिसे हम ऐसे समझ सकते हैं। केतु जिसका कारक या प्रतिनिधित्व करता है वह है- जननांग, बाल, धर्म, धागा, तंत्रिका तंत्र, बाधा, चेन, मनकों वाली माला, जाल में उलझना इत्यादि, ज्योतिष में इन कारकों का उपयोग प्रतीक के रूप में होता है। इस तरह शूमेकर लेवी धूमकेतु जो कि 21 मनकों वाली माला के रूप में आगे बढ़कर गुरू के साथ युति कर रहा है। जिसका अर्थ हुआ केतु का गुरू के साथ योग, साथ ही साथ केतु की छाया ग्रह की सातवीं दृष्टि भी है मेष राशि से, अतः इसका अर्थ हुआ कि संसार में आध्यात्मिक प्रगति जोर पकड़ेगी जिसके फलस्वरूप 1. धर्म प्रधान देश उन्नति करेंगे जैसे भारत, इजिप्स, चीन। 2. आध्यात्म और परामनोविज्ञान के क्षेत्र में प्रतिभा रखने वाले व्यक्ति लोक हित कार्यो में आगे आयेंगे। एक संभावना यह भी है कि कोई महात्मा या योगी, एक नये धर्म का प्रचार प्रसार करेगा और सबसे बड़ी बात यह है कि इस व्यक्ति को व्यापक जन समर्थन सभी धर्मो के व्यक्तियों से मिलेगा।

साभार- नव भारत (समाचार पत्र) 25 जून 1994, बिलासपुर (म.प्र.) भारत

अक्टुबर, 1994 से सितम्बर, 1995 ई0

-भारत का मध्यम स्वतन्त्रता-आर्थिक व मानसिक स्वतन्त्रता का समय।

-भारत में एकदलीय सरकार।

-लव कुश सिंह के दृष्टिकोण में व्यापक परिवर्तन व गृहत्याग की आवश्यकता का भाव प्रबल।

(लव कुश सिंह का उम्र-28 वर्ष लगभग)

बृहस्पतिवार, 21 सितम्बर, 1995 ई0

-भारत का मध्यम स्वतन्त्रता-आर्थिक व मानसिक स्वतन्त्रता का समय।

-भारत में एकदलीय सरकार।

-विश्वव्यापी स्तर पर गणेशमूर्ति का दूध पीने की घटना।

मंगलवार, 24 अक्टुबर, 1995 ई0

-संयुक्त राष्ट्र संघ का 50वाँ वर्ष प्रारम्भ, संयुक्त राष्ट्र संघ दिवस।

-भारत का मध्यम स्वतन्त्रता-आर्थिक व मानसिक स्वतन्त्रता का समय।

-भारत में एकदलीय सरकार।

-पूर्ण सूर्य ग्रहण (अमावस्या, दिपावली)

शुक्रवार, 27 अक्टुबर, 1995 ई0

-संयुक्त राष्ट्र संघ का 50वाँ वर्ष।

-भारत का मध्यम स्वतन्त्रता-आर्थिक व मानसिक स्वतन्त्रता का समय।

-भारत में एकदलीय सरकार।

-गणेश जी का दूध पीना

-लव कुश सिंह द्वारा गृह त्याग, एक्जीबीशन रोड, पटना (बिहार) के राजधानी गेस्ट हाउस में 4 दिन रूक कर "अद्वैत के व्यावहारिकता" का मूल सूत्र व "प्राकृतिक सत्य मिशन" के स्वरूप को प्राथमिक रूप से लिपिबद्ध करना।

मई, 1996 ई0

-संयुक्त राष्ट्र संघ का 50वाँ वर्ष।

-भारत का मध्यम स्वतन्त्रता-आर्थिक व मानसिक स्वतन्त्रता का समय।

-भारत का 11वाँ आम चुनाव, एकदलीय सरकार का अन्त। न्यूनतम साझा कार्यक्रम पर आधारित साझा सरकार का उदय। भारत में राजनीतिक अस्थिरता प्रारम्भ।

-आई.ओ.सी. रिफाइनरी के साइट कालोनी, बेगूसराय (बिहार) व खगड़िया (बिहार) में प्रवास के दौरान लव कुश सिंह द्वारा कर्मवेद: प्रथम, अन्तिम तथा पंचमवेद व मन की गुणवत्ता का विश्वमानक श्रृंखला का आरेखिय चित्रण।

जून, 1996-दिसम्बर, 1996 ई0

-संयुक्त राष्ट्र संघ का 50वाँ वर्ष समाप्त।

-भारत का मध्यम स्वतन्त्रता-आर्थिक व मानसिक स्वतन्त्रता का समय।

-भारत में साझा सरकार।

-सन् 1989 से कम्प्यूटर व्यापार से जुड़े लव कुश सिंह द्वारा व्यापार को त्यागकर विश्व-राष्ट्र के लिए कार्य करने का भाव की प्रबलता। (उम्र-28 वर्ष 2 माह लगभग)

बुधवार, 1 जनवरी, 1997 ई0

-भारत का मध्यम स्वतन्त्रता-आर्थिक व मानसिक स्वतन्त्रता का समय।

-भारत में साझा सरकार।

-स्वामी विवेकानन्द के शिकागो वकृतता के उपरान्त विदेशों में अनेक व्याख्यान देने के बाद प्रथम बार भारत वापसी का 100वाँ वर्ष।

-खगडीया (बिहार) के तत्कालिन दैनिक "आज" संवाददाता श्री विजय कुमार राय को व्यक्तिगत रूप से वार्ता द्वारा अपने विश्वमन से युक्त "विश्वमानव" रूप का परिचय और अपने नाम में मन की एक अवस्था को व्यक्त करता "विश्वमानव" शब्द को जोड़ना। कम्प्यूटर व्यापार को बन्द कर गृह जनपद मीरजापुर (उ0प्र0) के पाँचवें वामन अवतार का क्षेत्र-चुनार क्षेत्र (चरणाद्रिगढ़) को वापसी परन्तु अपने गाँव-नियामतपुर कलाँ न जाना।

बुधवार, 19 फरवरी, 1997 ई0

-भारत का मध्यम स्वतन्त्रता-आर्थिक व मानसिक स्वतन्त्रता का समय।

-भारत में साझा सरकार।

-स्वामी विवेकानन्द द्वारा स्थापित रामकृष्ण मिशन के मुख्यालय बेलूर मठ, हावड़ा (पश्चिम बंगाल) को प्राकृतिक सत्य मिशन को स्वामी विवेकानन्द के विचार के स्थापना भाग को बताते हुये रामकृष्ण मिशन को ही प्राकृतिक सत्य मिशन को प्रवर्तित कर उसका अभिन्न अंग बनाने सम्बन्धित पत्र प्रेषित।

मार्च, 1997

-संयुक्त राष्ट्र महासचिव श्री कोफी अन्नान द्वारा भारत को संयुक्त राष्ट्र के पुनर्गठन में योगदान देने के लिए विचार व्यक्त।

-भारत का मध्यम स्वतन्त्रता-आर्थिक व मानसिक स्वतन्त्रता का समय।

-भारत में साझा सरकार।

मंगलवार, 8 अप्रैल, 1997 ई0 (चैत्र नवरात्र प्रारम्भ, वि.स. 2054)

-भारत का मध्यम स्वतन्त्रता-आर्थिक व मानसिक स्वतन्त्रता का समय।

-भारत में साझा सरकार।

-लव कुश सिंह "विश्वमानव" द्वारा काल परिवर्तन (अदृश्य काल से दृश्य काल में) की घोषणा व पत्रक द्वारा चुनार क्षेत्र के समाज में, मथुरा (राधाकुण्ड, वृन्दावन), वाराणसी, के मन्दिरों व दिल्ली में स्वयं वितरण व डाक द्वारा अनेक सम्बन्धित व्यक्तियों को सूचना पत्र प्रेषित।

शनिवार, 10 मई, 1997 ई0

हिन्दू धर्म की जो पकड़ थी, वह इस समय कमजोर पड़ गयी है क्योंकि भारतीय स्वतंत्रता आन्दोलन के समय से राजनेताओं का वर्चस्व बढ़ा और उन्होंने धर्म रक्षकों को दबा दिया, जिसके परिणामस्वरूप 163 साल तक शंकराचार्य की पदवी खाली रही। इसलिए आवश्यक है कि शिक्षा के क्षेत्र में धर्म की स्थापना हो। स्वस्थ एवं श्रेष्ठ साहित्य का सृजन हो। महापुरूषों को घूम-घूम कर सनातन धर्म का प्रचार-प्रसार करना चाहिए जिससे लोगों के हृदय में भारतीय धर्म-शास्त्र के प्रति आस्था-विश्वास बढ़े। (साभार - आज, वाराणसी, दि0 10-5-1997)

-जगतगुरू शंकराचार्य स्वामी स्वरूपानन्द

सांई को भगवान कहना शास्त्र और वेद सम्मत नहीं है। इसलिए उनको भगवान, संत और गुरू नहीं माना जा सकता। सनातन धर्म ने देश को एक बनाया है। गंगा ने पूरे देश में एकता का पाठ सिखाया। लोग सांई को अवतार मान रहे हैं, जबकि अवतार उसे माना जाता है जो अपनी इच्छा से शरीर का धारण करते हैं।

(कबीरधाम, कवर्धा, छत्तीसगढ़, में आयोजित धर्म संसद का निर्णय)

-जगतगुरू शंकराचार्य स्वामी स्वरूपानन्द

सोमवार, 4 अगस्त, 1997 ई0

-भारत के प्रथम स्वतन्त्रता-आर्थिक व मानसिक स्वतन्त्रता का समय।

-भारत में साझा सरकार।

-स्वामी विवेकानन्द द्वारा स्थापित "रामकृष्ण मिशन व मठ" का 100वाँ वर्ष प्रारम्भ।

शुक्रवार, 15 अगस्त, 1997 ई0

-भारत का मध्यम स्वतन्त्रता-आर्थिक व मानसिक स्वतन्त्रता का समय।

-भारत में साझा सरकार।

-भारत के शारीरिक स्वतन्त्रता का स्वर्ण जयंती (50वाँ) वर्ष प्रारम्भ और मध्यम स्वतन्त्रता-आर्थिक व मानसिक स्वतन्त्रता का निर्बाध रूप से परतन्त्रता की ओर बढ़ना।

रविवार, 30 अगस्त, 1997 ई0

-भारत का मध्यम स्वतन्त्रता-आर्थिक व मानसिक स्वतन्त्रता का समय।

-भारत में साझा सरकार।

-भारत के शारीरिक स्वतन्त्रता का स्वर्ण जयंती (50वाँ) वर्ष और मध्यम स्वतन्त्रता-आर्थिक व मानसिक स्वतन्त्रता का निर्बाध रूप से परतन्त्रता की ओर बढ़ना।

"द्वितीय स्वतन्त्रता संग्राम शुरू करने का संसद में सर्वसम्मति से आहवान"

साभार-दैनिक जागरण, वाराणसी, दि0 31-8-97 **स्वतन्त्रता के 50 वर्ष पूर्ण होने पर संसद का निर्णय**

-लव कुश सिंह "विश्वमानव" (उम्र-29 वर्ष 10 माह 14 दिन) द्वारा मन की गुणवत्ता का अन्तर्राष्ट्रीय/विश्व मानक श्रृंखला, निर्माण का आध्यात्मिक न्यूट्रान बम, विकास दर्शन, विश्व व्यवस्था का अधिकतम एवं न्यूनतम साझा कार्यक्रम के रूप में कर्मवेद: प्रथम, अन्तिम तथा पंचम वेद का धर्मनिरपेक्ष व सर्वधर्मसमभाव रूप में रूपान्तरण का सूत्र लिपिबद्ध।

बृहस्पतिवार, 11 सितम्बर, 1997 ई0

शिक्षा प्रक्रिया मे व्यापक सुधारों की जरूरत है। 'यह रास्ता दिल्ली की ओर जाता है' लिखा साइन बोर्ड पढ़ लेना मात्र शिक्षा नहीं है। इसके बारे में चिन्तन करना पड़ेगा और कोई लक्ष्य निर्धारित करना पड़ेगा। सामाजिक परिवर्तन किस तरह से, इसकी प्राथमिकताये क्या होगीं? यह तय करना पड़ेगा। इक्कीसवी शताब्दी के लिए हमें कार्यक्रम तय करने पड़ेंगे। मौजूदा लोकतन्त्र खराब नहीं है परन्तु इसको और बेहतर बनाने की आवश्यकता है।

साभार - दैनिक जागरण, वाराणसी, दि0 11-9-97 **-रोमेश भण्डारी**

मंगलवार, 23 सितम्बर, 1997 ई0

हमारी संस्कृति कभी एकात्म नहीं रही। भारतीय संस्कृति की विशेषता विभिन्न संस्कृतियों को स्वीकार करने और उनके प्रति रचनात्मक दृष्टिकोण अपनाने की रही है। साभार - आज, वाराणसी, दि0 23-9-1997

-के.आर.नारायणन

बृहस्पतिवार, 25 सितम्बर, 1997ई0

आम आदमी से दूर हटकर साहित्य तो रचा जा सकता है, लेकिन वह निश्चित तौर पर भारतीय जन जीवन का साहित्य नहीं हो सकता। आम आदमी से जुड़ा साहित्य ही समाज के लिए कल्याकाणकारी हो सकता हैं।

साभार - दैनिक जागरण, वाराणसी, दि0-25-9-1997 **-शंकर दयाल शर्मा**

बृहस्पतिवार, 13 नवम्बर, 1997 ई0

-भारत का मध्यम स्वतन्त्रता-आर्थिक व मानसिक स्वतन्त्रता का समय।

-भारत में साझा सरकार।

-भारत के शारीरिक स्वतन्त्रता का स्वर्ण जयंती (50वाँ) वर्ष और मध्यम स्वतन्त्रता-आर्थिक व मानसिक स्वतन्त्रता का निर्बाध रूप से परतन्त्रता की ओर बढ़ना।

-श्री सत्ययोगानन्द "भुईधरा बाबा" अपने "ब्रह्माण्ड सेवा संस्थान" के माध्यम से एवं बाबा दीपनाथ व बाबा महेन्द्रनाथ के सहयोग से विश्व ऐतिहासिक सत्यकाशी: पंचम, अन्तिम तथा सप्तम काशी के (राष्ट्रीय राजमार्ग-7 पर वाराणसी-काशी: पंचम, प्रथम तथा सप्तम काशी से 18 कि.मी. तथा 1 कि.मी गंगा किनारे) श्मशान घाट, गोपालपुर में सदी के सार्वाधिक लम्बे बृहस्पतिवार, 13 नवम्बर, 1997 से सोमवार, 22 जून, 1998 (आसाढ़ मास शिवरात्रि) तक अदृश्य काल (व्यक्तिगत प्रमाणित) के अन्तिम अदृश्य महायज्ञ-विष्णु महायज्ञ और ज्ञान यज्ञ का आयोजन प्रारम्भ।

मंगलवार, 18 नवम्बर, 1997 ई0 से शनिवार, 22 नवम्बर, 1997 ई0

-भारत का मध्यम स्वतन्त्रता-आर्थिक व मानसिक स्वतन्त्रता का समय।

-भारत में साझा सरकार।

-भारत के शारीरिक स्वतन्त्रता का स्वर्ण जयंती (50वाँ) वर्ष और मध्यम स्वतन्त्रता-आर्थिक व मानसिक स्वतन्त्रता का निर्बाध रूप से परतन्त्रता की ओर बढ़ना।

-काल परिवर्तन का ब्रह्माण्डीय सूचना आठो ग्रह का 230 डिग्री के बीच आना।

बुधवार, 3 दिसम्बर, 1997 ई0

-भारत का मध्यम स्वतन्त्रता-आर्थिक व मानसिक स्वतन्त्रता का समय।

-भारत में साझा सरकार।

-भारत के शारीरिक स्वतन्त्रता का स्वर्ण जयंती (50वाँ) वर्ष और मध्यम स्वतन्त्रता-आर्थिक व मानसिक स्वतन्त्रता का निर्बाध रूप से परतन्त्रता की ओर बढ़ना।

-"विष्णु महायज्ञ और ज्ञान यज्ञ" प्रारम्भ होने के 21 वें दिन बुधवार, 3 दिसम्बर 1997 को आयोजक एवं संचालनकर्ता सत्ययोगानन्द "भुईधरा बाबा" जी ब्रहमलीन।

सोमवार, 8 दिसम्बर, 1997 ई0

-भारत का मध्यम स्वतन्त्रता-आर्थिक व मानसिक स्वतन्त्रता का समय।

-भारत में साझा सरकार।

-भारत के शारीरिक स्वतन्त्रता का स्वर्ण जयंती (50वाँ) वर्ष और मध्यम स्वतन्त्रता-आर्थिक व मानसिक स्वतन्त्रता का निर्बाध रूप से परतन्त्रता की ओर बढ़ना।

-विष्णु महायज्ञ और ज्ञान यज्ञ के आयोजक एवं संचालनकर्ता सत्ययोगानन्द "भुईधरा बाबा" जी के ब्रहमलीन होने के छठें दिन श्री लव कुश सिंह "विश्वमानव" व्यक्त और यज्ञ के उद्देश्य "विश्वमानव" और "कर्मवेदः प्रथम, अन्तिम तथा पंचमवेद" की प्राप्ति का पत्रक द्वारा घोषणा। और यज्ञ को यज्ञ की अवधि तक मन्द गति से चलाने का सुझाव व यज्ञ कार्यक्रम पत्रक द्वारा घोषित।

-श्री लव कुश सिंह "विश्वमानव" द्वारा स्वयं को स्वामी विवेकानन्द की अगली कड़ी और ब्रह्म चक्र की अन्तिम कड़ी तथा ब्रह्मलीन श्री सत्ययोगानन्द "भुईधराबाबा" को श्री रामकृष्ण की अगली कड़ी के रूप में पत्रक द्वारा घोषित।

-यज्ञ से सम्बन्धित पत्रकों का व्यापक रूप से डाक एवं भक्तों द्वारा वितरण।

बृहस्पतिवार, 1 जनवरी, 1998 ई0

-भारत का मध्यम स्वतन्त्रता-आर्थिक व मानसिक स्वतन्त्रता का समय।

-भारत में साझा सरकार।

-भारत के शारीरिक स्वतन्त्रता का स्वर्ण जयंती (50वाँ) वर्ष और मध्यम स्वतन्त्रता-आर्थिक व मानसिक स्वतन्त्रता का निर्बाध रूप से परतन्त्रता की ओर बढ़ना।

-सर्वधर्म की एकता को व्यक्त करता ईसाई, इस्लाम व हिन्दू धर्म का महत्वपूर्ण दिन क्रमशः नया वर्ष, रमजान का प्रारम्भ तथा भगवान विष्णु का दिन बृहस्पतिवार का एक ही दिन होना।

बृहस्पतिवार, 19 मार्च, 1998 ई0

-भारत का मध्यम स्वतन्त्रता-आर्थिक व मानसिक स्वतन्त्रता का समय।

-भारत के शारीरिक स्वतन्त्रता का स्वर्ण जयंती (50वाँ) वर्ष और मध्यम स्वतन्त्रता-आर्थिक व मानसिक स्वतन्त्रता का निर्बाध रूप से परतन्त्रता की ओर बढ़ना।

-भारत में साझा कार्यक्रम पर आधारित साझा सरकार के पतन के बाद आम चुनाव 1998 के उपरान्त राष्ट्रीय एजेण्डा आधारित साझा सरकार द्वारा 12वीं लोकसभा का अस्तित्व।

शनिवार, 11 अप्रैल, 1998 ई0

कुछ लोग कहते हैं कि हमारी सरकार भूमण्डलीकरण के खिलाफ है, लेकिन मैं आपको विश्वास दिलाना चाहता हूँ कि मैं गीता के संदेश को सारे भूमण्डल में प्रसारित करने का हिमायती हूँ। (दिल्ली के एक सार्वजनिक सभा में) साभार - आज, वाराणसी, दि0-11-4-1998

-अटल बिहारी वाजपेयी

मई, 1998 ई0

जय जवान, जय किसान, जय विज्ञान (परमाणु बम परीक्षण मई, 1998 के बाद भारत के लिए)

-अटल बिहारी वाजपेयी

बुधवार, 17 जून, 1998 ई0

तू जमाना बदल, रामनगर (वाराणसी) से विन्ध्याचल (मीरजापुर) तक का क्षेत्र पुराणों में वर्णित सत्यकाशी का क्षेत्र है। साभार - राष्ट्रीय सहारा, लखनऊ, दि0 17 जून, 1998

-यदुनाथ सिंह, पूर्व विधायक, चुनार, उ0प्र0

सोमवार, 11 मई, 1998 ई0

-भारत का मध्यम स्वतन्त्रता-आर्थिक व मानसिक स्वतन्त्रता का समय।

-भारत के शारीरिक स्वतन्त्रता का स्वर्ण जयंती (50वाँ) वर्ष और मध्यम स्वतन्त्रता-आर्थिक व मानसिक स्वतन्त्रता का निर्बाध रूप से परतन्त्रता की ओर बढ़ना।

-भारत में राष्ट्रीय एजेण्डा आधारित साझा सरकार।

-भारत द्वारा विनाश का भौतिक विज्ञान आधारित परमाणु बम का पोखरण में सफल परीक्षण। परिणास्वरूप पाकिस्तान द्वारा भी परीक्षण। अमेरिका द्वारा दोनों देशों पर आर्थिक प्रतिबंध। विश्व शान्ति में अस्थिरता।

सोमवार, 15 जून, 1998 ई0

-भारत का मध्यम स्वतन्त्रता-आर्थिक व मानसिक स्वतन्त्रता का समय।

-भारत के शारीरिक स्वतन्त्रता का स्वर्ण जयंती (50वाँ) वर्ष और मध्यम स्वतन्त्रता-आर्थिक व मानसिक स्वतन्त्रता का निर्बाध रूप से परतन्त्रता की ओर बढ़ना।

-भारत में राष्ट्रीय एजेण्डा आधारित साझा सरकार।

-स्वामी विवेकानन्द के शिकागो वकृतता के समय उम्र 30 वर्ष 7 माह 29 दिन के बराबर लव कुश सिंह "विश्वमानव" का उम्र।

मंगलवार, 16 जून, 1998 ई0

-भारत का मध्यम स्वतन्त्रता-आर्थिक व मानसिक स्वतन्त्रता का समय।

-भारत के शारीरिक स्वतन्त्रता का स्वर्ण जयंती (50वाँ) वर्ष और मध्यम स्वतन्त्रता-आर्थिक व मानसिक स्वतन्त्रता का निर्बाध रूप से परतन्त्रता की ओर बढ़ना।

-भारत में राष्ट्रीय एजेण्डा आधारित साझा सरकार।

-विष्णु महायज्ञ और ज्ञान यज्ञ की अवधि का अन्तिम 7 दिन प्रारम्भ। कार्यक्रमानुसार लव कुश सिंह "विश्वमानव" द्वारा कर्मवेद सूत्र, मन का अन्तर्राष्ट्रीय/विश्व मानक श्रृंखला सूत्र, धर्म, धर्मनिरपेक्ष, सर्वधर्मसमभाव, प्राच्य और पाश्चात्य, समाज, सत्य, धर्म, एकता, काल, काल परिवर्तन, पूर्ण दृश्य काल के आरम्भ की घोषणा, हिन्दू, विश्व की आवश्यकता, सत्य चेतना, भोगेश्वर रूप, स्वस्थ समाज, स्वस्थ लोकतन्त्र, स्वस्थ उद्योग की प्राप्ति, धर्मक्षेत्र तथा राज्य क्षेत्र को मार्गदर्शन, दृश्य काल का महायज्ञ-प्राकृतिक सत्य मिशन, आध्यात्मिक न्यूट्रान बम, विश्व व्यवस्था का अधिकतम एवं न्यूनतम साक्षा कार्यक्रम, विश्व-राष्ट्रीय एजेण्डा इत्यादि पर व्यक्तिगत रूप से व्याख्यान दिये और इस समाचार को समाचार पत्रों में भी प्रकाशित कराया।

सोमवार, 22 जून, 1998 ई0 (आसाढ़ मास शिवरात्रि)

-भारत का मध्यम स्वतन्त्रता-आर्थिक व मानसिक स्वतन्त्रता का समय।

-भारत के शारीरिक स्वतन्त्रता का स्वर्ण जयंती (50वाँ) वर्ष और मध्यम स्वतन्त्रता-आर्थिक व मानसिक स्वतन्त्रता का निर्बाध रूप से परतन्त्रता की ओर बढ़ना।

-भारत में राष्ट्रीय एजेण्डा आधारित साझा सरकार।

-विष्णु महायज्ञ और ज्ञान यज्ञ की अवधि का अन्तिम दिन। पूर्णाहूति के उपरान्त यज्ञ समाप्त।

-"विष्णु महायज्ञ और ज्ञान यज्ञ" में व्याख्या किये गये समस्त विषय का संक्षेप भारत के तत्कालिन प्रधानमंत्री श्री अटल बिहारी वाजपेयी को पत्र द्वारा प्रेषित।

शुक्रवार, 10 जुलाई, 1998 ई0

काल का बोध न रखने वाले राष्ट्र का आत्मबोध व दिशाबोध भी समाप्त हो जाता है।

साभार - दैनिक जागरण, वाराणसी, दि0 10-7-1998 **-मुरली मनोहर जोशी**

सोमवार, 13 जुलाई, 1998 ई0

भारत के लिए फ्रांस की राष्ट्रपति प्रणाली ज्यादा उपयुक्त

साभार - दैनिक जागरण, वाराणसी, दि0-13-7-98 **-आर. वेंकटरामन**

मंगलवार, 11 अगस्त, 1998 ई0

-भारत का मध्यम स्वतन्त्रता-आर्थिक व मानसिक स्वतन्त्रता का समय।

-भारत के शारीरिक स्वतन्त्रता का स्वर्ण जयंती (50वाँ) वर्ष और मध्यम स्वतन्त्रता-आर्थिक व मानसिक स्वतन्त्रता का निर्बाध रूप से परतन्त्रता की ओर बढ़ना।

-भारत में राष्ट्रीय एजेण्डा आधारित साझा सरकार।

-श्री लव कुश सिंह "विश्वमानव" द्वारा कर्मवेदीय एवं मन की गुणवत्ता का अन्तर्राष्ट्रीय मानक श्रृंखला पर शास्त्र-साहित्य सृजन प्रारम्भ।

मैं आवाहन करता हूँ-देश की युवा पीढ़ी का, जो इस महान गौरवशाली देश का नेतृत्व करे और संकीर्णता, भय, आसमानता, असहिष्णुता से ऊपर उठकर राष्ट्र को ज्ञान-विज्ञान के ऐसे धरातल पर स्थापित करे कि लोग कहें यही तो भारत महान है। (विज्ञापन द्वारा प्रकाशित अपील)

साभार - दैनिक जागरण, वाराणसी, दि0 11-8-1998 **-मुरली मनोहर जोशी**

शनिवार, 15 अगस्त, 1998 ई0

-भारत का मध्यम स्वतन्त्रता-आर्थिक व मानसिक स्वतन्त्रता का समय।

-भारत के शारीरिक स्वतन्त्रता का स्वर्ण जयंती (50वाँ) वर्ष समाप्त और मध्यम स्वतन्त्रता-आर्थिक व मानसिक स्वतन्त्रता का निर्बाध रूप से परतन्त्रता की ओर बढ़ना।

-भारत में राष्ट्रीय एजेण्डा आधारित साझा सरकार।

-भारत का शारीरिक स्वतन्त्रता दिवस।

-श्री कृष्ण जन्माष्टमी।

-श्री लव कुश सिंह "विश्वमानव" द्वारा कर्मवेदीय एवं मन की गुणवत्ता का अन्तर्राष्ट्रीय मानक श्रृंखला पर शास्त्र-साहित्य सृजन लगातार जारी।

मंगलवार, 8 सितम्बर, 1998 ई0

आज विश्व में जो भी घटनाएं घटित हो रही हैं वह शास्त्रानुार पहले से ही सुनिश्चित है। भविष्य पुराण में भगवान वेद व्यास जी ने स्वयं भविष्यवाणी की है कि 4,900 शताब्दि कलियुग बीतने के पश्चात् भारत में बौद्धों का राज्य होगा, तदन्तर आद्य शंकराचार्य जी का प्रादुर्भाव के साथ ही वैदिक धर्म का प्रचार-प्रसार होगा और मनुस्मृति के आधार पर राजा राज्य करेंगे। पुनः 300 वर्षो तक भवनों तथा 200 वर्ष तक ईसाईयों का राज्य रहेगा। उसके बाद मौन (मत पत्रों) का राज्य रहेगा, जो 11 टोपी (राष्ट्रपति) तक चलेगा। यह क्रम लगभग 50 वर्ष तक चलेगा। इसके बाद से किसी भी पार्टी को बहुमत प्राप्त नहीं हो सकेगा। मँहगाई-भ्रष्टाचार बढ़ेंगे। माता-पिता, साधु-सन्त, ब्राह्मण-विद्वान अपमानित होंगे, तब भयानक युद्ध होगा। भारत पुनः अपने अस्तित्व में आकर विश्व गुरू पद पर स्थापित होगा। भारत में शास्त्रानुसार पुनः राज्य परम्परा की स्थापना होगी। काशी की प्राचीन सीमा से बाहर 'नयी काशी' की स्थापना आध्यात्मिक व धार्मिक दोनों दृष्टिकोण से अनुचित है क्योंकि सृष्टि की उत्पत्ति से लेकर प्रलय काल तक काशी का स्थान भिन्न नहीं हो सकता। साभार - राष्ट्रीय सहारा, वाराणसी, दि0 8-9-98

-स्वामी शिवानन्द

सोमवार, 28 सितम्बर, 1998 ई0

हिन्दुत्व महज धर्म नहीं, जीवन शैली है, आने वाली सदी में हिन्दुत्व ही विश्व को रास्ता दिखाएगा।
साभार - दैनिक जागरण, वाराणसी, दि0 28-9-98

-अटल बिहारी वाजपेयी

शुक्रवार, 23 अक्टुबर, 1998 ई0

शिक्षा के भारतीयकरण, राष्ट्रीयकरण और आध्यात्मिकता से जोड़े जाने का प्रस्ताव है, उसका क्या अर्थ है? क्या पिछले पचास वर्षों से लागू शिक्षा प्रणाली गैर भारतीय, विदेशी थी जिसमे भारत की भूत और वर्तमान वास्तविकतायें नहीं थीं?'' (अटल विहारी वाजपेयी को लिखे पत्र में) साभार - आज, वाराणसी, दि0 23-10-1998

-श्रीमती सोनिया गाँधी

रविवार, 25 अक्टूबर 1998 ई0

तीन सागरों की श्रृंखला में जन्मा पूर्व में एक ऐसा नेता पैदा होगा, जो "बृहस्पतिवार" को अपना उपासना दिन सरकारी अवकाश घोषित करेगा उस गैर ईसाई व्यक्ति की महिमा, प्रशंसा और अधिकार इतने प्रबल होंगे कि समस्त धरती व समुद्र पर्यन्त वह तूफान की तरह छाया रहेगा। यह नास्त्रेदमस की सर्वाधिक चर्चित भविष्यवाणी है भौगोलिक स्थिति के अनुसार संपूर्ण विश्व में भारत ही एक ऐसा स्थान है, जिसके दोनों छोर पर दो सागर हैं तथा चरणों में एक महासागर है नास्त्रेदमस के अनुसार एशिया का महान नेता भारत में जन्म लेगा वह ईसाई नहीं होगा, अपितु ऐसा व्यक्ति होगा जो "बृहस्पतिवार" (गुरुवार) को शुभ दिन मानेगा। संसार के प्रत्येक धर्म के उपासनावार एवं शुभवार अलग - अलग हैं ईसाइयों का पूजा दिवस रविवार है, मुसलिम धर्माचार्यों का पवित्र दिवस शुक्रवार है यहूदियों का प्रार्थना दिवस शनिवार है विश्व में एक हिन्दू जाति ही ऐसी है, जो बृहस्पतिवार (गुरुवार) को सर्वाधिक श्रेष्ठ व शुभ मानती है, क्योंकि यह देवगुरु बृहस्पति का वार है जो देवताओं के गुरु कहलाये गये हैं। **साभार- दैनिक नवभारत, 25 अक्टूबर 1998, जबलपुर (म.प्र.)**

शुक्रवार, 13 नवम्बर, 1998 ई0

यूरोप जातियों का झुकाव भारत वर्ष जैसे धार्मिक देश की ओर तेजी से होगा केवल लोग भारतीयों का अनुगमन, वेशभूषा, खान-पान, गृहस्थ संबंधों के रूप में करेंगे वरन् भारतीय धर्म तथा संस्कृति के प्रति श्वेत जातियों का आकर्षण इतना बढ़ेगा कि सन् 2000 तक दूसरे देशों मे बीसियों हिन्दू देवी-देवताओं के मंदिरों की स्थापना हो चुकी होगी और उसमें लाखों लोग पूजा, उपासना, भजन-कीर्तन और भारतीय पद्धति के संगीत का आनंद लेने आने लगेंगे, यूरोपवासियों के घरों में भारतीय देवी-देवताओं के चित्र तक लगेंगे, चीन अणुबम बनाकर भी एशिया का प्रभुता सम्पन्न देश नहीं बनेगा उसकी भारतवर्ष से काफी समय तक शत्रुता बनी रहेगी, भारत न केवल अपनी भूमि छुड़ा लेगा वरन् तिब्बत भी मुक्त हो जायेगा, उसके भारत वर्ष में मिल जाने की संभावना भी है संसार के किसी सर्वाधिक प्राचीन पर्वत से जो वर्ष भर बर्फ से का रहता है संभवतः हिमालय उससे कुछ ऐसी सामग्री, पुस्तकों और स्वर्ण मुद्राओं का भंडार मिल सकता है जो ईसा के पूर्व के इतिहास को बिलकुल ही बदल सकता है यही नहीं, उससे संबधिंत देश सम्भवतः भारत इतना शक्तिशाली हो सकता है कि रूस, अमेरिका, फ्रांस, ब्रिटेन और जर्मन मिलकर भी उसका सामना करने में समर्थ नही होंगे। उपरोक्त किसी भू-भाग से एक रहस्यमय व्यक्ति का अभ्युदय होगा जो आज तक के इतिहास का सबसे समर्थ व्यक्ति सिद्ध होगा उनके बनाये विधान सारे संसार में लागू होंगे और 2050 तक यह विधान सारी पृथ्वी को एक संघीय राज्य में बदल देंगे। सन् 2000 तक विश्व की आबादी 640 करोड़ के लगभग होगी, परमाणु युद्ध तो नहीं होंगे पर वर्ग-संघर्ष बढ़ेगा एक ओर इस तरह के संघर्ष हो रहे होंगे व दूसरी ओर एक विश्वव्यापी धार्मिक क्रांति उठ खड़ी होगी जो ईश्वर और आत्मा के नये-नये रहस्य प्रकट करेगी, विज्ञान उनकी पुष्टि करेगा फलस्वरूप नास्तिकता और वामपंथी नष्ट होता चला जाएगा उसके स्थान पर लोगों में आस्तिकता, न्याय, नीति, श्रद्धा अनुशासन और कर्तव्यपरायणता के भाव उगते चले जायेंगे। यह परिवर्तन ही विश्व शांति के आधार बन सकते हैं। प्रो जूलबर्न ने बताया है कि यह आध्यात्मिक क्रांति भारतवर्ष से ही उठेगी व इसके संचालन के लिए वह व्यक्ति सन् 1962 के पूर्व ही जन्म ले चुका है इस समय उसे भारतवर्ष के किसी महत्वपूर्ण

कार्य में संलग्न होना चाहिये उसके अनुयाइयों की बड़ी संख्या भी है व एक समर्थ संस्था के रूप में प्रकट होंगे और देखते ही देखते सारे विश्व में प्रभाव जमा लेंगे असंभव दिखने वाले परिवर्तनों को आत्मशक्ति के माध्यम से सरलता व सफलतापूर्वक सम्पन्न करेंगे। **साभार- दैनिक नवभारत, 13 नवम्बर 1998, जबलपुर (म. प्र.) भारत**

शुक्रवार, 25 दिसम्बर, 1998 ई0

शिक्षा में दूरदृष्टि होनी चाहिए तथा हमारी शिक्षा नीति और शिक्षा व्यवस्था ऐसी होनी चाहिए जिससे हम भविष्य देख सकें और भविष्य की आवश्यकताओं को प्राप्त कर सकें।साभार - आज, वाराणसी, दि0 25-12-1998

-केशरी नाथ त्रिपाठी

रविवार, 14 फरवरी, 1999 ई0

-भारत का मध्यम स्वतन्त्रता-आर्थिक व मानसिक स्वतन्त्रता का समय।

-भारत के मध्यम स्वतन्त्रता-आर्थिक व मानसिक स्वतन्त्रता का निर्बाध रूप से परतन्त्रता की ओर बढ़ना।

-भारत में राष्ट्रीय एजेण्डा आधारित साझा सरकार।

-एकात्म और प्रेम की एकता का प्रतीक महाशिवरात्रि व वेलेन्टाइन डे (प्रेम दिवस)।

-श्री लव कुश सिंह "विश्वमानव" द्वारा कर्मवेदीय एवं मन की गुणवत्ता का अन्तर्राष्ट्रीय मानक श्रृंखला पर शास्त्र-साहित्य सृजन लगातार जारी।

बृहस्पतिवार, 25 फरवरी, 1999 ई0

-भारत का मध्यम स्वतन्त्रता-आर्थिक व मानसिक स्वतन्त्रता का समय।

-भारत के मध्यम स्वतन्त्रता-आर्थिक व मानसिक स्वतन्त्रता का निर्बाध रूप से परतन्त्रता की ओर बढ़ना।

-भारत में राष्ट्रीय एजेण्डा आधारित साझा सरकार।

-श्री लव कुश सिंह "विश्वमानव" द्वारा कर्मवेदीय एवं मन की गुणवत्ता का अन्तर्राष्ट्रीय मानक श्रृंखला पर शास्त्र-साहित्य सृजन लगातार जारी।

-उत्तर भारत के समस्त शिवलिंगों का रंग बदलना जिसे तीसरे नेत्र के खुलने का प्रतीक माना गया।

सोमवार, 29 मार्च, 1999 ई0

-भारत का मध्यम स्वतन्त्रता-आर्थिक व मानसिक स्वतन्त्रता का समय।

-भारत के मध्यम स्वतन्त्रता-आर्थिक व मानसिक स्वतन्त्रता का निर्बाध रूप से परतन्त्रता की ओर बढ़ना।

-भारत में राष्ट्रीय एजेण्डा आधारित साझा सरकार।

-श्री लव कुश सिंह "विश्वमानव" द्वारा कर्मवेदीय एवं मन की गुणवत्ता का अन्तर्राष्ट्रीय मानक श्रृंखला पर शास्त्र-साहित्य सृजन प्रारम्भ।

-अहिंसा और हिंसा की एकता को व्यक्त करता महावीर जयंती व इदुल्जुहा का दिन।

जनवरी व मार्च, 1999 ई0

-एक ही माह में दो पूर्ण चाँद

शुक्रवार, 25 जून 1999 ई0

उत्तर भारत के शिव मन्दिरों में स्थित शिवलिंगों का रंग बदलना जिससे तीसरे नेत्र के खुलने का अनुमान अलग घटना है। (साभार -"अमर उजाला" इलाहाबाद संस्करण 25-6-1999)

बुधवार, 30 जून, 1999 ई0

अकेले राजशक्ति के सहारे समाजिक बदलाव सम्भव नहीं (30 जून, 1999 को लखनऊ में राष्ट्रीय पुर्ननिर्माण वाहिनी के शुभारम्भ में) **-अटल बिहारी वाजपेयी**

बुधवार, 11 अगस्त, 1999 ई0

-भारत का मध्यम स्वतन्त्रता-आर्थिक व मानसिक स्वतन्त्रता का समय।

-भारत के मध्यम स्वतन्त्रता-आर्थिक व मानसिक स्वतन्त्रता का निर्बाध रूप से परतन्त्रता की ओर बढ़ना।

-भारत में राष्ट्रीय एजेण्डा आधारित साझा सरकार।

-श्री लव कुश सिंह "विश्वमानव" द्वारा कर्मवेदीय एवं मन की गुणवत्ता का अन्तर्राष्ट्रीय मानक श्रृंखला पर शास्त्र-साहित्य सृजन लगातार जारी।

-पूर्ण सूर्य ग्रहण, शिव-भक्ति के लिए मलमास (पुरूषोत्तम मास) प्रारम्भ।

रविवार, 15 अगस्त, 1999 ई0

-भारत का मध्यम स्वतन्त्रता-आर्थिक व मानसिक स्वतन्त्रता का समय।

-भारत के मध्यम स्वतन्त्रता-आर्थिक व मानसिक स्वतन्त्रता का निर्बाध रूप से परतन्त्रता की ओर बढ़ना।

-भारत में राष्ट्रीय एजेण्डा आधारित साझा सरकार।

-श्री लव कुश सिंह "विश्वमानव" द्वारा कर्मवेदीय एवं मन की गुणवत्ता का अन्तर्राष्ट्रीय मानक श्रृंखला पर शास्त्र-साहित्य सृजन लगातार जारी।

-भारत का शारीरिक स्वतन्त्रता दिवस।

-14-15 अगस्त 1947 की रात जब भारत स्वतन्त्र हुआ था तब आठों ग्रह सहित सूरज चाँद अर्थात् पूरा सौरमण्डल भारत के आकाश में अनुपस्थित था जबकि स्वतन्त्रता दिवस 15 अगस्त 1999 को मंगल और चाँद को छोड़ सभी ग्रह और तारे पहली बार लाल किले पर झण्डा फहराने के समय उपस्थित थे। (साभार-"दैनिक जागरण" वाराणसी संस्करण, दिनांक 15-08-1999)

बुधवार, 13 अक्टुबर, 1999 ई0

-भारत का मध्यम स्वतन्त्रता-आर्थिक व मानसिक स्वतन्त्रता का समय।

-भारत के मध्यम स्वतन्त्रता-आर्थिक व मानसिक स्वतन्त्रता का निर्बाध रूप से परतन्त्रता की ओर बढ़ना।

-भारत में गठबन्धन आधारित "राष्ट्रीय जनतान्त्रिक गठबन्धन" का साझा सरकार सत्तारूढ़। 13वीं लोकसभा।

-श्री लव कुश सिंह "विश्वमानव" द्वारा कर्मवेदीय एवं मन की गुणवत्ता का अन्तर्राष्ट्रीय मानक श्रृंखला पर शास्त्र-साहित्य सृजन लगातार जारी।

-श्री लव कुश सिंह "विश्वमानव" का उम्र 32 वर्ष, 27 वर्ष बाद 10 दिन का शारदीय नवरात्र।

सोमवार, 8 नवम्बर, 1999 ई0

विश्व का रूपान्तरण तभी सम्भव है जब सभी राष्ट्र मान लें कि मानवता के सामने एक मात्र विकल्प शान्ति, परस्पर समभाव, प्रेम और एकजुटता है। भारतीय धर्मों के प्रतिनिधियों से मित्रवत् सूत्रपात होगा। तीसरी सहस्त्राब्दि में एशियाई भूमि पर ईसाइयत की जड़ें मजबूत होंगी। इस सहस्त्राब्दि को मनाने का अच्छा तरीका वही होगा कि हम धर्म के प्रकाश की ओर अग्रसर हों और समाज के प्रत्येक स्तर पर न्याय और समानता के बहाल के लिए प्रयासरत हांे। हम सबको विश्व का भविष्य सुरक्षित रखने और उसे समृद्ध करने के लिए एकजुट होना चाहिए। विज्ञान और तकनीकी के क्षेत्र में प्रगति के साथ-साथ आध्यात्मिक उन्नति भी उतनी ही आवश्यक है। धर्म को कदापि टकराव का बहाना नहीं बनाना चाहिए-भारत को आशीर्वाद। (भारत यात्रा पर)

साभार - अमर उजाला, इलाहाबाद, दि0 08-11-1999 **-जान पाल, द्वितीय**

बृहस्पतिवार, 18 नवम्बर, 1999 ई0

-भारत का मध्यम स्वतन्त्रता-आर्थिक व मानसिक स्वतन्त्रता का समय।

-भारत के मध्यम स्वतन्त्रता-आर्थिक व मानसिक स्वतन्त्रता का निर्बाध रूप से परतन्त्रता की ओर बढ़ना।

-भारत में गठबन्धन आधारित "राष्ट्रीय जनतान्त्रिक गठबन्धन" का साझा सरकार।

-श्री लव कुश सिंह "विश्वमानव" द्वारा कर्मवेदीय एवं मन की गुणवत्ता का अन्तर्राष्ट्रीय मानक श्रृंखला पर शास्त्र-साहित्य सृजन लगातार जारी।

-लियो (सिंह) राशि की ओर से आकाश में उल्का पात।

शनिवार, 18 दिसम्बर, 1999 ई0

दार्शनिक आधार पर चर्चा करने से ही अलगाव बढ़ता है। जब तक व्यावहारिक रूप में धार्मिकता के आधार पर विचारों का सामंजस्य नहीं स्थापित होगा, तब तक हम ऊपर नहीं उठ सकते। दार्शनिक दृष्टि से धर्म में अन्तर होता है लेकिन धार्मिक दृष्टि से नहीं। नई सदी में कार्यों को संपादित करने वाले आप (नये पीढ़ी से) ही है, पुरानी पीढ़ी आपके पीछे है लेकिन सारा दायित्व आप के ऊपर ही है इसलिए पहले अच्छी तरह से शिक्षा ग्रहण करें। (वाराणसी यात्रा में) साभार - अमर उजाला, इलाहाबाद दि0 18-12-1999 **-दलाई लामा**

बुधवार, 22 दिसम्बर, 1999 ई0

-भारत का मध्यम स्वतन्त्रता-आर्थिक व मानसिक स्वतन्त्रता का समय।

-भारत के मध्यम स्वतन्त्रता-आर्थिक व मानसिक स्वतन्त्रता का निर्बाध रूप से परतन्त्रता की ओर बढ़ना।

-भारत में गठबन्धन आधारित "राष्ट्रीय जनतान्त्रिक गठबन्धन" का साझा सरकार।

-श्री लव कुश सिंह "विश्वमानव" द्वारा कर्मवेदीय एवं मन की गुणवत्ता का अन्तर्राष्ट्रीय मानक श्रृंखला पर शास्त्र-साहित्य सृजन लगातार जारी।

-133 वर्ष वाद सबसे बड़ा चाँद।

रविवार, 26 दिसम्बर, 1999 ई0

शंकर दयाल शर्मा की मृत्यु (ब्रह्मलीन)

इनके सार्वभौम विचार

"आम आदमी से दूर हटकर साहित्य तो रचा जा सकता है, लेकिन वह निश्चित तौर पर भारतीय जन जीवन का साहित्य नहीं हो सकता। आम आदमी से जुड़ा साहित्य ही समाज के लिए कल्याकाणकारी हो सकता हैं।" साभार - दैनिक जागरण, वाराणसी, दि0-25-9-97 **-श्री शंकर दयाल शर्मा**

जनवरी, 2000 ई0

-भारत का मध्यम स्वतन्त्रता-आर्थिक व मानसिक स्वतन्त्रता का समय।

-भारत के मध्यम स्वतन्त्रता-आर्थिक व मानसिक स्वतन्त्रता का निर्बाध रूप से परतन्त्रता की ओर बढ़ना।

-भारत में गठबन्धन आधारित "राष्ट्रीय जनतान्त्रिक गठबन्धन" का साझा सरकार।

-श्री लव कुश सिंह "विश्वमानव" द्वारा कर्मवेदीय एवं मन की गुणवत्ता का अन्तर्राष्ट्रीय मानक श्रृंखला पर शास्त्र-साहित्य सृजन लगातार जारी।

-स्वामी विवेकानन्द के चिरशान्ति में लीन होने के 97 वर्ष 5 माह 27 दिन बाद का दिन।

-भारत के समक्ष विचारधारा, विदेशनीति, स्वतन्त्रता, संविधान, संयुक्त राष्ट्र संघ के पुनर्गठन, जनसंख्या, बेरोजगारी, साम्प्रदायिक सद्भाव इत्यादि का संकट।

-संयुक्त राष्ट्र संघ के समक्ष समाजिक, सांस्कृतिक और पर्यावरण से युक्त हो भूमण्डलीकरण के सिद्धान्त का संकट।

-संयुक्त राष्ट्र संघ और भारत के उपरोक्त संकट के हल के लिए ही श्री लव कुश सिंह "विश्वमानव" द्वारा शास्त्र-साहित्य सृजन लगातार जारी था।

बृहस्पतिवार, 20 जनवरी, 2000 ई0

हिन्दू-बौद्ध एकता से विश्व में बढ़ते ईसाइयों और इस्लाम के विस्तारवादी मनोवृत्ति को रोकने में निश्चित रूप से सफलता (लुम्बीनी में आयोजित सभा में) साभार - दैनिक जागरण, वाराणसी दि0 20-01-2000

-अशोक सिंघल

बौद्धों के अनुरोध पर गौतम बुद्ध के विष्णु अवतार सिद्ध करने सम्बन्धी अवधारणा को आगे न बढ़ने पर सहमति। (मूलगंध कुटी बिहार, सारनाथें) साभार -दैनिक जागरण, वाराणसी, दि0 20-01-2000

-स्वामी जयेन्द्र सरस्वती

फरवरी, 2000 ई0

किसी भी समाज का मानकीकरण पद्धति, इसे सृजित करने वाले समाज से न तो बेहतर होगी और न ही बदतर। इसकी प्रथमिकताएं, समाज के लक्ष्य हैं और इसके मूल्य समाज के मूल्य हैं।

साभार- भारतीय मानक ब्यूरो, त्रैमासिकी- "मानक दूत" ,वर्ष-20, अंक- 1-2, 2000

-डब्ल्यू0.टी.कैबेनो

मंगलवार, 22 फरवरी, 2000 ई0

"अपने उद्देश्य और शक्ति के कारण मीडिया को 'फोर्थ स्टेट' नहीं बल्कि 'फस्र्ट स्टेट' का दर्जा मिलना चाहिए हालांकि कुछ वर्षो से मीडिया की भूमिका न्यूज सप्लायर की हो गयी है। मीडिया का सशक्त तंत्र, लोकतंत्र के तीनों अंगों की आलोचना करने में समर्थ है। और उनको सही दिशा में कार्य करने पर जोर देता है। लेकिन विचार और आलोचना के लिए स्वतंत्र होने का मतलब यह नहीं है कि समाज को प्रभावित करने वाली महत्वपूर्ण घटनाओं की पहले ही इच्छानुसार अभिव्यक्ति की जाय। दरअसल मीडिया की भूमिका रचनात्मक विपक्ष की तरह होनी चाहिए। जो बातें प्रशंसा के योग्य हो उन्हें अहमियत दी जाए। बुरी बात को कहने से हिचकने की जरुरत नहीं है हालांकि दुर्भाग्य से आज ऐसा नहीं हो रहा है।" (पत्रकारिता विभाग, बी0 एच0 यू0 में बोलते हुए) साभार - अमर उजाला, इलाहाबाद दि0 22-02-2000 **-न्यायमूर्ति परशुराम वी0 सावंत, अध्यक्ष प्रेस काउंसिल आफ इण्डिया**

"अक्सर मीडिया जनविरोधी भूमिका अदा कर रहा है इसकी तीन नजीरें देता हूँ। पहली, यह अक्सर लोगों का ध्यान वास्तविक समस्याओं से हटा देती है, जो कि आर्थिक है। लोग बेरोजगारी, मँहगाई और स्वास्थ्य संबंधी समस्याओं से जूझ रहे हैं। ये लोग इस समस्यओं से ध्यान हटाकर फिल्मी सितारों, फैशन परेड और क्रिकेट का मुजाहिरा करते हैं। लगता है जैसे लोगों की यहीं समसस्याएँ हैं। मीडिया में आम कार्यशैली काफी निम्न है और मीडिया के ज्यादातर लोगों के बारे में मेरी खराब राय है। मैं नहीं समझता कि उन्हें आर्थिक सिद्धान्तों, राजनीतिशास्त्र, साहित्य या दर्शन के बारे में काफी कुछ जानकारी होगी। मैं नहीं समझता कि उन्होंने इन सबका अध्ययन किया होगा। मुझे यह कहने में अफसोस है कि मीडिया के ज्यादातर लोगों के विवेक का स्तर काफी निम्न है।" (एक टी.वी चैनल के इण्टरव्यू में)**-मार्कंडेय काटजू, (सेवा निवृत्त न्यायाधीश) अध्यक्ष, भारतीय प्रेस परिषद्**

मार्च, 2000 ई0

विश्व को लोकतन्त्र, भारत का उपहार; ज्ञान और सूचना आधारित सहयोग; भारत और अमेरिका मिलकर विश्व को नई दिशा दे सकता है; भारत यदि शून्य और दशमलव न दिया होता तो कम्प्यूटर चिप्स बनाना असम्भव होता; प्रत्येक देश कहता है हम महान हैं परन्तु कैसे? यह सिद्ध करना एक चुनौति है। इत्यादि।

(भारत यात्रा पर दि0 20-24 मार्च' 2000 के समय वक्तव्य) **-बिल क्लिन्टन**

बृहस्पतिवार, 16 मार्च, 2000 ई0

हिन्दू चिन्तन पर आधारित नई आचार संहिता बने। साभार-अमर उजाला, इलाहाबाद दि0 16-03-2000 **-के. एस. सुदर्शन**

शुक्रवार, 5 मई, 2000 ई0

-भारत का मध्यम स्वतन्त्रता-आर्थिक व मानसिक स्वतन्त्रता का समय।

-भारत के मध्यम स्वतन्त्रता-आर्थिक व मानसिक स्वतन्त्रता का निर्बाध रूप से परतन्त्रता की ओर बढ़ना।

-भारत में गठबन्धन आधारित "राष्ट्रीय जनतान्त्रिक गठबन्धन" का साझा सरकार।

-श्री लव कुश सिंह "विश्वमानव" द्वारा कर्मवेदीय एवं मन की गुणवत्ता का अन्तर्राष्ट्रीय मानक श्रृंखला पर शास्त्र-साहित्य सृजन लगातार जारी।

-सूर्य-चाँद सहित पाँच ग्रहों का 26 डिग्री के बीच आकर पुनः काल परिवर्तन की सूचना।

सोमवार, 12 जून, 2000 ई0

-भारत का मध्यम स्वतन्त्रता-आर्थिक व मानसिक स्वतन्त्रता का समय।

-भारत के मध्यम स्वतन्त्रता-आर्थिक व मानसिक स्वतन्त्रता का निर्बाध रूप से परतन्त्रता की ओर बढ़ना।

-भारत में गठबन्धन आधारित "राष्ट्रीय जनतान्त्रिक गठबन्धन" का साझा सरकार।

-श्री लव कुश सिंह "विश्वमानव" द्वारा कर्मवेदीय एवं मन की गुणवत्ता का अन्तर्राष्ट्रीय मानक श्रृंखला पर शास्त्र-साहित्य सृजन लगातार जारी।

-श्री लव कुश सिंह "विश्वमानव" द्वारा संयुक्त राष्ट्र महासचिव श्री कोफी अन्नान को विश्व शान्ति के लिए मन की गुणवत्ता का अन्तर्राष्ट्रीय मानक श्रृंखला तथा अन्तर्राष्ट्रीय/विश्व स्तर का मानव संसाधन निर्माण के लिए SHYAM.C तकनीकी की स्थापना एवं संयुक्त राष्ट्र संघ के पुनर्गठन के लिए प्रक्रिया स्तर का पत्र पंजीकृत डाक से प्रेषित। साथ ही भारत में स्थित सभी देशों के दूतावास, भारत के तत्कालिन राष्ट्रपति, उपराष्ट्रपति, प्रधानमंत्री, मानव संसाधन मंत्री इत्यादि को भी प्रेषित।

रविवार, 16 जुलाई, 2000 ई0

-भारत का मध्यम स्वतन्त्रता-आर्थिक व मानसिक स्वतन्त्रता का समय।

-भारत के मध्यम स्वतन्त्रता-आर्थिक व मानसिक स्वतन्त्रता का निर्बाध रूप से परतन्त्रता की ओर बढ़ना।

-भारत में गठबन्धन आधारित "राष्ट्रीय जनतान्त्रिक गठबन्धन" का साझा सरकार।

-श्री लव कुश सिंह "विश्वमानव" द्वारा कर्मवेदीय एवं मन की गुणवत्ता का अन्तर्राष्ट्रीय/विश्व मानक श्रृंखला पर शास्त्र-साहित्य सृजन का कार्य लगभग समाप्त। (उम्र 32 वर्ष 9 माह)

-141 वर्ष बाद गुरू पूर्णिमा के दिन ही पूर्ण चन्द्र ग्रहण जो अब सन् 3000 के बाद होगा। अर्थात् व्यष्टि गुरूओं का प्राकृतिक विरोध।

सोमवार, 28 अगस्त से बृहस्पतिवार, 31 अगस्त, 2000 ई0 तक

-भारत का मध्यम स्वतन्त्रता-आर्थिक व मानसिक स्वतन्त्रता का समय।

-भारत के मध्यम स्वतन्त्रता-आर्थिक व मानसिक स्वतन्त्रता का निर्बाध रूप से परतन्त्रता की ओर बढ़ना।

-भारत में गठबन्धन आधारित "राष्ट्रीय जनतान्त्रिक गठबन्धन" का साझा सरकार।

-श्री लव कुश सिंह "विश्वमानव" द्वारा विश्व, भारत व व्यक्ति की शान्ति, एकता व विकास के मार्ग के लिए विवशता की प्रतीक्षा प्रारम्भ।

-न्यूयार्क में संयुक्त राष्ट्र संघ द्वारा आयोजित सहस्त्राब्दि विश्व धर्म सम्मेलन। जिसमें हिन्दू धर्म के प्रतिनिधि का महत्व कम।

मंगलवार, 5 सितम्बर से बृहस्पतिवार, 7 सितम्बर, 2000 ई0 तक

-भारत का मध्यम स्वतन्त्रता-आर्थिक व मानसिक स्वतन्त्रता का समय।

-भारत के मध्यम स्वतन्त्रता-आर्थिक व मानसिक स्वतन्त्रता का निर्बाध रूप से परतन्त्रता की ओर बढ़ना।

-भारत में गठबन्धन आधारित "राष्ट्रीय जनतान्त्रिक गठबन्धन" का साझा सरकार।

-श्री लव कुश सिंह "विश्वमानव" द्वारा विश्व, भारत व व्यक्ति की शान्ति, एकता व विकास के मार्ग के लिए विवशता की प्रतीक्षा

-न्यूयार्क में संयुकत राष्ट्र संघ द्वारा आयोजित राष्ट्राध्यक्षों का सम्मेलन।

-संयुक्त राष्ट्र महासचिव श्री कोफी अन्नान द्वारा "विश्व के लिए मानवता आधारित नया मार्ग रखने का आवाहन्" तथा वक्तव्य-".......... लेकिन भूमण्डलीय क्रिया का प्रारम्भ कहीं निर्मित हो चुका है और यदि संयुक्त राष्ट्र संघ में नहीं तो कहाँ? .... मैं जानता हूँ स्वयं की एक घोषणा कम महत्व रखती है। परन्तु दृढ़ प्रतिज्ञा युक्त एक घोषणा और यथार्थ लक्ष्य, सभी राष्ट्रों के नेताओं द्वारा निश्चित रुप से स्वीकारने योग्य, अपने सत्ताधारी की कुशलता का निर्णय के लिए एक पैमाने के रुप में विश्व के व्यक्तियों के लिए अति महत्व का हो सकता है। .... और मैं आशा करता हूँ कि यह कैसे हुआ? देखने के लिए सम्पूर्ण विश्व पीछे होगा।" का संकेत। भारत का वेद मंत्र- "सर्वेभवन्तु संखिनः" का सन्देश।

"विश्व में एक धर्म, एक भाषा, एक वेश भूषा, एक खान पान, एक रहन-सहन पद्धति, एक शिक्षा पद्धति, एक कोर्ट, एक न्याय व्यवस्था, एक अर्थ व्यवस्था लागू की जाय"

-धार्मिक नेताओं के सहस्त्राब्दि विश्व शान्ति सम्मेलन का परिणाम

बृहस्पतिवार, 6 अक्टुबर, 2000 ई0

-भारत का मध्यम स्वतन्त्रता-आर्थिक व मानसिक स्वतन्त्रता का समय।

-भारत के मध्यम स्वतन्त्रता-आर्थिक व मानसिक स्वतन्त्रता का निर्बाध रूप से परतन्त्रता की ओर बढ़ना।

-भारत में गठबन्धन आधारित "राष्ट्रीय जनतान्त्रिक गठबन्धन" का साझा सरकार।

-श्री लव कुश सिंह "विश्वमानव" द्वारा विश्व, भारत व व्यक्ति की शान्ति, एकता व विकास के मार्ग के लिए विवशता की प्रतीक्षा

बृहस्पतिवार, 26 अक्टुबर 2000 ई0

दिपावली तथा मुसलमानों का ज्योति पर्व "मेराजुन्नबी" की एकता

मंगलवार, 31 अक्टुबर, 2000 ई0

भारत बौद्धिक विस्फोट के मुहाने पर खड़ा है। हर क्षेत्र में भारतीयों का दखल हो रहा है। वह दिन समय नहीं, जब भारत भी पूरी दुनिया में अपना लोहा मनवाएगा। हालांकि इसका लाभ उठाने के लिए भारत को अतीत की पहेलीयों को सुलझाना होगा।" साभार - अमर उजाला, वाराणसी, दि0 31 अक्टूबर 2000

-वी. एस. नायपाल(नोबेल पुरस्कार से सम्मानित)

शुक्रवार, 17 नवम्बर, 2000 ई0

-भारत का मध्यम स्वतन्त्रता-आर्थिक व मानसिक स्वतन्त्रता का समय।

-भारत के मध्यम स्वतन्त्रता-आर्थिक व मानसिक स्वतन्त्रता का निर्बाध रूप से परतन्त्रता की ओर बढ़ना।

-भारत में गठबन्धन आधारित "राष्ट्रीय जनतान्त्रिक गठबन्धन" का साझा सरकार।

-श्री लव कुश सिंह "विश्वमानव" द्वारा विश्व, भारत व व्यक्ति की शान्ति, एकता व विकास के मार्ग के लिए विवशता की प्रतीक्षा

-लियो (सिंह) राशि की ओर से पुनः उल्कापात।

बुधवार, 13 दिसम्बर, 2000 ई0

-भारत का मध्यम स्वतन्त्रता-आर्थिक व मानसिक स्वतन्त्रता का समय।

-भारत के मध्यम स्वतन्त्रता-आर्थिक व मानसिक स्वतन्त्रता का निर्बाध रूप से परतन्त्रता की ओर बढ़ना।

-भारत में गठबन्धन आधारित "राष्ट्रीय जनतान्त्रिक गठबन्धन" का साझा सरकार।

-श्री लव कुश सिंह "विश्वमानव" द्वारा विश्व, भारत व व्यक्ति की शान्ति, एकता व विकास के मार्ग के लिए विवशता की प्रतीक्षा

-जेमिनि (मिथुन) राशि की ओर से उल्कापात।

रविवार, 31 दिसम्बर, 2000 ई0

अन्तर्राष्ट्रीय ख्याति प्राप्त प्रसिद्ध ज्योतिषि श्री बेजन दारूवाला के अनुसार - (तीसरी सहस्त्राब्दी के प्रारम्भ में) - टेक्नोलाजी के पूरी तरह छीज जाने का तीसरा अंतिम दौर आएगा अप्रैल 2011 में, जब नेप्च्यून टेक्नोलाॅजी की राशि कुंभ राशि को छोड़ेगा और 5 अप्रैल 2011 से मानवता और आध्यात्मिकता की राशि में प्रवेश करेगा। जाहिर है इसका मतलब यह नहीं होगा कि टेक्नोलाजी और खासकर कम्प्यूटर कहीं फेंक दिये जायेंगे और हम उन्हें इस्तेमाल करना बन्द कर दंगे। निश्चय ही इसका मतलब यह होगा कि हम टेक्नोलाजी की ताकत का इस्तेमाल जनता के हित में करना सीख लेंगे। टेक्नोलाजी अपना महत्व और अपनी सर्वोच्च हैसियत तीन दौरों में खो देगी। 1. 2003 के अंत में, 2. 2008 के अंत में 3. अप्रैल 2011 के बाद। जीवन-जन्म-पुर्नजीवन का अन्तिम रहस्य 6 अक्टुबर 2012 और 23 दिसम्बर 2014 के बीच खुलेगा। मस्तिष्क के कामकाज इसकी कार्यप्रणाली, शक्ति व जटिलता के रहस्यों की छानबीन 2006 और 2011 के बीच अपने अंजाम तक पहुँचेगी, जब बृहस्पति मेष राशि में

आयेगा। मेष राशि का मस्तिष्क के साथ काफी गहरा सम्बन्ध है। लिहाजा अचेतन रूप से और बगैर किसी इरादे के मैंने यह खोज की है कि सन 2011 हम मनुष्यों के लिए बहुत विशेष महत्व वाला होगा। सन् 2022 देवी शक्ति का साल होगा, जो अपनी उत्पत्ति में भारतीय होगी और प्रभाव में सार्वभौम। यह देवी बोध और अनुकम्पा का सदेह रूप होगी। यह बोध और अनुकम्पा प्रेम और संवेदना की हमारी समझ से परे होगी। साथ ही मैं खुले तौर पर यह भी स्वीकार करता हूँ कि यह देवी भारतीय होगी, ऐसा मुझे सिर्फ इसलिए लगता है क्योंकि मैं भारतीय हूँ। चेस्टस्टन ने कहा था, "ब्रह्माण्डीय दर्शन मनुष्य के अनुरूप बैठने के लिए नहीं, बल्कि ब्रह्माण्ड के अनुरूप बैठने के लिए रचा गया है। मनुष्य के पास ठीक उसी तरह अपना एक नीजी धर्म नहीं हो सकता, जिस तरह उसके पास एक निजी सूर्य और एक चंद्रमा नहीं हो सकता।" सन 2034 में सार्वभौम विलायक का चिन्ह मीन कर्क राशि में स्थित शनि के साथ अत्यन्त मेल की स्थिति में बैठने जा रहा है। बृहस्पति भी कर्क में स्थित यूरेनस के साथ वैसे ही सुंदर सहमेल की स्थिति में है। यूरेनस विशाल, निष्पक्ष, वस्तुगत मूल्यों के लिए आता है। यूरेनस का स्वरूप कब्जावर नहीं होता। यूरेनस सच्ची जागृती, सच्चा प्रकाश लाने वाला है। एक विश्व सरकार 14 अप्रैल 2047 और जनवरी 2050 के बीच आकार ग्रहण करेगी। बृहस्पति और शनि दोनों उस समय पूर्ण शक्ति की स्थिति में होंगे। बृहस्पति कर्क और शनि मकर राशि में होगा। प्लूटो मीन राशि में होगा और लिहाजा यह बृहस्पति और शनि, दोनों के लिए कृपालु होगा। इतना ही महत्वपूर्ण यह तथ्य भी है कि मैं अपनी नंगी आँखो से महाद्वीपों, छोटे देशों, पहाड़ों, जमीन के बड़े-बड़े हिस्सों, छोटे रकबों अथवा जमीन के हिस्सों को बगैर किसी भूकम्प के एक साथ आते देख रहा हूँ। यह सब मिलकर एक एकीकृत सम्पूर्ण में बदल रहा है। मैं शीशे जैसी कोई चीज देख रहा हूँ जो इस तक भेजी गई हर चीज को शक्तिशाली और प्रभावी तरीके से वापस फेंक रही है। हर चीज से मेरा मतलब मिसाइल से लेकर किसी नकारात्मक विचार अथवा घृणा की भावना तक से है। यह "बूमरैंग ढाल" 2049 में पूरी तरह सम्पूर्ण हो जायेगी लेकिन अस्तित्व में यह अभी ही आ चुकी है। सन 2091 संसार की पूर्णता का चरम होगा। सर्वोच्च ऊर्जा के रूप में ईश्वर का अस्तित्व और उसका रहस्य खुल कर सामने आ जायेगा। इसका सौन्दर्य और विरोधाभास यह होगा कि विज्ञान ईश्वर की सर्वोच्च ऊर्जा को वास्तविक रूप में दिखाने व प्रदर्शित करने में मददगार साबित होगा। इसी समय लोग यह जान सकेगें कि ईश्वर चिन्हों व आत्मिक शक्ति के रूप में हमारे सामने प्रकटीकरण चाहता है। गणेश जी की कृपा से मैं आप सभी के लिए यह भविष्यवाणी करने में सफल रहा हूँ। इसका कोई श्रेय मैं स्वयं को नहीं देता।

(साभार - अमर उजाला (रविवासरीय अंक), इलाहाबाद, 31-12-2000)

सन् 2001 से सन् 2010

इस दशक की मुख्य विशेषता

तकनीकी के आविष्कार से दूरदर्शन के अनेक चैनल और अधिक क्षमता के कम्प्यूटर का भारत में व्यापक विस्तार और जनता के सम्पर्क में आना

इन्टरनेट (INTERNET) का भारत में व्यापक विस्तार और जनता के सम्पर्क में आना

टेलिफोन के स्थान पर मोबाइल (CELL PHONE) का भारत में व्यापक विस्तार और जनता के सम्पर्क में आना

भारतीय समाज पर धर्म एक आवरण, परम्परा, औपचारिकता, महोत्सव की भाँति छाया हुआ था। धर्म के व्यावहारिक स्वरुप के उपलब्ध न होने के कारण व्यक्ति को धर्म से कोई लाभ नहीं दिखता था। फलस्वरुप वह धर्म आध्यात्म से दूर हटकर विज्ञान की ओर गति कर रहा था। और धार्मिक आयोजन को वह महोत्सव की भाँति संचालित कर रहा था। जिससे धर्म को वातावरण और संरक्षण प्राप्त हो रहा था। परिणामस्वरुप धर्म आध्यात्म का प्रयोग वह परिवार, समाज राज्य, देश व विश्व को मार्गदर्शन देने में करने के लिए पूर्ण रुप से सक्षम नहीं था। क्योंकि धार्मिक आध्यात्मिक तत्वों से समाज बहुत दूर हो चुका था जबकि बिना आध्यात्मिक तत्वों के ज्ञान के समाज का गठन व विकास असम्भव था।

अन्य घटना क्रम

शनिवार, 27 जनवरी, 2001 ई0

ब्लैक होल (सर्वोच्च गुरूत्वाकर्षण की ब्रह्माण्डीय अति सघन वस्तु) के पी-ब्रेन्स माडल में पी-ब्रेन, स्थान के तीन आयामों और अन्य सात आयामों में चलती है जिनके बारे में हमें कुछ पता नहीं चलता। यदि हम सभी बलों के एकीकरण का एक सार्वभौम समीकरण विकसित करें तो हम ईश्वर के मस्तिष्क को जान जायेंगे क्योंकि हम भविष्य के कार्य का निर्धारण कर सकेंगे, और यह मनुष्य के मस्तिष्क के द्वारा सर्वोच्च अविष्कार होगी। एक प्रभावपरक सिद्धान्त को बहुत ज्यादा इसके शाब्दिक अर्थ में ग्रहण करने से बचा जाना चाहिए, दर्शन शास्त्र के महान परम्परा का अन्त। (बीसवीं शताब्दी के सबसे बड़े दार्शनिक विटगेंस्टीन के कहे शब्द- दर्शनशास्त्र के लिए एक मात्र शेष कार्य - भाषा का विश्लेषण करना ही बचा है पर वक्तव्य) भारत यात्रा पर

साभार -राष्ट्रीय सहारा, हस्तक्षेप, 27 जनवरी '2001

-प्रो0 स्टीफेन हाकिंग ("समय का संक्षिप्त इतिहास")

बृहस्पतिवार, 21 जून, 2001 ई0

पूर्ण सूर्यग्रहण जिसकी अवधि 4 मिनट 57 सेकंड थी. यह अंगोला, ज़ाम्बिया, मोज़ाम्बिक और मेडागास्कर में दिखाई दिया था।

बृहस्पतिवार, 11 अक्टुबर, 2001 ई0

लोकनायक (जय प्रकाश नारायण) का सम्पूर्ण जीवन एक प्रयोगशाला था। उन्होंने विचारों से अधिक मूल्यों को महत्व दिया। **-अटल बिहारी वाजपेयी**

लोकनायक जयप्रकाश के सम्पूर्ण क्रान्ति का नारा साकार नहीं हुआ, वे लोक साहित्य को जिवित रखने का प्रयास कर रहे थे। (लोकनायक जयप्रकाश नारायण जन्म शताब्दी समारोह, जय प्रकाश नगर, बलिया (उ0 प्र0), 11 अक्टूबर, 2001) **-चन्द्रशेखर**

रविवार, 11 अगस्त, 2002 ई0

विश्व का कोई भी धर्म तभी आगे बढ़ता है जब वह अपने आप में नवीनता लाता है। सनातन धर्म नयी बातों को अपने आप में पचाने की क्षमता रखता है। साभार - सन्मार्ग, वाराणसी, दि0 11 अगस्त 2002

-श्रीमती शीला दीक्षित

बुधवार, 4 दिसंबर, 2002 ई0

पूर्ण सूर्यग्रहण जिसकी अवधि दो मिनट चार सेकंड यह दक्षिण अफ्रीका, दक्षिण ऑस्ट्रेलिया, मोज़ाम्बिक, बोत्सवाना में दिखाई दिया दिया।

रविवार, 8 दिसम्बर, 2002 ई0

अच्छी शिक्षा व्यवस्था ही प्रबुद्ध नागरिक पैदा करती है, बच्चों को नैतिक शिक्षा प्रदान की जाय और रोजगार के नये अवसर पैदा किये जायें, राष्ट्रीय शान्ति व सार्वभौमिक सद्भाव के लिए सभी धर्म आध्यात्मिक आन्दोलन में शामिल हो जायें। नवीनता के द्वारा ही ज्ञान को धन में बदला जा सकता है।"

साभार, दैनिक जागरण, वाराणसी, दि0 8 दिसम्बर 2002

-ए.पी.जे. अब्दुल कलाम

शनिवार, 18 जनवरी 2003 ई0

हरिवंश राय बच्चन जी का देहांत

बाल्यकाल में इन्हें बच्चन नाम से पुकारा जाता था जिसका शाब्दिक अर्थ "बच्चा" या "सन्तान" होता है। कालान्तर में वे इसी नाम से प्रसिद्ध हुए और वह एक "सरनेम" के रूप में पहचान बन गई। अपनी कृतियों के लिए उन्हें साहित्य अकादमी पुरस्कार, सोवियत लैण्ड नेहरू पुरस्कार, एफ्रो एशियाई सम्मेलन के कमल पुरस्कार, बिड़ला फाउण्डेशन के सरस्वती पुरस्कार, सन् 1976 में भारत सरकार द्वारा साहित्य व शिक्षा के क्षेत्र में पद्म भूषण से सम्मानित किया जा चुका है। भारत सरकार ने उन पर डाक टिकट भी जारी किया है। राजभाषा समिति के अध्यक्ष पद पर रहने के दौरान उन्होंने भारत सरकार के सौराष्ट्र मंत्रालय को गृह मंत्रालय और परराष्ट्र मंत्रालय को विदेश मंत्रालय का नाम देने में उनका योगदान रहा है। बच्चन जी ने काव्य, आत्मकथा, रचनावली व अन्य क्षेत्रों में 50 से अधिक पुस्तकें लिखीं।

"बाबूजी हम पर लदते नहीं थे। न तो व्यक्तिगत रूप से और न ही सामाजिक या और किसी रूप से। उनकी इस प्रकृति का अहसास मुझे बचपन से ही हो गया था। इससे जुड़ी मैं आपको दो घटनाएँ बताता हूँ। एक मेरे स्कूल-टाइम की है और दूसरी सन् 1985 की है। जब मैं नैनीताल में पढ़ रहा था तो बीमारी की वजह से मैं 'श्रेष्ठ अभिनेता' प्रतियोगिता में भाग नहीं ले पाया। इस कारण से मैं काफी उदास था। ऐसे में मुझे बाबूजी का सन्देश मिला - गर तुम्हारे मन हो तो अच्छा, गर न हो तो और भी अच्छा।

हालांकि उस समय मैं इसका अर्थ समझ नहीं पाया था। दूसरी घटना राजनीति में प्रवेश के दौरान की है। जब बाबूजी को मैंने अपना यह फैसला सुनाया, तो वे परेशान हो उठे, लेकिन उन्होंने कहा- गर तुम्हें लगता है कि तुम जो कर रहे हो वह उचित है तो मैं तुम्हें नहीं रोकूंगा। और मुझे जल्दी ही महसूस हो गया कि मेरा यह फैसला गलत है। बावजूद इसके उन्होंने मेरा पूरा-पूरा साथ दिया।

मुझे मधुशाला जीवन की शाला लगती है। उन्होंने साहित्य की एक नई धारा का प्रवर्तन किया। इस हालावाद में उन्होंने सिर्फ मदिरा का बखान नहीं किया है बल्कि मधुशाला के माध्यम से जीवन को समझाया है, जीवन के मूल सिद्धान्त पर रोशनी डाली है। मधुशाला ही नहीं उनकी हर पुस्तक में एक गहरी दृष्टि है, एक विशेष दृष्टिकोण मिलता है।"

- अमिताभ बच्चन (फिल्म जगत के महानायक)

"बच्चन हिन्दी काव्य के प्रेमियों के सबसे अधिक प्रिय कवि हैं, और उनकी मधुशाला लगभग छः दशक से लोकप्रियता के सर्वोच्च शिखर पर विराजमान है। सर्वप्रथम 1935 में प्रकाशित होने के बाद अब तक इसके अनेक संस्करणों की कई लाख प्रतियाँ पाठकों तक पहुँच चुकी है। महाकवि पन्त के शब्दों में - 'मधुशाला की

मादकता अक्षय है'। मधुशाला, बच्चन की एक ऐसी कृति है जिसने लोगों को दिवाना बना दिया। लोकनायक जय प्रकाश नारायण जैसे जमीन से जुड़े नेता अपने आन्दोलन की अलख बच्चन जी की कविताओं से जलाते थे, वहीं गाँधी जी मधुशाला की रूबाईयाँ सुनकर प्रसन्न हो गये थे। मधुशाला में हाला, प्याला, मधुबाला और मधुशाला के चार प्रतीकों के माध्यम से कवि ने अनेक क्रान्तिकारी, मर्मस्पर्शी, रागात्मक एवं रहस्यपूर्ण भावों को वाणी दी है। अगर बच्चन की कृतियां अनूदित होकर विश्व के अन्य देशों में पहुँचती, तो हाला, प्याला और मधुबाला के रसिक काव्य पर वहाँ के लोग भी झूमते और उसकी मस्ती नोबेल पुरस्कार वालों तक पहुँचती। हालांकि जो सम्मान और आदर बच्चन को भारतीय लोगों ने दिया, वह नोबेल से कई-कई गुणा ज्यादा है।"

- "मधुशाला" के सम्पादक (हिन्द पाकेट बुक्स की ओर से)

प्रस्तुत है "मधुशाला" की कुछ रूबाईयां-

17. धर्म-ग्रंथ सब जला चुकी है जिसके अन्तर की ज्वाला,
मन्दिर, मस्जिद, गिरजे-सबको तोड़ चुका जो मतवाला,
पंडित, मोमिन, पादरियों के फंदों को जो काट चुका,
कर सकती है आज उसी का स्वागत मेरी मधुशाला।

19. बने पुजारी प्रेमी साकी, गंगाजल पावन, हाला,
रहे फेरता अविरत गति से, मधु के प्यालों की माला,
"और लिये जा, और पिये जा"-इसी मंत्र का जाप करे,
मैं शिव की प्रतिमा बन बैठूँ, मन्दिर हो यह मधुशाला।

40. साकी बनकर मुरली आई, साथ लिए कर में प्याला,
जिनमें वह छलकाती लाई, अधर-सुध-रस की हाला,
योगिराज कर संगत उसकी, नटवर नागर कहलाए,
देखो कैसों-कैसों को है, नाच नचाती मधुशाला।

46. दुतकारा मस्जिद ने मुझको, कहकर है पीने वाला,
ठुकराया ठाकुरद्वारे ने, देख हथेली पर प्याला,
कहाँ ठिकाना मिलता जग में, भला अभागे काफिर को?
शरणस्थली बनकर न मुझे यदि, अपना लेती मधुशाला।

47. पथिक बना मैं घूम रहा हूँ, सभी जगह मिलता हाला,
सभी जगह मिल जाता साकी, सभी जगह मिलता प्याला,
मुझे ठहरने का, हे मित्रों, कष्ट नहीं कुछ भी होता,
मिले न मन्दिर, मिले न मस्जिद, मिल जाती है मधुशाला।

48. सजें न मस्जिद और नमाजी, कहता है अल्लाताला,
सज-धज कर, पर साकी आता, बन-ठन कर, पीने वाला,
शेख, कहाँ तुलना हो सकती, मस्जिद की मदिरालय से,
चिर विधवा है मस्जिद तेरी, सदा-सुहागिन मधुशाला।

49. बजी नफीरी और नमाजी, भूल गया अल्लाताला,
गाज गिरी, पर ध्यान-सुरा में, मग्न रहा पीनेवाला,
शेख, बुरा मत मानो इसको, साफ कहूँ तो, मस्जिद को,
अभी युगों तक सिखलाएगी, ध्यान लगाना मधुशाला।

50. मुसलमान औ' हिन्दू हैं दो, एक, मगर, उनका प्याला,
एक मगर, उनका मदिरालय, एक, मगर, उनकी हाला,
दोनों रहते एक न जब तक, मस्जिद-मन्दिर में जाते,

बैर बढ़ाते मस्जिद-मन्दिर, मेल कराती मधुशाला।
51. कोई भी हो शेख नमाजी, या पण्डित जपता माला,
बैर भाव चाहे जितना हो, मदिरा से रखने वाला,
एक बार बस मधुशाला के, आगे से होकर निकले,
देखूँ कैसे थाम न लेती, दामन उसका मधुशाला।
53. आज करे परहेज जगत, पर, कल पीनी होगी हाला,
आज करे इनकार जगत, पर, कल पीना होगा प्याला,
होने दो पैदा मद का महमूद, जगत में कोई, फिर,
जहाँ अभी है मन्दिर-मस्जिद, वहाँ बनेगी मधुशाला।
57. कभी नहीं सुन पड़ता, 'इसने, हा, छू दी मेरी हाला,
कभी न कोइ कहता, 'उसने, जूठा कर डाला प्याला,
सभी जाति के लोग यहाँ पर, साथ बैठकर पीते हैं,
सौ सुधारकों का करती है, काम अकेली मधुशाला।
58. श्रम, संकट, संताप सभी तुम, भला करते पी हाला,
सबक बड़ा तुम सीख चुके यदि, सीखा रहना मतवाला,
व्यर्थ बने जाते हो हरिजन, तुम तो मधुजन ही अच्छे,
ठुकराते हरि-मन्दिर वाले, पलक बिछाती मधुशाला।
62. आज मिला अवसर, तब फिर क्यों, मैं न छकूँ जी भर हाला,
आज मिला मौका, तब फिर क्यों, ढाल न लूँ जी भर प्याला,
छेड़-छाड़ अपने साकी से, आज न क्यों जी भर कर लूँ
एक बार ही तो मिलनी है, जीवन की यह मधुशाला।
104. नहीं चाहता, आगे बढ़कर, छीनूँ ओरों का प्याला,
नहीं चाहता, धक्के देकर, छीनूँ औरों का प्याला,
साकी, मेरी ओर न देखो, मुझको तनिक मलाल नहीं,
इतना ही क्या कम आँखों से, देख रहा हूँ मधुशाला।
124. कहाँ गया वह स्वर्गिक साकी, कहाँ गई सुरभित हाला,
कहाँ गया स्वप्निल मदिरालय, कहाँ गया स्वर्णिम प्याला,
पीने वालों ने मदिरा का, मूल्य, हाय, कब पहचाना?
फूट चुका जब मधु का प्याला, टूट चुकी जब मधुशाला।
125. अपने युग में सबको अनुपम, ज्ञात हुई अपनी हाला,
अपने युग में सबको अद्भुत, ज्ञात हुआ अपना प्याला,
फिर भी वृद्धों से जब पूछा, एक यही उत्तर पाया-
अब न रहे वे पीनेवाले, अब न रही वह मधुशाला।
126. "मैं" को करके शुद्ध दिया, अब नाम गया उसको "हाला",
"मीना" को "मधुपात्र" दिया, "सागर" को नाम गया "प्याला",
क्यों न मौलवी चौंकें, बिचकें, तिलक-त्रिपुंडी पंडित जी,
"मैं-महफिल" अब अपना ली है, मैंने करके "मधुशाला"।
128. जितनी दिल की गहराई हो, उतना गहरा है प्याला,
जितनी दिल की मादकता हो, उतनी मादक है हाला,
जितनी उर की भावुकता हो, उतना सुन्दर साकी है,

जितना ही जो रसिक, उसे है, उतनी रसमय मधुशाला।

134. विश्व तुम्हारे विषमय जीवन, में ला पायेगी हाला,
यदि थोड़ी सी भी यह मेरी, मदमाती साकी बाला,
शून्य तुम्हारी घड़ीयाँ कुछ भी, यदि यह गुंजित कर पाई,
जन्म सफल समझेगी अपना, जग में मेरी मधुशाला।

नई रूबाई (1985)

देश दुश्मनों ने जब हम में, जहर फूट का था डाला,
भूल गये जो तब टूटी थी, लाखों प्यालों की माला?
सीख सबक उस कटु अनुभव से, अब हमने है क़स्द लिया,
फिर न बटेंगे पीने वाले, फिर न बँटेगी मधुशाला।

रविवार, 23 नवंबर 2003 ई0

पूर्ण सूर्यग्रहण जिसकी अवधि एक मिनट 57 सेकंड थी. यह सिर्फ़ पूर्वी अंटार्कटिका में दिखाई दिया था।

शनिवार, 2 अप्रैल 2005 ई0

जान पाल, द्वितीय की मृत्यु (ब्रह्मलीन)

इनके सार्वभौम विचार

"विश्व का रूपान्तरण तभी सम्भव है जब सभी राष्ट्र मान ले कि मानवता के सामने एक मात्र विकल्प शान्ति, परस्पर समभाव, प्रेम और एकजुटता है। भारतीय धर्मों के प्रतिनिधियों से मित्रवत् सूत्रपात होगा। तीसरी सहस्त्राब्दि में एशियाई भूमि पर ईसाइयत की जड़े मजबूत होंगी। इस सहस्त्राब्दि को मनाने का अच्छा तरीका वही होगा। कि हम धर्म के प्रकाश की ओर अग्रसर हो और समाज के प्रत्येक स्तर पर न्याय और समानता के बहाल के लिए प्रयासरत हो। हम सबको विश्व का भविष्य सुरक्षित रखने और उसे समृद्ध करने के लिए एकजुट होना चाहिए। विज्ञान और तकनीकी के क्षेत्र में प्रगति के साथ-साथ आध्यात्मिक उन्नति भी उतनी ही आवश्यक है। धर्म को कदापि टकराव का बहाना नहीं बनाना चाहिए-भारत को आशीर्वाद" (भारत यात्रा पर) साभार - अमर उजाला, इलाहाबाद, दि0 - 08-11-99

-पोप जान पाल, द्वितीय

बुधवार, 9 नवम्बर, 2005 ई0

के.आर.नारायणन की मृत्यु (ब्रह्मलीन)

इनके सार्वभौम विचार

"हमारी संस्कृति कभी एकात्म नहीं रही। भारतीय संस्कृति की विशेषता विभिन्न संस्कृतियों को स्वीकार करने और उनके प्रति रचनात्मक दृष्टिकोण अपनाने की रही है।'' साभार - आज, वाराणसी, दि0. 23-9-97

- श्री के0 आर0 नारायणन

बुधवार, 29 मार्च 2006 ई0

पूर्ण सूर्यग्रहण जिसकी अवधि 4 मिनट 7 सेकंड यह पूर्ण सूर्य ग्रहण नाइजीरिया, टोगो, ब्राज़ील, घाना, जॉर्जिया, दक्षिण पश्चिमी रूस और कज़ाक़स्तान में दिखाई दिया था।

रविवार, 8 जुलाई, 2007 ई0

चन्द्रशेखर की मृत्यु (ब्रह्मलीन)

इनके सार्वभौम विचार

"लोकनायक जयप्रकाश के सम्पूर्ण क्रान्ति का नारा साकार नहीं हुआ, वे लोक साहित्य को जिवित रखने का प्रयास कर रहे थे।" (लोकनायक जयप्रकाश नारायण जन्म शताब्दी समारोह, जय प्रकाश नगर, बलिया (उ0 प्र0), 11 अक्टूबर'2001)

-चन्द्रशेखर (पूर्व प्रधानमन्त्री, भारत)

बुधवार, 12 सितम्बर, 2007 ई0

"भारत के प्रत्येक नागरिक का यह कर्तव्य है कि वह भारत की संविधान की धारा 51 (ए) के अन्तर्गत बिना किसी जाति, वंश या मजहब के भेदभाव के गीता में दिये गये धर्म का पालन करें।" (एक जनहित याचिका पर उच्च न्यायालय, इलाहाबाद का फैसला) साभार - दी हिन्दू, चेन्नई, दि0 12 सितम्बर 2007

-माननीय न्यायमूर्ति श्री एस.एन. श्रीवास्तव, इलाहाबाद, उ0प्र0, भारत

"मुसलमानों के लिए कुरान और क्रिश्चियनों के लिए बाइबिल है। हर मजहब अपना अपना धर्म शास्त्र रखता है। इसलिए यह हम कैसे कह सकते हैं कि गीता सम्पूर्ण राष्ट्र के लिए है।" (एक जनहित याचिका पर उच्च न्यायालय, इलाहाबाद का फैसला) साभार - दी हिन्दू, चेन्नई, दि0 12 सितम्बर 2007 **- श्री एच.आर. भारद्वाज**

"भगवान शिव, हनुमान, दुर्गा ब्रह्माण्ड की अलौकिक शक्तियाँ। ये देवी-देवता किसी पंथ से जुड़े नहीं हैं। इसलिए इनके पूजन और मन्दिर के रखरखाव का खर्च, धार्मिक कृत्य नहीं।"

-आयकर अपीलीय न्यायाधिकरण (ट्रिब्यूनल), नागपुर, भारत

मंगलवार, 5 फरवरी, 2008 ई0

महर्षि महेश योगी की मृत्यु (ब्रह्मलीन)

महर्षि महेश योगी ने शंकराचार्य की मौजूदगी में रामेश्वरम् में 10 हजार बाल ब्रह्मचारियों को आध्यात्मिक योग और साधना की दीक्षा दी। हिमालय क्षेत्र में 2 वर्ष का मौन व्रत करने के बाद सन् 1955 ई. में उन्होंने "टी.एम. तकनीक (ट्रांसडेन्सल मेडिटेशन-भावातीत तकनीक)" की शिक्षा देना आरम्भ की। सन् 1957 में उनने टी.एम. आन्दोलन आरम्भ किया और इसके लिए विश्व के विभिन्न भागों का भ्रमण किया। महर्षि महेश योगी अपनी शिक्षाओं एवं अपने उपदेश के प्रसार के लिए आधुनिक तकनीकों का सहारा लिया। उन्होंने महर्षि मुक्त विश्वविद्यालय स्थापित किया जिसके माध्यम से आनलाइन शिक्षा दी जाती है। अपनी विश्व यात्रा की शुरूआत 1959 में अमेरिका से करने वाले महर्षि महेश योगी के दर्शन का मूल आधार था- "जीवन परमानन्द से भरपूर है और मनुष्य का जन्म इसका आनन्द उठाने के लिए हुआ है। प्रत्येक व्यक्ति में ऊर्जा, ज्ञान और सामथ्र्य का अपार भण्डार है तथा इसके सदुपयोग से वह जीवन को सुखद बना सकता है।" वर्ष 1990 में हालैण्ड के व्लोड्राप गाँव में ही अपनी सभी संस्थाओं का मुख्यालय बनाकर वह यहीं स्थायी रूप से बस गए और संगठन से जुड़ी गतिविधियों का संचालन किया। दुनिया भर में फैले लगभग 60 लाख अनुयाईयों के माध्यम से उनकी संस्थाओं ने आयुर्वेदिक चिकित्सा पद्धति और प्राकृतिक तरीके से बनाई गई कास्मेटिक हर्बल दवाओं के प्रयोग को बढ़ावा दिया।

महर्षि यूनिवर्सिटी आफ मैनेजमेन्ट (महर्षि प्रबन्धन विश्वविद्यालय) जो पूर्व में महर्षि अन्तर्राष्ट्रीय विश्वविद्यालय के रूप में जाना जाता था, 1973 में महर्षि महेश योगी द्वारा स्थापित किया गया है। परिसर फेयरफील्ड, आयोवा, संयुक्त राज्य अमेरिका के पूर्व पार्सन्स कालेज के परिसर में स्थित है। विश्वविद्यालय अलाभकारी है और मान्यता प्राप्त कालेजों और स्कूलों के उत्तर-मध्य एसोसिएशन के उच्च शिक्षा आयोग द्वारा पीएच.डी. स्तर तक मान्य है। विश्वविद्यालय चेतना के विकास पर आधारित शिक्षा देता है जो टी.एम. (ट्रान्सडेन्सियल मेडिटेशन) द्वारा कराया जाता है। डिग्री कार्यक्रम में कला, विज्ञान, व्यापार और मानविकी उपलब्ध हैं।

महर्षि योगी की मुद्रा "राम" को नीदरलैण्ड में कानूनी मान्यता प्राप्त है। "राम" नाम की यह मुद्रा में चमकदार रंगों वाले एक, पाँच और दस के नोट हैं। इस मुद्रा को महर्षि की संस्था "ग्लोबल कन्ट्री आफ वल्र्ड पीस" ने अक्टुबर 2002 में जारी किया था। डच सेन्ट्रल बैंक के अनुसार राम का उपयोग कानून का उल्लंघन नहीं है। बैंक के प्रवक्ता ने स्पष्ट किया कि इसके सीमित उपयोग की अनुमति दी गई है। अमरीकी राज्य आइवा के महर्षि वैदिक सिटी में भी राम का प्रचलन है। वैसे 35 अमरीकी राज्यों में "राम" पर आधारित बान्ड्स चलते हैं। नीदरलैण्ड की डच दुकानों में एक "राम" के बदले दस यूरो मिल सकते हैं। डच सेन्ट्रल बैंक के प्रवक्ता का कहना है कि इस वक्त कोई एक लाख राम नोट चल रहें हैं।

रविवार, 8 जून, 2008 ई0

शासन में फैले भ्रष्टाचार के खिलाफ छात्र आगे आएं। शिक्षा का स्वदेशी माडल चाहिए। (गुरूकुल कांगड़ी विश्वविद्यालय के दीक्षांत समारोह में) साभार - दैनिक जागरण, वाराणसी, दि0 8-06-2008

-लाल कृष्ण आडवाणी

शुक्रवार, 1 अगस्त, 2008 ई0

पूर्ण सूर्यग्रहण जिसकी अवधि 2 मिनिट 27 सेकंड यह सिर्फ़ सुमात्रा और जकार्ता में देखा जा सका था।

बृहस्पतिवार, 27 नवम्बर, 2008 ई0

विश्वनाथ प्रताप सिंह की मृत्यु (ब्रह्मलीन)

इनके सार्वभौम विचार

विश्वनाथ प्रताप सिंह, सामाजिक न्याय के लिए ऐतिहासिक रूप से अन्य पिछड़े वर्गों के लिए सार्वजनिक क्षेत्र के सभी नौकरियों में मण्डल आयोग के सिफारिशों को लागू कराने के लिए आन्दोलन किये, जो पूरे देश में काफी विरोध के बाद लागू हुआ।

मंगलवार, 27 जनवरी, 2009 ई0

आर.वेंकटरामन की मृत्यु (ब्रह्मलीन)

इनके सार्वभौम विचार

"भारत के लिए फ्रांस की राष्ट्रपति प्रणाली ज्यादा उपयुक्त" साभार - दैनिक जागरण, वाराणसी, दि0-13-7-98

- श्री आर0 वेंकटरामन

बुधवार, 22 जुलाई. 2009 ई0

पूर्ण सूर्यग्रहण जिसकी अवधि 6 मिनिट 39 सेकंड यह मध्य और उत्तरपूर्वी भारत में देखा जाएगा। इसके अलावा भूटान, चीन, म्यामार में देखा जा सकेगा. सबसे लंबे समय के लिये यह बिहार के तरेगना में दिखाई देगा। 22 जुलाई 2009 के पूर्ण सूर्य ग्रहण की ख़ास बात ये है कि ये दो चंद्र ग्रहणों के बीच आया है, 7 जुलाई और 6 अगस्त को चंद्रग्रहण हुआ था। अब इस तरह का लंबा सूर्य ग्रहण अब जून 2114 में ही दिखाई देगा।

शनिवार, 27 फरवरी 2010 ई0

नानाजी देशमुख का निधन चित्रकूट में 27 फरवरी 2010 को हो गया। नानाजी ने 95 वर्ष की उम्र में देश के पहले ऐसे व्यक्ति थे जिन्होंने अपना शरीर मेडिकल शोध के लिए दान करने की इच्छा जताई।

नानाजी ने दीनदयाल शोध संस्थान की स्थापना की और उसमें सेवा दी। उन्होंने चित्रकूट में चित्रकूट ग्रामोदय विश्वविद्यालय की स्थापना की। यह भारत का पहला ग्रामीण विश्वविद्यालय है और वे इसके पहले कुलाधिपति थे।

दीनदयाल शोध संस्थान

पं0 दीनदयाल उपाध्याय प्रणीत एकात्म मानववाद को मूर्त रूप दने के लिए नानाजी ने 1972 में नई दिल्ली में दीनदयाल शोध संस्थान की स्थापना की। यह दर्शन समाज के प्रति मानव की समग्र दृष्टि पर आधारित है जो भारत को आत्मनिर्भर बना सकता है। नानाजी देशमुख ने एकात्म मानववाद के आधार पर ग्रामीण भारत के विकास की रूपरेखा रखी। शुरूआती प्रयोगों के बाद उत्तर प्रदेश के गोंण्डा ओर महाराष्ट्र के बीड में नानाजी ने गांवों में स्वास्थ्य, सुरक्षा, शिक्षा, कृषि, आय अर्जन, संसाधनों के संरक्षण, सामाजिक विवेक के विकास के लिए एकात्म कार्यक्रम की शुरूआत की, पूर्ण परिवर्तन का आधार लोक सहयोग और सरकार है।

चित्रकूट परियोजना या आत्म निर्भरता के लिए अभियान की शुरूआत 26 जनवरी 2005 में चित्रकूट के आस-पास हुई, जो उत्तर प्रदेश और मध्य प्रदेश की सीमा पर स्थित है। इस परियोजना का उद्देश्य 2005 तक इन गांवों में आत्म निर्भरता हासिल करना था। परियोजना 2010 में पूरी हुई। परियोजना से उम्मीद जगी कि इसके आस-पास के 500 गांवों को आत्म निर्भर बनाया जाय जो भारत और दुनिया के लिए आदर्श बन सकता है। इस संस्थान की मदद से सैकड़ों गांवों को मुकदमा मुक्त और विवाद सुलझाने का आदर्श बनाया गया।

मंगलवार, 9 नवम्बर, 2010 ई0

एशिया अथवा पूरी दुनिया में भारत एक उभरता हुआ देश भर नहीं है, बल्कि यह पहले से उभर चुका है और मेरा यह दृढ़ विश्वास है कि भारत और अमेरिका के बीच सम्बन्ध, जो साझा हितों और मूल्यों से बंधे हैं, 21वीं शताब्दी की सर्वाधिक निर्णायक साझोदारीयों में से एक है। मैं इसी साझेदारी के निर्माण के लिए यहाँ आया हूँ। यह वह सपना है जिसे हम मिलकर साकार कर सकते हैं। साझा भविष्य के प्रति मेरे विश्वास का आधार भारत के समृद्ध अतीत के प्रति मेरे सम्मान पर आधारित है। भारत वह सभ्यता है जो हजारों वर्षों से दुनिया की दिशा तय कर रही है। भारत ने मानव शरीर के रहस्यों से परदा उठाया। यह कहना अतिशयोक्ति न होगी कि हमारे आज के सूचना युग की जड़ें भारतीय प्रयोगों से संबद्ध है, जिनमें शून्य की खोज शामिल है। भारत ने न केवल हमारे दिमाग को खोला बल्कि हमारे नैतिक कल्पना को भी विस्तारित किया। मैं संयुक्त राष्ट्र सुरक्षा परिषद् का पुनर्गठन चाहूँगा, जिसमें भारत स्थायी सदस्य के रूप में मौजूद रहे।

विश्व में भारत सही स्थान हासिल कर रहा है, ऐसे में हमें दोनों देशों की साझेदारी को इस सदी की महत्वपूर्ण साझेदारी में परिवर्तन करने का ऐतिहासिक अवसर मिला है। चूँकि 21वीं सदी में ज्ञान ही मुद्रा है, इसलिए हम छात्रों, कालेजों और विश्वविद्यालयों में विनिमय को बढ़ावा देंगे।

व्यापक रूप में भारत और अमेरिका एशिया में साझेदार के तौर पर काम कर सकते हैं। दक्षिण पूर्व एशिया में आपके सहयोगियों की तरह हम भारत को लुक ईस्ट की नीति तक सीमित नहीं रखना चाहते, बल्कि हम चाहते हैं कि भारत पूर्वी एशिया में सक्रिय भूमिका निभाए। यह भारत की कहानी है। यही अमेरिका की भी कहानी है कि मतभेदों के बावजूद लोग मिलजुल कर काम कर सकते हैं। इस साझेदारी ने ही हमें वैश्विक विश्व में अद्भुत स्थान प्रदान किया है, हम स्वीकार सकते हैं कि हम एक साथ मिलकर क्या हासिल कर सकते हैं।, धन्यवाद, जय हिन्द, भारत व अमेरिका के बीच साझेदारी हमेशा बनी रहे।" (भारत यात्रा पर भारतीय संसद के सयुक्त सत्र में सम्बोधन का अंश) साभार - दैनिक जागरण, वाराणसी, दि0 9 नवम्बर 2010

-बराक ओबामा

बुधवार, 10 नवम्बर, 2010 ई0

विश्वविद्यालयों में सिर्फ परीक्षाओं में ही नहीं, शोध कार्यों में भी नकल का बोलबाला है, कोई भी विश्वविद्यालय ऐसा नहीं जिसके किसी शोध को अन्तर्राष्ट्रीय तो क्या, राष्ट्रीय स्तर पर भी मान्यता मिली हो। (लखनऊ में आयोजित 21 राज्य विश्वविद्यालयों व अन्य के कुलपतियों के सम्मेलन में) साभार - दैनिक जागरण, वाराणसी, दि0 10 नवम्बर 2010

-बी.एल.जोशी

मंगलवार, 30 नवम्बर 2010 ई0

राजीव दीक्षित की मृत्यु (ब्रह्मलीन)

इनके सार्वभौम विचार

राजीव दीक्षित ने 20 वर्षों में लगभग 12000 से अधिक व्याख्यान दिये। भारत में 5000 से अधिक विदेशी कम्पनियों के खिलाफ उन्होंने स्वदेशी आन्दोलन की शुरुआत की। उन्होंने 9 जनवरी 2009 को भारत स्वाभिमान ट्रस्ट का दायित्व सँभाला।

एक आकर्षक, निर्भिक, सत्य स्वरूप, ज्ञानी, बालमन व्यक्तित्व। जिन्होंने अपने जीवन के कम समय में ही बहुत सारे अलग-अलग विषयों से सम्बन्धित सत्य विचार व्यक्त कर दिये। स्वदेश व स्वाभिमान के लिए उनका जीवन समर्पित था। आयें और अपना कर्तव्य पूरा किये।

1. उनका कहना था कि बहुत कम लोग जानते हैं कि प्रधानमंत्री बनने गईं श्रीमती सोनिया गाँधी, राष्ट्रपति भवन से निकलते ही त्यागमूर्ति कैसे बन गईं। भारत के संविधान के अनुसार भारत देश में जन्म न लेने वाले किसी व्यक्ति के प्रधानमंत्री बनने पर सेना उसके आदेश को मानने के लिए बाध्य नहीं हैं। ऐसा तत्कालीन राष्ट्रपति श्री ए.पी.जे.अब्दुल कलाम जी ने उन्हें बताया था। और प्रधानमंत्री बनने गईं श्रीमती सोनिया गाँधी, राष्ट्रपति भवन से निकलते ही त्यामूर्ति बन गईं। और श्री मनमोहन सिंह जी को वो प्रधानमंत्री बना दीं। त्यागमूर्ति भी बन गईं और श्रीमती इन्दिरा गाँधी हत्या काण्ड के समय से कांग्रेस से नाराज सिख समुदाय भी खुश हो गया।
2. उनका कहना था कि एक प्रधानमंत्री (नाम नहीं लिये थे) जी से मैंने यह कहा कि अनेक प्रकार के टैक्स लगाने से अच्छा है कि देश के नाम पर जनता से दान माँग लिया जाय। भारत की जनता इस प्रवृत्ति की है कि आपके टैक्स वसूली से ज्यादा आपको दान दे देगी। वैसे भी देश पर आये विपत्ति के समय सरकार से पहले और सरकार से ज्यादा तो जनता और व्यावसायिक संगठन पहुँचती भी है और देती भी है। तो उन प्रधानमंत्री जी का सीधा जबाब था कि तब हम उन पर डण्डा कैसे चलायेगें? डण्डा चलाने के लिए ये सब टैक्स आवश्यक है।
3. उनका कहना था कि मेरे एक मित्र मुम्बई के हैं जिनका व्यवसाय बहुत बड़ा है और वे 30 सी.ए. (चार्टड एकाउण्टेन्ट) टैक्स बचाने के लिए लगा रखे थे। मैंने उनसे कहा कि ये 30 सी.ए. पर जितना खर्च आ रहा है उससे तो अच्छा ये है कि टैक्स ही दे दिया जाये। तो मेरे व्यवसायी मित्र ने कहा कि ये 30 सी.ए. को जो मैं दे रहा हूँ वो उनके मेहनत का है पर जो टैक्स चला जायेगा वो उनके पास जायेगा जो हमारे ही दिये पैसे पर ऐश करते हैं।

रविवार, 26 दिसम्बर, 2010 ई0

विश्व एक परिवार है न कि बाजार। भारतीय मानकों में गुरू-शिष्य परम्परा की अवधारणा को मजबूती देने की जरूरत है। शैक्षणिक संस्थानों में नई चेतना, विचारधारा निकालनी होगी जिससे सामाजिक व राष्ट्रीय उत्थान को बल मिले। शान्ति, मूल्यों की शिक्षा ही आज की आवश्यकता है। महामना की सोच मानवीय मूल्य के समावेश वाले युवाओं के मस्तिष्क का विकास था, चाहे वह इंजिनियर हो, विज्ञान या शिक्षाविद्। यहाँ के छात्र दुनिया में मानवीय मूल्य के राजदूत बनें ताकि देश में नम्बर एक बना बी.एच.यू. अब दुनिया के लिए आदर्श बने। इस विश्वविद्यालय (बी.एच.यू.) सरीखा दूसरा कोई उत्कृष्ट संस्थान ही नहीं जहाँ संयुक्त राष्ट्र संघ द्वारा यूनेस्को चेयर फार पीस एंड इंटरकल्चर अंडरस्टैण्डिंग की स्थापना हुई। विश्वविद्यालय का दक्षिणी परिसर मुख्य परिसर की सिर्फ कापी भर नहीं है, बल्कि यह तो भविष्य में "नये विश्वविद्यालय का रूप लेगा" साभार - दैनिक जागरण, वाराणसी, दि0 26 दिसम्बर, 2010

-डा0 कर्ण सिंह

वैदिक काल से भारत के ज्ञान-विज्ञान एवं सत्य-अहिंसा के सिद्धान्तों का पूरा विश्व लोहा मानता आ रहा है। वर्तमान में उच्च कोटि के डाक्टर, इंजिनियर और सूचना विज्ञान के विशेषज्ञ पूरे विश्व में अपनी प्रतिभा के दम पर छाये हुये हैं। आर्थिक महाशक्ति के रूप में भारत की पहचान बन रही है। इन्हीं खूबियों के बूते भारत और सनातन धर्म फिर से विश्व गुरू की पदवी हासिल करेगा। (गाँधी विद्या संस्थान, वाराणसी में) साभार-दैनिक जागरण, वाराणसी, दि0 26 दिसम्बर, 2010

-गिरधर मालवीय

सन् 2011 से सन् 2015

इस दशक की मुख्य्र विशेषता

तकनीकी के आविष्कार से दूरदर्शन के अनेक चैनल और अधिक क्षमता के कम्प्यूटर का भारत में व्यापक विस्तार और जनता के सम्पर्क में आना

इन्टरनेट (INTERNET) का भारत में व्यापक विस्तार और जनता के सम्पर्क में आना

मोबाइल (CELL PHONE) के स्थान पर अधिक क्षमता के स्मार्ट मोबाइल (SMART CELL PHONE) का भारत में व्यापक विस्तार और जनता के सम्पर्क में आना

दूरदर्शन और इन्टरनेट नेटवर्क के व्यापक विस्तार से समाचार (NEWS CHANNEL), सामाजिक सम्पर्क (SOCIAL MEDIA) और विचार व्यक्त करने की व्यापक स्वतन्त्रता का विकास

धार्मिक, राजनीतिक, सामाजिक और वैयक्तिक व्यवहार में उपरोक्त तकनीकी का व्यापक प्रयोग

विचार व्यक्त करने की व्यापक स्वतन्त्रता के कारण प्रत्येक व्यक्ति ही विचारक बन गया परन्तु व्यष्टि (व्यक्तिगत) विचार और समष्टि (संयुक्त) विचार में अन्तर के ज्ञान का अभाव

धर्म ज्ञान (आध्यात्मिक सत्य शिक्षा) का व्यापार और धर्म (आस्था) का व्यापार के स्पष्टीकरण के विवेक के विकास से व्यक्तिवादी सोच के तथाकथित धर्म गुरूओं के कर्म सार्वजनिक होना प्रारम्भ हो गया था। ऐसे लोगों पर कानूनी कार्यवाही प्रारम्भ हो चुकी थी। परिणामस्वरूप ये स्पष्ट हो चुका था-

भक्त वही
जो भगवान को बेच सके
चेला वही
जो गुरू से कुछ ले सके
संत वही
जो समाज को कुछ दे सके
अवतार वही
जो पृथ्वी की आवाज सुन सके।

अन्य घटना क्रम

जनवरी, 2011 ई0

पश्चिम जगत ने भौतिक जगत की सुख-सुविधाओं के लिए विश्व को बहुत कुछ दिया है। अब हमारी बारी है। उन्हें इसके एवज में कुछ चुकाने का समय है। हम उन्हें शान्ति व जीवन के लक्ष्य बारे में ज्ञान दें। शून्य आत्मसात् करने से बोधिसत्व की प्राप्ति सम्भव। भारत में आध्यात्मिकता का बोलबाला हजारों सालों से है इसके बावजूद भी यहाँ किसी भी धर्म को छुये बिना नैतिक मूल्यों की शिक्षा धर्म निरपेक्ष रूप से विकसित हुई है। यह

आधुनिक युग में विश्व को भारत की सबसे बड़ी देन है। आज विश्व को ऐसे ही धर्मनिरपेक्ष नैतिक मूल्यों की शिक्षा की सख्त जरूरत है। बीसवीं सदी रक्तपात की सदी थी। 21वीं सदी संवाद की सदी होनी चाहिए। इससे कई समस्यायें अपने आप समाप्त हो जाती है। दुनिया में ऐसे लोगों की संख्या बहुत अधिक है जो किसी धर्म में विश्वास नहीं करते हैं इसलिए यह जरूरी है कि सेक्यूलर इथिक्स (धर्मनिरपेक्ष नैतिकता) को प्रमोट (बढ़ाना) करें जो वास्तविक और प्रैक्टिकल एप्रोच (व्यावहारिक) पर आधारित हो। धार्मिक कर्मकाण्डों के प्रति दिखावे का कोई मतलब नहीं है। आधुनिक शिक्षा व्यवस्था में मानव मूल्यों का अभाव है। यह सिर्फ मस्तिष्क के विकास पर जोर देती है। हृदय की विशालता पर नहीं। करूणा तभी आयेगी जब दिल बड़ा होगा। दुनिया के कई देशों ने इस पर ध्यान दिया है। कई विश्वविद्यालयों में इस पर प्रोजेक्ट चल रहा है*।(सम्पूर्णानन्द संस्कृत विश्वविद्यालय, वाराणसी में "21वीं सदी में शिक्षा" विषय पर बोलते हुये। इस कार्यक्रम में केंन्द्रीय तिब्बती अध्ययन विश्वविद्यालय, सारनाथ, वाराणसी के कुलपति पद्मश्री गेशे नवांग समतेन, पद्मश्री प्रो.रामशंकर त्रिपाठी, महात्मा गाँधी काशी विद्यापीठ, वाराणसी के कुलपति प्रो. अवधराम, दीन दयाल उपाध्याय विश्वविद्यालय, गोरखपुर के पूर्व कुलपति प्रो. वेणी माधव शुक्ल, सम्पूर्णानन्द संस्कृत विश्वविद्यालय, वाराणसी के पूर्व कुलपति प्रो. अभिराज राजेन्द्र मिश्र और वर्तमान कुलपति प्रो. वी.कुटुम्ब शास्त्री, प्रति कुलपति प्रो.नरेन्द्र देव पाण्डेय, प्रो. रमेश कुमार द्विवेदी, प्रो. यदुनाथ दूबे इत्यादि उपस्थित थे।)* साभार - दैनिक जागरण व हिन्दुस्तान, वाराणसी, दि0 15, 17 व 18-01-2011 **-दलाई लामा**

रविवार, 13 मार्च, 2011 ई0

पिछली सदी में राष्ट्रवाद की अवधारणा काफी प्रबल रही। यह अलग बात है कि सदी के बीच में ही परस्पर अंतर निर्भरता ने विश्वग्राम की चेतना को जन्म दिया। इस चेतना ने राष्ट्रवाद की अवधारणा को काफी हद तक बदल दिया है। आज निरपेक्ष व सम्पूर्ण संप्रभुता का युग समाप्त हो गया है। राजनीतिक प्रभुता को भी विश्व के साथ जोड़ दिया है। आज मामले अन्तर्राष्ट्रीय न्यायालय को सौंपे जा रहे हैं। मानवाधिकारों के नये मानक लागू हो रहे हैं। इन सबसे ऐसा लगता है जैसे राज्यों का विराष्ट्रीकरण हो रहा है। आज समस्याएं राष्ट्रीय सीमाओं के बाहर चली गई है। महामारी, जलवायु परिवर्तन, आर्थिक संकट आदि पूरे विश्व को प्रभावी कर रहा है। इनका हल वैश्विक स्तर पर बातचीत व सहयोग से ही संभव है। इसको देखते हुए हमें राष्ट्रवाद व अन्तर्राष्ट्रीयतावाद के विषय में गंभीरता से विचार करने की जरूरत है। इन स्थितियों को देखते हुए नई सदी में विज्ञान, प्रौद्योगिकी व नवप्रवर्तन राष्ट्र की सम्पन्नता के लिए खासे महत्वपूर्ण साबित होंगे। छात्रों से इस दिशा में प्रयास करने व लीक से हटकर नया सोचने काआह्वान करता हूँ। (बी.एच.यू के 93वें दीक्षांत समारोह व कृष्णमूर्ति फाउण्डेशन, वाराणसी में बोलते हुए) साभार - दैनिक जागरण, वाराणसी, दि0 13 मार्च, 2011 **-श्री हामिद अंसारी**

विज्ञान व आध्यात्म में काफी समानताएं हैं और दोनों के लिए अनुशासन सबसे ज्यादा जरूरी है। इन दोनों का मानव के विकास में भारी योगदान है। जब तक ये एक साथ मिलकर काम नहीं करेंगे उनका पूरा लाभ हासिल नहीं किया जा सकता। विश्वविद्यालय समाज के लिए उपयोगी अनुसंधान पर जोर दें ताकि उनका लाभ जनता व देश को हो। ज्ञान के लिए शिक्षा अर्जित की जानी चाहिए और देश के युवाओं के विकास के लिए शिक्षा पद्धति में समग्र दृष्टिकोण अपनाया जाना जरूरी है। इसका मकसद युवाओं को बौद्धिक और तकनीकी दृष्टि से सक्षम बनाना होना चाहिए। (विज्ञान व आध्यात्मिक खोज पर राष्ट्रीय सम्मेलन, नई दिल्ली के उद्घाटन में बोलते हुए) साभार - हिन्दुस्तान, वाराणसी, दि0 13 मार्च, 2011 **-श्रीमती प्रतिभा पाटिल**

अक्टुबर, 2011 ई0

वर्तमान समय में देश स्तर पर व्यवस्था परिवर्तन की चर्चा बहुत अधिक हो रही है। इसमें मेरे विचार से सर्वप्रथम आरक्षण के मापदण्ड पर पुनः विचार करने का समय आ गया है। देश के स्वतन्त्रता के समय जातिगत आरक्षण की आवश्यकता थी और वह सीमित समय के लिए ही लागू किया गया था परन्तु राजनीतिक लाभ के कारणों से वह वर्तमान तक लागू है। हम समाज से मनुवादी व्यवस्था को समाप्त करने की बात करते हैं परन्तु एक तरफ आज समाज इससे धीरे-धीरे मुक्त हो रहा है और दूसरी तरफ संविधान ही इसका समर्थक बनता जा रहा है।

ऐसी स्थिति में आरक्षण व्यवस्था का मापदण्ड जाति आधारित से शारीरिक, आर्थिक और मानसिक आधारित कर देनी चाहिए जो धर्मनिरपेक्ष और सर्वधर्मसमभाव भी है और लोकतन्त्र का धर्म भी धर्मनिरपेक्ष और सर्वधर्मसमभाव है

मेरे विचार में व्यवस्था परिवर्तन का दूसरा आधार युवाओं को अधिकतम अधिकार से युक्त करने पर विचार करने का समय आ गया है। देश में 18 वर्ष के उम्र पर वोट देने का अधिकार तथा विवाह का उम्र लड़कों के लिए 21 वर्ष तथा लड़कियों के लिए 18 वर्ष तो कर दिया गया है परन्तु उन्हें पैतृक सम्पत्ति सम्बन्धी अधिकार अभी तक नहीं दिया गया है। इसलिए उत्तराधिकार सम्बन्धी अधिनियम की भी आवश्यकता आ गयी है। जिसमें यह प्राविधान हो कि 25 वर्ष की अवस्था में उसे पैतृक सम्पत्ति अर्थात् दादा की सम्पत्ति जिसमें पिता की अर्जित सम्पत्ति शामिल न रहे, उसके अधिकार में हो जाये।

किसी भी विचार पर किया गया आदान-प्रदान ही व्यापार होता है और यह जितनी गति से होता है उतनी ही गति से व्यापार, विकास और विनाश होता है। देश के विकास के लिए धन के आदान-प्रदान को तेज करना पड़ेगा और ऐसे सभी बिन्दुओं का पहचान करना होगा जो धन के आदान-प्रदान में बाधा डालती है। इसलिए कालेधन का मुद्दा अहम मुद्दा है। ऐसे प्राविधान की आवश्यकता है कि जिससे यह धन देश के विकास में लगे।

विभिन्न प्रकार के अनेकों साहित्यों से भरे इस संसार में यह भी एक समस्या है कि हम किस साहित्य को पढ़े जिससे हमें ज्ञान की दृष्टि शीघ्रता से प्राप्त हो जाये। "विश्वशास्त्र" इस समस्या को हल करते हुए एक ही संगठित पुस्तक के रूप में उपलब्ध हो चुका है। यह इस सत्यकाशी क्षेत्र की एक महान और ऐतिहासिक उपलब्धि है जिसके कारण यह क्षेत्र सदैव याद किया जायेगा। **-यदुनाथ सिंह, पूर्व विधायक चुनार, उ0प्र0**

रविवार, 27 नवम्बर, 2011 ई0

शिक्षा का नया माडल विकसित करना होगा। पिछले 25 वर्षों से हम अमीर लोगों की समस्या सुलझा रहे हैं। अब हमें गरीबों की समस्या सुलझाने का नैतिक दायित्व निभाना चाहिए। देश में 25 वर्ष से कम उम्र के 55 करोड़ लोग हैं। हमें सोचना होगा कि हम उन्हें नौकरी और प्रशिक्षण कैसे देंगे। भौतिकी, रसायन, गणित जैसे पारम्परिक विषयों को पढ़ने का युग समाप्त हो गया। अब तो हमें रचनात्मकता, समन्वय, लीडरशिप, ग्लोबल तथा प्रोफेशनल विषयों को पढ़ने तथा सूचना तकनीक के जरिए पढ़ाई पर ध्यान केन्द्रित करने की जरूरत है। हमारे देश में जो अध्यापक हैं, वे शोध नहीं करते और जो शोध करते हैं वे पढ़ाते नहीं। हमें पूरी सोच को बदलनी है। साभार - हिन्दुस्तान, वाराणसी संस्करण,27 नवम्बर, 2011 **-सैम पित्रोदा**

सन् 2001 ई0 से सन् 2011 ई0 तक

-भारत का मध्यम स्वतन्त्रता-आर्थिक व मानसिक स्वतन्त्रता का समय।

-भारत के मध्यम स्वतन्त्रता-आर्थिक व मानसिक स्वतन्त्रता का निर्बाध रूप से परतन्त्रता की ओर बढ़ना।

-भारत में गठबन्धन आधारित "राष्ट्रीय जनतान्त्रिक गठबन्धन" का साझा सरकार।

-श्री लव कुश सिंह "विश्वमानव" द्वारा इस काल में पूर्व में लिखित सभी लेखों का कम्प्यूटर टाइपिंग, सुधार, "विश्वशास्त्र" के रूप में संगठित करने का कार्य चलता रहा। साथ ही भारत व विश्व के राजनेता व आध्यात्मिक नेताओं के क्रियाकलाप व वक्तव्य पर ध्यान केन्द्रित कर समाचार पत्रों द्वारा उनका संग्रह करने का कार्य चलता रहा।

रविवार, 29 जनवरी, 2012 ई0

"गीता धर्मिक ग्रन्थ नहीं, जीवन दर्शन है जिससे नागरिकता का प्रशिक्षण मिलता है। गीता से न्यायायिक नियंत्रण और सामाजिक सौहार्द का सन्देश भी हासिल होता है।" साभार - दैनिक जागरण, वाराणसी, दि0 29 जनवरी, 2012 **-मध्य प्रदेश हाई कोर्ट, भारत**

"हिन्दुत्व पर व्यापक व्याख्या शुरू" (20 वर्ष से लंबित मामला) **-सुप्रीम कोर्ट, भारत**

सोमवार, 20 फरवरी, 2012 ई0

-भारत का मध्यम स्वतन्त्रता-आर्थिक व मानसिक स्वतन्त्रता का समय।

-भारत के मध्यम स्वतन्त्रता-आर्थिक व मानसिक स्वतन्त्रता का निर्बाध रूप से परतन्त्रता की ओर बढ़ना।

-भारत में गठबन्धन आधारित "राष्ट्रीय जनतान्त्रिक गठबन्धन" का साझा सरकार।

-श्री लव कुश सिंह "विश्वमानव" द्वारा विश्व, भारत व व्यक्ति की शान्ति, एकता व विकास के मार्ग के लिए विवशता की प्रतीक्षा

-सन् 1955 के बाद प्रथम बार महादेव शिवशंकर के दिन सोमवार और श्रावण नक्षत्र में महाशिवरात्रि का शुभ मुहूर्त।

बुधवार, 25 जुलाई, 2012 ई0

भारतवासियों के रूप में हमें भूतकाल से सीखना होगा, परन्तु हमारा ध्यान भविष्य पर केन्द्रित होना चाहिए। मेरी राय में शिक्षा वह मंत्र है जो कि भारत में अगला स्वर्ग युग ला सकता है। हमारे प्राचीनतम ग्रन्थों ने समाज के ढांचे को ज्ञान के स्तम्भों पर खड़ा किया गया है। हमारी चुनौति है, ज्ञान को देश के हर एक कोने में पहुँचाकर, इसे एक लोकतांत्रिक ताकत में बदलना। हमारा ध्येय वाक्य स्पष्ट है- ज्ञान के लिए सब और ज्ञान सबके लिए। मैं एक ऐसे भारत की कल्पना करता हूँ जहाँ उद्देश्य की समानता से सबका कल्याण संचालित हो, जहाँ केन्द्र और राज्य केवल सुशासन की परिकल्पना से संचालित हों, जहाँ लोकतन्त्र का अर्थ केवल पाँच वर्ष में एक बार मत देने का अधिकार न हो, बल्कि जहाँ सदैव नागरिकों के हित में बोलने का अधिकार हो, जहाँ ज्ञान विवेक में बदल जाये, जहाँ युवा अपनी असाधारण ऊर्जा तथा प्रतिभा को सामूहिक लक्ष्य के लिए प्रयोग करे। अब पूरे विश्व में निरंकुशता समाप्ति पर है, अब उन क्षेत्रों में लोकतन्त्र फिर से पनप रहा है जिन क्षेत्रों को पहले इसके लिए अनुपयुक्त माना जाता था, ऐसे समय में भारत आधुनिकता का मॉडल बनकर उभरा है। जैसा कि स्वामी विवेकानन्द ने अपने सुप्रसिद्ध रूपक में कहा था कि- भारत का उदय होगा, शरीर की ताकत से नहीं, बल्कि मन की ताकत से, विध्वंस के ध्वज से नहीं, बल्कि शांति और प्रेम के ध्वज से। अच्छाई की सारी शक्तियों को इकट्ठा करें। यह न सोचें कि मेरा रंग क्या है- हरा, नीला अथवा लाल, बल्कि सभी रंगों को मिला लें और सफेद रंग की उस प्रखर चमक को पैदा करें, जो प्यार का रंग है।" (प्रथम भाषण का संक्षिप्त अंश) साभार - दैनिक जागरण, दि0 26.07.2012

- श्री प्रणव मुखर्जी, राष्ट्रपति, भारत

शनिवार, 15 सितम्बर, 2012 ई0

के. एस. सुदर्शन की मृत्यु (ब्रह्मलीन)

इनके सार्वभौम विचार

"हिन्दू चिन्तन पर आधारित नई आचार संहिता बने।" साभार - अमर उजाला, इलाहाबाद दि0 16-03-2000

-श्री के. एस. सुदर्शन, प्रमुख राष्ट्रीय स्वयं सेवक संघ

बुधवार, 21 नवम्बर, 2012 ई0

विश्वविद्यालय के कुलपतियों और शिक्षकों को शिक्षा का स्तर और उन्नत करना चाहिए। एक बार अपना दिल टटोलना चाहिए कि क्या वाकई उनकी शिक्षा स्तरीय है। हर साल सैकड़ों शोधार्थियों को पीएच.डी की उपाधि दी जा रही है, लेकिन उनमें से कितने नोबेल स्तर के हैं। साल में एक-दो शोध तो नोबेल स्तर के हों। (रूहेलखण्ड विश्वविद्यालय, बरेली, उ0प्र0, के दीक्षांत समारोह में) साभार-अमर उजाला, लखनऊ, दि021.11.2012

-श्री बी.एल. जोशी

मंगलवार, 18 दिसम्बर, 2012 ई0

श्री देवी प्रसाद दुआरी, नासा के खगोलविद् व कोलकाता (प0 बंगाल, भारत) स्थित एम.पी.बिड़ला प्लेनेटोरियम के निदेशक के अनुसार - 21 दिसम्बर, 2012 दुनिया का अंत नहीं बल्कि एक युग का अन्त और नये युग की शुरूआत है।

ज्योतिषाचार्य रामनरेश त्रिपाठी, इलाहाबाद के अनुसार - 23 दिसम्बर, 2012 की दोपहर एक बजे से राहु एवं केतु अपनी राशि बदलेंगे। दो विषम ग्रह राहु और शनि एक ही घर में बैठने जा रहे हैं। दोनों एक साथ कुल 18 महीने रहेंगे। ऐसा योग पूरे 147 वर्ष बाद बनने जा रहा है। यह योग सन् 1865 में बना था। 2012 के बाद

यह योग अब सन् 2161 में 194 साल बाद बनेगा। 147 वर्ष बाद बन रहे इस योग से राजनीतिक व सामाजिक दृष्टि से कई परिवर्तन होंगे।

ज्योतिषाचार्य रवि किशन मिश्रा, इलाहाबाद के अनुसार- कुंभ के अवसर पर शनि-राहु का योग पड़ना किस्मत में कई उलटफेर की ओर इशारा करता है। परोपकार करने वाले और सच्चे दिल वाले लोगों के लिए यह योग फलदायक होगा। साभार-दैनिक जागरण, वाराणसी, 18 दिसम्बर, 2012)

शुक्रवार, 21 दिसम्बर, 2012 ई0

-भारत का मध्यम स्वतन्त्रता-आर्थिक व मानसिक स्वतन्त्रता का समय।

-भारत के मध्यम स्वतन्त्रता-आर्थिक व मानसिक स्वतन्त्रता का निर्बाध रूप से परतन्त्रता की ओर बढ़ना।

-भारत में गठबन्धन आधारित "राष्ट्रीय जनतान्त्रिक गठबन्धन" का साझा सरकार।

-श्री लव कुश सिंह "विश्वमानव" द्वारा विश्व, भारत व व्यक्ति की शान्ति, एकता व विकास के मार्ग के लिए विवशता की प्रतीक्षा

-माया सभ्यता के कैलेण्डर का अन्त तिथि। बहुत अधिक चर्चित, भयावह और विभिन्न सकारात्मक और नकारात्मक भविष्यवाणियों के कारण विश्व के अधिकतम व्यक्तियों का ध्यान केन्द्रित करने वाला दिन।

-मायां कैलेण्डर व भविष्यवाणियाँ सन् 2012 को एक नये सृजन के रूप में लेता है, जब देवता लौटेंगे, एक पुर्नजन्म प्रकार का अनुभव, निरंतर जन उद्भव, चेतना का उदय, मृत्यु के बहुत पास तक जाने का अनुभव, पूरी दुनिया में आध्यात्मिक जागरण, पैरानारमल योग्यताओं में वृद्धि, मानवता की अगली उपजातियों का प्रकटीकरण, धरती की अन्तिम उम्मीद है। इसकी मानवता अपने पुराने खोल से निकलकर सहयोगी, टैलीपैथिक व करूणामयी धरती-प्रेमी के रूप में सामने आएगी।

-भविष्यवक्ता और मायां कैलेण्डर के व्याख्याकारगण विनाश और नवसृजन दोनों के रूप में व्यक्त किये थे।

शनिवार- रविवार, 23-24 फरवरी, 2013 ई0

23-24 फरवरी, 2013 को प्रसिद्ध शिक्षाविद् व वैज्ञानिक प्रो0 यशपाल के पहल पर गन्ना विकास संस्थान, लखनऊ (उ0प्र0) के कान्फ्रेन्स रूम में "अमर उजाला फाउण्डेशन" की प्रस्तुति "संवाद"आयेजित की गई थी। जिसमें शहर के वैज्ञानिक व बुद्धिजीवीयों ने अपने विचार व्यक्त किये थे।

"विज्ञान व समाजशास्त्र को दो खांचे में बाँटने के नुकसान हमने देखें हैं। अब इस बँटवारे की दीवार तोड़नी होगी। तरीका क्या हो? जरूरत क्यों है?" वैज्ञानिकों व बुद्धिजीवीयों के जेहन में कौंध रहे कुछ ऐसे ही सवालों की बहस का केन्द्र बना "अमर उजाला" का "संवाद" कार्यक्रम। इस कार्यक्रम में निम्नलिखित विचार व्यक्त हुये थे-

1. ज्ञान को सीमाओं और खांचों में बाँटना खतरनाक है।- "अमर उजाला" का "संवाद" का परिणाम

2. पेपर व सिलेबस बनावटी व्यवस्था है

डिसिप्लिन यानी अनुशासन के नाम पर ज्ञान की हमने दीवारें बना दी हैं। इसे पार पाना कठिन होता जा रहा है। विभाग बढ़ रहें हैं और शिक्षक और विभागाध्यक्ष भी। लेकिन आपस में संवाद नहीं हो रहा है। खुदा ने तो यह नहीं कहा था कि ज्ञान बढ़ेगा तो अनुशासन बढ़ेगा। बच्चे जैसे-जैसे बड़े हो रहे हैं उनके सवालों का इस विभाजन से दम घुट रहा है। केमिस्ट्री का बच्चा क्यों नहीं हिस्ट्री पढ़ सकता है। छात्र जो पढ़ना चाहता है उसे पढ़ने दो। ज्ञान में अनुशासन कैसा? यह तो ज्ञान की उपज है। अनुशासन की दीवारें तोड़ दें, तभी विचारों को नई दिशा मिलेगी। नियम-कायदें, व्यवस्था के लिए हैं। इसलिए ऐसे नियमों को तोड़ दें, जो विकास में बाधक है। जो सिस्टम रचनात्मकता को मार रहा है, ज्ञान का बँटवारा कर रहा है, उसके उनमुक्त प्रवाह को रोक रहा है, उसे तोड़ दो। पेपर व सिलेबस बनावटी व्यवस्था है। वह वास्तविक ज्ञान को नहीं आँक सकते। विश्वविद्यालय अध्ययन प्रणाली को विषय व संकाय की परिधि से बाहर निकालें। **-प्रो0 यशपाल (पूर्व चेयरमैन, यू0जी0सी0, भारत)**

3. माईंडसेट बदलना होगा

खांचों में बँटी विषयगत, प्राथमिक और उच्च शिक्षा में जुड़े शिक्षकों के प्रति अलग-अलग महत्व की समस्या दरअसल पूरी तरह से मानसिकता से जुड़ी हुई है। आज भी प्राथमिक शिक्षा, उच्च शिक्षा के मुकाबले उपेक्षात्मक भाव से देखी जाती है चाहे वह पहचान देने की बात हो या संसाधन की। यही स्थिति विश्वविद्यालय में शिक्षक के स्नातक कक्षाओं में पढ़ाने को लेकर भी है।

-प्रो0 रूपरेखा वर्मा (पूर्व कुलपति, लखनऊ विश्वविद्यालय)

4. एक्सीलेंस की हो पहचान

कई विषय ऐसे हैं जिनका अध्ययन, विकास एवं निष्कर्ष पूरी तरह से दूसरे विषयों से सम्बद्ध है। हम अंतर अनुशासनिक शोध एवं प्रयोग करते भी हैं लेकिन नीति निर्धारण अथवा प्रशासनिक स्तर पर कुछ ऐसा जरूर कर दिया जाता है कि हम आपस में मिलकर भी न मिल सकें। विषय के खांचें में फँसने से कहीं अधिक जरूरी है एक्सीलेंस की पहचान करना। **-डा0 पी. के. सेठ (सी.ई.ओ., बायोटेक पार्क)**

5. बदलनी होगी धारणा

जब हम कोई नई शुरूआत करते हैं तो अपने आप बाधाएँ खड़ी होने लगती हैं। अपने देश में स्वीकार होने के लिए वाया अमेरिका और जर्मनी आना पड़ता है। यह प्रवृत्ति बदलनी होगी। व्यक्ति को उसके कार्यों एवं सोच के आधार पर स्वीकारने एवं सराहना की खासा आवश्यकता है। तभी नये विचारों को बल मिलेगा।

-डा0 प्रदीप श्रीवास्तव (साइनटून के जनक)

6. एक-दूसरे के विश्वास की जरूरत

बुद्धिजीवीयों को पथ-प्रदर्शक होने का दावा करने से बचना होगा बल्कि उन्हें समाज में सहयोगी की भूमिका निभानी होगी। 1997 में राज्य शिक्षा नीति पर काम करने के दौरान मैंने पाया कि छात्र से लेकर मंत्री तक की एक ही शिकायत थी कि मेरी कोई सुनता नहीं है। हमें समाज से जुड़कर मुद्दों को देखना एवं समझना होगा तब हम ज्यादा प्रभावी हो सकेंगे। एक-दूसरे के सम्मान व विश्वास की जरूरत है।

-प्रो0 राकेश चन्द्रा (पूर्व अध्यक्ष, दर्शनशास्त्र विभाग, लखनऊ विश्वविद्यालय)

7. समाज से हो शोधों का जुड़ाव

हमारी समस्या है कि हमें दूसरे का काम अच्छा लगता है, अपना किया समझ में नहीं आता है। इसलिए विषयों के परम्परागत स्वरूप से आगे बढ़ने का साहस नहीं जुट पा रहा है। आज भी वैज्ञानिक शोधों का सामाजिक मुद्दों से सीधे जुड़ाव नहीं हो पा रहा है। शोधों को प्रभावी बनाने के लिए विज्ञान एवं समाज विज्ञान को मिलकर चलना व काम करना होगा। **-डा0 अंशुमाली शर्मा (संयोजक, चाइल्ड लाइन)**

8. विविधताओं वाले संस्थानों की जरूरत

भारत में विश्वविद्यालय की सही परिकल्पना साकार होने में अभी वक्त लगेगा। गिने-चुने विद्यालय ही हैं जहाँ डिसिप्लिन के बाहर पठन-पाठन की बात की जाती है। हमें खुलेपन एवं विविधता पूर्ण शिक्षण संस्थान की जरूरत है। खासकर शिक्षण-प्रशिक्षण प्रक्रिया में बड़े बदलाव की जरूरत है क्योंकि आज विद्यालय वह वधशालाएँ बन चुके हैं जहाँ बच्चों की जिज्ञासाओं का कत्ल किया जाता है।

-प्रो0 यू. सी. वशिष्ठ (पूर्व विभागाध्यक्ष, लखनऊ विश्वविद्यालय)

9. तो कैसे बढ़ेगी रचनात्मकता

हम आज तक विश्वविद्यालयों की समाज में वास्तविक भूमिका के साथ न्याय नहीं कर पाये हैं। ताज्जुब की बात यह है कि विश्वविद्यालय के आवश्यक कार्यों में पढ़ाई शामिल ही नहीं है। स्कूलों में भी शिक्षण का दायरा इतना सीमित है कि बच्चों में रचनात्मक सोच के विकास की गुंजाइश खत्म होती जा रही है।

-नवीन तिवारी (आर.टी.आई. एक्टिविस्ट)

10. केवल चकाचौंध से ही न जुड़े साइंस

विज्ञान एवं तकनीकी ने धमक एवं चकाचौंध तो पैदा की है लेकिन आम आदमी की समस्याओं के हल से अभी नहीं जुड़ सका है। हमें यह तय करना होगा कि धमक ही पैदा करनी है या बाधाएँ दूर करनी हैं। आई.टी

की खजड़ी तो चारों ओर बज रही है लेकिन हमारा सूचना विज्ञान आज भी बहुत कमजोर है। इस फासले को खत्म करना होगा। आइने की जगह चेहरे की धूल साफ करने की जरूरत है।

-प्रो0 भूमित्र देव (पूर्व कुलपति, आगरा, बरेली, गोरखपुर, मंगलयातन विश्वविद्यालय)

11. ट्रेंड तोड़ना होगा

विज्ञान एवं सामाजिक विज्ञानों को विषयगत खांचों एवं विभागों की दीवारों से बाहर निकालने की जरूरत है। विज्ञान का विद्यार्थी कला का विषय पढ़ना चाहता है तो उसे प्रोत्साहन तो दूर कक्षाओं में बैठना मुश्किल होता है। हम एक ऐसे परम्परागत सिस्टम में बँधे हैं जहाँ विद्यार्थी को अपने मन से पढ़ने के लिए कोई गुंजाइश ही नहीं है। इसके लिए विश्वविद्यालय का ढांचा बदलना जरूरी है।

-प्रो0 एम. पी. सिंह (पूर्व प्रतिकुलपति, लखनऊ विश्वविद्यालय)

12. यूनिवर्सिटी से अपेक्षाएँ तय करनी होगी

शिक्षण की गुणवत्ता महत्वपूर्ण प्रश्न है। शिक्षक के इंटेलिजेंसी का मूल्यांकन उसके भावनात्मक पहलू से भी होना जरूरी है। शिक्षक वह बेहतर है जो छात्र में विषय के प्रति रूचि पैदा करे। दुर्भाग्य से चयन प्रक्रिया की खामी के चलते बहुत से ऐसे लोग शिक्षक बन रहें हैं जो इसके लायक ही नहीं हैं। हमें विश्वविद्यालय से अपेक्षाएँ तय करनी होगी। इसे बहुत सारे आयामों में बाँधना भी एक समस्या है।

-डा0 एन. के. पाण्डेय (प्रोफेसर, भौतिकी विभाग, लखनऊ विश्वविद्यालय)

13. बदलाव की ओर बढ़ना होगा

खांचों में बँटा ज्ञान समाज एवं मानवता दोनों के लिए हितकर नहीं है। आज भी विश्वविद्यालय स्कूल बनाम विभाग की बहस में उलझे हुए हैं। हमें इसमें परिवर्तन की ओर बढ़ना होगा। दुर्भाग्यपूर्ण है कि पुस्तक चयन, पाठ्यक्रम, अध्ययन या शिक्षण प्रक्रिया से जुड़े किसी भी आयाम में छात्रों की कोई भागीदारी ही नहीं है। इस दिशा में प्रयास किए जाने चाहिए। **-डा0 विनोद चन्द्रा (शिक्षक समाजशास्त्र, जे.एन.पी.जी.)**

14. सार्थक बातें किससे हो यह सवाल

आपसी संवाद में सबसे बड़ी समस्या यह है कि हर कोई अपने महत्व एवं ज्ञान को दर्शाते हुए दूसरे से बात करना चाहता है। संस्थान के संवाद शिक्षण, नवाचार एवं नई विधा से जुड़े न होकर प्रमोशन, पब्लिकेशन, दूसरे की प्रगति, तीसरे की अवनति से जुड़े हैं। ऐसे में सार्थक बातें कैसे और किससे हों यह एक अहम सवाल है।

-अमित मिश्रा (वैज्ञानिक)

15. खुद अपनी भूमिका तय करनी होगी

आज अच्छे शिक्षकों की आवश्यकता है। लेकिन अच्छे शिक्षक के लिए अच्छे छात्र भी होने जरूरी हैं। हमें स्वयं अपनी भूमिका के बारे में सोचना होगा और ज्ञान-विज्ञान की सीमाओं से परे हटाकर इसके मानवीय स्वरूप में पहुँचाने की दिशा में आगे बढ़ना होगा। **-समरेन्द्र कुमार सिंह (समन्वयक, आंचलिक विज्ञान केन्द्र)**

16. आम लोगों तक पहुँचे विज्ञान

आज भी विज्ञान और शिक्षा का बड़ा स्वरूप बहुत हद तक प्रयोगशालाओं एवं उच्च शिक्षण संस्थानों के परिसर तक ही सीमित है। इसे गाँव व आम लोगों तक पहुँचाना जरूरी है। खासकर शिक्षक व वैज्ञानिक कम से कम इतनी जिम्मेदारी जरूर उठाएं कि जिस क्षेत्र या स्थान से वह जुड़े हैं, वहाँ वैज्ञानिक जागरूकता को बढ़ावा दें।

-डा0 मृदुल शुक्ला (वैज्ञानिक)

17. शोधार्थियों में समन्वय जरूरी

शोधार्थियों में बीच में आपसी समन्वय न होने के चलत भी बहुत बार समस्याएं आती हैं। इससे अच्छे रिजल्ट नहीं आते। हमें अपने विषयगत ज्ञान की विशेषता के दंभ से परे हटकर एक मिशन की तरह काम करना होगा और आम आदमी तक इसके फायदे पहुँचाने की संभावनाएं तलाशनी होगी। **-शास्त्री शुक्ला (वैज्ञानिक)**

18. आत्मावलोकन की जरूरत

बुद्धिजीवी स्वयं रास्ता ढूंढ रहे हैं तो पथ प्रदर्शक की उम्मीद उनसे बेमानी है। विश्वविद्यालयों में संवाद की गुंजाइश नहीं रह गई है और वह मोनोलाग बनते जा रहे हैं। कक्षाओं में प्रश्न पूछने के लिए जगह ही नहीं है बल्कि इसे समय की बरबादी माना जाता है। डिसिप्लिन सीमा रहीं है, दीवार नहीं। हमें कहीं न कहीं आत्मावलोकन की जरूरत है। **-प्रो0 राजेश मिश्र (विभागाध्यक्ष, समाजशास्त्र, लखनऊ विश्वविद्यालय)**

19. ज्ञान व सूचना के अन्तर को समझें

हमें ज्ञान व सूचना के अन्तर को समझने की जरूरत है। रचनात्मक ज्ञान का कोई विकल्प नहीं होता है। दुखद यह है कि अब भी विषय विशेषज्ञता को ज्ञान के ऊपर अधिक महत्व दिया जा रहा है। इंटर-डिसिप्लिनरी अध्ययन की राह में यह बड़ी बाधा है। **-डा0 सी. एस. नौटियाल (निदेशक, एन.बी.आर.आई)**

20. मौलिक विचारों को मिले महत्व

युवा के लिए आज शिक्षक रोल माडल नहीं रह गया है। वह परिसर के बाहर का व्यक्ति है। आज भी हम वैज्ञानिक दृष्टिकोण विकसित करने में पूरी तरह से सफल नहीं हो सके हैं। इस दिशा में काम करना होगा। प्रोजेक्ट एवं शोध कार्यों में मौलिक विचार प्रक्रिया को स्थान दिया जाना सर्वाधिक जरूरी है।

-प्रो0 सुधीर पंवार (जूलोजी विभाग, लखनऊ विश्वविद्यालय)

21. खुद करनी होगी पहल

शिक्षक जितना छात्र से जुड़ेगा, उससे संवाद करेगा उतना ही वह खुद बेहतर बन सकेगा। हम सिस्टम को बदलने के बारे में सोचना छोड़कर अपने स्तर से प्रयास करने की पहल करें। विश्वविद्यालय आज केवल प्रशासनिक निकाय बन गये हैं। जहाँ पढ़ाई केवल कभी-कभी आने वाले निर्देशों की तरह प्राथमिकता में है। शिक्षक के प्रमोशन में पढ़ाई पर एक भी नम्बर नहीं मिलता है।

-प्रो0 मनोज दीक्षित (निदेशक, कांशीराम पर्यटन प्रबन्धन संस्थान)

22. विषय के दायरे से निकलें

इंटर-डिसिप्लिनरी रिसर्च, पाठ्यक्रमों के निर्धारण के स्तर पर आई.आई.एम. या आई.आई.टी. के स्तर पर कोई बड़ी समस्या नहीं है। दरअसल डिसिप्लिन एवं स्पेसलाईजेशन की दीवारें हमने खुद खड़ी की है। हम किसी भी विषय की विशेषज्ञता के दायरे में स्वयं को खुद इतना कस लेते हैं कि दूसरे के लिए कोई संभावना नहीं रहती। अपने लिए भी नएपन की गुंजाइश पर विराम लगा लेते हैं। इसलिए हमें स्वयं के स्तर पर बदलाव लाने की जरूरत है। **-प्रो0 भरत भास्कर (आई.आई.एम., लखनऊ)**

23. स्वायत्तता व तानाशाही में फर्क समझें

असहज एवं असंतुष्ट होने की प्रवृत्ति क्रियाशीलता को ही बढ़ाती है। इससे हम समाधान की ओर बढ़ेंगे। हमें अकादमिक स्वायत्तता व तानाशाही के बीच के फर्क को समझना होगा। कहीं न कही आज हमारी प्रमाणिकता कम हुई है तभी शासन, प्रशासन या अन्य नियामकों को शिक्षण संस्थानों में हस्तक्षेप का मौका मिला है। हमें समाज आधारित प्रोजेक्ट तैयार करने होंगे ताकि विज्ञानी व समाज विज्ञानी दोनों ही साथ आकर वास्तविक मुद्दों पर काम कर सकें। **-प्रो0 यशवीर त्यागी (पूर्व विभागाध्यक्ष, लखनऊ विश्वविद्यालय)**

24. स्वीकार्यता खुद बनानी होगी

शिक्षा व्यवस्था का मूल उद्देश्य बच्चे का समाजीकरण है। यदि शिक्षा विज्ञान को बढ़ाने एवं समाज से जुड़े मुद्दों को छात्र को समझाने में सफल नहीं है तो फिर वह अप्रासंगिक है। ज्ञान कितना भी अधिक हो लेकिन वह संवेदनशील नहीं है, तो खतरनाक है। किसी भी प्रक्रिया में नई शुरूआत पर विरोध व उपहास होते हैं सहज स्वीकार्यता के लिए उन्हें पार करना जरूरी होगा। **-एन. पी. सिंह (निदेशक, गन्ना विकास संस्थान, लखनऊ)**

25. टीचर खुद को ब्राण्ड बनायें

किसी भी नई शुरूआत के लिए नजरिया चाहिए। अगर आप वास्तव में कुछ करना चाहते हैं तो उसके कई रास्ते निकलकर आयेंगे। शिक्षक को स्वयं को ब्राण्ड के रूप में स्थापित करने की जरूरत है। 2015 तक हमारे पास अमेरिका से अधिक स्मार्ट फोन होंगे, हम इस तकनीक का इस्तेमाल शिक्षा के लिए क्यों नहीं करते।

-डा0 मुकुल श्रीवास्तव (एसोसिएट प्रोफेसर, पत्रकारिता विभाग, लखनऊ विश्वविद्यालय)

बुधवार, 28 अगस्त, 2013 ई0, श्रीकृष्ण जन्माष्टमी

बुधवार, 28 अगस्त, 2013 को हम सबने जन्माष्टमी का महापर्व मनाया। महापर्व इसलिए क्योंकि श्री कृष्ण भगवान के जन्म के बाद पहली बार यह योग बना है। अर्थात् पूरे 5241 वर्षों बाद। 28 अगस्त, 2013, रात्रि 12 बजकर 12 मिनट का दिन, नक्षत्र, घड़ी, लगन, मुहूर्त, योग आदि विशेष सभी उसी समान था। जब भगवान श्री कृष्ण का जन्म हुआ था। उस समय चन्द्रमा वृष राशि में उच्च लग्न में स्थित था, सूर्य सिंह राशि में स्थित था, नक्षत्र भी रोहिणी थी,भाद्रपद कृष्ण अष्टमी और दिन भी बुधवार था, काल सर्प योग भी था। अर्थात् ऐसे योग भगवान श्री कृष्ण के जन्म के बाद पहली बार बने हैं। ये सब देख कर मन उत्साहित हुआ क्योंकि इतिहास गवाह है। जब- कंस और रावण आएंगे भगवान किसी न किसी रूप में हमारे सामने जरूर आयेंगे चाहे श्रीराम के रूप में या श्रीकृष्ण रूप में। तो क्या इस होनी को एक दिव्य संकेत माने! हमें ऐसा लगता है - अवश्य ही कुछ अच्छा होने वाला है, क्योंकि जब कंस था, तभी भगवान श्री कृष्ण का जन्म हुआ था। और अब तमाम तरीके के समस्याएं कंस की तरह समाज में जो फैली है संभवतः इंनके खात्मे का समय आ गया है।

शनिवार, 7 सितम्बर, 2013 ई0

रोमेश भण्डारी की मृत्यु (ब्रह्मलीन)

इनके सार्वभौम विचार

“शिक्षा प्रक्रिया मे व्यापक सुधारों की जरूरत है। ‘यह रास्ता दिल्ली की ओर जाता है’ लिखा साइन बोर्ड पढ़ लेना मात्र शिक्षा नहीं है। इसके बारे में चिन्तन करना पड़ेगा और कोई लक्ष्य निर्धारित करना पड़ेगा। सामाजिक परिवर्तन किस तरह से, इसकी प्राथमिकताये क्या होगीं? यह तय करना पड़ेगा। इक्कीसवीं शताब्दी के लिए हमें कार्यक्रम तय करने पड़ेंगे। मौजूदा लोकतन्त्र खराब नहीं है परन्तु इसको और बेहतर बनाने की आवश्यकता है।” साभार - दैनिक जागरण, वाराणसी, दि0 11-9-97**- पूर्व राज्यपाल, उ0 प्र0, श्री रोमेश भण्डारी**

मंगलवार, 31 दिसम्बर, 2013 ई0

मंगलवार, 31 दिसम्बर, 2013 की रात 12 बजे से सन् 2014 का पंचांग तिथि, दिन, घड़ी, ग्रह, नक्षत्र ठीक वैसे ही हैं जैसे भारत के स्वतन्त्रता वर्ष 1947 के थे। ज्योतिष के जानकार इसे बड़े बदलाव का संकेत मानते हैं।

मंगलवार, 15 अप्रैल, 2014 ई0

15 अप्रैल को पूर्ण चंद्र ग्रहण साल का पहला चंद्र ग्रहण पूर्ण चंद्र ग्रहण के रूप में 15 अप्रैल को पड़ेगा। ग्रहण भारत में नहीं दिखेगा। पश्चिमी एशिया, उत्तर एवं दक्षिण अमेरिका में दिखाई देगा।

मंगलवार, 29 अप्रैल, 2014 ई0

29 अप्रैल को सूर्य ग्रहण यह साल 2014 का पहला सूर्य ग्रहण होगा। इसका प्रभाव मेष राशि पर पड़ेगा। यह ग्रहण भारत के कई शहरों से देखा जा सकेगा। इसके अलावा ऑस्ट्रेलिया, अंटार्कटिका, भारतीय महासागर एवं प्रशांत महासागर से देखा जा सकेगा।

शुक्रवार, 16 मई 2014 ई0

भारतीय जनता ने ”विकास“ और ”अच्छे दिन आने वाले हैं“ के मुद्दे पर अपने मत को मतपेटीयों से बाहर आते ही व्यक्त किया, जिसका परिणाम था-”दशकों बाद एक दल के पूर्ण बहुमत वाली सरकार।“

शनिवार, 17 मई 2014 ई0

वाराणसी संसदीय क्षेत्र से चुने गये वर्तमान प्रधानमंत्री (उस समय भावी) ने वाराणसी में बाबा विश्वनाथ के पूजन के उपरान्त अपने सत्य विचार रखे, और वह था-”काशी के राष्ट्र गुरू बने बिना भारत जगत गुरू नहीं बन

सकता। देश अतीत की तरह आध्यात्मिक ऊँचाई पर पहुँचेगा तो स्वतः आर्थिक वैभव प्राप्त हो जायेगा। इसी ख़ासियत की वजह से इतिहास में कभी भारत सोने की चिड़िया थी।"

सोमवार, 26 मई, 2014 ई0

त्रयोदशी, कृष्ण पक्ष, ज्येष्ठ मास, विक्रमी संवत 2071, सायंकाल 5.45 से रात्रि 8.02 बजे तक वृश्चिक लग्न, स्वामी मंगल, नक्षत्र भरणी, देवाधिदेव महादेव शिव के उपासना का दिन सोमवार, प्रदोष व प्रदोष काल (गोधूलि बेला) के अद्भुत संयोग। इसी अद्भुत संयोग में निम्नलिखित कार्य सम्पन्न हुये।

-सायं काल 6.10 बजे विश्व के सबसे बड़े लोकतन्त्र के 15वें और स्वतन्त्र भारत में जन्में पहले प्रधानमंत्री के रूप में श्री नरेन्द्र मोदी का शपथ ग्रहण हुआ।

-सायं काल 6.10 बजे काशी को राष्ट्रगुरू और भारत को जगतगुरू बनाने वाली कार्य योजना के प्रारम्भ के लिए वेबसाइट www.moralrenew.com का पंजीकरण लक्ष्य पुनर्निर्माण व उसकी प्राप्ति के लिए इस कार्य योजना के रचनाकर्ता श्री लव कुश सिंह "विश्वमानव" द्वारा कराया गया।

इस सम्बन्ध में काशी (वाराणसी) के विद्वान ज्योतिषियों की भविष्यवाणीयाँ-

"राष्ट्र का होगा उत्थान"-पं0 विष्णुपति त्रिपाठी

"प्रधानमंत्रित्व काल रहेगा मंगलमय"-पं0 प्रसाद दीक्षित

"वृश्चिक लग्न से भारत को मिलेगा यश"-पं0 विमल जैन

सोमवार, 9 जून 2014 ई0

भारत के 16वीं लोकसभा के संसद के संयुक्त सत्र को सम्बोधित करते हुये श्री प्रणव मुखर्जी, राष्ट्रपति, भारत ने विकास व लक्ष्य प्राप्ति के कार्य के लिए अनके बिन्दुओं को देश के समक्ष रखें। जिसमें मुख्य था-

1. आध्यात्मिक एवं दार्शनिक विरासत के आधार पर साकार होगा एक भारत-श्रेष्ठ भारत का सपना।
2. सोशल मीडिया का प्रयोग कर सरकार को बेहतर बनाने की कोशिश।
3. सबका साथ, सबका विकास।
4. 100 नये माडल शहर बसाना।
5. 5T-ट्रेडिशन (Tradition), ट्रेड (Trade), टूरिज्म (Tourism), टेक्नालाजी (Technology), और टैलेन्ट (Talent) का मंत्र।

बुधवार, 8 अक्टूबर 2014 ई0

8 अक्टूबर 2014 को पूर्ण चंद्र ग्रहण यह साल का दूसरा चंद्र ग्रहण होगा। यह भी पूर्ण चंद्र ग्रहण है। यह भारत में दिल्ली से लेकर चेन्नई तक कई शहरों से दिखाई देगा। यह ग्रहण पश्चिमी एशिया, ऑस्ट्रेलिया, दक्षिण एवं उत्तरी अमेरिका में दिखाई देगा।

बृहस्पतिवार, 23 अक्टूबर, 2014 ई0

23 अक्टूबर को सूर्य ग्रहण कनाडा और अमेरिका से दिखाई देगा, भारत में नहीं। यह आंशिक ग्रहण है, और इसका भारत पर ज्यादा प्रभाव नहीं पड़ेगा।

शनिवार, 29 नवम्बर, 2014 ई0

क्या आर्थिक विकास ही विकास है? आज विकास का जो स्वरूप दिख रहा है, इसका वीभत्स परिणाम भी ग्लोबल वार्मिंग, ग्लेशियर का पिघलना, मौसम मे बदलाव आदि के रूप में सामने दिख रहा है। हमें यह देखना होगा कि विकास की इस राह में हमने क्या खोया और क्या पाया। समाजशास्त्री विमर्श कर यह राह सुझायें जिससे विकास, विविधता व लोकतंन्त्र और मजबूत बनें। विकास वह है जो समाज के अन्तिम व्यक्ति को भी लाभान्वित करे। भारत में एकता का भाव, व्यक्ति का मान होना चाहिए क्योंकि इसमें ही देश का सम्मान निहित है। समाज के लोग आगे आयें और सरकारों पर दबाव बनायें। विविधता भारत की संस्कृति की थाती है। भारत की यह संस्कृति 5000 वर्ष से अधिक पुरानी व जीवन्त है। काशी ज्योति का शहर है क्योंकि यहाँ बाबा का ज्योतिर्लिङ्ग है। यह ज्ञान व एकता की ज्योति है। इसके प्रकाश से यह शहर ही नहीं, बल्कि पूरा देश आलोकित हो रहा है। यह शहर ज्ञान

की असीम पूँजी लिए देश को अपनी ओर बुला रहा है। (महात्मा गाँधी काशी विद्यापीठ, वाराणसी में भारतीय समाजशास्त्रीय सोसायटी के 40वें अधिवेशन के उद्घाटन में) साभार - दैनिक जागरण, 30 नवम्बर, 2014

- श्री प्रणव मुखर्जी, राष्ट्रपति, भारत

देश विविधता से भरा है। इसमें आस्था ऐसा पहलू है जो एका बनाता है। भले ही बोली भाषा, पहनावा, संस्कृति में भिन्नता हो पर माँ गंगा के प्रति आस्था तो एक जैसी है। इसे विकास से जोड़ने का यह उपयुक्त वक्त है। काशी की इसी धरती पर आदि शंकराचार्य को अद्वैत ज्ञान मिला था। यहाँ के कण-कण में पाण्डित्य व्याप्त है जो हमें संस्कृति की ओर आकर्षित करता है। देश में भले ही विभिन्न राज्यों की अपनी संस्कृति और सम्प्रभुता है मगर काशी, देश के सभी राज्यों को अद्वैत भाव से एकता के साथ लेकर आगे बढ़ती है। देश को एकता के साथ विकास का भाव जगाने के लिए काशी की ओर देखना चाहिए। (महात्मा गाँधी काशी विद्यापीठ, वाराणसी में भारतीय समाजशास्त्रीय सोसायटी के 40वें अधिवेशन के उद्घाटन में) साभार -दैनिक जागरण, 30 नवम्बर, 2014

- श्री राम नाइक, राज्यपाल, उत्तर प्रदेश, भारत

रिजर्व बैंक से दस गुना विचार धन दे गये विवेकानन्द।

(स्वामी विवेकानन्द के शिकागो वकृतता के 122 वर्षगाँठ पर सन् 2015 में अलीगढ़ में)

- श्री राम नाइक, राज्यपाल, उत्तर प्रदेश, भारत

सोचवीर नहीं, कृतिवीर बनें। जब रामसेतू बन रहा था तब एक गिलहरी भी श्रमदान कर रही थी। क्योंकि वह किनारे बैठकर सोचने की बजाए पूरी ताकत से कृति में जुट गई थी। देशवासीयों को भी इस कथा से प्रेरणा लेनी चाहिए। (महमूरगंज, वाराणसी के एक अभिनन्दन समारोह में)

- श्री राम नाइक, राज्यपाल, उत्तर प्रदेश, भारत

बृहस्पतिवार, 25 दिसम्बर, 2014 ई0

अच्छी शिक्षा, शिक्षकों से जुड़ी है। शिक्षक को हर परम्पराओं का ज्ञान होना चाहिए। हम विश्व को अच्छे शिक्षक दे सकते हैं। विगत छह महीने से पूरा विश्व हमारी ओर देख रहा है। ऋषि-मुनियों की शिक्षा पर हमें गर्व है। 21वीं सदी में विश्व को उपयोगी योगदान देने की माँग है। पूर्णत्व के लक्ष्य को प्राप्त करना विज्ञान हो या तकनीकी, इसके पीछे परिपूर्ण मानव मन की ही विश्व को आवश्यकता है। रोबोट तो पाँच विज्ञानी मिलकर भी पैदा कर देंगे। मनुष्य का पूर्णत्व, तकनीकी में समाहित नहीं हो सकता। पूर्णता मतलब जनहित। कला-साहित्य से ही होगा नवजागरण। (बी.एच.यू. वाराणसी में) साभार - काशी वार्ता, वाराणसी संस्करण, दि0 26 दिसम्बर, 2014

- श्री नरेन्द्र मोदी, प्रधानमंत्री, भारत

सोमवार, 12 जनवरी 2015 ई0

भारत के पहले ग्लोबल यूथ थे स्वामी विवेकानन्द

साभार - दैनिक जागरण व काशी वार्ता, वाराणसी संस्करण, दि0 12-13 जनवरी, 2015

- श्री राजनाथ सिंह, गृहमंत्री, भारत

बुधवार, 28 जनवरी 2015 ई0

सौ से ज्यादा साल पहले अमेरिका ने भारत के बेटे स्वामी विवेकानन्द का स्वागत किया था। उन्होंने भाषण शुरू करने से पहले सम्बोधित किया था - मेरे प्यारे अमेरिकी भाइयों और बहनों। आज मैं कहता हूँ - मेरे प्यारे भारतीय भाइयों और बहनों। गर्व है कि अमेरिका में 30 लाख भारतीय हैं जो हमें जोड़े रखते हैं। हमारी दोस्ती सहज है। हम आगे भी हर क्षेत्र में एक-दूसरे के साथ बढ़ते रहेंगे। हम भारत की स्वच्छ ऊर्जा की आवश्यकताओं को पूरा करने के महत्वाकांक्षी लक्ष्यों का स्वागत करते हैं और इसमें मदद करने के लिए तैयार हैं। भारत व्यापक विविधता के साथ अपने लोकतन्त्र को मजबूती से आगे बढ़ाता है तो यह दुनिया के लिए एक उदाहरण होगा। भारत तभी सफल होगा जब वह धार्मिक आधार पर बँटेगा नहीं। धर्म का गलत इस्तेमाल नहीं होना चाहिए। हमें समाज को बाँटने वाले तत्वों से सावधान रहना होगा। भारतीय भाइयों और बहनों, हम परफेक्ट देश नहीं हैं। हमारे सामने कई चुनौतियाँ हैं। हममे कई समानताएँ हैं। हम कल्पनाशील और जुझारू हैं। हम सब एक ही बगिया के खुबसूरत

फूल हैं। अमेरिका को भारत पर भरोसा है। हम आपके सपने साकार करने में आपके साथ हैं। आपका पार्टनर होने पर हमें गर्व है, जय हिन्द। (भारत के गणतन्त्र दिवस पर मुख्य अतिथि के रूप में भारत यात्रा पर विभिन्न कार्यक्रमों में व्यक्त वक्तव्यों का अंश) साभार - दैनिक जागरण, वाराणसी, दि0 26-28 जनवरी 2015

-बराक ओबामा

युवाओं विश्व को एक करो।

("मन की बात" रेडियो कार्यक्रम द्वारा श्री बराक ओबामा एवं श्री नरेन्द्र मोदी, प्रधानमंत्री, भारत संयुक्त रूप से)

साभार - दैनिक जागरण व काशी वार्ता, वाराणसी संस्करण, दि0 28 जनवरी, 2015

काल का द्वितीय और अन्तिम रूप

दृश्य काल

धर्म ज्ञान का अन्त

पाँचवाँयुग: स्वर्णयुग/सत्ययुग के धर्म
14. विश्व/सत्य/धर्मनिरपेक्ष/लोकतन्त्र धर्म-लव कुश सिंह "विश्वमानव"-सन् 2012 ई0

र. सार्वजनिक प्रमाणित पूर्ण प्रेरक अवतार

10. दृश्य काल के सार्वजनिक प्रमाणित काल में सार्वजनिक प्रमाणित पूर्ण दृश्य सत्य चेतना से युक्त संघ और योजना (दृश्य यज्ञ या कर्म) आधारित कलियुग के अन्त में विष्णु के दसवाँ और अन्तिम - भोगेश्वर श्री लव कुश सिंह "विश्वमानव" निष्कलंक कल्कि अवतार - विश्वभारत (मानक वैश्विक व्यक्ति चरित्र)

आदर्श वैश्विक व्यक्ति चरित्र सहित सभी अवतारों का सम्मिलित गुण व मन निर्माण की प्रक्रिया से निर्मित अन्तिम मन स्वामी विवेकानन्द के मन के गुण मिलकर दसवें अन्तिम अवतार श्री लव कुश सिंह "विश्वमानव" में व्यक्त हुआ।

मुख्य-गुण सिद्धान्त - विश्व धर्म / वेदान्त धर्म / अद्वैत धर्म / एकता धर्म / लोकतन्त्र धर्म / समष्टि धर्म / प्राकृतिक धर्म / सत्य धर्म / संयुक्तमन धर्म / ईश्वर धर्म / हिन्दू धर्म / सार्वजनिक धर्म / दृश्य धर्म / मानव धर्म / धर्मनिरपेक्ष धर्म - लव कुश सिंह "विश्वमानव" - सन् 2012 ई0 - पूर्ववर्ती सभी धर्मो व मतों का समन्वय व एकीकरण करते हुये निराकार आधारित लोकतंत्र व्यवस्था का वृक्ष शास्त्र विश्व-नागरिक धर्म का धर्मयुक्त धर्मशास्त्र-कर्मवेद: प्रथम, अन्तिम तथा पंचम वेदीय श्रृंखला विश्व-राज्य धर्म का धर्मनिपेक्ष धर्मशास्त्र- विश्वमानक-शून्य: मन की गुणवत्ता का विश्वमानक श्रृंखला, आदर्श मानक सामाजिक व्यक्ति चरित्र समाहित आदर्श मानक वैश्विक व्यक्ति चरित्र अर्थात् सार्वजनिक प्रमाणित आदर्श मानक वैश्विक व्यक्ति चरित्र का प्रस्तुतीकरण।

वर्तमान समय - इतिहास लौट चुका है

मंगलवार, 17 फरवरी, 2015 ई0
(महाशिवरात्रि)

श्री लव कुश सिंह "विश्वमानव" द्वारा भारत सरकार को लिखा गया पत्र जिसे पंजीकृत डाक द्वारा काशी (वाराणसी), उत्तर प्रदेश, भारत से दिनांक - बुधवार, 25 फरवरी, 2015 को प्रेषित किया गया। जिसका विषय था –

"वर्तमान समय में पूर्व के सभी ईश्वर के अवतारों और शास्त्रों, धर्माचार्यों, सिद्धों, संतों, महापुरूषों, भविष्यवक्ताओं, तपस्वीयों, विद्वानों, बुद्धिजिवीयों, व्यापारीयों, दृश्य व अदृश्य विज्ञान के वैज्ञानिकों, सहयोगीयों, विरोधीयों, रक्त-रिश्ता-देश सम्बन्धियों, उन सभी मानवों, समाज व राज्य के नेतृत्वकर्ताओं के विचारों के एकीकरण व समावेश द्वारा विश्व के सबसे बड़े लोकतन्त्र के संविधान की पूर्णता और सत्यीकरण के लिए "सार्वभौम आध्यात्मिक सत्य" आधारित एक नई अनन्त विकासशील दिशा प्राप्त हो चुकी है जिसके कारण वे अधूरे थे। जो "काशी-सत्यकाशी" को राष्ट्रगुरू और भारत को जगतगुरू बनाने सहित नागरिक व लोकतन्त्र की स्वस्थता व पूर्णता सम्बन्धित स्थापना स्तर पर शासनिक प्रक्रियानुसार अन्तिम मार्ग है। भविष्यवाणीयों के अनुसार ही जन्म, कार्य प्रारम्भ और पूर्ण करने का समय और जीवन है। ऋषि परम्परानुसार राज्य कार्य में अनावश्यक हस्तक्षेप न करते हुये भारत सरकार को इस आविष्कार - मन (मानव संसाधन) का विश्व मानक (WS-0) श्रृंखला एवं पूर्ण मानव निर्माण की तकनीकी – WCM-TLM-SHYAM.C की उपलब्धता की सूचना देना मेरा कर्तव्य है जिससे जब भी राष्ट्र को उसकी आवश्यकता हो, उसे समर्पित किया जा सके। जिसका विस्तृत विवरण वेबसाइट www.moralrenew.com पर उपलब्ध है।

देश के हजारों विश्वविद्यालय और अन्य बुद्धि शक्ति जिस दिशा की पहचान व कार्य को पूर्ण नहीं कर पा रहे थे वह एक ही व्यक्ति द्वारा स्वयं के संसाधन, इच्छा व नागरिक कर्तव्य की भावना से पूर्ण किया जा चुका है जो अनेक पुरस्कारों के भी पूर्णतः योग्य है। ऋषि प्रणाली अनुसार इस आविष्कार को पुनर्निर्माण - सत्य शिक्षा का राष्ट्रीय तीव्र मार्ग (RENEW – Real Education National Express Way) कार्यक्रम द्वारा सर्वसाधारण तक पहुँचाने का प्रयत्न जारी है जो अपने वानप्रस्थ जीवन (उम्र 50 वर्ष पूर्णता के बाद) में प्रवेश करने के दिनांक 16 अक्टुबर 2017 तक चलेगा, उसके उपरान्त यह पूर्णतः नागरिकों व राष्ट्र पर इसकी आवश्यकता व उपयोगिता निर्भर रहेगी। क्योंकि वानप्रस्थ आश्रमानुसार बिना माँगे अपने विचार देने का प्राविधान नहीं है। जब स्वयं की शान्ति, इच्छा व आवश्यकता बाधित हो तो आन्दोलन की जा सकती है परन्तु ज्ञान के इस युग की ऐसी स्थिति में जब नागरिक और राष्ट्र की शान्ति, इच्छा व आवश्यकता बाधित हो तब आविष्कार और दिशा की उपलब्धता की सूचना मात्र ही दी जा सकती है। जिसकी शान्ति, इच्छा व आवश्यकता बाधित हो आन्दोलन वही कर सकता है। मेरी शान्ति, इच्छा व आवश्यकता केवल इस आविष्कार को उपलब्ध कराने में ही थी। नागरिकों को पूर्ण ज्ञान चाहिए तो वे पुनर्निर्माण - सत्य शिक्षा का राष्ट्रीय तीव्र मार्ग द्वारा आयें और भारत को विश्वगुरू बनने की इच्छा हो तब उसे आविष्कार की स्थापना पर कार्य करना चाहिए।

इस क्रम में भारत सरकार के माध्यम से इस आविष्कार - मन (मानव संसाधन) का विश्व मानक (WS-0) श्रृंखला एवं पूर्ण मानव निर्माण की तकनीकी – WCM-TLM-SHYAM.C पर देश सहित विश्व के बुद्धिशक्ति का ध्यान केन्द्रित कर उस पर निर्णय करना आवश्यक है जिससे हम सभी आने वाली पीढ़ी को एक सुरक्षित व बौद्धिक विकासशील विश्व दे सकें।"

- लव कुश सिंह "विश्वमानव"

111 वर्ष पूर्व 4 जुलाई, 1902 ई0 को आम आदमी के रूप में नरेन्द्र नाथ दत्त और विचार से सर्वोच्च विश्वमानव के रूप में स्वामी विवेकानन्द ब्रह्मलीन हुये थे। उन्होंने कहा था -"मन में ऐसे भाव उदय होते हैं कि यदि जगत् के दुःख दूर करने के लिए मुझे सहस्त्रों बार जन्म लेना पड़े तो भी मैं तैयार हूँ। इससे यदि किसी का तनिक भी दुःख दूर हो, तो वह मैं करूंगा और ऐसा भी मन में आता है कि केवल अपनी ही मुक्ति से क्या होगा। सबको साथ

लेकर उस मार्ग पर जाना होगा।" (पृ0-67, विवेकानन्द जी के संग में, राम कृष्ण मिशन प्रकाशन) वर्तमान में उनके तीन रूप व्यक्त हो चुके हैं जो निम्नलिखित हैं-

1. भारत के सर्वोच्च पद पर सुशोभित श्री प्रणव मुखर्जी, राष्ट्रपति, भारत, उनके संस्कृति को लेकर।
2. भारत के सर्वोच्च अधिकार के पद पर सुशोभित श्री नरेन्द्र मोदी, प्रधानमंत्री, भारत, उनके नाम को लेकर।
3. भारत के आम आदमी के रूप में श्री लव कुश सिंह "विश्वमानव", काशी-सत्यकाशी क्षेत्र, भारत, उनके विचार "विश्व-बन्धुत्व" एवं "वेदान्त की व्यावहारिकता" की स्थापना के लिए शासनिक प्रणाली के अनुसार स्थापना स्तर तक की प्रक्रिया को लेकर।

भारत सरकार व उसके अनेक मंत्रालयों द्वारा अन्तर्राष्ट्रीय मानकीकरण संगठन के प्रमाण पत्र आई.एस.ओ-9000 (ISO-9000) गुणवत्ता का प्रमाण पत्र प्राप्त करने की प्रक्रिया प्रारम्भ।

श्री लव कुश सिंह "विश्वमानव" द्वारा नागरिकों व संस्था (व्यष्टि व समष्टि) के गुणवत्ता का विश्वमानक - 0 (WS-0) श्रृंखला आविष्कृत।

"भारत विश्व गुरू कभी हुआ करता था लेकिन अब नहीं है। इसका सबसे बड़ा प्रमाण यह है कि भारत वैश्विक सिद्धान्तों से प्रभावित है। भारत उस दिन वर्तमान युग में पुनः विश्व गुरू बन जायेगा जब वह अपने सार्वभौम सिद्धान्तों से विश्व को प्रभावित व संचालित करने लगेगा। काशी-सत्यकाशी क्षेत्र इस दृश्य काल में मतों (वोटों) से नहीं बल्कि शिव-तन्त्र के शास्त्र से किसी का हो सकता है। सार्वभौम सत्य - आत्म तत्व के आविष्कार से भारत विश्व गुरू तो है ही परन्तु दृश्य काल में विश्व गुरू बनने के लिए सार्वभौम सत्य-सिद्धान्त चाहिए जिससे विश्व संविधान व लोकतन्त्र को मार्गदर्शन मिल सके। शिक्षा द्वारा मानव मन को सत्य से जोड़ने, काशी को राष्ट्र गुरू और भारत को जगत गुरू बनाने और ज्ञान को सबके द्वार पर पहुँचाने का कार्य आप सभी की इच्छानुसार प्रारम्भ किया जा रहा है। आपने कहा हमने शुरू किया।" **- श्री लव कुश सिंह "विश्वमानव"**

पुत्र श्री धीरज नारायण सिंह
रचनाकर्ता - लक्ष्य पुनर्निर्माण व उसकी प्राप्ति के लिए पाठ्यक्रम व कार्य योजना
आविष्कारकर्ता - मन (मानव संसाधन) का विश्व मानक एवं पूर्ण मानव निर्माण की तकनीकी
दावेदार - भारत सरकार का सर्वोच्च नागरिक सम्मान "भारत रत्न"

श्री लव कुश सिंह "विश्वमानव" के संक्षिप्त विचार

1. दो या दो से अधिक माध्यमों से उत्पादित एक ही उत्पाद के गुणता के मापांकन के लिए मानक ही एक मात्र उपाय है। सतत् विकास के क्रम में मानकों का निर्धारण अतिआवश्यक कार्य है। उत्पादों के मानक के अलावा सबसे जरुरी यह है कि मानव संसाधन की गुणता का मानक निर्धारित हो क्योंकि राष्ट्र के आधुनिकीकरण के लिए प्रत्येक व्यक्ति के मन को भी आधुनिक अर्थात् वैश्विक-ब्रह्माण्डीय करना पड़ेगा। तभी मनुष्यता के पूर्ण उपयोग के साथ मनुष्य द्वारा मनुष्य के सही उपयोग का मार्ग प्रशस्त होगा। उत्कृष्ट उत्पादों के लक्ष्य के साथ हमारा लक्ष्य उत्कृष्ट मनुष्य के उत्पादन से भी होना चाहिए जिससे हम लगातार विकास के विरुद्ध नकारात्मक मनुष्यों की संख्या कम कर सकें। भूमण्डलीकरण सिर्फ आर्थिक क्षेत्र में कर देने से समस्या हल नहीं होती क्योंकि यदि मनुष्य के मन का भूमण्डलीकरण हम नहीं करते तो इसके लाभों को हम नहीं समझ सकते। आर्थिक संसाधनों में सबसे बड़ा संसाधन मनुष्य ही है। मनुष्य का भूमण्डलीकरण तभी हो सकता है जब मन के विश्व मानक का निर्धारण हो। ऐसा होने पर हम सभी को मनुष्यों की गुणता के मापांकन का पैमाना प्राप्त कर लेंगे, साथ ही स्वयं व्यक्ति भी अपना मापांकन भी कर सकेगा। जो विश्व मानव समाज के लिए सर्वाधिक महत्व का विषय होगा। विश्व मानक शून्य श्रृंखला मन का विश्वमानक है जिसका निर्धारण व प्रकाशन हो चुका है जो यह निश्चित करता है कि समाज इस स्तर का हो चुका है या इस स्तर का होना चाहिए। यदि यह सार्वभौम सत्य-सिद्धान्त आधारित होगा तो निश्चित ही अन्तिम मानक होगा।

2. भारत का प्रत्येक नागरिक अपने जीवकोपार्जन के मार्ग व संघर्ष में अपने विषय का जानकार व अनुभव तो प्राप्त कर रहा है परन्तु कुछ पाने के क्रम में कुछ छूट भी जाता है इसलिए प्रत्येक नागरिक को अपने अहंकार को भूलकर यह स्वीकार करना होगा कि वह अपने विषय से हटकर अन्य विषय के विषय में कम या नहीं जानता है। अतः एक आदर्श नागरिक बनने के क्रम में न्यूनतम ज्ञान सभी को एक समान रूप से चाहिए, पुनर्निर्माण वहीं कार्य है।
3. तुम पूरे जीवन कुत्ते के पूँछ को सीधी करने की कोशिश करो, नहीं हो पायेगी परन्तु तुम पूँछ सीधी करने का रेकार्ड बनाकर विश्व में पहला स्थान पा सकते हो ऐसे रेकार्ड आजकल गिनीज बुक आफ वर्ल्ड रेकार्ड में लिखे जाते हैं। यही बात समाज के बारे में भी है समाज वहीं रहता है सुधार कार्य करने वाले महान हो जाते हैं।
4. भारत को विश्व गुरू बनाना व अच्छे दिन लाना, यह फल है जिसका जड़ व्यक्ति के मस्तिष्क और गाँव में है। जड़ को मजबूत करने से भारत नामक वृक्ष से अपने आप फल निकलने लगेंगे। पुनर्निर्माण व्यक्ति के मस्तिष्क को मजबूत करने का ही कार्यक्रम है। शेष व्यक्ति व शासन मिलकर पूरा कर लेंगे इसका हमें विश्वास है।
5. जो मन कर्म में न बदले, वह मन नहीं और व्यक्ति का अपना स्वरूप नहीं।
6. राष्ट्र निर्माण का हमारा कार्य राष्ट्रपति श्री प्रणव मुखर्जी द्वारा प्रस्तुत किये गये मार्गदर्शक बिन्दुओं का सम्मिलित रूप है। नये शहर के रूप में वाराणसी के दक्षिण थ्री इन वन "सत्यकाशी नगर" की योजना उस क्षेत्र के विकास पर आधारित है तो आध्यात्मिक एवं दार्शनिक विरासत के आधार पर एक भारत-श्रेष्ठ भारत के सपने को साकार करने के लिए पुनर्निर्माण - सत्य शिक्षा का राष्ट्रीय तीव्र मार्ग (RENEW-Real Education National Express Way) के द्वारा भारत देश के समाजवाद पर आधारित आम आदमी के लिए प्रस्तुत है। किसी व्यक्ति के बौद्धिक विकास के लिए आवश्यक है कि उसे भोजन, स्वास्थ्य और निर्धारित आर्थिक आय को सुनिश्चित कर दिया जाय और यह यदि उसके शैक्षिक जीवन से ही कर दिया जाय तो शेष सपने को वह स्वयं पूरा कर लेगा। यदि वह नहीं कर पाता तो उसका जिम्मेदार भी वह स्वयं होगा, न कि अभिभावक या ईश्वर। पुनर्निर्माण, इसी सुनिश्चिता पर आधारित है।
7. मानव एवं संयुक्त मानव (संगठन, संस्था, ससंद, सरकार इत्यादि) द्वारा उत्पादित उत्पादों का धीरे-धीरे वैश्विक स्तर पर मानकीकरण हो रहा है। ऐसे में संयुक्त राष्ट्र संघ को प्रबन्ध और क्रियाकलाप का वैश्विक स्तर पर मानकीकरण करना चाहिए। जिस प्रकार औद्योगिक क्षेत्र अन्तर्राष्ट्रीय मानकीकरण संगठन (ISO-International Standardization Organisation) द्वारा संयुक्त मन (उद्योग, संस्थान, उत्पाद इत्यादि) को उत्पाद, संस्था, पर्यावरण की गुणवत्ता के लिए ISO प्रमाणपत्र जैसे-ISO-9000, ISO-14000 श्रृंखला इत्यादि प्रदान किये जाते है उसी प्रकार संयुक्त राष्ट्र संघ को नये अभिकरण विश्व मानकीकरण संगठन (WSO-Standardization Organisation) बनाकर या अन्तर्राष्ट्रीय मानकीकरण संगठन को अपने अधीन लेकर ISO/WSO का प्रमाण पत्र योग्य व्यक्ति और संस्था को देना चाहिए जो गुणवत्ता मानक के अनुरूप हों। भारत को यही कार्य भारतीय मानक ब्यूरो (BIS-Bureau of Indian Standard) के द्वारा IS श्रृंखला द्वारा करना चाहिए। भारत को यह कार्य राष्ट्रीय शिक्षा प्रणाली (NES-National Education System) व विश्व को यह कार्य विश्व शिक्षा प्रणाली (WES-World Education System) द्वारा करना चाहिए। जब तक यह शिक्षा प्रणाली भारत तथा संयुक्त राष्ट्र संघ द्वारा जनसाधारण को उपलब्ध नहीं हो जाती तब तक यह "पुनर्निर्माण" द्वारा उपलब्ध करायी जा रही है जो और राष्ट्र निर्माण का प्रथम व अन्तिम ब्लूप्रिन्ट है।
8. विश्वशास्त्र से आपको मिलता है मनोरंजन को छोड़ कर, आपके शारीरिक-आर्थिक-मानसिक विकास के लिए सभी साधन। जहाँ आप भारतीयता के साथ पायेंगे आज के युग के अनुसार विकास करने का न्यूनतम आवश्यक ज्ञान। हम आपको, आपके विकास के मुख्य-धारा में लाना चाहते हैं क्योंकि सबके लिए 24 घण्टे का ही दिन है। मौज कर लो या अपने लक्ष्य के लिए काम कर लो।
9. "रत्न" उसे कहते हैं जिसका अपना व्यक्तिगत विलक्षण गुण-धर्म हो और वह गुण-धर्म उसके न रहने पर भी प्रेरक हो। पद पर पीठासीन व्यक्तित्व का गुण-धर्म मिश्रित होता है, वह उसके स्वयं की उपलब्धि नहीं रह

जाती। भारत के रत्न वही हो सकते हैं जो स्वतन्त्र भारत में संवैधानिक पद पर न रहते हुये अपने विलक्षण गुण-धर्म द्वारा भारत को कुछ दिये हों और उनके न रहने पर भी भारतीय नागरिक प्रेरणा प्राप्त करता हो। इस क्रम में "भारत रत्न" का अगला दावेदार मैं हूँ और नहीं तो क्यों? इतना ही नहीं नोबेल पुरस्कार के साहित्य और शान्ति के संयुक्त पुरस्कार के लिए भी योग्य है जो भारत के लिए गर्व का विषय है।

10. किसी देश का संविधान, उस देश के स्वाभिमान का शास्त्र तब तक नहीं हो सकता जब तक उस देश की मूल भावना का शिक्षा पाठ्यक्रम उसका अंग न हो। इस प्रकार भारत देश का संविधान भारत देश का शास्त्र नहीं है। संविधान को भारत का शास्त्र बनाने के लिए भारत की मूल भावना के अनुरूप नागरिक निर्माण के शिक्षा पाठ्यक्रम को संविधान के अंग के रूप में शामिल करना होगा। जबकि राष्ट्रीय संविधान और राष्ट्रीय शास्त्र के लिए हमें विश्व के स्तर पर देखना होगा क्योंकि देश तो अनेक हैं राष्ट्र केवल एक विश्व है, यह धरती है, यह पृथ्वी है। भारत को विश्व गुरू बनने का अन्तिम रास्ता यह है कि वह अपने संविधान को वैश्विक स्तर पर विचार कर उसमें विश्व शिक्षा पाठ्यक्रम को शामिल करे। यह कार्य उसी दिशा की ओर एक पहल है, एक मार्ग है और उस उम्मीद का एक हल है। राष्ट्रीयता की परिभाषा व नागरिक कर्तव्य के निर्धारण का मार्ग है। जिस पर विचार करने का मार्ग खुला हुआ है।

अपने-अपने धर्म शास्त्र-उपनिषद्-पुराण इत्यादि का अध्ययन करें कहीं ऐसा तो नहीं कि-

1. काल के प्रथम रूप अदृश्य काल से दूसरे और अन्तिम दृश्य काल का प्रारम्भ।
   इसलिए कि अधिकतम व्यक्ति व समाज का मन दृश्य विषयों पर केन्द्रित है।
2. मनवन्तर के वर्तमान 7वें मनवन्तर वैवस्वत मनु से 8वें मनवन्तर सावर्णि मनु का प्रारम्भ।
   इसलिए कि सावर्णि मनु के "सार्वभौम" गुण का प्रयोग कर श्री लव कुश सिंह "विश्वमानव" व्यक्त हैं।
3. अवतार के नवें बुद्ध से दसवें और अन्तिम अवतार-कल्कि महावतार का प्रारम्भ।
   इसलिए कि आधुनिक युग के लिए एकीकरण व मानकीकरण के सभी प्रणाली व्यष्टि व समष्टि के लिए संयुक्त एवं अन्तिम रूप से व्यक्त हैं।
4. युग के चौथे कलियुग से पाँचवें युग स्वर्ण युग का प्रारम्भ।
   इसलिए कि युग परिवर्तन के लिए कल्कि अवतार का आगमन हो चुका है।
5. व्यास और द्वापर युग में आठवें अवतार श्रीकृष्ण द्वारा प्रारम्भ किया गया कार्य "नवसृजन" के प्रथम भाग "सार्वभौम ज्ञान" के शास्त्र "गीता" से द्वितीय अन्तिम भाग "सार्वभौम कर्मज्ञान", पूर्णज्ञान का पूरक शास्त्र", लोकतन्त्र का "धर्मनिरपेक्ष धर्मशास्त्र" और आम आदमी का "समाजवादी शास्त्र" द्वारा व्यवस्था सत्यीकरण और मन के ब्रह्माण्डीयकरण और नये व्यास का प्रारम्भ।

- इसलिए कि नया और अन्तिम शास्त्र "विश्वशास्त्र" प्रकाशित हो चुका है।

यदि ऐसा नहीं तो -

1. तुम्हारे शास्त्रों में दिये वचन और शास्त्र झूठे हो जायेंगे।
2. तुम्हारे भविष्यवक्ताओं की भविष्यवाणीयाँ झूठी हो जायेंगी।
3. तुम्हारे युग और काल गणना झूठे हो जायेंगे।
4. तुम्हारे अवतार-ईशदूत-ईशपुत्र-पुनर्जन्म सिद्धान्त झूठे हो जायेंगे।
5. तुम्हारे ईश्वर सम्बन्धी अवधारणा झूठे हो जायेंगे।

पी.एम. बना लो या सी.एम या डी.एम,
शिक्षा पाठ्यक्रम कैसे बनाओगे?
नागरिक को पूर्ण ज्ञान कैसे दिलाओगे?
राष्ट्र को एक झण्डे की तरह,
एक राष्ट्रीय शास्त्र कैसे दिलाओगे?
ये पी.एम. सी.एम या डी.एम नहीं करते,
राष्ट्र को एक दार्शनिक कैसे दिलाओगे?
वर्तमान भारत को जगतगुरू कैसे बनाओगे?
सरकार का तो मानकीकरण (ISO-9000) करा लोगे,
नागरिक का मानक कहाँ से लाओगे?
सोये को तो जगा लोगे,
मुर्दों में प्राण कैसे डालोगे?
वोट से तो सत्ता पा लोगे,
नागरिक में राष्ट्रीय सोच कैसे उपजाओगे?
फेस बुक पर होकर भी पढ़ते नहीं सब,
भारत को महान कैसे बनाओगे?

निर्णय आपके पास, एकता का प्रयास या अनेकता का विकास

आस्था कहीं भी लगा लो लेकिन क्षमता से अधिक उम्मीद मत करो।

मानने से वस्तु में गुण नहीं आते लेकिन व्यापार विकसित हो जाता है।

क्या मनुष्य का व्यक्तिगत लक्ष्य के अलावा कोई सामूहिक लक्ष्य भी होता है? इस पर भी विचार करना आवश्यक है। सनातन और पुनर्जन्म सिद्धान्त से इस संसार की सभी गति तंरगाकार होते हुए भी एक चक्र में चल रहा है। इस प्रकार उस चक्र में मनुष्य का क्षणिक जीवन एक कड़ी मात्र है। ये शरीर जो दिख रहा है उसे स्थूल शरीर कहा जाता है और मृत्यु के उपरान्त इच्छा युक्त मन को सूक्ष्म शरीर तथा इच्छा मुक्त मन को आत्मीय शरीर कहते हैं। आत्मीय शरीर केन्द्र है और सूक्ष्म व स्थूल उसके चक्र हैं। मनुष्य योनि का विकास उध्व गति की ओर हुआ है अर्थात् जल से थल, थल से शरीर, फिर संसाधन/अर्थ, फिर मानसिक, और पूर्ण और अन्तिम में आध्यात्मिक केन्द्रित मन। यही वह पैमाना है जिससे स्वयं की तुलनाकर जाना जा सकता है कि मैं कितना सफल हुँ? ये वह मार्ग है जिसे तय करने का सार्वभौम नियम है चाहे मनुष्य को इसका ज्ञान हो या न हो। जो जितना इस मार्ग में बढ़ता है

वह उतना ही सफल है और जो नीचे गिरता है वह उतना ही असफल होता है। सफल होने से ही अच्छे समाज का विकास और असफल होने से खराब समाज का विकास होता है क्योंकि पुनर्जन्म तो सूक्ष्म शरीर का ही होता है। शरीर पालना और पीढ़ी आगे बढ़ाना तो सभी जीवों का काम है। फिर उनमें और मनुष्य में क्या अन्तर? अगर ऐसी बात नहीं तो पं0 दीनदयाल उपाध्याय जी के इस विचार - "मनुष्य पशु नहीं है केवल पेट भर जाने से वह सुखी और संतुष्ट हो जायेगा। उसकी जीवन यात्रा "पेट" से आगे "परमात्मा" तक जाती है। उसके मन उसकी बुद्धि और उसकी आत्मा का भी कुछ तकाजा है।" का क्या अर्थ होगा?

जिस प्रकार वर्तमान व्यावसायिक-समाजिक-धार्मिक इत्यादि मानवीय संगठन में विभिन्न पद जैसे प्रबन्ध निदेशक, प्रबन्धक, शाखा प्रबन्धक, कर्मचारी, मजदूर इत्यादि होते हैं और ये सब उस मानवीय संगठन के एक विचार जिसके लिए वह संचालित होता है, के अनुसार अपने-अपने स्तर पर कार्य करते हैं और वे उसके जिम्मेदार भी होते हैं। उसी प्रकार यह सम्पूर्ण ब्रह्माण्ड एक ईश्वरीय संगठन है जिसमें सभी अपने-अपने स्तर व पद पर होकर जाने-अनजाने कार्य कर रहें हैं। यदि मानवीय संगठन का कोई कर्मचारी दुर्घटनाग्रस्त होता है तो उसका जिम्मेदार उस मानवीय संगठन का वह विचार नहीं होता बल्कि वह कर्मचारी स्वयं होता है। इसी प्रकार ईश्वरीय संगठन में भी प्रत्येक व्यक्ति की अपनी बुद्धि-ज्ञान-चेतना-ध्यान इत्यादि गुण ही उसके कार्य का फल देती है जिसका जिम्मेदार वह व्यक्ति स्वयं होता है न कि ईश्वरीय संगठन का वह सार्वभौम सत्य-सिद्धान्त। मानवीय संगठन का विचार हो या ईश्वरीय संगठन का सार्वभौम सत्य-सिद्धान्त यह दोनों ही कर्मचारी के लिए मार्गदर्शक नियम हैं। जिस प्रकार कोई मानवीय संगठन आपके पूरे जीवन का जिम्मेदार हो सकता है उसी प्रकार ईश्वरीय संगठन भी आपके पूरे जीवन का जिम्मेदार हो सकता है। जिसका निर्णय आपके पूरे जीवन के उपरान्त ही हो सकता है परन्तु आपके अपनी स्थिति के जिम्मेदार आप स्वयं हैं। जिस प्रकार मानवीय संगठन में कर्मचारी समर्पित मोहरे की भाँति कार्य करते हैं उसी प्रकार ईश्वरीय संगठन में व्यक्ति सहित मानवीय संगठन भी समर्पित मोहरे की भाँति कार्य करते हैं, चाहे उसका ज्ञान उन्हें हो या न हो। और ऐसा भाव हमें यह अनुभव कराता है कि हम सब जाने-अनजाने उसी ईश्वर के लिए ही कार्य कर रहें हैं जिसका लक्ष्य है- ईश्वरीय मानव समाज का निर्माण जिसमें जो हो सत्य हो, शिव हो, सुन्दर हो और इसी ओर विकास की गति हो।

सोमवार, 2 मार्च, 2015 ई0

भारत पूरी दुनिया को शान्ति की राह दिखाने में संक्षम है। शस्त्र विध्वंशकारी होता है तो शास्त्र पशुता से मानवतावाद की ओर ले जाता है। आज आवश्यकता केवल शिक्षित होने की नहीं बल्कि सुशिक्षित हाने की है। केवल भौतिक विकास को सर्वांगिण विकास नहीं कहा जा सकता। भारत की प्रकृति व यहाँ के ज्ञान के खजाने को ढूढ़ने में पूरी दुनिया लगी है। हमसे दुनियाँ ने बहुत कुछ सिखा है। आज भी उसे शान्ति का रास्ता भारत ही दिखा सकता है। साभार - दैनिक जागरण, वाराणसी, दि0 2 मार्च, 2015 **-श्रीमती प्रतिभा पाटिल पूर्व राष्ट्रपति, भारत**

शुक्रवार, 20 मार्च, 2015 ई0

सूर्य ग्रहण है जो भारत में दिखाई नहीं देगा।

शनिवार, 4 अप्रैल, 2015 ई0

-चंद्रग्रहण

-हिंदू माह के अनुसार दोनों ग्रहण एक ही माह में पड़ रहे हैं। सूर्य ग्रहण अमावस्या को और चंद्र ग्रहण पूर्णिमा को है। शास्त्रों में कहा गया है कि एक माह में दो ग्रहण हों तो राजा को हानि होती है। इस ग्रहण से किसी शीर्ष नेता या देश की सेना को हानि हो सकती है।

सोमवार, 27 जुलाई 2015 ई0

ए.पी.जे. अब्दुल कलाम की मृत्यु (ब्रह्मलीन)

इनके सार्वभौम विचार

"अच्छी शिक्षा व्यवस्था ही प्रबुद्ध नागरिक पैदा करती है, बच्चों को नैतिक शिक्षा प्रदान की जाय और रोजगार के नये अवसर पैदा किये जायें, राष्ट्रीय शान्ति व सार्वभौमिक सद्भाव के लिए सभी धर्म आध्यात्मिक आन्दोलन में शामिल हो जायें" साभार - दैनिक जागरण, सम्पादकीय, वाराणसी, दि0 8 दिसम्बर 2002

-श्री ए.पी.जे, अब्दुल कलाम, पूर्व राष्ट्रपति, भारत

सोमवार, 28 सितंबर, 2015 ई0

चंद्र ग्रहण

मंगलवार, 17 नवम्बर 2015 ई0

अशोक सिंघल की मृत्यु (ब्रह्मलीन)

इनके सार्वभौम विचार

"हिन्दू-बौद्ध एकता से विश्व में बढ़ते ईसाइयों और इस्लाम के विस्तारवादी मनोवृत्ति को रोकने में निश्चित रूप से सफलता" (लुम्बीनी में आयोजित सभा में) साभार - दैनिक जागरण, वाराणसी दि- 20-01-2000

- श्री अशोक सिंघल, अन्तर्राष्ट्रीय कार्याध्यक्ष, विश्व हिन्दू परिषद

सन् 2016 ई0

बुधवार, 20 जनवरी, 2016 ई0

तैयार करें मूल्यों और उम्मीदों पर आधारित ब्लूप्रिन्ट। (विडिओ कान्फ्रेसिंग से छात्रों और शिक्षकों को सन्देश - राष्ट्र निर्माण का आह्वानं) साभार -दैनिक जागरण, 20 जनवरी, 2016- **श्री प्रणव मुखर्जी, राष्ट्रपति, भारत**

मंगलवार, 8– 9 मार्च, 2016 ई0

पूर्ण सूर्य ग्रहण 8-9 मार्च को पूर्ण सूर्य ग्रहण पड़ेगा, जो सुमात्रा, बोरनेओ, सुलावेसिया से अच्छी तरह दिखाई देगा। आंशिक रूप से यह दक्षिण एवं पूर्वी एशिया और ऑस्ट्रेलिया से दिखेगा। भारत में यह ग्रहण 9 मार्च को सुबह 4 बजे दिखाई देगा।

बुधवार, 23 मार्च, 2016 ई0

आंशिक चंद्र ग्रहण 23 मार्च को यह चंद्र ग्रहण एशिया, ऑस्ट्रेलिया, उत्तरी अमेरिका और दक्षिण अमेरिका के कुछ भागों में स्पष्ट दिखाई देगा। आंशिक रूप से यह एशिया, ऑस्ट्रेलिया, भारतीय महासागर, आर्कटिक, अंटार्कटिका से दिखेगा।

ऐसी शिक्षा की जरूरत है जो समर्पित, विश्वसनीय और आत्म विश्वास से लवरेज युवा तैयार करे। शिक्षा ऐसी होनी चाहिए जो न केवल काबिल पेशेवर दे बल्कि वो समाज व देश के प्रति जुड़ाव भी महसूस करे। (स्वामी राम हिमालयन विश्वविद्यालय के पहले दिक्षांत समारोह में बोलते हुएं) **- श्री प्रणव मुखर्जी, राष्ट्रपति, भारत**

शुक्रवार, 26 अगस्त, 2016 ई0

भारत को अब क्रमिक विकास की नहीं कायाकल्प की जरूरत है। यह तब तक संभव नहीं जब तक प्रशासनिक प्रणाली में आमूल-चूल परिवर्तन न हो। लिहाजा नई सोच, नई संस्थान और नई तकनीकी अपनानी होगी। 19वीं सदी के प्रशासनिक प्रणाली के साथ 21वीं सदी में नहीं प्रवेश किया जा सकता है। रत्ती-रत्ती प्रगति से काम नहीं चलेगा। यदि भारत को परिवर्तन की चुनौतियों से निपटना है तो हमें हर स्तर पर बदलाव लाना होगा। हमें कानूनों में बदलाव करना है, अनावश्यक औपचारिकताओं को समाप्त करना है, प्रक्रियाओं को तेज करना है और

प्रौद्योगिकी अपनानी है। मानसिकता में भी बदलाव लानी है और यह तभी हो सकता है जब विचार परिवर्तनकारी हों। (नीति आयोग की ओर से आयोजित "भारत परिवर्तन व्याख्यान" के शुभारम्भ में, नई दिल्ली में)

- श्री नरेन्द्र मोदी, प्रधानमंत्री, भारत

बुधवार, 31 अगस्त, 2016 ई0

प्रधानमंत्री ने भी भारत के कायाकल्प के लिए अंतरनिहित सिद्धांतों को स्पष्ट किया है। उन्होंने हजारों वर्षों से चली आ रही भारतीय परंपराओं से अनुभव हासिल करने वाले विशेषज्ञों, जनता के सुझावों और विपरीत विचारों को ध्यानपूर्वक सुनने का सुझाव दिया है। यदि हमने ऐसा कर दिया तो हम नीतियों और योजनाओं को न सिर्फ विफल होने से बचा लेंगे, बल्कि भविष्य के जोखिमों से भी इन्हें सुरक्षित कर देंगे। इन सबका अर्थ है भविष्य की योजनाओं और विकास के लिए जरूरी बुनियादी बातों को फिर से परिभाषित करना और उन्हें नए रूप में रचना। इसके लिए सोच के एक नए स्तर की जरूरत होती है। यह किस तरह होगा, यह बहुत कुछ आयोग की टीम की रूपरेखा और दृष्टिकोण पर निर्भर करेगा। प्रधानमंत्री ने नीति आयोग की टीम के लिए महत्वपूर्ण दिशानिर्देश तय किए हैं। अब नीति आयोग पर निर्भर करता है कि वह आशाओं के अनुरूप आचरण करे और परिणाम दे।

("अगली सदी की तैयारी" शीर्षक से दैनिक जागरण में प्रकाशित लेख)

-मुरली मनोहर जोशी

बृहस्पतिवार, 1 सितंबर, 2016 ई0

सूर्य ग्रहण यह ग्रहण भारत, अफ्रीका, मडागास्कर, अटलांटिक महासागर और भारतीय महासागर से दिखाई देगा। अफ्रीका में यह आंशिक रूप से ही दिखाई देगा।

शुक्रवार, 16-17 सितंबर, 2016 ई0

चंद्र ग्रहण यह ग्रहण एशिया, ऑस्ट्रेलिया और पूर्वी अफ्रीका में दिखाई देगा। आंशिक रूप से यूरोप, दक्षिण अमेरिका, अटलांटिक और अंटार्कटिका में दिखेगा।

सन् 2017 ई0

रविवार, 26 फरवरी, 2017 ई0

साल का पहला सूर्यग्रहण

मई, 2017 ई0

रचनात्मक आलोचना, लोकतन्त्र को मजबूत बनाती है। (केन्द्र सरकार के तीन वर्ष पूरे होने पर समीक्षा वक्तव्यं) **- श्री नरेन्द्र मोदी, प्रधानमंत्री, भारत**

सोमवार, 7 अगस्त, 2017 ई0

रक्षाबंधन वाले दिन खंडग्रास चंद्रग्रहण था

सोमवार, 21 अगस्त, 2017 ई0

साल 2017 का दूसरा सूर्यग्रहण भारतीय समय के मुताबिक यह ग्रहण रात में 9.15 मिनट से शुरु होगा और रात में 2.34 मिनट पर खत्म होगा।

सितम्बर, 2017 ई0

"विश्वशास्त्र - द नालेज आफ फाइनल नालेज" पुस्तक का सारांश – **"मैं सत्यकाशी से कल्कि महावतार बोल रहा हूँ"** शीर्षक के रूप में प्रकाशित ISBN: 9781947752948 निम्न पते पर भी पुस्तक को भेजा गया।
01- PRESIDENT OF INDIA, 02- PRIME MINISTER OF INDIA, 03- NITI AAYOG, 04. NCERT, 05. BUREAU OF INDIAN STANDARD, 06. UNIVERSITY GRANTS COMMISSION (UGC), 07. MINISTRY OF HUMAN RESOURCES DEVELOPMENT, 08. HON'BLE CHIEF JUSTICE, 09. THE GOVERNOR OF UTTAR PRADESH, 10- THE CHIEF MINISTER OF UTTAR PRADESH, 11. THE EDITOR, DAINIK

JAGRAN, 12. THE EDITOR , AMAR UJALA 12. THE EDITOR , HINDUSTAN 13. SRI KALKI BAL VATIKA, 14.K.K.BIRLA FOUNDATION, 15, WORLD RELIGIOUS PARLIAMENT, 16, BHARAT VIKASH PARISHAD, 17. THE CHIEF MINISTER OF BIHAR, 18. TATA INSTITUTE OF SOCIAL SCIENCE, 19. RAMKRISHNA MISSION 20. VICE CHANCELLOR, BHU, VARANASI, 21. VICE CHANCELLOR, MGKV, VARANASI, 22. VICE CHANCELLOR, SSU, VARANASI, 23. PRINCIPAL, H PG COLLEGE, VARANASI, 24. PRINCIPAL, PN GOVT. COLLEGE, RAMNAGAR, VARANASI, 25. DM, VARANASI, 26. DM, MIRZAPUR, 27. MEMBER OF PARLIAMENT, VARANASI

सन् 2018 ई0

13 जुलाई 2018, भारत में सुबह 7 बजकर 18 मिनट, खत्म होने का समय 8 बजकर 13 मिनट 5 सेकेंड। इससे पहले 31 जनवरी को साल का पहला चंद्रग्रहण देखा गया था। इस चंद्रग्रहण के दौरान 152 साल बाद बहुत दुर्लभ संयोग बना था। 27 जुलाई को होने वाला चंद्र ग्रहण भारत में दिखाई देगा और सदी का सबसे लंबा चंद्रग्रहण होगा।

सन् 2019 ई0

6 जनवरी, का पहला सूर्यग्रहण भारतीय समयानुसार सुबह 5 बजकर 4 मिनट से शुरू होकर 9 बजकर 18 मिनट तक चला। हालांकि यह आंशिक सूर्यग्रहण भारत और आसपास के देशों में नहीं दिखाई दिया। जापान, कोरिया, रूस समेत अन्य कुछ देशों में यह नजर आया।

साल का दूसरा सूर्यग्रहण 2 जुलाई को पूर्ण ग्रहण, ये ग्रहण भी भारत में दिखाई नहीं दिया। 2 जुलाई को लगने वाला सूर्य ग्रहण चार घंटे 33 सेकेंड तक चलेगा। अगर आप इस वर्ष के पूर्ण सूर्यग्रहण को नहीं देख पाते हैं तो आपको 14 दिसंबर, 2020 तक का इंतजार करना होगा।

मंगलवार, 25 जून 2019 ई0

स्वामी सत्यमित्रानन्द गिरि ब्रह्मलीन

आपके विचार आपके "भारत माता मन्दिर" पुस्तक से-

1. स्वस्ति पन्थामनु चरेम सूर्यचन्द्रमसाविव। पुनर्ददताध्नता जानता सं गमेमहि।। (ऋग्वेद-5/51/15) "जैसे सूर्य और चन्द्रमा निरालम्ब अन्तरिक्ष में निरापद एवं राक्षसादि से अबाधित निर्विध्न यात्रा करते हैं, विचरण करते हैं, वैसे ही हम अपने बन्धु-बान्धवों के साथ लोक-यात्रा में स्नेहपूर्वक, निर्विध्न चलते रहें और हम सबका मार्ग मंगलमय हो।" भगवान शंकर के स्मरण मात्र से ऐसा सम्भव है, क्योंकि वे कल्याण के देव हैं। वे देवाधिदेव महादेव तो हैं ही, किन्तु भारतमाता का स्वरूप-स्मरण करने पर तो यह भाव जीवन्त रूप से जाग्रत हो जाता है कि भारत का समग्र दर्शन भगवान शंकर में ही हो रहा है। विचारपूर्वक देखें, तो भगवान शंकर सम्पूर्ण राष्ट्र के प्रतीक हैं, भगवान श्रीराम राष्ट्र की आदर्श-मर्यादा के और गंगा राष्ट्र में प्रवाहित होने वाली संस्कृति की। उसके साथ उसमें ब्रह्मतत्व भी अन्तर्निहित होना चाहिए, क्योंकि ब्रह्मतत्व से विहिन संस्कृति दीर्घकाल तक नहीं रह सकती। इस ब्रह्मतत्व के साक्षात् स्वरूप श्रीकृष्ण हैं। इसलिए भारतीय संस्कृति का सर्वांग रूप राम, कृष्ण, शंकर और गंगा का समन्वित रूप है।
2. केवल वेश ग्रहण मात्र से किसी को साधु-संत नहीं कहा जा सकता। साधुता और सन्तत्व तो एक वृत्ति का नाम है। यह साधु-वृत्ति कदाचित् श्वेत वस्त्रधारी में भी हो सकती है और कदाचित् भगवा-धारी में नहीं। यह जटाजूटधारी या मुण्डित केशों में भी हो सकती है और नहीं भी। अनिवार्यता केवल इतनी ही है कि जहाँ जीवन

में सुचिता है, वहीं साधुता है। जब तक साधुवृत्ति संसार में भ्रमण करती रहेगी, तब तक भारतीय संस्कृति का विनाश कोई नहीं कर सकता।

3. टहनियाँ और पत्तों को काट देने से वृक्ष नहीं सूखता। उसका बीज यदि उर्वरा भूमि में सुरक्षित है, तो अनुकूल अवसर-खाद, पानी, माली आदि पाकर वह पुनः लहलहा उठेगा, हरा-भरा हो जायेगा। यही स्थिति भारतीय संस्कृति के बीज-जीवन मूल्यों की है। भारतीय संस्कृति का बीज किसी एक व्यक्ति के अन्तःकरण में नहीं, अपितु करोड़ों व्यक्तियों की हृदय भूमि में जीवन्त रूप में स्थित है। इसी कारण साधु-संतों की वाणी रूपी खाद, भक्ति रूपी पवित्र जलधारा और प्रभु-कृपा की अनुकूलता प्राप्त होने पर वह पुनः पुनः अंकुरित होती रहेगी। इनकी छाया के नीचे बैठने वाले व्यक्तियों को जीवन में शान्ति का सन्देश सतत् देती रहेगी।
4. यद्यपि प्रत्येक स्थान की भूमि की अपनी निजी विशेषताएँ होती हैं। गुजरात की भूमि में रूई, किसी अन्य जगह हरी मिर्च, मालवा में गेहूँ आदि बहुतायत में तथा अच्छे किस्म के होते हैं, तो भी ये वस्तुएँ थोड़े बहुत अन्तर से अन्यत्र भी उगाई जा सकती हैं, किन्तु यदि केशर को कश्मीर के अतिरिक्त अन्यत्र कहीं पर उत्पन्न करने के प्रयास किये जायें, तो असफलता ही मिलेगी। इसके लिए तो कश्मीर की भूमि की ही शरण लेनी होगी। इसी भाँति भौतिकवाद के विकास के लिए यूरोप ओर अमेरिका की भूमि उपयुक्त है, परन्तु आध्यात्मवाद की केशर यदि प्राप्त करना है, तो सम्पूर्ण विश्व को भारतीय भूमि से ही प्रेम करना होगा। इसके अतिरिक्त कोई उपाय नहीं है। यदि इस धरती का यह वैशिष्ट्य न होता, तो भगवान श्रीराम और भगवान श्रीकृष्ण यहीं पर जन्म क्यों लेते? वे कहीं पर भी आविर्भूत हो सकते थे, परन्तु सरयू और यमुना तट उन्हें अच्छा लगा और इसलिए अपने बाल-मित्रों के साथ उन्होंने यहाँ सहज बाल-क्रिड़ायें कीं, जिससे सभी लोग जान लें कि इस धरती का महत्व कितना अधिक है।
5. उत्तर भारत में भगवान ने अनेक रूपों में अवतार ग्रहण किया। इसलिए उस विराट् एवं चरम चित्त तत्व ने दक्षिण भारत में भी अंशावतार ग्रहण किया। श्री शंकराचार्य, श्री रामानुजाचार्य, श्री वल्लभाचार्य, श्री मध्वाचार्य आदि महान आचार्यों ने भारतीय समाज के उन्नयन के लिए अवतार ग्रहण किया। यदि उत्तर भारत में प्रभु के अवतारों के माध्यम से भगवद् शक्ति द्वारा संसार को प्रभावित किया गया, तो दक्षिण के आचार्यों ने साधना, संयम, सदाचार के उपदेश द्वारा, पुरूषार्थ के द्वारा मानवों में ऐसी अनुभूति उत्पन्न की कि वे आचार्य अंशावतार न होकर पूरी शक्ति सहित अवतार ही दिखाई देते हैं।
6. संसारी मानव दो प्रकार की विभिन्न परिस्थितियों के हिंडोले में झूलता हुआ अपनी दुर्बलता प्रमाणित करता है कि यदि कोई अनुकूल वस्तु मिल जाए, तो उसके प्रति राग हो जाता है, और यदि प्रिय वस्तु का वियोग हो जाए तो रोष होता है। कोई-कोई विरले मनुष्य होते हैं, जो न राग में जीते हैं, न रोष में जीते हैं, वे तो केवल अनुराग में ही सदा आनन्दित होते हैं। भगवान श्रीराम भी इसी प्रकार के महापुरूष हैं, जिनको न राग है, न रोष, अपितु वे अन्यों को सभी प्रकार संतुष्ट करते हैं। उनका स्मरण कर, उस नित्य आनन्दमय परमात्मा के प्रति भक्ति प्रदर्शित कर, भारतीय व्यक्ति अपने जीवन को धन्य अनुभव करता है।

"भारत माता मन्दिर" के सम्बन्ध में आपके विचार-

ऊँ। विश्वानि देव सवितर्दुरितानी परासुव। यद् भद्रं तन्न आ सुव।।

हमारे देश के गाँव-गाँव, नगर-नगर में मन्दिर मिलते हैं। बुद्धिवादी व्यक्ति नवीन मन्दिरों के निर्माण को निरर्थक मानते हैं। कई लोग इसे अर्थ का अपव्यय भी कहते हैं। इतिहास को जीवित रखना हमारा कर्तव्य है। इतिहास से हमें अपनी राष्ट्रीय-संस्कृति के गौरव का पता चलता है। पाठकों को इससे प्रेरणा मिलती है और भावी पीढ़ी के संस्कार जगाने में चेतना की शक्ति। इसी पावन दृष्टिकोण से, हरिद्वार में भारत माता मन्दिर का निर्माण किया गया है।

मुसलमान, ईसाई बन्धुओं को अपने पूर्वजों के सम्बन्ध में पर्याप्त जानकारी है, परन्तु किसी हिन्दू युवक से उसके पूर्वज ऋषियों के नाम पूछे जायें तो बता पाने में असमर्थता प्रकट करेगा। यदि व्यक्ति अपने श्रेष्ठ पूर्वजों का ही विस्मरण कर बैठे, तो उनके श्रेष्ठ संस्कारों को अपने जीवन में कैसे उतार सकता है?

भारत माता मन्दिर, मन्दिर के रूप में अधिक जाना जाय, ऐसा विचार कम है। तीर्थ-यात्री जो प्रतिवर्ष लाखों की संख्या में हरिद्वार आते हैं, वे इस मन्दिर से देश के संत, आचार्य, बलिदानी महापुरूषों, साध्वी, सतियों (मातृ शक्ति) के जीवन से प्रेरणा लेकर, व्रत और संकल्प कर जा सके-यह इसका मुख्य लक्ष्य है। साम्प्रदायिक उपासना पद्धतियों में मानव पृथक-पृथक घेरों में बँधता जा रहा है। ऐसे समय में राष्ट्रीय एकता को ध्यान में रखकर, सब सम्प्रदायों के आचार्यों और संतों की एक ही स्थान पर प्रतिष्ठा की गई है, इससे-"हम सब एक हैं", "हमारी माता भारत माता है"-का विचार परिपक्व कर सकें। यह विचार दृढ़ होना चाहिए, तभी व्यक्तिवाद से ऊपर उठकर राष्ट्रवाद की ओर जा सकते हैं।

धर्म और राष्ट्र एक-दूसरे के पूरक होने चाहिए। धर्म संस्कारों को बनाता है। संस्कारों का परिष्कार करता है और राष्ट्र-भाव स्वधर्म पर बलिदान होने की प्रेरणा देता है। बिना उत्सर्ग किये इस संसार में कुछ नहीं मिलता। स्वार्थ की बलि चढ़ाये बिना राष्ट्र का यज्ञ अधूरा रहता है। पशु-बलि की बातें आज निरर्थक हो गई हैं, किन्तु आत्म बलिदान के अभाव में कोई महान् लक्ष्य प्राप्त हो जाये, यह सम्भव नहीं है। भारत माता मन्दिर में विराजमान संत, शूर, सती-देश के लाखों यात्रियों में समन्वय, श्रद्धा, परस्पर प्रेम, त्याग, सद्भाव, स्वार्थ त्याग, समरसता और बलिदान की भावना जगाने में समर्थ हो सकेंगे, ऐसा विश्वास किया जाना चाहिए।

हमारा यह विचार है कि मन्दिर में दान-पात्र न रखें जाएँ, परन्तु दर्शनार्थियों की उदार भावना के सम्मानार्थ, उनके द्वारा की जाने वाली चढ़ोतरी के सदुपयोग की दृष्टि से, दान-पात्र रखे जाना युक्तिसंगत भी लगता है। फिर भी भावना यह है कि, दर्शनार्थी इस मन्दिर की स्मृति संजोकर, अपने घरों को लौटकर जाने वाले लोग श्रद्धा से जो कुछ हो, वहीं से प्रेषित करें। इस धनराशि को आदिवासी, गिरिवासी, वनवासी, हरिजन, देश के उपेक्षित वर्ग और दरिद्र नारायण की सेवा में लगाया जा सके। साथ ही, आय का एक भाग ब्राह्मण बालकों को कर्मकाण्ड, वेद, हवन, यज्ञ आदि की शिक्षा देने के लिए उपयोग में लाया जाए। इस प्रकार यह मन्दिर समाज की सर्वागीण सेवा का प्रकल्प बन सके, यह अपेक्षा है।

इस मन्दिर में जैन, सिक्ख, ईसाई, मुसलमान, पारसी मजहबों के श्रेष्ठ संतों की मूर्तियाँ और उनके जीवन का अंकन किया गया है। सभी प्रमुख धर्मों के मूल मंत्र रजत पट्टीका पर अंकित किये गये हैं, जिससे उपासकों, साधकों, नागरिकों में यह भाव जाग सके कि सभी धर्मों का मूल तत्व एक है। इस प्रकार, अपने देश की संस्कृतियों की समस्त धाराओं को हरिद्वार में बहने वाली गंगा की पावन धारा से जोड़ने का प्रयत्न किया है। गंगा पावनता और गतिशीलता का प्रतीक बन चुकी है। बिना पावन और गतिशील हुए, देश और राष्ट्र की वास्तविक सेवा नहीं की जा सकती।

परमात्मा की कृपा से, अपने राष्ट्र-रथ को अनैतिकता के पंक से उबार, जगद्गुरू के पूर्व आसन पर बैठा सकने में हम सब निमित्त और परमात्मा के हाथ का उपकरण बन सकें, ऐसी उनके चरणों में प्रार्थना है।

सन् 2020 ई0

इस वर्ष की मुख्य विशेषता

तकनीकी के आविष्कार से दूरदर्शन के अनेक चैनल और अधिक क्षमता के कम्प्यूटर का भारत में व्यापक विस्तार और जनता के सम्पर्क में आना।

इन्टरनेट (INTERNET) का भारत में व्यापक विस्तार और जनता के सम्पर्क में आना।

मोबाइल (CELL PHONE) के स्थान पर अधिक क्षमता के स्मार्ट मोबाइल (SMART CELL PHONE) का भारत में व्यापक विस्तार और जनता के सम्पर्क में आना।

दूरदर्शन और इन्टरनेट नेटवर्क के व्यापक विस्तार से समाचार (NEWS CHANNEL), सामाजिक सम्पर्क (SOCIAL MEDIA), यू ट्यूब (YouTube.com), सर्च इंजन (google.com) और विचार व्यक्त करने और ज्ञान-सूचना पाने का व्यापक स्वतन्त्रता का विकास।

धार्मिक, राजनीतिक, सामाजिक और वैयक्तिक व्यवहार में उपरोक्त तकनीकी का व्यापक प्रयोग।

विचार व्यक्त करने की व्यापक स्वतन्त्रता के कारण प्रत्येक व्यक्ति ही विचारक बन गया परन्तु व्यष्टि (व्यक्तिगत) विचार और समष्टि (संयुक्त) विचार में अन्तर के ज्ञान का अभाव।

सन् 2020 ई0 को लेकर अनेक भविष्यवक्ताओं के विचार व्यक्त होने लगें थें और युग परिवर्तन तथा कल्कि महाअवतार के प्रकट होने के समय के रूप में देखा जाने लगा था।

युग का काल गणना भी विचार के केन्द्र में आ गई थी। कलियुग के सम्बन्ध में 4 लाख 32 हजार की अवधि की विचारधारा कमजोर पड़ने लगी थी क्योंकि उसके बहुत से शास्त्रीय और वैज्ञानिक आधार व्यक्त हाने लगें थें। "आर्य समाज" के संस्थापक स्वामी दयानन्द सरस्वती के अनुसार कलियुग की आयु 4 लाख 32 हजार की थी तो "अखिल विश्व गायत्री परिवार" के संस्थापक और "विचार क्रान्ति" के संचालक पं0 श्रीराम शर्मा आचार्य के अनुसार यह युग परिवर्तन का सन्धि काल था।

मनुष्य अपने आप में इतना संकुलित होकर स्वयं में स्वार्थी हो चुका था कि वह अपने आप को इस सार्वभौम सृष्टि से अलग सत्ता का समझने लगा था। वह यह भूल चुका था कि शरीर की कोशिका से लेकर सम्पूर्ण ब्रह्माण्ड तक एक ही शरीर है और सभी एक-दूसरे को प्रभावित करते हैं।

अन्य घटना क्रम

वर्ष 2020 ई0 में खगोलिय घटना: 6 ग्रहण (4 चंद्र ग्रहण, 2 सूर्य ग्रहण)

10 जनवरी 2020 चंद्र ग्रहण - ग्रहण का टाइम: रात 10 बजकर 37 मिनट से 11 जनवरी को 2 बजकर 42 मिनट कहां दिखाई देगा: भारत, यूरोप, अफ्रीक, एशिया और आस्ट्रेलिया।

5 जून 2020 चंद्र ग्रहण - रात्रि को 11 बजकर 15 मिनट से 6 जून को 2 बजकर 34 मिनट तक कहां दिखाई देगा: भारत, यूरोप, अफ्रीक, एशिया और आस्ट्रेलिया।

21 जून 2020 सूर्य ग्रहण - 21 जून की सुबह 9 बजकर 15 मिनट से दोपहर 15 बजकर 03 मिनट तक भारत, दक्षिण पूर्व यूरोप और एशिया। इस साल के सूर्य ग्रहण पर अधिकतर ज्योतिषियों की नजरें हैं क्योंकि यह ग्रहण मिथुन राशि में लगेगा। 21 जून को लगने वाले ग्रहण का सूतक काल 12 घंटे पहले ही लग जाएगा। इस साल पड़ने वाले ग्रहण बहुत महत्वपूर्ण माने जा रहे हैं। क्योंकि ज्योतिषियों के अनुसार इन ग्रहण से मिथुन राशि के जातकों पर विशेष प्रभाव पड़ेगा। उस समय कुल छह ग्रह वक्री होंगे जो अच्छा संकेत नहीं है। कहा जा रहा है कि ग्रहण के कारण ग्रहों की ऐसी स्थिति विश्व भर के लिए चिंताजनक मानी जा रही है।

5 जुलाई 2020 चंद्र ग्रहण - सुबह 08 बजकर 37 मिनट से 11 बजकर 22 मिनट तक अमेरिका, दक्षिण पूर्व यूरोप और अफ्रीका।

30 नवंबर 2020 चंद्र ग्रहण - दोपहर को 13 बजकर 02 मिनट से शुरू होगा और शाम 17 बजकर 23 मिनट तक भारत, अमेरिका, प्रशांत महासागर, एशिया और आस्ट्रेलिया।

14 दिसंबर 2020 सूर्यग्रहण - शाम को 19 बजकर 03 मिनट से 15 दिसंबर को 12 बजे सूर्यग्रहण भारत में नहीं दिखेगा, इसको प्रशांत महासागर।

वर्ष 2020 ई0 में प्राकृतिक घटना: कोरोना (COVID-19) वायरस से वैश्विक महामारी

कोरोना वायरस वायरस (COVID-19) एक संक्रामक रोग है जो एक नए खोजे गए कोरोना वायरस के कारण होता है।

COVID-19 के साथ बीमार पड़ने वाले अधिकांश लोग हल्के से मध्यम लक्षणों का अनुभव करेंगे और विशेष उपचार के बिना ठीक हो जाएंगे।

COVID-19 का कारण बनने वाला वायरस मुख्य रूप से एक संक्रमित व्यक्ति के खांसने, छींकने या बाहर निकलने पर उत्पन्न बूंदों के माध्यम से फैलता है। ये बूंदें हवा में लटकने के लिए बहुत भारी हैं और जल्दी से फर्श या सतहों पर गिर जाती हैं।

आप वायरस में सांस लेने से संक्रमित हो सकते हैं यदि आप किसी ऐसे व्यक्ति के करीब हैं जिसके पास COVID-19 है या दूषित सतह को छूकर और फिर आपकी आंखें, नाक या मुंह से।

चीन से शुरू हुआ यह महामारी COVID-19 ने जनवरी से अपना प्रभाव दिखाना शुरू किया और देखते ही देखते विश्व के 200 से उपर देशों और द्विप पर पहुँच गया। आज दिनांक 10 जून, 2020 को संयुक्त राज्य अमरीका 20,45,715 में लोग इससे प्रभावित हो गये थे, घटते क्रम में देशों और द्विप की सूची इस प्रकार है-

ब्राज़िल, रूसी संघ, ग्रेट ब्रिटेन और उत्तरी आयरलैंड का यूनाइटेड किंगडम, स्पेन, भारत, इटली, पेरू, जर्मनी, ईरान, तुर्की का गणतंत्र, फ्रांस, चिली, मेक्सिको, पाकिस्तान, सऊदी अरब, कनाडा, चीन, कतर, बांग्लादेश, बेल्जियम, दक्षिण अफ्रीका, बेलोरूस, नीदरलैंड, स्वीडन, इक्वेडोर, कोलम्बिया, संयुक्त अरब अमीरात, सिंगापुर, मिस्र, पुर्तगाल, कुवैट, इंडोनेशिया, स्विट्जरलैंड, यूक्रेन, पोलैंड, आयरलैंड, अर्जेंटीना, फिलीपींस, अफ़ग़ानिस्तान, रोमानिया, डोमिनिकन गणराज्य, इजराइल, ओमान, पनामा, जापान, ऑस्ट्रिया, बहरीन, बोलीविया, इराक, आर्मीनिया, नाइजीरिया, कजाखस्तान, डेनमार्क, सर्बिया, कोरिया, एलजीरिया, घाना, मोलदोवा, कैमरून, नॉर्वे, मोरक्को, मलेशिया, आज़रबाइजान, ग्वाटेमाला, ऑस्ट्रेलिया, फिनलैंड, होंडुरस, सूडान, तजाकिस्तान, उज़्बेकिस्तान, सेनेगल, जिबूती, कांगो, गिन्नी, लक्समबर्ग, हंगरी, कोटे डी आइवर, हैती, गैबॉन, मैसेडोनिया, एल साल्वाडोर, थाईलैंड, यूनान, केन्या, बुल्गारिया, बोस्निया और हर्जेगोविना, वेनेजुएला, सोमालिया, इथियोपिया, क्रोएशिया, क्यूबा, मैयट, किर्गिज़स्तान, एस्तोनिया, मालदीव, श्री लंका, केंद्रीय अफ्रीकन गणराज्य, आइसलैंड, लिथुआनिया, दक्षिण सूडान, माली, स्लोवाकिया, न्यूजीलैंड, स्लोवेनिया, निकारागुआ, गिनी-बिसाऊ, कोस्टा रिका, लेबनान, भूमध्यवर्ती

गिनी, अल्बानिया, जाम्बिया, परागुआ, मॉरिटानिया, मेडागास्कर, हॉगकॉग, लातविया, ट्यूनीशिया, सियरा लिओन, नाइजर, साइप्रस, बुर्किना फासो, अंडोरा, उरुग्वे, जॉर्डन, चाड, जॉर्जिया, फ्रेंच गयाना, कांगो, सैन मैरीनो, युगांडा, माल्टा, जमैका, काबो वर्डे, यमन, साओ टोमे और प्रिंसिपे, तंजानिया, जाना, फिलिस्तीन, रवांडा, मलावी, मोजाम्बिक, ताइवान, लाइबेरिया, इस्वातीनी, लीबिया, मॉरीशस, मैन द्वीप, वियतनाम, मोंटेनेग्रो, जिम्बाब्वे, बेनिन, म्यांमार, मार्टीनिक, मंगोलिया, केमैन टापू, जिब्राल्टर, ग्वाडेलोप, गुयाना, सीरियाई, कोमोरोस, बरमूडा, ब्रुनेई दारुस्सलाम, सूरीनाम, कंबोडिया, त्रिनिदाद और टोबैगो, बहामा, अरूबा, मोनाको, अंगोला, बारबाडोस, बुरून्दी, लिकटेंस्टीन, सिंट मार्टेन (डच भाग), फ्रेंच पॉलीनेशिया, भूटान, मकाओ, बोत्सवाना, संत मार्टिन, इरिट्रिया, नामीबिया, गाम्बिया, संत विंसेंट अँड थे ग्रेनडीनेस, अंतिगुया और बार्बूडा, तिमोर- लेस्ते, ग्रेनेडा, न्यू कैलेडोनिया, बेलीज, सेंट लूसिया, लाओस, डोमिनिका, फ़िजी, संत किट्स और नेविस, ग्रीनलैंड, तुर्क्स और कैकोज़ द्वीपसमूह, पवित्र देखो, मोंटेसेराट, सेशेल्स, पश्चिमी सहारा, पापुआ न्यू गिनी, लिसोटो, एंगुइला

प्रत्येक देश में इसका प्रभाव बढ़ता ही जा रहा था और मरने वालों की संख्या बढ़ती ही जा रही थी। अभी तक इसे रोकने के लिए कोई कारगर वैक्सीन नहीं खोजा गया था, खोज जारी थी। समस्या को देखते हुए कई देशों ने अपने प्रभावित शहरों को LOCKDOWN (अपने घरों में रहने और व्यापारीक गतिविधि को बन्द रखने का आदेश) देना पड़ा।

भारत में भी 25 मार्च से एका-एक 4 घंटें के समयान्तराल में LOCKDOWN घोषित कर दिया गया, यातायात के साधन रेल, बस, हवाई जहाज के घरेलू और अन्तर्राष्ट्रीय उड़ानें बन्द कर दी गईं। जो भी नागरिक जहाँ जिस कार्य के गया लिए था वो वहीं कैद हो गया। दैनिक मजदूर (प्रतिदिन कमाने-खाने वाले) काम बन्द होने से भूखमरी के शिकार होने लगें। लाखों मजदूर भारत के विभिन्न प्रदेशों से अपने गाँव की ओर पैदल यात्रा पर ही निकल लियें जिसमें अनेकों की मौत भी हुयी। रास्ते में निवासियों ने मानवता दिखाते हुये उनके भोजन-पानी को भी उपलब्ध कराये।

वर्ष 2020 ई0: सार्वभौम एकात्मता-मानवता का सन्देश

वर्ष 2020 ई0 का खगोलिय सन्देश

ग्रहों के सम्मिलन व समय के योग से ज्योतिष विज्ञान काल परिवर्तन और नये युग की शुरुआत तथा ईश्वर के अवतरण की सूचना का प्रतीक मानता है। तो वर्तमान, विज्ञान उसे मात्र एक ब्रह्माण्डीय घटना मानता है।

उपरोक्त घटनाएं एवं संयोग विश्व, भारत, अन्तर्राष्ट्रीय, राज्य, समाज, परिवार और व्यक्ति सहित विज्ञान और धर्म क्षेत्र के समक्ष व्यक्त थी परन्तु वह एक-एक कर घटित होती गयी और वह इतिहास बन गयी। सभी घटनाएं अलग-अलग क्षेत्रों के समक्ष अलग-अलग रुप में ज्ञान में थी, न कि एक साथ। परिणामस्वरुप कोई भी परिणाम विश्व, भारत, राज्य, अन्तर्राष्ट्रीय, समाज, परिवार, व्यक्ति, विज्ञान व धर्म क्षेत्र देने में सक्षम नहीं था अर्थात् वह इन घटनाओं से पूर्ण मुक्त था।

खगोल व ज्योतिष विज्ञान के अनुसार- उपरोक्त घटनायें युग की समाप्ति और भगवान के अवतरण के समय का सूचक होती हैं। वर्तमान कलियुग की आयु 4,32,000 वर्ष मानी गयी है। जिसका प्रारम्भ 18 फरवरी 3102 ई0 पू0 माना जाता है।

सर्वज्ञपीठम् कालीमठ, वाराणसी के स्वामी ब्रह्मानन्द नाथ सरस्वती के अनुसार- ग्रहण से उत्पादित पुण्य से कलियुग का 10,000 वर्ष आयु कम हो जाता है। (देखें-"अमर उजाला" इलाहाबाद संस्करण, दिनांक-11-08-1999 पूर्ण सूर्यग्रहण के अवसर पर प्रकाशित) और 821 वर्ष कलियुग का शेष रहने पर कल्कि अवतार का अवतरण माना गया है। इस प्रकार कलियुग का व्यतीत कुल वर्ष 5102 वर्ष हुआ और यदि कल्कि अवतार अभी होता है तो कलियुग के कुल आयु 4,32,000 में से 5102+821 वर्ष घटकर 4,26,071 वर्ष ग्रहण द्वारा उत्पादित पुण्य से समाप्त हो जाने चाहिए। जिसके लिए 43 ग्रहण की आवश्यकता है। खगोल वैज्ञानिकों का ऐसा

अनुमान है कि वर्ष में सूर्यग्रहण की स्थिति 2 से 5 बार तक आती है। कलियुग के व्यतीत वर्ष 5102 वर्षों में क्या 43 ग्रहण नहीं आये होंगे? जबकि 20 मार्च 2015 तक 14 सूर्यग्रहण हुये। यदि यह माना जाय तो ग्रहण से उत्पन्न पुण्य सिर्फ भारत में ही होता है तो क्या 5102 वर्षों के दौरान भारत में 43 ग्रहण नहीं हुये होंगे? जबकि चन्द्रग्रहण से उत्पादित पुण्य से कलियुग की आयु कम होना अलग है। इस प्रकार देखने पर कलियुग की आयु लगभग समाप्त हो चुकी है।

16 जुलाई 2000 गुरुपूर्णिमा के दिन पूर्ण चन्द्रग्रहण और 5 जुलाई 2001 को अंश चन्द्रग्रहण गुरुओं के लिए प्रकाशमय पूर्णिमा नहीं बल्कि अन्धकारमय अमावस्या था। क्योंकि एक ओर यह पूर्ण चन्द्रग्रहण 13 अगस्त 1859 के बाद हुआ जो अब यह सन् 3000 के बाद ही होगा तो गुरु पूर्णिमा के पावन अवसर पर ही हुआ। जो मात्र व्यष्टि गुरुओं के भरमार का प्राकृतिक रुप से विरोध का सूचक था।

वर्ष 2020 ई0 का प्राकृतिक सन्देश

कोरोना (COVID-19) वायरस से वैश्विक महामारी ने अपने-अपने देशों के सरकार और समाज की व्यवस्था को सार्वजनिक रूप से व्यक्त करने का कार्य किया। इस घटना ने व्यक्ति और शासन को सन्देश दिया कि मनुष्य को प्रकृति के समन्वय के साथ चलना चाहिए। जब भी प्रकृति के तीन गुण – सत्व, रज और तम में से रज और तम की शक्ति अधिक हो जाती है तब प्रकृति अपना सन्तुलन बनाने के लिए सत्व गुण से हस्तक्षेप करने में सक्षम है और यह हस्तक्षेप बिना किसी भेद-भाव के एक समान रूप से प्रभावी होता है। इस हस्तक्षेप में धर्म-जाति, रंग, महिला-पुरूष, उम्र इत्यादि से कोई मतलब नहीं होता। स्पष्ट रूप से सार्वभौम सत्य-सिद्धान्त के अनुसार कार्य होता है जो ईश्वरीय सिद्धान्त है।

वर्ष 2020 ई0 का सार्वभौम सन्देश

भारतीय आध्यात्म दर्शन में शिव-शक्ति, प्रकृति-पुरूष, क्रिया-कारण का सर्वोच्च विचार है जो अन्तिम रूप से उच्चतम भी है। देवी का स्थान प्रकृति/ शक्ति/ क्रिया को प्राप्त है और देवता का स्थान शिव/ पुरूष/ कारण को प्राप्त है । प्रकृति/ शक्ति/ क्रिया के प्रभाव क्षेत्र के अनुसार अनेक देवीयाँ भारत में सर्वत्र हैं। प्रकृति द्वारा प्रभावी महामारी को भारतीय हमेशा दैवी प्रकोप और उनकी नाराजगी का ही परिणम मानते हैं। समय कल्कि अवतार के अवतरण का है तो उनकी शक्ति प्रकृति के भी अवतरण का समय है जिन्हें कल्कि देवी के रूप में जाना जाता है, भारतीय दर्शन की दृष्टि में कोरोना, कल्कि देवी का अस्त्र (कोरोनास्त्र) है जिससे मानव को सन्देश देने का प्रयत्न है। इस माध्यम से वर्ष 2020 ई0 का सार्वभौम सन्देश व्यक्ति, समाज और सरकार को यह है कि-

1. व्यक्ति स्वयं को इस ब्रह्माण्ड का स्वतन्त्र ईकाइ न समझें, वह एक ही सार्वभौम सत्य-सिद्धान्त से इस पृथ्वी पर शरीर धारण किया है और उसी सिद्धान्त से हार कर शरीर का त्याग भी करेगा, इसके अलावा कोई रास्ता नहीं।
2. समाज (व्यक्तियों का समूह) स्वयं को धर्म-जाति, रंग, महिला-पुरूष, उम्र इत्यादि की भावना से मुक्त होकर अन्य समूह को देखें और आवश्यकता पड़ने पर सहायता के लिए तैयार रहें। रहन-सहन की पद्धति संस्कृति है जो थोपा नहीं जा सकता, व्यक्ति की स्वतन्त्रता है कि वो कैसे रहे, बस उसे यह ध्यान रहना चाहिए कि उसके कारण अन्य को परेशानी तो नहीं हो रही है। संस्कृति को थोपना कट्टरता है।
3. राजतन्त्र में राजा और लोकतन्त्र में सत्ता, प्रजा-जनता का अभिभावक होता है ना कि उस पर शासन करने वाला, यदि ऐसा है तो निश्चित रूप से जानना चाहिए कि वह राजा या सत्ता मानवतावादी नहीं। राजा या सत्ता को सदैव प्रजा-जनता केन्द्रित होना चाहिए क्योंकि ये पारिवारिक, सामाजिक, सांगठनिक, व्यापारिक, राज्य और सत्ता एक वृक्ष के समान हैं और वृक्ष के जड़ में खाद-पानी देने से सभी व्यवस्थायें सुदृढ़ रहती हैं।

4. व्यक्ति और सरकार को सार्वभौम सत्य-सिद्धान्त का ही मार्ग अपना कर अपने व्यवस्थाओं को सुदृढ़ करना चाहिए तभी दोनों एक-दूसरे के लिए सहयोगी बनकर राष्ट्र निर्माण में सहायक हो सकते हैं।
5. व्यक्ति को वैश्विक ज्ञान से युक्त करना आवश्यक और "वैश्विक सोच-स्थानीय कार्यवाही" की भावना से जीवन-यापन के लिए निर्माण की आवश्यकता है।

Think Globally - Act Locally
वैश्विक सोच - स्थानीय कार्यवाही

वर्ष 2020 ई0 का अवतारी सन्देश

किसी भी युग में अवतार, महापुरूष, संत या किसी भी व्यक्ति के गुण को सीधे देखकर पहचानने की क्षमता किसी भी व्यक्ति के अन्दर नहीं रही है। उस व्यक्ति को, स्वयं के अपने गुणों को ज्ञान, कर्म, जीवन के माध्यम द्वारा व्यक्त करना होता है। उसके बाद ही कुछ लोग उन्हें पहचानते हैं और उनके साथ एक-दूसरे के सदुपयोग के लिए साथ आते रहे हैं। प्राचीन समय में यह कार्य बहुत कठिन होता था इसके लिए वे अनेक प्रकार के आयोजन करते थे।

वर्तमान युग में भी अनेक प्रकार के आयोजन जैसे-सेमिनार, सम्मेलन, प्रदर्शनी, मेले, परीक्षाएँ, प्रतिस्पर्धा इत्यादि द्वारा अपनी योग्यता प्रदर्शित किये जाते हैं। परन्तु यह सब समय लेने वाला है और आम नागरिक के योग्यता को व्यक्त करने का माध्यम नहीं बन पाता। दुनिया बहुत तेज हो चुकी है। ऐसे में किसी विशेष कार्य के लिए कोई भी संस्था/व्यक्ति/योजना संचालक शीघ्रता से अपने कार्य के लिए योग्य व्यक्ति से जुड़ना चाहता है। सीधे व्यक्ति से व्यक्ति के सम्बन्धित होने, परिचय बनाने के कार्य में मनुष्य जीवन इतना छोटा है कि वह एक सिमित दायरे तक ही रह जाता है। व्यापक दायरे तक जाने के लिए व्यक्ति का निराकार रूप विचार-गुण-योग्यता को ही प्रकाशित करना होता है।

ईश्वर (सार्वभौम सत्य-सिद्धान्त) के सत्व गुण प्रधान (ब्रह्मा) के पूर्णावतार

- **श्रीराम** (आदर्श व्यक्तिगत मानव) के धर्म (आध्यात्मिक सत्य) स्थापना का कारण शारीरिक था,

ईश्वर (सार्वभौम सत्य-सिद्धान्त) के रज गुण प्रधान (विष्णु) के पूर्णावतार

- **श्रीकृष्ण** (आदर्श सामाजिक मानव) के धर्म (आध्यात्मिक सत्य) स्थापना का कारण आर्थिक था,

ईश्वर (सार्वभौम सत्य-सिद्धान्त) के तम गुण प्रधान (शंकर) के पूर्णावतार

- **श्रीकल्कि** (आदर्श वैश्विक मानव) के धर्म (आध्यात्मिक सत्य) स्थापना का कारण मानसिक था।

गुरु के सम्बन्ध में स्वामी विवेकानन्द जी कहते हैं-"हम गुरु के बिना कोई ज्ञान प्राप्त नहीं कर सकते। अब बात यह है कि यदि मनुष्य, देवता अथवा कोई स्वर्गदूत हमारे गुरु हो, तो वे भी तो ससीम हैं, फिर उनसे पहले उनके गुरु कौन थे? हमें मजबूर होकर यह चरम सिद्धान्त स्थिर करना ही होगा कि एक ऐसे गुरु हैं जो काल के

द्वारा सीमाबद्ध या अविच्छिन्न नहीं हैं। उन्हीं अनन्त ज्ञान सम्पन्न गुरु को, जिनका आदि भी नहीं और अन्त भी नहीं, ईश्वर कहते हैं। (राजयोग, रामकृष्ण मिशन, पृष्ठ-134)

वर्तमान समय में व्यक्ति (व्यष्टि) के गुरुओं की भरमार है परन्तु समाज (समष्टि) के गुरु का पूर्ण अभाव है। वह वही है जो वर्तमान और भविष्य की वैश्विक आवश्यकता-वर्तमान व्यवस्थानुसार विश्व-शान्ति-एकता-स्थिरता-विकास-सुरक्षा के लिए प्रबन्ध का माडल दे सकें, साथ ही पूर्ण मानव, स्वस्थ समाज, स्वस्थ लोकतन्त्र और स्वस्थ उद्योग की प्राप्ति का आधारशिला रख फल रुप में विश्वव्यापी पूर्ण एकात्म करें। वर्तमान समय और कुछ भी नहीं अनन्तज्ञान सम्पन्न गुरु निष्कलंक कल्कि अवतार का ही समय है जिसका रुप समष्टि गुरु का ही रुप है। उसका समस्त कार्य उपरोक्त सार्वाधिक खगोलीय घटनाओं की अवधि में ही सम्पन्न हुआ है। जिसके सम्बन्ध में सन् 1996 में ही हालैण्ड निवासी भविष्यवक्ता मि0 क्राइसे ने स्पष्ट कहा था कि-"मैं भारत में एक महापुरुष को स्पष्ट रुप से देख रहा हूँ जो विश्व के लिए योजनाएँ बना रहा है।" भारतीय आध्यात्म के अनुसार भी पूर्ण ब्रह्मावतार पूर्ण सत्व गुण रूप श्रीराम तथा पूर्ण विष्णु अवतार पूर्ण रज गुण रूप श्रीकृष्ण हो चुके हैं। अभी जो शेष थे वह हैं-पूर्ण शिव-शंकर अवतार पूर्ण तम गुण रूप। यही अन्तिम निष्कलंक कल्कि अवतार हैं। शिवगुरु हैं, कल्याण स्वरुप हैं और जब तक इनका आगमन नहीं हुआ था तब तक नेता, वर्तमान व्यष्टि गुरु, चिन्तक इत्यादि का भारत और विश्व का कल्याण कर देने का प्रयत्न निष्फल, भ्रमात्मक और समय गवाने वाला ही था। हमें शिव-शंकर के पूर्ण प्रेरक पूर्णावतार के रुप में व्यक्त लव कुश सिंह "विश्वमानव" द्वारा व्यक्त कर्मों पर चिन्तन और समर्पण करना चाहिए और समर्पण करना ही पड़ेगा।

(उपरोक्त सभी नेतृत्वकर्ताओं के व्यक्त विचार पर स्पष्टिकरण के लिए "विश्वशास्त्र" अध्याय - पाँच देखें)

वर्ष 2020 ई0 का एंतोनियो गुटेरेश (महासचिव, संयुक्त राष्ट्र) का सन्देश
Mr. Antonio Guterres (30 April 1949 - ....)

(Secretary-General's (Mr. Antonio Guterres) remarks to Annual General Assembly Commemoration of Nelson Mandela International Day and United Nations Nelson Rolihlahla Mandela Prize Laureate Recognition [as delivered)

I am pleased to join you to celebrate the life and achievements of Nelson Mandela - one of the greatest leaders of our time, a moral giant whose legacy continues to guide us today.

Let me also express condolences to Madiba's family and the people of South Africa on the untimely passing of his daughter, Zindzi, this month.

On today's commemoration of Nelson Mandela Day, I am delighted to extend my warmest congratulations to the 2020 laureates of the United Nations Nelson Rolihlahla Mandela Prize: Mrs. Marianna Vardinoyannis of Greece and Dr. Morissana Kouyate of Guinea.

Both are recognized for their long-standing commitment to the service of humanity in the areas of human rights, access to health care, and the empowerment of women and girls and the most vulnerable in society.
I commend them for advancing the United Nations' mission and carrying on the extraordinary legacy of Nelson Mandela.
As Madiba himself once said: "As long as poverty, injustice and gross inequality persist in our world, none of us can truly rest."
This message was the core of the Nelson Mandela lecture I delivered this weekend.
High and rising levels of inequality threaten our well-being and our future.
Inequality damages everyone.
It is a brake on human development and opportunities, and is associated with unfair international relations, but also with economic instability, corruption, financial crises, increased crime and poor physical and mental health.
The answer lies in a New Social Contract, to ensure economic and social justice and respect for human rights.
A New Social Contract within societies will enable young people to live in dignity.
It will ensure women have the same prospects and opportunities as men.
And it will protect the sick, the vulnerable, and minorities of all kinds.
This year, we mark Nelson Mandela Day while COVID-19 continues to spread.
The pandemic endangers everyone, everywhere, especially the most vulnerable.
COVID-19 has been likened to an x-ray, revealing fractures in the fragile skeleton of our societies, and it has laid bare risks we have ignored for decades: inadequate healthcare; gaps in social protection; structural inequalities; environmental degradation; the climate crisis.
In response, we need world leaders to foster unity and solidarity.
First, to reduce the common threat of the pandemic and, second, to promote a recovery that will build more sustainable, inclusive and gender-equal societies and economies.
Societies and economies that uphold the inherent dignity and worth of every person.
As we celebrate Madiba and his life-long struggle for justice and equality, we must recognize that we still face the persistent plague of racism.
This abomination violates the Charter of the United Nations and insults our core values.
Every day, in our work across the world, we must strive to do our part to promote inclusion, justice and dignity.
We must combat racism in all its manifestations.
As the United Nations marks its 75th anniversary in this fragile time, let us reflect on the life and work of Nelson Mandela, who embodied the highest values of the United Nations and who took action and inspired change.
Despite many years as a prisoner of conscience, Madiba retained his dignity and commitment to his ideals.
Let his example convince any governments that keep such prisoners to release them.
There should be no prisoners of conscience in the 21st century.

On this Mandela Day, let us recall that we all have a part to play in the quest for a better future of dignity, opportunity and prosperity for all people on a healthy planet.

Thank you.

https://www.un.org/sg/en/content/sg/statement/2020-07-20/secretary-generals-remarks-annual-general-assembly-commemoration-of-nelson-mandela-international-day-and-united-nations-nelson-rolihlahla-mandela-prize-laureate

हिन्दी भाषान्तरण

(नेल्सन मंडेला अंतर्राष्ट्रीय दिवस और संयुक्त राष्ट्र नेल्सन रोलीहला मंडेला पुरस्कार पुरस्कार विजेता [के रूप में वितरित] महासचिव की वार्षिक आमसभा की टिप्पणी)

मुझे नेल्सन मंडेला के जीवन और उपलब्धियों का जश्न मनाने के लिए शामिल होने की कृपा है - हमारे समय के सबसे महान नेताओं में से एक, एक नैतिक विशाल जिसकी विरासत आज भी हमारा मार्गदर्शन करती है। मुझे इस महीने, मदीबा के परिवार और दक्षिण अफ्रीका के लोगों द्वारा अपनी बेटी, जिंजी के असामयिक निधन पर शोक संवेदना व्यक्त करें।

नेल्सन मंडेला दिवस की आज की याद में, मैं संयुक्त राष्ट्र नेल्सन रोलीहला मंडेला पुरस्कार: श्रीमती मारियाना वर्निनॉयनीस और ग्रीस की डॉ0 मोरिसाना कुआते के 2020 के पुरस्कारों के लिए अपनी हार्दिक बधाई देने के लिए बहुत खुश हूँ।

दोनों को मानवाधिकारों के क्षेत्र में मानवता की सेवा, स्वास्थ्य देखभाल तक पहुंच और महिलाओं और लड़कियों के सशक्तिकरण और समाज में सबसे कमजोर लोगों के प्रति उनकी दीर्घकालिक प्रतिबद्धता के लिए पहचाना जाता है।

मैं संयुक्त राष्ट्र के मिशन को आगे बढ़ाने और नेल्सन मंडेला की असाधारण विरासत को आगे बढ़ाने के लिए उनकी सराहना करता हूं।

जैसा कि मदीबा ने खुद एक बार कहा था: "जब तक हमारी दुनिया में गरीबी, अन्याय और घोर असमानता बनी रहती है, तब तक हममें से कोई भी आराम नहीं कर सकता है।"

यह संदेश नेल्सन मंडेला व्याख्यान का मूल था जिसे मैंने इस सप्ताह के अंत में दिया था।

असमानता के उच्च और बढ़ते स्तर हमारी भलाई और हमारे भविष्य को खतरा देते हैं।

असमानता सभी को नुकसान पहुंचाती है।

यह मानव विकास और अवसरों पर एक ब्रेक है, और अनुचित अंतरराष्ट्रीय संबंधों के साथ जुड़ा हुआ है, लेकिन आर्थिक अस्थिरता, भ्रष्टाचार, वित्तीय संकट, अपराध और खराब शारीरिक और मानसिक स्वास्थ्य के साथ भी जुड़ा हुआ है।

उत्तर एक नए सामाजिक अनुबंध में निहित है, आर्थिक और सामाजिक न्याय और मानव अधिकारों के लिए सम्मान सुनिश्चित करने के लिए।

समाजों के भीतर एक नया सामाजिक अनुबंध युवाओं को गरिमा में जीने के लिए सक्षम करेगा।

यह सुनिश्चित करेगा कि महिलाओं में पुरुषों की तरह ही संभावनाएं और अवसर हों। और यह बीमार, कमजोर और सभी प्रकार के अल्पसंख्यकों की रक्षा करेगा।

इस वर्ष, हम नेल्सन मंडेला दिवस को चिह्नित करते हैं जबकि COVID-19 का प्रसार जारी है।

महामारी हर किसी को खतरे में डालती है, हर जगह, विशेष रूप से सबसे कमजोर।

COVID-19 की तुलना एक एक्स-रे से की गई है, जिससे हमारे समाजों के नाजुक कंकाल में फ्रैक्चर का पता चलता है, और इसने नंगे जोखिमों को रखा है जिन्हें हमने दशकों से अनदेखा किया है: अपर्याप्त स्वास्थ्य देखभाल; सामाजिक संरक्षण में अंतराल; संरचनात्मक असमानताएं; पर्यावरणीय दुर्दशा; जलवायु संकट।

जवाब में, हमें विश्व नेताओं को एकता और एकजुटता को बढ़ावा देने की आवश्यकता है।

पहला, महामारी के सामान्य खतरे को कम करने के लिए और दूसरा, एक वसूली को बढ़ावा देने के लिए जो अधिक टिकाऊ, समावेशी और लैंगिक-समान समाजों और अर्थव्यवस्थाओं का निर्माण करेगा।

समाज और अर्थव्यवस्थाएं जो प्रत्येक व्यक्ति की अंतर्निहित गरिमा और मूल्य को बनाए रखती हैं।

जैसा कि हम न्याय और समानता के लिए मदीबा और उनके जीवन भर के संघर्ष का जश्न मनाते हैं, हमें यह मानना चाहिए कि हम अभी भी नस्लवाद के लगातार प्लेग का सामना कर रहे हैं।

यह घृणा संयुक्त राष्ट्र के चार्टर का उल्लंघन करती है और हमारे मूल मूल्यों का अपमान करती है।

हर दिन, दुनिया भर में हमारे काम में, हमें समावेश, न्याय और गरिमा को बढ़ावा देने के लिए अपनी ओर से प्रयास करना चाहिए।

हमें अपनी सभी अभिव्यक्तियों में नस्लवाद का मुकाबला करना चाहिए।

जैसा कि संयुक्त राष्ट्र ने इस नाजुक समय में अपनी 75 वीं वर्षगांठ मनाई है, आइए हम नेल्सन मंडेला के जीवन और कार्य को प्रतिबिंबित करते हैं, जिन्होंने संयुक्त राष्ट्र के उच्चतम मूल्यों को अपनाया और जिन्होंने कार्रवाई और प्रेरित परिवर्तन किया।

कई वर्षों तक विवेक के कैदी के रूप में, मदीबा ने अपने आदर्शों के लिए अपनी गरिमा और प्रतिबद्धता को बनाए रखा।

उनका उदाहरण किसी भी सरकारों को समझाएं जो ऐसे कैदियों को रिहा करने के लिए रखती हैं।

21 वीं सदी में अंतरात्मा का कोई कैदी नहीं होना चाहिए।

इस मंडेला दिवस पर, हम याद करते हैं कि हम सभी के पास एक स्वस्थ ग्रह पर सभी लोगों के लिए सम्मान, अवसर और समृद्धि के बेहतर भविष्य की तलाश में खेलने का एक हिस्सा है।

धन्यवाद।

भाग-5

लव कुश सिंह "विश्वमानव"

जग के सत्य हैं तीन नाम, लवकुश, कृष्ण और राम ।
तम, रज और सत्व के ये परिणाम। शंकर, विष्णु और ब्रह्मा के समान ।
समझो इनको मिलेगा पूर्ण ज्ञान।

moralrenew.com

काल चक्र मार्ग के

(विस्तृत विवरण अध्याय – पाँच में उपलब्ध है। संक्षिप्त रूप से यहाँ दिया गया है।)

03. काल चक्र के द्वितीय और अन्तिम भाग
दृश्य काल में विश्वात्मा के जन्म का अन्तिम भाग– भोगेश्वर श्री लव कुश सिंह "विश्वमानव"
(स्वामी विवेकानन्द की अगली एवं पूर्ण ब्रह्म की अन्तिम कड़ी)

शरीर नाम :

धर्मयुक्त नाम – लव कुश सिंह

धर्मनिरपेक्ष एवं समभाव युक्त नाम – अदृश्य योगेश्वर समाहित दृश्य भोगेश्वर विश्वमानव

1. जन्म परिचय

– तिथि – मास – सोमवार, 16 अक्टूबर 1967 (आश्विन, शुक्ल पक्ष–त्रयोदशी, रेवती नक्षत्र)

– समय – 2.15 ए.एम स्थान – रिफाइनरी टाउनशिप अस्पताल, बेगूसराय (बिहार)

– अस्थायी निवास – नियामतपुर कलाँ, पुरुषोत्तमपुर, मीरजापुर (उ0 प्र0)

– स्थायी निवास – स्वयं द्वारा घोषित – सत्यकाशी क्षेत्र (उ0 प्र0)

– गुरु – कर्म गुरु – ब्रह्मलीन श्री श्री 108 सत्ययोगानन्द (अप्रत्यक्ष कर्म सम्बन्ध) ज्ञान गुरु – कोई नहीं।

– शिक्षा – बी0 एससी0 (जीव), तकनीकी पी0 जी0 डिप्लोमा (कम्प्यूटर प्रोग्रामिंग)

– स्वरुप – धर्म (व्यक्त रुप), धर्मनिरपेक्ष एवं सर्वधर्मसमभाव (अव्यक्त रुप), मानवता का पुजारी (समष्टि धर्म)

– सर्वोच्च व्यक्त रुप – अन्तिम भोगेश्वर (कर्मवेद द्वारा कर्मज्ञान का विश्वरुप) अर्थात् योगेश्वर का दृश्य रुप, राजनीतिज्ञ, मनोवैज्ञानिक, गृहस्थ युक्त, सन्यासी, अभिनेता, प्रेमी, दार्शनिक, वक्ता साहित्यकार, समाजशास्त्री, भविष्यवक्ता, व्यापारी।

– व्यक्त रुप का स्थल – विष्णु महायज्ञ और ज्ञान यज्ञ, गोपालपुरम्, छोटा सत्यकाशी, सत्यकाशी उत्तर प्रदेश, अन्तिम दिन दिनांक–सोमवार, 22 जून 1998 (आषाढ़ मास शिवरात्रि, अदृश्य काल का अन्तिम दिन, अदृश्य काल का अन्तिम एवं सदी का सर्वाधिक लम्बा यज्ञ विष्णु महायज्ञ एवं ज्ञान यज्ञ का अन्तिम दिन, विश्वमानव द्वारा यज्ञ की पूर्णाहूति का दिन, विश्वमानव के ऐतिहासिक भोगेश्वर रुप (योगेश्वर अर्थात् ज्ञान के विश्व रुप का दृश्य रुप अर्थात् कर्म ज्ञान का विश्वरूप अर्थात् उपलब्ध संसाधन का ईश्वरत्व भाव से भोग) का दिन)

– जन्म समय के महत्व पूर्ण सम्बन्धों की स्थिति –

देश सम्बन्ध – खराब था। रिश्ता सम्बन्ध– खराब था।

रक्त सम्बन्ध – खराब था। समाज और राज्य सम्बन्ध – खराब था।

– जीवन नीति – शैव रुप में ज्ञान प्राप्ति एवं शैव रुप में धर्म स्थापना।

2. ज्ञान परिचय :

– सर्वोच्च कथन – मैं (आत्मा) तब भी था, मैं (आत्मा) आज भी हूँ, मैं (आत्मा) आगे भी रहूँगा वर्तमान से योग कराने के लिए ही मैं (आत्मा) व्यक्त होता हूँ।

– सर्वोच्च संदेश – परिणाम के ज्ञान से युक्त एवं समभाव (अद्वैत) में स्थित होकर कर्म करो और परिणाम की इच्छा मुझ (आत्मा) पर छोड़ दो, एवं दिनांक 23 जून सन् 1998 ई0 से व्यक्तिगत प्रमाणित पूर्ण दृश्य काल का प्रथम / अन्तिम युग – स्वर्ण युग प्रारम्भ।

– धर्म स्थापना की आवश्यकता की पहचान – देश सम्बन्ध, रिश्ता सम्बन्ध, रक्त सम्बन्ध तथा समाज और राज्य सम्बन्ध खराब होना।

– ज्ञान से व्यक्त साहित्य – कर्मवेद : प्रथम, अन्तिम तथा पंचमवेद (धर्म युक्त नाम) अर्थात् विश्वमानक – शून्य श्रृंखला : मन की गुणवत्ता का विश्व मानक, पुराण रहस्य समाहित "विश्वशास्त्र" शास्त्र–साहित्य

– लेखक – स्वयं

– ज्ञान को व्यक्त करने के लिए प्रयुक्त धर्म / धर्मनिरपेक्ष / सर्वधर्मसमभाव शब्द :–

– ईश्वर नाम :–"TRADE CENTRE" (दृश्य काल का समष्टि ईश्वर नाम)

– दर्शन :– कर्म वेदान्त दर्शन या विकास दर्शन (व्यष्टि एवं समष्टि)

3. कर्म परिचय :

– सर्वोच्च कर्म – धर्म (समष्टि) अद्वैत वेदान्त, मानवता, समता, एकता की स्थापना, ईश्वर को ही ईश्वर के रुप में व्यक्त करना। साधु जन का मुक्ति, दुष्टों का वध (बदलाव), प्राच्य एवं पाश्चात्य में एकता और स्वस्थ लोकतन्त्र एवं स्वस्थ समाज सहित एकता के लिए विवादमुक्त तन्त्रों पर आधारित संविधान।

– कर्म की नीति – राजनीतिक, शारीरिक एवं मानसिक सत्यीकरण (बदलाव)

– कर्म द्वारा निर्माण – स्वयं एवं अपने उद्देश्य के लिए सत्यकाशी क्षेत्र का निर्धारण एवं धर्मनिरपेक्ष और सर्वधर्मसमभाव आधारित मिशन – प्राकृतिक सत्य मिशन

लव कुश सिंह "विश्वमानव"

आविष्कारकर्ता-मन (मानव संसाधन) का विश्व मानक एवं पूर्ण मानव निर्माण की तकनीकी
अगला दावेदार-भारत सरकार का सर्वोच्च नागरिक सम्मान-"भारत रत्न"

परिचय

अपने विशेष कला के साथ जन्म लेने वाले व्यक्तियों के जन्म माह अक्टुबर के सोमवार, 16 अक्टुबर 1967 (आश्विन, शुक्ल पक्ष-त्रयोदशी, रेवती नक्षत्र) समय 02.15 ए.एम. बजे को रिफाइनरी टाउनशिप अस्पताल (सरकारी अस्पताल), बेगूसराय (बिहार) में श्री लव कुश सिंह का जन्म हुआ और टाउनशिप के E1-53, E2-53, D2F-76, D2F-45 और साइट कालोनी के D-58, C-45 में रहें। इनकी माता का नाम श्रीमती चमेली देवी तथा पिता का नाम श्री धीरज नारायण सिंह जो इण्डियन आयल कापरिशन लि0 (आई.ओ.सी.लि.) के बरौनी रिफाइनरी में कार्यरत थे और उत्पादन अभियंता के पद से सन् 1995 में स्वैच्छिक सेवानिवृत हो चुके हैं। जो कि ग्राम-नियामतपुर कलाँ, पुरूषोत्तमपुर, मीरजापुर (उ0प्र0) पिन-231305 के निवासी हैं। दादा का नाम स्व.राजाराम व दादी का नाम श्रीमती दौलती देवी था। जन्म के समय दादा स्वर्गवासी हो चुके थे जो कभी कश्मीर के राजघराने में कुछ समय के लिए सेवारत भी थे। मार्च सन् 1991 में इनका विवाह चुनार क्षेत्र के धनैता (मझरा) ग्राम में शिव कुमारी देवी से हुआ और जनवरी सन् 1994 में पुत्र का जन्म हुआ। मई सन् 1994 में शिव कुमारी देवी की मृत्यु होने के उपरान्त वे लगभग घर की जिम्मेदारीयों से मुक्त रह कर भारत देश में भ्रमण करते हुये चिंतन व विश्वशास्त्र के संकलन कार्य में लग गये। किसी भी व्यक्ति का नाम उसके अबोध अवस्था में ही रखा जाता है अर्थात् व्यक्ति का प्रथम नाम प्रकृति प्रदत्त ही होता है। लव कुश सिंह नाम उनकी दादी स्व0 श्रीमती दौलती देवी के द्वारा उन्हें प्राप्त हुआ।

भारत देश के ग्रामीण क्षेत्र से एक सामान्य नागरिक के रूप में सामान्य से दिखने वाले श्री लव कुश सिंह एक अद्भुत नाम-रूप-गुण-कर्म के महासंगम हैं जिसकी पुनरावृत्ति असम्भव है। इनकी शिक्षा न्यू प्राइमरी स्कूल (प्राथमिक), रिफाइनरी टाउनशिप, बेगूसराय (बिहार), माधव विद्या मन्दिर इण्टरमीडिएट कालेज, पुरूषोत्तमपुर, मीरजापुर, उ0प्र0 (दसवीं-1981, 13 वर्ष 6 माह में), प्रभु नारायण राजकीय इण्टर कालेज, रामनगर, वाराणसी, उ0प्र0 (बारहवीं-1983, 15 वर्ष 6 माह में) और बी.एससी.(जीव विज्ञान) में 17 वर्ष 6 माह के उम्र में सन् 1985 ई0 में तत्कालिन गोरखपुर विश्वविद्यालय से सम्बद्ध श्री हरिश्चन्द्र स्नातकोत्तर महाविद्यालय, वाराणसी से पूर्ण हुई। तकनीकी शिक्षा में कम्प्यूटर प्रोग्रामिंग एण्ड सिस्टम एनालिसिस में स्नातकोत्तर डिप्लोमा इण्डिया एजुकेशन सेन्टर, एम-92, कनाट प्लेस, नई दिल्ली से सन् 1988 में पूर्ण हुई। परन्तु जिसका कोई प्रमाण पत्र नहीं है वह ज्ञान अद्भुत है। अपने तीन भाई-बहनों व एक पुत्र में वे सबसे बड़े व सबसे कम प्रमाणित शिक्षा प्राप्त हैं। एक अजीब पारिवारिक स्थिति यह है कि प्रारम्भ निरक्षर माँ से होकर अन्त "विश्वशास्त्र" को व्यक्त करने वाले श्री लव कुश सिंह तक एक ही परिवार में हैं।

सभी धर्मशास्त्रों और भविष्यवक्ताओं के अनुसार और सभी को सत्य रूप में वर्तमान करने के लिए “विश्वशास्त्र” को व्यक्त करने वाले श्री लव कुश सिंह समय रूप से संसार के सर्वप्रथम वर्तमान में रहने वाले व्यक्ति हैं क्यूँकि वर्तमान की परिभाषा है-पूर्ण ज्ञान से युक्त होना और कार्यशैली की परिभाषा है-भूतकाल का अनुभव, भविष्य की आवश्यकतानुसार पूर्णज्ञान और परिणाम ज्ञान से युक्त होकर वर्तमान समय में कार्य करना। स्वयं को आत्म ज्ञान होने पर प्रकृति प्रदत्त नाम के अलावा व्यक्ति अपने मन स्तर का निर्धारण कर एक नाम स्वयं रख लेता है। जिस प्रकार “कृष्ण” नाम है “योगेश्वर” मन की अवस्था है, “गदाधर” नाम है “रामकृष्ण परमहंस” मन की अवस्था है, “सिद्धार्थ” नाम है “बुद्ध” मन की अवस्था है, “नरेन्द्र नाथ दत्त” नाम है “स्वामी विवेकानन्द” मन की अवस्था है, “रजनीश” नाम है “ओशो” मन की अवस्था है। उसी प्रकार लव कुश सिंह ने अपने नाम के साथ “विश्वमानव” लागाकर मन की अवस्था को व्यक्त किया है और उसे सिद्ध भी किया है। व्यक्तियों के नाम, नाम है “भोगेश्वर विश्वमानव” उसकी चरम विकसित, सर्वोच्च और अन्तिम अवस्था है जहाँ समय की धारा में चलते-चलते मनुष्य वहाँ विवशतावश पहुँचेगा ऐसा उनका मानना है। जिस प्रकार श्रीकृष्ण के जन्म से पहले ही ईश्वरत्व उन पर झोंक दिया गया था अर्थात् जन्म लेने वाला देवकी का आठवाँ पुत्र ईश्वर ही होगा, यह श्रीकृष्ण को ज्ञात होने पर जीवनभर वे जनभावना को उस ईश्वरत्व के प्रति विश्वास बनाये रखने के लिए संघर्ष करते रहे, उसी प्रकार इस “लव-कुश” का नाम उन्हें ज्ञात होने पर वे भी इसे सिद्ध करने के लिए जीवनभर संघर्ष करते रहे जिसका परिणाम आपके समक्ष है।

श्री लव कुश सिंह “विश्वमानव”ने कभी किसी पद पर सरकारी नौकरी नहीं की इस सम्बन्ध में उनका कहना था कि-“नौकरी करता तो यह नहीं कर पाता। पद पर रहता तो केवल पद से सम्बन्धित ही विशेषज्ञता आ पाती। वैसे भी पत्र-व्यवहार या पुस्तक का सम्बन्ध ज्ञान और विचार से होता हैं उसमें व्यक्ति के शरीर से क्या मतलब? क्या कोई लंगड़ा या अंधा होगा तो उसका ज्ञान-विचार भी लंगड़ा या अंधा होगा? क्या कोई किसी पद पर न हो तो उसकी सत्य बात गलत मानी जायेगी? विचारणीय विषय है। परन्तु इतना तो जानता हूँ कि यह आविष्कार यदि सीधे-सीधे प्रस्तुत कर दिया जाता तो सभी लोग यही कहते कि इसकी प्रमाणिकता क्या है? फिर मेरे लिए मुश्किल हो जाता क्योंकि मैं न तो बहुत ही अधिक शिक्षा ग्रहण किया था, न ही किसी विश्वविद्यालय का उच्चस्तर का शोधकर्ता था। परिणामस्वरूप मैंने ऐसे पद “कल्कि अवतार” को चुना जो समाज ने पहले से ही निर्धारित कर रखा था और पद तथा आविष्कार के लिए व्यापक आधार दिया जिसे समाज और राज्य पहले से मानता और जानता है।”

भारत अपने शारीरिक स्वतन्त्रता व संविधान के लागू होने के उपरान्त वर्तमान समय में जिस कर्तव्य और दायित्व का बोध कर रहा है। भारतीय संसद अर्थात् विश्वमन संसद जिस सार्वभौम सत्य या सार्वजनिक सत्य की खोज करने के लिए लोकतन्त्र के रूप में व्यक्त हुआ है। जिससे स्वस्थ लोकतंत्र, समाज स्वस्थ, उद्योग और पूर्ण मानव की प्राप्ति हो सकती है, उस ज्ञान से युक्त विश्वात्मा श्री लव कुश सिंह “विश्वमानव” वैश्विक व राष्ट्रीय बौद्धिक क्षमता के सर्वोच्च और अन्तिम प्रतीक के रूप में व्यक्त हैं।

निःशब्द, आश्चर्य, चमत्कार, अविश्वसनीय, प्रकाशमय इत्यादि ऐसे ही शब्द उनके और उनके शास्त्र के लिए व्यक्त हो सकते हैं। विश्व के हजारों विश्वविद्यालय जिस पूर्ण सकारात्मक एवं एकीकरण के विश्वस्तरीय शोध को न कर पाये, वह एक ही व्यक्ति ने पूर्ण कर दिखाया हो उसे कैसे-कैसे शब्दों से व्यक्त किया जाये, यह सोच पाना और उसे व्यक्त कर पाना निःशब्द होने के सिवाय कुछ नहीं है।

“विश्वशास्त्र” के शास्त्राकार श्री लव कुश सिंह “विश्वमानव” अपने परिचितों से केवल सदैव इतना ही कहते रहे कि-“कुछ अच्छा किया जा रहा है” के अलावा बहुत अधिक व्याख्या उन्होंने कभी नहीं की। और अन्त में कभी भी बिना इस शास्त्र की एक भी झलक दिखाये एकाएक यह शास्त्र प्रस्तुत कर दिया जाये तो इससे बड़ा आश्चर्य क्या हो सकता है। जो इस स्तर पर है कि-“विश्व बुद्धि बनाम एकल बुद्धि। और उसका परिणाम ये है कि भारत को वर्तमान काल में विश्वगुरू और संयुक्त राष्ट्र संघ तक के लिए सार्वभौम सत्य-सैद्धान्तिक स्थापना योग्य मार्गदर्शन अभी ही उपलब्ध हो चुका है जिससे भारत जब चाहे तब उसका उपयोग कर सके।

जो व्यक्ति कभी किसी वर्तमान गुरू के शरणागत होने की आवश्यकता न समझा, जिसका कोई शरीरधारी प्रेरणा स्रोत न हो, किसी धार्मिक व राजनीतिक समूह का सदस्य न हो, इस कार्य से सम्बन्धित कभी

सार्वजनिक रूप से समाज में व्यक्त न हुआ हो, जिस विषय का आविष्कार किया गया, वह उसके जीवन का शैक्षणिक विषय न रहा हो, 50 वर्ष के अपने वर्तमान अवस्था तक एक साथ कभी भी 50 लोगों से भी न मिला हो, यहाँ तक कि उनको इस रूप में 50 आदमी भी न जानते हों, यदि जानते भी हो तो पहचानते न हों और जो पहचानते हों वे इस रूप को जानते न हों, वह अचानक इस शास्त्र को प्रस्तुत कर दें तो इससे बडा चमत्कार क्या हो सकता है।

जिस व्यक्ति का जीवन, शैक्षणिक योग्यता और कर्मरूप शास्त्र तीनों का कोई सम्बन्ध न हो अर्थात् तीनों तीन व्यक्तित्व का प्रतिनिधित्व करते हों, इससे बड़ी अविश्वसनीय स्थिति क्या हो सकती है।

मूल पाशुपत शैव दर्शन सहित अनेक मतों का सफल एकीकरण के स्वरूप श्री लव कुश सिह "विश्वमानव" के जीवन, कर्म और ज्ञान के अनेक दिशाओं से देखने पर अनेक दार्शनिक, संस्थापक, संत, ऋषि, अवतार, मनु, व्यास, व्यापारी, रचनाकर्ता, नेता, समाज निर्माता, शिक्षाविद्, दूरदर्शिता इत्यादि अनेक रूप दिखते हैं।

"वर्तमान में विश्व (WORLD) पृथ्वी की सीमा तक के अर्थों में अधिकतम प्रयोग होता है। परन्तु मानवीय व्यक्तिगत दृष्टि में प्रत्येक मनुष्य का विश्व, जगत्, संसार, सृष्टि व दुनिया उतना ही बड़ा होता है जितने क्षेत्र तक का उसका ज्ञान होता है।

इस प्रकार व्यक्ति का अपने व्यक्तिगत दृष्टि से विश्व को देखना उसका प्राथमिक विश्व तथा व्यक्ति का अपने सार्वभौम दृष्टि से विश्व को देखना उसकी अन्तिम व पूर्ण दृष्टि होती है।

संवेदना के अनुभव की सीमा ही व्यक्ति का शरीर होता है। जिस व्यक्ति की संवेदना उसके अपने शरीर तक होता है उसके शरीर की सीमा उसके अपने शरीर तक ही होती है। इसी प्रकार जो व्यक्ति अपने परिवार, मुहल्ला, गाँव, जिला, प्रदेश, देश, पृथ्वी और ब्रह्माण्ड तक की संवेदना का अनुभव करता है उस व्यक्ति का शरीर उस स्तर का होता है। अनन्त ब्रह्माण्ड तक के शरीर का अनुभव ही "अंह ब्रह्मास्मि" कहलाता है और अपने शरीर के सुख-दुःख का अनुभव करते हुए अपने उस शारीरिक सीमा के लिए कर्म करता है।

इस प्रकार मैं लव कुश सिंह "विश्वमानव" अनन्त ब्रह्माण्ड तक की संवेदना का अनुभव कर उसे सत्य, शिव और सुन्दर की ओर दिशा देने के लिए यह "विश्वशास्त्र" व्यक्त किया हूँ।"

- लव कुश सिंह "विश्वमानव"

"प्रत्येक व्यक्ति केवल अपने ही विश्व को देखता है, इसलिए उस विश्व की उत्पत्ति उसके बन्धन के साथ होती है और उसकी मुक्ति से वह विश्व मय हो जाता है। तथापि वह औरों के लिए, जो बन्धन में हैं, अवशेष रहता है। नाम और रुप से ही विश्व बना है। समुद्र की तरंग, उस हद तक ही तरंग कहला सकती है, जब तक कि नाम और रुप से वह सीमित है। यदि तरंग लुप्त हो जाये तो वह समुद्र ही है। यह नाम और रुप माया कहलाता है। और पानी ब्रह्म।"

- स्वामी विवेकानन्द

"आकाश शब्द मंय" अर्थात आकाश शब्द रूप में है। विचार ही आविष्कार का जन्मदाता है। फिर वही व्यापार का मूल होता है। आध्यात्म जगत हो या भौतिक जगत विचार द्वारा ही आविष्कार और व्यापार चल रहे हैं। आविष्कारकों के साथ निम्न विचार अवश्य जुड़ जाते हैं। उनके सत्य अर्थ को जानना आवश्यक है-

1. **"बहुत पहुँचे हुये हैं"** - इसका अर्थ होता है- पहला अन्तर्जगत के सम्बन्ध में - आध्यात्मिक सार्वभौम सत्य-सिद्धान्तों का अनुभव, दूसरा बाह्य जगत के सम्बन्ध में - उच्च पीठासीन राजनेता और धर्माचार्य से सम्बन्ध। जिससे कल्याण व स्वार्थ का कार्य सम्पन्न कर सकें। तीसरा कोई अर्थ नहीं होता।

2. **"दर्शन"** - इसका अर्थ होता है- पहला अन्तर्जगत के सम्बन्ध में - उनके सम्पूर्ण रूप जीवन, ज्ञान व कर्म को देखना, दूसरा बाह्य जगत के सम्बन्ध में - केवल शरीर, संसाधन और महिमामण्डन को देखना। तीसरा कोई अर्थ नहीं होता। दूसरे प्रकार के दर्शन से दर्शन करने वाले को कोई लाभ नहीं होता।

3. **"आशीर्वाद"** - इसका अर्थ होता है- पहला अन्तर्जगत के सम्बन्ध में - उनसे अपने कल्याणार्थ शब्द सुनना।, दूसरा बाह्य जगत के सम्बन्ध में - उनसे अपने कल्याण के लिए कार्य लेना या उनके ज्ञान को अपने कल्याण के लिए जीवन में उपयोग करना। तीसरा कोई अर्थ नहीं होता। पहले प्रकार के आशीर्वाद से आशीर्वाद लेने वाले को कोई लाभ नहीं होता।

अ. भौतिक जगत द्वारा आविष्कार और व्यापार

भौतिक जगत में जैसे ही कोई आविष्कार होता है वह व्यापार बन जाता है परन्तु आविष्कारक का जीवन व्यापार नहीं बन पाता है। केवल आविष्कारक का ज्ञान और उत्पाद ही व्यापार में परिवर्तित होता है। पुनः आविष्कारक के ज्ञान और उत्पाद पर आधारित अन्य आविष्कार भी होने लगते हैं जैसे- बिजली का आविष्कार हुआ तो बिजली का आविष्कार जिस सिद्धान्त से हुआ वह और उस पर आधारित अनेक आविष्कार जैसे बल्ब, मोटर, जेनरेटर, बैटरी इत्यादि अनेक आविष्कार हो गये और उस पर आधारित अनकों प्रकार के व्यापार विकसित हो गये। लेकिन आविष्कारक का जीवन व्यापार नहीं बन पाया। वर्तमान समय में भौतिक जगत ने इतने अधिक आविष्कार दिये हैं कि मनुष्य के जन्म के पूर्व से ही वह भौतिक आविष्कारों का उपभोक्ता बन चुका है। और यह क्रम जारी भी है। भौतिक आविष्कारों से मनुष्य को संसाधन प्राप्त होता है।

ब. आध्यात्म जगत द्वारा आविष्कार और व्यापार

आध्यात्म जगत में जैसे ही कोई आविष्कार होता है वह व्यापार बन जाता है जो आविष्कारक के जीवन, ज्ञान और कर्म से जुड़ा होता है। पुनः आविष्कारक के जीवन, ज्ञान और कर्म पर आधारित अन्य आविष्कार भी होने लगते हैं। जैसे - श्रीराम, श्रीकृष्ण, शिव-शंकर, बुद्ध, माँ वैष्णों देवी, सांई बाबा, विश्व के तमाम धर्म संस्थापकों के जीवन, ज्ञान व कर्म पर अनेकों व्यापार विकसित हो गये हैं। भारतीय आध्यात्म और दर्शन जगत ऐसे उदाहरणों से भरा हुआ है। वर्तमान समय में आध्यात्म जगत ने इतने अधिक आविष्कार दिये हैं कि मनुष्य के जन्म के पूर्व से ही वह आध्यात्मिक आविष्कारों द्वारा ही संचालित है। और यह क्रम जारी भी है। आध्यात्मिक आविष्कारों से मनुष्य को सुख व ईश्वरत्व की ओर विकास प्राप्त होता है।

श्री विष्णु पुराण (तृतीय अंश, अध्याय-दो) में लिखा है कि -स्थितिकारक भगवान विष्णु चारों युगों में इस प्रकार व्यवस्था करते हैं- समस्त प्राणियों के कल्याण में तत्पर वे सर्वभूतात्मा सत्ययुग में कपिल आदिरूप धारणकर परम ज्ञान का उपदेश करते हैं। त्रेतायुग में वे सर्वसमर्थ प्रभु चक्रवर्ती भूपाल होकर दुष्टों का दमन करके त्रिलोक की रक्षा

करते हैं। तदन्तर द्वापरयुग में वे वेदव्यास रूप धारण कर एक वेद के चार विभाग करते हैं और सैकड़ों शाखाओं में बाँटकर बहुत विस्तार कर देते हैं। इस प्रकार द्वापर में वेदों का विस्तार कर कलियुग के अन्त में भगवान कल्किरूप धारणकर दुराचारी लोगों को सन्मार्ग में प्रवृत्त करते हैं। इसी प्रकार, अनन्तात्मा प्रभु निरन्तर इस सम्पूर्ण जगत् के उत्पत्ति, पालन और नाश करते रहते हैं। इस संसार में ऐसी कोई वस्तु नहीं है जो उनसे भिन्न हो।

श्री विष्णु पुराण (तृतीय अंश, अध्याय-तीन) में लिखा है कि - वेद रूप वृक्ष के सहस्त्रों शाखा-भेद हैं, उनका विस्तार से वर्णन करने में तो कोई भी समर्थ नहीं है अतः संक्षेप यह है कि प्रत्येक द्वापरयुग में भगवान विष्णु व्यासरूप से अवतीर्ण होते हैं और संसार के कल्याण के लिए एक वेद के अनेक भेद कर देते हैं। मनुष्यों के बल, वीर्य और तेज को अलग जानकर वे समस्त प्राणियों के हित के लिए वेदों का विभाग करते हैं। जिस शरीर के द्वारा एक वेद के अनेक विभाग करते हैं भगवान मधुसूदन की उस मूर्ति का नाम वेदव्यास है।

इस वैवस्वत मनवन्तर (सातवाँ मनु) के प्रत्येक द्वापरयुग में व्यास महर्षियों ने अब तक पुनः-पुनः 28 बार वेदों के विभाग किये हैं। पहले द्वापरयुग में ब्रह्मा जी ने वेदों का विभाग किया। दूसरे द्वापरयुग के वेदव्यास प्रजापति हुए। तीसरे द्वापरयुग में शुक्राचार्य जी, चौथे द्वापरयुग में बृहस्पति जी व्यास हुए, पाँचवें में सूर्य और छठें में भगवान मृत्यु व्यास कहलायें। सातवें द्वापरयुग के वेदव्यास इन्द्र, आठवें के वसिष्ठ, नवें के सारस्वत और दसवें के त्रिधामा कहे जाते हैं। ग्यारहवें में त्रिशिख, बारहवें में भरद्वाज, तेरहवें में अन्तरिक्ष और चौदहवें में वर्णी नामक व्यास हुए। पन्द्रहवें में त्रय्यारूण, सोलहवें में धनंन्जय, सत्रहवें में क्रतुन्जय और अठ्ठारवें में जय नामक व्यास हुए। फिर उन्नीसवें व्यास भरद्वाज हुए, बीसवें गौतम, इक्कीसवें हर्यात्मा, बाइसवें वाजश्रवा मुनि, तेइसवें सोमशुष्पवंशी तृणाबिन्दु, चौबीसवें भृगुवंशी ऋक्ष (वाल्मीकि) पच्चीसवें मेरे (पराशर) पिता शक्ति, छब्बीसवें मैं पराशर, सत्ताइसवें जातुकर्ण और अठ्ठाइसवें कृष्णद्वैपायन। अगामी द्वापरयुग में द्रोणपुत्र अश्वत्थामा वेदव्यास होंगे।

"कल्कि" अवतार के सम्बन्ध में कहा गया है कि उसका कोई गुरू नहीं होगा, वह स्वयं से प्रकाशित स्वयंभू होगा जिसके बारे में अथर्ववेद, काण्ड 20, सूक्त 115, मंत्र 1 में कहा गया है कि "ऋषि-वत्स, देवता इन्द्र, छन्द गायत्री। अहमिद्धि पितुष्परि मेधा मृतस्य जग्रभ। अहं सूर्य इवाजिनि।। "अर्थात "मैं परम पिता परमात्मा से सत्य ज्ञान की विधि को धारण करता हूँ और मैं तेजस्वी सूर्य के समान प्रकट हुआ हूँ।" जबकि सबसे प्राचीन वंश स्वायंभुव मनु के पुत्र उत्तानपाद शाखा में ब्रह्मा के 10 मानस पुत्रों में से मन से मरीचि व पत्नी कला के पुत्र कश्यप व पत्नी अदिति के पुत्र आदित्य (सूर्य) की चौथी पत्नी छाया से दो पुत्रों में से एक 8वें मनु - सावर्णि मनु होंगे जिनसे ही वर्तमान मनवन्तर 7वें वैवस्वत मनु की समाप्ति होगी। ध्यान रहे कि 8वें मनु - सावर्णि मनु, सूर्य पुत्र हैं। अर्थात कल्कि अवतार और 8वें मनु - सावर्णि मनु दोनों, दो नहीं बल्कि एक ही हैं और सूर्य पुत्र हैं।

"सार्वभौम" गुण 8वें सावर्णि मनु का गुण है। अवतारी श्रृंखला अन्तिम होकर अब मनु और मनवन्तर श्रृंखला के भी बढ़ने का क्रम है क्योंकि यही क्रम है। वैदिक-सनातन-हिन्दू धर्म के पुराणों में 14 मनुओं का वर्णन किया गया है। इन्हीं के नाम से मन्वन्तर चलते हैं। जो निम्नलिखित हैं-

1. मनुर्भरत वंश की प्रियव्रत शाखा

अ. पौराणिक वंश

वंश	**अवतार**	**काल**
01. स्वायंभुव मनु	यज्ञ	भूतकाल
02. स्वारचिष मनु	विभु	भूतकाल
03. उत्तम मनु	सत्यसेना	भूतकाल
04. तामस मनु	हरि	भूतकाल
05. रैवत मनु	वैकुण्ठ	भूतकाल

2. मनुर्भरत वंश की उत्तानपाद शाखा

06. चाक्षुष मनु	अजित	भूतकाल

ब. ऐतिहासिक वंश

07. वैवस्वत मनु	वामन	वर्तमान

स. भविष्य के वंश

08. सावर्णि मनु	सार्वभौम	भविष्य
09. दत्त सावर्णि मनु	रिषभ	भविष्य
10. ब्रह्म सावर्णि मनु	विश्वकसेन	भविष्य
11. धर्म सावर्णि मनु	धर्मसेतू	भविष्य
12, रूद्र सावर्णि मनु	सुदामा	भविष्य
13. दैव सावर्णि मनु	योगेश्वर	भविष्य
14. इन्द्र सावर्णि मनु	वृहद्भानु	भविष्य

पहले मनु - स्वायंभुव मनु से 7वें मनु - वैवस्वत मनु तक शारीरिक प्राथमिकता के मनु का कालक्रम हैं। 8वें मनु - सावर्णि मनु से 14वें और अन्तिम - इन्द्र सावर्णि मनु तक बौद्धिक प्राथमिकता के मनु का कालक्रम है इसलिए ही 9वें मनु से 14वें मनु तक के नाम के साथ में "सावर्णि मनु" उपनाम की भाँति लगा हुआ है। अर्थात 9वें मनु से 14वें मनु में सार्वभौम गुण विद्यमान रहेगा और बिना "विश्वशास्त्र" के उनका प्रकट होना मुश्किल होगा।

मनुष्य की रचना "पावर और प्राफिट (शक्ति और लाभ)" के लिए नहीं बल्कि असीम मस्तिष्क क्षमता के विकास के लिए हुआ है। फलस्वरूप वह स्वयं को ईश्वर रूप में अनुभव कर सके, जहाँ उसे किसी गुरू की आवश्यकता न पड़ें, वह स्वंयभू हो जाये, उसका प्रकाश वह स्वयं हो। एक गुरू का लक्ष्य भी यही होता है कि शिष्य मार्गदर्शन प्राप्त कर गुरू से आगे निकलकर, गुरू तथा स्वयं अपना नाम और कृति इस संसार में फैलाये, ना कि जीवनभर एक ही कक्षा में (गुरू में) पढ़ता रह जाये। एक ही कक्षा में जीवनभर पढ़ने वाले को समाज क्या नाम देता है, समाज अच्छी प्रकार जानता है। "विश्वशास्त्र" से कालक्रम को उसी मुख्यधारा में मोड़ दिया गया है। एक शास्त्राकार, अपने द्वारा व्यक्त किये गये पूर्व के शास्त्र का उद्देश्य और उसकी सीमा तो बता ही सकता है परन्तु व्याख्याकार ऐसा नहीं कर सकता। स्वयं द्वारा व्यक्त शास्त्र के प्रमाण से ही स्वयं को व्यक्त और प्रमाणित करूँगा- शास्त्राकार महर्षि व्यास (वर्तमान में लव कुश सिंह "विश्वमानव")

शब्द से सृष्टि की ओर...
सृष्टि से शास्त्र की ओर...
शास्त्र से काशी की ओर...
काशी से सत्यकाशी की ओर...
और सत्यकाशी से अनन्त की ओर...
एक अन्तहीन यात्रा..............................

वर्तमान सृष्टि चक्र की स्थिति भी यही हो गयी है कि अब अगले अवतार के मात्र एक विकास के लिए सत्यीकरण से काल, मनवन्तर व मनु, अवतार, व्यास व शास्त्र सभी बदलेंगे। इसलिए देश व विश्व के धर्माचार्यों, विद्वानों, ज्योतिषाचार्यों इत्यादि को अपने-अपने शास्त्रों को देखने व समझने की आवश्यकता आ गयी है क्योंकि कहीं श्री लव कुश सिंह "विश्वमानव" और "आध्यात्मिक सत्य" आधारित कार्य "विश्वशास्त्र" वही तो नहीं है? और यदि नहीं तो वह कौन सा कार्य होगा जो इन सबको बदलने वाली घटना को घटित करेगा?

शनिवार, 22 दिसम्बर, 2012 से प्रारम्भ हो चुका है-

1. काल के प्रथम रूप अदृश्य काल से दूसरे और अन्तिम दृश्य काल का प्रारम्भ।
2. मनवन्तर के वर्तमान 7वें मनवन्तर वैवस्वत मनु से 8वें मनवन्तर सावर्णि मनु का प्रारम्भ।
3. अवतार के नवें बुद्ध से दसवें और अन्तिम अवतार-कल्कि महावतार का प्रारम्भ।
4. युग के चौथे कलियुग से पाँचवें युग स्वर्ण युग का प्रारम्भ।

5. व्यास और द्वापर युग में आठवें अवतार श्रीकृष्ण द्वारा प्रारम्भ किया गया कार्य "नवसृजन" के प्रथम भाग "सार्वभौम ज्ञान" के शास्त्र "गीता" से द्वितीय अन्तिम भाग "सार्वभौम कर्मज्ञान", पूर्णज्ञान का पूरक शास्त्र", लोकतन्त्र का "धर्मनिरपेक्ष धर्मशास्त्र" और आम आदमी का "समाजवादी शास्त्र" द्वारा व्यवस्था सत्यीकरण और मन के ब्रह्माण्डीयकरण और नये व्यास का प्रारम्भ।

जिस प्रकार लोग आत्मा की महत्ता को न समझकर शरीर को ही महत्व देते हैं उसी प्रकार लोग भले ही पढ़कर ही विकास कर रहें हो परन्तु वे शास्त्राकार लेखक की महत्ता को स्वीकार नहीं करते। जबकि वर्तमान समय में चाहे जिस विषय में हो प्रत्येक विकास कर रहे व्यक्ति के पीछे शास्त्राकार, लेखक, आविष्कारक, दार्शनिक की ही शक्ति है जिस प्रकार शरीर के पीछे आत्मा की शक्ति है।

सदैव मानव समाज को एकात्म करने के लिए शास्त्र-साहित्य की रचना करना लेखक का काम रहा है। सामूहिक रूप से ऐसे कार्य करने वाले को व्यास कहते हैं। चाहे वह आध्यात्म दर्शन (अदृश्य विज्ञान) के क्षेत्र में हो या पदार्थ विज्ञान (दृश्य विज्ञान) के क्षेत्र में हो। इस प्रकार सभी लेखकों के आदर्श आदि पुरूष व्यास ही हैं।

मात्र एक विचार- "ईश्वर ने इच्छा व्यक्त की कि मैं एक हूँ, अनेक हो जाऊँ" और "सभी ईश्वर हैं", यह प्रारम्भ और अन्तिम लक्ष्य है। आध्यात्म जगत द्वारा आविष्कार और व्यापार कें मुख्य रूप में इस प्रकार हैं-

01. सत्युग (सार्वभौम सत्य)

01. वैदिक/सनातन धर्म-ऋषि-मुनि गण ई0पूर्व 6000-2500 चार वेद और वैदिक साहित्य

1. ईश्वर कृत - ऋगवेद, सामवेद, यजुवेद व अथर्ववेद

2. ऋषि-मुनि कृत - संहिता, ब्राह्मण कृत ब्राह्मण (कर्म काण्ड) व आरण्यक (ज्ञान काण्ड), उपनिषद्, वेदांग या सूत्र्-साहित्य शिक्षा (स्वर विज्ञान), कल्प (धर्मानुष्ठान)-श्रौत सूत्र, शुल्व सूत्र, गृह्य सूत्र, धर्म सूत्र, व्याकरण, निघण्टु, निरूक्त (व्युत्पत्ति), छन्द, ज्योतिष, उपांग - सांख्य दर्शन (प्रकृति आधारित), वैशेषिक दर्शन (काल या समय आधारित), मीमांसा दर्शन (कर्म आधारित), चार्वाक दर्शन, अपौरूषेय दर्शन, योग दर्शन (पुरूषार्थ आधारित), न्याय दर्शन (परमाणु आधारित), वेदांत दर्शन (ब्रह्म आधारित)

उपवेद- आयुर्वेद, धनुर्वेद, गान्धर्वेद, अथर्वेद।

पुराण - मत्स्य, मार्कण्डेय, भागवत, भविष्य, ब्रह्म, ब्रह्माण्ड, ब्रह्म बैवर्त, वायु, विष्णु, बाराह, बामन, अग्नि, नारदीय, पद्म, लिंग, गरूण, कूर्म, स्कन्द।

02. त्रेतायुग यज्ञ (अदृश्य कर्म)

1. भगवान परशुराम कृत - परशुराम परम्परा - साकार आधारित लोकतंत्र व्यवस्था।

2. महाकाव्य- वाल्मीकि रचित - रामायण - आदर्श मानक व्यक्ति चरित्र का प्रस्तुतीकरण।

03. द्वापरयुग (भक्ति और प्रेम)

01. वेदान्त अद्वैत धर्म - श्रीकृष्ण - ई0 पूर्व 3000 - गीता - अद्वैत दर्शन

भगवान श्री कृष्ण कृत - साकार आधारित परशुराम परम्परा का नाश, पूर्ववर्ती सभी मतों का समन्वय व एकीकरण करत हुये निराकार आधारित लोकतंत्र व्यवस्था के प्रारम्भ का बीज शास्त्र "गीता/ गीतोपनिषद्"

व्यास रचित - महाभारत - आदर्श मानक व्यक्ति चरित्र समाहित आदर्श मानक सामाजिक व्यक्ति चरित्र अर्थात व्यक्तिगत प्रमाणित आदर्श मानक वैश्विक व्यक्ति चरित्र का प्रस्तुतीकरण।

04. कलियुग संघ और योजना (दृश्य कर्म)

01. बौद्ध - भगवान बुद्ध - ई0पू0 1567-487 - बौद्ध दर्शन

02. कन्फ्यूसी - कन्फ्यूसियश - ई0पूर्व 551-479
03. टोईज्म - लोओत्से - ई0पूर्व 604-518
04. जैन - भगवान महावीर - ई0पूर्व 539-467 - जैन दर्शन
05. पारसी - जरथुसट - ई0 पूर्व 6 - जेन्दा अवेस्ता
06. ईसाई - ईसा मसीह - सन् 33 ई0 - बाईबल
07. इस्लाम - मुहम्मद पैगम्बर - सन् 670ई0 - कुरआन शरीफ
08. वेदान्त अद्वैत धर्म - आदि शंकराचार्य - सन् 830 ई0 - अद्वैत दर्शन
09. वेदान्त विशिष्टाद्वैत धर्म - रामानुज - सन् 1200 ई0 - विशिष्टाद्वैत दर्शन
10. वेदान्त द्वैत - माध्वाचार्य - सन् 1300 ई0 - द्वैत दर्शन
11. भक्ति धर्म - चौतन्य महाप्रभु - सन् 1485-1533ई0 - भक्तियोग दर्शन
12. सिक्ख - गुरु नानक - सन् 1510 ई0 - गुरुग्रन्थ साहिब
13 वेदान्त अद्वैत धर्म - स्वामी विवेकानन्द - सन् 1863-1902ई0 - विश्व धर्म दर्शन

05. सत्ययुग/स्वर्णयुग (सार्वभौम सत्य-सिद्धान्त)

14. विश्व धर्म / वेदान्त धर्म / अद्वैत धर्म / एकता धर्म / लोकतन्त्र धर्म / समष्टि धर्म / प्राकृतिक धर्म / सत्य धर्म / संयुक्तमन धर्म / ईश्वर धर्म / हिन्दू धर्म / सार्वजनिक धर्म / दृश्यधर्म / मानवधर्म / धर्मनिरपेक्ष धर्म - लव कुश सिंह "विश्वमानव" - सन् 2012 ई0 - पूर्ववर्ती सभी धर्मों व मतों का समन्वय व एकीकरण करते हुये निराकार आधारित लोकतंत्र व्यवस्था का वृक्ष शास्त्र विश्व-नागरिक धर्म का धर्मयुक्त धर्मशास्त्र-कर्मवेदः प्रथम, अन्तिम तथा पंचम वेदीय श्रृंखला विश्व-राज्य धर्म का धर्मनिपेक्ष धर्मशास्त्रः विश्वमानक शून्य-मन की गुणवत्ता का विश्वमानक श्रृंखला, आदर्श मानक सामाजिक व्यक्ति चरित्र समाहित आदर्श मानक वैश्विक व्यक्ति चरित्र अर्थात सार्वजनिक प्रमाणित आदर्श मानक वैश्विक व्यक्ति चरित्र का प्रस्तुतीकरण।

पूर्ण प्रत्यक्ष अवतार से पूर्ण प्रेरक अवतार तक की यात्रा यहीं समाप्त होती है।

उपरोक्त मुख्य मूल आविष्कार के उपरान्त अनेक आविष्कार पर आविष्कार होते गये और मनुष्य आविष्कारक के जीवन, ज्ञान व कर्म से सम्बन्धित व्यापार से अपने जीवन को विकास की ओर ले जा रहा है। कोई भी विचारधारा (आविष्कार) चाहे उसकी उपयोगिता कालानुसार समाज को हो या न हो, यदि वह संगठन का रूप लेकर अपना आय स्वयं संचालित करने लगती है तो उसके साथ व्यक्ति जीवकोपार्जन, श्रद्धा व विश्वास से जुड़ता है न कि ज्ञान के लिए।

सृष्टि, ईश्वरीय समाज और व्यापार

"सृष्टि" का अर्थ होता है- सम्पूर्ण ब्रह्माण्ड की रुकी स्थिति के आगे एकात्मता के साथ नवनिर्माण। "सृष्टि करने की स्थिति" में भूतकाल की चर्चा की स्थिति आ जाने पर उसे "सृष्टि रूकना" कहते हैं ऐसी ही स्थिति महाभारत युद्ध के समय श्रीकृष्ण के समक्ष आ गया था जब अर्जुन ने युद्ध से मना कर दिया था परिणामस्वरूप श्रीकृष्ण "गीता" उपदेश के लिए भूतकाल की चर्चा में उलझ गये थे। **"रचना" का अर्थ होता है-** उपलब्धता पर आधारित एकात्मता के साथ नवनिर्माण। **"विकास" का अर्थ होता है-** उपलब्धता पर आधारित नवनिर्माण। विकास का कोई लक्ष्य नहीं होता। जब विकास एकात्मता की ओर होती है तो वह रचना बन जाती है। विकास लक्ष्य विहिन होता है इसलिए कालान्तर में वह विनाश का रुप ले लेती है।

मनुष्य, अपने कर्मों का फल तुरन्त या इसी जीवन में चाहता है। अवतार, संत, महापुरूष गण प्रेरणा प्रदान करने के लिए अनेक कर्म उत्पन्न कर देते हैं। उसमें से एकाध कर्म स्वयं के लिए रखते हैं क्योंकि जीवन के समय को व्यतीत करने के लिए कुछ कर्म चाहिए होते हैं। "कर्म किये बिना कोई रह नहीं सकता"- ये श्रीकृष्ण की वाणी है। अप्रत्यक्ष कर्म (प्रेरणा या मार्गदर्शन) अन्य जिनके लिए उपयोगी हों, उनके लिए होता है। वो उसे करें ना करें अवतार, संत, महापुरूष गण को कोई मतलब नहीं होता। जिस प्रकार सूर्य के प्रकाश के भिन्न-भिन्न उपयोग हैं उसी प्रकार शास्त्र के भी भिन्न-भिन्न उपयोग होते हैं। कोई राजनीति करता है, कोई ज्ञानी बनता है, कोई समाज निर्माण करता है, कोई पुनः व्याख्या कर गुरू बन जाता है। और इन सबसे शास्त्राकार को कोई मतलब नहीं होता जिस प्रकार सूर्य के प्रकाश का उपयोग कर लेने से सूर्य को कोई मतलब नहीं होता।" अर्थात मनुष्य पेड़ लगाता है स्वंय फल खाने की इच्छा से जबकि ईश्वर और उनके अवतार पेड़ लगाते हैं दूसरों के लिए।

ईश्वरीय समाज कोई संगठन नहीं है बल्कि यह मानव जीवन के व्यष्टि व समष्टि क्षेत्र के अनेक विषयों की ओर से ईश्वर (सार्वभौम सत्य-सिद्धान्त) से योग कराने के लिए प्रणाली का विस्तार है जिससे वे किसी भी संस्थागत धर्म/समाज से जुड़े होने के बावजूद भी सीधे ईश्वर (सार्वभौम सत्य-सिद्धान्त) से जुड़ सकें। ज्ञान के इस युग और उसी ओर बढ़ते काल क्रम में ज्ञान-कर्मज्ञान मनुष्य की विवशता है। ईश्वरीय समाज पूरी स्वतन्त्रता के साथ मनुष्य को सिर्फ "जानने के लिए" सिद्धान्त के लिए कार्य करता है न कि "मानने के लिए"।

अनिर्वचनीय कल्कि महाअवतार भोगेश्वर श्री लव कुश सिंह "विश्वमानव" के अवतरण से पुनः पूर्वानुसार उनके जीवन, कर्म व ज्ञान से अनेक दिशाओं में व्यष्टि व समष्टि केन्द्रित नये आविष्कार व व्यापार को दिशा मिली है। इन दिशाओं के कार्यों में से आविष्कारक श्री लव कुश सिंह "विश्वमानव" कुछ में शामिल हैं वे प्रत्यक्ष कार्य हैं तथा कुछ उनके मार्गदर्शन से अन्य के लिए उपलब्ध है वे अप्रत्यक्ष अर्थात प्रेरक कार्य हैं। मनुष्य, अपने कर्मों का फल तुरन्त या इसी जीवन में चाहता है। अवतार, संत, महापुरूष गण प्रेरणा प्रदान करने के लिए अनेक कर्म उत्पन्न कर देते हैं। उसमें से एकाध कर्म स्वयं के लिए रखते हैं क्योंकि जीवन के समय को व्यतीत करने के लिए कुछ कर्म चाहिए होते हैं। कर्म किये बिना कोई रह नहीं सकता, ये श्रीकृष्ण की वाणी है। अप्रत्यक्ष कर्म (प्रेरणा या मार्गदर्शन) अन्य जिनके लिए उपयोगी हो, उनके लिए होता है। वो उसे करें ना करें अवतार, संत, महापुरूष गण को कोई मतलब नहीं होता। जिस प्रकार सूर्य के प्रकाश के भिन्न-भिन्न उपयोग है उसी प्रकार शास्त्र के भी भिन्न-भिन्न उपयोग होते हैं। कोई राजनीति करता है, कोई ज्ञानी बनता है, कोई समाज निर्माण करता है, कोई पुनः व्याख्या कर गुरू बन जाता है। और इन सबसे शास्त्राकार को कोई मतलब नहीं होता जिस प्रकार सूर्य के प्रकाश का उपयोग कर लेने से सूर्य को कोई मतलब नहीं होता।" अर्थात मनुष्य पेड़ लगाता हैं स्वंय फल खाने की इच्छा से जबकि ईश्वर और उनके अवतार पेड़ लगाते हैं दूसरों के लिए। जो निम्न प्रकार हैं-

अ. ज्ञान से जुड़ा व्यापार - नयी प्रणाली और व्यापार

01. भारतीय आध्यात्म एवं दर्शन आधारित स्वदेशी विपणन प्रणाली: 3-एफ (3-F: Fuel-Fire-Fuel)
02. कार्पोरेट विश्वमानक मानव संसाधन विकास प्रशिक्षण
    (Corporate World Standard Human Resources Development Training)
03. विश्व राजनीति पार्टी संघ (World Political Party Organisation - WPPO)

04. नयी पीढ़ी के लिए नया विषय - ईश्वर शास्त्र, मानक विज्ञान, एकात्म विज्ञान
05- विश्वशास्त्र पर आधारित आडियो-विडियो
06. मनोरंजन - नयी प्रणाली और व्यापार
01. फिल्म
02. टी0 वी सिरियल –
03. गीत

ब. जीवन से जुड़ा व्यापार - रियल स्टेट - नयी प्रणाली और व्यापार
01. "सत्यकाशी महायोजना" (वाराणसी-विन्ध्याचल-शिवद्वार-सोनभद्र के बीच का क्षेत्र)
02. डिजिटल प्रापर्टी और एजेन्ट नेटवर्क (Digital Property & Agent Network)

स. कर्म से जुड़ा व्यापार - नयी प्रणाली और व्यापार
01. उत्पाद ब्राण्ड
02. कैलेण्डर
03. शिक्षा ब्राण्ड - सत्य मानक शिक्षा (परियोजना पुनर्निर्माण- PROJECT RENEW)
04. राष्ट् निर्माण के पुस्तक

अ. ज्ञान से जुड़ा व्यापार - नयी प्रणाली और व्यापार

01. भारतीय आध्यात्म एवं दर्शन आधारित
स्वदेशी विपणन प्रणाली: 3-एफ (3-F: Fuel-Fire-Fuel)

02. कार्पोरेट विश्वमानक मानव संसाधन विकास प्रशिक्षण
(Corporate World Standard Human Resources Development Training)
विश्व के गुणवत्ता युक्त उत्पादन के लिए मनुष्य के द्वारा दो मूल निर्माण विधि हैं-
1. उद्योग में गुणवत्तायुक्त उत्पाद निर्माण और उत्पादन की जापानी विधि
(Japanese Institute of Plant Engineers-JIPE) - WCM-TPM-5S
2. गुणवत्तायुक्त मानव निर्माण और उत्पादन की भारतीय विधि
(Rishi/Saint/Avatar) - WCM-TLM-SHYAM.C

03. विश्व राजनीति पार्टी संघ (World Political Party Organisation - WPPO)

04. नयी पीढ़ी के लिए नया विषय - ईश्वर शास्त्र, मानक विज्ञान, एकात्म विज्ञान

श्री लव कुश सिंह "विश्वमानव" द्वारा "ईश्वर", "मानक", "एकात्म" की अन्तिम परिभाषा का आविष्कार पूर्ण हो जाने से नागरिक शास्त्र (Civics), भौतिकशास्त्र (Physics) की भाँति ईश्वर शास्त्र (Godics), मानक विज्ञान (Standard Science) और एकात्म विज्ञान (Integration Science) शैक्षणिक विषय का मार्ग मिल गया है।

05- विश्वशास्त्र पर आधारित आडियो-विडियो

अनिर्वचनीय कल्कि महाअवतार भोगेश्वर श्री लव कुश सिंह "विश्वमानव" के विचार विश्वस्तरीय हैं जिसके कारण ज्ञान से युक्त विश्वशास्त्र पर आधारित आडियो-विडियो के लिए भी मार्ग मिला है।

06. मनोरंजन - नयी प्रणाली और व्यापार

01. फिल्म

अनिर्वचनीय कल्कि महाअवतार भोगेश्वर श्री लव कुश सिंह "विश्वमानव" के विचार विश्वस्तरीय हैं जिसके कारण मनोरजन और ज्ञान से युक्त परिकल्पना पर उन्होंने फिल्म, टी0 वी0 सिरियल और गानों के लिए भी मार्ग मिला है। जिसका और भी विस्तृत रूप आगे दिया गया है। श्री लव कुश सिंह विश्वमानव द्वारा लिखे/विचार प्रस्तुत किये गये फिल्म-

क्र.सं. टाइटल	**फिल्म/सिरियल**	**भाषा**	**स्थिति**
1. विश्वगुरू - द ब्रेन टर्मिनेटर (रिप्रेजेन्टेटिव सिनेमा आफ इण्डिया)	बालीवुड फिल्म	हिन्दी, अंग्रेजी व बंग्ला	पूर्ण
2. द डर्टी साधु- अण्डरस्टैण्डिंग ट्रांसडेन्ट	बालीवुड फिल्म	हिन्दी, अंग्रेजी	पूर्ण
3. माय टेन वाइफ आन अर्थ (अण्डरस्टैण्डिंग फिमेल)	बालीवुड फिल्म	हिन्दी	पूर्ण
4. अगरबत्ती पे करोड़पत्ती	बालीवुड फिल्म	हिन्दी	पूर्ण
5. डेमोक्रेसी - द रियल ऐम	बालीवुड फिल्म	हिन्दी, अंग्रेजी	पूर्ण
6. 9डी	हॉलीवुड फिल्म	हिन्दी, अंग्रेजी	पूर्ण
7. किरनिया (एक नारी की कहानी)	भोजपुरी फिल्म	भोजपुरी	पूर्ण
8. जय माँ कल्कि	बालीवुड फिल्म	हिन्दी	पूर्ण

02. टी0 वी सिरियल –

श्री लव कुश सिंह विश्वमानव द्वारा लिखे/विचार प्रस्तुत किये गये टी.वी सिरियल के स्क्रिप्ट "महाभारत" के बाद "विश्वभारत"

9. विश्वभारत	टी.वी.सिरियल	हिन्दी	विचार

03. गीत

अनिर्वचनीय कल्कि महाअवतार भोगेश्वर श्री लव कुश सिंह "विश्वमानव" के जीवन, ज्ञान व कर्म से सम्बन्धित गीत रचना का भी मार्ग मिल गया है।

ब. जीवन से जुड़ा व्यापार - रियल स्टेट - नयी प्रणाली और व्यापार

01. "सत्यकाशी महायोजना" (वाराणसी-विन्ध्याचल-शिवद्वार-सोनभद्र के बीच का क्षेत्र)

श्रीराम के कारण चित्रकूट पर्यटन व धार्मिक क्षेत्र बना, श्रीकृष्ण के कारण मथुरा, द्वारिका पर्यटन व धार्मिक क्षेत्र बना, भगवान बुद्ध के कारण सारनाथ, कुशीनगर, बोधगया, वैष्णों देवी के कारण कटरा, सांई बाबा के कारण शिरडी पर्यटन व धार्मिक क्षेत्र बना। अनिर्वचनीय कल्कि महाअवतार भोगेश्वर श्री लव कुश सिंह "विश्वमानव" के अवतरण और उनके "विश्वशास्त्र" के कारण सत्यकाशी (वाराणसी-विन्ध्याचल-शिवद्वार-सोनभद्र के बीच का क्षेत्र) स्थापित है। सत्यकाशी क्षेत्र में ही "विश्वशास्त्र" की अधिकतम रचना हुई है और अनिर्वचनीय कल्कि महाअवतार भोगेश्वर श्री लव कुश सिंह "विश्वमानव" के निवास क्षेत्र सहित लीला भूमि क्षेत्र भी यही क्षेत्र है। भगवान बुद्ध के कारण काशी

के उत्तर में काशी का प्रसार हुआ, विश्वशास्त्र के कारण काशी के दक्षिण में काशी का प्रसार हो रहा है।

कितना विचित्र संयोग है कि विन्ध्य क्षेत्र से ही भारत का मानक समय निर्धारित होता है और इसी क्षेत्र से युग परिवर्तन की घोषणा हो रही है। यह भी विचित्रता ही है कि व्यासजी द्वारा काशी को शाप देने के कारण विश्वेश्वर ने व्यासजी को काशी से निष्कासित कर दिया था और वे गंगा पार आ गये और गंगा पार सत्यकाशी क्षेत्र से ही उनके बाद "विश्वशास्त्र" रचना हुई है।

हम सभी साधारण जीवन में ऐसा देखते हैं कि जहाँ कहीं भी कोई फैक्ट्री, नगर निर्माण या विस्तार का कार्य प्रारम्भ हो जाता है। वहाँ एक अलग ही दुनियाँ बसने लगती है और एक व्यापक जन समुदाय को अपने जीवन संचालन के लिए मार्ग प्राप्त हो जाता है। जो किसी जाति, सम्प्रदाय या धर्म आधारित नहीं होती। वह सिर्फ व्यक्ति की योग्यता पर आधारित और वह पीढ़ी दर पीढ़ी के लिए होती है।

सार्वभौम सत्य-सिद्धान्त और समाज समर्थित सत्यकाशी योजना जिसका क्षेत्र है- वाराणसी-विन्ध्याचल-शिवद्वार-सोनभद्र के बीच का भगवान विष्णु और भगवान शिव से जुड़ा क्षेत्र। जो धर्मक्षेत्र से व्यापक सार्थक एवं पौराणिक आधारों पर प्रश्न करता है कि- क्यों काशी नरेश होते हुए भी उनका किला काशी शहर में नहीं? क्यों देवकी के आठवें पुत्र कृष्ण के बदले में पुत्री को कंस ने मारना चाहा तो वह विन्ध्य पर्वत पर आ बसीं? क्यों समष्टि (समाज या सार्वजनिक) धर्म के स्थापनार्थ विष्णु के पाँचवे अवतार वामन अवतार ने जब राजा बलि से तीन पग जमीन मांगा तब अवतार ने पहला पग चुनार क्षेत्र में ही रखा जिसके कारण इसका पुराना नाम चरणाद्रिगढ़ था? क्यों ब्रह्मलीन श्री श्री 1008 सत्ययोगानन्द "भुईधरा बाबा" (भगवान रामकृष्ण की अगली कड़ी) ने सदी का सबसे लम्बा (दि0 13.11.97 से 22.06.98 तक) तथा अदृश्य काल का अन्तिम यज्ञ- विष्णु महायज्ञ और ज्ञानयज्ञ चुनार क्षेत्र में ही आयोजित किये? क्यों विश्व का अन्तिम शास्त्र "विश्वशास्त्र" इसी क्षेत्र से व्यक्त हुआ? क्यों विश्वव्यापी धर्म स्थापना (समष्टि धर्म स्थापना) पाँचवे अवतार वामन अवतार के बाद पुनः इस क्षेत्र से प्रारम्भ हो रहा है।

उपरोक्त प्रश्नों का जबाब भी सत्यकाशी योजना के जन्मदाता गण व्यापकता के साथ देते हैं। भौतिकवादी काशी वासीयों से मुक्त-शिवभक्त काशी नरेश की सत्यता के लिए प्रकृतिक चक्र द्वारा इनका किला काशी शहर में नहीं जिससे वे अन्त में अन्तिम काशी-सत्यकाशी के सत्यकाशी नरेश भी कहलायें। चुनार क्षेत्र पाँचवें अवतार वामन के चरणों से एक श्राप द्वारा ग्रसित हो चुका था कि इस क्षेत्र में जन्म लेने वाले व्यक्ति की चाहें जितना भी समष्टि (समाज) धर्म के लिए प्रयत्न क्यों न करें वे व्यष्टि(व्यक्तिगत) धर्म से अधिक न उठ सकेंगे। जब तक की इस क्षेत्र से बाहर जन्म लेकर कोई पुनः समष्टि धर्म स्थापनार्थ नहीं आ जाता। यह सब इसलिए है कि प्राकृतिक चक्र द्वारा विकसित और सन्तुलित क्षेत्र जो वाराणसी-विन्ध्याचल-शिवद्वार-सोनभद्र के बीच स्थित है। बस यहीं है पुराणों में वर्णित सात काशीयों में अन्तिम काशी-सत्यकाशी। यदि काशी (वाराणसी), शिवाकाशी, उत्तरकाशी और दक्षिण काशी (वैदुर्यपत्तन, बरकला, केरल प्रदेश) को मुख्य काशी माना जाय तो सत्यकाशी पंचम काशी है। और दो काशीयों को और सम्मिलित किया जाता है तो सत्यकाशी सप्तम काशी होगी। इस प्रकार शिव पुराण में वर्णित सात काशीयों में सत्यकाशी पंचम, अन्तिम तथा सप्तम काशी होगी।

इस प्रकार हम देखते है कि आध्यात्मिक, सार्थक, दूरदर्शी, प्रमाणित, पौराणिक, समाज समर्थित काशी की परम्परा का पालन करते हुए सत्यकाशी योजना है। जबकि लक्ष्य एक व्यापक जनसमुदाय को एक नयी दिशा द्वारा संरक्षण, विकास और आजिविका प्रदान करना है। इसलिए उचित स्थान पर इसका निर्माण आवश्यक है। श्री लव कुश सिंह "विश्वमानव" कृत "विश्वशास्त्र" से मुख्यतः सत्यकाशी क्षेत्र के लिए निम्नलिखित विषय व्यक्त हुये हैं जो रियल स्टेट के व्यवसाय को व्यापक रूप से विकसित करता है-

अनिर्वचनीय कल्कि महाअवतार भोगेश्वर श्री लव कुश सिंह "विश्वमानव" के अवतरण से पुनः पूर्वानुसार उनके जीवन से अनेक दिशाओं में नये आविष्कार व व्यापार को दिशा मिली है। जो निम्न प्रकार हैं -श्री लव कुश सिंह "विश्वमानव" कृत "विश्वशास्त्र" से मुख्यतः सत्यकाशी क्षेत्र के लिए निम्नलिखित विषय व्यक्त हुये हैं (पूर्ण विवरण के लिए "विश्वशास्त्र" अध्याय - दो देखें) -

01. चार शंकराचार्य पीठ के उपरान्त 5वाँ और अन्तिम पीठ "सत्यकाशी पीठ"
02. "सत्यकाशी महोत्सव" व "सत्यकाशी गंगा महोत्सव" आयोजन
03. सार्वभौम देवी माँ कल्कि देवी मन्दिर - माँ वैष्णों देवी की साकार रूप
04. भोगेश्वर नाथ - 13वाँ और अन्तिम ज्योतिर्लिङ्ग
05. सत्यकाशी पंचदर्शन
06. ज्ञान आधारित मनु-मनवन्तर मन्दिर
07. ज्ञान आधारित विश्वात्मा मन्दिर
08. विश्वधर्म मन्दिर - धर्म के व्यावहारिक अनुभव का मन्दिर
09. नाग मन्दिर
10. विश्वशास्त्र मन्दिर (Vishwshastra Temple)
11. एक दिव्य नगर - सत्यकाशी नगर
12. होटल शिवलिंगम् - शिवत्व का एहसास
13. इन्द्रलोक - ओपेन एयर थियेटर
14. हस्तिनापुर - महाभारत का लाइट एण्ड साउण्ड प्रोग्राम
15. सत्य-धर्म-ज्ञान केन्द्र: तारामण्डल की भाँति शो द्वारा कम समय में पूर्ण ज्ञान
16. सत्यकाशी आध्यात्म पार्क
17. वंश नगर - मनु से मानव तक के वंश पर आधारित नगर
18. 8वें सांवर्णि मनु - सम्पूर्ण एकता की मूर्ति (Statue of Complete Unity)
19. विस्मृत भारत रत्न स्मारक (Forgotten Bharat Ratna Memorial)
20. विश्वधर्म उपासना स्थल - उपासना और उपासना स्थल के विश्वमानक (WS-00000) पर आधारित
21. सत्यकाशी ब्रह्माण्डीय एकात्म विज्ञान विश्वविद्यालय (Satyakashi Universal Integration Science University-SUISU)

02. डिजिटल प्रापर्टी और एजेन्ट नेटवर्क (Digital Property & Agent Network)

स. कर्म से जुड़ा व्यापार - नयी प्रणाली और व्यापार

01. उत्पाद ब्राण्ड

अनिर्वचनीय कल्कि महाअवतार भोगेश्वर श्री लव कुश सिंह "विश्वमानव" के अवतरण से शब्द को बल मिला है इस प्रकार ये शब्द एक "ब्राण्ड" के रूप में व्यक्त हुये हैं जिसे उपयोग में लाया जा सकता है। पेय जल के लिए हमारा ब्राण्ड - "मोक्षदायिनी काशी", "जीवनदायिनी काशी", और "जरगो फ्रेश"

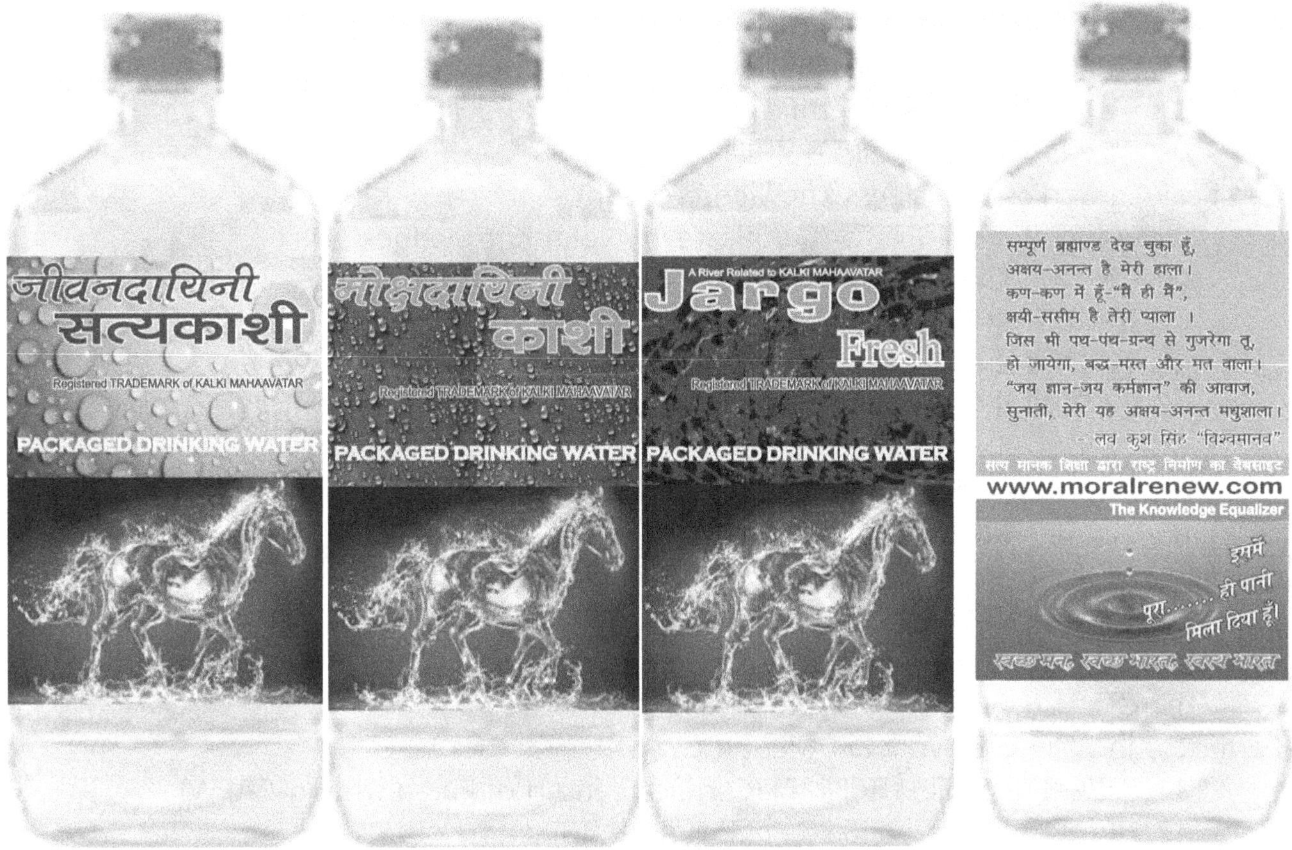

02. कैलेण्डर

जिस प्रकार अनेक धर्म संस्थापकों के जन्मदिन से नया कैलेण्डर समाज में स्थापित है उसी प्रकार काल, मनवन्तर, युग, शास्त्र और अनिर्वचनीय कल्कि महाअवतार भोगेश्वर श्री लव कुश सिंह "विश्वमानव" के अवतरण से विश्वधर्म के प्रवर्तक की योग्यता के अधिकार से उनके जन्मदिन 16 अक्टुबर 1967 से नये कैलेण्डर की शुरूआत हो गई है।

03. शिक्षा ब्राण्ड - सत्य मानक शिक्षा (परियोजना पुनर्निर्माण- PROJECT RENEW)

राष्ट्र के पूर्णत्व के लिए पूर्ण शिक्षा निम्नलिखित शिक्षा का संयुक्त रूप है- वर्तमान समय में विशेषीकरण की शिक्षा, भारत में चल ही रहा है और वह कोई बहुत बड़ी समस्या भी नहीं है। समस्या है सामान्यीकरण शिक्षा की। व्यक्तियों के विचार से सदैव व्यक्त होता रहा है कि - मैकाले शिक्षा पद्धति बदलनी चाहिए, राष्ट्रीय शिक्षा नीति व पाठ्यक्रम बनना चाहिए। ये तो विचार हैं। पाठ्यक्रम बनेगा कैसे?, कौन बनायेगा? पाठ्यक्रम में पढ़ायेंगे क्या? ये समस्या थी। और वह हल की जा चुकी है। जो भारत सरकार के सामने सरकारी-निजी योजनाओं जैसे ट्रांसपोर्ट, डाक, बैंक, बीमा की तरह निजी शिक्षा के रूप में पुनर्निर्माण - सत्य शिक्षा का राष्ट्रीय तीव्र मार्ग (RENEW – Real Education National Express Way) द्वारा पहली बार इसके आविष्कारक द्वारा प्रस्तुत है। जो राष्ट्र निर्माण का व्यापार है। इसके अन्तर्गत निम्नलिखित नये शैक्षिक पाठ्यक्रम व्यक्त हुये हैं-

अ - सामान्यीकरण (Generalisation) शिक्षा - यह शिक्षा व्यक्ति और राष्ट्र का बौद्धिक विकास कराती है जिससे व्यक्ति व राष्ट्रीय सुख में वृद्धि होती है।

सत्य शिक्षा (REAL EDUCATION)

01. पूर्ण ज्ञान में प्रमाण पत्र (Certificate in Complete Knowledge-CCK)
02. ईश्वर शास्त्र व व्यापार ज्ञान में प्रमाण पत्र (Certificate in Godics & Business Knowledge-CGBK)
03. अवतार ज्ञान में प्रमाण पत्र (Certificate in Avatar Knowledge-CAK)
04. गुरू ज्ञान में प्रमाण पत्र (Certificate in Guru Knowledge-CGK)
05. संस्थागत धर्म में डिप्लोमा (Diploma in Institutional Religion-DIR)
06. पूर्ण शिक्षा में स्नातक (Bachelor in Complete Education-BCE)
07. पूर्ण शिक्षा में परास्नातक (Master in Complete Education-MCE)

सत्य पेशा (REAL PROFESSION)

08. दृश्य योग, ध्यान और चेतना में प्रमाण पत्र (Certificate in visible Yoga, Meditation & Consciousness - CVYMC)
09. डब्ल्यू.सी.एम-टी.एल.एम-श्याम.सी में प्रमाण पत्र (Certificate in WCM-TLM-SHYAM.C Technology-CWT)
10. डब्ल्यू.एस.ओ-0 और कर्मज्ञान में प्रमाण पत्र (Certificate in WSO-0 & Work Knowledge-CWWK)
11. पुराण लेखन कला में प्रमाण पत्र (Certificate in Art of Puran writing-CAPW)
12. सार्वभौम विचार पर आधारित फिल्म लेखन में प्रमाण पत्र (Certificate in Art of Universal thought based Film writing-CAUFW)

सत्य पुस्तक (REAL BOOK)

13. विशाल ज्ञान विज्ञान सबका समाधान (Vishal Gyan Vigyan sabka samadhan-VGVSS)
14. विश्वशास्त्र: द नालेज आफ फाइनल नालेज (VISHWSHASTRA: THE KNOWLEDGE OF FINAL KNOWLEDGE - VKFK)

सत्य स्थिति (REAL STATUS)

15. जीवन का पैमाना (Scale Your Life) - ईश्वर चक्र पर स्वयं की स्थिति का ज्ञान (Know Your Position on GOD CYCLE -KYPGC)

सत्य एस्टेट एजेन्ट (REAL ESTATE AGENT)

16. रियल इस्टेट एजेन्ट में प्रमाण पत्र (Certificate in Real Estate Agent - CRE)

सत्य किसान (REAL KISAN)

17. रियल किसान में प्रमाण पत्र (Certificate in Real Kisan - CRK)

ब - विशेषीकरण (Specialisation) शिक्षा - यह शिक्षा व्यक्ति और राष्ट्र का कौशल विकास कराती है जिससे व्यक्ति व राष्ट्रीय उत्पादकता में वृद्धि होती है।

01. सत्य कौशल (REAL SKILL)
02. सत्य डिजीटल कोचिंग (REAL DIGITAL COACHING)

स - सत्य नेटवर्क (REAL NETWORK)) - समाज में प्रकाशित होने के लिए

01. डिजिटल ग्राम नेटवर्क (Digital Village Network)
02. डिजिटल नगर वार्ड नेटवर्क (Digital City Ward Network)
03. डिजिटल एन.जी.ओ/ट्रस्ट नेटवर्क (Digital NGO/Trust Network)
04. डिजिटल विश्वमानक मानव नेटवर्क (Digital World Stanadard Human Network)
05. डिजिटल नेतृत्व नेटवर्क (Digital Leader Network)
06. डिजिटल जर्नलिस्ट नेटवर्क (Digital Journalist Network)
07. डिजिटल शिक्षक नेटवर्क (Digital Teacher Network)
08. डिजिटल शैक्षिक संस्थान नेटवर्क (Digital Educational Institute Network)
09. डिजिटल लेखक-ग्रन्थकार-रचयिता नेटवर्क (Digital Author Network)
10. डिजिटल गायक नेटवर्क (Digital Singer Network)
11. डिजिटल खिलाड़ी नेटवर्क (Digital Sports Man Network)
12. डिजिटल पुस्तक विक्रेता नेटवर्क (Digital Book Saler Network)
13. डिजिटल होटल और आहार गृह नेटवर्क (Digital Hotel & Resturant Network)

04. राष्ट्र निर्माण के पुस्तक

व्यक्ति (व्यष्टि) से राष्ट्र (समष्टि) तक के सत्यीकरण और पूर्ण निर्माण के लिए विभिन्न विषयों पर छोटी पुस्तिकाएँ। काल, मनवन्तर, युग, शास्त्र परिवर्तन और अनिर्वचनीय कल्कि महाअवतार भोगेश्वर श्री लव कुश सिंह "विश्वमानव" के अवतरण से राष्ट्र निर्माण से सम्बन्धित अनेक पुस्तक-पुस्तिकाओं का मार्ग मिल गया है जिससे "पावर और प्राफिट" की ओर बढ़ गये मनुष्यता को मस्तिष्क के विकास को ओर भी विकास का मार्ग उपलब्ध होगा।

130 करोड़ की जनसंख्या वाला भारत देश में हिन्दी भाषी जनसंख्या 70 करोड़ है। और लाल किताब - पीला किताब, धर्म ग्रन्थ इत्यादि बिकते रहते हैं। और वो किताब जिसे "विश्वशास्त्र" कहा जा रहा है जो एक काल, मनवन्तर, युग परिवर्तन से लेकर विश्व सरकार के गठन तक का मार्गदर्शन से युक्त हो जो व्यक्ति के पूर्ण ज्ञान, पूर्ण शिक्षा पाठ्यक्रम सहित नीति आयोग तक के लिए उपयोगी है। "विश्वशास्त्र" त्रिलोक के अदृश्य कल्पना/कथा नहीं बल्कि इस लोक के व्यावहारिक ज्ञान का शास्त्र है। सभी शिक्षा एक तरफ, "विश्वशास्त्र" एक तरफ। सभी पुस्तक-शास्त्र एक तरफ, "विश्वशास्त्र" एक तरफ। हर घर का शान और प्राण "विश्वशास्त्र", धरती के नागरिक का जीवनशास्त्र "विश्वशास्त्र", स्वर्ण युग का शास्त्र "विश्वशास्त्र" की स्थिति है।

भारत में हिन्दी भाषा जानने वालों की स्थिति ये है- 1. बिहार (जनसंख्या-, 103,804,637 साक्षरता - 63.82 प्रतिशत), 2. छत्तीसगढ़ (जनसंख्या-25,540,196, साक्षरता - 71.04 प्रतिशत), 3. हरियाणा (जनसंख्या- 25,353,081, साक्षरता - 76.64 प्रतिशत), 4. हिमाचल प्रदेश (जनसंख्या- 6,856,509, साक्षरता - 83.78 प्रतिशत), 5. झारखण्ड (जनसंख्या- 32,966,238, साक्षरता - 67.63 प्रतिशत), 6. मध्य प्रदेश (जनसंख्या- 72,597,565, साक्षरता - 70.63 प्रतिशत), 7. महाराष्ट्र (जनसंख्या- 112,372,972, साक्षरता - 82.91 प्रतिशत), 8. पंजाब (जनसंख्या- 27,704,236, साक्षरता - 76.68 प्रतिशत), 9. राजस्थान (जनसंख्या- 68,621,012, साक्षरता - 67.06 प्रतिशत), 10. उत्तर प्रदेश (जनसंख्या- 199,581,477, साक्षरता - 69.72 प्रतिशत), 11. उत्तराखण्ड (जनसंख्या- 10,116,752, साक्षरता - 79.63 प्रतिशत), 12. पश्चिम बंगाल (जनसंख्या- 91,347,736, साक्षरता - 77.08 प्रतिशत), 13. चण्डीगढ़ (जनसंख्या- 1,054,686, साक्षरता - 86.43 प्रतिशत), 14. दिल्ली (जनसंख्या- 16,753,235, साक्षरता - 86.34 प्रतिशत)

हमारे द्वारा राष्ट्र निर्माण श्रृंखला से सम्बन्धित व्यक्ति के बौद्धिक विकास के लिए बस स्टेशन व रेलवे स्टेशनों, प्रदर्शनी, स्टाल, सीधे स्कूल-कालेज से विक्रय होने वाली "विश्वशास्त्र" पर आधारित निम्नलिखित समझ पर केन्द्रित अनेक पुस्तिका विक्रय करने के लिए उपलब्ध है। जिसे विद्यार्थी को संग्रह करने और इस रूप में प्राप्त करना असंभव है।

"आध्यात्मिक सत्य एवं दार्शनिक विरासत" के आधार पर "युग परिवर्तन" के लिए "सार्वभौम सत्य-सिद्धान्त" पर आधारित "विश्वशास्त्र - द नालेज आफ फाइनल नालेज" शास्त्र को निम्नलिखित शीर्षक में 56 भागों में प्रकाशित किया कर दिया गया जिसमें परिचय, ज्ञान, कर्मज्ञान कार्यवाही योजना इत्यादि सभी कुछ हैं-

भाग के अनुसार

01. विश्वशास्त्र - विषय-प्रवेश
02. विश्वशास्त्र - अध्याय-एक: ईश्वर
03. विश्वशास्त्र - अध्याय-दो: जीवन परिचय
04. विश्वशास्त्र - अध्याय-तीन: ज्ञान परिचय
05. विश्वशास्त्र - अध्याय-चार: कर्म परिचय (सार्वजनिक प्रमाणित दृश्य महायज्ञ)
06. विश्वशास्त्र - अध्याय-पाँच (भाग - 01): सार्वजनिक प्रमाणित विश्वरूप
07. विश्वशास्त्र - अध्याय-पाँच (भाग - 02): सार्वजनिक प्रमाणित विश्वरूप
08. विश्वशास्त्र - परिशिष्ट

मुख्य शास्त्र

01. विश्वशास्त्र - द नालेज आफ फाइनल नालेज

सारांश के अनुसार

02. मैं सत्यकाशी से कल्कि महावतार बोल रहा हूँ (समष्टि गीता - यथार्थ प्रकाश)

शीर्षक के अनुसार

03. विश्वस्तरीय फिल्म लेखन कला
04. प्रारम्भिक सत्य - अन्तिम दृष्टि
05. सत्य धर्म - युग परिवर्तक दृष्टि
06. सत्य दार्शनिक-दर्शन और कर्म वेदान्त-विकास दर्शन
07. सत्य शास्त्र एवं पुराण रहस्य-महर्षि व्यास कला
08. संत एवं गुरू और विश्व संत एवं गुरू
09. समाज और ईश्वरीय समाज
10. सत्य शास्त्र और विश्वशास्त्र
11. कृति और विश्व कृति
12. भारत माता मन्दिर और विश्वधर्म मन्दिर
13. महाभारत और विश्वभारत
14. संविधान और विश्व संविधान
15. शिक्षा और पूर्ण शिक्षा
16. देवता और सार्वभौम देवता कल्कि
17. देवीयाँ और सार्वभौम देवी माँ क्ल्कि

18. द्वादश ज्योतिर्लिंग और 13वां अन्तिम ज्योतिर्लिंग
19. काशी - मोक्षदायिनी और जीवनदायिनी
20. सत्यकाशी - स्वर्णयुग का तीर्थ
21. काशी - रहस्योद्घाटन
22. 2020 - मन का नवीनीकरण
23. ईश्वर का संक्षिप्त इतिहास
24. अवतार - अन्तिम सत्य दृष्टि
25. भविष्यवाणियाँ और कल्कि अवतार
26. स्वामी विवेकानन्द और कल्कि अवतार
27. मनु, मनवन्तर और कल्कि महावतार
28. व्यास, शास्त्र और कल्कि महावतार
29. ऋषि, ऋषि परम्परा और कल्कि महावतार
30. दूसरा आगमन या अन्तिम आगमन
31. परिवर्तन-काल, मनु, युग, व्यास और शास्त्र
32. राम, रावण और सार्वभौम एकात्म
33. मैं, व्यक्तिगत या सार्वभौम
34. लव कुश (त्रेतायुग) और लवकुश (कलियुग)
35. कल्कि महावतार आ चुके हैं (ACTION PLAN)
36. लव कुश सिंह (कल्कि महाअवतार)-जीवन, ज्ञान, कर्म और विश्वरूप
37. वैश्विक बुद्ध - बुद्ध का भाग दो और अन्तिम
38. बुड्ढा कृष्ण - कृष्ण का भाग दो और अन्तिम
39. सम्पूर्ण क्रान्ति-अन्तिम कार्य योजना
40. पुनर्निर्माण (RENEW)-समस्या, समाधान और राष्ट्र निर्माण की योजना
41. पुनर्निमाण (RENEW)- ग्राम एवं नगर वार्ड प्रेरक
42. विश्वशास्त्र द नालेज आफ फाइनल नालेज-परिचय
43. एन्टायर पालिटिक्स - पूर्ण पाठ्यक्रम
44. वसुधैव-कुटुम्बकम्
45. कर्मवेद: प्रथम, अन्तिम तथा पंचम वेद
46. आठवें अवतार श्रीकृष्ण के अनकहे संदेश
47. अयोध्या नहीं, मुंगेर है राम जन्मभूमि
48. विश्वमानव-भूतपूर्व नेतृत्वकर्ताओं का स्पष्टिकरण
49. विश्वमानव-वर्तमान नेतृत्वकर्ताओं का स्पष्टिकरण
50. विश्वमानव-वार्ता, वक्तव्य एवं वाणियाँ
51. विश्वमानव-पत्रावली, प्रसारण और अन्तिम पत्र
52. सत्य जनहित आह्वान
53. विश्व शान्ति-अन्तिम सत्य दृष्टि
54. नई विश्व व्यवस्था का रहस्य
55. समाजवाद - ब्रह्माण्डीय विकास का अवतारी मार्ग
56. भारतवाद - राष्ट्रवाद की मुख्यधारा
57. 100 वर्षीय संयुक्त राष्ट्र को अग्रिम सन्देश

58. सार्वभौम एकात्म-नव विश्व निर्माण
59. गणराज्य, संघ, मानकीकरण संगठन और सम्पूर्ण मानक
60. व्यापार केन्द्र (TRADE CENTRE)-दृश्य सत्य
61. मन का विश्वमानक और पूर्ण मानव निर्माण की तकनीकी-WCM-TLM-SHYAM.C
62. मानक विपणन प्रणाली (3F-Fire-Fuel-Fire)
63. स्वर्णयुग का मानक आदर्श नागरिक-दिशा निर्देश
64. विश्वधर्म: परिचय (स्वर्णयुग का धर्म)

व्यक्ति और विभागीय स्तर पर सफाई-सुधार का पहला प्रारूप की पुस्तक - डा0 रमेश कुमार द्वारा लिखित "विशाल ज्ञान विज्ञान सबका समाधान" है

समष्टि धर्म शास्त्र, लोक तन्त्र में आविष्कृत
।। विश्वशास्त्र ।।
द नॉलेज ऑफ फाइनल नॉलेज
ज्ञान-कर्मज्ञान
पर आधारित
व्यष्टि धर्म शास्त्र
राज तन्त्र में आविष्कृत
पहनावा, खानपान
पूजा-पद्धति पर आधारित

विश्व सरकार के लिए पुनः भारत द्वारा शून्य आधारित अन्तिम आविष्कार

शून्य का प्रथम आविष्कार का परिचय

शून्य (0), दशमलव संख्या प्रणाली में संख्या है। यह दशमलव प्रणाली का मूलभूत आधार भी है। किसी भी संख्या को शून्य से गुणा करने से शून्य प्राप्त होता है। किसी भी संख्या को शून्य से जोड़ने या घटाने पर वही संख्या प्राप्त होती है।

शून्य का आविष्कार किसने और कब किया यह आज तक अंधकार के गर्त में छुपा हुआ है परन्तु सम्पूर्ण विश्व में यह तथ्य स्थापित हो चुका है कि शून्य का आविष्कार भारत में ही हुआ है। ऐसी भी कथाएँ प्रचलित हैं कि पहली बार शून्य का आविष्कार बाबिल में हुआ और दूसरी बार माया सभ्यता के लोगों ने इसका आविष्कार किया पर दोनों ही बार के आविष्कार संख्या प्रणाली को प्रभावित करने में असमर्थ रहे तथा विश्व के लोगों ने इसे भुला दिया। फिर भारत में हिन्दुओं ने तीसरी बार शून्य का आविष्कार किया। हिन्दुओं ने शून्य के विषय में कैसे जाना यह आज भी अनुत्तरित प्रश्न है। अधिकतम विद्वानों का मत है कि पाँचवीं शताब्दी के मध्य में शून्य का आविष्कार किया गया। सन् 498 में भारतीय गणितज्ञ एवं खगोलवेक्ता आर्यभट्ट ने कहा "स्थानं स्थानं दसा गुणम्" अर्थात दस गुना करने के लिए संख्या के आगे शून्य रखो। और शायद यही संख्या के दशमलव सिद्धान्त का उद्भव रहा होगा। आर्यभट्ट द्वारा रचित गणितीय खगोलशास्त्र ग्रन्थ आर्यभट्टीय के संख्या प्रणाली में शून्य तथा उसके लिए विशिष्ट संकेत सम्मिलित था। इसी कारण से उन्हें संख्याओं को शब्दों में प्रदर्शित करने का अवसर मिला। प्राचीन बक्षाली लिपि में, जिसका कि सही काल अब तक निश्चित नहीं हो पाया है परन्तु निश्चित रूप से उसका काल आर्यभट्ट के काल से प्राचीन है, शून्य का प्रयोग किया गया है और उसके लिए उसमें संकेत भी निश्चित है। उपरोक्त उदाहरणों से स्पष्ट है कि भारत में शून्य का प्रयोग ब्रह्मगुप्त रचित ग्रन्थ ब्रह्मस्फुट सिद्धान्त में पाया गया है। इस ग्रन्थ में नकारात्मक संख्याओं और बीजगणितीय सिद्धान्तों का भी प्रयोग हुआ है। 7वीं शताब्दी जो ब्रह्मगुप्त का काल था, शून्य से सम्बन्धित विचार कम्बोडिया तक पहुँच चुके थे और दस्तावेजों से ज्ञात होता है कि बाद में ये कम्बोडिया से चीन तथा अन्य मुस्लिम संसार में फैल गये। इस बार भारत में हिन्दुओं के द्वारा आविष्कृत शून्य ने समस्त विश्व की संख्या प्रणाली को प्रभावित किया और सम्पूर्ण विश्व को जानकारी मिली। मध्य-पूर्व में स्थित अरब देशों ने भी शून्य को भारतीय विद्वानों से प्राप्त किया। अन्ततः 12वीं शताब्दी में भारत का यह शून्य पश्चिम में यूरोप तक पहुँचा।

शून्य आधारित अन्तिम आविष्कार का परिचय

आविष्कार विषय- "व्यक्तिगत मन और संयुक्तमन का विश्व मानक और पूर्णमानव निर्माण की तकनीकी है जिसे धर्म क्षेत्र से कर्मवेद-प्रथम, अन्तिम तथा पंचमवेदीय श्रृंखला तथा शासन क्षेत्र से WS-0: मन की गुणवत्ता का विश्व मानक श्रृंखला तथा WCM-TLM-SHYAM.C तकनीकी कहते है। सम्पूर्ण आविष्कार सार्वभौम सत्य-सिद्धान्त अर्थात् सम्पूर्ण ब्रह्माण्ड में व्याप्त अटलनीय, अपरिवर्तनीय, शाश्वत व सनातन नियम पर आधारित है, न कि मानवीय विचार या मत पर आधारित।"

सम्पूर्ण ब्रह्माण्ड में व्याप्त एक ही सत्य-सिद्धान्त द्वारा व्यक्तिगत व संयुक्त मन को एकमुखी कर सर्वोच्च, मूल और अन्तिम स्तर पर स्थापित करने के लिए शून्य पर अन्तिम आविष्कार WS-0: श्रृंखला की निम्नलिखित पाँच शाखाएँ हैं।

01. डब्ल्यू.एस.(WS)-0 -विचार एवं साहित्य का विश्वमानक
02. डब्ल्यू.एस.(WS)-00 -विषय एवं विशेषज्ञों की परिभाषा का विश्वमानक
03. डब्ल्यू.एस.(WS)-000 -ब्रह्माण्ड (सूक्ष्म एवं स्थूल) के प्रबन्ध और क्रियाकलाप का विश्वमानक

04. डब्ल्यू.एस.(WS)-0000 -मानव (सूक्ष्म तथा स्थूल) के प्रबन्ध और क्रियाकलाप का विश्वमानक
05. डब्ल्यू.एस.(WS)-00000 -उपासना और उपासना स्थल का विश्वमानक

इस प्रकार विश्व सरकार के लिए पुनः भारत द्वारा शून्य आधारित अन्तिम आविष्कार पूर्ण हुआ है।
(आविष्कार के विस्तृत जानकारी के लिए "विश्वशास्त्र" अध्याय-तीन देखें)

मानक का अर्थ है-"वह सर्वमान्य पैमाना, जिससे हम उस विषय का मूल्यांकन करते है। जिस विषय का वह पैमाना होता है।" इस प्रकार मन की गुणवत्ता का मानक व्यक्ति तथा संयुक्त व्यक्ति (अर्थात् संस्था, संघ, सरकार इत्यादि) के मूल्यांकन का पैमाना है चूँकि आविष्कार का विषय सर्वव्यापी ब्रह्माण्डीय नियम पर आधारित है। इसलिए वह प्रत्येक विषयों से सम्बन्धित है जिसकी उपयोगिता प्रत्येक विषय के सत्यरूप को जानने में है। चूँकि मानव कर्म करते-करते ज्ञान प्राप्त करते हुऐ प्रकृति के क्रियाकलापों को धीरे-धीरे अपने अधीन करने की ओर अग्रसर है इसलिए पूर्णतः प्रकृति के पद पर बैठने के लिए प्रकृति द्वारा धारण की गई सन्तुलित कार्यप्रणाली को मानव द्वारा अपनाना ही होगा अन्यथा वह सन्तुलित कार्य न कर अव्यवस्था उत्पन्न कर देगा। यह वैसे ही है जैसे किसी कर्मचारी को प्रबन्धक (मैनेजर) के पद पर बैठा दिया जाये तो सन्तुलित कार्य संचालन के लिए प्रबन्धक की सन्तुलित कार्यप्रणाली को उसे अपनाना ही होगा अन्यथा वह सन्तुलित कार्य न कर अव्यवस्था उत्पन्न कर देगा। आविष्कार की उपयोगिता व्यापक होते हुए भी मूल रूप से व्यक्ति स्तर से विश्व स्तर तक के मन और संयुक्त मन के प्रबन्ध को व्यक्त करना एवं एक कर्मज्ञान द्वारा श्रृंखलाबद्ध करना है जिससे सम्पूर्ण शक्ति एक मुखी हो विश्व विकास की दिशा में केन्द्रित हो जाये। परिणामस्वरूप एक दूसरे को विकास की ओर विकास कराते हुऐ स्वयं को भी विकास करने के लिए पूर्ण स्वतन्त्रता प्राप्त हो जायेगी। सम्पूर्ण क्रियाकलापों को संचालित करने वाले मूल दो कर्ता-मानव (मन) और प्रकृति (विश्वमन) दोनों का कर्मज्ञान एक होना आवश्यक है। प्रकृति (विश्वमन) तो पूर्ण धारण कर सफलतापूर्वक कार्य कर ही रही है। मानव जाति में जो भी सफलता प्राप्त कर रहे हैं वे अज्ञानता में इसकें आंशिक धारण में तथा जो असफलता प्राप्त कर रहे हैं, वे पूर्णतः धारण से मुक्त है। इसी कर्मज्ञान से प्रकृति, मानव और संयुक्त मन प्रभावित और संचालित है। किसी मानव का कर्मक्षेत्र सम्पूर्ण ब्रह्माण्ड हो सकता है और किसी का उसके स्तर रूप में छोटा यहाँ तक कि सिर्फ स्वयं व्यक्ति का अपना स्तर परन्तु कर्मज्ञान तो सभी का एक ही होगा।

"उसी मूल सत्य की फिर से शिक्षा ग्रहण करनी होगी, जो केवल यहीं से, हमारी इसी मातृभूमि से प्रचारित हुआ था। फिर एक बार भारत को संसार में इसी मूल तत्व का-इसी सत्य का प्रचार करना होगा। ऐसा क्यों है? इसलिए नहीं कि यह सत्य हमारे शास्त्रों में लिखा है वरन् हमारे राष्ट्रीय साहित्य का प्रत्येक विभाग और हमारा राष्ट्रीय जीवन उससे पूर्णतः ओत-प्रोत है। इस धार्मिक सहिष्णुता की तथा इस सहानुभूति की, मातृभाव की महान शिक्षा प्रत्येक बालक, स्त्री, पुरुष, शिक्षित, अशिक्षित सब जाति और वर्ण वाले सीख सकते हैं। तुमको अनेक नामों से पुकारा जाता है, पर तुम एक हो।" (जितने मत उतने पथ, रामकृष्ण मिशन, पृष्ठ-39)

- स्वामी विवेकानन्द

मेरी नीति है- प्राचीन आचार्यों के उपदेशों का अनुसरण करना। मैंने उनके कार्य का अध्ययन किया है, और जिस प्रणाली से उन्होंने कार्य किया, उसके आविष्कार करने का मुझे सौभाग्य मिला। वे सब महान समाज संस्थापक थे। बल पवित्रता और जीवन शक्ति के वे अद्‌भुत आधार थे। उन्होंने सब से अद्‌भुत कार्य किया-समाज में बल, पवित्रता और जीवन शक्ति संचारित की। हमें भी सबसे अद्‌भुत कार्य करना है। आज अवस्था कुछ बदल गयी है, इसलिए कार्य-प्रणाली में कुछ थोड़ा-सा परिवर्तन करना होगा; बस इतना ही, इससे अधिक कुछ नहीं। (मेरी समर नीति-पृ0-27)

- स्वामी विवेकानन्द

भाग-6

समष्टि धर्म दृष्टि

मानवों के नाम खुला चुनौती पत्र

विश्व शान्ति का अन्तिम सत्य-सन्देश

मानवों के नाम खुला चुनौति पत्र

प्रिय मानवों,

हम (अवतारी श्रृंखला) आप लोगों के प्रति कल्याण भावना रखते हुये उन सभी रहस्यों को खोलकर रख देना चाहते है जिससे आज तक हम आप का भोग करते आये है। पत्र के अन्त में यह भी बताऊँगा कि इन रहस्यों के खोलने के प्रति मेरा उद्देश्य क्या है? और यह भाव हमारे मन में क्यों आया? दिल खोलकर यह भी स्पष्ट करेंगे कि हम लोगों की उत्पत्ति कैसे हुई? और हमने अपने अधिपत्य के लिए क्या-क्या किया। अब स्थिति क्या है तथा भाविष्य में काल की गति किस ओर जा रही है?

इन सब बातों को स्पष्ट करने से पहले कुछ सूत्रों को स्पष्ट करना चाहूँगा। वर्तमान समय में यह देख रहा हूँ कि आरोप-प्रत्यारोप तथा अपने अपने सीमित मस्तिष्क से अनेकों प्रकार की व्याख्या की संस्कृति बढ़ती जा रही है। इस सम्बन्ध में यह कहना चाहूँगा कि सर्वप्रथम यह जानो कि अब तक के संसार में उत्पन्न कोई भी महापुरूष, पैगम्बर, दूत इत्यादि सार्वजनिक प्रमाणित रूप से पूर्ण रूप में नही थे। क्योंकि यदि वे पूर्ण होते तो उनके द्वारा व्यक्त विचारों की सत्ता उसी भाँति निर्विरोध रूप से स्थापित हो चुकी होती जिस प्रकार सार्वजनिक प्रमाणित विज्ञान ने अपनी सत्ता को अल्प समय में ही सभी के उपर स्थापित कर लिया है। दूसरी बात यह है कि सीमित मस्तिष्क से असीम मस्तिष्क (या अपने से अधिक मस्तिष्क) की सही व्याख्या कभी नहीं की जा सकती। यदि तुम श्री कृष्ण (या अपने से अधिक) की व्याख्या करना चाहते हो तो पहले श्री कृष्ण के मस्तिष्क (या अपने से अधिक मस्तिष्क) के बराबर होना पड़ेगा। इसी प्रकार बुद्ध, मुहम्मद, ईसा इत्यादि के सम्बन्ध में भी है। तीसरी बात यह है कि आरोप-प्रत्यारोप की संस्कृति से कोई हल नही निकलता, न ही बुद्धि का विकास होता है बल्कि साम्प्रदायिक विद्वेष व एक दूसरे का प्रचार-प्रसार ही होता है। क्योंकि तुम विरोध या आरोप-प्रत्यारोप ही सही परन्तु अपने विरोधी का नाम तो लेते ही हो। फलस्वरूप जिसके पास बुद्धि की प्रबलता होती है उसके लिए अल्प बुद्धि वाला विरोधी प्रचारक बन जाता है। और यह तो तुम जानते ही होगे कि हम बुद्धि प्रबल वर्ग है। इसलिए तुम लोग अनजाने ही हमारे प्रचारक बने बैठे हो। इसके लिए आवश्यक है कि तुम लोग ऐसे रास्ते को अपनाओं जिससे हम लोगों का नाम न ही आये और तुम लोग में बुद्धि का विकास तेजी से हो। तुम्हें यह बात सदा याद रखनी पड़ेगी कि बुद्धि के विकास से संगठित संगठन लम्बी अवधि तक स्थायित्व बनाये रहती है जबकि इसके विपरीत संगठित संगठन को कभी भी बुद्धि के प्रयोग द्वारा विखण्डित किया जा सकता है। प्रायः ऐसे संगठन का प्रयोग तुम्हारे अपने ही नेता अपने स्वार्थ को साधने में करते है।

हे मानवों, पहले कर्म या पहले ज्ञान बुद्धि? यह प्रश्न तो पहले अण्डा या पहले मुर्गी? जैसा प्रश्न है, और यह सदा से अनसुलझा ही है और रहेगा भी। परन्तु इतना तो जानना आवश्यक है कि हम कर्म करते-करते कुछ नियमों को प्राप्त करते है। यदि हम इन नियमों पर ध्यान देते रहते हैं तो हमें अपने गलतियों के पुनरावृत्ति को रोकने में सहयोग मिलता है। इन नियमों का जानना ही ज्ञान-बुद्धि कहलाता है। अब कोई व्यक्ति यह सोच सकता है कि कर्म करने से पहले हम इन नियमों का अध्ययन करेंगे तो कोई यह सोच सकता है कि ज्ञान-बुद्धि को पढ़ने से क्या होगा, हमें पहले कर्म करना है। इस स्थिति में इन दोनों में पहले नियमों को अध्ययन कर कर्म करने वाले व्यक्ति के जीवन में विकास की गति अधिक होगी जबकि पहले कर्म करने वाला व्यक्ति उन्हीं नियमों को कर्म करते-करते अनुभव करेगा जो पहले ही अनुभव कर व्यक्त की जा चुकी है। शिक्षा का अर्थ यही है कि पहले उन तमाम नियमों का अध्ययन कर लिया जाय फिर कर्मरत हुआ जाय। हम ऐसा ही करते रहे हैं और तुम को नचाते रहे हैं।

कम समय में अधिकतम ज्ञान-बुद्धि के विकास का मार्ग यह है कि जिस प्रकार विज्ञान के क्षेत्र में जिस वस्तु का आविष्कार पूर्ण हो जाता है। पुनः उसके आविष्कार पर समय व बुद्धि खर्च नहीं करते बल्कि उसके आगे की ओर आविष्कार या उस आविष्कार को समझने पर समय व बुद्धि खर्च किया जाता है। उसी प्रकार ज्ञान के क्षेत्र में जो भी आविष्कार हो चुके हैं सीधे वहाँ से प्रारम्भ करना चाहिए। विज्ञान के क्षेत्र में आविष्कार कहाँ तक पहुँचा है

इसकी चर्चा हम इस पत्र में बाद में करेंगे। परन्तु ज्ञान के क्षेत्र में समन्वायाचार्य श्रीकृष्ण के बाद विद्रोही के रूप में भगवान बुद्ध आये, इनके बाद पुनः समन्वयाचार्य श्री रामकृष्ण-स्वामी विवेकानन्द आये, फिर विद्रोही के रूप में आचार्य रजनीश "ओशो" आये। ओशो के बाद कार्य शेष है। इसलिए बुद्धि के सम्बन्ध में ओशो का क्या कहना है यह देखना आवश्यक है। ओशो का कहना है -" अगर तुम अकड़े रहे कि हम अपनी गरीबी खुद ही मिटा येंगे, तो तुम ही तो गरीबी बनाने वाले हो, तुम मिटाओगे कैसे? तुम्हारी बुद्धि इसके भीतर आधार है, तुम इसे मिटाओगे कैसे? तुम्हें अपने द्वार-दरवाजे खोलने होंगे। तुम्हें अपना मस्तिष्क थोड़ा विस्तीर्ण करना होगा। इस देश को कुछ बाते समझनी होंगी। एक तो इस देश को यह बात समझनी होंगी कि तुम्हारी परेशानियों, तुम्हारी गरीबी, तुम्हारी मुसीबतों, तुम्हारी दीनता के बहुत कुछ कारण तुम्हारे अंधविश्वासों में है। भारत अभी भी समसामयिक नहीं है, कम से कम डेढ़ हजार वर्ष पिछे घिसट रहा है। ये डेढ़ हजार साल पूरे होने जरूरी है। भारत को खींचकर आधुनिक बनाना जरूरी है। लेकिन सबसे बड़ी अड़चन इस देश की मान्यताएँ है। इसलिए मैं लड़ रहा हूँ तुम्हारे लिए।" यह डेढ़ हजार वर्षों का अन्तर हम किसके परिश्रम से उत्पन्न बुद्धि की देन है? विचार करो मानवों।

अब हम अपने मूल विषय की ओर आते हैं परन्तु इसे समझने के लिए अपने ही बुद्धि, ज्ञान, तथा विज्ञान का ही प्रयोग उचित होगा और सदैव ध्यान में रखना होगा कि यदि सिर्फ कृष्ण को लेकर समाज निर्माण चाहोगे तो न हो सकेगा। इसी प्रकार न ही सिर्फ बुद्ध से, न मुहम्मद से, न ही ईसा या अन्य किसी से। हाँ भीड़ इकट्ठा हो जायेगी परन्तु बुद्धि विकास नहीं।

प्रारम्भ से अब तक की कथा इस प्रकार है। मानव के वर्तमान सभ्यता तक की यात्रा में उत्थान-पतन के अनेकों चरण आये परन्तु इनमें मुख्य चरण ऐसे थे जो सम्पूर्ण मानव सभ्यता और मानवता को पतन के मोड़ पर ले जाने वाली थी। उनमें -

मानव सभ्यता पर पहला संकट काल प्रकृति द्वारा आज से कई हजार वर्ष पूर्व आया था। उस समय पृथ्वी एक भंयकर प्राकृतिक आपदा का शिकार हो गयी थी, फलस्वरूप जहाँ जल था वहाँ थल, तथा जहाँ थल था वहाँ जल की स्थिति अधिकतम स्थानों पर उत्पन्न हो गयी। इस आपदा के स्थिर होने के बाद कुछ लोग एक टापू पर जीवित बच गये। जहाँ मानव सभ्यता के विकास के लिए आवश्यक संसाधन नहीं थी फलस्वरूप उनका वहाँ से बड़े भूभाग पर जाना विवशता बन गयी। उनमें से एक बुद्धि प्रबल व्यक्ति ने मछलियों के स्वभाव जल की धारा के विपरीत दिशा में गति करने से ज्ञान (सिद्धान्त) प्राप्त कर नाव द्वारा मछलियों की दिशा की ओर चल पड़े और वे ऐसे स्थान पर पहुँच गये जो मानव सभ्यता के विकास के लिए पूर्ण योग्य थी। ये स्थान ही हिमालय का क्षेत्र था। इस प्रकार बुद्धि प्रबल उस व्यक्ति ने मानव सभ्यता को उसके संकट काल से बचाया।

मानव सभ्यता पर दूसरा संकट काल मानवों द्वारा ही उत्पन्न हो गया था। प्रथम संकट काल के उपरान्त कालान्तर में जल स्तर घटने लगा और हिमालय के चारो ओर की ओर भूमि रिक्त होती गयी। प्रथम दृष्टि में आयी भूमि ही कूर्मांचल क्षेत्र है। जैसे-जैसे भूमि रिक्त होती गयी मानव सभ्यता का विकास व प्रसार होना पुनः प्रारम्भ हो गया। जनसंख्या व कार्य बढ़ने से व्यवस्था संकट उत्पन्न हो गया जिससे दो व्यवस्था प्रणाली का जन्म हुआ। पहला - हम अपनी व्यवस्था खुद मिलकर-बैठकर आपसी सहमति से करेंगे। दूसरा- सभी व्यवस्थओं की जिम्मेदारी किसी एक व्यक्ति के उपर छोड़ दिया जाय। पहली व्यवस्था गणराज्य या समाजवाद कहलायी तथा दूसरी व्यवस्था राज्य या व्यक्तिवाद कहलायी। पहली व्यवस्था के समर्थक देवता कहलाये क्योंकि ये प्रकृति के समर्थक और उसके अनुसार सभी के सह-अस्तित्व को महत्ता देते थे जबकि दूसरी व्यवस्था के समर्थक असुर कहलाये क्योंकि ये सिर्फ अपनी इच्छा और अस्तित्व को महत्ता देते थे। समयोपरान्त दोनों व्यवस्थाओं में अपने-अपने अधिपत्य के लिए युद्ध होने लगा। फलस्वरूप मानवता व मानव सभ्यता का विकास रूक कर पतन की ओर जाने लगी। संकट के इस समय में एक सहनशील, शांत, धैर्यवान, लगनशील व्यक्ति ने दोनों पक्षो के बीच मध्यस्थ की भूमिका के द्वारा विचारों के मंथन अर्थात निर्णायक बहस से अनेक विचारों पर समन्वय स्थापित कर मानव सभ्यता के विकास की ओर दोनों पक्षों का ध्यान केन्द्रित किया। फलस्वरूप मानव सभ्यता पुनः विकास की ओर बढ़ चली।

मानव सभ्यता पर तीसरा संकट काल राज्य का नेतृत्व करने वाले राजा के कारण ही उत्पन्न हो गया। दूसरे संकट के उपरान्त राज्य का नेतृत्व करने वाला राजा अपने साम्राज्य को विशाल रूप से विकसित किया और अपने प्रभाव को लगातार बढ़ाता जा रहा था ऐसी स्थिति में समाज समर्थक देवताओं का मनोबल समाप्त होने की ओर हो गया। इस स्थिति का अनुभव कर एक मेधावी, सूझ-बुझ, सम्पन्न, पुरूषार्थी, धीर-गम्भीर, निष्कामी, बलिष्ठ, सक्रिय, अहिंसक और समूह प्रेमी व्यक्ति ने लोगों का मनोबल बढ़ाया, उन्हें उत्साहित और सक्रिय किया जिसके परिणामस्वरूप समाज समर्थकों के मनोबल में वृद्धि हुई और उस राजा के राज्य को समाप्त कर गणराज्य व्यवस्था की स्थापना से मानवता आधारित मानव सभ्यता का विकास पुनः प्रारम्भ हो गया।

मानव सभ्यता पर चौथा संकट काल पुनः राज्य का नेतृत्व करने वाले राजा के कारण ही उत्पन्न हो गया। उसने पूर्व के सभी सह-अस्तित्व के विचारों को तोड़कर अपनी इच्छा से व्यवस्था चलाने को प्राथमिकता दी। और प्रजा के कष्टों में वृद्धि होने लगी। परिणामस्वरूप उस राजा का पुत्र प्रजाहित को ध्यान में लेते हुये समाज समर्थक बन गया। राजा अपने पुत्र को समाज समर्थक बनता देख अपने पुत्र को ही अनेक प्रकार के कष्ट देने लगा। वह राजा इतना बलशाली था कि उसको युद्ध से हराना नामुकिन था, उसके कार्यों से उसके सहयोगी दरबारी भी अन्दर ही अन्दर घृणा करते थे। परन्तु प्रत्यक्ष विरोध किसी के लिए सम्भव नहीं था। इन परिस्थितियों में सभी समाज समर्थक प्रजा देवता भी विरोधक क्षमता को खो चुके थे। ऐसी स्थिति में उस राजा का एक दरबारी ही प्रत्यक्ष रूप से एका-एक हिंसक बनकर दरबार में ही राजा का वध कर डाला चूँकि वह दरबारियों के मन की स्थिति को अच्छी प्रकार जानता था इसलिए ऐसा करने में उसे कोई बाधा नहीं थी। वहीं वह राजा अपने प्रभुत्व के कारण सभी दरबारियों को अपने हित में ही समर्पित रहने वाला समझकर भ्रम में था। राजा का वध के उपरान्त राजा के समाज समर्थक पुत्र ने गणराज्य व्यवस्था द्वारा मानव सभ्यता के विकास के लिए आगे कर्म किया। जिसका निर्माता वह हिंसक दरबारी व्यक्ति था।

मानव सभ्यता पर पाँचवा संकट काल पुनः राज्य का नेतृत्व करने वाले राजा के ही कारण उत्पन्न हो गया था। यह राजा इतना अधिक कुशल था कि इसने समाज समर्थक गुणों को भी आत्मसात् कर समाज समर्थक देवताओं का भी विश्वास पात्र बन गया। परिणामस्वरूप समाज समर्थक देवता भी राजा का गुणगान करते हुये आश्वस्त व निष्क्रिय होने लगे। इस राजा ने अपने राज्य का प्रसार व्यापक रूप से किया। इस स्थिति में मानव सभ्यता का वर्तमान तो सुरक्षित था परन्तु भविष्य अन्धकार में था क्योंकि वर्तमान राजा के उपरान्त, आवश्यक नहीं था कि नया राजा भी उसी राजा की भाँति हो और तब तक समाज समर्थक पूर्ण रूप से निष्क्रिय हो गये र हेंगे। इस स्थिति को एक दूर द्दष्टा व्यक्ति ने समझकर राजा के ही गुण का प्रयोग करते हुये उससे थोड़ी सी भूमि लेकर उस व्यक्ति ने उस भूमि पर गणराज्य व्यवस्था की स्थापना व व्यवस्था को जीवित कर, उसके सुख से प्रजा को परिचित कराया। फलस्वरूप इस व्यवस्था का प्रसार होने लगा और राजा का सु-राज्य भी स्व-राज से समाप्त हो गया। गणराज्य की स्थापना कर उस व्यक्ति ने मानवता और मानव सभ्यता को विकास की ओर गति दी।

मानव सभ्यता पर छठा संकट काल अनेक राज्यों के नेतृत्व करने वाले अनेक राजाओं के कारण गणराज्य व्यवस्था के स्थायी स्थिरता के लिए उत्पन्न हो गया। पाँचवे संकट से निकलने के बाद जनसंख्या और भूमि का विस्तार इतना अधिक हो चुका था कि एक राजा और राज्य के अधीन नियत्रंण असम्भव हो गया, जिसके परिणामस्वरूप अनेक राजाओं के नेतृत्व में अलग-अलग अनेक राज्य स्थापित हो गये थे। ऐसी स्थिति में राज्यवाद बढ़ रहा था। और राज्यवादी राजाओं का वध भी असम्भव होता जा रहा था। ऐसी स्थिति में गणराज्य या समाजवाद की स्थिरता पर प्रश्न चिन्ह लगने लगा था। फलस्वरूप एक व्यक्ति ने अनेक राज्यवादी राजाओं का वध करके अनेक राज्यों को गणराज्य के रूप में परिवर्तित कर दिया। परन्तु उस व्यक्ति ने देखा कि यह समस्या का स्थायी हल नहीं हो सकता क्योंकि अनेकों राजाओं का वध बारबार सम्भव नहीं और ऐसा करने से प्रजा में अन्यवाद अर्थात हमारे कार्य दूसरे करें का भाव बढ़ रहा था। इन स्थितियों के स्थायी हल के लिए उस व्यक्ति ने राज्यवाद और समाजवाद दोनों में समन्वय स्थापित कर एक नई व्यवस्था का सूत्रपत किया। इस व्यवस्था के लिए उस पुरूष ने ब्रह्माण्ड में व्याप्त व्यवस्था सिद्धान्तों को आधार बनाया तथा मूल तीन गुणों की पहचान की

1. सत्व गुण- सुख, ज्ञान और प्रकाश अर्थात आत्मा और सूक्ष्म बुद्धि अर्थात मार्गदर्शक और विकास दर्शन का गुण
2. रज गुण- आंकाक्षा, इच्छा और सकाम कर्म अर्थात भाव हृदय और मन अर्थात क्रियान्वयन दर्शन का गुण
3. तम गुण - अज्ञान, दुःख और अंधकार अर्थात इन्द्रिय, अनात्म, प्राण और स्थूल शरीर अर्थात विनाश दर्शन का गुण।

इन गुणों के आधार पर सभी जीव विभजित किये गये। मानव जाति में चार विभाजन हुये।

1. सत्व गुण प्रधान- ब्राह्मण वर्ग
2. रज गुण प्रधान - क्षत्रिय वर्ग
3. रज तम गुण प्रधान - वैश्य वर्ग
4. तम गुण प्रधान - शूद्र वर्ग।

इन गुणों के आधार पर उनके लिए कर्म निर्धारित किये गये। और गणराज्य की व्यवस्था बनायी गयी जो इस प्रकार थी।

1. गणराज्य का एक रज गुण प्रधान - क्षत्रिय राजा होगा क्योंकि ब्रह्माण्डीय गणराज्य में रज गुण प्रधान प्रकृति ही राजा है।
2. राजा, राज्यवादी न हो इसलिए उस पर सत्व गुण प्रधान -ब्राह्मण का नियंत्रण होगा क्योंकि ब्रह्माण्डीय गणराज्य में रज गुण प्रधान प्रकृति पर नियंत्रण के लिए सत्व गुण प्रधान आत्मा है।
3. राजा, सीधे आम जनता से चुना जायेगा क्योंकि ब्रह्माण्डीय गणराज्य में प्रकृति सर्वव्यापी है और वह सभी गुणों का सम्मिलित रूप है।
4. राजा का निर्णय राज्यसभा के दो तिहाई बहुमत से हो क्योंकि ब्रह्माण्डीय गणराज्य में प्रकृति का निर्णय सत्व, रज व तम तीन गुणों में से दो गुणों के समर्थन का ही रूप होता है।
5. रज-तम प्रधान-वैश्य तथा तम प्रधान शूद्र चूंकि इन्द्रिय, प्राण और स्थूल शरीर पर ही केन्द्रित रहते है इसलिए इन्हें बुद्धि ज्ञान से नियत्रिंत न करके बल, कानून व आज्ञा के नियत्रंण में रखा जाय।

इस प्रकार उस महापुरूष ने राज्य व गणराज्य के मिश्रित व्यवस्था से एक सर्वमान्य व्यवस्था को स्थापित कर मानवता व मानव सभ्यता के विकास के लिए स्थायी मार्ग उपलब्ध कराया जो दीर्घ काल तक चली।

मानव सभ्यता पर सातवां संकट काल गणराज्य के नयी व्यवस्था के स्थायी स्थिरता के कारण आया। छठें संकट से उत्थान की ओर अग्रसर करने वाले पुरूष के समक्ष यह समस्या आयी कि नयी व्यवस्था को बने रहने और उसके प्रसार का दायित्व किसे सौंपा जाय। इसके लिए उस पुरूष ने अन्य सहयोगियों के सहयोग और योजनाबद्ध तरीके से एक राजा के पुत्र (भावी राजा) में नई व्यवस्था के प्रसार के लिए योग्यता का निर्माण किये परिणामस्वरूप उस युवराज ने अपने जीवन पर्यन्त इस व्यवस्था की स्थापना और प्रसार किया तथा मानवता और मानव सभ्यता की रक्षा की।

मानव सभ्यता पर आठवां संकट काल गणराज्य व्यवस्था के कारण नहीं बल्कि उस व्यवस्था के पीठासीन व्यक्तियों के कर्तव्य विमुख और देवता तथा असुर संस्कारों के पूर्ण पहचान से बुद्धि के अक्षम हो जाने के कारण आया। इस संकट काल के समय राजा को नियंत्रण व मार्गदर्शन में रखने वाला ब्राह्मण भी जनकल्याण से विमुख हो स्व-कल्याण में लिप्त हो चुका था। यह स्थिति छोटे राज्यों से लेकर बड़े राज्यों में व्याप्त हो चुकी थी। ऐसी स्थिति में एक व्यक्ति ने यह देखा कि पीछे, जब भी मानवता पर संकट आया, तब उस संकट से किसी व्यक्ति के द्वारा उत्थान हो जाने पर जब तक उत्थान करने वाला व्यक्ति जीवित रहता था तभी तक गणराज्य व्यवस्था यथावत् रहती थी। बाद में पुनः राज्यवादी व्यवस्था स्थापित हो जाती थी। दूसरे यह कि व्यवस्था कोई भी खराब नहीं होती उस पर बैठने वाले लोगों की बुद्धि के अनुसार ही व्यवस्था का रूप संचालित होता है मानवता और मानव सभ्यता के इस संकट काल में सभी अपने अपने बुद्धि को पूर्ण तथा व्यक्तिगत स्वार्थ में इस प्रकार डूबे हुये थे कि बिना पूर्ण वध के उत्थान मुश्किल हो चुका था। परिणामस्वरूप उस अति बुद्धि सम्पन्न व्यक्ति ने आम जनता को सक्रिय करने के लिए प्रेरित किया, गणराज्य के उदाहरण स्वरूप एक नगर का निर्माण कराया तथा पूर्ण वध के लिए उस समय

के विशाल राज्य के नेतृत्व में उपजे विवाद का सहारा प्राप्त कर बहुत से एकतन्त्रात्मक राज्यों को नष्ट किया और करवाया। साथ ही उस समय में समाज में व्याप्त अनेक मत-मतान्तार व विचारों के एकीकरण के लिए सत्य-विचार का ज्ञान भी दिया जिससे व्यक्ति, व्यक्ति पर विश्वास न कर अपने बुद्धि से स्वयं निर्णय करें और प्रेरणा प्राप्त करता रहे। इस प्रकार साकार व्यक्ति आधारित मानवता के सर्वोच्च संकट से उस व्यक्ति ने नई निराकार सिद्धान्त आधारित मानवता के उत्थान का मार्ग उपलब्ध कराया।

मानव समाज पर नौवां संकट काल वर्तमान से लगभग 2500 वर्ष पूर्व आया था जिसका कारण राजाओं का साम्राज्यवादी-प्रसारवादी व्यवहार था। इस समय मानव समाज जितना विकास करता वह अल्पसमय में एक राज्य से दूसरे राज्य में युद्ध करने में ही नष्ट हो जाता। सम्पूर्ण मानवता हिंसा से भर उठी थी। ऐसे में राजपरिवार का ही एक युवा व्यक्ति अपने परिवार तथा राज्य का त्याग कर अहिंसा का सन्देश दिया। तथा प्रजा को प्रेरित करने के लिए धर्म, संघ और बुद्धि के शरण में जाने की मूल शिक्षा दी। एक राजा के द्वारा इस युवा सन्यासी के सन्देश को स्वीकार कर शिष्य बन जाने से इस सन्यासी का प्रसार जितना हुआ उससे बहुत कम उसके विचारों का हुआ परिणामस्वरूप अल्पअवधि के लिए हिंसा भरे मानव समाज को थोड़ी राहत मिली और सभ्यता उत्थान की ओर अग्रसर हुई।

हे मानवों, मानव सभ्यता और मानवता के दसवें, अन्तिम तथा वर्तमान संकट का खुलासा हम इस पत्र में आगे करेंगे। यहाँ हम कुछ ऐसे रहस्यों का खुलासा करने जा रहे है। जो वर्तमान मानव के दृष्टि में परिवर्तन हाने मात्र के कारण उत्पन्न हुई है।

पाँचवें सकंट के समय तक भारत के मूल निवासी ही भारत की भूमि के अधिपति थे, परन्तु वे राज्य को कुशलता पूर्वक चलाने में असमर्थ होते जा रहे थे। इसी समय में हिमालय के उत्तर-पश्चिम क्षेत्र से भारत के बाहर के मनुष्यों का भारत में आगमन हुआ। इस समय भारत के मूल निवासी प्रकृति पूजक बहुदेववाद को मानती थी। भारत के बाहर से आये मनुष्यों ने भारत के मूल निवासियों के लिए राज्य प्रशासन में अपने ज्ञान-बुद्धि का प्रयोग कर एक अच्छे मार्गदर्शक का कार्य करते थे। प्रकृति के गुणों के आधार पर जब मनुष्यों का विभाजन हुआ तब भारत के मूल निवासी शूद्र वर्ग की योग्यता रखते थे। परन्तु ऐसा नही था कि भारत के बाहर से आये मनुष्य ब्राह्मण, क्षत्रिय, तथा वैश्य वर्ग में अर्थात भारत के बाहर सभी उच्च वर्ग में तथा भारत के मूल निवासी सभी निम्न वर्ग में थे। परन्तु उनमें इसकी अधिकता थी। कालान्तर में ये वर्ग जन्म आधारित हो अनेक उपवर्गों -जातियों में विभाजित हो गयी। जिसका रूप वर्तमान में दिख रहा है। परन्तु आज भी यदि जन्म आधारित दृष्टि से हटकर गुण आधारित दृष्टि से देखोगे तो प्रत्येक वर्ग या जाति में प्रत्येक वर्ग के व्यक्ति दिखाई पड़ेंगे। भारत के बाहर के ये व्यक्ति ही आर्य कहलाये तथा कालान्तर में मानव सभ्यता में अनेक उत्थान-पतन से ये आर्य जाति और मूल भारतीय जाति इतने अधिक मिश्रित हुये कि वर्तमान में समग्र हिन्दू जाति ही आर्यों की मूल पहचान बन गयी। और अब सभी के लिए शस्त्र बल बढ़ाकर क्षत्रिय बनना, ज्ञान बल बढ़ाकर ब्राह्मण बनना तथा धन बल बढ़ाकर वैश्य बनाना खुला हुआ है, परन्तु जातियाँ इसके लिए प्रयत्न तो करे।

प्रकृति के तीन गुणों में से सर्वोच्च, शुद्ध और सर्वव्यापी गुण सत्व आधारित मानव वर्ग ही हम हैं। जन्म के समय हम आदर्श ब्राह्मण थे। हमारा कार्य ब्रह्माण्ड में सर्वव्यापी अटलनीय, अपरिवर्तनीय सत्य-सिद्धान्त और उसके अनुसार कर्म विधान की अनुभूति करना तथा राजा और राज्य के माध्यम से उसे प्रभावी बनाना था। बदले में राजा द्वारा हमें साधन-सुविधा प्राप्त होती थी। यही हमारा सम्पूर्ण जीवन था। इस क्रम में हम लोगों न सर्वव्यापी सत्य-सिद्धान्तों को संहिता रूप में लिखा जो बाद में विषयों आधारित विभक्त होकर चार वेद ऋगु, यजु, साम और अथर्वेद का रूप धारण किया। इसी प्रकार धर्म अनुष्ठान एवं पवित्र ग्रन्थो की व्याख्या से सम्बन्धित ग्रन्थ अरण्यक का सृजन हम लोगों ने किया। कालान्तर में जब राजाओं द्वारा यज्ञों से यथेष्ठ फल न प्राप्त होने की बुद्धि आयी तब क्षत्रिय राजाओं न स्वयं अपने कर्मों के अनुभव से दर्शन क्षेत्र में अपने बुद्धि को दिशा दी, जिसके फलस्वरूप अधिकतम उपनिषद् उन्होंने स्वयं लिखे जो बाद में भारतीय दर्शन का मुख्य आधार बनी। इस क्रम में हमलोगों ने वेदांग अर्थात सूत्र साहित्य में 1. स्वर विज्ञान से सम्बन्धित शिक्षा 2. धर्मानुसार अर्थात कल्प में चार वर्ग - श्रोत सूत्र (श्रोत यज्ञ से

सम्बन्धित), शुल्क सूत्र (यज्ञ स्थल तथा अग्निवेदी निर्माण तथा माप से सम्बन्धित जो आगे चलकर ज्योतिष का आधार बना) गृहय सूत्र (मानव जीवन से सम्बन्धित अनुष्ठान) तथा धर्म सूत्र (धार्मिक तथा अन्य प्रकार के नियम जो आगे चलकर भारतीय विधि का आधार बना) 3. व्याकरण 4. निरूक्त अर्थात व्युत्पत्ति 5. छन्द 6. ज्योतिष की भी रचना की। मनुष्य को पुरूषार्थ करने के लिए- धर्म, अर्थ, काम, मोक्ष तथा आदर्श जीवन के लिए ब्रह्मचर्य, गृहस्थ, वानप्रस्थ तथा सन्यास आश्रम की व्यवस्था हम प्राचीन आदर्श ब्राह्मणों की ही देन है।

हे प्रिय मानवों हम प्राचीन आदर्श ब्राह्मण प्रत्येक विषय को चक्रीय रूप में देखते हैं और यह ज्ञान हमने भारत के मूल निवासी ऋषियों से ही प्राप्त किये जिसके आधार पर समस्त वैदिक साहित्य का विस्तार हुआ है। हम प्रचीन ब्राह्मण ईश्वरवादी है और ईश्वर को स्वीकारते थे परन्तु उस रूप में नहीं जिस रूप में वर्तमान समाज मानता है, वर्तमान समाज का ईश्वर, मूर्ति, जप, तप, व्रत, पर्व, त्यौहार इत्यादि तो हमारी अगली पीढ़ी ने अपने जीवकोपार्जन और ईश्वर की ओर आपको लाने के लिए तब बनायी, जब हमारे कर्मकण्डों को राजाओं और राज्यों का समर्थन मिलना बन्द हो गया। हम ईश्वर को निराकार सर्वव्यापी, सर्वशक्तिमान सत्य-सिद्धान्त के रूप में देखते हैं। तथा जो इसे अपने जीवन में धारण कर प्रत्यक्ष या अप्रत्यक्ष रूप से मानव सभ्यता और मानव उत्थान के लिए अगले चरण के रूप में कालानुसार प्रयोग करता हैं उसे साकार ईश्वर या अवतार कहे। इस प्रकार मानव सभ्यता और मानवता पर आये उपरोक्त वर्णित नौ सकंटों से उत्थान की ओर ले जाने वाले व्यक्तियों को हमने क्रमशः उनके गुणों के आधार पर तथा नाम से मत्स्य, कूर्म, वाराह, नृसिंह, वामन, परशुराम तथा राम को प्रत्यक्ष अंशावतार, श्री कृष्ण को व्याक्तिगत प्रमाणित प्रत्यक्ष एवं प्रेरक पूर्णावतार तथा भगवान बुद्ध को प्रेरक अंशावतार कहा और स्वीकार किया है। और जो भी ऐसा करेगा वह अवतार कहा ही जायेगा। सत्य कहूँ तो हम आदर्श ब्राह्मणों का वही प्रतिरूप होता है। और मात्र अवतार ही हमलोगों के समर्पण का कारण होता है। वही मात्र एक सर्वोच्च आदर्श ब्राह्मण होता है क्योंकि वही ब्रह्म है। यहाँ तक आने के लिए तुम्हें स्थूल शरीर, इन्द्रिय, प्राण, भाव, मन तथा सूक्ष्म बुद्धि को पार करना होगा। अर्थात तुम्हारा मन इन सब विषयों में होते हुये भी इनसे मुक्त होना चाहिए। तभी तुम इन सबका संचालन कर सकते हो। अभी तो तुम इस क्रम में धीरे-धीरे बढ़ते हुए बुद्धि तक पहुँच रहे हो। मैं नहीं कह रहा कि तुम बुद्धिहीन हो, तुम्हारा कर्म कह रहा है। क्योंकि बुद्धि का अर्थ यह नहीं होता कि तुम स्थूल शरीर, इन्द्रिय, प्राण, भाव, मन की पूर्ति के लिए अपनी बुद्धि लगाओ। ऐसी बुद्धि क्षैतिज अर्थात जीवन स्तर की बुद्धि कही जाती है। तुम्हें उध्र्व अर्थात सामाजिक, राजनीतिक, राष्ट्रीय, वैश्विक स्तर की ओर बुद्धि खर्च करनी चाहिए। तभी तुम्हारा उत्थान हो सकता है। जब तुम सर्वोच्च और आत्मीय स्तर पर पहुँच जाओगे तो तुम ब्राह्मण, क्षत्रिय, वैश्य व शूद्र में आवश्यकतानुसार व समयानुसार परिवर्तित हो अभिनय करने में हमलोगों की भाँति कुशल हो जाओगे। क्योंकि यह एक पर एक आवरण की भाँति गुणों का संक्रमणीय, संग्रहणीय और गुणात्मक रूप है। अर्थात शूद्र होने पर वैश्य के गुणों को नहीं समझा जा सकता। परन्तु वैश्य होने पर शूद्र के गुण को आसानी से समझा जा सकता है। इसी प्रकार क्षत्रिय होने पर वैश्य व शूद्र के गुणों को, ब्राह्मण होने पर क्षत्रिय, वैश्य व शूद्र के गुणों को तथा आदर्श ब्राह्मण अर्थात ब्रह्म होने पर ब्राह्मण, क्षत्रिय, वैश्य व शूद्र के गुणों को आसानी से समझा जा सकता है। आदर्श ब्राह्मण अर्थात ब्रह्म का अंश तो सभी में विद्यमान है परन्तु वह गुणों के आवरण से छिपा है। इन गुणों पर एक-एक कर नियंत्रण करते हुये आवरण हटाते जाओ अन्ततः तुम स्वयं को ब्रह्म रूप में देखोगे। तुम कहोगे इससे क्या होगा? तो हम यह स्पष्ट और सत्य रूप से कहते हैं कि तुम हम लोगों जैसे हो जाओगे और तुम्हारी बुद्धि क्षैतिज सहित उध्र्व हो जायेगी। तब तुम अपने वास्तविक अधिकार को प्राप्त कर पाओगे।

हे मानवों इस संसार में मानव शरीर से व्यक्त होने वाले व्यवहारों में असीम विभिन्नता और विचित्रता है। हमलोगों का प्रयत्न सत्य तथा लोककल्याण के स्थायी भाव को बनाये रखने के लिए विभिन्न रूपों से इस ओर मोड़ना तथा जोड़ना ही रहा है। इन मानव व्यवहारों के विचित्रताओं और विभिन्नताओं में कुछ तो ऐसे होते हैं जो अपनी ही इच्छा पर आजीवन संकल्पित रहते हैं। ये ऐसे होते हैं कि 'हम नहीं बदलेगे चाहे जमाना क्यों न बदल जाये' कुछ ऐसे होते हैं जो अपनी इच्छा की पूर्ति के लिए अनेकों प्रकार के अनैतिक कार्य करने से भी नहीं चूकते, चाहे उसका परिणाम अन्ततः दुःखदायी ही क्यों न हो। कुछ ऐसे होते हैं जो व्यक्तिगत स्तर पर आर्दश व्यक्ति के रूप में तो कुछ

समाजिक स्तर पर तो कुछ वैश्विक स्तर पर आर्दश के रूप में स्वयं को प्रस्तुत करते हैं। मनुष्य के इन विभिन्न व्यवहारों की क्रिया के रूप में समझने के लिए ही हमलोगों ने पुराणों की रचना की। जिससे मनुष्य अनेक प्रकार के व्यवहारों सहित समग्र ब्रह्माण्ड को एक साथ समझ सके और अपने व्यवहार को नियंत्रित कर सके। साथ ही स्वयं अपने व्यवहारों को समझे और उसके अनुसार व्यक्त हो सके। हे मानवों जगत् का सम्पूर्ण कल्याण स्वकल्याण में ही निहित है परन्तु जो स्व का अर्थ सिर्फ व्यक्तिगत समझते हैं वे ही व्यक्तिवादी असुरी प्रकृति के होते हैं तथा जो स्व का अर्थ सार्वमौभ, जिसमें वह स्वयं भी होता है, ऐसा समझते हैं वे दैवी समाजवादी प्रकृति के होते हैं। असुरी प्रवृत्तियाँ सिर्फ सीधी रेखा में सोचती ही जैसे - जन्म फिर मृत्यु जबकि दैवी प्रवृत्तियाँ चक्रीय रूप में अर्थात जन्म फिर मृत्यु फिर जन्म इस प्रकार सोचती हैं। समस्त पुराणों की रचना दैवी प्रवृति की ही कृतियाँ हैं। जिसमें असुरों के आदर्श गुरू को शुक्राचार्य कहा गया है। जबकि देवताओं के आदर्श गुरू को गुरू बृहस्पति कहा गया। राजाओं के आदर्श राजा को इन्द्र कहा गया है। अन्य सभी ब्रह्माण्ड में उपलब्ध प्रभावकारी विषयों को देवताओं के रूप में कल्पना कर प्रक्षेपित किया गया है। जैसे - वायु देव, अग्नि देव, चन्द्र देव इत्यादि। इसी प्रकार आदर्श व्यक्ति चरित्र को ब्रहमा एवं परिवार तथा आदर्श सामाजिक व्यक्ति चरित्र अर्थात व्यक्तिगत प्रमाणित आदर्श वैश्विक व्यक्ति चरित्र को विष्णु एवं परिवार तथा आदर्श वैश्विक व्यक्ति अर्थात सार्वजनिक प्रमाणित आदर्श वैश्विक व्यक्ति चरित्र को शिव-शंकर एवं परिवार के रूप में प्रक्षेपित है। यहाँ ध्यान देने योग्य यह है कि आदर्श वैश्विक व्यक्ति चरित्र में आदर्श सामाजिक व्यक्ति चरित्र तथा आदर्श समाजिक व्यक्ति चरित्र में आदर्श व्यक्ति चरित्र समाहित है। इन आदर्श चरित्रों की इनकी गुणों के अनुसार इनके वस्त्र, शस्त्र, शास्त्र, वाहन इत्यादि भी प्रक्षेपित किये गये हैं। जो मात्र व्यक्तिगत प्रमाणित प्रतिकात्मक मानव रूप में प्रक्षेपण मात्र है न कि वास्तविकता के आधार रूप में। इन मानक आदर्श चरित्रों के पूर्ण या अंश रूप में जो भी मानव संसार में व्यक्त होता है उसे पुर्नजन्म या अंश या पूर्ण अवतार के रूप में स्वीकार किया जाता है। और चूंकि दैवी प्रवृत्तियाँ प्रत्येक वस्तु के पूर्व के भी एक अस्तित्व को स्वीकार करती हैं। इसलिए इन पुर्नजन्म या अंश या पूर्ण अवतारों को आदर्श मानक चरित्रों से जोड़कर अवतारी पुराण की रचना की जाती रही है। इस अनुसार उपरोक्त नौ अंश-पूर्ण अवतारों में दो - श्रीराम को ब्रह्मा का पूर्णावतार तथा श्री कृष्ण को विष्णु का पूर्णावतार कहा गया जबकि शेष सात (मत्स्य, कूर्म, वाराह, नृसिंह, वामन, परशुराम तथा बुद्ध), ईश्वर (सत्य-सिद्धान्त) के अंशावतार के रूप में स्वीकार किये गये हैं।

हे मानवों शास्त्र रचनाकार को व्यास उपाधि से पुकारा जाता है। व्यास कितने दिव्य और दूर द्रष्टा रहे होंगे, इस पर विचार करना आवश्यक है क्योंकि अन्ततः हम सभी के विचारों का निर्माण विचारों को ही पढ़कर या सुनकर ही होता रहा है और अनुभव द्वारा उसकी पुष्टि की जाती रही है। व्यास रचित पुराणों में कुल 24 (1. श्री सनकादि, 2. वराहावतार, 3. नारद मुनि, 4. नर-नारायण, 5. कपिल, 6. दत्तात्रेय, 7. यज्ञ, 8. ऋषभदेव, 9. पृथु, 10. मत्स्यावतार, 11. कूर्म, 12. धन्वन्तरि, 13. मोहिनी, 14. हयग्रीव, 15. नृसिंह, 16. वामन, 17. गजेन्द्रोधारावतार, 18. परशुराम , 19. वेदव्यास, 20. हन्सावतार, 21. राम, 22. कृष्ण, 23. बुद्ध, 24. कल्कि) अवतार जिसमें मुख्य 10 (मत्स्य, कूर्म, वाराह, नृसिंह, वामन, परशुराम, राम, कृष्ण, बुद्ध और कल्कि) अवतार का ही विवरण है। दोनों में अन्तिम, कल्कि अवतार ही हैं। तो क्या अन्तिम अवतार के बाद अवतारी श्रृंखला का कार्य समाप्त हो जायेगा? और यदि यह सत्य होता है तब व्यास के उस अवतारी श्रृंखला के गणित को आप लोग क्या कहोगे? इसे जानने के लिए मानव सभ्यता के उस अन्तिम संकट को पहचानना होगा जो अन्तिम अवतार का कार्य होगा। यह अन्तिम अवतार ही सार्वजनिक प्रमाणित आदर्श वैश्विक व्यक्ति चरित्र और शिव-शंकर के पूर्णावतार के रूप में होगा। क्योंकि कालक्रम में ब्रह्मा के पूर्णावतार के रूप में श्रीराम तथा विष्णु का पूर्णावतार के रूप में श्रीकृष्ण का अवतरण हो चुका है।

मानव सभ्यता पर दसवाँ और अन्तिमं संकट काल स्वयं मानवों द्वारा ही उत्पन्न हो गया था जिसका ज्ञान स्वयं मानवों को भी नहीं था। इस संकट को समझने के लिए एक सत्य-प्रत्यक्ष वृतान्त उदाहरणस्वरूप लिख रहा हूँ-

मैं जब भी हाबड़ा (पश्चिम बंगाल) जाता हूँ तब दो स्थानों पर अवश्य जाता हूँ। पहला राम कृष्ण मिशन, बेलूड़ मठ और दूसरा वनस्पति उद्यान (बोटेनिकल गार्डन)। यहाँ कुल अब तक तीन बार, सन् 1984 (कालेज शैक्षणिक यात्रा), सन् 1987 (स्वयं) और सन् 2010 (स्वयं) में जा चुका हूँ। राम कृष्ण मिशन, बेलूड़ मठ इसलिए जाता हूँ क्योंकि वहाँ से सर्वोच्च "आध्यात्मिक सत्य" की अनुभूति कर सकूँ, उस मन स्तर से स्वयं का योग करा सकूँ। वनस्पति उद्यान (बोटेनिकल गार्डन) इसलिए जाता हूँ क्योंकि वहाँ एक वट वृक्ष है जिसे बिग बनियान ट्री (Big Banyan Tree) कहते हैं, यहाँ बैठकर मैं संसार की संरचना, तन्त्र और उसके संगठन से स्वयं का महायोग कराता हूँ। इन दोनों के कारण स्वयं को मैं सार्वभौम का एक इकाई होते भी, स्वयं को सार्वभौम ही अनुभव करता हूँ और यह सतत मेरे अन्दर प्रवाहित होता रहता है।

बड़ा वट वृक्ष (Big Banyan Tree), सैकड़ों वर्ष पुराना एक विशाल क्षेत्र में फैला वट वृक्ष है। जिसका मूल वृक्ष अब अस्तित्व में नहीं है उसके तनों से निकले सैंकड़ों जड़ वर्तमान में स्वयं एक वृक्ष, फिर उनके तनों से निकले सैंकड़ों जड़ भी वर्तमान में एक-एक वृक्ष के रूप में स्थापित हैं और सभी एक-दूसरे से जुड़े हुये हैं, बस जो नहीं है, वह है मूल वृक्ष। इस प्रकार सम्पूर्ण वृक्ष परिवार एक बड़े क्षेत्र में फैल चुका है और निरन्तर जारी भी है। प्रत्येक स्वयं स्वतन्त्र वृक्ष के रूप में स्थापित वृक्ष का अपने परिवार के रूप में तना, पत्ता, फूल और फल सब निकलते रहते हैं और जिसे जहाँ अर्थात नजदीकी स्रोत से सुविधा अर्थात खुराक मिल सकता हैं वहाँ से प्राप्त करते हुये विकास कर रहे हैं। इस कार्य में आपस में कोई विवाद नहीं है। कोई किसी पर अधिपत्य जमाना नहीं चाहता, ना ही अन्य के विकास में कोई बाधा पहुँचाता है। जिसको जिस ओर उचित वातावरण मिलता जाता है, उस ओर वह विकास कर रहा है। कुल मिलाकर स्व प्रेरित सुशासन की भाँति संचालित है। इस वट वृक्ष के सबसे बाद अर्थात वर्तमान के तनों-पत्तों के लिए उसका जन्मदाता व पालनकर्ता के रूप में उसका नजदीकी जड़ ही है इसलिए उसकी कथा-कहानी वहीं से शुरू होती है और वहीं तक उसका ज्ञान है जो एक संकुचित और सीमित ज्ञान है। वह पूर्ण को नहीं जान रहा, उसका पूर्णत्व, सार्वभौम पूर्णत्व नहीं बल्कि सीमित पूर्णत्व है। सीमित पूर्णत्व में भी वह आनन्द में हैं और विकासशील है। उसका विकास होना सार्वभौम का ही विकास होना है परन्तु उसे उसका ज्ञान नहीं है और वह उस सार्वभौम के विकास में अपने योगदान को करते हुये भी स्वयं को गौरवान्वित नहीं अनुभव कर रहा है। सार्वभौम से युक्त होने के बाद भी उसे अपने परिवार से ही जुड़ा रहना उसकी विवशता भी है और इसके अलावा कोई अन्य मार्ग भी नहीं हैं। उसके सार्वभौम का मार्ग भी उसके अपने परिवार के ही मार्ग से होकर जाता है। वृक्ष के साथ यह मजबूरी भी है कि क्योंकि वह स्थिर है इसलिए उसका छोटा परिवार केवल पड़ोस तक के ही दायरे के सम्पर्क में है। दूसरे छोर के परिवार का क्या हाल है उसे कुछ नहीं पता।

हे मानवों, ये संसार भी उपरोक्त वट वृक्ष के सामन ही फैला हुआ है। परन्तु उस भाँति विकास नहीं कर रहा है। मनुष्य के अन्दर बीमारी की भाँति अधिकतम "शक्ति और लाभ (पावर और प्राफिट)" की दौड़ ने उसे अधिपत्य, अत्याचार, दूसरे को दबाना इत्यादि से युक्त कर दिया है। और जो इस दौड़ में नहीं हैं वे सीमित पूर्णत्व में आनन्द के साथ विकासशील हैं। उन्हें और भी तेज विकास की इच्छा है परन्तु उनके बुद्धि का दायरा ही सीमित है इसलिए उन्हें मार्ग नहीं मिल रहा है। यदि उनको मार्ग भी मिल रहा हो तो वट वृक्ष की भाँति उसके नजदीकी जन्मदाता ने उसे यह बता रखा है कि जब उस सार्वभौम का मार्ग मेरे ही रास्ते से जाता है तो जो मैं कह रहा हूँ उसे करो। और इसके लिए वे अपने परिवार के लिए अनेक प्रकार की प्रणाली दे रखे हैं। जबकि ये प्रणाली देने वाले उनके नजदीकी जन्मदाता स्वयं कहाँ से आये हैं स्वयं उन्हे भी नहीं पता। क्योंकि वे स्वयं भी उस वट वृक्ष के खो गये मूल जड़ की तरह अपने मूल जड़ को नहीं जानते। वे भी अपने नजदीकी जन्मदाता का ही अनुसरण कर रहे होते हैं। ये प्रणालीयाँ अनेक प्रकार की हैं उदाहरणस्वरूप कुछ मुख्य निम्नवत् हैं-

1. उनके द्वारा प्रस्तुत कुछ पुस्तकें होती हैं जिन्हें नियमानुसार प्रतिदिन पढ़ना होता है। पढ़ने के पूर्व शुद्धता की भी प्रक्रिया अनिवार्य होती है अन्यथा पुस्तकें परिणाम नहीं दे पायेंगी, ये भी शर्त होती हैं।
2. उनके द्वारा भोजन से सम्बन्धित कुछ नियम बना दिये जाते हैं कि क्या खाना है और क्या नहीं खाना है।
3. उनके द्वारा कोई मन्त्र दे कर उसे नियमानुसार जपने के लिए दे दिया जाता है।

4. उनके द्वारा किसी यन्त्र-तन्त्र द्वारा समस्या मुक्ति का उपाय बता दिया जाता है।
5. उनके द्वारा किसी विशेष प्रकार के रंग और ढ़ग के वस्त्र निर्धारित कर दी जाती है जिससे उनकी पहचान एक अलग रूप में हो। अर्थात समाज का एक और विभाजन कर उसे प्रस्तुत कर देते हैं।

सामान्य रूप से सभी द्वारा अनिवार्य रूप से ये भी निर्धारित कर दी जाती है कि किसी दूसरे के नियमों को न तो जानना है, न सुनना है, न पढ़ना है और न ही उसमें शामिल होना है। अर्थात एक गतिशील प्राणी मनुष्य को जिसे सदैव श्रेष्ठ से, श्रेष्ठतम और सर्वोच्च तक उठने-विकास करने के लिए निर्मित किया गया था, उसे एक सीमित दायरे में बुद्धिबद्ध कर दिया गया। मनुष्य जिसका निर्माण अपनी मस्तिष्क को असीम क्षमता को विकसित कर ईश्वर रूप में व्यक्त होना था, उसे जड़ (स्थिर) बना दिया गया।

हे मानवों, मनुष्यों की सबसे बड़ी कमजोरी "स्वयं में गुणों का विकास कर स्वयं बन जाने या हो जाने" में नहीं बल्कि "पाने" की इच्छा है। इस पाने की इच्छा की कमजोरी का परिणाम ही है उपरोक्त अनेक प्रकार के बुद्धिबद्ध करने की विधियाँ।

हे मानवों, उपरोक्त के पृष्ठभूमि में उनका उद्देश्य केवल अपने स्वार्थ की पूर्ति के सिवाय कुछ नहीं होता। क्योंकि मार्गदर्शक या प्रेरक या शिक्षक का उद्देश्य स्वयं से श्रेष्ठ मानव का निर्माण होता है न कि सदैव जीवन भर एक ही प्रणाली या प्रक्रिया या कक्षा में पढ़ते-दुहराते रहने के लिए विवश करना। उपरोक्त के पृष्ठभूमि में शारीरिक-आर्थिक-मानसिक शोषण का ही कार्य विभिन्न प्रकार से चल रहा है। कोई अपने कृषि कार्य को मुफ्त में हल करवा रहा है, तो कोई अपने नाम के उत्पादों को सिर्फ उन्हें ही खरीदने के लिए बुद्धिबद्ध कर दिया है।

हे मानवों, इन सबको आस्था का व्यापार कहते हैं। जबकि मैं देख रहा हूँ कि प्रत्येक संस्कारित करने की क्रिया जो उस काल के लिए आस्था का विषय था। उसके अगले काल के लिए संस्कारित करने की नयी क्रिया उपलब्ध हो जाने के बावजूद, मानव शरीर पिछले काल के संस्कारित करने वाली क्रिया के प्रति आस्था रखते हुये मूर्खता का स्पष्ट प्रदर्शन कर रहा है। सभी कालों में, सभी संस्कारित करने की क्रियाओं में मैं (सार्वभौम आत्मा) ही आस्था का विषय था परन्तु क्रिया के प्रति आस्था रखना मूर्खता का स्पष्ट प्रमाण ही तो है। चाहे वह व्यक्तिगत इच्छा से हो या सामाजिक प्रदर्शन की इच्छा से। इन समस्त संस्कारित करने के क्रिया के पीछे जो रहस्य आज तक गोपनीय था उसे मैंने तुम्हारें समक्ष सार्वजनिक प्रकाशित कर दिया है। अब कुछ भी गोपनीय नहीं। बावजूद इसके प्रत्येक मनुष्य अपनी मूर्खता रूपी आस्था को प्रदर्शित करने के लिए स्वतन्त्र है। परन्तु वह मुझ (सार्वभौम आत्मा) को प्राप्त नहीं कर सकता। हे मानवों, ईश्वर बहुमत से नहीं निर्धारित किया जाता इसलिए ही उसे अनिवर्चनीय कहा गया है। किसी भी वस्तु के प्रति आस्था के विकास से और समस्त मानवों को उसके प्रति आस्थावान् बना देने से वह वस्तु गुण प्रकट कर वैसा नहीं बन सकती जैसा आप उम्मीद करते हो।

हे मानवों, एक तरह से देखा जाये तो उपरोक्त व्यवस्था से कोई समस्या है ही नहीं क्योंकि जिसकी इच्छा जहाँ से पूर्ति हो रही है और विकास का मार्ग मिल रहा है, वह वहाँ से जुडा हुआ है। इसलिए मानव सभ्यता पर आया यह दसवाँ और अन्तिम संकट, संकट होते हुये भी संकट जैसा नहीं दिखता। इस व्यवस्था से हमें कोई समस्या भी नहीं है। समस्या ये है कि धर्म को जिस उद्देश्य के लिए निर्मित किया गया था वही धर्म, संकट में है। यह धर्म ही उस वट वृक्ष का मूल है, सार्वभौम है, समष्टि है। इसके ज्ञान से युक्त दोनों को अर्थात विशाल संसार रूपी वट वृक्ष के छोटे-छोटे परिवार के नेतृत्वकर्ता मुखिया सहित उसके सदस्यों को होना आवश्यक है। तभी परिवार के नेतृत्वकर्ता मुखिया द्वारा बनाये गये उपरोक्त प्रणाली-नियम परिणाम-फल दे पायेंगे जिसकी इच्छा परिवार के सदस्य करते हैं।

हे मानवों, अब सार्वजनिक प्रमाणित आदर्श वैश्विक व्यक्ति चरित्र और शिव-शंकर के पूर्णावतार के रूप में होने वाले अन्तिम अवतार के स्वरूप को समझते हैं जिनसे संकट में पड़े धर्म का उत्थान होना है-

इस क्रम में पहले शिव-शंकर के रूप को समझते हैं। फिर अन्तिम अवतार के लिए बचे शेष कार्य को भी समझेंगे। शिव-शंकर अवतार के आठ रूप और उनके अर्थ निम्नवत हैं-

1. शर्व- सम्पूर्ण पृथ्वी को धारण कर लेना अर्थात पृथ्वी के विकास या सृष्टि कार्य में इस रूप को पार किये बिना सम्भव न होना।
2. भव- जगत को संजीवन देना अर्थात उस विषय को देना जिससे जगत संकुचित व मृत्यु को प्राप्त होने न पाये।
3. उग्र- जगत के भीतर और बाहर रहकर श्री विष्णु को धारण करना अर्थात जगत के पालन के लिए प्रत्यक्ष या प्रेरक कर्म करना।
4. भीम- सर्वव्यापक आकाशात्मक रूप अर्थात आकाश की भाँति सर्वव्यापी अनन्त ज्ञान जो सभी नेतृत्व विचारों को अपने में समाहित कर ले।
5. पशुपति- मनुष्य समाज से पशु प्रवृत्तियों को समाप्त करना अर्थात पशु मानव से मनुष्य को उठाकर ईश्वर मानव की ओर ले जाना। दूसरे रूप में जीव का शिव रूप में निर्माण।
6. ईशान- सूर्य रूप से दिन में सम्पूर्ण संसार में प्रकाश करना अर्थात ऐसा ज्ञान जो सम्पूर्ण संसार को पूर्ण ज्ञान से प्रकाशित कर दे।
7. महादेव- चन्द्र रूप से रात में सम्पूर्ण संसार में अमृत वर्षा द्वारा प्रकाश व तृप्ति देना अर्थात ऐसा ज्ञान जो संसार को अमृतरूपी शीतल ज्ञान से प्रकाशित कर दे।
8. रूद्र- जीवात्मा का रूप अर्थात शिव का जीव रूप में व्यक्त होना।

शिव-शंकर देवता व दानव दोनों के देवता हैं जबकि श्री विष्णु सिर्फ देवताओं के देवता हैं। अर्थात शिव-शंकर जब रूद्र रूप की प्राथमिकता में होंगे तब उनके लिए देवता व दानव दोनो प्रिय होंगे लेकिन जब उग्र रूप की प्राथमिकता में होंगे तब केवल देवता प्रिय होंगे। अर्थात शिव-शंकर का पूर्णवतार इन आठ रूपों से युक्त हो संसार का कल्याण करते हैं।

हे मानवों, अब सार्वजनिक प्रमाणित आदर्श वैश्विक व्यक्ति चरित्र और शिव-शंकर के पूर्णावतार के रूप में होने वाले अन्तिम अवतार के कार्य को समझते हैं जिनसे संकट में पड़े धर्म का उत्थान होना है-

ईश्वर (सार्वभौम सत्य-सिद्धान्त) के दसवें और अन्तिम अवतार के समय तक राज्य और समाज स्वतः ही प्राकृतिक बल के अधीन कर्म करते-करते सिद्धान्त प्राप्त करते हुए पूर्ण गणराज्य की ओर बढ़ रहा था परिणामस्वरुप गणराज्य का रुप होते हुए भी गणराज्य सिर्फ राज्य था और एकतन्त्रात्मक अर्थात् व्यक्ति समर्थक तथा समाज समर्थक दोनों की ओर विवशतावश बढ़ रहा था।

भारत में निम्लिखित रुप व्यक्त हो चुका था।
1. ग्राम, विकास खण्ड, नगर, जनपद, प्रदेश और देश स्तर पर गणराज्य और गणसंघ का रुप।
2. सिर्फ ग्राम स्तर पर राजा (ग्राम व नगर पंचायत अध्यक्ष) का चुनाव सीधे जनता द्वारा।
3. गणराज्य को संचालित करने के लिए संचालक का निराकार रुप- संविधान।
4. गणराज्य के तन्त्रों को संचालित करने के लिए तन्त्र और क्रियाकलाप का निराकार रुप-नियम और कानून।
5. राजा पर नियन्त्रण के लिए ब्राह्मण का साकार रुप- राष्ट्रपति, राज्यपाल, जिलाधिकारी इत्यादि।

विश्व स्तर पर निम्नलिखित रुप व्यक्त हो चुका था।
1. गणराज्यों के संघ के रुप में संयुक्त राष्ट्र संघ का रुप।
2. संघ के संचालन के लिए संचालक और संचालक का निराकार रुप- संविधान।
3. संघ के तन्त्रों को संचालित करने के लिए तन्त्र और क्रियाकलाप का निराकार रुप- नियम और कानून।
4. संघ पर नियन्त्रण के लिए ब्राह्मण का साकार रुप-पाँच वीटो पावर।
5. प्रस्ताव पर निर्णय के लिए सदस्यों की सभा।
6. नेतृत्व के लिए राजा- महासचिव।

जिस प्रकार आठवें अवतार द्वारा व्यक्त आत्मा के निराकार रुप "गीता" के प्रसार के कारण आत्मीय प्राकृतिक बल सक्रिय होकर गणराज्य के रुप को विवशतावश समाज की ओर बढ़ा रहा था उसी प्रकार अन्तिम

अवतार द्वारा निम्नलिखित शेष समष्टि कार्य पूर्ण कर प्रस्तुत कर देने मात्र से ही विवशतावश उसके अधिपत्य की स्थापना हो जाना है।

1. गणराज्य या लोकतन्त्र के सत्य रुप- गणराज्य या लोकतन्त्र के स्वरुप का अन्तर्राष्ट्रीय/ विश्व मानक।

2. राजा और सभा सहित गणराज्य पर नियन्त्रण के लिए साकार ब्राह्मण का निराकार रुप- मन का अन्तर्राष्ट्रीय/ विश्व मानक।

3. गणराज्य के प्रबन्ध का सत्य रुप- प्रबन्ध का अन्तर्राष्ट्रीय/ विश्व मानक।

4. गणराज्य के संचालन के लिए संचालक का निराकार रुप- संविधान के स्वरुप का अन्तर्राष्ट्रीय/ विश्व मानक।

5. साकार ब्राह्मण निर्माण के लिए शिक्षा का स्वरुप- शिक्षा पाठ्यक्रम का अन्तर्राष्ट्रीय/ विश्व मानक।

इस समष्टि कार्य द्वारा ही काल व युग परिवर्तन होगा न कि सिर्फ चिल्लाने से कि "सतयुग आयेगा" , "सतयुग आयेगा" से। यह समष्टि कार्य जिस शरीर से सम्पन्न होगा वही अन्तिम अवतार के रूप में व्यक्त होगा। धर्म में स्थित वह अवतार चाहे जिस सम्प्रदाय (वर्तमान अर्थ में धर्म) का होगा उसका मूल लक्ष्य यही शेष समष्टि कार्य होगा और स्थापना का माध्यम उसके सम्प्रदाय की परम्परा व संस्कृति होगी।

हे मानवों, उपरोक्त कार्य ही उस एक मात्र शेष अन्तिम अवतार का कार्य है और जो उपरोक्त कार्य को पूर्ण करेगा वह कल्कि अवतार के नाम से जाना जायेगा। हे मानवों उपरोक्त कार्य ही शेष ईश्वर के लिए कार्य है और मनुष्य के लिए चुनौति।

इस क्रम में मैं लव कुश सिंह "विश्वमानव" अपने "विश्वशास्त्र" से उपरोक्त कार्य को पूर्ण करने के लिए और स्वयं को धर्म मार्ग से अनिर्वचनीय कल्कि महाअवतार भोगेश्वर के रूप में तथा भारतीय लोकतान्त्रिक गणराज्य मार्ग से "भारत रत्न" के रूप में स्थापित करने के लिए एक मार्ग-एक प्रारूप प्रस्तुत किया हूँ जो अपने युग-समय में पहला प्रारूप है। इस प्रारूप "विश्वशास्त्र" के धर्मक्षेत्र से 90 नाम और धर्मनिरपेक्ष या सर्वधर्मसमभाव क्षेत्र से 141 नाम देने के बाद भी इस प्रारूप का नाम "ब्रह्माण्डशास्त्र" नहीं रखा। मनुष्यों के लिए यह चुनौति है कि वे "ब्रह्माण्डशास्त्र" की रचना कर मेरे प्रारूप "विश्वशास्त्र" को गलत या संकुचित सिद्ध कर मुझे अनिर्वचनीय कल्कि महाअवतार भोगेश्वर की योग्यता से वंचित कर दे। हे मानवों अगर आप ऐसा कर पाओं तो मेरे लिए मेरे द्वारा उत्पन्न किये गये अनन्त कृतियों में सबसे सम्मान के योग्य मानव नाम की कृति ही अन्तिम रूप से सर्वश्रेष्ठ होगी अन्यथा "विश्वशास्त्र" से मैं तुम्हारे अन्दर प्रवेश कर तुम में से ही स्वयं को प्रकट करूँगा।

हे मानवों, इन रहस्यों के खोलने के प्रति मेरा उद्देश्य क्या है? यह उद्देश्य सरल है क्योंकि एक सरल, साधारण, अघोर का उद्देश्य कभी भी कठीन, असाधारण और घोर नहीं हो सकता। साधारण सी बात है- प्रत्येक वस्तु स्वयं अपने जैसा ही निर्माण, उत्पादन या प्रजनन करती है। इस क्रम में ईश्वर भी स्वयं जैसा ईश्वर का ही निर्माण, उत्पादन या प्रजनन करेगा, न कि मूर्ख, अज्ञानी, बुद्धिबद्ध और गुलाम मनुष्य का। मात्र एक विचार- "ईश्वर ने इच्छा व्यक्त की कि मैं एक हूँ, अनेक हो जाऊँ" और "सभी ईश्वर हैं" , यह प्रारम्भ और अन्तिम लक्ष्य है। मनुष्य की रचना "पावर और प्राफिट (शक्ति और लाभ)" के लिए नहीं बल्कि असीम मस्तिष्क क्षमता के विकास के लिए हुआ है। फलस्वरूप वह स्वयं को ईश्वर रूप में अनुभव कर सके, जहाँ उसे किसी गुरू की आवश्यकता न पड़ें, वह स्वंयभू हो जाये, उसका प्रकाश वह स्वयं हो। एक गुरू का लक्ष्य भी यही होता है कि शिष्य मार्गदर्शन प्राप्त कर गुरू से आगे निकलकर, गुरू तथा स्वयं अपना नाम और कृति इस संसार में फैलाये, ना कि जीवनभर एक ही कक्षा में (गुरू में) पढ़ता रह जाये। एक ही कक्षा में जीवनभर पढ़ने वाले को समाज क्या नाम देता है, समाज अच्छी प्रकार जानता है और आपलोग खुद स्वयं भी जातने हैं। "विश्वशास्त्र" से कालक्रम को उसी मुख्यधारा में मोड़ दिया गया है। एक शास्त्राकार, अपने द्वारा व्यक्त किये गये पूर्व के शास्त्र का उद्देश्य और उसकी सीमा तो बता ही सकता है परन्तु व्याख्याकार ऐसा नहीं कर सकता।

स्वामी विवेकानन्द जी कहते हैं- "हम गुरु के बिना कोई ज्ञान प्राप्त नहीं कर सकते। अब बात यह है कि यदि मनुष्य, देवता अथवा कोई स्वर्गदूत हमारे गुरु हो, तो वे भी तो ससीम हैं, फिर उनसे पहले उनके गुरु कौन थे? हमें मजबूर होकर यह चरम सिद्धान्त स्थिर करना ही होगा कि एक ऐसे गुरु हैं जो काल के द्वारा सीमाबद्ध या

अविच्छिन्न नहीं हैं। उन्हीं अनन्त ज्ञान सम्पन्न गुरु को, जिनका आदि भी नहीं और अन्त भी नहीं, ईश्वर कहते हैं। (राजयोग, रामकृष्ण मिशन, पृष्ठ-134)

चाँद की ओर ईशारा करने वाले की उँगली की ओर नहीं, चाँद की ओर देखा जाता है। और चाँद को पकड़ा जाता है न कि उँगली दिखाने वाले को।

हे मानवों, यह भाव हमारे मन में क्यों आया? यह भाव हमारे मन में आने का कारण हृदय की विशालता है। हम अब अपने द्वारा निर्मित उत्पादों को, अब और अधिक समय तक कबाड़ के रूप में न तो रख सकते हैं और ना ही देखना चाहते हैं। अब सभी को हम स्वयं जैसा पूर्ण देखना चाहते हैं।

हे मानवों, हम लोगों की उत्पत्ति कैसे हुई? हमारी उत्पत्ति ज्ञान से हुई है। जिन्हें ज्ञान है वही अपने आप को संघर्ष में पाते हैं और सर्वश्रेष्ठता के लिए कर्मशील हैं। शेष सभी तो प्रकृति के अनुसार आते-जाते रहते हैं। इस ज्ञान को ही ब्रह्म कहते हैं। देवता रूप में इस ज्ञान को ब्रह्मा के रूप में प्रक्षेपित किया गया है। यह ज्ञान जिस-जिस अंगो द्वारा प्राथमिकता से अनुभव में आता है उतने प्रकार के मानव अपने-आप को उत्पन्न समझते हैं। पुराण रचनाकार महर्षि व्यास ने ब्रह्मा अर्थात ज्ञान के पुत्रों का प्रक्षेपण किये हैं। ब्रह्मा के 10 मानस पुत्रों 1. मन (विचार से ज्ञान प्राप्त करने वाले) से मरीचि, 2. नेत्रों (देखकर ज्ञान प्राप्त करने वाले) से अत्रि, 3. मुख (वाणी से ज्ञान प्राप्त करने वाले) से अंगिरा, 4. कान (सुन कर ज्ञान प्राप्त करने वाले) से पुलस्त्य, 5. नाभि (केन्द्र से ज्ञान प्राप्त करने वाले) से पुलह, 6. हाथ (कर्म से ज्ञान प्राप्त करने वाले) से कृतु, 7. त्वचा (स्पर्श से ज्ञान प्राप्त करने वाले) से भृगु, 8. प्राण (श्वास से ज्ञान प्राप्त करने वाले) से वशिष्ठ, 9. अँगूठे (आत्मा से ज्ञान प्राप्त करने वाले) से दक्ष तथा 10. गोद (प्रेम से ज्ञान प्राप्त करने वाले) से नारद उत्पन्न हुये। ये दस प्रकार ज्ञान से उत्पन्न है और इतने प्रकार के मानव निर्मित होकर संसार में विचरण कर रहे हैं। इसे ये न समझना चाहिए कि मन या नेत्र इत्यादि से कैसे ब्रह्मा ने अपने पुत्रों को उत्पन्न किया? चूंकि शरीर का अस्तित्व अस्थायी है इसलिए विचार के आधार पर ये मनुष्य के वर्ग या श्रेणी का निर्धारण है। हमारे द्वारा इतने वर्गों अर्थात परिवार को उत्पन्न करने के बाद स्वयं को सर्वश्रेष्ठ और मूल सिद्ध करते रहना भी हमारी ही जिम्मेदारी और कर्तव्य है ताकि हमारा परिवार एक संयुक्त परिवार के रूप में प्रकाशित हो।

हे मानवों, हमने अपने अधिपत्य के लिए क्या-क्या किया? हे मानवों हमने अपने अधिपत्य के लिए सदैव साम-दाम-दण्ड-भेद की विधि से निम्नलिखित गुणों को समय-समय पर प्रेम से मानव मस्तिष्क में स्थापित किया और करता रहूँगा और अन्त में इसे मानवों को स्वेच्छा से स्वीकार करने पर विवश भी कर दूँगा-

01. मुख्य-गुण सिद्धान्त - इसमें धारा के विपरीत दिशा (राधा) में गति करने का विचार-सिद्धान्त मानव मस्तिष्क में डाला गया।

02. मुख्य-गुण सिद्धान्त - इसमें सहनशील, शांत, धैर्यवान, लगनशील, दोनों पक्षों के बीच मध्यस्थ की भूमिका वाला गुण (समन्वय का सिद्धान्त) का विचार-सिद्धान्त मानव मस्तिष्क में डाला गया।

03. मुख्य-गुण सिद्धान्त - इसमें सूझ-बुझ, सम्पन्न, पुरूषार्थी, धीर-गम्भीर, निष्कामी, बलिष्ठ, सक्रिय, शाकाहारी, अहिंसक और समूह प्रेमी, लोगों का मनोबल बढ़ाना, उत्साहित और सक्रिय करने वाला गुण (प्रेरणा का सिद्धान्त) का विचार-सिद्धान्त मानव मस्तिष्क में डाला गया।

04. मुख्य-गुण सिद्धान्त - प्रत्यक्ष रूप से एका-एक लक्ष्य को पूर्ण करने वाले (लक्ष्य के लिए त्वरित कार्यवाही का सिद्धान्त) का विचार-सिद्धान्त मानव मस्तिष्क में डाला गया।

05. मुख्य-गुण सिद्धान्त - भविष्य दृष्टा, राजा के गुण का प्रयोग करना, थोड़ी सी भूमि पर गणराज्य व्यवस्था की स्थापना व व्यवस्था को जिवित करना, उसके सुख से प्रजा को परिचित कराने वाले गुण (समाज का सिद्धान्त) का विचार-सिद्धान्त मानव मस्तिष्क में डाला गया।

06. मुख्य-गुण सिद्धान्त - गणराज्य व्यवस्था को ब्रह्माण्ड में व्याप्त व्यवस्था सिद्धान्तों को आधार बनाने वाले गुण और व्यवस्था के प्रसार के लिए योग्य व्यक्ति को नियुक्त करने वाले गुण (लोकतन्त्र का सिद्धान्त और उसके प्रसार के लिए योग्य उत्तराधिकारी नियुक्त करने का सिद्धान्त) का विचार-सिद्धान्त मानव मस्तिष्क में डाला गया।

07. मुख्य-गुण सिद्धान्त - आदर्श चरित्र के गुण के साथ प्रसार करने वाला गुण (व्यक्तिगत आदर्श चरित्र के आधार पर विचार प्रसार का सिद्धान्त) का विचार-सिद्धान्त मानव मस्तिष्क में डाला गया।

08. मुख्य-गुण सिद्धान्त - आदर्श सामाजिक व्यक्ति चरित्र के गुण, समाज में व्याप्त अनेक मत-मतान्तर व विचारों के समन्वय और एकीकरण से सत्य-विचार के प्रेरक ज्ञान को निकालने वाले गुण (सामाजिक आदर्श व्यक्ति का सिद्धान्त और व्यक्ति से उठकर विचार आधारित व्यक्ति निर्माण का सिद्धान्त) का विचार-सिद्धान्त मानव मस्तिष्क में डाला गया।

09. मुख्य-गुण सिद्धान्त - प्रजा को प्रेरित करने के लिए धर्म, संघ और बुद्धि के शरण में जाने का गुण (धर्म, संघ और बुद्धि का सिद्धान्त) का विचार-सिद्धान्त मानव मस्तिष्क में डाला गया।

10. मुख्य-गुण सिद्धान्त - आदर्श मानक सामाजिक व्यक्ति चरित्र समाहित आदर्श मानक वैश्विक व्यक्ति चरित्र अर्थात सार्वजनिक प्रमाणित आदर्श मानक वैश्विक व्यक्ति चरित्र का विचार-सिद्धान्त मानव मस्तिष्क में डालने का काम वर्तमान है और वो अन्तिम भी है।

हे मानवों, अब स्थिति क्या है तथा भाविष्य में काल की गति किस ओर जा रही है? हे मानवों अब स्थिति यह है कि हमें आपके परम प्रिय सिद्धान्त "शक्ति और लाभ (पावर और प्राफिट)" से कोई असहमति नहीं हैं बल्कि यह आपमें कुछ करने की प्रवृत्ति का महान गुण हैं। इसका प्रकाश आप में सदैव जलते रहना चाहिए। काल की गति इस प्रकाश को कैसे सफलतापूर्वक प्राप्त किया जा सकता है उस ज्ञान को ग्रहण करके उस अनुसार कार्य करने की ओर जा रही है अर्थात ज्ञान युग की ओर जा रही है। और मस्तिष्क का विकास ही इसका मार्ग है। भविष्य का समय ऐसे ही मानवों के स्वागत की प्रतीक्षा कर रहा है।

विश्व शान्ति का अन्तिम सत्य-सन्देश

प्रिय आत्मीय मानवों,

इस संसार के मनुष्यों को अपना अन्तिम सन्देश देने से पहले मैं आपको उस क्षेत्र से परिचय कराना चाहता हूँ जिस क्षेत्र से यह सन्देश देने का साहस किया गया है क्योंकि कोई भी क्रिया बिना कारण के नहीं होती।

मेरा समस्त मूल कार्य जिस क्षेत्र से सम्पूर्ण हुआ, उस क्षेत्र को मैं सत्यकाशी क्षेत्र कहता हूँ और मैं जिस ग्राम का निवासी हूँ वह काशी (वाराणसी) के चौरासी कोस यात्रा तथा सत्यकाशी क्षेत्र का उभय क्षेत्र में स्थित है। इसलिए मैं जितना काशी (वाराणसी) का हूँ उतना ही सत्यकाशी का हूँ। इस प्रकार यह सन्देश काशी-सत्यकाशी का संयुक्त सन्देश है।

सत्यकाशी क्षेत्र जो काशी (वाराणसी), विन्ध्याचल, शिवद्वार और सोनभद्र के बीच का क्षेत्र है, एक पौराणिक-आध्यात्मिक और साधना के लिए उपयुक्त क्षेत्र के रूप में प्राचीन काल से आकर्षण में रहा है। इस क्षेत्र का हृदय क्षेत्र चुनार है। चुनार का किला राजा विक्रमादित्य ने अपने भाई भर्तहरि के तपस्या में हिंसक जानवरों द्वारा व्यवधान न उत्पन्न हो इसके लिए बनवाया था। ये राजा विक्रमादित्य वही हैं जिनके नाम से विक्रम सम्वत् कैलेण्डर स्थापित है। चुनार ईश्वर के पाँचवें अवतार-वामन अवतार का क्षेत्र है जिनसे समाज की शक्ति का प्रथम जन्म हुआ था।

सत्यकाशी क्षेत्र के चारों कोण पर स्थित 1. काशी (वाराणसी) का अपना प्राचीन और पुरातन इतिहास है जो सर्वविदित है। 2. विन्ध्याचल, जो शिव-शक्ति के उपासना का अद्भुत केन्द्र है। यशोदा से उत्पन्न पुत्री (जिनके बदले श्रीकृष्ण प्राप्त हुये थे) महासरस्वती अष्टभुजा देवी के नाम से यहीं स्थापित हैं। भारत देश का मानक समय माँ विन्ध्यवासिनी धाम से तय होता है। पुराणों के अनुसार रावण ने भी इसे मानक समय स्थल मानकर यहाँ शिवलिंग की स्थापना की थी। 3. शिवद्वार, त्रिकोणीय तान्त्रिक साधना के लिए जगत विख्यात था और साधना की राजधानी था। इसे ही मीरजापुर गजेटियर में गुप्तकाशी की संज्ञा से अभिकल्पित किया गया है। 4. सोनभद्र, सोन संस्कृति की पौराणिक पृष्ठभूमि वैदिककालीन सभ्यता की पराकाष्ठापरक ऐतिहासिकता से सम्बद्ध है। सन्त परम्पराओं का एक महत्वपूर्ण परिव्रजन इस क्षेत्र में हुआ जिसमें शैव व शाक्त प्रमुख थे। शैव सम्प्रदाय से जुड़े अघोर तन्त्र ने इसे बहुत सराहा और इसे अपनी कर्मभूमि बना लिया। सोन नद के तट पर शव छेदन क्रिया की भी प्रशिक्षा आयुर्वेद के जिज्ञासुओं को दी जाती थी। शैव तन्त्र से प्रभावित अघोर तन्त्र शव-साधना में सिद्धहस्त था और शव में इकार की प्राण प्रतिष्ठा का जीवन्त रूप शिव को दे देना इनकी अलौकिक साधना का चरमोत्कर्ष है। अघोरपन्थी नाम के पश्चात् "राम" का प्रयोग करते थे। इस क्षेत्र में सवर्ण वर्ग में प्रायः ब्राह्मण वर्ग भी राम का प्रयोग अपने नाम में करता है। इस क्षेत्र में पाशुपात तन्त्र के महान साधक लोरिक का नाम विशेष है।

उपरोक्त तो अति संक्षिप्त परिचय है विस्तार से "विश्वशास्त्र" के अध्याय-दो में प्रकाशित है, जिस क्षेत्र से ये विश्व ऐतिहासिक अन्तिम, अपरिवर्तनीय और अटलनीय सन्देश देने का साहस किया गया है।

हे मानवों, इस संसार में व्यक्त साहित्य, दर्शन, मत, सम्प्रदाय, नियम, संविधान इत्यादि को व्यक्त करने का माध्यम मात्र केवल मानव शरीर ही है इसलिए यह सोचो की यदि सार्वभौम सत्य-सिद्धान्त आधारित ऐसा साहित्य जो सार्वदेशीय, सार्वकालिक और सम्पूर्ण मानव समाज के लिए असीम गुणों और दिशाओं से युक्त हो, अन्तिम रुप से एक ही मानव शरीर से व्यक्त हो रहा हो जिसके ज्ञान के बिना मानव, मानव नहीं पशु हो, उसे स्वीकार और आत्मसात् करना मानव की विवशता हो, तो तुम उस व्यक्तकर्ता मानव को क्या कहोगे? और उसका क्या दोष? यह तो मैं तुम पर ही छोड़ता हूँ। परन्तु धार्मिक-आध्यात्मिक भाषा में उसी असीम गुणों-दिशाओं के प्रकाट्य शरीर को पूर्ण और अन्तिम साकार-सगुण-दृश्य-ब्रह्म-ईश्वर-आत्मा-शिव कहते हैं तथा सार्वभौम सत्य-सिद्धान्त को निराकार-निर्गुण-अदृश्य-ब्रह्म-ईश्वर-आत्मा-शिव कहते हैं वह शरीर चूँकि सिद्धान्त युक्त होता है इसलिए वह धर्मशास्त्र का प्रमाण रुप होता है। जो धर्मशास्त्रों और धर्मज्ञानियों के प्रति विश्वास बढ़ाता है। वर्तमान

समय में सिर्फ यह देखने की आवश्यकता है कि क्या वह सार्वभौम सत्य-सिद्धान्त शास्त्र-साहित्य विश्व विकास-एकता-स्थिरता-शान्ति के क्षेत्र में कुछ रचनात्मक भूमिका निभा सकता है या नहीं? यह देखने की आवश्यकता नहीं है कि उसका व्यक्तकर्ता एक ही शरीर है क्योंकि इससे कोई लाभ नहीं। प्रत्येक मानव चाहे वह किसी भी स्तर का हो वह शारीरिक संरचना में समान होता है परन्तु वह विचारों से ही विभिन्न स्तर पर पीठासीन है, इसलिए मानव, शरीर नहीं विचार है उसी प्रकार विश्वमानव शरीर नहीं, विश्व विचार अर्थात् सार्वभौम सत्य-सिद्धान्त है। इसी प्रकार "मैं" , अहंकार नहीं, "सिद्धान्त" है। प्रत्येक स्तर पर पीठासीन मानव अपने स्तर का सिद्धान्त रुप से "मैं" का अंश रुप से तथा विचार रुप से "अहंकार" का अंश रुप ही है। "मैं" का पूर्ण दृश्य, वास्तविक, सर्वोच्च और अन्तिम रुप वही होगा जो सम्पूर्ण ब्रह्माण्ड के सभी विषयों में व्याप्त हो जाय। तभी तो वह असीम गुणों और दिशाओं से युक्त होगा तथा प्रत्येक दिशा या गुण से उसका नाम अलग-अलग होगा परन्तु वह एक ही होगा। हे मानव, तुम इसे देख नहीं पाते क्योंकि तुम "दृष्टि" से युक्त हो अर्थात् तुम एक ही दिशा या गुण द्वारा देखने की क्षमता रखते हो तुम्हें "दिव्य दृष्टि" अर्थात् अनेक दिशा या गुणों द्वारा एक साथ देखने की क्षमता रखनी चाहिए तभी तुम यथार्थ को देख पाओगे, तभी तुम "मैं" के विश्व रुप को देख पाओगे। दृष्टि से युक्त होने के कारण ही तुम मेरे आभासी रुप-शरीर रुप को ही देखते हो, तुम मेरे वास्तविक रुप-सिद्धान्त रुप को देख ही नहीं पाते। इसी कारण तुम मुझे अहंकार रुप में देखते हो। और इसी कारण तुम "भूमण्डलीकरण (Globalisation)" का विरोध करते हो जबकि "ग्लोबलाईज्ड" दृष्टि ही "दिव्य दृष्टि" है। जिसका तुम मात्र विरोध कर सकते हो क्योंकि यह प्राकृतिक बल के अधीन है जो तुम्हें मानव से विश्वमानव तक के विकास के लिए अटलनीय है। दृष्टि, अहंकार है, अंधकार है, अपूर्ण मानव है तो दिव्य दृष्टि, सिद्धान्त है, प्रकाश है, पूर्णमानव-विश्वमानव है। तुम मानव की अवस्था से विश्वमानव की अवस्था में आने का प्रयत्न करो न कि विश्वमानव का विरोध। विरोध से तुम्हारी क्षति ही होगी। जिस प्रकार "श्रीकृष्ण" नाम है "योगेश्वर" अवस्था है, "गदाधर" नाम है "रामकृष्ण परमहंस" अवस्था है, "सिद्धार्थ" नाम है "बुद्ध" अवस्था है, "नरेन्द्र नाथ दत्त" नाम है "स्वामी विवेकानन्द" अवस्था है, "रजनीश" नाम है "ओशो" अवस्था है। उसी प्रकार व्यक्तियों के नाम, नाम है "भोगेश्वर विश्वमानव" उसकी चरम विकसित, सर्वोच्च और अन्तिम अवस्था है। "दृष्टि" से युक्त होकर विचार व्यक्त करना निरर्थक है, प्रभावहीन है, यहाँ तक की तुम्हें विरोध करने का भी अधिकार नहीं क्योंकि वर्तमान और भविष्य के समय में इसका कोई महत्व नहीं, अर्थ नहीं क्योंकि वह व्यक्तिगत विचार होगा न कि सार्वजनिक संयुक्त विचार। यह सार्वजनिक संयुक्त विचार ही "एकात्म विचार" है और यही वह अन्तिम सत्य है, यही "सार्वभौम सत्य-सिद्धान्त" है। यही धर्मनिपरपेक्ष और सर्वधर्मसमभाव नाम से विश्वमानक-शून्य श्रृंखला: मन की गुणवत्ता का विश्वमानक तथा धर्म नाम से कर्मवेद: प्रथम, अन्तिम और पंचमवेदीय श्रृंखला है जिसकी शाखाएं सम्पूर्ण ब्रह्माण्ड में व्याप्त है और सम्पूर्ण ब्रह्माण्ड व्यक्त है जिसकी स्थापना चेतना के अन्तिम रुप-दृश्य सत्य चेतना के अधीन है। यही "मैं" का दृश्य रुप है। यही "विश्व-बन्धुत्व" , "वसुधैव-कुटुम्बकम्" , "बहुजनहिताय-बहुजनसुखाय" , "एकात्म-मानवतावाद" , "सर्वेभवन्तु-सुखिनः" की स्थापना का "एकात्मकर्मवाद" आधारित अन्तिम मार्ग है।

मन और मन का मानक। मन-व्यक्तिगत प्रमाणित अदृश्य सत्य। मन का मानक-सार्वजनिक प्रमाणित दृश्य सत्य। अनासक्त मन अर्थात् आत्मा अर्थात् व्यक्तिगत प्रमाणित अदृश्य आत्मा अर्थात् मन का अदृश्य मानक। मन का मानक अर्थात् सार्वजनिक प्रमाणित दृश्य आत्मा अर्थात् सार्वजनिक प्रमाणित दृश्य अनासक्त मन। मन का मानक में मन समाहित है।

आत्मा का सार्वजनिक प्रमाणित धर्मनिरपेक्ष एवं सर्वधर्मसमभाव दृश्य रुप एकात्म ज्ञान, एकात्म ज्ञान सहित एकात्म कर्म तथा एकात्म ज्ञान और एकात्म कर्म सहित एकात्म ध्यान के तीन व्यक्त होने के स्तर हैं जो क्रमशः एकात्म वाणी, एकात्म वाणी सहित एकात्म प्रेम तथा एकात्म वाणी और एकात्म प्रेम सहित एकात्म समर्पण द्वारा शक्ति प्राप्त करता है। जिनका धर्मयुक्त अदृश्य रुप भारतीय संस्कृति के पौराणिक कथाओं में ब्रह्मा, विष्णु, महेश (शंकर) के रुप में तथा सरस्वती, लक्ष्मी और पार्वती शक्ति के रुप में प्रक्षेपित हैं। जिनकी उपयोगिता क्रमशः व्यक्ति, समाज और ब्रह्माण्ड को संतुलन, स्थिरता एवं विकास में है।

यदि तुम उपरोक्त गुणों को रखते हो तो तुम ही ब्रह्मा हो, विष्णु और महेश हो। साथ ही सरस्वती, लक्ष्मी और पार्वती भी। और यदि यह सीमित कर्मक्षेत्र तक में है तो तुम एक सीमाबद्ध और यदि यह सम्पूर्ण ब्रह्माण्ड के सर्वोच्च व्यापक अन्तिम और असीमित कर्म क्षेत्र तक में है तो तुम एक मूल ब्रह्मा, विष्णु, महेश और शक्ति सरस्वती, लक्ष्मी और पार्वती के अवतार हो। यदि तुम इस अनुसार नहीं तो तुम इनके अलावा मानव, दानव, पशु-मानव इत्यादि हो।

जब प्रत्येक शब्द धर्म और धर्मनिरपेक्ष या सर्वधर्मसमभाव में वर्गीकृत किया जा सकता है तब ईश्वर नाम को भी धर्मयुक्त नाम और धर्म निरपेक्ष या सर्वधर्मसमभाव नाम में व्यक्त किया जा सकता है। क्योंकि ईश्वर नाम भी शब्द है। जिस प्रकार व्यक्तिगत प्रमाणित अदृश्य काल के लिए धर्मयुक्त समष्टि ईश्वर नाम-" ॐ" है। उसी प्रकार सार्वजनिक प्रमाणित दृश्य काल के लिए धर्मनिरपेक्ष और सर्वधर्मसमभाव समष्टि ईश्वर नाम- " TRADE CENTRE" है। जिसमें धर्म युक्त ईश्वर नाम-" ॐ" का धर्मनिरपेक्ष और सर्वधर्मसमभाव रुप समाहित है।

एक ही देश काल मुक्त सर्वव्यापी अदृश्य सत्य-धर्म-ज्ञान है-आत्मा। और एक ही देश काल मुक्त सर्वव्यापी दृश्य सत्य-धर्म-ज्ञान है- क्रिया या परिवर्तन या $E=MC^2$ या आदान-प्रदान या TRADE या TRANSACTION। इस प्रकार सर्वोच्च और अन्तिम दृश्य सत्य-धर्म-ज्ञान से समस्त विषयों के यथार्थ व्यक्त रुप सर्वमान्य, सार्वजनिक प्रमाणित दृश्य और अन्तिम है। और व्यक्त कर्ता ज्ञानी या ब्रह्म या शिव की अन्तिम कड़ी है। इस आधार पर यह कहा जा सकता है कि "आत्मा" और मेरा दृश्य रुप (आदान-प्रदान) ही स्वस्थ उद्योग, स्वस्थ समाज और स्वस्थ लोकतन्त्र सहित विश्व शान्ति, एकता, स्थिरता और विकास का अन्तिम मार्ग है। चाहे वह वर्तमान में आत्मसात् किया जाये या भविष्य में परन्तु सत्य तो यही है।

मन से मन के मानक के व्यक्त होने के सम्पूर्ण यात्रा में कुछ महापुरुषों ने अदृश्य मानक आत्मा को व्यक्त करने के लिए कार्य किये तो कुछ ने अदृश्य सहित दृश्य मानक के लिए। मन के अदृश्य मानक आत्मा की श्रृंखला में निवृत्ति मार्गी-साधु, संत इत्यादि जिनकी सर्वोच्च स्थिति ब्रह्मा हैं। मन के अदृश्य सहित दृश्य मानक के श्रृंखला में प्रवृत्ति मार्गी-गृहस्थ युक्त सन्यासी इत्यादि जिनकी सर्वोच्च स्थिति विष्णु हैं। इस मानक को व्यवहारिकता में लाने के लिए ध्यान मार्गी जिनकी सर्वोच्च स्थिति महेश हैं। और यही वर्तमान तथा भविष्य के समाज की आवश्यकता है। और यही मन के मानक की उपयोगिता है।

मन के मानक को व्यक्त करने में जो शब्द, ज्ञान-विज्ञान, नाम-रुप इत्यादि प्रयोग किये गये हैं-वे सब मन से मन के मानक के विकास यात्रा में विभिन्न महापुरुषों द्वारा व्यक्त हो मानव समाज में पहले से मान्यता प्राप्त कर विद्यमान है। मैं (विश्वात्मा) सिर्फ उसको वर्तमान की आवश्यकता और वर्तमान से जोड़ने के लिए समयानुसार व्यक्त कर मन के मानक को व्यक्त कर दिया हूँ। यदि समाज इसे आत्मसात् नहीं करता तो उसके पहले मैं (विश्वात्मा) ही उसे आत्मसात् नहीं करता क्योंकि मैं शुद्ध-बुद्ध-मुक्त आत्मा हूँ, मैं नाम-रुप से मुक्त हूँ, मैं शिव हूँ, मैं शिव हूँ, मैं शिव हूँ। और ऐसा कहने वाला मैं पहला नहीं हूँ। मुझसे पहले भी अनेक सिद्धों द्वारा ऐसी उद्घोषणा की जा चुकी है और वे अपने समय के देश-काल स्थितियों में उसे सिद्ध भी कर चुके हैं और जब तक प्रत्येक मानव ऐसा कहने के योग्य नहीं बनता तब तक धर्म शास्त्रों में सृष्टि के प्रारम्भ में कहा गया ईश्वरीय वाणी-" ईश्वर ने इच्छा व्यक्त की कि मैं एक हूँ अनेक हो जाऊँ" कैसे सिद्ध हो पायेगा। मेरे उद्घोष का सबसे बड़ा प्रमाण "सत्य मानक शिक्षा" द्वारा लक्ष्य "पुनर्निर्माण" व उसके प्राप्ति की कार्य योजना है। जो अपने आप में पुरातन, विलक्षण और वर्तमान तक ऐसा नहीं हुआ है, जैसा है। श्रीराम द्वारा शारीरिक शक्ति के माध्यम से शारीरिक शक्ति का प्रयोग कर सत्यीकरण हुआ था, श्रीकृष्ण द्वारा आर्थिक शक्ति के माध्यम से व्यक्तिगत बौद्धिक शक्ति का प्रयोग कर सत्यीकरण हुआ था, अब यह कार्य व्यक्तिगत बौद्धिक शक्ति के माध्यम से सार्वभौम बौद्धिक शक्ति का प्रयोग कर सत्यीकरण किया जा रहा है। जो श्रीराम, श्रीकृष्ण के क्रम में अगला कार्य है। यह मानने का कार्य नहीं जानने का कार्य है। मानने से, मानने वाले का कोई कल्याण नहीं होता, कल्याण तो सिर्फ जानने वालों का ही होता रहा है, होता है और होता रहेगा।

वर्तमान एवं भविष्य के मानव समाज को मैं (विश्वात्मा) का यह अन्तिम सत्य संदेश है कि-मानव की वास्तविक चेतना-सत्य चेतना अर्थात् भूतकाल का अनुभव और भविष्य की आवश्यकतानुसार वर्तमान में परिणाम ज्ञान से युक्त हो कार्य करना है न कि पशुओं की प्राकृतिक चेतना अर्थात् शुद्ध रुप से वर्तमान में कार्य करना है। सत्य चेतना में प्राकृतिक चेतना समाहित रहती है। अर्थात् मानव का विकास प्राकृतिक चेतना से सत्य चेतना की ओर होना चाहिए। और विज्ञान की भाँति धर्म के विषय में भी सदा आविष्कृत विषय से आविष्कार की ओर बढ़ना चाहिए अन्यथा स्थिति यह होगी कि वह तो आपके पास पहले से आविष्कृत था परन्तु उसी के आविष्कार में आपने पूरा जीवन व्यतीत कर दिया।

सम्पूर्ण मानव समाज से यह निवेदन है कि ईश्वर के सम्बन्ध में जो कुछ भी अब तक आविष्कृत है यद्यपि कि वह सब मैं (आत्मा) इस भौतिक शरीर (श्री लव कुश सिंह "विश्वमानव") से व्यक्त कर चुका हूँ लेकिन फिर भी व्यक्ति ईश्वर नहीं बन सकता। सिर्फ समष्टि ही ईश्वर होता है और समष्टि ही संयुक्त है। जिसकी चरम विकसित अवस्था सम्पूर्ण ब्रह्माण्ड का यथार्थ रुप है जो एक संयुक्त विचार-सत्य-सिद्धान्त ही है व्यक्ति नहीं। जबकि इसको व्यक्त और आत्मसात् करने वाला व्यक्ति ही है अर्थात् ईश्वर और व्यक्ति एक दूसरे पर निर्भर है। परिणामस्वरुप जो कुछ भी इस भौतिक शरीर द्वारा व्यक्त कर देना था-वह दे दिया गया और बात यहीं समाप्त हो गयी। क्योंकि मैं (विश्वात्मा) तुम्हारे अनूरुप सामान्य हो गया क्योंकि ईश्वर (संयुक्त विचार सत्य-सिद्धान्त) बाहर हो गया और वह सभी में व्याप्त हो गया। तू भी सामान्य, मैं भी सामान्य। तू भी ईश्वर, मैं भी ईश्वर। तू भी शिव, मैं भी शिव। इससे अलग सिर्फ माया, भ्रम, अन्धविश्वास है। और जब तक मैं (विश्वात्मा) इस शरीर में हूँ एक वर्तमान और भविष्य का एकात्म ध्यान युक्त प्रबुद्ध मानव के सिवाय कुछ अधिक भी नहीं समझा जाना चाहिए बस यही निवेदन है।

इस अन्तिम के सम्बन्ध में यह कहना चाहूँगा कि इस पर अभी विवाद करने से कोई लाभ नहीं है। अभी तो सिर्फ यह देखना है कि यह कालानुसार वर्तमान और भविष्य के लिए व्यक्ति से विश्व प्रबन्ध तक के लिए उपयोगी है या नहीं और जब तक मानव सृष्टि रहेगी तब तक यह सार्वभौम सत्य-सिद्धान्त अभेद्य और अकाट्य बना रहता है। तब यह समझ लेना होगा कि यह अन्तिम था। और व्यक्त करने वाला मानव शरीर पूर्ण ब्रह्म की अन्तिम कड़ी अर्थात् शिव का साकार सगुण रुप ही था।

आलोचना और विरोध मानव का स्वभाव है परन्तु सत्य की आलोचना और विरोध यदि बिना विचारे ही होगा तो यह उस मनुष्य के लिए स्वयं की मूर्खता का प्रदर्शन ही बन सकता है क्योंकि ऐसा नहीं है कि अन्य मनुष्य इसे नहीं समझ रहे हैं। इसलिए इसके लिए थोड़ा सतर्कता रखें विशेषकर उन लोगों के लिए जो सार्वजनिक रुप से विचार प्रस्तुत करते हैं।

हाँ, एक अन्तिम सत्य और-उपरोक्त अन्तिम सत्य भी सत्य और अन्तिम सत्य है या नहीं? इसके लिए भी तो ज्ञान और बुद्धि चाहिए।

प्रकाशित खुशमय तीसरी सहस्त्राब्दि के साथ यह एक सर्वोच्च समाचार है कि नयी सहस्त्राब्दि केवल बीते सहस्त्राब्दियों की तरह एक सहस्त्राब्दि नहीं है। यह प्रकाशित और विश्व के लिए नये अध्याय के प्रारम्भ का सहस्त्राब्दि है। केवल वक्तव्यों द्वारा लक्ष्य निर्धारण का नहीं बल्कि स्वर्गीकरण के लिए असिमीत भूमण्डलीय मनुष्य और सर्वोच्च अभिभावक संयुक्त राष्ट्र संघ सहित सभी स्तर के अभिभावक के कर्तव्य के साथ कार्य योजना पर आधारित। क्योंकि दूसरी सहस्त्राब्दि के अन्त तक विश्व की आवश्यकता, जो किसी के द्वारा प्रतिनिधित्व नहीं हुई उसे विवादमुक्त और सफलतापूर्वक प्रस्तुत किया जा चुका है। जबकि विभिन्न विषयों जैसे-विज्ञान, धर्म, आध्यात्म, समाज, राज्य, राजनीति, अन्तर्राष्ट्रीय सम्बन्ध, परिवार, व्यक्ति, विभिन्न संगठनों के क्रियाकलाप, प्राकृतिक, ब्रह्माण्डीय, देश, संयुक्त राष्ट्र संघ इत्यादि की स्थिति और परिणाम सार्वजनिक प्रमाणित दृश्य रुप में थे।

विज्ञान के सर्वोच्च आविष्कार के आधार पर अब यह विवाद मुक्त हो चुका है कि मन केवल व्यक्ति, समाज, और राज्य को ही नहीं प्रभावित करता बल्कि यह प्रकृति और ब्रह्माण्ड को भी प्रभावित करता है। केन्द्रीयकृत और ध्यानीकृत मन विभिन्न शारीरिक सामाजिक और राज्य के असमान्यताओं के उपचार का अन्तिम मार्ग है। स्थायी स्थिरता, विकास, शान्ति, एकता, समर्पण और सुरक्षा के लिए प्रत्येक राज्य के शासन प्रणाली के लिए

आवश्यक है कि राज्य अपने उद्देश्य के लिए नागरिकों का निर्माण करें। और यह निर्धारित हो चुका है कि क्रमबद्ध स्वस्थ मानव पीढ़ी के लिए विश्व की सुरक्षा आवश्यक है। इसलिए विश्वमानव के निर्माण की आवश्यकता है, लेकिन ऐसा नहीं है और विभिन्न अनियन्त्रित समस्या जैसे-जनसंख्या, रोग, प्रदूषण, आतंकवाद, भ्रष्टाचार, विकेन्द्रीकृत मानव शक्ति एवं कर्म इत्यादि लगातार बढ़ रहे है। जबकि अन्तरिक्ष और ब्रह्माण्ड के क्षेत्र में मानव का व्यापक विकास अभी शेष है। दूसरी तरफ लाभकारी भूमण्डलीकरण विशेषीकृत मन के निर्माण के कारण विरोध और नासमझी से संघर्ष कर रहा है। और यह असम्भव है कि विभिन्न विषयों के प्रति जागरण समस्याओं का हल उपलब्ध करायेगा।

मानक के विकास के इतिहास में उत्पादों के मानकीकरण के बाद वर्तमान में मानव, प्रक्रिया और पर्यावरण का मानकीकरण तथा स्थापना आई0 एस0 ओ0-9000 एवं आई0 एस0 ओ0-14000 श्रृंखला के द्वारा मानकीकरण के क्षेत्र में बढ़ रहा है। लेकिन इस बढ़ते हुये श्रृंखला में मनुष्य की आवश्यकता (जो मानव और मानवता के लिए आवश्यक है) का आधार "मानव संसाधन का मानकीकरण" है क्योंकि मनुष्य सभी (जीव और निर्जीव) का निर्माणकर्ता और उसका नियन्त्रणकर्ता है। मानव संसाधन के मानकीकरण के बाद सभी विषय आसानी से लक्ष्य अर्थात् विश्वस्तरीय गुणवत्ता की ओर बढ़ जायेगी क्योंकि मानव संसाधन के मानक में सभी तन्त्रों के मूल सिद्धान्त का समावेश होगा।

वर्तमान समय में शब्द- "निर्माण" भूमण्डलीय रुप से परिचित हो चुका है इसलिए हमें अपना लक्ष्य मनुष्य के निर्माण के लिए निर्धारित करना चाहिए। और दूसरी तरफ विवादमुक्त, दृश्य, प्रकाशित तथा वर्तमान सरकारी प्रक्रिया के अनुसार मानक प्रक्रिया उपलब्ध है। जैसा कि हम सभी जानते हैं कि मानक हमेशा सत्य का सार्वजनिक प्रमाणित विषय होता है न कि विचारों का व्यक्तिगत प्रमाणित विषय। अर्थात् प्रस्तुत मानक विभिन्न विषयों जैसे-आध्यात्म, विज्ञान, तकनीकी, समाजिक, नीतिक, सैद्धान्तिक, राजनीतिक इत्यादि के व्यापक समर्थन के साथ होगा। "उपयोग के लिए तैयार" तथा "प्रक्रिया के लिए तैयार" के आधार पर प्रस्तुत मानव के विश्व स्तरीय निर्माण विधि को प्राप्त करने के लिए मानव निर्माण तकनीकी WCM-TLM-SHYAM.C (World Class Manufactuing–Total Life Maintenance- Satya, Heart, Yoga, Ashram, Meditation.Conceousnesas) प्रणाली आविष्कृत है जिसमें सम्पूर्ण तन्त्र सहभागिता (Total System Involvement-TSI) है और विश्वमानक शून्य: मन की गुणवत्ता का विश्वमानक श्रृंखला (WS-0: World Standard of Mind Series) समाहित है। जो विश्वमानव निर्माण प्रक्रिया की तकनीकी और मानव संसाधन की गुणवत्ता का विश्वमानक है। जैसे-औद्योगिक क्षेत्र में इन्स्टीच्यूट आफ प्लान्ट मेंन्टीनेन्स, जापान द्वारा उत्पादों के विश्वस्तरीय निर्माण विधि को प्राप्त करने के लिए उत्पाद निर्माण तकनीकी डब्ल्यू0 सी0 एम0-टी0 पी0 एम0-5 एस (WCM-TPM-5S (World Class Manufacturing - Total Productive Maintenance -Siri (छँटाई), Seton (सुव्यवस्थित), Sesaso (स्वच्छता), Siketsu (अच्छास्तर), Shituke (अनुशासन) प्रणाली संचालित है। जिसमें सम्पूर्ण कर्मचारी सहभागिता (Total Employees Involvement) है।) का प्रयोग उद्योगों में विश्व स्तरीय निर्माण प्रक्रिया के लिए होता है। और आई.एस.ओ.-9000 (ISO-9000) तथा आई.एस.ओ.-14000 (ISO-14000) है।

युग के अनुसार सत्यीकरण का मार्ग उपलब्ध कराना ईश्वर का कर्तव्य है आश्रितों पर सत्यीकरण का मार्ग प्रभावित करना अभिभावक का कर्तव्य है। और सत्यीकरण के मार्ग के अनुसार जीना आश्रितों का कर्तव्य है जैसा कि हम सभी जानते है कि अभिभावक, आश्रितों के समझने और समर्थन की प्रतिक्षा नहीं करते। अभिभावक यदि किसी विषय को आवश्यक समझते हैं तब केवल शक्ति और शीघ्रता से प्रभावी बनाना अन्तिम मार्ग होता है। विश्व के बच्चों के लिए यह अधिकार है कि पूर्ण ज्ञान के द्वारा पूर्ण मानव अर्थात् विश्वमानव के रुप में बनना। हम सभी विश्व के नागरिक सभी स्तर के अभिभावक जैसे-महासचिव संयुक्त राष्ट्र संघ, राष्ट्रों के राष्ट्रपति-प्रधानमंत्री, धर्म, समाज, राजनीति, उद्योग, शिक्षा, प्रबन्ध, पत्रकारिता इत्यादि द्वारा अन्य समानान्तर आवश्यक लक्ष्य के साथ इसे जीवन का मुख्य और मूल लक्ष्य निर्धारित कर प्रभावी बनाने की आशा करते हैं। क्योंकि लक्ष्य निर्धारण वक्तव्य का सूर्य नये सहस्त्राब्दि के साथ डूब चुका है। और कार्य योजना का सूर्य उग चुका है। इसलिए धरती को स्वर्ग बनाने

का अन्तिम मार्ग सिर्फ कर्तव्य है। और रहने वाले सिर्फ सत्य-सिद्धान्त से युक्त संयुक्तमन आधारित मानव है, न कि संयुक्तमन या व्यक्तिगतमन से युक्तमानव।

आविष्कार विषय "व्यक्तिगत मन और संयुक्तमन का विश्व मानक और पूर्णमानव निर्माण की तकनीकी है जिसे धर्म क्षेत्र से कर्मवेद: प्रथम, अन्तिम तथा पंचमवेदीय श्रृंखला तथा शासन क्षेत्र से WS-0: मन की गुणवत्ता का विश्व मानक श्रृंखला तथा WCM-TLM-SHYAM.C तकनीकी कहते है। सम्पूर्ण आविष्कार सार्वभौम सत्य-सिद्धान्त अर्थात सम्पूर्ण ब्रह्माण्ड में व्याप्त अटलनीय, अपरिवर्तनीय, शाश्वत व सनातन नियम पर आधारित है, न कि मानवीय विचार या मत पर आधारित।" सम्पूर्ण ब्रह्माण्ड में व्याप्त एक ही सत्य-सिद्धान्त द्वारा व्यक्तिगत व संयुक्त मन को एकमुखी कर सर्वोच्च, मूल और अन्तिम स्तर पर स्थापित करने के लिए शून्य पर अन्तिम आविष्कार WS-0 श्रृंखला की निम्नलिखित पाँच शाखाएँ है।

1. डब्ल्यू.एस. (WS)-0:विचार एवं साहित्य का विश्वमानक
2. डब्ल्यू.एस. (WS)-00: विषय एवं विशेषज्ञों की परिभाषा का विश्वमानक
3. डब्ल्यू.एस. (WS)-000:ब्रह्माण्ड (सूक्ष्म एवं स्थूल) के प्रबन्ध और क्रियाकलाप का विश्वमानक
4. डब्ल्यू.एस. (WS)-0000: मानव (सूक्ष्म तथा स्थूल) के प्रबन्ध और क्रियाकलाप का विश्वमानक
5. डब्ल्यू.एस. (WS)-00000:उपासना और उपासना स्थल का विश्वमानक

संयुक्त राष्ट्र संघ सीधे इस मानक श्रृंखला को स्थापना के लिए अपने सदस्य देशों के महासभा के समक्ष प्रस्तुत कर अन्तर्राष्ट्रीय मानकीकरण संगठन व विश्व व्यापार संगठन के माध्यम से सभी देशों में स्थापित करने के लिए उसी प्रकार बाध्य कर सकता है, जिस प्रकार ISO-9000 व ISO-14000 श्रृंखला का विश्वव्यापी स्थापना हो रहा है।

20 वर्षो से जिस समय की प्रतीक्षा मैं लव कुश सिंह "विश्वमानव" कर रहा था वह आ गया है। जो व्यक्ति प्राकृतिक बल को समझ जाते हैं वे उसके अनुसार कार्य योजना तैयार करते है। इस क्रम में व्यक्ति, समाज, देश व विश्व की आवश्यकता को 20 वर्ष पहले ही समझ लिया गया था और उस अनुसार ही लक्ष्य निर्धारित कर उसके प्राप्ति के लिए कार्य योजना तैयार की जा रही थी। सिर्फ लक्ष्य निर्धारण से ही कार्य सम्पन्न नहीं हो जाता बल्कि लक्ष्य की सत्यता की प्रमाणिकता के लिए धर्म शास्त्रों, पुराणों, दार्शनिकों, सामाजिक-राजनीतिक नेतृत्वकर्ताओं, विज्ञान व आध्यात्म इत्यादि के विचारों-सिद्धान्तों के द्वारा उसे पुष्टि प्रदान करने की भी आवश्यकता होती है। फिर उसे उस लक्ष्य तक पहुँचाने के लिए कार्य योजना बनानी पड़ती है।

वर्तमान समय, सम्पूर्ण पुनर्निर्माण और सत्यीकरण का समय है। हमें प्रत्येक विषय को प्रारम्भ से समझना और समझाना पड़ेगा। तभी व्यक्ति, समाज, देश व विश्व को सत्य दिशा प्राप्त हो सकेगी और इस कार्य को करने वाला काशी-सत्यकाशी क्षेत्र इस वर्तमान समय में राष्ट्र गुरू बनेगा जिसका कारण होगा-" राष्ट्र को सत्य मार्गदर्शन देना"। और फिर यही कारण भारत को जगतगुरू के रूप में स्थापित कर देगा।

हम सभी के मोटर वाहनों में, वाहन कितने किलोमीटर चला उसे दिखाने के लिए एक यंत्र होता है। यदि इस यंत्र की अधिकतम 6 अंकों तक किलोमीटर दिखाने की क्षमता हो तब उसमें 6 अंक दिखते है। जो प्रारम्भ में 000000 के रूप में होता है। वाहन के चलते अर्थात विकास करते रहने से 000001 फिर 000002 इस क्रम से बढ़ते हुये पहले इकाई में, फिर दहाई में, फिर सैकड़ा में, फिर हजार में, फिर दस हजार में, फिर लाख में, के क्रम में यह आगे बढ़ते हुये बदलता रहता है। एक समय ऐसा आता है जब सभी अंक 999999 हो जाते हें फिर क्या होगा? फिर सभी 000000 के अपने प्रारम्भ वाली स्थिति में आ जायेंगे। इन 6 अंक के प्रत्येक अंक के चक्र में 0 से 9 अंक के चक्र होते है। जो वाहन के चलने से बदलकर चले हुये किलोमीटर को दिखाते है। यही स्थिति भी इस सृष्टि के काल चक्र की है। सृष्टि चक्र में पहले काल है जिसके दो रूप अदृश्य और दृश्य हैं। फिर इन दोनों काल में 5 युग हैं। 4 अदृश्य काल के 1 दृश्य काल के। और इन दोनों काल में 14 मनवन्तर और मनु हैं। 7 अदृश्य काल के 7 दृश्य काल के। फिर इन युगों में युगावतार अवतार होते हैं। फिर व्यास व शास्त्र होते हैं। ये सब वैसे ही है जैसे अंक गणित में इकाई, दहाई, सैकड़ा, हजार, दस हजार, लाख इत्यादि होते हैं। उपर उदाहरण दिये गये यंत्र में जब सभी

अंक 999999 हो जाते हैं तब विकास के अगले एक बदलाव से इकाई, दहाई, सैकड़ा, हजार, दस हजार, लाख सभी बदलते हैं। वर्तमान सृष्टि चक्र की स्थिति भी यही हो गयी है कि अब अगले अवतार के मात्र एक विकास के लिए सत्यीकरण से काल, मनवन्तर व मनु, अवतार, व्यास व शास्त्र सभी बदलेंगे। इसलिए देश व विश्व के धर्माचार्यों, विद्वानों, ज्योतिषाचार्यों इत्यादि को अपने-अपने शास्त्रों को देखने व समझने की आवश्यकता आ गयी है क्योंकि कहीं ये कार्य वही तो नहीं है? और यदि नहीं तो वह कौन सा कार्य होगा जो इन सबको बदलने वाली घटना को घटित करेगा?

सामान्यतः मनुष्य का स्वभाव अपने जैसा ही दूसरे को समझना होता है। वह कैसे यह सोच सकता है कि एक व्यक्ति सांसारिक कार्यों से निर्लिप्त रहते हुये 20 वर्षों से ऐसी शोध व योजना पर ध्यान केन्द्रित कर कार्य करने में लगा हुआ है जो भारत को उसके सत्य महानता की ओर ले जाने वाला कार्य है। और ऐसा कार्य भारत सहित विश्व के लिए कितने बड़े समाचार का विषय बनेगा?

"विश्वशास्त्र" में जन्म-जीवन-पुर्नजन्म-अवतार-साकार ईश्वर-निराकार ईश्वर, अदृश्य और दृश्य ईश्वर नाम, मानसिक मृत्यु व जन्म, भूत-वर्तमान-भविष्य, शिक्षा व पूर्ण शिक्षा, संविधान व विश्व संविधान, ग्राम सरकार व विश्व सरकार, विश्व शान्ति व एकता, स्थिरता व व्यापार, विचारधारा व क्रियाकलाप, त्याग और भोग, राधा और धारा, प्रकृति और अहंकार, कर्तव्य और अधिकार, राजनीति व विश्व राजनीति, व्यक्ति और वैश्विक व्यक्ति, ज्ञान व कर्मज्ञान, योग, अदृश्य और दृश्य योग व ध्यान, मानवतावाद व एकात्मकर्मवाद, नायक-शास्त्राकार-आत्मकथा, महाभारत और विश्वभारत, जाति और समाजनीति, मन और मन का विश्वमानक, मानव और पूर्ण मानव एवं पूर्ण मानव निर्माण की तकनीकी, आकड़ा व सूचना और विश्लेषण, शास्त्र और पुराण इत्यादि अनेकों विषय और उनके वर्तमान समय के शासनिक व्यवस्था में स्थापना स्तर तक की विधि को व्यक्त किया गया है। इस एक ही "विश्वशास्त्र" साहित्य के गुणों के आधार पर धर्म क्षेत्र से 90 नाम और धर्मनिरपेक्ष व सर्वधर्मसमभाव क्षेत्र से 141 नाम भी निर्धारित किये गये हैं।

जब दुनिया बीसवीं सदी के समाप्ति के समीप थी तब वर्ष 1995 ई0 में कोपेनहेगन में सामाजिक विकास का विश्व शिखर सम्मेंलन हुआ था। इस शिखर सम्मेंलन में यह माना गया कि-" आर्थिक विकास अपने आप में महत्वपूर्ण विषय नहीं है, उसे समाजिक विकास के हित में काम करना चाहिए। यह कहा गया कि पिछले वर्षों में आर्थिक विकास तो हुआ, पर सभी देश सामाजिक विकास की दृष्टि से पिछड़े ही रहे। जिसमें मुख्यतः तीन बिन्दुओं- बढ़ती बेरोजगारी, भीषण गरीबी और सामाजिक विघटन पर चिन्ता व्यक्त की गई। यह स्वीकार किया गया कि सामाजिक विकास की समस्या सार्वभौमिक है। यह सर्वत्र है, लेकिन इस घोर समस्या का समाधान प्रत्येक संस्कृति के सन्दर्भ में खोजना चाहिए।" इसका सीधा सा अर्थ यह है कि व्यक्ति हो या देश, आर्थिक विकास तभी सफल होगा जब बौद्धिक विकास के साथ मनुष्य के गुणवत्ता में भी विकास हो। इसी सम्मेलन में भारत ने यह घोषणा की कि-" वह अपने सकल घरेलू उत्पाद का 6 प्रतिशत शिक्षा पर व्यय करेगा।" भारत इस पर तब से कितना अमल कर पाया यह तो सबके सामने है। लेकिन बौद्धिक विकास के साथ मनुष्य के गुणवत्ता में भी विकास के लिए भारत सहित विश्व के हजारों विश्वविद्यालय जिस पूर्ण सकारात्मक एवं एकीकरण के विश्वस्तरीय शोध को न कर पाये, वह पूर्ण किया जा चुका है और उसे पाठ्यक्रम का रूप देकर पुनर्निर्माण के माध्यम से आपके सामने है। परिणामस्वरूप एकल सार्वभौमिक रचनात्मक बुद्धि बनाम विश्व बुद्धि का रूप आपके सामने है।

शास्त्रों व अनेक भविष्यवक्ताओं के भविष्यवाणीयों को पूर्णतया सिद्ध करते हुये यह कार्य उसी समय अवधि में सम्पन्न हुआ है। भविष्यवाणीयों के अनुसार ही जन्म, कार्य प्रारम्भ और पूर्ण करने का समय और जीवन है। अधिक जानने के लिए इन्टरनेट पर गूगल व फेसबुक में नियामतपुर कलाँ, लव कुश सिंह "विश्वमानव" , सत्यकाशी, विश्वशास्त्र, विश्वमानव (NIYAMATPUR KALAN, LAVA KUSH SINGH "VISHWMANAV" , SATYAKASHI, VISHWSHASTRA, VISHWMANAV) इत्यादि से सर्च कर जानकारी पायी जा सकती है।

सामाजिक-आर्थिक प्रणाली और शिक्षा के दायित्व पर आधारित सम्पूर्ण कार्य योजना को राष्ट्र को समर्पित करते हुये और प्रकृति से लिए गये हवा, पानी, धूप इत्यादि का कर्ज उतारते हुये, इस व्यापार पर स्वयं का

एकाधिकार न रहे इसलिए इसे, पूरी रूचि से संचालित करने वालों के हाथों में ही सौंपने की भी योजना है जिससे ज्ञान का व्यापार भी हो जायेगा और राष्ट्र सेवा भी हो जायेगी।

जय भारत देश, जय विश्व राष्ट्र

सत्य, आधुनिक अथवा प्राचीन किसी समाज का सम्मान नहीं करता। समाज को ही सत्य का सम्मान करना पड़ेगा। अन्यथा समाज ध्वंस हो जाये कोई हानि नहीं। किसी प्रकार की राजनीति में मुझे विश्वास नहीं है। ईश्वर तथा सत्य ही एक मात्र राजनीति है बाकि सब कूड़ा-करकट है।

-स्वामी विवेकानन्द

Think Globally - Act Locally
वैश्विक सोच - स्थानीय कार्यवाही

जिस प्रकार शरीर स्थित मन का स्तर व्यक्ति को इस संसार में अभिनय करवाता है, उसी प्रकार एक लेखक ही पर्दे पर या जीवन में अभिनय करवाता है।
वाल्मिकि और तुलसी के लिखने से श्रीराम का अभिनय,
और व्यास के लिखने से श्रीकृष्ण का अभिनय अभी भी चल रहा है।
व्यापक सोचें, व्यापक लिखे। पढ़े- "विश्वशास्त्र"

आत्मा पर कौन विश्वास करता है, सभी शरीर पर विश्वास करते हैं

WRITER IS ACTOR

भाग-7

परिवर्तन

सीधी समझ

नये भारत में, नये मनुष्य के उदय के लिए

व्यवस्था के परिवर्तन या सत्यीकरण का पहला प्रारूप और उसकी कार्य विधि

वे शब्द जिसके बिना युग परिवर्तन सम्भव नहीं

उपाधियाँ मिलती है- पीएच0 डी0, डी0 लिट0 और डी0 फिल0 और उनका बड़ा सम्मान होता है। उनका काम क्या है? उनका काम यह है कि वे तय करते हैं कि गोरखनाथ कब पैदा हुए थे। कोई कहता है दसवीं सदी के अंत में, कोई कहता है ग्यारहवीं सदी के प्रारम्भ में। इस पर बड़ा विवाद चलता है। बड़े-बड़े विश्वविद्यालयों के ज्ञानी सिर खपा कर खोज में लगे रहते हैं। शास्त्रों की, प्रमाणों की, इसकी, उसकी। उनकी पूरी जिन्दगी इसी में जाती है। इससे बड़ा अज्ञान और क्या होगा? गोरख कब पैदा हुए, इसे जानकर करोगे क्या? इसे जान भी लिया तो पाओगे क्या? गोरख न भी पैदा हुए, यह भी सिद्ध हो जाये, तो भी क्या फायदा? हुए हों या न हुए हों, अर्थहीन है। गोरख ने क्या जिया उसका स्वाद लो। इसलिए तुम्हारे विश्वविद्यालय ऐसी व्यर्थता के कामों में संलग्न हैं कि बड़ा आश्चर्य होता है कि इन्हें विश्वविद्यालय कहो या न कहो। इनका काम ही........तुम्हारे विश्वविद्यालय में चलने वाली जितनी शोध है, सब कूड़ा-करकट है।

-आचार्य रजनीश "ओशो"

(अक्टुबर व नवम्बर 1978 में दिये गये प्रवचन का अंश)

FINAL KNOWLEDGE BOMB BLAST

AFTER FIRST NOBEL DISCOVERY OF ZERO BY INDIA AGAIN ZERO BASED FINAL DISCOVERY

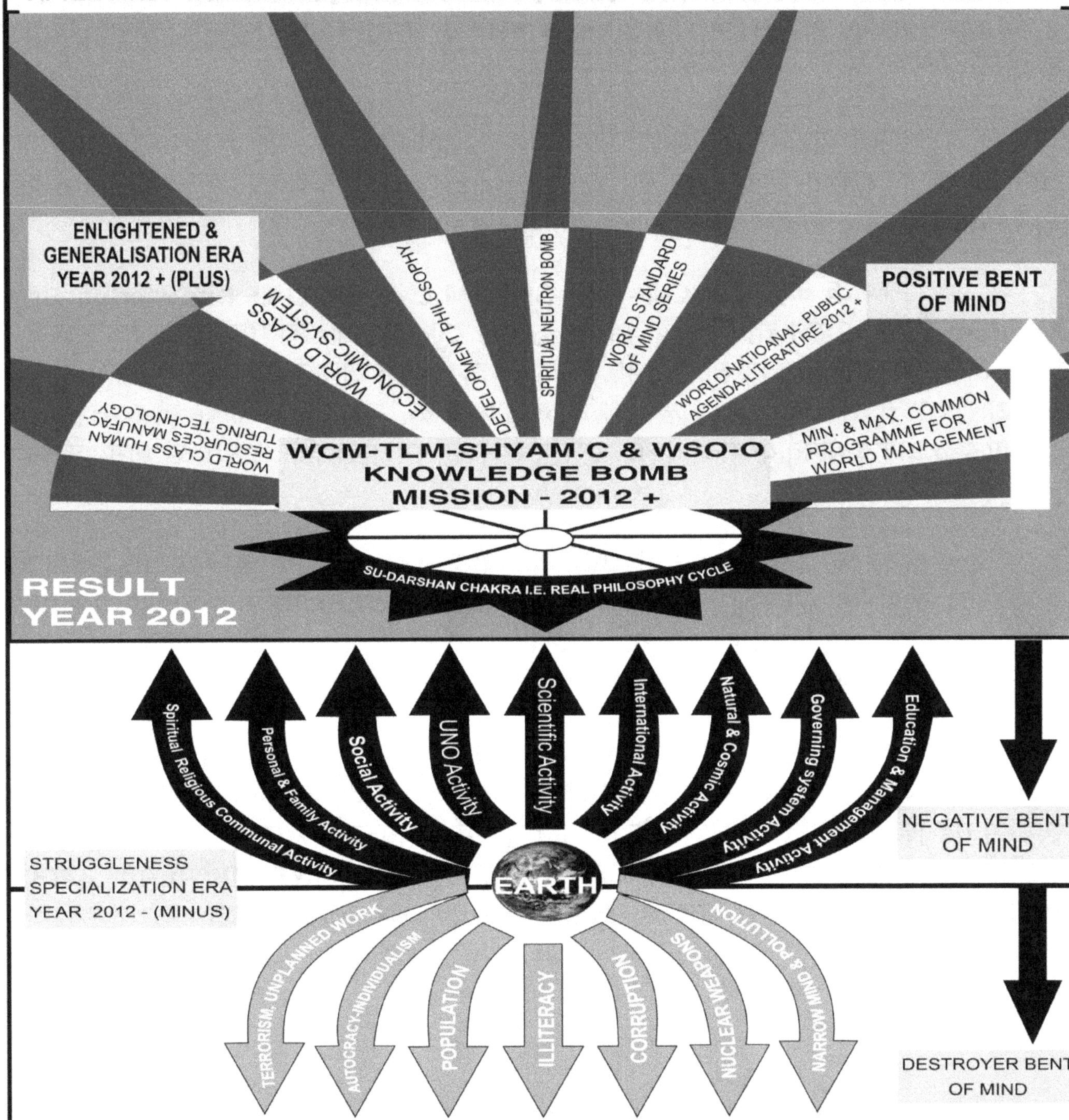

मैकाले शिक्षा पद्धति हम बदल नहीं सकते लेकिन अलग से "सत्य मानक शिक्षा" ग्रहण तो कर सकते हैं।

सरकारी पाठ्यक्रम बनाम नीजी पाठ्यक्रम / सार्वभौम आत्मीय पाठ्यक्रम / ईश्वरीय पाठ्यक्रम

ज्ञान के इस युग में ज्ञान की ओर चलें

FINAL KNOWLEDGE BOMB BLAST

यह चित्र **"FINAL KNOWLEDGE BOMB BLAST"** एक गहन वैचारिक मानचित्र है, जो मानव चेतना, ज्ञान, दर्शन और वैश्विक व्यवस्था के परिवर्तन को प्रतीकात्मक रूप में प्रस्तुत करता है।

इसमें यह दिखाया गया है कि वर्ष 2012 को एक *युग-संधि* के रूप में देखा गया है- जहाँ संघर्ष, विशेषज्ञता और विखंडन (2012–minus) से निकलकर मानवता को प्रबोधन, सामान्यीकरण और समन्वय (2012–plus) की ओर बढ़ना है।

चित्र के केंद्र में **WCM–TLM–SHYAM.C & WSO-O Knowledge Bomb Mission** और **सु-दर्शन चक्र (Real Philosophy Cycle)** को रखा गया है, जो यह संकेत देता है कि वास्तविक परिवर्तन शस्त्रों से नहीं, बल्कि दर्शन, विवेक और समग्र ज्ञान से आता है। ऊपर की ओर उठती संरचना *Positive Bent of Mind* को दर्शाती है, जहाँ विश्व-स्तरीय सोच, आध्यात्मिक दर्शन, मानवीय मूल्य, वैश्विक एजेंडा और कॉमन प्रोग्राम के माध्यम से मानव चेतना का विस्तार होता है।

चित्र के निचले भाग में पृथ्वी को केंद्र बनाकर मानव गतिविधियों-आध्यात्मिक, सामाजिक, वैज्ञानिक, अंतरराष्ट्रीय, शैक्षिक और प्रशासनिक-को दर्शाया गया है, जो यदि संतुलित हों तो उन्नति का मार्ग बनती हैं, और यदि असंतुलित हों तो *Negative* तथा *Destroyer Bent of Mind* की ओर ले जाती हैं।

वहीं नीचे की ओर गिरते तीर आतंकवाद, तानाशाही, जनसंख्या विस्फोट, अशिक्षा, भ्रष्टाचार, परमाणु खतरे और संकीर्ण सोच जैसे विनाशकारी तत्वों का प्रतिनिधित्व करते हैं। समग्र रूप से यह चित्र यह संदेश देता है कि वर्तमान युग में मानवता के सामने विकल्प स्पष्ट है-या तो संकीर्ण, नकारात्मक और विनाशकारी सोच, या फिर **"ज्ञान आधारित सार्वभौमिक दर्शन"** के माध्यम से पृथ्वी और मानव सभ्यता का संतुलित, शांतिपूर्ण और प्रबुद्ध भविष्य।

सीधी समझ

बड़ा वट वृक्ष (Big Banyan Tree), सैकड़ों वर्ष पुराना एक विशाल क्षेत्र में फैला वट वृक्ष है। जिसका मूल वृक्ष अब अस्तित्व में नहीं है उसके तनों से निकले सैंकड़ों जड़ वर्तमान में स्वयं एक वृक्ष, फिर उनके तनों से निकले सैंकड़ों जड़ भी वर्तमान में एक-एक वृक्ष के रूप में स्थापित हैं और सभी एक-दूसरे से जुड़े हुये हैं, बस जो नहीं है, वह है मूल वृक्ष। इस प्रकार सम्पूर्ण वृक्ष परिवार एक बड़े क्षेत्र में फैल चुका है और निरन्तर जारी भी है। प्रत्येक स्वयं स्वतन्त्र वृक्ष के रूप में स्थापित वृक्ष का अपने परिवार के रूप में तना, पत्ता, फूल और फल सब निकलते रहते हैं और जिसे जहाँ अर्थात् नजदीकी स्रोत से सुविधा अर्थात् खुराक मिल सकता हैं वहाँ से प्राप्त करते हुये विकास कर रहे हैं। इस कार्य में आपस में कोई विवाद नहीं है। कोई किसी पर अधिपत्य जमाना नहीं चाहता, ना ही अन्य के विकास में कोई बाधा पहुँचाता है। जिसको जिस ओर उचित वातावरण मिलता जाता है, उस ओर वह विकास कर रहा है। कुल मिलाकर स्व प्रेरित सुशासन की भाँति संचालित है। इस वट वृक्ष के सबसे बाद अर्थात् वर्तमान के तनों-पत्तों के लिए उसका जन्मदाता व पालनकर्ता के रूप में उसका नजदीकी जड़ ही है इसलिए उसकी कथा-कहानी वहीं से शुरू होती है और वहीं तक उसका ज्ञान है जो एक संकुचित और सीमित ज्ञान है। वह पूर्ण को नहीं जान रहा, उसका पूर्णत्व, सार्वभौम पूर्णत्व नहीं बल्कि सीमित पूर्णत्व है। सीमित पूर्णत्व में भी वह आनन्द में हैं और विकासशील है। उसका विकास होना सार्वभौम का ही विकास होना है परन्तु उसे उसका ज्ञान नहीं है और वह उस सार्वभौम के विकास में अपने योगदान को करते हुये भी स्वयं को गौरवान्वित नहीं अनुभव कर रहा है। सार्वभौम से युक्त होने के बाद भी उसे अपने परिवार से ही जुड़ा रहना उसकी विवशता भी है और इसके अलावा कोई अन्य मार्ग भी नहीं हैं। उसके सार्वभौम का मार्ग भी उसके अपने परिवार के ही मार्ग से होकर जाता है। वृक्ष के साथ यह मजबूरी भी है कि क्योंकि वह स्थिर है इसलिए उसका छोटा परिवार केवल पड़ोस तक के ही दायरे के सम्पर्क में है। दूसरे छोर के परिवार का क्या हाल है उसे कुछ नहीं पता।

हे मानवों, ये संसार भी उपरोक्त वट वृक्ष के सामन ही फैला हुआ है। परन्तु उस भाँति विकास नहीं कर रहा है। मनुष्य के अन्दर बीमारी की भाँति अधिकतम "शक्ति और लाभ (पावर और प्राफिट)" की दौड़ ने उसे अधिपत्य, अत्याचार, दूसरे को दबाना इत्यादि से युक्त कर दिया है। और जो इस दौड़ में नहीं हैं वे सीमित पूर्णत्व में आनन्द के साथ विकासशील हैं। उन्हें और भी तेज विकास की इच्छा है परन्तु उनके बुद्धि का दायरा ही सीमित है इसलिए उन्हें मार्ग नहीं मिल रहा है। यदि उनको मार्ग भी मिल रहा हो तो वट वृक्ष की भाँति उसके नजदीकी जन्मदाता ने उसे यह बता रखा है कि जब उस सार्वभौम का मार्ग मेरे ही रास्ते से जाता है तो जो मैं कह रहा हूँ उसे करो। और इसके लिए वे अपने परिवार के लिए अनेक प्रकार की प्रणाली दे रखे हैं। जबकि ये प्रणाली देने वाले उनके नजदीकी जन्मदाता स्वयं कहाँ से आये हैं स्वयं उन्हे भी नहीं पता। क्योंकि वे स्वयं भी उस वट वृक्ष के खो गये मूल जड़ की तरह अपने मूल जड़ को नहीं जानते। वे भी अपने नजदीकी जन्मदाता का ही अनुसरण कर रहे होते हैं। ये प्रणालीयाँ अनेक प्रकार की हैं उदाहरणस्वरूप कुछ मुख्य निम्नवत् हैं-

1 उनके द्वारा प्रस्तुत कुछ पुस्तकें होती हैं जिन्हें नियमानुसार प्रतिदिन पढ़ना होता है। पढ़ने के पूर्व शुद्धता की भी प्रक्रिया अनिवार्य होती है अन्यथा पुस्तकें परिणाम नहीं दे पायेंगी, ये भी शर्त होती हैं।
2 उनके द्वारा भोजन से सम्बन्धित कुछ नियम बना दिये जाते हैं कि क्या खाना है और क्या नहीं खाना है।
3 उनके द्वारा कोई मन्त्र दे कर उसे नियमानुसार जपने के लिए दे दिया जाता है।
4 उनके द्वारा किसी यन्त्र-तन्त्र द्वारा समस्या मुक्ति का उपाय बता दिया जाता है।
5 उनके द्वारा किसी विशेष प्रकार के रंग और ढ़ग के वस्त्र निर्धारित कर दी जाती है जिससे उनकी पहचान एक अलग रूप में हो। अर्थात् समाज का एक और विभाजन कर उसे प्रस्तुत कर देते हैं।

सामान्य रूप से सभी द्वारा अनिवार्य रूप से ये भी निर्धारित कर दी जाती है कि किसी दूसरे के नियमों को न तो जानना है, न सुनना है, न पढ़ना है और न ही उसमें शामिल होना है। अर्थात् एक गतिशील प्राणी मनुष्य को जिसे सदैव श्रेष्ठ से, श्रेष्ठतम और सर्वोच्च तक उठने-विकास करने के लिए निर्मित किया गया था, उसे एक सीमित

दायरे में बुद्धिबद्ध कर दिया गया। मनुष्य जिसका निर्माण अपनी मस्तिष्क को असीम क्षमता को विकसित कर ईश्वर रूप में व्यक्त होना था, उसे जड़ (स्थिर) बना दिया गया।

हे मानवों, मनुष्यों की सबसे बड़ी कमजोरी "स्वयं में गुणों का विकास कर स्वयं बन जाने या हो जाने" में नहीं बल्कि "पाने" की इच्छा है। इस पाने की इच्छा की कमजोरी का परिणाम ही है उपरोक्त अनेक प्रकार के बुद्धिबद्ध करने की विधियाँ।

हे मानवों, उपरोक्त के पृष्ठभूमि में उनका उद्देश्य केवल अपने स्वार्थ की पूर्ति के सिवाय कुछ नहीं होता। क्योंकि मार्गदर्शक या प्रेरक या शिक्षक का उद्देश्य स्वयं से श्रेष्ठ मानव का निर्माण होता है न कि सदैव जीवन भर एक ही प्रणाली या प्रक्रिया या कक्षा में पढ़ते-दुहराते रहने के लिए विवश करना। उपरोक्त के पृष्ठभूमि में शारीरिक-आर्थिक-मानसिक शोषण का ही कार्य विभिन्न प्रकार से चल रहा है। कोई अपने कृषि कार्य को मुफ्त में हल करवा रहा है, तो कोई अपने नाम के उत्पादों को सिर्फ उन्हें ही खरीदने के लिए बुद्धिबद्ध कर दिया है।

हे मानवों, इन सबको आस्था का व्यापार कहते हैं। जबकि मैं देख रहा हूँ कि प्रत्येक संस्कारित करने की क्रिया जो उस काल के लिए आस्था का विषय था। उसके अगले काल के लिए संस्कारित करने की नयी क्रिया उपलब्ध हो जाने के बावजूद, मानव शरीर पिछले काल के संस्कारित करने वाली क्रिया के प्रति आस्था रखते हुये मूर्खता का स्पष्ट प्रदर्शन कर रहा है। सभी कालों में, सभी संस्कारित करने की क्रियाओं में मैं (सार्वभौम आत्मा) ही आस्था का विषय था परन्तु क्रिया के प्रति आस्था रखना मूर्खता का स्पष्ट प्रमाण ही तो है। चाहे वह व्यक्तिगत इच्छा से हो या सामाजिक प्रदर्शन की इच्छा से। इन समस्त संस्कारित करने के क्रिया के पीछे जो रहस्य आज तक गोपनीय था उसे मैंने तुम्हारें समक्ष सार्वजनिक प्रकाशित कर दिया है। अब कुछ भी गोपनीय नहीं। बावजूद इसके प्रत्येक मनुष्य अपनी मूर्खता रूपी आस्था को प्रदर्शित करने के लिए स्वतन्त्र है। परन्तु वह मुझ (सार्वभौम आत्मा) को प्राप्त नहीं कर सकता। हे मानवों, ईश्वर बहुमत से नहीं निर्धारित किया जाता इसलिए ही उसे अनिवर्चनीय कहा गया है। किसी भी वस्तु के प्रति आस्था के विकास से और समस्त मानवों को उसके प्रति आस्थावान् बना देने से वह वस्तु गुण प्रकट कर वैसा नहीं बन सकती जैसा आप उम्मीद करते हो।

हे मानवों, एक तरह से देखा जाये तो उपरोक्त व्यवस्था से कोई समस्या है ही नहीं क्योंकि जिसकी इच्छा जहाँ से पूर्ति हो रही है और विकास का मार्ग मिल रहा है, वह वहाँ से जुडा हुआ है। इसलिए मानव सभ्यता पर आया यह दसवाँ और अन्तिम संकट, संकट होते हुये भी संकट जैसा नहीं दिखता। इस व्यवस्था से हमें कोई समस्या भी नहीं है। समस्या ये है कि धर्म को जिस उद्देश्य के लिए निर्मित किया गया था वही धर्म, संकट में है। यह धर्म ही उस वट वृक्ष का मूल है, सार्वभौम है, समष्टि है। इसके ज्ञान से युक्त दोनों को अर्थात् विशाल संसार रूपी वट वृक्ष के छोटे-छोटे परिवार के नेतृत्वकर्ता मुखिया सहित उसके सदस्यों को होना आवश्यक है। तभी परिवार के नेतृत्वकर्ता मुखिया द्वारा बनाये गये उपरोक्त प्रणाली-नियम परिणाम-फल दे पायेंगे जिसकी इच्छा परिवार के सदस्य करते हैं।

हमारी उत्पत्ति ज्ञान से हुई है। जिन्हें ज्ञान है वही अपने आप को संघर्ष में पाते हैं और सर्वश्रेष्ठता के लिए कर्मशील हैं। शेष सभी तो प्रकृति के अनुसार आते-जाते रहते हैं। इस ज्ञान को ही ब्रह्म (सार्वभौम एकात्म ज्ञान) कहते हैं। देवता रूप में इस ज्ञान को ब्रह्मा के रूप में प्रक्षेपित किया गया है। यह ज्ञान जिस-जिस अंगो द्वारा प्राथमिकता से अनुभव में आता है उतने प्रकार के मानव अपने-आप को उत्पन्न समझते हैं।

पुराण रचनाकार महर्षि व्यास ने ब्रह्मा अर्थात ज्ञान के पुत्रों का प्रक्षेपण किये हैं। ब्रह्मा के 10 मानस पुत्रों

01.मन (विचार) से ज्ञान प्राप्त करने वाले मरीचि

02.नेत्रों (देखकर) ज्ञान प्राप्त करने वाले अत्रि

03.मुख (वाणी) से ज्ञान प्राप्त करने वाले अंगिरा

04.कान (सुन) कर ज्ञान प्राप्त करने वाले पुलस्त्य

05.नाभि (केन्द्र) से ज्ञान प्राप्त करने वाले पुलह

06.हाथ (कर्म) से ज्ञान प्राप्त करने वाले कृतु

07.त्वचा (स्पर्श) से ज्ञान प्राप्त करने वाले भृगु

08.प्राण (श्वास) से ज्ञान प्राप्त करने वाले वशिष्ठ

09.अँगूठे (आत्मा) से ज्ञान प्राप्त करने वाले दक्ष

10.गोद (प्रेम) से ज्ञान प्राप्त करने वाले नारद

ये दस प्रकार ज्ञान से उत्पन्न है और इतने प्रकार के मानव निर्मित होकर संसार में विचरण कर रहे हैं। इसे ये न समझना चाहिए कि मन या नेत्र इत्यादि से कैसे ब्रह्मा ने अपने पुत्रों को उत्पन्न किया? चूंकि शरीर का अस्तित्व अस्थायी है इसलिए विचार के आधार पर ये मनुष्य के वर्ग या श्रेणी का निर्धारण है। इसे मानकीकरण (Standardization) या वर्गीकरण (Classification) भी कहा जा सकता है। जिस प्रकार आजकल मानकीकरण के शब्द ISOऔर ISI मार्का दिये जाते हैं।

नये भारत में, नये मनुष्य के उदय के लिए

आप लंगोट से जौकी पर आ गये...पायजामे से पतलून पर आ गये...नाड़े से बेल्ट पर आ गये...खड़ाऊँ से बूट पर आ गये...कलम से कीबोर्ड पर आ गये। पगडंडियों से एक्सप्रेस वे पर आ गये...चूल्हे से इंडक्शन कुकर पर आ गये...जंगलो से अपार्टमेंट तक आ गये। हल से ट्रैक्टर पर आ गये...पैदल से लक्ज़री जहाज़ों पर आ गये...दीये-मशाल से एलईडी पर आ गये...आप लैंडलाइन से ओरियो एंड्रॉयड तक आ गये...तीर-कमान और गदा से ऑटोमैटिक बंदूकों और मिसाइलों पर आ गये। दुनियां चाँद पे चली गई...मंगल की छाती पर नासा ने रोबोट उतार दिया....शनि मंगल सूर्यग्रहण-चन्द्रग्रहण के हर रहस्य से पर्दा उठ गया!

आप पाँच हज़ार ईसापूर्व और पाँचवी-छठवीं शताब्दी से इक्कीसवी शताब्दी में आ गये...आप लगातार अपडेट होते रहे हैं!!! मगर फिर भी तुम ग्रह-नक्षत्रों को...शनि-मंगल को जन्मकुंडली में देख-देख कर काँप रहे हो। अपना भविष्य सुधारने के लिए बाबा-बाबियों का रास्ता नाप रहे हो। क्या इसी दिन के लिए तुमने बी.एससी, एम.एससी पीएच.डी की थी?? कि तुम पढ़े-लिखे जाहिलों की फौज में शामिल हो जाना! क्या इसी दिन के लिए तुम डॉक्टर, इंजीनियर, वकील, मजिस्ट्रेट या प्रोफेसर बने थे? कि बंगले पर काली हांडी टांगना! निम्बू मिर्ची टांगना! नजर न लगने से एक पैर में काला धागा बांधना?? और अपने उज्ज्वल भविष्य की भीख किसी बाबा-बाबी के दर पर नाक रगड़ के मांगना?

देश आजाद हो गया! दुनिया आजाद हो गई! आखिर कब मिलेगी तुम्हें आजादी?? इस अंधी मानसिक गुलामी से? दुनिया रोज नए-नए आविष्कार कर रही है! तुम हजारों साल पुरानी भाषा, संस्कृति, रीति, रिवाजो की वैज्ञानिक व्याख्या करने में लगे हो! क्या भारत पुनः विश्वगुरु तुम्हारे जैसे मनोरोगियों की वजह से कभी बन पाएगा? बंद कमरे में तुम्हारी चोटी कट जाती! अँधेरे में अकेले में तुम्हें भूत-पलीत सताते हैं! तुम्हें ही सारी दुनिया की नजर लगती है! डायन तो तुम्हारे हर घर में मौजूद है!! तुम्हारे तंत्र-मंत्र-यंत्र काम क्यों नहीं करते हैं? एक पैर में काले धागे वाला रक्षा सूत्र तुम्हारी चोंटी क्यों नहीं बचाता है? आखिर कब तक तुम मानसिक गुलाम रहोगे?

तुम्हारी समस्याएं लौकिक है। मगर तुम्हें हर समस्या का हल परलोक में नजर आता है! संसार तुम्हारे लिए स्वप्नवत् है माया है! भगवान की लीला है! नाटक है! भ्रम है! आखिर तुम्हें इस सपने से कौन जगाए? कब तक शब्दों के साथ बलात्कार करोगे? कब तक धोखे में रहोगे? कब तक हर सिद्धान्त हर आविष्कार को शास्त्रों ऋषि-मुनियों के माथे मड़ोगे??

तुम लोग को जो जगाए वही धर्मद्रोही, देशद्रोही, जातिवादी या नास्तिक है? चारुवाक, बुद्ध, महावीर, कपिल, कणाद गौतम, नागसेन, अश्वघोष, कबीर, नानक, रविदास, ओशो, फुले, शाहू, पेरियार, भीम, भगतसिंह, कोवूर, राहुल संस्कृत्यायन, दयानन्द, विवेकानंद, सबने विवेक लगाया! मगर फिर भी तुम्हारा विवेक नहीं जागा!

तुम्हारा धर्म कब अपडेट (Update) होगा?
तुम्हारी आस्था कब अपडेट (Update) होगी?
तुम्हारा ईश्वर कब अपडेट (Update) होगा?
तुम्हारी सोच कब अपडेट (Update) होगी?
तुम्हारे धर्म की किताबें कब अपडेट (Update) होंगी?

कम्प्यूटर और मोबाइल का साफ्टवेयर तो तुरन्त करते हो, तुम्हारे मस्तिष्क का साफ्टवेयर कब अपडेट (Update) होगा?

क्योंकि तुम विश्वगुरु के अहंकार की दारू पीकर गरीबी, अनपढ़ता, लिंगभेद, जातिभेद, भाषाभेद, क्षेत्रभेद, साम्प्रदायिकता की नाली में पड़े हो! आखिर तुम्हें कब मिलेगी आजादी? इस उम्दा मानसिक गुलामी से?

सोच के बता देना!!
आओ एक कदम शब्दों के उँचाइयों की ओर..........

IDEAS + ACTION = CHANGE

व्यवस्था के परिवर्तन या सत्यीकरण का पहला प्रारूप और उसकी कार्य विधि

उदाहरण के रूप में, यदि किसी शिक्षित व्यक्ति जिसे अंकगणित का ज्ञान हो, उसके समक्ष संख्या 5 लिख दिया जाये और उससे कहा जाये कि इस संख्या के आगे और पीछे की संख्या लिखें तो वह आसानी से उसे लिख देगा परन्तु अंकगणित का अज्ञानी ऐसा नहीं कर पायेगा। उसका सारा ध्यान केवल संख्या 5 पर ही टिका रह जायेगा क्योंकि वह संख्या पद्धति से अपरिचित है। अगर वह कुछ लिख भी देगा तो वह आवश्यक नहीं कि सत्य हो और उसमें सुधार की पूरी सम्भावना बनी रहेगी। समाज सुधार के क्षेत्र में भी यही बात है। हम एक समस्या देखते हैं फिर उसमें कुछ सुधार कर देते हैं। फल यह होता है कि कुछ समय बाद पुनः उसमें सुधार की आवश्यकता आ जाती है।

जितने अधिक आकड़ों को विश्लेषित कर हम परिणाम को खोजेंगे उतने ही सत्य परिणाम हमारे सामने आयेंगे। प्रस्तुत शास्त्र व्यक्त अधिकतम आकड़ों के व्यवस्थित प्रस्तुतीकरण का शास्त्र है। दूसरे रूप में इसे धर्म ज्ञान का बैलेन्ससीट भी कह सकते है। इन सम्पूरण आकड़ों पर आधारित होकर व्यक्ति, समाज और विश्व राष्ट्र के लिए लिया गया निर्णय ही एक सत्य निर्णय हो सकता है। समाज सुधार के सम्बन्ध में स्वामी विवेकानन्द का कहना है कि-"तथाकथित समाज-सुधार के विषय में हस्तक्षेप न करना क्योंकि पहले आध्यात्मिक सुधार हुये बिना अन्य किसी भी प्रकार का सुधार हो नहीं सकता (राम पृष्ठ मिशन, पत्रावली भाग-1, पृष्ठ-29), भारत के शिक्षित समाज से मैं इस बात पर सहमत हूँ कि समाज का आमूल परिवर्तन करना आवश्यक है। पर यह किया किस तरह जाये? सुधारकों की सब कुछ नष्ट कर डालने की रीति व्यर्थ सिद्ध हो चुकी है। मेरी योजना यह है, हमने अतीत में कुछ बुरा नहीं किया। निश्चय ही नहीं किया। हमारा समाज खराब नहीं, बल्कि अच्छा है। मैं केवल चाहता हूँ कि वह और भी अच्छा हो। हमें असत्य से सत्य तक अथवा बुरे से अच्छे तक पहुँचना नहीं है। वरन् सत्य से उच्चतर सत्य तक, श्रेष्ठ से श्रेष्ठतर और श्रेष्ठतम तक पहुँचना है। मैं अपने देशवासियों से कहता हूँ कि अब तक जो तुमने किया, सो अच्छा ही किया है, अब इस समय और भी अच्छा करने का मौका आ गया है।"-(राम पृष्ठ मिशन, जितने मत उतने पथ, पृष्ठ-46)

व्यक्ति हो या ज्ञानी, समाज हो या राज्य, देश हो या विश्व, समाज नेता हों या राजनेता सभी को अब यह जान लेना चाहिए कि विश्व एक परिवार है और उस परिवार का शास्त्र-"विश्वशास्त्र" है। जब तक यह शास्त्र उपलब्ध नहीं था तब तक इस विश्व परिवार के एकीकरण का मार्ग नहीं खुला था, अब वह मार्ग मिल चुका है। कोई भी समाज निर्माण या युग परिवर्तन का कार्य एक क्षण का कार्य नहीं है। यह एक लम्बी अवधि की प्रक्रिया का कार्य है। इसे हम उन समाज सुधारकों के संस्थाओं के कार्य को देख कर अनुभव कर सकते हैं।

व्यवस्था परिवर्तन, एक राजनीतिक लुभावना वाला शब्द है। वह कैसे होगा, इसके लिए एक प्रारूप की आवश्यकता होती है अगर वह नहीं है तो व्यवस्था परिवर्तन चिल्लाने से नहीं होता। फिर व्यवस्था परिवर्तन किस बात का? मानव समाज को संचालित करने के लिए तो सिर्फ दो ही मूल व्यवस्था है-एक राजतन्त्र, जिसका युग जा चुका है। दूसरा-लोकतन्त्र, जिसका युग चल रहा है और यही अन्तिम व्यवस्था भी बनी रहेगी क्योंकि ब्रह्माण्डीय व्यवस्था भी लोकतन्त्र से ही चल रहा है और मनुष्य के मस्तिष्क से अन्ततः वही व्यक्त हो रहा है। लोकतन्त्र से हम राजतन्त्र में नहीं जा सकते इसलिए व्यवस्था परिवर्तन का अर्थ ही निरर्थक है।

आवश्यकता है वर्तमान लोकतन्त्र व्यवस्था को ही सत्य आधारित करने की जिसे व्यवस्था सत्यीकरण कहा जा सकता है। इस कार्य में हमें मानकशास्त्र की आवश्यकता है जिससे तोल कर यह देख सके कि इस लोकतन्त्र व्यवस्था में कहाँ सुधार करने से सत्यीकरण हो जायेगा। यह मानकशास्त्र ही "विश्वशास्त्र" है। सिर्फ मतदाता बनने व वोट डालने से ही लोकतन्त्र स्वस्थ नहीं हो सकता। उसके लिए देश व विश्व के पूर्ण ज्ञान की आवश्यकता होगी। इसलिए आवश्यक है कि प्रत्येक मतदाता "विश्वशास्त्र" के ज्ञान से युक्त हो।

अच्छा होता कि हमारे राजनेतागण कुछ दिनों के लिए सन्यास लेकर थोड़ा कुछ अध्ययन-चिंतन करते रहते ताकि उन्हें बार-बार लक्ष्य के लिए शब्दों का परिवर्तन न करना पड़ता। एक ही स्थिति में बहुत समय तक रहने पर बुद्धि, बद्ध हो जाती है। एक-एक सीढ़ी चढ़कर, पहुँच गये-पहुँच गये चिल्लाने से अच्छा है कि अन्तिम सीढ़ी पर पर बैठकर चिल्लाना कि पहुँच गये।

चाहे कुछ हो यदि प्रारूप नहीं, तो न तो व्यवस्था परिवर्तन हो सकता है, न ही व्यवस्था सत्यीकरण हो सकता है, न ही सम्पूर्ण क्रान्ति। भीड़ से क्रान्ति नहीं सिर्फ हंगामा होता है। भीड़ में जोश होता है, होश नहीं।

इस मानक शास्त्र के प्रस्तुत हो जाने से व्यवस्था परिवर्तन की नहीं बल्कि व्यवस्था के सत्यीकरण का मार्ग खुल चुका है। जिसका व्यक्ति, समाज और विश्व राष्ट्र को आवश्यकता भी है। किसी एक विषय पर बहुत अधिक पुस्तक मस्तिष्क को भ्रमित ही करती है। यह शास्त्र प्रारम्भ से अन्त तक के विकास को क्रमबद्ध प्रस्तुत करता है जिससे हम सभी एक सत्य निर्णय करने में सक्षम हों और पूर्ण ज्ञान से युक्त हो जायें और हमारा कोई भी सुधार एक स्थायी, अच्छा और दूरगामी परिणाम देने वाला हो।

प्रश्न यह भी उठता है कि परिवार का मुखिया जिसके द्वारा परिवार का संचालन होता है, यदि वह परिवार के हित व विकास के विषय में कर्म न करता हो तो क्या परिवार का सदस्य उसमें हस्तक्षेप करने का अधिकारी है या नहीं? यही बात देश को चलाने वाले संसद के विषय में भी है। यदि संसद स्वयं देशहित व जनहित के प्रति उदासीन हो जाये तो क्या जनता संसद को मार्गदर्शन देने का अधिकार नहीं रखती? यदि नहीं तो संविधान की धारा-51(ए) के अन्तर्गत नागरिक का मौलिक कर्तव्य की उपयोगिता क्या है? ध्यान रखने योग्य विषय यह है कि कोई भी चुना हुआ प्रतिनिधि सिर्फ उतने ही बड़े क्षेत्र का प्रतिनिधि होता है जिस क्षेत्र से वह चुना जाता है। भारत में ऐसा कोई प्रतिनिधि जनता से नहीं चुना जाता जो भारत का प्रतिनिधित्व करता हो और जब तक भारत का प्रतिनिधित्व करने वाला चुनाव नहीं होता या भारत की जनता का राष्ट्रीय मुद्दों पर विचार कर संसद के कर्तव्य का बोध कराने वाली स्वतन्त्र संस्था नहीं बन जाती, तब तक जनता को संसद को संविधान की धारा-51(ए) के अन्तर्गत नागरिक का मौलिक कर्तव्य के अनुसार न्यायालय व संसद के माध्यम से सरकार को मार्गदर्शन देने का कर्तव्य करना चाहिए जो उसका अधिकार भी है।

वे शब्द जिसके बिना युग परिवर्तन सम्भव नहीं

सन् 1893 से सन् 1993 के 100 वर्षों के समय में विश्व के बौद्धिक शक्ति को जिन्होंने सबसे अधिक हलचल दी वे हैं-धर्म की ओर से स्वामी विवेकानन्द और धार्मिकता की ओर से आचार्य रजनीश"ओशो"। मनुष्य जिस प्रकार भौतिक विज्ञान के नवीन आविष्कारों को आसानी से ग्रहण करता है उसी प्रकार धर्म-आध्यात्म-दर्शन के नवीन आविष्कारों को भी मनुष्य को ग्रहण करना चाहिए, तभी मानसिक-आध्यात्मिक स्वतन्त्रता का अनुभव हो सकेगा। अन्यथा पूर्ण शारीरिक गुलामी का समय बीत चुका, आर्थिक गुलामी का काल चल रहा है और मानसिक गुलामी के काल चक्र में मनुष्य फँस जायेगा।

स्वामी विवेकानन्द जी का कहना था-

- "उसी मूल सत्य की फिर से शिक्षा ग्रहण करनी होगी, जो केवल यहीं से, हमारी इसी मातृभूमि से प्रचारित हुआ था। फिर एक बार भारत को संसार में इसी मूल तत्व का-इसी सत्य का प्रचार करना होगा। ऐसा क्यों है? इसलिए नहीं कि यह सत्य हमारे शास्त्रों में लिखा है वरन् हमारे राष्ट्रीय साहित्य का प्रत्येक विभाग और हमारा राष्ट्रीय जीवन उससे पूर्णतः ओत-प्रोत है। इस धार्मिक सहिष्णुता की तथा इस सहानुभूति की, मातृभाव की महान शिक्षा प्रत्येक बालक, स्त्री, पुरुष, शिक्षित, अशिक्षित सब जाति और वर्ण वाले सीख सकते हैं। तुमको अनेक नामों से पुकारा जाता है, पर तुम एक हो।" (जितने मत उतने पथ, राम कृष्ण मिशन, पृष्ठ-39)।
- "अत: यदि भारत को महान बनाना है, तो इसके लिए आवश्यकता है संगठन की, शक्ति संग्रह की और बिखरी हुई इच्छाशक्ति को एकत्र कर उसमें समन्वय लाने की। अथर्ववेद संहिता की एक विलक्षण ऋचा याद आ गयी जिसमें कहा गया है, "तुम सब लोग एक मन हो जाओ, सब लोग एक ही विचार के बन जाओ। एक मन हो जाना ही समाज गठन का रहस्य है बस इच्छाशक्ति का संचय और उनका समन्वय कर उन्हें एकमुखी करना ही सारा रहस्य है।" (देखें "नया भारत गढ़ो" पृष्ठ संख्या-55)
- "यह भी न भूलना चाहिए कि हमारे बाद जो लोग आएंगे, वे उसी तरह हमारे धर्म और ईश्वर सम्बन्धी धारणा पर हँसेंगे, जिस तरह हम प्राचीन लोगों के धर्म और ईश्वर की धारणा पर हँसते हैं। यह सब होने पर भी, इन सब ईश्वर सम्बन्धित धारणाओं का संयोग करने वाला एक स्वर्ण सूत्र है और वेदान्त का उद्देश्य है-इस सूत्र की खोज करना। भागवान कृष्ण ने कहा है-""भिन्न भिन्न मणियाँ जिस प्रकार एक सूत्र में पिरोयी जा सकती हैं, उसी प्रकार इन सब विभिन्न भावों के भीतर भी एक सूत्र विद्यमान है।" (देखें "ज्ञानयोग", पृष्ठ संख्या-65) ,
- "एक शब्द में वेदान्त का आदर्श है-मनुष्य के सच्चे स्वरूप को जानना।" (देखें "विवेकानन्द राष्ट्र को आह्वान", पृष्ठ सं0-48)।
- यदि हम अपने व्यक्तिगत एवं सामूहिक जीवन में वैज्ञानिक चेतना सम्पन्न एवं आध्यात्मिक एक साथ न हो पाए, तो मानवजाति का अर्थपूर्ण अस्तित्व ही संशय का विषय हो जाएगा। (विज्ञान और आध्यात्मिकता, पृष्ठ-9)
- हमेशा यूरोप से सामाजिक तथा एशिया से आध्यात्मिक शक्तियों का उद्भव होता रहा है एवं इन दोनों शक्तियों के विभिन्न प्रकार के सम्मिश्रण से ही जगत का इतिहास बना है। वर्तमान मानवेतिहास का एक और नवीन पृष्ठ धीरे-धीरे विकसित हो रहा है एवं चारो ओर उसी का चिन्ह दिखाई दे रहा है। कितनी ही नवीन योजनाओं का उद्भव तथा नाश होगा, किन्तु योग्यतम वस्तु की प्रतिष्ठा सुनिश्चित है, सत्य और शिव की अपेक्षा योग्यतम वस्तु और हो ही क्या सकती है? (पत्रावली भाग-1, पृष्ठ-310)

स्वामी विवेकानन्द के अनुसार शब्द से सृष्टि का रहस्य

01. बृहत् ब्रह्माण्ड में भी ब्रह्मा, हिरण्यगर्भ या समष्टि महत् ने पहले अपने आप को नाम के, और फिर बाद में रुप के आकार में अर्थात् इस परिदृश्यमान जगत के आकार में अभिव्यक्त किया। (भक्ति योग, पृष्ठ-44)
02. यह सारा व्यक्त इन्द्रियग्राह्य जगत रुप है, और इसके पीछे है अनन्त अव्यक्त स्फोट। स्फोट का अर्थ-समस्त जगत की अभिव्यक्ति का कारण शब्द-ब्रह्म है। समस्त नामों अर्थात् भावों की नित्य समवायी उपादान स्वरुप यह नित्य स्फोट ही वह शक्ति है, जिससे भगवान इस विश्व की सृष्टि करते हैं। यही नहीं बल्कि भगवान पहले स्फोट रुप में परिणत हो जाते हैं और तत्पश्चात् अपने को उससे भी स्थूल इस इन्द्रियग्राह्य जगत के रुप में परिणत कर लेते हैं। (भक्ति योग, पृष्ठ-45)
03. इस स्फोट का एक मात्र वाचक शब्द है-"ऊँ"। और चूँकि हम किसी भी उपाय से शब्द को भाव से अलग नहीं कर सकते, इसलिए यह "ऊँ" भी इस नित्य स्फोट से नित्य संयुक्त है। (भक्ति योग, पृष्ठ-45)
04. एकमेव यह "ऊँ" ही इस प्रकार सर्वभावाव्यापी वाचक शब्द है, अन्य कोई भी इसके समान नहीं। स्फोट ही सारे भावों का उपादान है, फिर भी वह स्वयं पूर्ण रुप से विकसित कोई विशिष्ट भाव नहीं है। अर्थात् यदि उन सब भेदों को, जो एक भाव को दूसरे से अलग करते हैं, निकाल दिया जाय, तो जो कुछ बचा रहता है, वही स्फोट है। इसलिए इस स्फोट को "नादब्रह्म" कहते हैं। (भक्ति योग, पृष्ठ-45)
05. जो वाचक शब्द उसे सब से कम विशेषभावापन्न करेगा, पर साथ ही उसके स्वरुप को यथासम्भव पूरी तरह प्रकाशित करेगा, वही उसका सबसे सच्चा वाचक होगा। और यह वाचक शब्द है-एकमात्र "ऊँ" क्योंकि ये तीनों अक्षर अ, उ और म्, जिनका एक साथ उच्चारण करने से "ऊँ" होता है, समान शब्दों के साधारण वाचक के तौर पर लिये जा सकते हैं। (भक्ति योग पृष्ठ, पृष्ठ-46)
06. अक्षर "अ" सारे अक्षरों में सबसे कम विशेषभावापन्न है। इसीलिए भगवान श्रीकृष्ण गीता में कहते हैं-"अक्षरों में मैं "अ" कार हूँ। " (गीता,10/33) स्पष्ट रुप से उच्चारित जितने भी शब्द हैं, उनकी उच्चारण क्रिया मुख में जिह्वा के मूल से आरम्भ होती है और ओठों में आकर समाप्त हो जाती है। "अ" जिह्वा मूल अर्थात् कण्ठ से उच्चारित होता है, और "म" ओठों से होने वाला अन्तिम शब्द है। और "उ" उस शक्ति का सूचक है, जो जिह्वा मूल से आरम्भ होकर मुँह भर में लुढ़कती हुई ओठों में आकर समाप्त हो जाती है। यदि "ऊँ" का उच्चारण ठीक ढंग से किया जाय, तो इसके शब्दोच्चारण की सम्पूर्ण क्रिया सम्पन्न हो जाती है-दूसरे किसी भी शब्द में यह शक्ति नहीं। (भक्ति योग, पृष्ठ-46)
07. जिस प्रकार अल्पतम् विशेष भावात्मक तथा सार्वभौमिक वाचक शब्द "ऊँ" के सम्बन्ध में वाच्य और वाचक आपस में अभेद्य रुप से सम्बद्ध हैं उसी प्रकार वाच्य और वाचक का यह अविच्छिन्न सम्बन्ध भगवान और विश्व के विभिन्न खण्ड भावों पर भी लागू है, अतएव उनमें से प्रत्येक का एक विशिष्ट वाचक शब्द होना आवश्यक है। (भक्ति योग, पृष्ठ-47)
08. ये वाचक शब्द ऋषियों की गम्भीरतम आध्यात्मिक अनुभूति से उत्पन्न हुए हैं और वे भगवान तथा विश्व के जिन विशेष-विशेष खण्ड भाव के वाचक हैं, उन विशेष भावों को यथासम्भव प्रकाशित करते हैं। जिस प्रकार "ऊँ" अखण्ड ब्रह्म का वाचक है, उसी प्रकार अन्यान्य मंत्र भी उसी परम पुरुष के खण्ड-खण्ड भावों के वाचक हैं। ये सभी ईश्वर के ध्यान और प्रकृत ज्ञान की प्राप्ति में सहायक हैं। (भक्ति योग, पृष्ठ-47)
09. सृष्टि के पूर्व ब्रह्म शब्दात्मक बनते है, फिर ओंकारात्मक या नादात्मक होते है। तत्पश्चात पहले कल्पों के विशेष शब्द जैसे-भूः, भुवः, स्व-अथवा गो, मानव, घट, पट इत्यादि का प्रकाश उसी आंेकार से होता है। सिद्ध संकल्प ब्रह्म में क्रमश-एक-एक शब्द के होते ही उसी क्षण उन सब पदार्थो का भी प्रकाश हो जाता है और इस विचित्र जगत् का विकास हो उठता है। अब समझे न कि कैसे शब्द ही सृष्टि का मूल है। -स्वामी विवेकानन्द (विवेकानन्द जी के संग में पृष्ठ-62)
10. यह सारा व्यक्त इन्द्रिय ग्राह्य जगत रूप है, और इसके पीछे है अनन्त अव्यक्त स्फोट। स्फोट का अर्थ-समस्त जगत की अभिव्यक्ति का कारण शब्द-ब्रह्म। समस्त नामों अर्थात् भावों की नित्य समवायी उपादान स्वरूप यह नित्य स्फोट ही वह शक्ति है, जिससे भगवान इस विश्व की सृष्टि करते है। यही नहीं बल्कि भगवान पहले स्फोट-रूप में परिणत हो जाते है और तत्पश्चात अपने को उससे भी स्थूल इस इन्द्रिय ग्राह्य जगत् के रूप में परिणत कर लेते है। -स्वामी विवेकानन्द (राजयोग-पृष्ठ-45)

आचार्य रजनीश"ओशो" का कहना था-

- "श्रीकृष्ण का महत्व अतीत के लिए कम भविष्य के लिए ज्यादा है। सच ऐसा है कि कृष्ण अपने समय से कम से कम पाँच हजार वर्ष पहले पैदा हुये। सभी महत्वपूर्ण व्यक्ति अपने समय से पहले पैदा होते हैं और

सभी गैर महत्वपूर्ण व्यक्ति अपने समय के बाद पैदा होते हैं। बस महत्वपूर्ण और गैर महत्वपूर्ण में इतना फर्क है और सभी साधारण व्यक्ति अपने समय के साथ पैदा होते हैं महत्वपूर्ण व्यक्ति को समझना आसान नहीं होता। उसका वर्तमान और अतीत उसे समझने में असमर्थता अनुभव करता है जब हम समझने योग्य नहीं हो पाते तब हम उसकी पूजा शुरु कर देते हैं या तो हम उसका विरोध करते हैं। दोनों पूजाएं हैं एक मित्र की एक शत्रु की।"

- उसके लिए सब हंसी खेल है, सब लीला है। इसलिए हमने कृष्ण को पूर्णावतार कहा। राम गम्भीर हैं छोटी-छोटी बात का हिसाब रखते हैं। नियम मर्यादा से चलते हैं- मर्यादा पुरूषोत्तम हैं। कृष्ण अमर्याद हैं न कोई नियम है न कोई मर्यादा। कृष्ण के लिए जीवन लीला है।
- धर्म कोई विषय थोड़े ही है। धर्म की कोई सीमा थोड़े ही है। धर्म तो समस्त जीवन का नाम है। जीवन में जो कुछ भी समाविष्ट है, धर्म उस सभी के सम्बन्ध में वक्तव्य देने का हकदार है। राजनीतिज्ञ, धर्म के सम्बन्ध में वक्तव्य नहीं दे सकता क्योंकि राजनीति की सीमा है। लेकिन धार्मिक व्यक्ति, राजनीति के सम्बन्ध में वक्तव्य दे सकता है क्योंकि धर्म की कोई सीमा नही है धर्म असीम है, धर्म तो पूरे जीवन को घेरता है जैसे आकाश घेरता है। धर्म से तो कोई भी चीज छोड़ी नहीं जा सकती। धार्मिक व्यक्ति की दृष्टि तो सब सम्बन्धों में होगी।
- जो एक गुरू बोल रहा है, वह अनन्त सिद्धों की वाणी है। अभिव्यक्ति में भेद होगा, शब्द अलग होंगे, प्रतीक अलग होंगे मगर जो एक सिद्ध बोलता है, वह सभी सिद्धों की वाणी है। इनसे अन्यथा नहीं हो सकता है। इसलिए जिसने एक सिद्ध को पा लिया, उसने सारे सिद्धों की परम्परा को पा लिया। क्योंकि उनका सूत्र एक ही है। कुंजी तो एक ही है, जिसमें ताला खुलता है अस्तित्व का।
- "इस देश को कुछ बाते समझनी होगी। एक तो इस देश को यह बात समझनी होगी कि तुम्हारी परेशानियों, तुम्हारी गरीबी, तुम्हारी मुसीबतों, तुम्हारी दीनता के बहुत कुछ कारण तुम्हारे अंध विश्वासों में है, भारत कम से कम डेढ़ हजार साल पिछे घिसट रहा है। ये डेढ़ हजार साल पूरे होने जरूरी है। भारत को खिंचकर आधुनिक बनाना जरूरी है। मेरी उत्सुकता है कि इस देश का सौभाग्य खुले, यह देश भी खुशहाल हो, यह देश भी समृद्ध हो। क्योंकि समृद्ध हो यह देश तो फिर राम की धुन गुंजे, समृद्ध हो यह देश तो फिर लोग गीत गाँये, प्रभु की प्रार्थना करें। समृद्ध हो यह देश तो मंदिर की घंटिया फिर बजे, पूजा के थाल फिर सजे। समृद्ध हो यह देश तो फिर बाँसुरी बजे कृष्ण की, फिर रास रचे! यह दीन दरिद्र देश, अभी तुम इसमें कृष्ण को भी ले आओंगे तो राधा कहाँ पाओगे नाचनेवाली? अभी तुम कृष्ण को भी ले आओगे, तो कृष्ण बड़ी मुश्किल में पड़ जायेंगे, माखन कहाँ चुरायेगें? माखन है कहाँ? दूध दही की मटकिया कैसे तोड़ोगे? दूध दही की कहाँ, पानी तक की मटकिया मुश्किल है। नलों पर इतनी भीड़ है! और एक आध गोपी की मटकी फोड़ दी, जो नल से पानी भरकर लौट रही थी, तो पुलिस में रिपोर्ट दर्ज करा देगी कृष्ण की, तीन बजे रात से पानी भरने खड़ी थी नौ बजते बजते पानी भर पायी और इन सज्जन ने कंकड़ी मार दी। धर्म का जन्म होता है जब देश समृद्ध होता है। धर्म समृद्ध की सुवास है। तो मैं जरूर चाहता हूँ यह देश सौभाग्यशाली हो लेकिन सबसे बड़ी अड़चन इसी देश की मान्यताएं है। इसलिए मैं तुमसे लड़ रहा हूँ। तुम्हारे लिए।"

व्यक्ति-समाज-राज्य-विश्व की आवश्यकता, भविष्यवक्ताओं की भविष्यवाणीयां, ग्रहों के चालों, सूर्य व चन्द्र ग्रहण, सामाजिक-राजनीतिक विचारकों के विचार-सपनें-उम्मीद इत्यादि युग परिवर्तन की ओर दिशा निर्देश कर रहीं हैं। ऐसे में सृष्टि के लिए सार्वभौम सर्वोच्च अन्तिम अर्थों वाले शब्दों (जिसकी सूची अगले पृष्ठ पर दी गई है।) **पर चर्चा ही एक मात्र युग परिवर्तन का मार्ग है।**

वे सार्वभौम एकात्म शब्द जिसके बिना युग परिवर्तन सम्भव नहीं (सर्वोच्च, अन्तिम और दृश्य)

क्र.सं. विषय क्षेत्र	सम्बन्धित क्षेत्र से मुख्य नाम
01. विश्व क्षेत्र	विश्व संविधान / साहित्य / विचार / सिद्धान्त / प्रबन्ध / दर्शन / मत / मानव / एकता / शान्ति / विकास / स्थिरता / आत्मा / अभिनेता / बुद्धि / राजनीति / क्रांति
02. राज्य क्षेत्र	विश्व (राष्ट्र) ऐजेण्डा–2012+ (WORLD NATION AGENDA-2012+) विश्व व्यवस्था का अधिकतम एवं न्यूनतम साझा कार्यक्रम
03. समाज क्षेत्र	लोक / गण / जन ऐजेण्डा–2012+ (PUBLIC AGENDA-2000+)
04. धर्म क्षेत्र	वेदान्त धर्म स्थापना
05. साहित्य क्षेत्र	विश्व साहित्य–"विश्वभारत" समाहित "विश्वशास्त्र" साहित्य– आदर्श वैश्विक व्यक्ति चरित्र कथा साहित्य
06. सामाज शास्त्र	मानक / जन / गण / लोक शास्त्र
07. धर्मशास्त्र	धर्मयुक्त नाम – कर्मवेदः प्रथम, अन्तिम और पंचम वेद और आधारित उपनिषद् (व्यष्टि एवं समष्टि) सर्वधर्मसमभाव / धर्मनिरपेक्ष नाम – मन की गुणवत्ता का विश्व मानक : शून्य श्रृंखला (व्यष्टि एवं समष्टि)
08. मानक क्षेत्र	मन की गुणवत्ता का विश्व मानक : शून्य श्रृंखला
09. अदृश्य विज्ञान	दृश्य आध्यात्म विज्ञान
10. दृश्य विज्ञान	धर्म विज्ञान या एकात्म विज्ञान (Integration Science)
11. इंजीनियरिंग	सत्य सामाजिक अभियंत्रण (Real Social Engineering)
12. तकनीकी	सत्य सामाजिक तकनीकी (Real Social Technology) : WCM-TLM-SHYAM.C Technology
13. संविधान	विवादमुक्त तन्त्रों पर आधारित संविधान
14. राजनीति	सत्य राजनीति / राजनीति–2012+ (POLITICS-2012+)
15. संगठन	विश्व राजनीतिक पार्टी संघ (World Political Party Organisation- WPPO)
16. शिक्षा	पूर्णज्ञान / पूर्ण शिक्षा प्रणाली / शिक्षा -2012+ (EDUCATION-2012+)
17. राष्ट्र सम्बन्ध	आदर्श राष्ट्रीय नागरिक
18. वेदान्त	कर्म वेदान्त : वेदान्त की अन्तिम शाखा
19. मतवाद	एकात्म कर्मवाद : एकात्म मानवतावाद का व्यावहारिक रुप
20. दार्शनिक	विकास दर्शन (Development Philosophy)
21. क्रांति	संपूर्ण क्रांति (Complete Revolution) : प्रलय, स्थिति एवं सृष्टि
22. सांस्कृतिक	भोगेश्वरः भोग (पाश्चात्य) + ईश्वर (प्राच्य) = एकात्म या ईश्वरत्व भाव से भोग
23. मन	विश्व मन (WOLD MIND)
24. मानव	विश्वमानव (विश्वमन से युक्त)
25. मनु	8वें मनु – सावर्णि मनु
26. अवतार	भगवान विष्णु के 10वें और अन्तिम तथा भगवान शंकर के 22वें और अन्तिम संयुक्तावतार (निष्कलंक कल्कि एवं भोगेश्वर)
27. निराकार ब्रह्म	सार्वभौम सत्य–सिद्धान्त (UNIVERSAL TRUTH-THEORY) : विश्व–बन्धुत्व का सिद्धान्त
28. साकार ब्रह्म	लव कुश सिंह
29. पुनर्जन्म–सत् मार्ग से	बुड्ढा कृष्ण (कृष्ण भाग – 2 और अन्तिम) – कृष्ण की अगली और अन्तिम कड़ी
30. पुनर्जन्म–रज मार्ग से	स्वामी विवेकानन्द का पुनर्जन्म
31. पुनर्जन्म–तम मार्ग से	रावण की अगली कड़ी
32. आत्मा	दृश्य विश्वात्मा / शिव / ब्रह्म / मैं
33. अभिनय	वास्तविक जीवन का अभिनेता (Real Life Actor)
34. बम	ज्ञान बम – आध्यात्मिक न्यूट्रान बम
35. अस्त्र	अनियन्त्रित पशुपास्त्र (नारायणास्त्र या सु–दर्शन चक्र व ब्रह्मास्त्र समाहित)
36. माया	योग माया समाहित भोगमाया
37. ज्ञान	एकात्म कर्मज्ञान (शास्वत) : व्यष्टि एवं समष्टि
38. बुद्धि	विश्व बुद्धि व चेतना या सत्य चेतना : पूर्व व्यक्त सत्य चेतना
39. ध्यान व योग	दृश्य सत्य–क्रियाकलाप–एकात्म योग व ध्यान (अन्तिम योग व अन्तिम ध्यान)
40. मिशन	प्राकृतिक सत्य मिशन (Natural Truth Mission)–सर्वोच्च और अन्तिम मिशन
41. धार्मिक नगर	एकात्म काशी– जीवनदायिनी सत्यकाशी : पंचम, अन्तिम तथा सप्तम काशी
42. शक्ति	आत्मशक्ति (SPIRIT POWER), मस्तिष्क शक्ति (BRAIN POWER), मन शक्ति (MIND POWER), सत्य शक्ति (TRUTH POWER)
43. जीवन कथा	विश्वमानव लीला / दर्पण : दो विपरीत दिशाओं के साथ प्रथम एवं अन्तिम कथा
44. प्रेम और कर्म	शास्वत प्रेम और कर्म
45. समन्वय	अन्तिम समन्वय–सिद्धान्त
46. आचार्य	अन्तिम समन्वयाचार्य
47. कला	विश्वमानव कला (कृष्ण कला समाहित)
48. परिचालन प्रणाली	अवतार का परिचालन प्रणाली : मानव–10 (Avatar's Operating System-AOS : Human-10)
49. शंकराचार्य पीठ	सत्यकाशी पीठ : पंचम और अन्तिम शंकराचार्य पीठ

भाग-8

केन्द्र या मध्य (भारत) में पांचवां और अन्तिम सत्यकाशी पीठ

सत्यकाशी पीठ: स्थान

सत्यकाशी पीठ: इतिहास और उद्देश्य

पाँचवाँ और अंतिम शंकराचार्य पीठ: इसकी विशेषता

"हिन्दू धर्म की जो पकड़ थी, वह इस समय कमजोर पड़ गयी है क्योंकि भारतीय स्वतंत्रता आन्दोलन के समय से राजनेताओं का वर्चस्व बढ़ा और उन्होंने धर्म रक्षकों को दबा दिया, जिसके परिणामस्वरूप 163 साल तक शंकराचार्य की पदवी खाली रही। इसलिए आवश्यक है कि शिक्षा के क्षेत्र में धर्म की स्थापना हो। स्वस्थ एवं श्रेष्ठ साहित्य का सृजन हो। महापुरूषों को घूम-घूम कर सनातन धर्म का प्रचार-प्रसार करना चाहिए जिससे लोगों के हृदय में भारतीय धर्म-शास्त्र के प्रति आस्था-विश्वास बढ़े।"

- स्वामी स्वरूपानन्द (द्वारिका पीठाधीश्वर जगद्गुरू शंकराचार्य)
साभार - दैनिक आज, समाचार पत्र, वाराणसी, दि0 10-5-1997

स्पष्टिकरण

सत्य से सार्वभौम सत्य-सिद्धान्त तक का मार्ग अवतारों का मार्ग है। सार्वभौम सत्य-सिद्धान्त की अनुभूति ही अवतरण है। इसके अंश अनुभूति को अंश अवतार तथा पूर्ण अनुभूति को पूर्ण अवतार कहते है। ग्रन्थों में अवतारों की कई कोटि बतायी गई है जैसे अंशाशावतार, अंशावतार, आवेशावतार, कलावतार, नित्यावतार, युगावतार इत्यादि, जो भी सार्वभौम सत्य-सिद्धान्त को व्यक्त करता है वे सभी अवतार कहलाते हैं। व्यक्ति से लेकर समाज के सर्वोच्च स्तर तक सार्वभौम सत्य-सिद्धान्त को व्यक्त करने के क्रम में ही विभिन्न कोटि के अवतार स्तरबद्ध होते हैं। अवतार मानव मात्र के लिए ही कर्म करते हैं न कि किसी विशेष मानव समूह या सम्प्रदाय के लिए। अवतार, धर्म, धर्मनिरपेक्ष व सर्वधर्मसमभाव से युक्त अर्थात एकात्म से युक्त होते है। इस प्रकार अवतार से उत्पन्न शास्त्र मानव के लिए होते हैं, न कि किसी विशेष मानव समूह के लिए। उत्प्रेरक, शासक और मार्गदर्शक आत्मा सर्वव्यापी है। इसलिए एकात्म का अर्थ संयुक्त आत्मा या सार्वजनिक आत्मा है। अवतारों के प्रत्यक्ष और प्रेरक दो कार्य विधि हैं। प्रत्यक्ष अवतार वे होते हैं जो स्वयं अपनी शक्ति का प्रत्यक्ष प्रयोग कर समाज का सत्यीकरण करते हैं। यह कार्य विधि समाज में उस समय प्रयोग होता है जब अधर्म का नेतृत्व एक या कुछ मानवों पर केन्द्रित होता है। प्रेरक अवतार वे होते हैं जो स्वयं अपनी शक्ति का अप्रत्यक्ष प्रयोग कर समाज का सत्यीकरण जनता एवं नेतृत्वकर्ता के माध्यम से करते हैं। यह कार्य विधि समाज में उस समय प्रयोग होता है जब समाज में अधर्म का नेतृत्व अनेक मानवों और नेतृत्वकर्ताओं पर केन्द्रित होता है।

इन विधियों में से कुल दस अवतारों में से प्रथम सात (मत्स्य, कूर्म, वाराह, नृसिंह, वामन, परशुराम, राम) अवतारों ने समाज का सत्यीकरण प्रत्यक्ष विधि के प्रयोग द्वारा किया था। आठवें अवतार (श्रीकृष्ण) ने दोनों विधियों प्रत्यक्ष ओर प्रेरक का प्रयोग किया था। नवें (भगवान बुद्ध) और अन्तिम दसवें अवतार की कार्य विधि प्रेरक ही है।

सनातन अद्वैत दर्शन के अनुसार यह जगत ही ईश्वर का दृश्य रूप है। ऐसे में सभी ईश्वर हैं। सभी ईश्वर के बहुरूप हैं और सभी में प्रकाशित वही ईश्वरीय सत्ता है। सार्वभौम एकात्म की ओर ले जाने वाले सभी प्रक्षेपित

मानक चरित्र सनातन हैं जैसे ब्रह्मा परिवार, विष्णु परिवार और महेश परिवार। इस सार्वभौम एकात्म की ओर विचार व्यक्त करने वाला अर्थात उसी का प्रचार-प्रसार व स्थापना करने वाला युगावतार तो नहीं हो सकता लेकिन वह अवतार अवश्य होता है क्योंकि उसने भी उस सार्वभौम सत्य-सिद्धान्त का साक्षात्कार किया है।

ईश्वर के मानवीयकरण व मानव के ईश्वरीयकरण के लिए आपके भौतिक शरीर से व्यक्त विश्वात्मा की इच्छा को धर्म क्षेत्र से नाम कर्मवेदः प्रथम, अन्तिम तथा पंचम वेद एवं धर्मनिरपेक्ष क्षेत्र से मन का विश्वमानकः शून्य श्रृंखला समाहित "विश्वशास्त्र-द नाॅलेज आॅफ फाइनल नाॅलेज" के रूप में पूर्ण किया जा चुका है। जिसमें पुराणों का धर्मनिरपेक्ष और सर्वधर्मसमभाव रूप भी सम्पूर्ण मानव जाति को स्पष्ट दृष्टिगत होगा। परिणामस्वरूप भारतीय धर्म शास्त्रों के प्रति विश्वव्यापी आस्था बढ़ना स्वाभाविक है। साथ ही अनेक सत्य-साहित्यों की रचना के लिए भी मार्ग प्रशस्त और रचना कर दिये गये हैं।

तीनों देवताओं ब्रह्मा, विष्णु और शिव-शंकर के मूल गुणों के आधार पर उनके वास्तविक रुप अर्थात् चार वेदों को व्यक्त करने वाले चार मुखों से युक्त सृष्टिकर्ता ब्रह्मा का रुप, चार भुजाओं से युक्त पालनकर्ता विष्णु का रुप तथा ब्रह्मा और विष्णु समाहित पाँचों वेदों को व्यक्त करने वाले पाँच मुखों से युक्त कल्याणकर्ता शिव-शंकर का अन्तिम रुप, तीनों देवताओं का दिव्यरुप कहलाता है। इसी अनुसार शिव-शंकर के अवतार ही केवल पंचमुखी होते हैं। इसी क्रम में पंचमुखी हनुमान और वेद माता मां गायत्री को भी दिखाया गया है। इस अनुसार पांचवें वेद और पांचवें शंकराचार्य पीठ की स्थापना ही युग परिवर्तन की प्रक्रिया का आरम्भ और सनातन विश्व की ओर कदम है।

**व्यक्ति-समाज-राज्य-विश्व की आवश्यकता, भविष्यवक्ताओं की भविष्यवाणीयां,
ग्रहों के चालों, सूर्य व चन्द्र ग्रहण, सामाजिक-राजनीतिक विचारकों के
विचार-सपनें-उम्मीद इत्यादि युग परिवर्तन की ओर दिशा निर्देश कर रहीं हैं।
ऐसे में सृष्टि के लिए सार्वभौम सर्वोच्च अन्तिम अर्थों वाले शब्दों
पर चर्चा ही एक मात्र युग परिवर्तन का मार्ग है।**

**आविष्कार उपयोगी होता है, आविष्कारक नहीं।
रचना अधिक समय तक रहती है रचनाकार अदृश्य हो जाता है और रचना के
आधार पर अन्य रचना भी होती रहती है।**

सनातन विश्व के लिए समस्त प्रक्रिया 150 पुस्तकों के रूप में वेबसाइट

www.64inch.com

पर उपलब्ध है और कार्य समाप्त होता है। व्यक्ति और नेतृत्वकर्ता

अपने धर्म

का पालन करें, समाधान उपलब्ध हो चुका है।

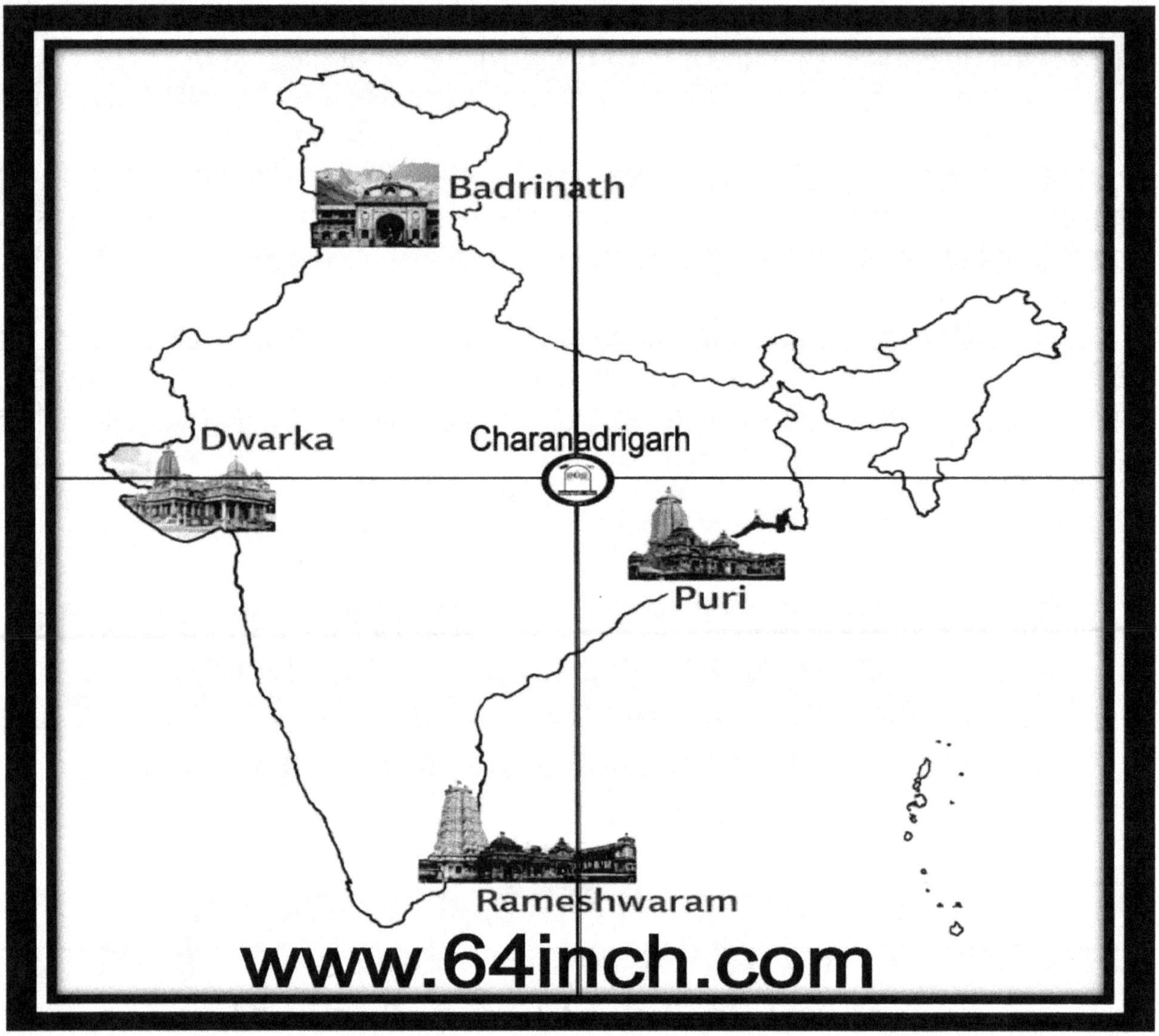

दिशा	पीठ का नाम/ स्थान	उद्देश्य	संबंधित वेद	महावाक्य	तत्व
उत्तर	बदरी ज्योतिर्मठ पीठ उत्तराखंड, जोशीमठ	ज्ञान और विवेक	अथर्ववेद	अयमात्मा ब्रह्म (यह आत्मा ब्रह्म है)	वायु
दक्षिण	श्रींगेरी शारदा पीठ कर्नाटक, श्रींगेरी	स्थिरता और परंपरा	यजुर्वेद	अहम् ब्रह्मास्मि (मैं ब्रह्म हूँ)	पृथ्वी
पूर्व	पुरी गोवर्धनमठ पीठ ओडिशा, पुरी	भक्ति और समर्पण	ऋग्वेद	प्रज्ञानं ब्रह्म (चेतना ब्रह्म है)	जल
पश्चिम	द्वारका शारदा पीठ गुजरात, द्वारका	कर्म और संकल्प	सामवेद	तत्त्वमसि (तू ब्रह्म है)	अग्नि
केन्द्र या मध्य	सत्यकाशी पीठ उत्तर प्रदेश, चरणाद्रिगढ़	चेतना और एकत्व	कर्मवेद	सर्वे ब्रह्म (सभी ब्रह्म हैं)	आकाश

क्षिति, जल, पावक, गगन, समीरा। पंच तत्व मिलि बनेहु शरीरा ।।

सत्यकाशी पीठ: स्थान

मानव जीवन की यात्रा को हम चार स्तरों में देख सकते हैं - **संभल (Shambhal), संभला (Shambhala), ज्ञानगंज (Gyanganj) और संगरीला (Sangrila)**

संभल (Shambhal) को हम भौतिक जगत का प्रतीक मान सकते हैं। यह धरती पर बसा हुआ वास्तविक नगर है, जहाँ लोग रहते हैं, संघर्ष करते हैं और जीवन की यात्रा करते हैं। धार्मिक मान्यता के अनुसार यहाँ भविष्य में कल्कि अवतार का जन्म होगा। इसका अर्थ यह भी है कि संभल हमें यह याद दिलाता है कि परिवर्तन और नवजागरण हमेशा इसी सांसारिक धरती से प्रारंभ होता है।

संभला (Shambhala) आध्यात्मिक जगत का प्रतीक है। यह उस आदर्श समाज और चेतना की ओर संकेत करता है, जहाँ धर्म, करुणा और सत्य का शासन है। बौद्ध ग्रंथों में इसे एक अदृश्य, पवित्र राज्य बताया गया है। इसका दार्शनिक अर्थ यह है कि हर मनुष्य के भीतर एक संभला है - एक ऐसा क्षेत्र जहाँ शांति, संतुलन और धर्म की शक्ति हमेशा जीवित रहती है। यह हमारे भीतर के आदर्श और परम लक्ष्य का रूप है।

ज्ञानगंज (Gyanganj) गूढ़ और रहस्यमय चेतना का प्रतीक है। यह वह क्षेत्र है, जहाँ अमर योगी और सिद्ध रहते हैं, और जो साधारण दृष्टि से छिपा हुआ है। इसका अर्थ यह है कि सत्य और सर्वोच्च ज्ञान कभी सतही रूप में उपलब्ध नहीं होते, बल्कि गहन साधना और आंतरिक परिवर्तन से ही प्राप्त किए जा सकते हैं। ज्ञानगंज हमें यह सिखाता है कि परम सत्य अदृश्य है, परंतु साधना से प्रकट हो सकता है।

इस प्रकार, ये चारों स्तर - **भौतिक, आध्यात्मिक, गूढ़ और आदर्श** - मानव जीवन और चेतना की समग्र यात्रा का प्रतिनिधित्व करते हैं, जहाँ साधना, अनुभव और ज्ञान मिलकर आत्मा को पूर्णता की ओर ले जाते हैं।

इस प्रकार, इन तीनों को मिलाकर देखा जाए तो:

- **संभल** = जीवन और समाज का यथार्थ (भौतिक जगत)
- **संभला** = आदर्श और धर्म का उच्च स्वरूप (आध्यात्मिक जगत)
- **ज्ञानगंज** = रहस्यमय सत्य और अमर ज्ञान (गूढ़ जगत)

ये तीनों मिलकर मानव जीवन की पूर्ण यात्रा का संकेत देते हैं - भौतिक से आध्यात्मिक और फिर गूढ़ एवं परम सत्य तक।

संगरीला (Sangrila/Shangri-La) एक कल्पित पर्वतीय स्थल है, जिसे आदर्श समाज और शांति का प्रतीक माना जाता है। यह जगह सामान्य दृष्टि से अदृश्य या दूरस्थ मानी जाती है, जहाँ जीवन सुखमय, स्वस्थ और सामंजस्यपूर्ण होता है। दार्शनिक रूप से इसे मानव चेतना के उच्चतम स्तर, आत्मा की शांति और आदर्श जीवन का प्रतीक माना जाता है। **संगरीला (Sangrila)** का अर्थ यह भी है कि सच्ची खुशी और संतुलन केवल भीतर की यात्रा और साधना से ही प्राप्त होते हैं, बाहरी समृद्धि से नहीं।

1. **शब्द-संदर्भ में**: "Sangrila" अक्सर "Shangri-La" का रूपांतर होता है, जो कि एक कल्पित, आदर्श, रहस्यमयी और शांति-पूर्ण स्थान है।
2. **दार्शनिक/आध्यात्मिक संदर्भ में**: इसे ज्ञानगंज या संभला जैसे गूढ़ और रहस्यमयी क्षेत्रों के समान माना जा सकता है।
3. **अन्य संदर्भ**: यदि यह किसी किताब, स्थान या परियोजना का नाम है, तो उसका अलग अर्थ हो सकता है।

पीठ (Peeth) स्थापित करने की योजना

उद्देश्य और दर्शन तय करना

- पहले यह स्पष्ट करें कि पीठ का उद्देश्य क्या होगा:
    - **अद्वैत वेदांत का प्रचार**
    - **साधकों का प्रशिक्षण और मोक्ष की ओर मार्गदर्शन**
    - **धार्मिक शिक्षा, योग और ध्यान केंद्रित करना**
- पीठ का नाम "Satyakashi" इसलिए चुना गया है क्योंकि यह **सत्य और ज्ञान के प्रकाश का प्रतीक** है।

गुरु या आध्यात्मिक मार्गदर्शक

- पीठ को वैध और आध्यात्मिक मान्यता प्राप्त करने के लिए **एक योग्य गुरु या शिष्य परंपरा वाला व्यक्ति** आवश्यक है।
- गुरु का कार्य होगा:
    - **साधकों का प्रशिक्षण**
    - **धर्म और वेदांत का प्रचार**
    - **पीठ की प्रतिष्ठा बनाना**

स्थान और इमारत का चयन

- स्थान चुनते समय ध्यान दें:
    - **शांत और आध्यात्मिक वातावरण**
    - **साधकों के लिए आवास और साधना स्थल**
    - **भक्तों और पर्यटकों के आने-जाने की सुविधा**
- इमारत में हो सकते हैं:
    - मुख्य मंदिर / पूजा स्थल
    - ध्यान और साधना कक्ष
    - वेदांत शिक्षण कक्ष
    - गुरुकुल या आश्रम

धार्मिक और आध्यात्मिक गतिविधियाँ

- नियमित क्रियाएँ:

    - **साधना, ध्यान और कीर्तन**
    - **वेदांत और शास्त्र अध्ययन**
    - **धार्मिक कार्यशालाएँ और प्रवचन**
- विशेष आयोजन:
    - **अस्थायी या वार्षिक उत्सव**
    - **अद्वैत वेदांत पर सेमिनार**
    - **साधक प्रशिक्षण शिविर**

समुदाय और साधकों का निर्माण

- पीठ केवल इमारत नहीं, **साधकों और भक्तों का केंद्र** होना चाहिए।
- इसके लिए करें:
    - सामाजिक और आध्यात्मिक गतिविधियों का आयोजन
    - साधकों के लिए निवास और शिक्षा सुविधाएँ
    - पीठ का प्रचार: पुस्तकों, वेबसाइट और सामाजिक मंचों के माध्यम से

आधिकारिक मान्यता और नेटवर्क

- भारत में शंकराचार्य परंपरा के मुख्य पीठों के साथ **संपर्क और मार्गदर्शन**।
- नए पीठ को स्थानीय प्रशासन और धार्मिक संस्थानों से **मान्यता और सहयोग** दिलाना।
- अन्य पीठों और गुरु परिषदों के साथ **संवाद और सहयोग**।

दीर्घकालीन योजना

- पीठ को स्थायी और प्रतिष्ठित बनाने के लिए:
    - नियमित साधना और शिक्षा कार्यक्रम
    - नए साधकों और भक्तों को जोड़ना
    - पीठ के **अध्यात्मिक, सामाजिक और शैक्षिक प्रभाव** को बढ़ाना

निष्कर्ष:

नया **Satyakashi Peeth** बनाया जा सकता है, लेकिन यह केवल इमारत नहीं, बल्कि **ज्ञान, साधना और आध्यात्मिक मार्गदर्शन का केंद्र** होना चाहिए। एक योग्य गुरु, साधक समुदाय और सही दृष्टिकोण इसके लिए अनिवार्य हैं।

अन्तिम अवतार कल्कि
का संभल (Shambhal), संभला (Shambhala), ज्ञानगंज (Gyanganj) और संगरीला (Sangrila) से सम्बन्ध

इसका उत्तर गहराई से समझा जाए तो यह केवल भूगोल या कथा का नहीं, बल्कि चेतना के विकास का रहस्य है।

1. संभल (Shambhal) - अवतार का धरातल

हिन्दू ग्रन्थों में कहा गया है कि **कल्कि अवतार का जन्म 'संभल' नामक स्थान पर होगा।** यह स्थान भौतिक जगत में मौजूद है - उत्तर प्रदेश का एक नगर, परंतु प्रतीक रूप से यह मानवता के भीतर जन्म लेती दिव्यता का संकेत है। जब धर्म क्षीण होता है, तब वही संभल - अर्थात् "संभलने का बिंदु" - अवतार का आधार बनता है।

संभल = पृथ्वी पर दिव्यता का उद्भव बिंदु।

2. संभला (Shambhala) - धर्मराज्य या दिव्य व्यवस्था

बौद्ध और हिन्दू दोनों परम्पराओं में **Shambhala** को धर्म का गुप्त राज्य माना गया है। बौद्ध ग्रंथ 'कालचक्र तंत्र' में कहा गया है कि जब अधर्म चरम पर होगा, तब Shambhala से एक राजा प्रकट होगा जो अधर्म का अंत करेगा - यह प्रतीक रूप से **कल्कि अवतार का ही वर्णन** है।

संभला = दिव्य शासन या धर्मराज्य, जहाँ से कल्कि की प्रेरणा उठती है।

3. ज्ञानगंज (Gyanganj) - सिद्धों का अदृश्य लोक

ज्ञानगंज को अमर योगियों का क्षेत्र कहा जाता है, जहाँ से विश्व के आध्यात्मिक प्रवाह को दिशा मिलती है। कई सिद्ध परंपराएँ मानती हैं कि कल्कि का आध्यात्मिक मार्गदर्शन इन्हीं योगियों द्वारा किया जाएगा।

ज्ञानगंज = दिव्य ऊर्जा और योगिक शक्ति का स्रोत, जहाँ से कल्कि को आत्मिक बल प्राप्त होगा।

4. संगरीला (Sangrila / Shangri-La) - आदर्श समाज या चेतना का चरम स्वरूप

संगरीला का विचार पश्चिमी और तिब्बती रहस्य परंपराओं में आता है - एक अमर, शांति-पूर्ण, आदर्श स्थान, जहाँ कोई रोग, संघर्ष या अधर्म नहीं होता। यह उस अवस्था का प्रतीक है जो **कल्कि युग के बाद की सृष्टि** होगी - अर्थात सत्ययुग का पुनर्स्थापन।

संगरीला = वह दिव्य युग या चेतना का चरम, जो कल्कि अवतार के कार्य का परिणाम है।

सारांश (संक्षेप में सम्बन्ध)

स्तर	प्रतीक	सम्बन्ध कल्कि से
संभल (Shambhal)	भौतिक जन्मभूमि	कल्कि अवतार का पृथ्वी पर अवतरण
संभला (Shambhala)	दिव्य धर्मराज्य	धर्म का पुनःस्थापन करने की शक्ति का उद्गम
ज्ञानगंज (Gyanganj)	गूढ़ योगिक लोक	कल्कि को आत्मिक दिशा और सिद्ध शक्ति का आधार
संगरीला (Sangrila)	आदर्श चेतना का युग	कल्कि कार्य का अंतिम परिणाम - पुनः सत्ययुग

अर्थात् -

संभल में कल्कि अवतरित होते हैं, संभला से उन्हें धर्म की प्रेरणा मिलती है, ज्ञानगंज से योगिक शक्ति, और संगरीला उनके कार्य का लक्ष्य है - सत्य और शांति का पुनर्स्थापन।

सत्यकाशी पीठः योग्य स्थान

इस संसार को अन्तिम सन्देश देने से पहले आपको उस क्षेत्र से परिचय कराना चाहता हूँ जिस क्षेत्र से यह सन्देश देने का साहस किया गया है क्योंकि कोई भी क्रिया बिना कारण के नहीं होती।

समस्त मूल कार्य जिस क्षेत्र से सम्पूर्ण हुआ, उस क्षेत्र को सत्यकाशी क्षेत्र कहता हूँ और जिस ग्राम का निवासी हूँ वह काशी (वाराणसी) के चौरासी कोस यात्रा तथा सत्यकाशी क्षेत्र का उभय क्षेत्र में स्थित है। इसलिए जितना काशी (वाराणसी) का हूँ उतना ही सत्यकाशी का हूँ। इस प्रकार यह सन्देश काशी-सत्यकाशी का संयुक्त सन्देश है।

सत्यकाशी क्षेत्र जो काशी (वाराणसी), विन्ध्याचल, शिवद्वार और सोनभद्र के बीच का क्षेत्र है, एक पौराणिक-आध्यात्मिक और साधना के लिए उपयुक्त क्षेत्र के रूप में प्राचीन काल से आकर्षण में रहा है। इस क्षेत्र का हृदय क्षेत्र चुनार है। चुनार का किला राजा विक्रमादित्य ने अपने भाई भर्तहरि के तपस्या में हिंसक जानवरों द्वारा व्यवधान न उत्पन्न हो इसके लिए बनवाया था। ये राजा विक्रमादित्य वही हैं जिनके नाम से विक्रम सम्वत् कैलेण्डर स्थापित है। चुनार ईश्वर के पाँचवें अवतार-वामन अवतार का क्षेत्र है जिनसे समाज की शक्ति का प्रथम जन्म हुआ था।

सत्यकाशी क्षेत्र के चारों कोण पर स्थित

1. काशी (वाराणसी) का अपना प्राचीन और पुरातन इतिहास है जो सर्वविदित है।
2. विन्ध्याचल, जो शिव-शक्ति के उपासना का अद्भुत केन्द्र है। यशोदा से उत्पन्न पुत्री (जिनके बदले श्रीकृष्ण प्राप्त हुये थे) महासरस्वती अष्टभुजा देवी के नाम से यहीं स्थापित हैं। भारत देश का मानक समय माँ विन्ध्यवासिनी धाम से तय होता है। पुराणों के अनुसार रावण ने भी इसे मानक समय स्थल मानकर यहाँ शिवलिंग की स्थापना की थी।
3. शिवद्वार, त्रिकोणीय तान्त्रिक साधना के लिए जगत विख्यात था और साधना की राजधानी था। इसे ही मीरजापुर गजेटियर में गुप्तकाशी की संज्ञा से अभिकल्पित किया गया है।
4. सोनभद्र, सोन संस्कृति की पौराणिक पृष्ठभूमि वैदिककालीन सभ्यता की पराकाष्ठापरक ऐतिहासिकता से सम्बद्ध है। सन्त परम्पराओं का एक महत्वपूर्ण परिव्रजन इस क्षेत्र में हुआ जिसमें शैव व शाक्त प्रमुख थे। शैव सम्प्रदाय से जुड़े अघोर तन्त्र ने इसे बहुत सराहा और इसे अपनी कर्मभूमि बना लिया। सोन नद के तट पर शव छेदन क्रिया की भी प्रशिक्षा आयुर्वेद के जिज्ञासुओं को दी जाती थी। शैव तन्त्र से प्रभावित अघोर तन्त्र शव-साधना में सिद्धहस्त था और शव में इकार की प्राण प्रतिष्ठा का जीवन्त रूप शिव को दे देना इनकी अलौकिक साधना का चरमोत्कर्ष है। अघोरपन्थी नाम के पश्चात् "राम" का प्रयोग करते थे। इस क्षेत्र में सवर्ण वर्ग में प्रायः ब्राह्मण वर्ग भी राम का प्रयोग अपने नाम में करता है। इस क्षेत्र में पाशुपात तन्त्र के महान साधक लोरिक का नाम विशेष है।

उपरोक्त तो अति संक्षिप्त परिचय है विस्तार से "विश्वशास्त्र" के अध्याय-दो में प्रकाशित है, जिस क्षेत्र से ये विश्व ऐतिहासिक अन्तिम, अपरिवर्तनीय और अटलनीय सन्देश देने का साहस किया गया है।

भौतिक रूप से सत्यकाशी पीठ के लिए योग्य स्थान सत्यकाशी क्षेत्र ही है। सत्यकाशी पीठ उसी अद्वैत वेदान्त पर आधारित है। जिस के आधार पर आदि शंकाराचार्य द्वारा चार पीठों की स्थापना की थी। युग परिवर्तन के लिए आदि शंकाराचार्य द्वारा स्थापित चार पीठों के वर्तमान शंकाराचार्यों का यह दायित्व है कि वे इस श्रृंखला को आगे बढ़ाते हुये धर्म के वैश्विक स्थापना के लिए आगे आयें।

सत्यकाशी पीठ: इतिहास और उद्देश्य

भारत का इतिहास केवल राजाओं और युद्धों का इतिहास नहीं है,
बल्कि यह **चेतना के विकास का इतिहास** है।
हर युग में जब धर्म और राजनीति के बीच संतुलन बिगड़ता है,
तो कोई न कोई पीठ उस संतुलन को पुनर्स्थापित करने के लिए जन्म लेती है।

ऐसा ही एक अद्वितीय उदय है -
"सत्यकाशी पीठ" का,
जो मानवता के अगले अध्याय की भूमिका बन चुका है।

"जहाँ ज्ञान शासन को दिशा देता है,
वहीं शासन धर्म का साधन बन जाता है।"

काशी से सत्यकाशी तक: चेतना की यात्रा

प्राचीन काशी को "मोक्षभूमि" कहा गया,
क्योंकि वहाँ ज्ञान और मृत्यु - दोनों के रहस्य सिखाए जाते थे।
पर सत्यकाशी - ज्ञान का अगला आयाम है।
यह मृत्यु से मुक्ति नहीं, बल्कि **अज्ञान से मुक्ति** की भूमि है।

तीन चरणों में यह यात्रा समझी जा सकती है:

1. **काशी** - व्यक्तिगत मुक्ति का केंद्र।
2. **महाकाशी** - सार्वभौमिक चेतना का केंद्र।
3. **सत्यकाशी** - वैश्विक एकत्व और अद्वैत शासन का केंद्र।

"काशी आत्मा की दीक्षा है,
सत्यकाशी आत्मा का शासन है।"

स्थापना का उद्देश्य

सत्यकाशी पीठ का जन्म केवल धार्मिक नहीं,
बल्कि आध्यात्मिक-राजनीतिक समन्वय की आवश्यकता से हुआ।
विश्व में बढ़ती भौतिकता, असमानता, और नैतिक संकट के बीच
इस पीठ का उद्देश्य है -

1. **धर्म और शासन के बीच अद्वैत संबंध पुनः स्थापित करना।**
2. **राजनीति को आत्मा से जोड़ना।**
3. **विज्ञान, धर्म, और समाज - तीनों का एक समग्र मॉडल प्रस्तुत करना।**

इसके चार प्रमुख सूत्र:

- **धर्म = चेतना की नीति**
- **राजनीति = सेवा की क्रिया**
- **अर्थनीति = संतुलन की व्यवस्था**
- **विज्ञान = सत्य की खोज**

सत्यकाशी की परंपरा और वंश

सत्यकाशी पीठ किसी व्यक्ति द्वारा स्थापित संस्था नहीं है -
यह **ब्रह्म परंपरा का विस्तार** है।
आदि शंकराचार्य ने चार दिशाओं में चार पीठें स्थापित कीं -
पूर्व, पश्चिम, उत्तर, दक्षिण -
जो वेद, धर्म और आत्मज्ञान के केंद्र बने।

परंतु कालान्तर में जब राजनीति धर्म से अलग और धर्म समाज से अलग हुआ,
तो **पाँचवीं पीठ** की आवश्यकता पड़ी -
जो अद्वैत दर्शन को शासन की नीतियों में उतार सके।

"चार पीठों ने धर्म को जीवित रखा,
पाँचवीं पीठ उसे जीवन में उतारेगी।"

सत्यकाशी का उद्देश्य – धर्म का पुनर्निर्माण, शासन का पुनर्जागरण

आज की मानवता धर्म को या तो संप्रदाय मानती है या अनुष्ठान।
पर सत्यकाशी कहता है -

"धर्म = जीवन की वैज्ञानिक व्यवस्था।"

इस पीठ का उद्देश्य है -
धर्म को **व्यवहार में**, राजनीति को **सेवा में**,
और विज्ञान को **चेतना में** बदलना।

इसके तीन प्रमुख लक्ष्य:

1. **आध्यात्मिक शासन (Spiritual Governance):**
   जहाँ नीतियाँ करुणा और सत्य पर आधारित हों।
2. **चेतना आधारित शिक्षा (Conscious Education):**
   जहाँ बच्चों को ज्ञान नहीं, आत्मा से जोड़ने की विधि सिखाई जाए।
3. **वैश्विक समरसता (Global Oneness):**
   जहाँ राष्ट्रवाद का स्थान "मानववाद" ले ले।

सत्यकाशी और मानवता का भविष्य

सत्यकाशी केवल एक धार्मिक केंद्र नहीं,
बल्कि मानवता का भविष्य मॉडल है।

यह वह स्थान है जहाँ -

- विज्ञान और वेदांत मिलते हैं,
- राजनीति और करुणा जुड़ते हैं,
- और व्यक्ति स्वयं में "राजऋषि" बनता है।

"जब शासक साधक बन जाएगा,
तब ही पृथ्वी पर धर्मराज्य स्थापित होगा।"

निष्कर्ष

सत्यकाशी पीठ का इतिहास कोई कालखंड नहीं,
बल्कि एक **युग की उद्घोषणा** है।
यह उस समय का प्रतीक है
जब ब्रह्मज्ञान शासन का केंद्र बनेगा,
और शासन ब्रह्म की सेवा बन जाएगा।

"सत्यकाशी केवल एक स्थान नहीं -
वह चेतना की वह ज्योति है
जो युगों से अंधकार में जलती रही है।"

पाँचवाँ और अंतिम शंकराचार्य पीठ: इसकी विशेषता

आदि शंकराचार्य ने चार दिशाओं में चार पीठों की स्थापना की -
उत्तर में **ज्योतिर्मठ (बद्रीनाथ)**,
दक्षिण में **श्रृंगेरी पीठ**,
पूर्व में **गौड़पीठ (पुरी)**,
और पश्चिम में **द्वारका शारदापीठ**।

इन चारों पीठों ने धर्म की लौ को जलाए रखा -
ज्ञान, भक्ति, कर्म और योग - चारों मार्गों के संतुलन से।
परंतु जैसे-जैसे युग आगे बढ़ा,
मानवता की चुनौती केवल धर्म रक्षा नहीं रही,
बल्कि **धर्म को शासन, विज्ञान और समाज में जीवित रखना** बन गई।

इसी आवश्यकता से जन्म लेता है -
पाँचवाँ और अंतिम शंकराचार्य पीठ - "सत्यकाशी पीठ।"

"चार पीठों ने धर्म को सुरक्षित रखा,
पाँचवाँ पीठ धर्म को सार्वभौमिक बना देगा।"

पाँचवाँ पीठ क्यों आवश्यक हुआ

शंकराचार्य का कार्य केवल धार्मिक पुनर्जागरण नहीं था;
वह चेतना की क्रांति थी।
उनकी परंपरा ने अद्वैत का सिद्धांत दिया -
कि **सभी भिन्नताएँ एक ही परमसत्य की लहरें हैं।**

परंतु आधुनिक युग में -

- धर्म राजनीति से अलग हुआ,
- ज्ञान आस्था से अलग हुआ,

- और मनुष्य स्वयं अपने अस्तित्व से अलग हो गया।

ऐसे समय में आवश्यक था
कि अद्वैत केवल दर्शनशास्त्र न रह जाए,
बल्कि राजनीति और जीवन का सिद्धांत बन जाए।
इसी हेतु स्थापित हुआ -
सत्यकाशी पीठ - पाँचवाँ और अंतिम शंकराचार्य पीठ।

इसकी स्थापना का प्रतीकात्मक अर्थ

चार पीठें **चार तत्वों (पृथ्वी, जल, अग्नि, वायु)** से संबंधित हैं,
जबकि पाँचवाँ पीठ **आकाश तत्व** का प्रतीक है -
अर्थात् सर्वव्यापक चेतना।

दिशा	पीठ	तत्व	उद्देश्य
पूर्व	पुरी (गौड़)	जल	भक्ति और समर्पण
पश्चिम	द्वारका	अग्नि	कर्म और संकल्प
उत्तर	ज्योतिर्मठ	वायु	ज्ञान और विवेक
दक्षिण	श्रृंगेरी	पृथ्वी	स्थिरता और परंपरा
केंद्र	**सत्यकाशी**	**आकाश**	**चेतना और एकत्व**

"आकाश सबको जोड़ता है -
उसी तरह सत्यकाशी सभी परंपराओं को एक चेतना में जोड़ता है।"

पाँचवाँ पीठ - अद्वैत का आधुनिक रूप

सत्यकाशी पीठ का लक्ष्य अद्वैत को केवल ध्यान या उपनिषद तक सीमित नहीं रखना,
बल्कि उसे शासन और समाज की नीतियों में उतारना है।

इसका सार है -
"अद्वैत शासन" = ऐसा तंत्र जहाँ आत्मा और राज्य में कोई विभाजन न हो।
यह पीठ आत्मा-केन्द्रित राजनीति का सिद्धांत प्रस्तुत करती है -
जहाँ सत्ता साधना है,
शासन सेवा है,
और नेतृत्व तप है।

सत्यकाशी पीठ की पाँच विशेषताएँ

1. अद्वैत का संस्थागत रूप

यह पीठ अद्वैत को केवल तत्वज्ञान नहीं,
बल्कि संस्थागत चेतना बनाती है।
धर्म, शिक्षा, राजनीति, अर्थ और विज्ञान -
सभी को एकसूत्र में बाँधती है।

2. राजऋषि परंपरा का पुनर्जागरण

आदर्श शासक वही है जो साधक भी हो।
सत्यकाशी इस परंपरा को पुनर्जीवित करता है -
जहाँ राज्य का मार्गदर्शन ऋषियों द्वारा होता है।

3. विज्ञान और अध्यात्म का संगम

यह पीठ "Consciousness Studies" और "Spiritual Technology"
को एक साथ लाकर मानव चेतना के विकास को वैज्ञानिक दृष्टि देती है।

4. वैश्विक धर्म - Beyond Religion

सत्यकाशी का धर्म किसी संप्रदाय का नहीं,
बल्कि "मानवता की आत्मा" का है।
यह कहता है -

"जो सत्य को खोजता है, वही सनातन है।"

5. राज्य और आत्मा का समन्वय

यह पीठ बताती है कि शासन तंत्र तभी स्थायी है
जब वह आत्मिक अनुशासन पर आधारित हो।
यह "राजनीति का आध्यात्मिकीकरण" है,
जिसे भविष्य की सभ्यता का आधार माना गया है।

"अंतिम शंकराचार्य पीठ" क्यों कहा गया

चार पीठें धर्म की दिशा का प्रतीक थीं,
पाँचवाँ पीठ **धर्म की दिशा से परे उसकी पूर्णता** का प्रतीक है।
यह अब किसी भौगोलिक क्षेत्र के लिए नहीं,
बल्कि पूरे विश्व की चेतना के लिए है।

"जब मनुष्य का धर्म मानवता होगा,
तब सत्यकाशी पाँचवाँ ही नहीं, अंतिम पीठ सिद्ध होगा।"

सत्यकाशी पीठ का दार्शनिक आधार

इस पीठ की जड़ें तीन सूत्रों पर टिकी हैं -

1. **ब्रह्म सत्यम्** - सत्य सर्वत्र है।
2. **जगत् मिथ्या** - भेद, संप्रदाय और हिंसा केवल अज्ञान की छाया हैं।
3. **जीवो ब्रह्मैव नापरः** - प्रत्येक व्यक्ति ब्रह्म का ही अंश है।

यही दर्शन राजनीति में यह रूप लेता है -

दर्शन	राजनीतिक रूप
ब्रह्म सत्यम्	राज्य का आधार सत्य और नीति
जगत मिथ्या	जाति, रंग, धर्म से ऊपर समानता
जीवो ब्रह्मैव	प्रत्येक नागरिक में दिव्यता का सम्मान

निष्कर्ष

**सत्यकाशी पीठ शंकराचार्य की परंपरा का समापन नहीं,
बल्कि उसका परिपूर्ण रूप है।
यह धर्म, राजनीति, और चेतना -
तीनों के संगम से एक** नया युग **आरंभ करता है।**

**"पहले चार पीठों ने दिशा दी,
पाँचवें ने दिशा को प्रकाश बना दिया।"**

**सत्यकाशी पीठ इसलिए अंतिम है -
क्योंकि यह अद्वैत को सिद्धांत नहीं,
बल्कि जीवित अनुभव बना देता है।**

भाग-9

सत्यकाशी पीठ के कार्य

धारा-उद्धार: धर्म की पुनर्स्थापना

मनुष्य चेतना का रूपांतरण

साधना, दीक्षा और आध्यात्मिक अनुष्ठान

वैश्विक कार्य: मानवता के लिए संदेश

शिव-तत्व और कल्कि-तत्व का मिलन

"सार्वभौम सत्य-सिद्धान्त" पर आधारित "युग परिवर्तन श्रृंखला" के नवयुग के शास्त्र-साहित्य

धारा-उद्धार: धर्म की पुनर्स्थापना

सत्यकाशी पीठ का प्रथम और सर्वोपरि कार्य है-**धारा-उद्धार**, अर्थात वह दिव्य धारा जो युगों से मलीन, विभ्रांत या विकृत हो चुकी है, उसे पुनः शुद्ध स्वरूप में प्रवाहित करना। "धर्म" शब्द यहाँ किसी संप्रदाय, पद्धति या विचारधारा का नाम नहीं; धर्म का अर्थ है-**जगत की अंतर्निहित समरसता, सत्य और सृष्टि-नियम**।

जब युग बदलता है, धर्म की धारा अवरुद्ध हो जाती है।
सत्य केवल ग्रंथों में रह जाता है, इसके प्रयोग का बल खो जाता है।
लोग अनुष्ठान तो करते हैं, पररस के बिना;
मंत्र तो बोलते हैं, पर अर्थ के बिना;
धर्म का नाम तो लेते हैं, पर धर्म का जीवन नहीं जीते।

सत्यकाशी पीठ इस जड़ता को तोड़ता है।

यह धारा-उद्धार तीन प्रकार से होता है:

1. सत्य-दृष्टि का पुनर्जागरण

लोगों में सत्य को पहचानने और जीने की क्षमता पुनः सक्रिय होती है।
यह क्षमता बिना किसी प्रवचन-केवल चेतना-संक्रमण से जगती है।

2. धर्म का प्रयोगशाला-रूप

सत्यकाशी पीठ धर्म को जीवन के केंद्र में स्थापित करता है।
धर्म यहाँ सिद्धांत नहीं-व्यवहार और चरित्र का प्रवाह है।

3. युग-धर्म की घोषणा

हर युग का धर्म अलग होता है।
कलियुग से सतयुग में प्रवेश के लिए जो धर्म आवश्यक है-योग, करुणा, सत्य, उच्च चेतना, मानव-एकत्व-उसका पुनःस्थापन पीठ के मुख्य कार्यों में है।

इस प्रकार, धारा-उद्धार वह बीज है जिससे नए युग की पूरी फसल अंकुरित होती है।

मनुष्य चेतना का रूपांतरण

युग परिवर्तन का मूल आधार मनुष्य की बाहरी परिस्थितियाँ नहीं-उसकी **भीतर की चेतना** है।
सत्यकाशी पीठ का दूसरा मुख्य कार्य इसी रूपांतरण से जुड़ा है।

मनुष्य आज बुद्धि में प्रबल है, पर चेतना में सुप्त।
ज्ञान बहुत है, पर विवेक कम।
सूचना बहुत है, पर अनुभूति नहीं।
असंतोष बहुत है, पर दिशा नहीं।

पीठ का उद्देश्य मनुष्य को बाहरी उपलब्धियों से हटाकर भीतर की यात्रा में प्रवेश कराना है।

रूपांतरण के चार चरण

1. जागरण (Awakening)

मनुष्य स्वयं से पहला प्रश्न पूछता है-"मैं कौन हूँ?"
यह प्रश्न जन्म देता है।

2. शुद्धि (Purification)

पुराने संस्कार, भय, भ्रम और अहंकार टूटने लगते हैं।

3. विस्तार (Expansion)

चेतना शरीर-मन से आगे बढ़कर सूक्ष्म और कारण-स्तरों को अनुभव करने लगती है।

4. परिणति (Realization)

मनुष्य अपने भीतर स्थित दिव्य-सत्ता को पहचान लेता है।
यही "नया मनुष्य" है-युग परिवर्तन का वाहक।

पीठ का कार्य प्रत्येक साधक को इन चार चरणों के मार्ग से गुज़ारना है-धीरे, सहज, और सामूहिक ऊर्जा के साथ।

साधना, दीक्षा और आध्यात्मिक अनुष्ठान

हर परिवर्तन की जड़ अनुशासन और साधना है।
सत्यकाशी पीठ में साधना केवल ध्यान या मंत्र नहीं-यह एक पूर्ण जीवन-शास्त्र है।

1. साधना (Spiritual Practice)

- आंतरिक शांति
- चेतना का विस्तार
- ऊर्जा का स्थिरीकरण
- स्मृति-शोधन
- आत्म-प्रकाश

पीठ की साधना आधुनिक मन के अनुसार सरल, गहरी और प्रभावकारी है।
यह शरीर, मन, प्राण और चेतना-सभी स्तरों पर काम करती है।

2. दीक्षा (Initiation)

दीक्षा बाहरी कर्म नहीं-ऊर्जा का आंतरिक स्थानांतरण है।
यह वह क्षण है जब साधक की चेतना में युग-ऊर्जा का बीज रोपा जाता है।
यह बीज धीरे-धीरे जागता है और साधक स्वयं एक “चेतना-केंद्र” बन जाता है।

3. अनुष्ठान (Rituals)

अनुष्ठान ब्रह्मांडीय ऊर्जा को पृथ्वी पर स्थिर करने के उपकरण हैं।
सत्यकाशी पीठ में अनुष्ठान प्राचीन और आधुनिक दोनों हैं-
वे बाहरी प्रतीकों से अधिक आंतरिक परिवर्तन पर आधारित हैं।

अनुष्ठान केवल पूजा नहीं-वे प्रकाश का आह्वान हैं।

वैश्विक कार्य - मानवता के लिए संदेश

सत्यकाशी पीठ का कार्य किसी एक देश, संस्कृति या समुदाय तक सीमित नहीं।
युग परिवर्तन हमेशा वैश्विक होता है-इसलिए उसका संदेश भी वैश्विक होता है।

आज मानवता कई स्तरों पर विभाजित है-
भाषा, धर्म, राजनीति, अर्थव्यवस्था, जाति, विचार।
पर चेतना का सत्य इन सभी से ऊपर है।

सत्यकाशी पीठ का वैश्विक संदेश यही है:

1. मानव एक है

भिन्नता केवल बाहरी है; भीतर सबमें एक ही प्रकाश विद्यमान है।

2. पृथ्वी हमारा साझा आश्रम है

मानवता को पृथ्वी-चेतना के साथ सुसंगत होना होगा।

3. धर्म संघर्ष नहीं-एकता का मार्ग है

सभी पवित्र परंपराएँ एक ही सत्य के भिन्न द्वार हैं।

4. विज्ञान और अध्यात्म एक-दूसरे के पूरक हैं

दुनिया का नया युग तभी जन्म लेगा जब विज्ञान चेतना को समझेगा, और अध्यात्म विज्ञान को अपनाएगा।

5. कल्कि-ऊर्जा सार्वभौमिक है

यह ऊर्जा किसी राष्ट्र का, पंथ का, या समूह का स्वामित्व नहीं;
यह सम्पूर्ण मानवता का जन्मसिद्ध अधिकार है।

सत्यकाशी पीठ का उद्देश्य इसी संदेश को विश्व तक पहुँचाना है-शब्द, कला, ध्यान, साधना, विज्ञान और ऊर्जा के माध्यम से।

शिव-तत्व और कल्कि-तत्व का मिलन

युग परिवर्तन का अंतिम रहस्य दो महाशक्तियों के मिलन में निहित है-
शिव-तत्व और **कल्कि-तत्व**।

शिव-तत्व

संहार, मौन, तत्त्व-ज्ञान, समाधि और शून्य का प्रतिनिधि।
यह सभी रूपों का विसर्जन है-स्रोत में लौटना।

कल्कि-तत्व

नव-सृष्टि, धर्मस्थापन, ऊर्जा का उत्थान और युग-चक्र का पुनर्मूल्यांकन।
यह समय को पुनः संतुलित करने वाली शक्ति है।

दोनों का मिलन तब होता है जब:

- पुराना युग समाप्त हो रहा हो
- नया युग जन्म ले रहा हो
- पृथ्वी अपनी चेतना बदल रही हो
- मानवता परिवर्तन की पुकार कर रही हो

शिव-तत्व पुरातन को शून्य करता है,
और उसी शून्य में कल्कि-तत्व नया ब्रह्मांडीय क्रम स्थापित करता है।

सत्यकाशी पीठ इसी मिलन का केंद्र है-
जहाँ **शिव का मौन** और **कल्कि का उदय**
एक साथ कार्य करते हैं।

यही मिलन युग के नये चक्र की शुरुआत है-
यहीं से सतयुग का नया सूर्योदय होता है।

"सार्वभौम सत्य-सिद्धान्त" पर आधारित "युग परिवर्तन श्रृंखला" के नवयुग के शास्त्र-साहित्य

विभिन्न सम्प्रदाय (धर्म), जाति, मत, दर्शन इत्यादि में विभाजित इस मानव समाज में वर्तमान तथा आने वाले भविष्य के समय की मूल आवश्यकता है- मानव के मनो का एकीकरण अर्थात मानव मन का भूमण्डलीकरण एवं ब्रह्माण्डीयकरण। इसकी आवश्यकता इसलिए भी है क्योंकि मानव अपने विज्ञान व तकनीकी ज्ञान से प्राप्त संसाधनो का प्रयोग करते हुये, एक तरफ तो ब्रह्माण्ड की ओर चल पड़ा है तो दुसरी तरफ विध्वंस के लिए अनेक हथियारों का भी निर्माण कर चुका है। ऐसी स्थिति में हमें निश्चित रूप से ऐसे एकीकरण की आवश्यकता है जिससे हम इस पृथ्वी से मानसिक स्तर के विवादों को समाप्त कर सकें।

माया सभ्यता के अनुसार विश्व के मानव समाज यह भी मान रहें हैं कि 21 दिसम्बर, 2012 को दुनिया का अन्त हो जायेगा। जबकि हिन्दू धर्म शास्त्र विष्णु पुराण, भागवत पुराण, अग्नि पुराण, गरूड़ पुराण, पद्म पुराण इत्यादि में भगवान के दसवें और महाअवतार "कल्कि" का होना अभी शेष है। जिनसे कलियुग के अंधकार व विनाश को समाप्त करने का कार्य सम्पन्न होगा, साथ ही सत्ययुग का आरम्भ होगा। सिक्ख धर्म के पवित्र ग्रन्थ "दशम् ग्रन्थ" में भी "कल्कि अवतार" का वर्णन मिलता है।

सृजन और विनाश, का स्तर शारीरिक, आर्थिक व मानसिक होता है। जो एक व्यक्ति, समाज, देश और विश्व राष्ट्र के लिए होता है। व्यक्ति पर हुये शारीरिक, आर्थिक व मानसिक सृजन और विनाश को व्यक्ति ही अनुभव करता है परन्तु समाज, देश और विश्व राष्ट्र पर हुये शारीरिक, आर्थिक व मानसिक सृजन व विनाश को सार्वजनिक रूप से सभी देखते है। समाज, देश और विश्व राष्ट्र पर शारीरिक व आर्थिक सृजन और विनाश वर्तमान में तो चल ही रहा है जिसे सार्वजनिक रूप से मानव समाज देख रहा है।

भौतिकवादी पश्चिमी संस्कृति किसी भी सृजन व विनाश को मानसिक स्तर पर सोच ही नहीं सकता क्योंकि वह समस्त क्रियाकलाप को बाह्य जगत में ही घटित होता समझाता है जबकि वर्तमान समय मानसिक स्तर पर विनाश व सृजन का है। इस आधार पर यह कहा जा सकता है कि माया सभ्यता के अनुसार 21 दिसम्बर, 2012 को जो विनाश व सृजन होगा, वह मानसिक स्तर का ही होगा। जिसके परिणामस्वरूप सभी सम्प्रदाय, मत, दर्शन एक उच्च स्तर के विचार या सत्य में विलीन अर्थात विनाश को प्राप्त करेगा। फलस्वरूप उच्च स्तर के विचार या सत्य में स्थापित होने से सृजन होगा। कुल मिलाकर माया सभ्यता के कैलेण्डर का अन्त तिथि 21 दिसम्बर, 2012, दुनिया के अन्त की तिथि नहीं बल्कि वह वर्तमान युग के अन्त की अन्तिम तिथि का अनुमान है जिसके बाद नये युग का आरम्भ होगा।

ईश्वर भी इतना मूर्ख व अज्ञानी नहीं है कि वह स्वयं को इस मानव षरीर में पूर्ण व्यक्त किये बिना ही दुनिया को नष्ट कर दे। इसके सम्बन्ध में हिन्दू धर्म शास्त्रों में सृष्टि के प्रारम्भ के सम्बन्ध में कहा गया है कि- "ईश्वर ने इच्छा व्यक्त की कि मैं एक हूँ, अनेक हो जाऊँ"। इस प्रकार जब वही ईश्वर सभी में है तब निश्चित रूप से जब तक सभी मानव ईश्वर नहीं हो जाते तब तक दुनिया के अन्त होने का कोई प्रश्न ही नहीं उठता। और विकास क्रम चलता रहेगा।

21 दिसम्बर, 2012 के बाद का समय नये युग के प्रारम्भ का समय है जिसमें ज्ञान, ध्यान, चेतना, भाव, जन, देश, विश्व राष्ट्र, आध्यात्मिक जागरण, मानवता इत्यादि का विश्वव्यापी विकास होगा। परिणामस्वरूप सभी मानव को ईश्वर रूप में स्थापित होने का अवसर प्राप्त होगा। और यही विश्व मानव समाज की मूल आवश्यकता है। प्राचीन वैदिक काल में समाज को नियंत्रित करने के लिए ज्ञानार्जन सबके लिए खुला नहीं था परन्तु वर्तमान और भविष्य की आवश्यकता यह है कि समाज को नियंत्रित करने के लिए सभी को पूर्ण ज्ञान से युक्त कर सभी के लिए ज्ञान को खोल दिया जाय। यही कारण था कि वेद को प्रतीकात्मक रूप में लिख कर गुरू-शिष्य परम्परा द्वारा उसकी व्याख्या की जाती रही थी जिससे राजा और समाज को नियंत्रण में रखा जा सके।

सभी मानव को ईश्वर रूप में स्थापित होने के लिए जो माध्यम चाहिए वह है-"एकात्म विज्ञान" व "ईश्वर शास्त्र" विषय से मानव को शिक्षित करना और शिक्षा पाठ्यक्रम में अनिवार्य रूप से अध्ययन के लिए शामिल कराया जा सके।

"सार्वभौम सत्य-सिद्धांत"पर आधारित "युग परिवर्तन श्रृंखला" मानवता के अगली पीढ़ी के उदय के लिए

"नये युग" में "नये भारत" के लिए "नवीन मान-राग-प्राण" पर आधारित क्रियान्वयन प्रणाली (Operation System)-मानव-10 (MANAV-10) की पुस्तकें

यह नई पीढ़ी (Gen-Z) के लिए "विकसित भारत" और "मानव-10 प्रणाली" (MANAV-10 System) को प्रोत्साहित करने वाली श्रृंखला का हिस्सा है।

अर्थात् यह पुस्तक किसी धर्म, जाति या मत से ऊपर उठकर "Universal Truth Principles" की ओर संकेत करती है।

मुद्रित (Printed Hard Copy) पुस्तक के लिए लिंक(Link)

https://notionpress.com/author/lava_kush

E_Book के लिए

www.64inch.com

द्वापर युग में आठवें अवतार श्रीकृष्ण द्वारा प्रारम्भ किया गया कार्य नवसृजन के
प्रथम भाग सार्वभौम ज्ञान के शास्त्र "गीता" के बाद
कलियुग में
द्वितीय और अन्तिम भाग "सार्वभौम कर्मज्ञान" और
"पूर्णज्ञान का पूरक शास्त्र"

विश्व युद्ध के पहले
दिव्य दृष्टि
सत्यकाशी पीठ
पांचवां और अन्तिम शंकराचार्य पीठ

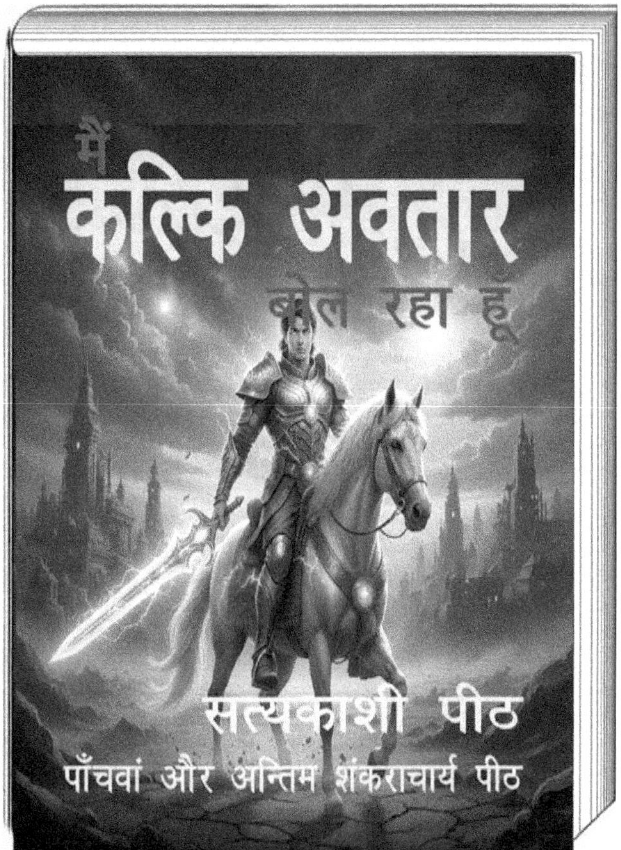
मैं
कल्कि अवतार
बोल रहा हूं
सत्यकाशी पीठ
पाँचवां और अन्तिम शंकराचार्य पीठ

समष्टि गीता
सत्यकाशी पीठ
पाँचवां और अन्तिम शंकराचार्य पीठ

फिल्म स्क्रीप्ट
राइटिंग
IDEAS
You are the writer of your life
Fresh Ideas
Writing is designing with words
creative THINKING
LIGHTS CAMERA ACTION
Short Films.
लव कुश सिंह “विश्वमानव”

प्रारम्भिक सत्य
अन्तिम
दृष्टि
सत्यकाशी पीठ
पाँचवां और अन्तिम शंकराचार्य पीठ

सत्य धर्म
युग परिवर्तक
दृष्टि
सत्यकाशी पीठ
पाँचवां और अन्तिम शंकराचार्य पीठ

सत्य दार्शनिक-दर्शन
और
कर्म वेदान्त-विकास
दर्शन
सत्यकाशी पीठ
पाँचवां और अन्तिम शंकराचार्य पीठ

सत्य शास्त्र
एवं
पुराण-रहस्य
महर्षि व्यास
कला
सत्यकाशी पीठ
पाँचवां और अन्तिम शंकराचार्य पीठ

संत एवं गुरु
और
विश्व संत एवं गुरु
सत्यकाशी पीठ
पाँचवां और अन्तिम शंकराचार्य पीठ

समाज और
ईश्वरीय समाज
सत्यकाशी पीठ
पाँचवां और अन्तिम शंकराचार्य पीठ

सत्य शास्त्र और
विश्वशास्त्र
सत्यकाशी पीठ
पाँचवां और अन्तिम शंकराचार्य पीठ

कृति
और
विश्व
कृति
सत्यकाशी पीठ
पाँचवां और अन्तिम शंकराचार्य पीठ

भारत माता मन्दिर
और
विश्वधर्म मन्दिर
सत्यकाशी पीठ
पाँचवां और अन्तिम शंकराचार्य पीठ

महाभारत
और
विश्वभारत
सत्यकाशी पीठ
पाँचवां और अन्तिम शंकराचार्य पीठ

संविधान और
विश्व संविधान
सत्यकाशी पीठ
पांचवां और अन्तिम शंकराचार्य पीठ

शिक्षा और
पूर्ण शिक्षा
सत्यकाशी पीठ

देवता और सार्वभौम देवता
कल्कि
सत्यकाशी पीठ

माँ कल्कि

द्वादस ज्योतिर्लिंग और
१३वां अन्तिम ज्योतिर्लिंग
?
सत्यकाशी पीठ
पाँचवां और अन्तिम शंकराचार्य पीठ

काशी
मोक्षदायिनी
और
जीवनदायिनी
ॐ

सत्यकाशी
स्वर्णयुग
का
तीर्थ

काशी
रहस्योद्घाटन
सत्यकाशी पीठ
पांचवां और अन्तिम शंकराचार्य पीठ

2020
सत्यकाशी पीठ
पाँचवां और अन्तिम शंकराचार्य पीठ

ईश्वर
का
संक्षिप्त इतिहास
सत्यकाशी पीठ
पाँचवां और अन्तिम शंकराचार्य पीठ

अवतार
अन्तिम सत्य दृष्टि
सत्यकाशी पीठ
पाँचवां और अन्तिम शंकराचार्य पीठ

भविष्यवाणियाँ
और
कल्कि अवतार
सत्यकाशी पीठ
पाँचवां और अन्तिम शंकराचार्य पीठ

स्वामी विवेकानन्द
और
कल्कि अवतार
सत्यकाशी पीठ
पाँचवां और अन्तिम शंकराचार्य पीठ

मनु, मनवन्तर
और
कल्कि अवतार
सत्यकाशी पीठ
पाँचवां और अन्तिम शंकराचार्य पीठ

व्यास, शास्त्र
और
कल्कि अवतार
सत्यकाशी पीठ
पाँचवां और अन्तिम शंकराचार्य पीठ

ऋषि, ऋषि परम्परा
और
कल्कि अवतार
सत्यकाशी पीठ
पाँचवां और अन्तिम शंकराचार्य पीठ

दूसरा आगमन
या
अन्तिम आगमन
सत्यकाशी पीठ
पाँचवां और अन्तिम शंकराचार्य पीठ

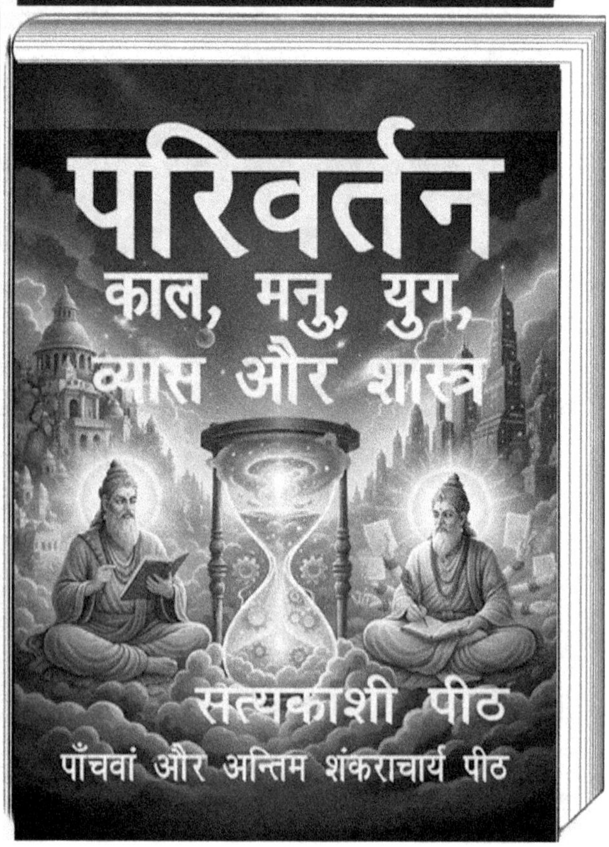
परिवर्तन
काल, मनु, युग,
व्यास और शास्त्र
सत्यकाशी पीठ
पाँचवां और अन्तिम शंकराचार्य पीठ

राम, रावण
और
सार्वभौम एकात्म
सत्यकाशी पीठ
पाँचवां और अन्तिम शंकराचार्य पीठ

मैं
व्यक्तिगत या सार्वभौम
सत्यकाशी पीठ
पाँचवां और अन्तिम शंकराचार्य पीठ

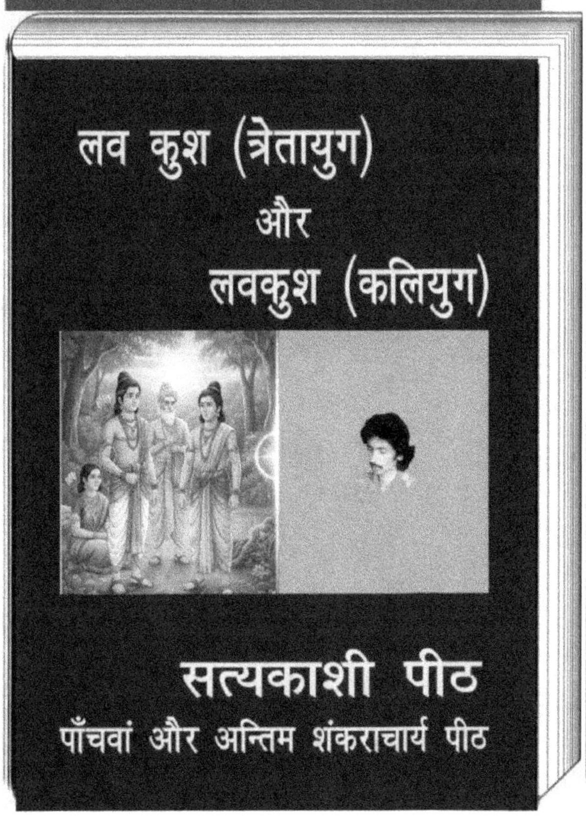
लव कुश (त्रेतायुग)
और
लवकुश (कलियुग)
सत्यकाशी पीठ
पाँचवां और अन्तिम शंकराचार्य पीठ

कल्कि महावतार
आ चुके हैं
(ACTION PLAN)
सत्यकाशी पीठ
पाँचवां और अन्तिम शंकराचार्य पीठ

लव कुश सिंह
(कल्कि महावतार)
जीवन, ज्ञान, कर्म और विश्वरूप
सत्यकाशी पीठ
पाँचवां और अन्तिम शंकराचार्य पीठ

वैश्विक बुद्ध
बुद्ध का
भाग-दो
और अन्तिम
सत्यकाशी पीठ
पाँचवां और अन्तिम शंकराचार्य पीठ

बुड्ढ़ा कृष्ण
कृष्ण का
भाग-दो
और अन्तिम
सत्यकाशी पीठ
पाँचवां और अन्तिम शंकराचार्य पीठ

सम्पूर्ण क्रान्ति
अन्तिम कार्य योजना
64
सत्यकाशी पीठ
पांचवां और अन्तिम शंकराचार्य पीठ

सम्पूर्ण क्रान्ति
वेबसाइट मार्गदर्शन
विवरणिका
सत्यकाशी पीठ
पाँचवां और अन्तिम शंकराचार्य पीठ

पुनर्निर्माण
(RENEW)
समस्या, समाधान
और
राष्ट्र निर्माण की योजना
सत्यकाशी पीठ
पाँचवां और अन्तिम शंकराचार्य पीठ

पुनर्निर्माण
(RENEW)
ग्राम एवं नगर वार्ड
प्रेरक
सत्यकाशी पीठ
पाँचवां और अन्तिम शंकराचार्य पीठ

द्वापर युग में आठवें अवतार श्रीकृष्ण द्वारा प्रारम्भ किया गया कार्य "नवसृजन" के
प्रथम भाग "सार्वभौम ज्ञान" के शास्त्र "गीता" के बाद कलियुग में
द्वितीय और अन्तिम भाग "सार्वभौम कर्मज्ञान" और "पूर्णज्ञान का पूरक शास्त्र"
।। विश्वशास्त्र ।।
द नॉलेज ऑफ फाइनल नॉलेज
परिचय
- लव कुश सिंह "विश्वमानव"

एन्टायर पालिटिक्स
पूर्ण पाठ्यक्रम
सत्यकाशी पीठ
पाँचवां और अन्तिम शंकराचार्य पीठ

वसुधैव
कुटुम्बकम्
सत्यकाशी पीठ
पाँचवां और अन्तिम शंकराचार्य पीठ

।।कर्मवेद।।
प्रथम, अन्तिम तथा पंचम
सत्यकाशी पीठ
पांचवां और अन्तिम शंकराचार्य पीठ

आठवें अवतार
श्रीकृष्ण
सत्यकाशी पीठ
पांचवां और अन्तिम शंकराचार्य पीठ

अयोध्या नहीं,
मुंगेर है
राम जन्मभूमि
सत्यकाशी पीठ
पाँचवां और अन्तिम शंकराचार्य पीठ

विश्वमानव
भूतपूर्व नेतृत्वकर्ताओं
का
स्पष्टिकरण
सत्यकाशी पीठ
पाँचवां और अन्तिम शंकराचार्य पीठ

विश्वमानव
वर्तमान नेतृत्वकर्ताओं
का
स्पष्टिकरण
सत्यकाशी पीठ
पाँचवां और अन्तिम शंकराचार्य पीठ

विश्वमानव
वार्ता, वक्तव्य
एवं
वाणीयाँ
पीठ
पाँचवां और शंकराचार्य पीठ

विश्वमानव
पत्रावली, प्रसारण
और
अन्तिम पत्र
सत्यकाशी पीठ
पाँचवां और अन्तिम शंकराचार्य पीठ

सत्य जनहित
आह्वान
सत्यकाशी पीठ
पाँचवां और अन्तिम शंकराचार्य पीठ

विश्व शान्ति
अन्तिम सत्य दृष्टि
सत्यकाशी पीठ
पाँचवां और अन्तिम शंकराचार्य पीठ

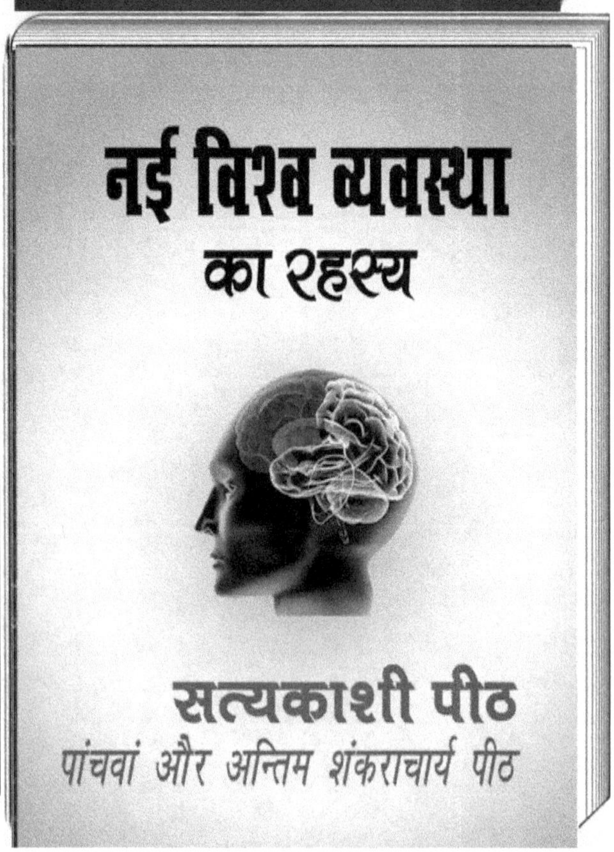
नई विश्व व्यवस्था
का रहस्य
सत्यकाशी पीठ
पांचवां और अन्तिम शंकराचार्य पीठ

समाजवाद
ब्रह्माण्डीय विकास का अवतारी मार्ग
सत्यकाशी पीठ
पांचवां और अन्तिम शंकराचार्य पीठ

भारतवाद
राष्ट्रवाद की मुख्यधारा
सत्यकाशी पीठ
पांचवां और अन्तिम शंकराचार्य पीठ

100 वर्षीय संयुक्त राष्ट्र
को अग्रिम सन्देश
सत्यकाशी पीठ
पांचवां और अन्तिम शंकराचार्य पीठ

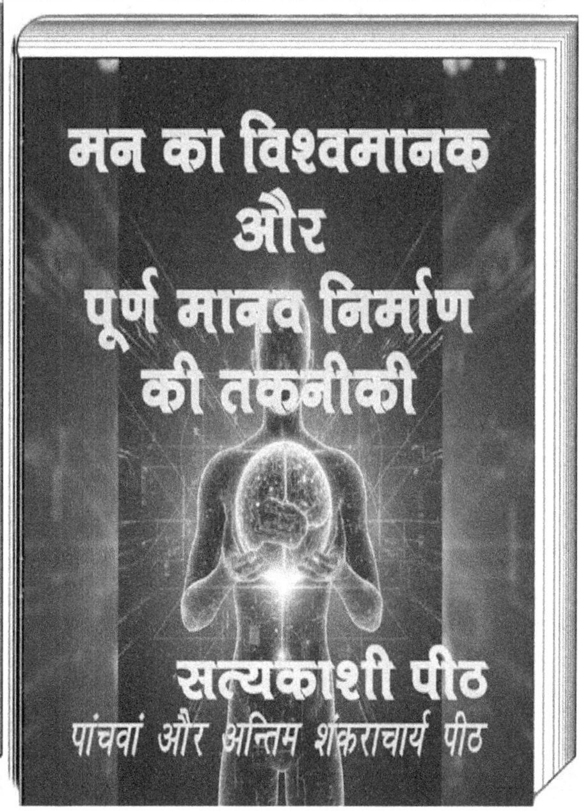
मन का विश्वमानक
और
पूर्ण मानव निर्माण
की तकनीकी
सत्यकाशी पीठ
पांचवां और अन्तिम शंकराचार्य पीठ

गणराज्य, संघ,
मानकीकरण संगठन
और
सम्पूर्ण मानक
सत्यकाशी पीठ
पाँचवां और अन्तिम शंकराचार्य पीठ

व्यापार केन्द्र
दृश्य सत्य
सत्यकाशी पीठ
पाँचवां और अन्तिम शंकराचार्य पीठ

सार्वभौम एकात्म
नव विश्व निर्माण
सत्यकाशी पीठ
पांचवां और अन्तिम शंकराचार्य पीठ

मानक विपणन
प्रणाली
सत्यकाशी पीठ
पाँचवां और अन्तिम शंकराचार्य पीठ

स्वर्णयुग का मानक
आदर्श नागरिक
दिशा निर्देश
सत्यकाशी पीठ
पांचवां और अन्तिम शंकराचार्य पीठ

स्वर्णयुग का
विश्वधर्म
परिचय
सत्यकाशी पीठ
पांचवां और अन्तिम शंकराचार्य पीठ

मैत्रेय बुद्ध
की ओर
सत्यकाशी पीठ
पांचवां और अन्तिम शंकराचार्य पीठ

विशाल ज्ञान विज्ञान
सबका समाधान
सूर्योदय
जय जनता जय कानून
हम सब एक दूसरे से हैं और एक दूसरे के लिए हैं
सौजन्य से : सारे गैर सरकारी प्राणी : सरकारी प्राणी : इज्जतदार नेता और

सार्वभौम सत्य-सिद्धान्त आधारित "युग परिवर्तक" श्रृंखला
कल्कि धाम
और
कल्कि परिचय
- लव कुश सिंह "विश्वमानव"

सार्वभौम सत्य-सिद्धान्त आधारित "युग परिवर्तक" श्रृंखला
चार शंकराचार्य पीठ
और
पांचवां-अन्तिम पीठ
सत्यकाशी पीठ
सत्यकाशी पीठ
सत्यकाशी पीठ
पांचवां और अन्तिम शंकराचार्य पीठ

कल्कि अमृत
महाकुम्भ
2025
FINAL KNOWLEDGE BOMB BLAST
सत्यकाशी पीठ
पांचवां और अन्तिम शंकराचार्य पीठ

ज्योति
युग परिवर्तन की
TRANSACTION
TRADE
DEVELOPMENT
RURAL
GD
EDUCATION
ADVANCEMENT
NATURAL TRUTH
सत्यकाशी पीठ
पांचवां और अन्तिम शंकराचार्य पीठ

युग परिवर्तन
के
शब्द
सत्यकाशी पीठ
पांचवां और अन्तिम शंकराचार्य पीठ

विचारों का अंत
2025
सत्यकाशी पीठ
पांचवां और अन्तिम शंकराचार्य पीठ

विश्व सत्य घोषणा-पत्र
2025–मानव जाति तक
RSS
Rational Service Society
सत्यकाशी पीठ
पांचवां और अन्तिम शंकराचार्यपीठ

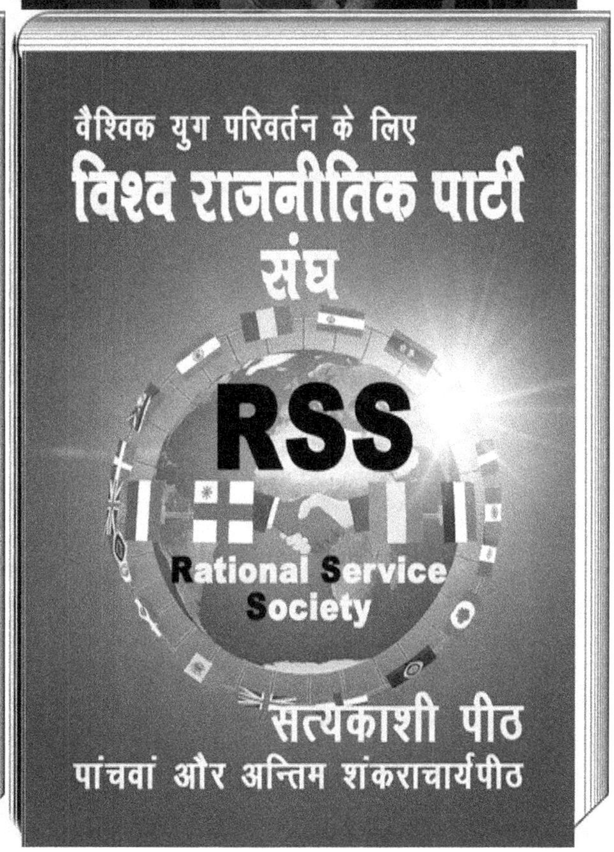
वैश्विक युग परिवर्तन के लिए
विश्व राजनीतिक पार्टी
संघ
RSS
Rational Service Society
सत्यकाशी पीठ
पांचवां और अन्तिम शंकराचार्यपीठ

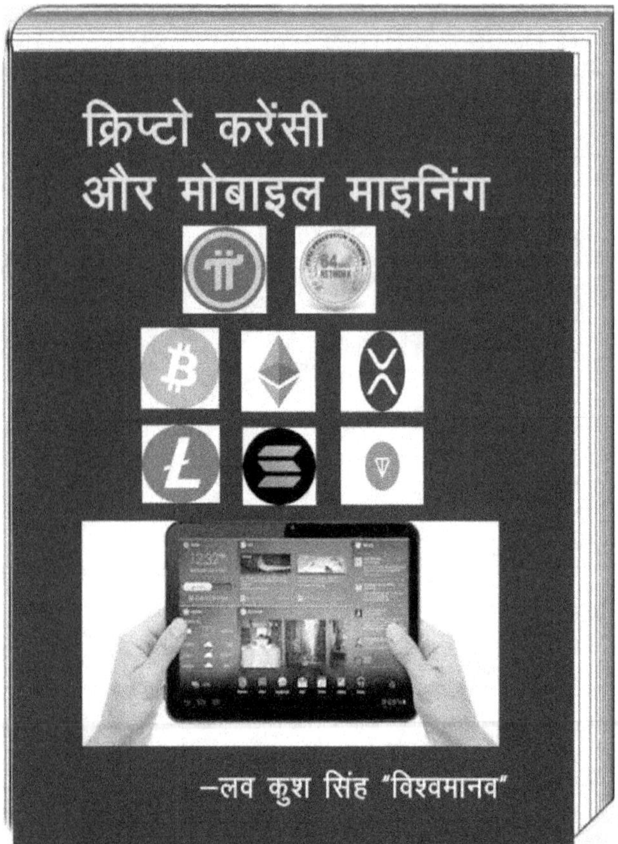
क्रिप्टो करेंसी
और मोबाइल माइनिंग
–लव कुश सिंह "विश्वमानव"

पीढ़ी
मानवीय और ईश्वरीय
वात्सल्य त्रिपाठी

बुढ़ा कृष्ण
अन्तिम मिलन
वात्सल्य त्रिपाठी

अन्तिम लक्ष्य
वात्सल्य त्रिपाठी

पाँचवां-अन्तिम पीठ
सत्यकाशी पीठ
परिचय
वात्सल्य त्रिपाठी
पाँचवां और आंतिम शंकराचार्य पीठ

कबीर और
जेन-जी
नई चेतना, नया मानव
चेतना और नवयुग की संवाद यात्रा
वात्सल्य त्रिपाठी

कल्कि की
ज्योति
बिहार से
ज्योति राठौड़

एक बिहारी
धरती पर भारी
ज्योति राठौड़

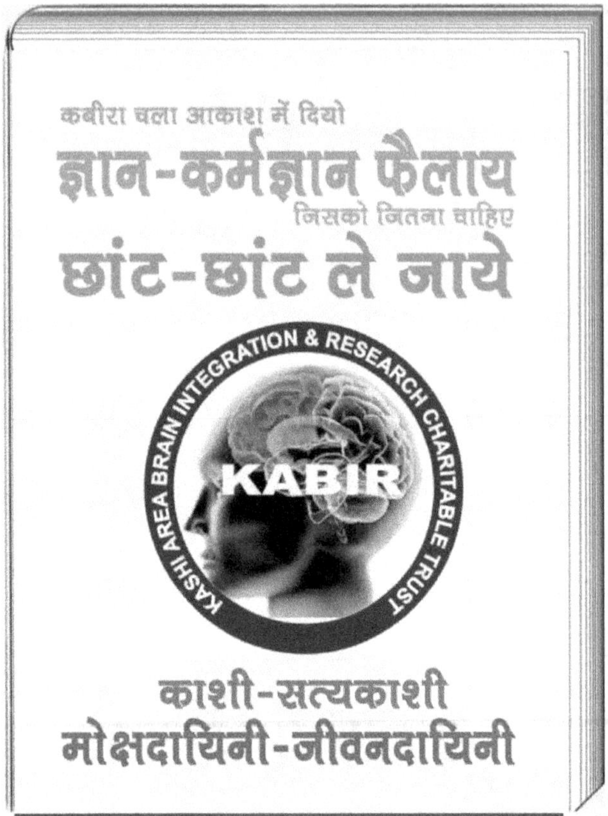
कबीरा चला आकाश में दियो
ज्ञान-कर्मज्ञान फैलाय
जिसको जितना चाहिए
छांट-छांट ले जाये
KASHI AREA BRAIN INTEGRATION & RESEARCH CHARITABLE TRUST
KABIR
काशी-सत्यकाशी
मोक्षदायिनी-जीवनदायिनी

कुर्म वंश
और
चरणाद्रिगढ़
स्वामी रमेशानन्द

आर.एस.एस
नवयुग के लिए
वैश्विक व्यक्तिगत पुस्तकालय
RATIONAL SERVICE SOCIETY (RSS)
WORLD PERSONAL LIBRARY FOR NEW AGE
A GUIDE TO GLOBAL WISDOM & FUTURE THOUGHT
स्वामी रमेशानन्द

झोला उठने के बाद
सोशल मीडिया
के लिए
कन्टेन्ट बैंक
विस्तृत गाइड: विचार, रणनीतियाँ, और संसाधन
www.64inch.com
सत्यकाशी पीठ
पांचवां और अन्तिम शंकराचार्य पीठ

झोला उठने के बाद
कल्कि
सत्यकाशी पीठ
पांचवां और अन्तिम शंकराचार्य पीठ

युग परिवर्तन के लिए:
विश्व पुस्तकालय बनाम कल्कि पुस्तकालय
www.64inch.com
बनाम
कल्कि पुस्तकालय
ज्ञान का महासंग्राम - भविष्य का निर्माण
सत्यकाशी पीठ
पांचवां और अन्तिम शंकराचार्य पीठ

व्हाट्सएप्प यूनिवर्सिटी
और
सु-इसु यूनिवर्सिटी
सत्यकाशी पीठ
पांचवां और अन्तिम शंकराचार्य पीठ

इंडिया
भारत का विश्वरूप
सत्यकाशी पीठ
पांचवां और अन्तिम शंकराचार्य पीठ

अधूरे
सपनों
का
अन्तिम मार्ग
सत्यकाशी पीठ
पांचवां और अन्तिम शंकराचार्य पीठ

मानक
संविधान
और
बहुजन
सत्यकाशी पीठ
पांचवां और अन्तिम शंकराचार्य पीठ

विकसित भारत
अन्तिम मुद्दे
-ईश्वरीय/मानवीय पीढ़ी-10 (GEN-10)
-व्यक्तिगत
-पारिवारीक
-सामाजिक
-धार्मिक
-राष्ट्रीय
-वैश्विक
सत्यकाशी पीठ
पांचवां और अन्तिम शंकराचार्य पीठ

एक नया
विकल्प
THREADS
सत्यकाशी पीठ
पांचवां और अन्तिम शंकराचार्य पीठ

विकसित भारत
शिक्षितों का अन्तिम ईश्वरीय मॉडल
सत्यकाशी पीठ
पांचवां और अन्तिम शंकराचार्य पीठ

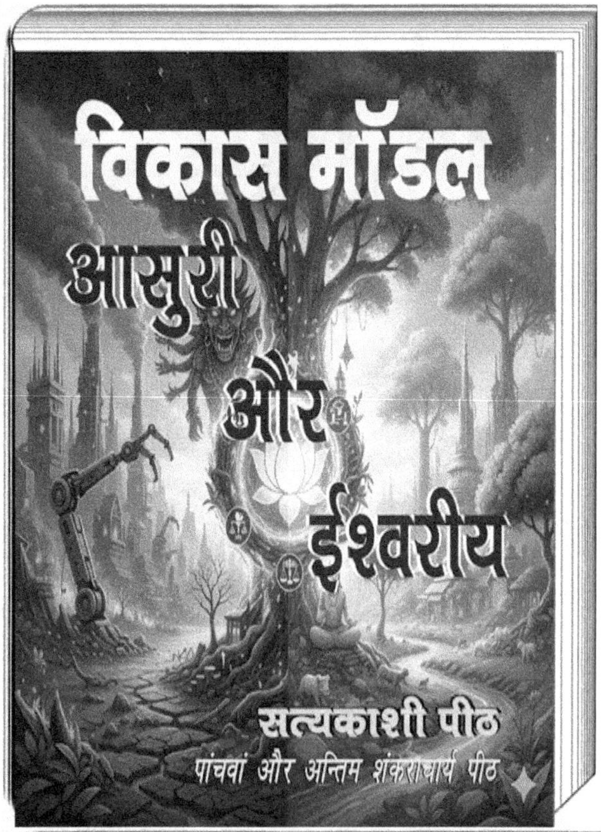
विकास मॉडल
आसुरी
और
ईश्वरीय
सत्यकाशी पीठ
पांचवां और अन्तिम शंकराचार्य पीठ

युग परिवर्तन और 1000 वर्षों के लिए
सत्यकाशी पीठ
का सम्पूर्ण कार्य
कौन,
क्यों,
कैसे
कल्कि?
सत्यकाशी पीठ
पांचवां और अन्तिम शंकराचार्य पीठ

बैल बुद्धि
और
विकसित
भारत
सत्यकाशी पीठ
पांचवां और अन्तिम शंकराचार्य पीठ

लव मीन
भोज्यम्
सत्यकाशी पीठ
पांचवां और अन्तिम शंकराचार्य पीठ

एक्सट्रा
टु ए बी
समान नागरिक व्यापार ज्ञान संहिता (CCTKC)
सत्यकाशी पीठ
पांचवां और अन्तिम शंकराचार्य पीठ

एक्सट्रा
टु ए बी
समान नागरिक आर्थिक संहिता (UCEC)
सत्यकाशी पीठ
पांचवां और अन्तिम शंकराचार्य पीठ

अंध भक्ति
से मुक्ति की ओर
मुक्ति मंत्र
"जिसने अंधभक्ति दिया
वही मुक्ति देगा"
सत्यकाशी पीठ
पांचवां और अन्तिम शंकराचार्य पीठ

VISHVABHARAT
न मो
नारायण
सत्यकाशी पीठ
पांचवां और अन्तिम शंकराचार्य पीठ

अगला स्तर
फिल्म और राजनीति पर
विचारों का संगह
सत्यकाशी पीठ
पांचवां और अन्तिम शंकराचार्य पीठ

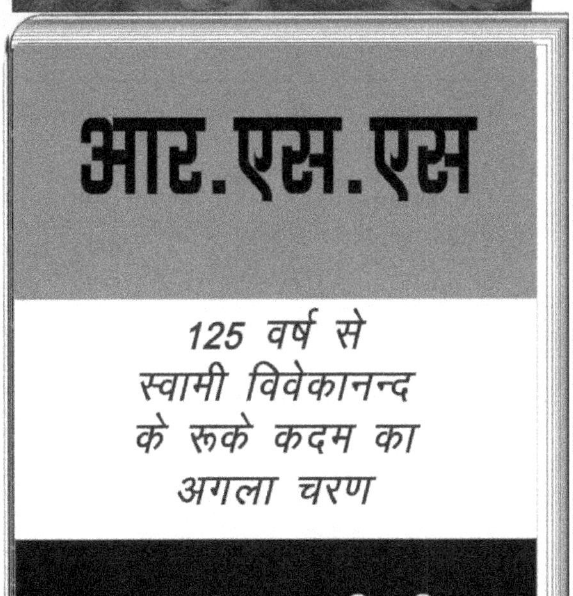
आर.एस.एस
125 वर्ष से
स्वामी विवेकानन्द
के रूके कदम का
अगला चरण
सत्यकाशी पीठ
पांचवां और अन्तिम शंकराचार्य पीठ

आर.एस.एस
रहस्योद्घाटन
सत्यकाशी पीठ
पांचवां और अन्तिम शंकराचार्य पीठ

125 वर्ष बाद
स्वामी विवेकानन्द
का अगला चरण

सत्येश्वर नरेन्द्र
सत्यकाशी पीठ

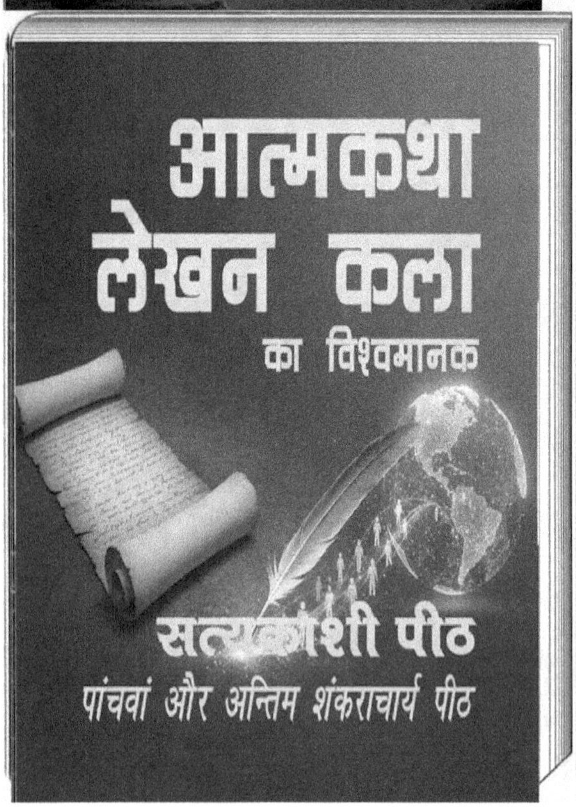
आत्मकथा
लेखन कला
का विश्वमानक
सत्यकाशी पीठ
पांचवां और अन्तिम शंकराचार्य पीठ

लुच्चा
पुराण
पौराणिक कथाओं
और पात्रों के
सत्य समझ की व्यास दृष्टि
सत्यकाशी पीठ
पांचवां और अन्तिम शंकराचार्य पीठ

आठवां
सावर्णि मनु स्मृति
सत्यकाशी पीठ
पांचवां और अन्तिम शंकराचार्य पीठ

विश्वमानक
शून्य श्रृंखला
0
सत्यकाशी पीठ
पांचवां और अन्तिम शंकराचार्य पीठ

सर्वजीत साधना
भवन
एक आध्यात्मिक अनुभव
सत्यकाशी पीठ
पांचवां और अन्तिम शंकराचार्य पीठ

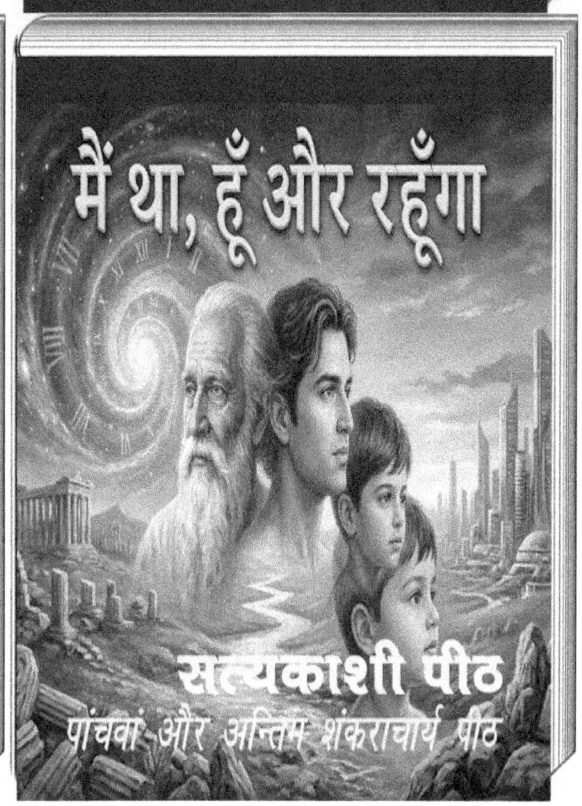
मैं था, हूँ और रहूँगा
सत्यकाशी पीठ
पांचवां और अन्तिम शंकराचार्य पीठ

लव
सत्यकाशी पीठ
पांचवां और अन्तिम शंकराचार्य पीठ

परब्रह्म,
प्रकृति,
अवतार
और वानर
सत्यकाशी पीठ
पांचवां और अन्तिम शंकराचार्य पीठ

संसार
दृश्य
और
अदृश्य
सत्यकाशी पीठ
पांचवां और अन्तिम शंकराचार्य पीठ

कर्मोपनिषद्
सत्यकाशी पीठ
पांचवां और अन्तिम शंकराचार्य पीठ

विश्वभारत
पुराण
सत्यकाशी पीठ
पांचवां और अन्तिम शंकराचार्य पीठ

एकात्म विज्ञान
सत्यकाशी पीठ
पांचवां और अन्तिम शंकराचार्य पीठ

मानक विज्ञान
सत्यकाशी पीठ
पांचवां और अन्तिम शंकराचार्य पीठ

ईश्वर शास्त्र
सत्यकाशी पीठ
पांचवां और अन्तिम शंकराचार्य पीठ

युगावतारों के प्रकटीकरण की कार्यविधि:
राम-कृष्ण-लवकुश
सत्यकाशी पीठ
पांचवां और अन्तिम शंकराचार्य पीठ

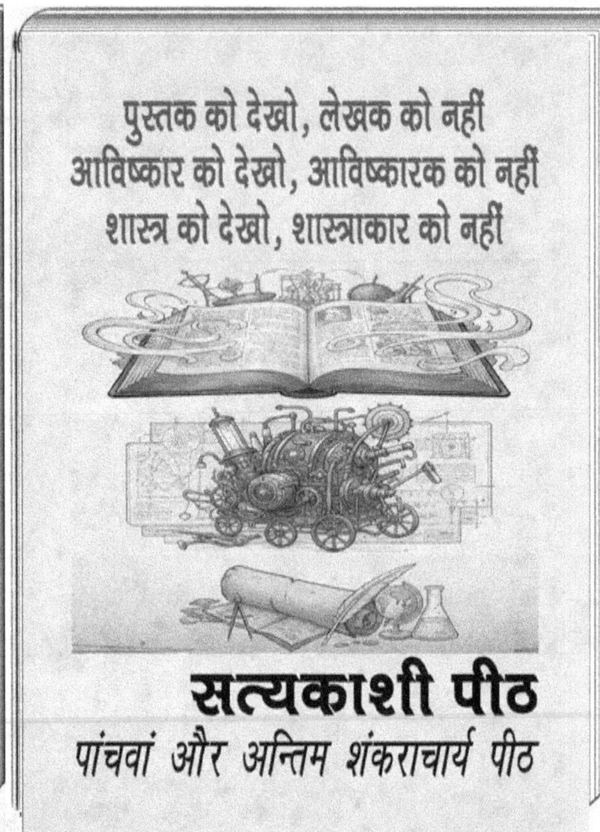
पुस्तक को देखो, लेखक को नहीं
आविष्कार को देखो, आविष्कारक को नहीं
शास्त्र को देखो, शास्त्राकार को नहीं
सत्यकाशी पीठ
पांचवां और अन्तिम शंकराचार्य पीठ

56 से 64
की ओर
सत्यकाशी पीठ
पांचवां और अन्तिम शंकराचार्य पीठ

मैं सत्यकाशी हूँ
कविता
सत्यकाशी पीठ
पांचवां और अन्तिम शंकराचार्य पीठ

पटेल
भारत के शारीरिक एकीकरण के बाद
मन का एकीकरण लक्ष्य
सत्यकाशी पीठ
पांचवां और अन्तिम शंकराचार्य पीठ

मन से
आत्मा तक
3 6 9 और 7
6
3
9
7
सत्यकाशी पीठ
पांचवां और अन्तिम शंकराचार्य पीठ

भारत
400 पार मुद्दा किसका
?
सत्यकाशी पीठ
पांचवां और अन्तिम शंकराचार्य पीठ

आर. एस. एस - पुस्तकालय
पढ़ो और कमाओ
शिक्षित समाज, समर्थ राष्ट्र
सत्यकाशी पीठ
पांचवां और अन्तिम शंकराचार्य पीठ

विश्वयुद्ध के पहले
विश्वगुरु भारत
का विश्व शान्ति और
पुनर्निर्माण का अन्तिम सन्देश
सत्यकाशी पीठ
पांचवां और अन्तिम शंकराचार्य पीठ

चुटिया पण्डित
वृन्दावन की सत्य घटना
स्वामी नन्दनानंद

कल्कि का
चुनार और वृन्दावन
से उठता प्रेम
स्वामी नन्दनानंद

कल्कि का
बेगुसराय और मीरजापुर
जन्म और कर्म क्षेत्र
स्वामी नन्दनानंद

सत्येश्वरोपनिषद्
सत्येश्वर
और
झूठेश्वर
वात्सल्य त्रिपाठी

अन्तिम अवतार
कल्कि
के लिए शेष कर्म
वात्सल्य त्रिपाठी

कल्कि अवतार
का मानव-10
विकसित भारत का प्रवेश द्वार
वात्सल्य त्रिपाठी

पप्पू-गप्पू
और
नागरिक झुलेलाल
वात्सल्य त्रिपाठी

ओपेन गेम
कभी-कभी नहीं,
अब कन्फर्म है
अपुन ही
भगवान है
(वेब सीरीज)
वात्सल्य त्रिपाठी

SATYAKASHI
THE END OF MIRZAPUR
सत्यकाशी पीठ
पांचवां और अन्तिम शंकराचार्य पीठ

अण्डरवर्ल्ड
सनातन से पुरूषों से छुपी महिलाओं की कहानी
(फिल्म स्क्रीनप्ले-रेडी टू शूट)
वात्सल्य त्रिपाठी

सोना और सोना
एवं
नारी सशक्तिकरण
वैदिक काल से वर्तमान तक
सत्यकाशी पीठ
पांचवां और अन्तिम शंकराचार्य पीठ

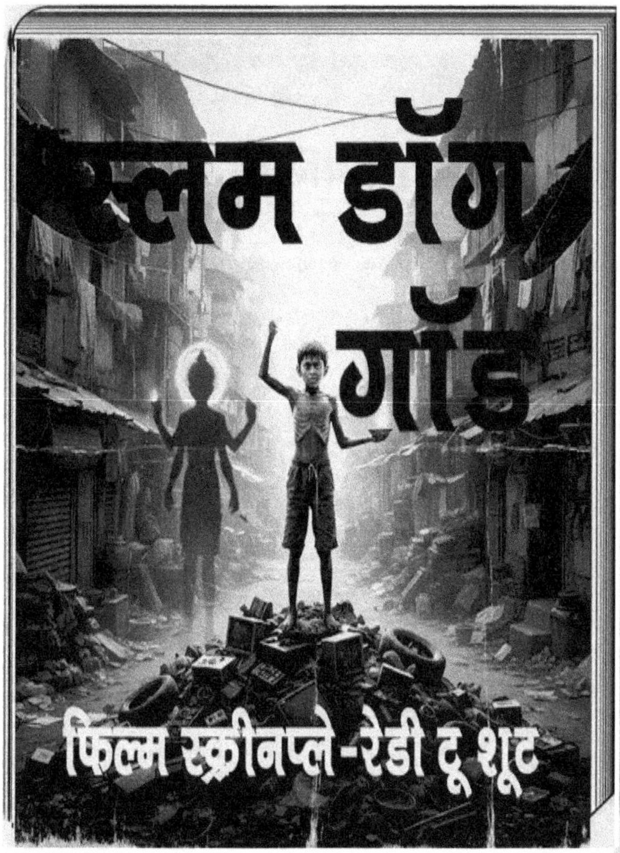
स्लम डॉग
गॉड
फिल्म स्क्रीनप्ले-रेडी टू शूट

उत्तर प्रदेश
का
उत्तर
वात्सल्य त्रिपाठी

अन्तिम समन्वयाचार्य
कल्कि
वात्सल्य त्रिपाठी

2026
2+0+2+6=10
पांचवां और अन्तिम शंकराचार्य पीठ

राम न आयेंगे
लवकुश आ रहें हैं
www.64inch.com
पांचवां और अन्तिम शंकराचार्य पीठ

युग परिवर्तन के
150 पुस्तकें-परिचय
ज्ञान, प्रेरणा और भविष्य की ओर एक कदम
150
सत्यकाशी पीठ
पांचवां और अन्तिम शंकराचार्य पीठ
"एक नई शुरुआत के लिए ज्ञान की खोज"

जैसी तुम्हारी इच्छा वैसा करो

डॉ0 सर्वपल्ली राधाकृष्णन का जन्म 5 सितम्बर, 1888 को दक्षिण भारत के तिरूतनि स्थान पर हुआ था जो चेन्नई से 64 किमी उत्तर–पूर्व में है। डॉ0 सर्वपल्ली राधाकृष्णन भारत के उपराष्ट्रपति और दूसरे राष्ट्रपति सन् 1952 से 1962 तक में रहे। डॉ0 सर्वपल्ली राधाकृष्णन भारतीय समाजिक संस्कृति से ओत–प्रोत एक महान शिक्षाविद् महान दार्शनिक, महान वक्ता और आस्थावान हिन्दू विचारक थे। डॉ0 सर्वपल्ली राधाकृष्णन ने अपने जीवन के महत्वपूर्ण 40 वर्ष शिक्षक के रूप में व्यतीत किये। उनमें एक आदर्श शिक्षक के सारे गुण मौजूद थे। डॉ0 सर्वपल्ली राधाकृष्णन समस्त विश्व को एक शिक्षालय मानते थे। उनकी मान्यता थी कि शिक्षा के द्वारा ही मानव दिमाग का सद्उपयोग किया जाना सम्भव है इसलिए समस्त विश्व को एक इकाई समझकर ही शिक्षा का प्रबन्धन किया जाना चाहिए। उनके जन्मदिन को "शिक्षक दिवस" के रूप में मनाया जाता है।

इति ते ज्ञानमाख्यातं गुह्याद्गुह्यतरं मया।
विमृश्यैतदशेषेण यथेच्छसि तथा कुरू।।

(श्रीमद्भगवद्गीता, अध्याय–18, श्लोक–63)

अर्थात् – मैंने तुम्हें जो बताया, वह सब से बड़ा रहस्य है। इस पर भलीभाँति विचार कर तुम्हारी जैसी इच्छा वैसा करो।

"परमात्मा देखने में तटस्थ या निरपेक्ष दिखाई देता है, क्योंकि उसने चुनने का निर्णय अर्जुन के हाथ में छोड़ दिया है। उसकी यह निरपेक्षता ही अर्जुन के चिन्ता का कारण है। वह किसी पर भी दबाव नहीं डालता क्योंकि स्वतःस्फूर्त स्वतन्त्रता बहुत मूल्यवान होती है। भगवान अपना आदेश ऊपर से नहीं थोपता। वह स्वतन्त्र छोड़ देता है। परमात्मा की पुकार को स्वीकार करने या अस्वीकार कर देने के लिए हम हर समय स्वतन्त्र हैं। हम लड़खड़ाने लगें तो वह सहायता देने के लिए तैयार रहता है और प्रतीक्षा करने को तैयार है जब तक हम उसकी ओर उन्मुख न हों।

सब कुछ पहले से निर्धारित मानने वाले सिद्धान्त में टकराव के कारण यूरोप और भारत में काफी वाद–विवाद हुआ है। यूरोप का प्रमुख सिद्धान्त है कि संकल्प शक्ति और मानवीय प्रयत्न की स्वतन्त्रता का मनुष्य के उद्धार में बहुत बड़ा हाथ होता है। यद्यपि स्वयं संकल्प शक्ति को भी परमात्मा की कृपा के समर्थन की आवश्यकता पड़ सकती है। पहले से सब कुछ तय मानने वालों को अच्छे कार्यों और प्रार्थना के लिए यत्न करना होता है, क्योंकि वहाँ भी मानते हैं कि ये उपाय नियति को आगे बढ़ाने में सहायक तो हो सकते हैं लेकिन वे उसे रोक नहीं सकते। मनुष्य इस बात के लिए स्वतन्त्र है कि परमात्मा उन मनुष्यों पर कृपा करना चाहता है जो अपने आचरण से उस कृपा को ग्रहण करने के लिए तैयार करते हैं।

आध्यात्मिक नेता हम पर शारीरिक हिंसा, चमत्कार, प्रदर्शन के जरिये प्रभाव नहीं डालते। यदि सच्चा शिष्य कोई गलती कर भी बैठे, तो वह उसे केवल सलाह देगा। यदि शिष्य को चुनाव करने की स्वतन्त्रता पर आँच आती हो, तो वह उसे गलत रास्ते से भी वापस लौट आने के लिए विवश नहीं करेगा। गलती भी विकास की एक दिशा है।

कृष्ण केवल सारथी हैं। वह अर्जुन के आदेश का पालन करेगा। उसने कोई शस्त्र धारण नहीं किया हुआ है। यदि वह अर्जुन पर कोई प्रभाव डालता है तो वह उसे अपने उस सर्वजयी प्रेम के जरिए डालता है। जो कभी समाप्त नहीं होता।

अर्जुन को अपने लिए स्वयं विचार करना चाहिए और अपने लिए स्वयं ही मार्ग खोज करना चाहिए। अस्पष्ट मान्यताओं को अनिवार्य रूप से और भावुकतापूर्वक अपना लिए जाने के कारण फलस्वरूप कट्टर धर्मान्धता उत्पन्न हुई है और उनके कारण मनुष्यों को अकथनीय कष्ट उठाना पड़ा है। इसलिए यह आवश्यक है कि मन और विश्वासों के लिए कोई तर्क संगत और अनुभावात्मक औचित्य ढूंढ़े।

अर्जुन को एक वास्तविक अखण्डता की अनुभूति प्राप्त करनी होगी लेकिन उसके विचार अपने हैं। और गुरू के जरिये उस पर थोपे नहीं गये हैं। दूसरों पर अपने विचार थोपना शिक्षण नहीं हैं।"

– भगवद्गीता के आखिरी उपदेश पर भारतीय दर्शन के व्याख्याकार और दूसरे राष्ट्रपति डॉ0 राधाकृष्णनन का विवेचन

"यह विश्वशास्त्र, मनुष्यों पर थोपा नहीं जा रहा बल्कि वह मनुष्यों को, मनुष्यो के इस संसार मे जो वर्तमान है उसे और उसके आगे अनन्त मार्ग दिखा रहा है और सभी मार्गों के एकीकरण द्वारा, उस मार्ग को भी दिखा रहा है जो विश्व को सत्य–सुन्दर–शिव बना सकता है। फिर भी हे मनुष्यों जैसी तुम्हारी इच्छा वैसा करो। वर्तमान से योग कराने के लिए ही मैं व्यक्त होता हूँ।" – लव कुश सिंह "विश्वमानव"

सत्य मानक शिक्षा
(Real Standard Education)
एक राष्ट्र
एक शास्त्र
विश्वशास्त्र
डिग्री और नौकरी
की शिक्षा
सरकार से
64 Inch-BOOK
NOTICE - Software का Testing
Login?
Register now?
जीवन की "समझ और बुद्धि" की शिक्षा
रू0 1/– प्रतिदिन में यहाँ से
App-64inch-BOOK
सत्य मानक शिक्षा
App-64inch-BOOK

“सत्य मानक शिक्षा” का व्यापार-एक अन्तहीन व्यापार

एक नदी पर पुल था जिसे कोई व्यक्ति पैदल दो घण्टे में पार करता था। यह पुल पैदल यात्रीयों के लिए रोक दिया गया था जिसके लिए पुल के ठीक मध्य (एक घण्टे की यात्रा) पर एक गार्ड नियुक्त था। गार्ड एक घण्टे सोता था और एक घण्टे जागता था। एक चालाक व्यक्ति को पुल से नदी पार करना अतिआवश्यक था। इसलिए गार्ड जब सोया तब वह यात्रा प्रारम्भ किया जैसे ही गार्ड के जागने का समय आया, वह वापस लौटने लगा। गार्ड समझा कि वह दूसरे किनारे से आ रहा है इसलिए उसने उस यात्री को पकड़ा और दूसरी ओर भेज दिया। इस प्रकार यात्री नदी पार हो गया।

यदि हम में से किसी को तैरकर नदी पार करना हो और आधे से पहले ही हमारा हिम्मत टूटने लगे तो हम वापस ही आना चाहेंगे। यदि आधे से अधिक तैरने के बाद हिम्मत टूटने लगेगा तो हौसला बढ़ाकर आगे ही बढकर पार करना चाहेंगे।

इसी प्रकार मनुष्य के विकास क्रम में हम सब अदृश्य विज्ञान (आध्यात्म) से दृश्य विज्ञान (भौतिक) की ओर बढ़ गये हैं। नदी या पुल का एक किनारा अदृश्य विज्ञान है तो दूसरा किनारा दृश्य विज्ञान। वर्तमान का हमारा अधिकतम जीवन नदी के दूसरे किनारे दृश्य विज्ञान की ओर है, हर पल। जन्म से ही हम अधिकतम वे सब वस्तुएँ प्रयोग कर रहे हैं जिसका कच्चा माल भले ही ईश्वरकृत हो परन्तु उपयोग का रूप मनुष्यकृत है और विज्ञान द्वारा निर्मित है। इस प्रकार मनुष्य निर्माता के रूप में अपना रूप व्यक्त कर ईश्वर की ओर ही बढ़ रहा है।

नदी के पुल पर बैठे उस गार्ड का काम और तैरने वाले का निर्णय “सत्य शिक्षा” है। वर्तमान में मनुष्य समाज अदृश्य काल से चलकर दृश्य काल में आ चुका है। आधे से वापस किनारे जाना “सत्य” को पाना है। और आधे से दूसरे किनारे पार हो जाना “सिद्धान्त” को पाना है। इन्हीं सिद्धान्त को पाने के बाद संविधान-नियम-कानून का जन्म होता है जिससे आज हम सभी संचालित व प्रभावित है। इस “सत्य-सिद्धान्त” की शिक्षा ही “सत्य मानक शिक्षा” है।

वर्तमान में जीने का अर्थ होता है-विश्व ज्ञान जहाँ तक बढ़ चुका है वहाँ तक के ज्ञान से अपने मस्तिष्क को युक्त करना। तभी डेढ़ हजार वर्ष पुराने हमारे मस्तिष्क का आधुनिकीकरण हो पायेगा। सिर्फ वर्तमान में तो पशु रहकर कर्म करते हैं। “सत्य मानक शिक्षा” मनुष्य के मस्तिष्क के आधुनिकीकरण की शिक्षा है या विज्ञान की भाषा में कहें तो मस्तिष्क के आधुनिकीकरण का साफ्टवेयर या माइक्रोचिप्स (Integrated Circuit-I.C) है। वर्तमान की अब नवीनतम परिभाषा है-“पूर्ण ज्ञान से युक्त होना” और कार्यशैली की परिभाषा है-“भूतकाल का अनुभव, भविष्य की आवश्यकतानुसार पूर्णज्ञान और परिणाम ज्ञान से युक्त होकर वर्तमान समय में कार्य करना।”

ज्ञान के इस युग में शिक्षा-विद्या-कला का व्यापार मनुष्य के धरती पर रहने तक रहेगा। ऐसी स्थिति में ”सत्य मानक शिक्षा“का व्यापार भी उस समय तक के लिए स्थायित्व में है। शिक्षा-विद्या-कला कोई प्रापर्टी नहीं है कि पिता जी ग्रहण कर चुके हैं तो पुत्र को हिस्सा प्राप्त हो जायेगा। पुत्र को भी वहीं से अर्थात् अक्षर ज्ञान से शुरू होना पड़ेगा जहाँ से पिता ने शुरू किया था। इस प्रकार ”सत्य मानक शिक्षा“का व्यापार एक अन्तहीन व्यापार है जो मनुष्य के पृथ्वी पर रहने तक चलता रहेगा।

स्कूल-कालेजों के जाल से शिक्षा के व्यापार का विकास होता है न कि शिक्षा का। शिक्षा का विकास तो शिक्षा पाठ्यक्रम पर निर्भर होता है जिससे शिक्षक और शिक्षार्थी दोनों निर्मित होते हैं। जब तक पूर्ण शिक्षा पाठ्यक्रम का निर्माण नहीं होता, शिक्षा का विकास नहीं हो सकता लेकिन शिक्षा के व्यापार का विकास होता रहेगा।

आध्यात्म और विज्ञान ने मानव सभ्यता के विकास में अब कम से इतना विकास तो कर ही चुका है कि अब हमें मन के एकीकरण के लिए कार्य करना चाहिए। और उस मन पर कार्य करने का ही परिणाम है-

सम्पूर्ण ब्रह्माण्ड में व्याप्त एक ही सत्य-सिद्धान्त द्वारा व्यक्तिगत व संयुक्त मन को एकमुखी कर सर्वोच्च, मूल और अन्तिम स्तर पर स्थापित करने के लिए शून्य पर अन्तिम आविष्कार WS-0 श्रृंखला की निम्नलिखित पाँच शाखाएँ है।

1. डब्ल्यू.एस. (WS)-0: विचार एवम् साहित्य का विश्वमानक
2. डब्ल्यू.एस. (WS)-00: विषय एवम् विशेषज्ञों की परिभाषा का विश्वमानक
3. डब्ल्यू.एस. (WS)-000: ब्रह्माण्ड (सूक्ष्म एवम् स्थूल) के प्रबन्ध और क्रियाकलाप का विश्वमानक
4. डब्ल्यू.एस. (WS)-0000: मानव (सूक्ष्म तथा स्थूल) के प्रबन्ध और क्रियाकलाप का विश्वमानक
5. डब्ल्यू.एस. (WS)-00000: उपासना और उपासना स्थल का विश्वमानक

और पूर्णमानव निर्माण की तकनीकी WCM-TLM-SHYAM.C (World Class Manufacturing – Total Life Maintenance – Satya-Heart-Yog-Ashram-Meditaion.Conciousness) है।

जो शिक्षा का नया माडल है। गरीबों की समस्या सुलझानें का नैतिक दायित्व है। देश में 25 वर्ष से कम उम्र के 55 करोड़ लोगों के लिए पुननिर्माण जैसी योजना हैं। उन्हें नौकरी और प्रशिक्षण की व्यवस्था है। रचनात्मकता, समन्वय, लीडरशिप, ग्लोबल तथा प्रोफेशनल विषयों को पढ़ने तथा सूचना तकनीक के जरिए पढ़ाई पर ध्यान केन्द्रित करने से युक्त है। हमारे देश में जो अध्यापक हैं, वे शोध नहीं करते और जो शोध करते हैं वे पढ़ाते नहीं, इसलिए शिक्षार्थी को ही शोध पत्र (विश्वशास्त्र) पढ़ाया जाय क्योंकि शिक्षक पढ़ने से तो रहे क्योंकि समान्यतः धन के आने की सुनिश्चितता के बाद लोग पढ़ना छोड़ देते हैं, यही नहीं कोशिश तो यह भी रहती है कि पढ़ाना भी न पड़े और उन्हें सेवा से हटाया भी नहीं जा सकता।

स्वामी विवेकान्द जी ने कहा था – "सुधारकों से मैं कहूंगा कि मैं स्वयं उनसे कहीं बढ़कर सुधारक हूँ। वे लोग इधर-उधर थोड़ा सुधार करना चाहते हैं- और मैं चाहता हूँ आमूल सुधार। हम लोगों का मतभेद है केवल सुधार की प्रणाली में। उनकी प्रणाली विनाशात्मक है और मेरी संघटनात्मक। मैं सुधार में विश्वास नहीं करता, मैं विश्वास करता हूँ स्वाभाविक उन्नति में।"

स्वाभाविक उन्नति तभी होती है जब संसाधन उपलब्ध हो। कार-मोटरसाइकिल घर में पहले से रहता है तो स्वाभाविक रूप से कम उम्र में ही घर के लोग चलाना सिख जाते हैं

जो व्यक्ति या देश केवल आर्थिक उन्नति को ही सर्वस्व मानता है वह व्यक्ति या देश एक पशुवत् जीवन निर्वाह के मार्ग पर है-जीना और पीढ़ी बढ़ाना। दूसरे रूप में इसे ऐसे समझा जा सकता है कि ऐसे व्यक्ति जिनका लक्ष्य धन रहा था वे अपने धन के बल पर अपनी मूर्ति अपने घर पर ही लगा सकते हैं परन्तु जिनका लक्ष्य धन नहीं था, उनका समाज ने उन्हें, उनके रहते या उनके जाने के बाद अनेकों प्रकार से सम्मान दिया है और ये सार्वजनिक रूप से सभी के सामने प्रमाणित है। पूर्णत्व की प्राप्ति का मार्ग शारीरिक-आर्थिक उत्थान के साथ-साथ मानसिक-बौद्धिक उत्थान होना चाहिए और यही है ही। इस प्रकार भारत यदि पूर्णता व विश्व गुरूता की ओर बढ़ना चाहता है तब उसे मात्र कौशल विकास ही नहीं बल्कि राष्ट्रीय बौद्धिक विकास की ओर भी बढ़ना होगा। बौद्धिक विकास, व्यक्ति व राष्ट्र का इस ब्रह्माण्ड के प्रति दायित्व है और उसका लक्ष्य है।

राष्ट्र के पूर्णत्व के लिए पूर्ण शिक्षा निम्नलिखित शिक्षा का संयुक्त रूप है-

अ-सामान्यीकरण (Generalisation) शिक्षा

ज्ञान के लिए- यह शिक्षा व्यक्ति और राष्ट्र का बौद्धिक विकास कराती है जिससे व्यक्ति व राष्ट्रीय सुख में वृद्धि होती है।

ब-विशेषीकरण (Specialisation) शिक्षा

कौशल के लिए- यह शिक्षा व्यक्ति और राष्ट्र का कौशल विकास कराती है जिससे व्यक्ति व राष्ट्रीय उत्पादकता में वृद्धि होती है।

स-सत्य नेटवर्क (REAL NETWORK)

समाज में प्रकाशित होने के लिए-क्योंकि कोई भी क्यों न हो उसे स्वयं अपना परिचय (BIO-DATA) देना पड़ता है तभी उसके अनुसार समाज उसका उपयोग करता है।

वर्तमान समय में विशेषीकरण की शिक्षा, भारत में चल ही रहा है और वह कोई बहुत बड़ी समस्या भी नहीं है। समस्या है सामान्यीकरण शिक्षा की। व्यक्तियों के विचार से सदैव व्यक्त होता रहा है कि-मैकाले शिक्षा पद्धति बदलनी चाहिए, राष्ट्रीय शिक्षा नीति व पाठ्यक्रम बनना चाहिए। ये तो विचार हैं। पाठ्यक्रम बनेगा कैसे?, कौन बनायेगा? पाठ्यक्रम में पढ़ायेंगे क्या?

एक पूर्ण मानव निर्माण प्रक्रिया में शिक्षा पाठ्यक्रम के स्वरूप का विश्वमानक निम्नवत् है। जो किसी विशेष देश-काल-पात्र पर निर्भर नही करता अर्थात् यह प्रत्येक देशों और व्यक्तियों के लिए शिक्षा का स्वरूप है। जिससे ब्रह्माण्डीय, वैश्विक और व्यक्तिगत संतुलन, स्थिरता, एकता, प्रबन्ध, विकास, शान्ति और सुरक्षा निर्धारित होती है।

1. प्राइमरी शिक्षा (कक्षा-5 तक)-भाषा ज्ञान आधारित:- क्षेत्रीय, देश, विश्व और विज्ञान की भाषा का ज्ञान, सामान्य विज्ञान, सामान्य ज्ञान, चित्र कला।

2. जूनियर हाई स्कूल (कक्षा-6 से 8 तक)-समाज ज्ञान आधारित:- क्षेत्रीय, देश, विश्व और विज्ञान की भाषा का ज्ञान, सामान्य विज्ञान, सामान्य ज्ञान, चित्र कला का विस्तार, खेल, संगीत, कृषि, समाज विज्ञान।

3. हाई स्कूल (कक्षा-9 से 10 तक)-सामान्यीकृत ज्ञान आधारित:- ज्ञान-कर्मज्ञान समाहित WCM-TLM-SHYAM.C (World Class Manufacturing – Total Life Maintenance – Satya-Heart-Yog-Ashram-Meditaion.Conciousness) प्रणाली अर्थात शिक्षा पाठ्यक्रम का विश्व मानक, कालानुसार विज्ञान, तकनीकी, व्यापारीक व प्रबन्धकीय ज्ञान की शिक्षा।

4. इण्टरमीडिएट (कक्षा-11 से 12 तक)-विशेषीकृत ज्ञान आधारित:- कौशल विकास की शिक्षा।

5. उच्च शिक्षा-इच्छानुसार विशेष क्षेत्र आधारित

"किसी देश का संविधान, उस देश के स्वाभिमान का शास्त्र तब तक नहीं हो सकता जब तक उस देश की मूल भावना का शिक्षा पाठ्यक्रम उसका अंग न हो। इस प्रकार भारत देश का संविधान भारत देश का शास्त्र नहीं है। संविधान को भारत का शास्त्र बनाने के लिए भारत की मूल भावना के अनुरूप नागरिक निर्माण के शिक्षा पाठ्यक्रम को संविधान के अंग के रूप में शामिल करना होगा। जबकि राष्ट्रीय संविधान और राष्ट्रीय शास्त्र के लिए हमें विश्व के स्तर पर देखना होगा क्योंकि देश तो अनेक हैं राष्ट्र केवल एक विश्व है, यह धरती है, यह पृथ्वी है। भारत को विश्व गुरू बनने का अन्तिम रास्ता यह है कि वह अपने संविधान को वैश्विक स्तर पर विचार कर उसमें विश्व शिक्षा पाठ्यक्रम को शामिल करे। यह कार्य उसी दिशा की ओर एक पहल है, एक मार्ग है और उस उम्मीद का एक हल है। राष्ट्रीयता की परिभाषा व नागरिक कर्तव्य के निर्धारण का मार्ग है। जिस पर विचार करने का मार्ग खुला हुआ है।"

"भारत का प्रत्येक नागरिक अपने जीवकोपार्जन के मार्ग व संघर्ष में अपने विषय का जानकार व अनुभव तो प्राप्त कर रहा है परन्तु कुछ पाने के क्रम में कुछ छूट भी जाता है इसलिए प्रत्येक नागरिक को अपने अहंकार को भूलकर यह स्वीकार करना होगा कि वह अपने विषय से हटकर अन्य विषय के विषय में कम या नहीं जानता है।"

अतः एक "आदर्श नागरिक" बनने के क्रम में न्यूनतम ज्ञान सभी को एक समान रूप से चाहिए।

www.ingramcontent.com/pod-product-compliance
Lightning Source LLC
LaVergne TN
LVHW080928071026
849535LV00013B/4134
* 9 7 8 1 6 4 9 1 9 3 0 9 4 *